L'entreprise
dans la nouvelle
économie mondiale

COLLECTION MAJOR

DIRIGÉE PAR

PASCAL GAUCHON

L'entreprise dans la nouvelle économie mondiale

par

Claude Chancel, coordinateur

*Professeur de Chaire supérieure,
enseignant en classe préparatoire
économique et commerciale
au lycée Camille-Guérin, Poitiers*

Michel Drancourt

Docteur en économie

André Louat

*Professeur d'histoire et géographie économiques
et d'analyse économique et historique
aux lycées des Chartreux et des Minimes, Lyon*

Éric-Charles Pielberg

*Professeur agrégé d'histoire
au lycée Camille-Guérin, Poitiers,
chargé de cours à l'Université de Poitiers*

Presses Universitaires de France

Des mêmes auteurs

Claude Chancel et Noël Augendre, *Le SME et les politiques économiques des États membres de la CEE,* Paris, CEREC, 1985.
Claude Chancel et J.-P. Clément, *Mots clés pour le Brésil,* Escap, 1989.
Claude Chancel, *Nippon, géo-économie d'une grande puissance,* Eyrolles, 1989.
Claude Chancel, *Le défi coréen,* Eyrolles, 1993.
Michel Drancourt, *Une force inconnue, le crédit,* Hachette, 1957.
Michel Drancourt, *L'Or,* Hachette, 1959.
Michel Drancourt, *Bilan économique de la Ve République,* Entreprises modernes d'édition, 1960.
Michel Drancourt, Louis Armand, *Plaidoyer pour l'avenir,* Calmann-Lévy, 1961.
Michel Drancourt, *Les clés du pouvoir,* Fayard, 1964.
Michel Drancourt, Louis Armand, *Le pari européen,* Fayard, 1968.
Michel Drancourt, *Cinquante millions d'héritiers,* Fayard, 1969.
Michel Drancourt, *L'artisanat français,* UFAP, 1971.
Michel Drancourt, *La recherche,* France Empire, 1971.
Michel Drancourt, *Les nouvelles lettres persanes,* J.-C. Lattès, 1975.
Sous la direction de Michel Drancourt et Georges Roques, *Pour une nouvelle approche de l'emploi,* Entreprises modernes d'édition, 1978.
Michel Drancourt, *La France du grand large,* Robert Laffont, 1981.
Michel Drancourt, *La fin du travail,* Hachette, coll. « Pluriel », 1984.
Michel Drancourt, Albert Merlin, *Demain, la croissance,* Robert Laffont, 1985.
Michel Drancourt, *L'économie volontaire – L'exemple du Japon,* Odile Jacob, 1989.
Michel Drancourt, *Mémoires de l'entreprise,* Robert Laffont, 1993.
A. Louat et J.-M. Servat, *Histoire de l'industrie en France jusqu'en 1945, une industrialisation sans révolution,* Bréal, 1995.

ONT RÉDIGÉ

Claude Chancel : les chapitres concernant l'Allemagne, le Japon et les capitalismes émergents.
Michel Drancourt : l'introduction générale et la deuxième partie « Le capitalisme ».
André Louat : le chapitre concernant la France.
Éric-Charles Pielberg : les chapitres concernant les États-Unis d'Amérique et la Grande-Bretagne.

ISBN 2 13 047558 2

Dépôt légal — 1re édition : 1996, février

108, boulevard Saint-Germain, 75006 Paris

Sommaire

DEUXIÈME PARTIE
LE CAPITALISME

L'introduction et la deuxième partie ont été rédigées par Michel Drancourt, les chapitres 1 et 2 par Éric-Charles Pielberg, le chapitre 3 par André Louat et les chapitres 4, 5, 6 par Claude Chancel.

Préface

Alors que l'histoire d'entreprise a depuis fort longtemps acquis ses lettres de noblesse aux États-Unis (la première chaire de Business History *ayant été fondée à l'Université de Harvard en 1927), en Grande-Bretagne et en Allemagne, les Français ont longtemps boudé ce champ de recherche. C'est Roger Martin, l'ancien président de Saint-Gobain-Pont-à-Mousson qui avoue qu'au cours des quatre années passées d'abord à l'École polytechnique, ensuite à l'École des Mines, il ne se rappelle pas avoir entendu prononcer les mots d'entreprise et de marché.*

Tandis que les économistes s'épuisaient en effet à construire des modèles explicatifs de croissance et à définir les lois du marché, les historiens avaient tendance à privilégier les approches macro-économiques et à négliger le comportement des entrepreneurs qui, par ailleurs, n'avaient pas bonne presse, accusés d'être à la fois ou tour à tour exploiteurs et incapables.

Même si, essentiellement depuis le début des années 80, de nombreux travaux ont vu le jour, même si, de plus en plus nombreuses, des entreprises ont accepté, non sans réticence, de livrer leurs archives aux chercheurs, il nous manque encore une véritable réflexion susceptible d'éclairer les stratégies et d'évaluer les performances d'unités dont les « cultures » et les comportements sont largement enracinés dans l'infinie diversité de leur terreau national.

Autant dire que cet ouvrage à la « conception » duquel j'ai été convié comble une réelle lacune et qu'il sera particulièrement apprécié par tous ceux qui veulent mesurer le rôle que jouent les entreprises dans l'évolution de l'économie mondiale depuis ce qu'on appelle communément la deuxième révolution industrielle. On se félicitera, en particulier, de voir ainsi offert un panorama aussi international. Faut-il rappeler que les ouvrages du « pape » de la Business History, *Alfred Chandler, ne couvrent que les États-Unis, la Grande-Bretagne et l'Allemagne ?*

Autant dire que tous ceux qui ont besoin de comprendre l'histoire et les stratégies de ces rudes fantassins de l'économie mondiale ne pourront éviter la lecture de cet ouvrage de référence auquel je souhaite le plus vif succès.

Jacques Marseille,
Professeur à l'Université
de Paris I Sorbonne.

Introduction

L'ENTREPRISE DE L'ANCIENNE A LA NOUVELLE ÉCONOMIE MONDIALE

La plupart des livres historiques et économiques oublient d'évoquer le rôle déterminant que jouent les entreprises dans l'évolution des sociétés modernes.

Le but de cet ouvrage est de combler cette lacune. Il est aussi de montrer les transformations considérables qui s'opèrent dans l'économie mondiale et les conséquences qui en résultent dans le fonctionnement des entreprises[1].

L'introduction sera consacrée aux grands mouvements de l'économie depuis les débuts de l'ère industrielle, mais surtout depuis cent ans. Elle dresse le décor dans lequel seront présentées, dans une première partie, comme autant d'actes d'un même opéra, les études relatives aux grands pays industriels : États-Unis, Grande-Bretagne, Allemagne, France, Japon et les économies « émergentes ».

La deuxième partie de l'ouvrage décrira les transformations qui ne cessent de s'opérer au sein même des entreprises dans leur organisation, leur mode de fonctionnement, leur politique.

On peut découper l'histoire des entreprises depuis la dernière partie du XIXe siècle à la fin du XXe en trois étapes :

— **L'étape de la production :** les outils nouveaux, l'introduction des disciplines horaires et de l'organisation du travail, permettent un développement massif de la production. Les producteurs imposent leurs produits dans des sociétés habituées jusque-là à vivre en économie de subsistance.

Cette étape prend fin avec la crise des années 30 (même si pendant longtemps, et aujourd'hui encore, bien des entreprises et bien des activités continuent de croire qu'il suffit de produire pour remplir sa mission).

— **L'étape de la consommation :** le taylorisme (organisation méthodique du travail qui favorise la productivité) de la production entraîne de tels progrès dans les fabrications que les consommateurs ne suivent plus. D'où une crise de surproduction. Il faut donc favoriser la consommation par l'augmentation des salaires (invention de Henry Ford, certainement l'homme qui a le plus marqué

1. Dans la coll. « Major » PUF, l'histoire économique mondiale a été présentée dans trois ouvrages récents : *Croissance, crise et développement, Le capitalisme au XXe siècle, La nouvelle économie mondiale.*

l'économie moderne en constatant que les salariés étaient les premiers des consommateurs). Dans une société où le nombre des salariés croît au point de devenir la grande majorité de la population active, la capacité d'absorption du marché dépend de leurs ressources[1].

Cette étape s'est prolongée bien au-delà du deuxième conflit mondial pour déboucher sur ce que l'on a appelé la **société de consommation**, aux États-Unis dès les années 50, en Europe à la fin des années 60 ; et dans laquelle entrent depuis 90, avec fièvre, tous les pays en voie de développement qui ont réussi à décoller.

— **L'étape du savoir :** l'irruption de l'informatique dans le fonctionnement des entreprises et des sociétés crée un choc au moins équivalent à celui qu'avait provoqué, en son temps, la machine à vapeur. Toutes les données de la production, de la commercialisation, de l'organisation, s'en trouvent modifiées.

La diffusion du savoir et de l'information modifie les comportements et le travail lui-même. Il devient, en quelque sorte, « immatériel ». Comme l'annonçait Gaston Berger, l'inventeur du concept de « prospective » dans les années 60 : « Ce qui est machinal, la machine le fait ou le fera », tandis que les efforts de l'homme se concentrent sur l'innovation, la qualité des produits, le développement des services. Cette étape du « savoir », dans laquelle nous sommes entrés, s'accompagne d'un développement des transports et des communications qui fait craquer les frontières et annonce la mondialisation ou « globalisation » de l'économie, provoquant dans les entreprises une vague de « remise à plat » (ce que les Américains – dont les pratiques de management dominent la période – appellent *reengineering*).

Avant de décrire plus amplement ces trois étapes, il est utile, pour mieux comprendre l'entreprise, de s'interroger sur ses origines, sa nature, son fonctionnement (cf. encadré 1).

Encadré 1
Définition de l'entreprise selon Samuelson*

La plupart des biens et des services d'une économie, des automobiles aux guitares, sont produits dans des entreprises, petites, moyennes ou grandes.

Pour comprendre nos sociétés, il faut donc appréhender le fonctionnement et l'organisation des entreprises et leur évolution.

Les entreprises se sont multipliées quand les possibilités de production ouvertes par les techniques – notamment la machine à vapeur – ont exigé des capitaux dépassant les moyens d'une personne.

Elles consistent à organiser le travail de façon à tirer plus de richesse que n'en produisait la simple addition des personnes qui y travaillent.

On peut ajouter à la définition de Samuelson qu'une entreprise pour durer doit créer plus de richesses qu'elle n'en consomme.

* *Microéconomie*, Paul A. Samuelson, William D. Nordhans, Éditions d'Organisation, 1995.

1. Voir dans la revue *L'Histoire*, n° 172, décembre 1993, Jacques Marseille : dossier « Le monde dans la crise ».

I. L'entreprise

La notion d'entreprise est apparue tard dans le vocabulaire économique. Alain Bienaymé le constate : « Les économistes ont mis longtemps à accueillir l'entreprise dans le champ de leurs recherches. »[1] Tout au long du XIXe siècle, on parle en France des « affaires » et l'on confond entrepreneur et entreprise. En effet, selon une idée d'Adam Smith, reprise par les économistes du XIXe siècle, il est plus facile de gérer une entreprise personnelle qu'une société commerciale[2]. Karl Marx parlait, lui, des capitalistes plus que des entreprises. Il faudra le développement des sociétés anonymes permettant de regrouper des forces en capital, en main-d'œuvre, pour que prenne corps la notion **d'entreprise** qui est un organe spécifique dont l'existence dépend tout à la fois d'un entrepreneur qui la lance, de gestionnaires, de capitalistes qui lui procurent des moyens, de clients qui la font vivre (ou mourir s'ils cessent d'acheter ses produits ou ses services), de salariés qui contribuent largement à son fonctionnement et de l'environnement légal, État, collectivités régionales, organisations européennes et mondiales.

Encore faut-il observer que les Anglo-Saxons, les Américains notamment, ne parlent pas d'entreprises[3], mais de firmes, de compagnies, de **corporations,** mot qui inclut la notion d'action commune.

- **D'où vient que les entreprises se soient développées plus en Occident qu'ailleurs, jusqu'à présent,** et l'aient fait plus ou moins bien, plus ou moins vite, selon les pays ?

Sans refaire l'histoire du capitalisme, on peut pour cela se reporter aux principaux ouvrages de F. Braudel. On peut noter que les entreprises sont nées et se sont multipliées dans les pays où les hommes ont pris conscience qu'ils pouvaient exercer une action décisive sur les choses. Certains États ont prétendu la contrôler pour assurer leur puissance, mais les résultats n'ont pas été à la hauteur de leurs ambitions si l'on en juge, notamment, par l'expérience de l'ex-Empire soviétique. L'entreprise s'organise mieux dans les contrées où le souci du progrès matériel et social des personnes (qui, regroupées, représentent l'essentiel du marché) l'emporte sur d'autres considérations.

Parlant de la logique de l'entreprise à propos des Provinces-Unies (les Pays-Bas) devenues au XVIIe siècle la société la plus moderne et la plus libérale d'Eu-

1. *Entreprise et organisations. Mélanges en l'honneur de Jane Aubert-Krier,* Economica, 1982. Voir aussi Les nouvelles théories de l'entreprise, Benjamin Coriat et Olivier Weinstein, Livre de Poche-Références, 1995.

2. Voir *Les fondements de la science des affaires en France* de Luc Marco dans *Vie et sciences économiques,* juillet 1995.

3. L'un des sens du mot entreprise est celui de se lancer dans l'aventure. On tend parfois à l'oublier dans les commentaires économiques.

rope, Alain Peyrefitte dans *Du miracle en économie*[1] souligne les conditions qui favorisent son épanouissement :

— le sens de la responsabilité des personnes doit l'emporter sur la soumission à l'État ou aux religions ;

— le sentiment que la principale source d'activités, de richesse, est l'homme qui prend des initiatives ;

— le goût du progrès matériel : dès le XVIIe siècle, « le confort domestique n'est pas – dans les Provinces-Unies – cantonné à quelques privilégiés ; toute la société consomme, s'équipe, produit et commerce » ;

— le sens de l'échange, du commerce, qui consiste à proposer ses productions les plus rentables en acceptant d'acheter celles où l'on n'excelle pas ;

— l'investissement qui se reproduit et non celui qui s'enterre dans les châteaux ;

— la circulation de l'information, favorisée par le développement urbain et le climat politique libéral.

D'autres facteurs jouent aussi, qui ont largement contribué à favoriser la modernisation économique avant même la machine à vapeur et, ensuite, la multiplication des entreprises, notamment en Grande-Bretagne.

Pour illustrer les différences qui peuvent résulter de l'organisation des États et des mentalités, il suffit de comparer, d'une part, l'évolution économique de l'Espagne qui, pendant des années, a vécu aux crochets des Pays-Bas et a été incapable de faire fructifier durablement sa richesse à celle de la Hollande et, d'autre part, celle de l'Angleterre qui a dominé la première phase de l'économie industrielle à celle de la France qui a démarré plus lentement alors qu'elle était, à l'époque, bien plus peuplée et plus riche.

Cela ne veut pas dire que l'État n'a pas contribué au développement industriel au travers des entreprises. Les pays qui se sont lancés les premiers, comme les Pays-Bas ou la Grande-Bretagne, ont milité en faveur de la liberté des échanges en se préoccupant surtout d'assurer la régularité de la concurrence et, dans le cas anglais, de veiller à faire de la monnaie nationale une monnaie mondiale. Les pays qui sont venus ensuite à l'industrie, comme les États-Unis, l'Allemagne, le Japon, ont cherché, au départ, à se protéger et ne sont entrés dans l'arène de la compétition mondiale qu'une fois leur base assurée. La France, quant à elle, a toujours vécu dans la contradiction.

L'influence étatique y est forte ainsi que l'appel fréquent au protectionnisme (symbolisé par Jules Méline qui engagea, à la fin du XIXe siècle, une politique de protection, notamment de l'agriculture, conduisant à retarder pour longtemps la modernisation du secteur et aussi de tout un pan de l'industrie, mais qui a eu aussi pour conséquence la préservation d'une France rurale faisant aujourd'hui le charme de nombreuses régions touristiques).

En sens inverse, l'État français lui-même pousse périodiquement à l'ouverture des frontières car ses responsables y voient, avec raison, le moyen le plus sûr de

1. *Du miracle en économie,* Éditions Odile Jacob, 1995.

favoriser la modernisation, l'efficacité économique et, finalement, la croissance. Ainsi Napoléon III fut-il incité par ses conseillers saint-simoniens à accepter un traité de libre-échange en 1860 avec les Anglais comme cent ans plus tard le général de Gaulle confirma l'ouverture systématique des frontières économiques dans le cadre de la Communauté économique européenne (1959), tandis que les gouvernements ultérieurs acceptaient la participation du pays aux accords successifs du GATT destinés à libérer le commerce mondial.

De toute manière, développement industriel rime avec développement des échanges, sauf pendant les périodes guerrières. Comme l'ont montré Maurice Lévy-Boyer et François Bourguignon[1] déjà, au XIXe siècle, les exportations françaises représentaient une part presque aussi importante qu'aujourd'hui de l'activité. « En trente ans, de 1846 à 1875, les exportations des biens et des services ont été multipliées par cinq, passant de 6,2 % à 20,6 % du produit national. » Évidemment, le volume des échanges, à la fin du XXe siècle, est considérablement plus élevé, mais les proportions sont comparables. Cela veut donc dire que « l'extérieur » – comme le montre le chapitre sur la France – est une donnée constante de l'économie moderne, freinée, voire étouffée, par les guerres et les crises qui faussent durablement le fonctionnement naturel de l'économie et enserrent les acteurs dans des contraintes.

Dès lors que les conditions générales favorables à l'esprit d'entreprise et au fonctionnement des firmes existent, l'évolution des entreprises dépend beaucoup de la qualité des entrepreneurs et de leur organisation, de l'aptitude qu'ils ont à saisir les opportunités offertes par les techniques et les marchés.

• **La vie et la prospérité des entreprises dépendent notamment de trois conditions :**

— un environnement favorable ;
— l'aptitude des entrepreneurs à innover ;
— l'organisation efficace du travail au sens large du terme.

• **L'environnement** est physique (le climat, la configuration du pays), démographique, politique et juridique. Des pays, par exemple la Russie ou la Chine, pourtant aussi doués que le sont les États-Unis, n'ont pas favorisé le développement de l'entreprise capitaliste comme eux, tout au moins jusqu'à une période récente.

L'aventure industrielle s'est longtemps confondue avec l'histoire de la société occidentale. Cela est en train de changer. L'aspiration au « progrès » tel qu'on y croyait en France, en 1950, et que l'on continue d'y croire aux États-Unis, se généralise. Elle est certainement l'un des ressorts les plus puissants de l'esprit d'entreprise.

• **Les entrepreneurs** ont pour caractéristique première de savoir saisir les possibilités de production offertes par les techniques. Ce sont, en quelque sorte, des « traducteurs » qui transforment les idées de laboratoire en jeux vidéo ou en

1. *L'économie française au XIXe siècle*, Economica, 1985.

crème à raser. On n'insistera jamais assez sur l'importance des facteurs techniques et de leur mise en œuvre pour expliquer l'évolution des entreprises. Les grandes entreprises d'aujourd'hui sont souvent nées d'une innovation, L'Air liquide ou Kodak, Nestlé ou Bayer. Bien des entreprises sont mortes ou ont failli mourir pour n'avoir pas compris que leurs productions étaient obsolètes. Ainsi National Cash Register, aujourd'hui repris par AT&T (le géant du téléphone et de l'électronique), qui fut le roi des caisses enregistreuses, n'avait-il pas compris l'importance de l'informatique qui permettait la mise en place de caisses bien plus performantes, et a mis des années à se relever de son erreur. De nombreuses entreprises, en revanche, se sont développées en « mettant en permanence de la pointe dans toutes leurs activités ».

Contrairement à une idée reçue, en France, ce ne sont pas nécessairement les industries de pointe, surtout si elles dépendent des aides de l'État, qui réussissent. Ce sont celles qui, en permanence, intègrent dans les produits et les outils les innovations en cours. On constate d'ailleurs que la plupart des firmes renouvellent sans cesse leurs productions et leurs usines. Stihl, le fabricant de tronçonneuses allemand, qui domine le marché mondial, a lancé, dans les neuf premiers mois de 1995, 40 produits nouveaux ou renouvelés (allégement par utilisation de matériaux nouveaux, réduction du bruit, amélioration de l'ergonomie, etc.). Quant au géant Siemens – que l'on retrouvera dans le chapitre 4 –, il réalisait, il y a quinze ans, 50 % de son chiffre d'affaires avec des produits ne dépassant pas cinq ans d'âge. En 1993, ce pourcentage est de 63 %. Il en est ainsi dans la plupart des firmes performantes.

• Le sens de l'innovation doit être prolongé par **l'efficacité de l'organisation,** la capacité à comprendre le marché, l'évolution des goûts et des besoins solvables des clients, celle aussi de chercher en permanence à disposer d'un atout compétitif par rapport aux concurrents, celle enfin de faire en sorte que tous les acteurs de l'entreprise contribuent pleinement à sa réussite. Les entreprises sont, en effet, des organismes mortels, ce qui, contrairement aux services publics, les contraint à penser et à agir sans cesse en termes de productivité et de rentabilité.

II. L'étape de la production

• **Dans la décennie 1830, à l'époque où la France commence à être gagnée par la révolution industrielle,** le monde comptait à peine un milliard d'habitants – 5,5 milliards en 1992. La France, avec 30 millions d'habitants, représentait encore, en termes de population, la première nation occidentale. Mais, ensuite, elle stagnera alors que le XIXe siècle se caractérisera par une poussée démographique très forte du reste de l'Europe dont l'immigration contribuera à alimenter la croissance américaine (comme après la Seconde Guerre mondiale les réfugiés allemands fuyant le communisme ont contribué à la prospérité germanique) et à diffuser l'influence européenne et les germes de l'industrialisation dans le monde.

Sur une population mondiale estimée, à la veille de la Seconde Guerre mondiale, à 2,2 milliards d'hommes, l'Empire britannique en gère 500 millions, l'Empire français 60, la Belgique 15, les Pays-Bas 70 et l'ancien Empire russe 170. L'ensemble des pays européens regroupe 800 millions d'habitants, soit nettement plus du tiers mondial. L'autre grande masse, la Chine, « pèse » 600 millions d'habitants. En réalité, par le jeu des influences, « l'Europe gère la moitié de la population mondiale ». Les techniques, les courants culturels, les influences financières, viennent essentiellement de Londres et de Paris, Berlin et New York affirmant progressivement leur puissance. La géographie économique est largement façonnée à partir de la City. Les échanges s'organisent surtout en fonction des besoins de l'Europe. Londres est le premier port mondial, Rotterdam le talonne. La livre sterling, au pouvoir d'achat stable, constitue le principal instrument monétaire et financier du commerce international et des grands investissements dans un monde où l'on circule librement avec des pièces d'or en poche (voir *Le Tour du monde en 80 jours* de Jules Verne).

Jean-Marcel Jeanneney et Élisabeth Barbier-Jeanneney ont établi, dans deux volumes de référence sur *Les économies occidentales du XIX*e *siècle à nos jours,* les principales statistiques qui permettent de retracer l'histoire économique de cette période.

Au départ, à partir de 1750, l'Angleterre procède à des innovations majeures dans le textile, les machines à tisser, puis à filer, multiplie les machines à vapeur pompant l'eau des mines, dès lors plus facilement exploitables, et fournissant de la force aux manufactures.

Une deuxième phase débute vers 1840 en Europe, et aux États-Unis, marquée par la construction de navires à vapeur, de chemin de fer, un large recours au coke dans la sidérurgie qui devient la première industrie, et par la distribution de gaz d'éclairage dans les villes.

De la fin du XIXe siècle à 1940, l'industrialisation étend ses effets sur tous les continents et englobe des nouveautés beaucoup plus nombreuses et diverses : électricité, produits chimiques, télégraphie sans fil, téléphone, automobile, avion à hélice, tandis que les découvertes pasteuriennes et les développements de la médecine permettent de réduire la mortalité, donc provoquent l'explosion démographique qui se poursuit encore à la fin du XXe siècle. On verra qu'après la Seconde Guerre mondiale le développement industriel devient « buissonnant ».

C'est dans cet environnement de progrès, notion à laquelle les hommes du XIXe siècle sont profondément attachés, cherchant les uns, comme les saint-simoniens et Auguste Comte, à organiser les sociétés pour faire profiter tous les hommes du bien-être, les autres, comme les libéraux et les grands patrons anglo-saxons, à favoriser les mécanismes du marché comme étant les seuls permettant aux hommes de tendre « au bonheur », que se développent les entreprises.

• **L'entreprise, durant l'étape de la production, va connaître trois grandes évolutions,** étant entendu que différents modèles d'entreprise peuvent coexister à un moment donné, étant entendu aussi que l'entreprise souhaitant pouvoir imposer sa marchandise au client, au lieu de chercher à se concilier ses préférences, n'a pas totalement disparu, bien après la fin de l'ère de la « production d'abord » :

— la phase manufacturière ;
— la phase de concentration ;
— la phase organisationnelle.

• Au départ, les entreprises « industrielles », qui sont surtout des entreprises textiles, s'inspirent des **manufactures** qui se sont développées dès le XVIIe siècle. Leur problème est de réussir à faire travailler une main-d'œuvre à faible productivité qui vient généralement de la campagne. Les ateliers rassemblent un grand nombre de personnes qui y passent l'essentiel de leur temps. De nombreuses pratiques nous apparaissent aujourd'hui choquantes comme celle du travail des enfants. Mais, en se reportant aux réalités de l'époque, le travail en manufacture apparaissait supérieur au travail de la campagne et, surtout, apportait un emploi qui, quoique incertain, l'était moins que les activités rurales.

Les chefs d'entreprise – créateurs d'activités nouvelles – étaient soit des héritiers de fortune se lançant dans l'industrie, soit des hommes sortis du rang ayant le sens et le goût de la technique, de la production, du commerce, soit des inventeurs décidés à tirer parti de leurs innovations, dont beaucoup échouent[1].

Le développement industriel entraîne l'urbanisation rapide. Au début du XIXe siècle, une ville comme Manchester double de volume en douze ans. Les à-coups de l'économie et les crises cycliques mettent sur le pavé des centaines de milliers de personnes. La notion de prolétariat fait son apparition.

Dans les entreprises, le personnel n'est pas encore organisé en syndicats, lesquels s'imposeront progressivement – en France – à la fin du XIXe siècle et au début du XXe. Mais certains patrons, comme ceux du textile du Nord, pratiquent un paternalisme social qui préfigure les systèmes de protection modernes. Ils se préoccupent de loger leur personnel, de lui assurer un minimum de soins et de le garantir contre les accidents. Les premières lois sociales générales seront l'œuvre

1. Mais ils étaient – comme aujourd'hui encore – des pionniers auxquels Jean Jaurès, pourtant socialiste, rendait ainsi hommage (*Dépêche de Toulouse,* 28 mai 1892) : « Il n'y a de classe dirigeante que courageuse. A toute époque les classes dirigeantes se sont constituées par le courage, par l'acceptation consciente du risque. Dirige celui qui risque ce que les dirigés ne veulent pas risquer. Est respecté celui qui volontairement accomplit pour les autres les actes difficiles ou dangereux. Est un chef celui qui procure aux autres la sécurité en prenant pour soi les dangers. Le courage pour l'entrepreneur, c'est l'esprit de l'entreprise et le refus de recourir à l'État, pour le technicien, c'est le refus de transiger avec la qualité, pour le directeur du personnel ou le directeur d'usine, c'est, dans la maison, la défense de l'autorité et, avec elle, celle de la discipline et de l'ordre... Lorsque les ouvriers accusent les patrons d'être des jouisseurs qui veulent gagner beaucoup d'argent pour s'amuser, ils ne comprennent pas bien l'âme patronale. Sans doute, il y a des patrons qui s'amusent, mais ce qu'ils veulent avant tout quand ils sont vraiment des patrons, c'est gagner la bataille ; il y en a beaucoup qui, en grossissant leur fortune, ne se donneront pas une jouissance de plus ; en tout cas, ce n'est point surtout à cela qu'ils songent, ils sont heureux quand ils font un bel inventaire de se dire que leur peine ardente n'est pas perdue, qu'il y a un résultat positif palpable, que de tous les hasards il est sorti quelque chose et que leur puissance d'action en est accrue. »

de Bismarck, en Allemagne, qui est le père lointain des systèmes de sécurité sociale.

Le besoin de formation se fait sentir et conduit à la mise en place de l'enseignement obligatoire partout en Europe, ce qui favorisera ultérieurement le progrès des entreprises et de leur organisation. Mais c'est dans les entreprises elles-mêmes que la formation « professionnelle » se répand le plus vite. L'entreprise sera toujours peu ou prou « apprenante ». En France, ce mouvement a été interrompu entre 1917 et 1970, l'État captant la formation professionnelle.

Durant cette phase manufacturière, le système de distribution suit avec retard les développements de l'industrie, elle-même largement tournée, en dehors du textile, vers la production de produits de base. Les choses en ce domaine vont commencer à changer lors de la deuxième phase, celle de la concentration.

• La **concentration** devient rapidement nécessaire. Plus l'industrie progresse, plus elle exige de moyens financiers en capital et en trésorerie. Cette nécessité conduit à la création de grandes banques, à la mise au point de formules juridiques, comme celle de la société anonyme permettant de capter l'épargne, à la constitution de groupes puissants qui cherchent à générer des profits importants pour autofinancer leurs développements. Ils éprouvent, pour cela, la tentation du monopole, ce qui est évidemment le meilleur moyen d'imposer ses productions aux clients. Le mouvement sera particulièrement puissant aux États-Unis où il finira par provoquer la mise en place d'une réglementation « antitrust », et en Allemagne où il contribuera à asseoir la puissance industrielle allemande qui se caractérise, aujourd'hui encore, en dépit du caractère réellement libéral de l'économie d'outre-Rhin, par l'existence d'un solide tissu d'entreprises et une préférence marquée des entreprises allemandes pour les biens d'équipement nationaux.

En même temps que les groupes industriels se forment, les disciplines du travail se renforcent. L'usage de l'horloge dans les usines est relativement récent et se généralise seulement dans la deuxième partie du XIXe siècle. C'est seulement en 1865 que fut créée en Suisse par Roskopf la première montre bon marché. Avec la généralisation de l'usage des horloges et des montres, la maîtrise du temps va devenir un thème majeur de l'organisation. Le souci de maîtriser les coûts conduit à un calcul plus précis des rémunérations, de l'usage des machines et des fournitures. La comptabilité, qui ne suit pas les mêmes critères partout, mais tend progressivement à s'uniformiser (ce qui n'est pas encore tout à fait réalisé à la fin du XXe siècle, mais se fera sous l'emprise anglo-saxonne)[1], s'impose. Elle sert cependant plus les dirigeants des entreprises et les financiers que le public. L'ère de la production n'est pas une ère très favorable à l'information des actionnaires. Dans un pays comme la France, les épargnants préféreront longtemps les obligations d'État aux actions, contrairement à ce qui se passe aux États-Unis, à l'époque.

Des dynasties d'affaires se mettent en place. La plupart des grandes dynasties

1. Voir *L'Expansion,* 17 septembre 1995, n° 507 : « Le grand bazar français des normes comptables ».

industrielles et capitalistes se sont imposées dans la phase de production, les Rockefeller, les Morgan, les Michelin, les Siemens, les Peugeot ou les Ford. Mais c'est plutôt au cours de la phase organisationnelle qu'elles ont assuré leur base.

• La **phase organisationnelle** est symbolisée par Henry Ford qui annonce également l'étape de la consommation.

En 1908, Henry Ford lance la Ford T, première voiture produite « à la chaîne », dont 15 millions d'exemplaires seront vendus jusqu'en 1927. Elle est le produit type de l'ère de la production que le fabricant impose au client : « Les clients peuvent la choisir de n'importe quelle couleur, pourvu qu'elle soit noire. »

La standardisation du produit résulte de la rationalisation de la production. Les ingénieurs mesurent de plus en plus le temps de travail et décomposent les gestes des travailleurs. Taylor est le plus connu. Il va marquer toute l'industrie de son empreinte pendant des décennies.

Le taylorisme correspond à une époque bien typée des sociétés modernes, celle durant laquelle les entreprises rassemblent dans leurs usines et leurs bureaux un grand nombre de salariés dont beaucoup n'ont pas de formation ou une formation très limitée alors que les ingénieurs et les responsables de l'encadrement sont rares. Il faut donc pour assurer la productivité et la qualité enserrer l'ensemble des acteurs contribuant à la production dans une organisation stricte où les tâches de chacun sont simples et clairement définies. Il en résulte une sorte de mécanisation du travail des hommes qui – en dépit de ses excès symbolisés par « Charlot » – a favorisé l'augmentation des rémunérations et une formidable baisse des prix des produits courants.

Les consommateurs sont considérés de la même façon que les salariés. Les ingénieurs ont tendance à penser qu'ils savent ce qui est bon pour eux. La formation et l'information étant peu répandues, le consommateur est obligé de faire confiance au producteur, cela d'autant plus que, même si la concurrence est généralement la règle, elle joue sur un nombre relativement limité de fabricants et de produits. Cela ne veut pas dire que les produits proposés soient mauvais ou systématiquement chers. Bien des produits qui s'imposent encore sur les marchés sont nés à l'ère des « producteurs et des organisateurs ». Ainsi la sauce Tabasco (piment, sel et vinaigre), créée en 1868 par un banquier à la retraite, et qui, cent vingt-cinq ans après, était toujours produite par les descendants du fondateur, Edmund McLehnny. Ainsi le Coca-Cola, lancé en 1886 à Atlanta, dont le grand essor sera favorisé par les deux conflits mondiaux (ravitaillement des troupes) et la prohibition de l'alcool aux États-Unis entre les deux guerres. Ainsi le pantalon Levi's 501, lancé en 1890 par la firme Levi Strauss, pour écouler un stock de tissu (à l'origine destiné aux tentes des armées pendant la guerre de Sécession). Ainsi, en 1890 encore, la fermeture Éclair (nom français de la marque américaine Talon) inventée par l'ingénieur Whitecourt Judson. Ainsi le couteau suisse lancé, sous le nom de Victor Inox, en 1891 par Karl Elsener qui, son compagnonnage achevé, ouvre une coutellerie à Ibach, dans le canton suisse de Schwyz, et réussit à l'imposer à l'armée suisse (pendant la Seconde Guerre mondiale, il sera aussi dans la poche des soldats américains).

On notera au passage que les ventes aux armées contribuent au lancement ou au développement de nombreux produits industriels, ce qui est une façon de les imposer au public (à condition qu'ils soient bons). Dans un autre créneau, on observe que la consommation de camembert (industriel) s'est répandue dans l'ensemble de la France après la guerre de 14-18 parce qu'il faisait partie des rations des « poilus »[1].

Durant l'étape de la production, le « modèle » de l'entreprise a progressivement cessé d'être anglais pour devenir américain. Dès la fin du XIXe siècle, des hommes qui deviendront de grands chefs d'entreprise ont fait le voyage américain. Citroën copiera Ford. Henri Fayol qui fut en France l'inventeur de l' « Administration des entreprises » sera moins écouté que Taylor, mais sera redécouvert en France après que des auteurs américains se furent inspirés de ses travaux. Cette influence américaine deviendra massive, surtout après la Seconde Guerre mondiale, et contribuera à la généralisation de la société de consommation.

III. L'étape de la consommation

Elle démarre vraiment après la crise des années 30. Les outils de production mis en place et le progrès de l'organisation conduisent à la surproduction. Les revenus mis à la disposition des consommateurs n'ont pas suivi la capacité des entreprises. Comme l'explique fort bien Jacques Marseille[2], pour surmonter la crise il faut distribuer des revenus au plus grand nombre par des salaires plus élevés et par des transferts sociaux relevant d'une vaste politique « sociale ». Ces changements ne s'opéreront pas aisément et seront trop lents pour éviter la Seconde Guerre mondiale dont l'une des origines est le souci de la plupart des pays d'exporter leur chômage, de proposer du travail grâce aux industries d'armements et, dans le cas de l'Allemagne et du Japon, de se constituer un espace vital à l'abri de la compétition extérieure.

Ils déboucheront finalement, après 1945, sur la société de consommation que l'on peut – dans l'optique de cet ouvrage – caractériser par quatre phénomènes majeurs :

— la production tournée vers la consommation ;
— le formidable progrès de la distribution ;
— la hausse des salaires ;
— la « massification des entreprises », conséquence de la « massification » de la consommation.

1. Voir *Le camembert, mythe national,* Pierre Boisard, Calmann-Lévy, 1992.
2. *Op. cit.*

• **La production est tournée vers la consommation.**

Si l'on se reporte aux indices, imparfaits certes, mais plausibles, de l'évolution longue des produits nationaux, le produit par habitant a été multiplié en moins d'un siècle et demi, de 1840 à 1980, par douze aux États-Unis, en Allemagne et en France. Il ne l'a été que par quatre en Grande-Bretagne, mais il partait de beaucoup plus haut au milieu du XIXe siècle où il était très en avance sur celui des autres pays.

Le niveau de vie ne s'est pas accru dans les mêmes proportions car les investissements pour renouveler et accroître le capital ont absorbé une part croissante des ressources. Faibles lorsque les machines et les entreprises étaient relativement peu nombreuses, ils atteignent, fréquemment, le quart du produit national à la fin du XXe siècle.

L'accroissement des consommations est néanmoins prodigieux d'autant qu'il intéresse une population de plus en plus nombreuse. Pendant l'ère de la consommation, la plupart des gens, dans les pays occidentaux, bénéficiaient d'un progrès plus ou moins ample, mais réel. C'est au cours de la période ultérieure, dont on parlera plus loin, que la pauvreté est réapparue dans les « pays riches » alors qu'elle tendait à s'estomper dans la société de consommation qui a pourtant fait l'objet de critiques nombreuses, provenant souvent, il est vrai, de gens qui en bénéficiaient pleinement.

Jean Fourastié, notamment dans son *Grand espoir du XXe siècle*[1] et ses livres sur la productivité, a expliqué les mécanismes du progrès matériel. Frederick Lewis Allen, dans un livre traduit en français en 1953 sous le titre *Le grand changement de l'Amérique*[2], a décrit avec force les transformations de la vie américaine entre 1900 et 1950. Or, tous les pays sortant appauvris de la Seconde Guerre mondiale ont plus ou moins voulu copier le modèle américain (non officiellement, mais dans la réalité quotidienne comme l'a prouvé l'« américanisation » d'une bonne partie des pays occidentaux).

L'aventure du modèle T de Ford illustre les fondements du système. Chaque fois que les ventes de voitures augmentaient, Ford abaissait délibérément les prix. Pour transformer les salariés – de plus en plus nombreux – en acheteurs, il avait aussi décidé de doubler brutalement les salaires.

La logique de la production en grande série est ainsi mise en place. Les États-Unis, véritable continent longtemps fermé aux produits extérieurs, deviennent un marché considérable dont les consommateurs, qui aspirent tous à devenir membres de la « classe moyenne » et qui souhaitent bénéficier des apports du progrès, des équipements individuels standardisés, de maisons agréables situées de préférence dans les *suburbs*. L'automobile et les équipements ménagers, de même que les produits alimentaires prêts à être consommés, deviennent les activités dominantes.

• **La distribution effectue de remarquables progrès.**

Aux usines à produire devaient correspondre les usines à vendre que sont devenus les supermarchés (terme générique qui englobe plusieurs types de maga-

1. « Que sais-je ? », PUF, 1949.
2. Amiot Dumont, 1953.

sins à grand débit). Certes, il existait déjà des grands magasins et des sociétés de vente par correspondance comme feu la Manufacture d'armes et de cycles de Saint-Étienne (Manufrance). Mais ils s'adressaient, surtout les premiers, à une clientèle urbaine et relativement aisée.

Avec la crise de 1929, sont apparus des magasins s'installant dans des usines désaffectées et ensuite dans des locaux simples, réduisant au minimum leurs frais généraux, faisant tourner rapidement leurs stocks, pour pouvoir « casser » les prix.

Les pionniers en France furent Leclerc (fondé par Édouard Leclerc à Landernau, en Bretagne) et Casino (fondé par les frères Fournier et Defforey). Ils s'installèrent près des clients de la classe montante, la classe dite moyenne, en dehors du centre des villes, pour s'équiper de parkings plus amples que la surface de vente, permettant d'accueillir des centaines de voitures et dans lesquelles les acheteurs entassent les achats d'une semaine ou plus, placés ensuite dans des réfrigérateurs ou des congélateurs de plus en plus grands.

C'était l'époque aussi de la renaissance démographique de nombreux pays occidentaux.

Les pays qui, à la fin du XXe siècle, se sont lancés dans l'industrialisation réussie connaissent à leur tour cette expérience (cf. chap. 6). Cela explique en partie pourquoi leurs produits, fabriqués en grand, sont très fortement compétitifs. Ce mouvement s'est accompagné, surtout à partir des années 50, par un développement considérable du crédit à l'achat (que l'on appelle couramment crédit à la consommation).

Là encore, c'est l'automobile qui a initié le mouvement. Dès le lendemain de la Première Guerre mondiale, pendant laquelle elles ont accru leurs capacités de production, les firmes automobiles cherchent à atteindre une large clientèle. Pour amortir leurs équipements, elles doivent produire beaucoup. Donc vendre beaucoup. Or, le prix unitaire d'une voiture est, alors, élevé. Pour aider les garagistes et les revendeurs, les firmes automobiles, appuyées par les banquiers, créent des organismes de prêts à la consommation. Avant 1939, en France, le quart des véhicules est vendu de la sorte. Après 1950, la proportion ne cessera de s'amplifier.

Chaque fois qu'un bien de consommation durable (équipement ménager) est apparu, le système lui a été appliqué. Il en est de même pour le logement avec, selon les pays, une aide plus ou moins importante de l'État sous forme de prêts bonifiés et de réduction fiscale.

Comme la montée de la société de consommation s'est accompagnée d'inflation – dont on paiera le prix plus tard – les consommateurs étaient incités à s'endetter puisqu'ils remboursaient en réalité moins que ce qu'ils avaient déboursé. La production a connu un développement que les hommes du début du siècle n'auraient pu imaginer. Ainsi, la production française de véhicules automobiles est passée de quelques milliers en 1930 à 1,2 million en 1960 et près de 4 millions en 1992.

L'autre moteur de la consommation fut la publicité. Elle s'est appuyée sur la presse, la radio et, de plus en plus, à partir des années 60, sur la télévision. Elle consiste à promouvoir en permanence les produits, ou les services, de façon à convaincre les clients potentiels. Elle a contribué à généraliser la société de consommation dont les femmes, de plus en plus nombreuses à travailler comme salariées, ont été un puissant vecteur. Elle a aussi favorisé les déviations de la production où le souci de l'apparence l'a emporté par moments sur celui de la qualité du produit ou du service offert : à la fin des années 50, les constructeurs automobiles américains semblaient se soucier plus de l'ampleur des chromes des pare-chocs que de la qualité des portières.

Ces excès ont conduit depuis à une révision du rôle de la publicité et, surtout, à une plus grande attention portée aux besoins réels des clients. Mais l'incitation à l'achat n'a pas disparu pour autant. Elle a été encouragée par la montée des rémunérations et, en Europe en tout cas, par la généralisation des systèmes de sécurité sociale, poussant les gens à consommer puisque par ailleurs ils vivaient avec un filet de sécurité.

• La société de consommation inventée, si l'on peut dire, pour répondre à la crise de surproduction et à son cortège de chômage, a eu pour effet, notamment dans les décennies 50 et 60, à la fois de **multiplier les emplois,** d'attirer les femmes au travail et de faire gonfler non seulement les salaires, mais la masse salariale directe et indirecte.

Elle a pu faire croire à la pérennité du plein-emploi, rêve qui s'est écroulé depuis la nouvelle crise des années 70. Mais, même après le retour des « crises », les salaires ont continué à monter, notamment en France, tandis que les indemnités de chômage avaient pour objectif, en partie tout au moins, de maintenir le flux de la consommation. En 1913, les salaires réels, en France, sont à peu près le double de ce qu'ils étaient en 1835. Ils baissent ensuite jusqu'en 1927 et, à partir de là, s'améliorent, même pendant la crise des années 30, en raison notamment de la politique du gouvernement du Front populaire, alors qu'ailleurs ils baissent. Cette particularité française qui se répétera ultérieurement est l'une des explications de la durée anormale des dépressions en France.

Après la Seconde Guerre mondiale, la croissance durable s'installe et, en 1978, le salaire horaire réel est le triple de celui de 1950. Le rythme élevé d'augmentation quasi générale des rémunérations a pour effet l'accroissement spectaculaire de la consommation. Trois secteurs connaissent, entre 1960 et 1974, des croissances supérieures de 10 % par an : l'énergie, les biens durables et l'automobile (12 % l'an). Même les consommations qui augmentent moins, comme l'alimentation, se développent plus vite que la population.

Ce bond en avant de la consommation a provoqué un bond en avant équivalent des entreprises.

• **Au fur et à mesure que se généralisait la société de consommation, l'appareil de production s'élargissait.** Grâce aux progrès des machines, de l'organisation, donc de la productivité, la production des entreprises (y compris celle des entreprises agricoles) a connu des progressions considérables. Un tissage de coton produit autant avec dix personnes en 1995 qu'avec 500 en 1935.

Cette montée en puissance de la capacité de production n'a pu s'opérer qu'avec une évolution de l'organisation. Comme nous l'avons dit plus haut, le taylorisme, qui s'était généralisé aux États-Unis avant et pendant la Seconde Guerre mondiale, a été adopté massivement après 1945, notamment en France où sa rigueur cadre assez avec les tendances cartésiennes du pays et le goût des élites pour les méthodes hiérarchiques.

La méthode a permis un développement de la productivité et l'abaissement des prix réels de la plupart des produits et biens de consommation[1]. Mais est arrivé un moment où les firmes, à force de grossir, ont perdu de leur souplesse et de leur capacité d'adaptation. C'est ce que constatait Ross Perot qui, avant de se lancer dans la course à la Maison-Blanche, avait été un brillant industriel, chez General Motors, à qui il avait vendu sa firme : « S'il y avait un serpent vénéneux dans les bureaux du siège, on réunirait six comités avant de décider ce qu'il convient de faire. » Les sièges sociaux devenant de plus en plus importants, la masse des papiers allant du siège aux unités et des unités aux contrôles est de plus en plus lourde.

Il ne faut cependant pas trop insister sur cette pesanteur des grandes entreprises. La société de consommation est aussi une économie de concurrence dans laquelle on parle du « client roi » parce qu'il a de plus en plus la possibilité de choisir entre les marques d'un même produit ou entre les produits. C'est un changement par rapport à l'économie des producteurs (l'étape de la production) et d'autarcie où les entreprises cherchaient à organiser le marché en constituant des cartels officiels ou de fait. L'internationalisation de l'économie, voulue par les États-Unis qui ont parrainé la mise en place d'organismes comme l'OECE[2] (qui est devenue l'OCDE)[3] et du GATT, a contribué à la diffusion d'un même mode d'existence. L'Allemand et le Français utilisent de plus en plus les mêmes appareils, portent les mêmes chaussures de sport et passent leurs vacances dans les mêmes régions, les mêmes hôtels ou les mêmes campings.

C'est d'ailleurs en raison de la pression d'une concurrence venue de loin, celle du Japon, que tout le « montage » de la société de consommation a été mis en question. L'adoption d'une approche plus attentive aux désirs réels du client, lui-même évoluant, de méthodes plus souples de production, la promotion de la qualité, la simplification de l'organisation, ont fait irruption dans nombre d'entreprises, notamment dans l'activité phare de la société de consommation, l'automobile, sous la forme de produits japonais plutôt meilleurs que les leurs et bien moins chers.

Ce mouvement s'est produit alors que la révolution informatique, bouleversant les méthodes de travail, se généralisait et que, dans les pays riches, la mode du qualitatif remplaçait celle du quantitatif.

1. Voir *Pourquoi les prix baissent,* Jean Fourastié et Béatrice Bazil, coll. « Pluriel », Hachette.
2. Organisation européenne de coopération économique.
3. Organisation de coopération et de développement économiques.

IV. L'étape du savoir

Pour les entreprises, l'époque dans laquelle nous sommes entrés depuis la fin de la décennie 70 se caractérise par une véritable révolution du travail, une accentuation de la concurrence et l'élargissement de l'économie et des marchés à l'ensemble du monde : informatisation, compétition, globalisation. Il en résulte de nouvelles formes d'organisation et des crises d'adaptation qui frappent notamment les formes traditionnelles de l'emploi.

Nous illustrerons ces transformations en examinant trois séries de changements majeurs :

— changement dans les rapports de force mondiaux ;
— changements dans les techniques et le travail ;
— changements dans l'organisation des entreprises.

• **Les rapports de force mondiaux se modifient.**
Les États-Unis qui étaient de très loin la première puissance économique du monde, en 1945, et dominaient sans partage les mouvements des produits et des monnaies, ne pèsent plus, à la fin du siècle, que le quart environ de la production mondiale. Il est vrai que ce quart est beaucoup plus lourd que les 60 % d'alors. Qui plus est, le dollar reste la monnaie reine dans laquelle sont passés encore de nombreux contrats.

Mais, depuis 1950, l'Europe s'est reconstituée et, si elle était unie, apparaîtrait comme la première puissance du monde. En termes de consommation, elle est encore, en 1995, le premier marché du monde (étant entendu que l'on parle ici d'une Europe constituée par le noyau de la CEE, Allemagne, France, Italie, Benelux, auquel sont venus se joindre la Grande-Bretagne, l'Irlande, le Danemark, l'Espagne, le Portugal, la Grèce, la Suède, la Finlande, l'Autriche). Le Japon, lui, si l'on considère l'Europe comme une mosaïque de pays et non comme un ensemble, est devenu la deuxième puissance économique du monde développé. Pendant des années, on a cru que l'Empire soviétique était plus puissant. Mais, après la chute du communisme, on s'est rendu compte que la réalité des choses était loin de répondre aux promesses de la vitrine.

Cela étant, les puissances en place sont à leur tour secouées par de nouveaux arrivants. La Corée (du Sud) suit avec un décalage de vingt à trente ans l'aventure japonaise. Le Sud-Est asiatique se réveille. La Chine devient le Far West de la fin du XXe siècle. Toutes les entreprises qui veulent grandir espèrent s'y installer.

• **Là où le dynamisme économique s'ajoute au potentiel démographique, de nouveaux champs de développement apparaissent.** A cet égard, la situation est très différente de ce qu'elle était en 1940. Dans sa *Chro-*

*nique géographique du XX*e *siècle*[1], Pierre George parle de la débâcle démographique des pays riches.

> Au lendemain de la Deuxième Guerre mondiale, sur une population planétaire de moins de 3 milliards, les régions dites développées intervenaient pour près d'un tiers, 20 % en Europe et en URSS, 6,5 % en Amérique du Nord, 3 % au Japon. En 1994, l'Europe sans la Russie n'intervient plus que pour 11 % (avec la partie occidentale de l'ex-URSS pour 13 %), l'ensemble des pays développés pour le cinquième de la population mondiale.

Les pays développés ne renouvellent pas leur population, à l'exception des États-Unis, tandis que les pays les plus pauvres doublent leur population en moins d'une génération. Les populations vieillissantes de l'Europe sont encerclées par des populations méditerranéennes où la part des moins de 25 ans est déterminante, de même que le Japon se trouve confronté à des populations asiatiques beaucoup plus dynamiques que la sienne.

C'est dire que les grands défis du développement se situent hors d'Europe et d'Amérique. C'est dire aussi que les courants migratoires seront très différents de ce qu'ils furent au XIXe siècle.

Un autre mouvement résulte de ces données : il s'agit de l'urbanisation. Les populations en mal de travail vont s'agglutiner autour des villes avec l'espoir d'y trouver une activité. Dès à présent, Mexico dépasse 24 millions d'habitants. Alors qu'au début du XXe siècle la plupart des villes regroupaient chacune, au maximum, 1 million d'habitants, au début du XXIe siècle, trente auront plus de 10 millions d'habitants, une vingtaine plus de 5 millions. Les villes autrefois se formaient pendant des siècles. Aujourd'hui, elles explosent en quelques années.

Cela n'ira pas sans conséquences sur l'organisation des États, la nature des marchés et le souci de tous les responsables de diffuser une activité, non factice, dans ce que l'on appelle en France « les banlieues ». Les entreprises seront forcément des acteurs en la matière, soucieux de transformer les grandes masses humaines en marchés solvables (les 15-24 ans représentent plus du tiers des marchés dans l'ensemble du monde), mais préoccupés du risque d'y voir surgir les révolutions sociales et politiques de demain.

• **La nouvelle économie mondiale est également façonnée par les organisations politiques.** Deux courants complémentaires, mais parfois contradictoires, se manifestent. D'une part, des organismes mondiaux mis en place au lendemain de la Seconde Guerre mondiale, comme le Fonds monétaire international, la Banque mondiale et le GATT, ont pour ambition l'application à l'ensemble des économies de règles similaires et l'ouverture des frontières. D'autre part, des accords régionaux, dont la construction de l'Union européenne est l'exemple le plus concret, tendent à rassembler des pays d'une zone donnée dans un sous-ensemble mondial qui cherche à constituer une entité suffisante pour assurer le fonctionnement des trois quarts de ses activités. Le commerce international ne représente, en effet, sauf pour de petits pays, que 20 à 30 % du produit national. Si l'on prend la France, le pour-

1. *Op. cit.*

centage est de l'ordre de 25 %, mais si l'on prend l'Europe en intégrant la France, on arrive à 12 % comme pour les États-Unis[1] et moins de 10 % pour le Japon.

Il y a mondialisation certes des mouvements de capitaux, de certaines productions, des informations et de la diffusion des techniques. Mais l'essentiel des débouchés de nombreuses entreprises se trouve encore dans la grande région où elles ont leurs sièges. Il est vrai que le « marché intérieur » qui fut longtemps le marché national pour les entreprises allemandes, françaises, italiennes et même anglaises, est désormais le Marché commun européen ; pour les entreprises américaines, l'Alena (États-Unis, Canada et Mexique) ; pour les entreprises de la diaspora chinoise (le sel de l'économie asiatique), la partie dynamique de la Chine et l'Asean qui regroupe les pays émergents de la région (sauf le Japon).

• **Le mouvement extraordinaire qui s'opère dans l'économie mondiale conduira à d'autres redistributions des cartes.** Le Japon cesse d'être la seule grande puissance asiatique à économie « occidentalisée ». D'autres « géants » apparaissent. La Corée a cette ambition et a fait ses preuves. La Chine s'affirmera. L'Inde pourrait suivre. L'Indonésie forme un conglomérat prometteur. Il est déjà né, il naîtra encore dans ces pays des entrepreneurs et des entreprises dont il sera intéressant de voir si elles « s'occidentalisent » au fur et à mesure de leurs progrès ou si elles gardent un caractère, une éthique, des pratiques contractuelles différents de celles qui sont courantes dans l'économie occidentalisée.

De toute manière, l'ère des Occidentaux, seuls entrepreneurs du monde, est close. En revanche, l'arrivée de nouveaux venus ne se produit pas de la même manière partout. Les pays africains et du Moyen-Orient semblent plus doués pour le commerce que pour l'industrie. Il est vrai qu'ici et là se manifestent de puissants courants de pensée et de religion hostiles à toute idée de modernisation à l'occidentale.

• **Les techniques se transforment.**

Qu'on se rappelle la crise qui a marqué la fin de l'étape de la consommation. En décembre 1973, les principaux producteurs de pétrole fournisseurs des pays consommateurs décident d'augmenter brutalement et fortement le prix du pétrole. On a donné du phénomène de nombreuses explications. La plus simple est la plus fondée. Comme les pays consommateurs, peu soucieux à l'époque d'économies d'énergie et de matières premières, en avaient de plus en plus besoin pour faire face aux exigences de la croissance, les pays fournisseurs se mirent en position de leur faire payer une taxe.

L'affaire allait bousculer le système. Elle surgissait alors que dans les sociétés riches certains s'inquiétaient des gaspillages des ressources de la planète (le rapport du Club de Rome) et que d'autres constataient que les Japonais gagnaient des parts de marché en s'efforçant de « faire mieux avec moins ». La dîme pétrolière eut pour effet une vaste redistribution des moyens financiers, pour beaucoup gaspillés en projets utopiques et en production d'armements. Mais elle contraint les pays riches à mettre plus de rigueur dans leur économie pour échap-

1. Pourcentage qui va rapidement en croissant.

per aux fièvres inflationnistes. La production de masse fait alors progressivement place à la production diversifiée, de qualité.

• **La généralisation de l'usage de l'informatique** va contribuer à ce passage. Certes les machines informatiques ont commencé à équiper les entreprises et les organisations dans les années 60. Mais c'est avec le microprocesseur et la possibilité de mettre à la disposition de chacun un outil informatique que l'économie change de nature. Avant, l'ordinateur renforçait les structures en place, donc la centralisation, donc le taylorisme. Désormais, le « micro » permet de transformer chaque intervenant en acteur plein de la vie de l'entreprise. Il favorise la diffusion de l'information vers des travailleurs qui sont mieux formés et aptes à prendre des décisions relatives à leur activité, ce qu'on leur refusait autrefois.

Les capacités de calcul et d'information permettent en plus d'alléger le fonctionnement des entreprises, de réduire les stocks, de pratiquer des politiques de juste à temps, de mieux contrôler le déroulement des opérations et le niveau de qualité souhaité.

Mais ce progrès, qui avec le développement de l'automatisation libère l'homme de tâches pénibles, conduit les entreprises à rechercher la main-d'œuvre apte à maîtriser les nouvelles formes de travail et à s'alléger de celle qui est habituée aux tâches répétitives. En plus, elles ne veulent plus s'encombrer de travaux ordinaires et les confient à des sociétés de main-d'œuvre spécialisées, notamment dans les services (nettoyage par exemple). A la division en classes (patrons, cadres, ouvriers, paysans, fonctionnaires), succède une division entre participants directement au système et satellites du système. Les rémunérations ne sont pas les mêmes. Dans un cas les travailleurs ne sont pas tous interchangeables, dans le second ils ont – à tort parfois – le sentiment de l'être.

Une partie de la richesse nouvelle acquise grâce aux progrès techniques est consacrée à la « conversion » des travailleurs mal adaptés ou à leur mise en retraite anticipée. Ainsi, la reconversion de 100 000 salariés de la sidérurgie française a coûté 100 milliards de francs en vingt ans. Les pays où les adaptations peuvent se réaliser plus vite et à moindres frais bénéficient évidemment d'un avantage compétitif, ce qui est notamment le cas des États-Unis et, dans une moindre mesure, du Japon qui traite bien – comme on le verra au chapitre 5 – les salariés des grandes entreprises et beaucoup moins bien ceux des petites sous-traitantes.

• **Les progrès des télécommunications et des transports,** et la chute de leurs prix[1], qui favorisent la mondialisation des mouvements financiers et facilitent la multiplication des centres de production, contribuent à développer de nouveaux marchés et à accentuer la pression de la concurrence. Ils ont aussi des conséquences sur l'emploi. La délocalisation consiste à déplacer vers des pays à faibles salaires des productions où le coût de main-d'œuvre entre pour une part significative. Elle a moins d'effets négatifs que certains l'affirment parce qu'elle permet la survie de firmes qui autrement disparaîtraient. En revanche, les capi-

1. En 1995 les prix des frets ne représentent plus que le cinquième de ce qu'ils étaient en 1920. Les prix des communications téléphoniques internationales ont été divisés par 100 en cinquante ans.

taux cherchant des investissements prometteurs s'orientent vers les économies émergentes et s'intéressent moins aux économies établies (bien que les États-Unis restent le pôle d'attraction privilégié des capitalistes parce qu'ils sont en renouvellement permanent).

Le déplacement de la croissance entraîne, dans les pays européens (et occidentaux en général), un rythme de croissance moyen sur une longue période de 2 % l'an, alors qu'il est de 10 % ailleurs. Cela ne suffit pas à offrir dans les pays riches des emplois en nombre comparable à ceux qui étaient offerts dans la phase de croissance de la société de consommation.

• **Les problèmes de l'emploi deviennent donc, comme à chaque grand tournant de l'évolution technique, amples et difficiles à maîtriser.**

Certains – constatant que les machines facilitent la production et des gains importants de productivité – préconisent de fortes réductions horaires. De même que pour écouler les surproductions, après 1930, il fallait accroître les ressources, de même, pour éviter le chômage, il faudrait multiplier les offres d'emploi, donc réduire le temps de travail de chacun. Mais à quel niveau de rémunération ? Le plein-emploi au rabais aurait des conséquences sur la consommation, donc l'activité. Le plein-emploi à niveau de rémunération élevé provoquerait un afflux de produits étrangers, donc une réduction du travail sur place. Une adaptation des horaires est cependant en train de s'opérer, non seulement dans le cadre hebdomadaire, mais annuel et au-delà (vacances, formation, entrée tardive dans la vie active, sortie prématurée). De nouveaux contrats de travail temporaire, à temps partiel, se multiplient. En attendant des politiques cohérentes, les États, notamment en France, interviennent pour essayer de réduire les brèches. Au dirigisme économique, que l'ouverture des frontières a fait éclater, succède le dirigisme social beaucoup moins attaqué par les organismes régulateurs de l'économie mondiale qui s'occupent des mécanismes des marchés des marchandises, des services, des monnaies, bien plus que des phénomènes sociaux.

D'autres préconisent un renforcement de la formation des salariés de manière à ce qu'ils disposent des langages nécessaires pour évoluer à l'aise dans une société technicienne, informatisée et en voie de globalisation. Cela suppose une adaptation des organismes chargés de l'enseignement (officiels ou autres) équivalente à celle que pratiquent les entreprises qui surmontent les défis de l'époque.

D'autres sont tentés par de nouvelles formes de protectionnisme qui permettraient – pensent-ils – de freiner la concurrence des produits étrangers. Les plus iconoclastes vont jusqu'à préconiser un retour à l'inflation pour ponctionner les titulaires de revenus fixes.

Derrière ces positions, on trouve une remise en cause du système mis en place avec la société de consommation. En cherchant à favoriser le consommateur et à lui proposer sans cesse des produits et des services à prix de plus en plus réduits, on finit par s'attaquer à l'emploi. Les Japonais n'ont-ils pas maintenu longtemps le plein-emploi en pratiquant une distribution obsolète mais permettant de maintenir en activité des millions de personnes dans des échoppes et chez des semi-grossistes. Le consommateur payait plus cher, mais les indemnités chômage étaient moins lourdes. Pourtant cette position devient, au Japon même, de moins en moins tenable, soit que les partenaires du Japon le somment de s'aligner sur les règles communes, sauf à subir des mesures discriminatoires sur les marchés où ses entreprises exportent, soit que les Japonais eux-mêmes deviennent des consommateurs moins consentants.

De toute manière, la crise de l'emploi entraînera des modifications économiques et sociales comparables à celles qu'avaient provoquées les crises de surproduction. Elles conduiront à une autre répartition du temps entre le travail et le non-travail et à de nouvelles formes de consommation.

Ces crises ne doivent pas faire oublier pour autant la réalité mondiale qui est celle d'un formidable développement du travail et de l'emploi. Même dans les pays industrialisés, le nombre des actifs au travail ne cesse, sauf exception, de croître.

Selon la Banque mondiale, 2,5 milliards de personnes sont actuellement en âge de travailler dans le monde. Dans trente ans, elles seront 1,2 milliard de plus, c'est-à-dire dix fois la population active américaine de 1994 et cinquante fois la française. On peut se demander avec inquiétude si la majorité de ces actifs trouvera un emploi ou une activité. On est moins anxieux quand on constate qu'entre 1950 et 1970 la population mondiale en âge de travailler est déjà passée de 1 milliard à 2,5 milliards. Une majorité de cette population a trouvé à s'employer, dont un tiers au moins dans un cadre d'une économie industrielle développée.

Il est évident cependant que plus la masse des populations au travail augmentera, plus les entreprises des pays vieillissants devront être efficaces tandis que leur épargne aura à s'investir, en partie, sur des marchés en forte expansion, pour contribuer à alimenter les retraites de leurs anciens.

- **L'organisation des entreprises est renouvelée.**

Depuis une cinquantaine d'années, les entreprises ont mis particulièrement l'accent dans leur organisation sur la production, puis sur le marketing, puis sur les aspects financiers, puis à nouveau sur la production, mais complètement transformée.

Ces priorités correspondent aux préoccupations du moment. Après la guerre, les besoins sont massifs. La reconstruction exige des équipements. Les populations, dans la plupart des pays, ont été privées de l'essentiel. Les efforts se portent sur l'organisation des usines et la productivité des ateliers en s'inspirant des leçons américaines.

Avec l'entrée dans la société de consommation, l'heure est aux vendeurs et à ceux qui préparent les ventes, les stratégies d'approche des clients, au marketing, et les ingénieurs sont supplantés par les commerçants.

Lorsque l'expansion s'essouffle, il ne suffit plus de produire et de vendre pour assurer son profit. Il faut de plus en plus compter. On calcule la rentabilité avec bien plus d'attention que pendant les périodes d'expansion où elle résulte de la marche en avant. On s'assure du retour sur le capital investi. On cherche de l'argent au meilleur prix (avec l'inflation, on bénéficiait d'intérêts négatifs alors qu'avec la stabilité monétaire les taux réels – payés par les entreprises – dépassent souvent 4 % à 6 % en France, en 1995). On espère aussi tirer parti de sa trésorerie en « faisant travailler » son argent, ce qui conduit parfois à des prises de risques aveugles comme celles de maintes banques et compagnies d'assurance françaises alléchées par les envolées des marchés immobiliers à la fin de la décennie 80.

Les préoccupations financières ne sont pas près de disparaître, mais avec l'accentuation de la concurrence et les changements techniques, on se rend compte de la nécessité de revoir complètement les méthodes de production. Au lieu de vouloir tout faire par elle-même comme cela se pratiquait au début du siècle, et bien au-delà, chaque entreprise se concentre sur ce qui est ou qu'elle croit être vraiment son métier. Elle doit s'y consacrer pleinement pour être en permanence en mesure de proposer des produits ou des services compétitifs. Elle doit innover et lancer les produits plus vite pour ne pas être doublée par les concurrents. Elle réduit les délais de préparation tout en donnant plus de substance à ses recherches grâce aux moyens techniques. Ainsi le délai de mise au point d'un modèle automobile a-t-il été réduit de sept ans à quatre et moins.

L'entreprise mère, la spécialiste, fait de plus en plus appel à des entreprises proches, fournisseurs réguliers et, lorsque les prix sont déterminants, aux fournisseurs les moins chers. Les achats qui représentaient habituellement 30 % du chiffre d'une entreprise dépassent souvent les 50, voire les 80 %. Une firme comme Nike ne « fabrique » rien par elle-même, sinon l'essentiel, les concepts qui lui permettent de faire fabriquer ses produits (cf. chap. 1).

Dans le même temps, les entreprises sont amenées à s'intéresser aux marchés mondiaux pour amortir plus vite et mieux leurs investissements, et être présentes sur les marchés les plus dynamiques.

La combinaison de l'effort de productivité nouvelle manière et du souci de présence commerciale conduit à la notion de « globalisation ». Ford conçoit des modèles dont les éléments sont fabriqués dans plusieurs pays et rassemblés là où les voitures doivent être vendues. Les dirigeants de Mercedes disent que le *made in Germany* ne suffit plus. Le *made in Mercedes* s'impose. Les usines sont de plus en plus à l'extérieur de l'Allemagne. Il faut, pour maintenir l'image de marque, que la qualité soit la même partout. Cette exigence conduit à attacher une attention particulière à la production, à la qualité, aux méthodes.

La pression commerciale ne disparaît pas pour autant. Elle tend même à se renforcer en permanence. Mais alors qu'autrefois les services d'une firme travaillaient en séquences, un peu chacun de son côté, ils œuvrent désormais en réseaux, chacun dialoguant avec l'autre. Dans un nombre croissant d'entreprises, on place les services de recherche-développement près des ateliers et on fait systématiquement travailler ensemble les spécialistes du marketing qui sont chargés de sentir les aspirations du marché, les ingénieurs de recherche, les responsables de la production, les financiers.

Les entreprises qui servent de modèle de management sont celles qui ont trait à l'activité dominante. Après la sidérurgie, ce fut l'automobile. C'est aujourd'hui de plus en plus l'électronique et les activités dites de communication.

Brûlant les étapes, de nombreux commentateurs parlent d'« économie tertiaire » ou « postindustrielle ». Si l'on observe le nombre des personnes employées dans les entreprises industrielles classiques qui baisse, et celui des activités de service qui augmente, on confirme le diagnostic. Mais quand on examine les sources de la richesse et la masse des échanges, on constate que l'activité industrielle reste la base forte de l'économie. Il est vrai cependant que l'industrie et les services se mélangent. Il y a de plus en plus de technique dans un programme informatique. Et, en amont et tout au long du déroulement des activités, le « savoir », l'information, la maîtrise du temps jouent un rôle décisif.

V. Prochaines étapes

On a dit et répété que l'Amérique avait servi de modèle à tous les pays aspirant à acquérir le même niveau de vie.

Mais le modèle américain a lui-même beaucoup évolué. Il correspondait à la société de consommation. L'arrivée des Japonais sur le devant de la scène économique mondiale a donné le sentiment, dans la décennie 80, qu'un nouveau modèle était en train de naître, conciliant l'ambition de la croissance et une relative stabilité sociale.

De nombreuses entreprises – après avoir pris aux États-Unis des leçons de productivité – ont puisé dans l'expérience japonaise des recettes qu'elles ont plus ou moins appliquées. Mais elles ont surtout été plongées dans la mondialisation et contraintes de tenir compte du déplacement du centre de gravité de l'Atlantique vers le Pacifique. Alors que l'aventure industrielle a longtemps été celle de l'Occident qui s'appuyait sur elle pour s'imposer au monde, elle se généralise et met l'Occident en position de compétition et non plus de dominateur. Certes les pays dits développés représentent encore une part majeure de la richesse mondiale et de sa capacité de production, mais les évolutions sont rapides et les forces économiques et politiques en train de se répartir autrement. Déjà certaines prospectives statistiques mettent la Chine en tête ou en deuxième position, derrière les États-Unis, des classements à venir des produits nationaux[1]. L'hypothèse pour discutable qu'elle soit est plausible.

Cela étant, on aurait tort d'ignorer les évolutions qui se produisent à l'intérieur des pays industrialisés et, notamment, aux États-Unis. Après avoir été leaders de la société de consommation, ils sont devenus leaders, au travers de leurs entreprises les plus innovantes, de la société du savoir. Ils restent donc encore un modèle dans bien des domaines, même s'ils n'en sont plus les seuls. Les États-

1. Voir *L'économie mondiale 1820-1992* par Angus Maddison, Études du centre de développement de l'OCDE, 1995.

Unis sont, de plus, la seule puissance qui semble en mesure d'orienter vraiment les règles de fonctionnement de l'économie mondiale, de jouer s'il le faut un rôle de police, de continuer à imposer l'usage de leur propre monnaie. Ils n'ont donc pas fini de marquer la période. Mais eux aussi seront de plus en plus obligés de compter avec les puissances à venir.

Quant aux entreprises, elles auront certes à s'inspirer des exemples les plus probants, mais elles auront aussi et surtout à essayer de tirer le meilleur parti de leurs ressources en se rappelant – ce que parfois elles oublient – que les ressources humaines sont les plus précieuses et les plus importantes pour sans cesse gagner la bataille de la prospérité.

PREMIÈRE PARTIE

Les capitalismes

1

De l'hégémonie au premier rang

LE CAPITALISME AMÉRICAIN

Connaître

Du Pont de Nemours	1802	Wilmington
Procter & Gamble	1837	Cincinnati
Coca-Cola	1886	Atlanta
Sears Roebuck	1886	Chicago
Ford	1896	Detroit
US Steel	1901	Pittsburgh
General Motors	1908	Detroit
IBM	1911	Armonk
Boeing	1916	Seattle
United Technologies	1934	Hartford
Intel	1968	Cupertino
CNN	1970	Atlanta
Microsoft	1974	Seattle

Au XIXe siècle l'Amérique est la terre d'élection des entrepreneurs et des entreprises. Après la guerre de Sécession, en deux générations, les États-Unis accèdent au rang de première puissance industrielle car elle a maintenu au pouvoir pendant un demi-siècle le parti des hommes d'affaires qui construisirent l'Amérique du business.

Les entreprises les plus brillantes surclassent leurs rivales étrangères, car l'*american system of manufacturing* est le résultat d'une symbiose culturelle, économique et sociale originale où les handicaps théoriques se révèlent rapidement au moins aussi favorables que les atouts les plus évidents. Par l'ampleur de leurs opérations, l'efficacité de leur gestion, le raffinement de leur intégration, le volume de leurs ventes et de leurs bénéfices, les entreprises américaines triomphent et s'imposent comme modèle à la planète.

Au cours du développement industriel des États-Unis, l'entreprise a tenu une place centrale par sa mécanisation précoce, l'adoption du travail à la chaîne, la standardisation, la rationalisation de l'organisation du travail qui ont abouti à l'une des meilleures productivité du monde. Depuis 1945 le phénomène s'est accéléré tant la recherche perpétuelle des conditions les plus rentables a suscité au sein de l'entreprise américaine l'apparition de nouvelles techniques de fonctionnement : les termes anglais *engineering, marketing* ou *management* en témoignent. Depuis les années 60 les sociétés américaines comptent parmi les plus internationales du monde, mettant en place la physionomie des entreprises actuelles qui conservent toute liberté pour investir, grandir, se concentrer, se diversifier, passer des alliances, en tout cas ne pas s'installer dans le rite ou se figer dans l'acquis.

I. Mythes, concepts et pères fondateurs de l'entreprise et du capitalisme américains

1. L'entreprise repose sur des mythes fondateurs puissants

▸ **L'esprit d'entreprise a bénéficié de conditions psychologiques nouvelles :** les États-Unis sont un pays qui n'a pas d'histoire lorsque débarquent les pères pèlerins en 1620. Pour l'émigrant il n'y a aucune entrave venant du passé, au contraire il y a rupture avec les cadres anciens européens et développement d'un formidable goût pour l'initiative individuelle. La société américaine qui s'élabore n'a pas d'ossature sociale héritée ni contraignante. Elle ignore donc (sauf peut-être dans le Sud qu'on a pu décrire comme une « société aristocratique ») le sens de la hiérarchie, le goût pour les honneurs, le poids des conventions, les liens d'homme à homme comme cela se passe en Europe.

Aussi chaque Américain considère qu'il a un avenir, qu'il a la chance de ses mérites, qu'il est à un début, que tout est possible pour lui-même et pour les siens. C'est une rupture psychologique totale avec l'Europe et ses hiérarchies, ses préjugés, ses corporatismes, ses conservatismes. De plus il n'y a pas en général de préjugé aristocratique contre le travail, donc aucun frein au désir de réussite.

► **La société américaine a fait de la réussite une mystique.** Le colon a une religion pratique, il est sauvé par les œuvres, donc par la réussite. Tout repose sur la morale des WASP[1], morale protestante exaltant l'effort, l'épargne, la frugalité, le réinvestissement. L'acquisition de biens n'est qu'une récompense, une matérialisation de la vertu. L'argent, fruit du travail, symbolise la réussite, témoigne de la valeur sociale de l'individu. S'y ajoute un darwinisme social où seuls les plus forts, les plus entreprenants, les plus imaginatifs, les plus talentueux se retrouvent au sommet de la hiérarchie sociale. La dureté du travail est un gage de réussite, et le travail c'est le courage, l'habileté, le flair. l'Américain est un pragmatique qui a foi dans le progrès qui ne peut être que matériel. Il met en place une civilisation utilitariste et instrumentaliste pour dominer un environnement qui se révèle gigantesque.

En effet les conditions sont exceptionnelles : une abondance de ressource en matières premières et sources d'énergie comme le constate David Potter dans son livre *People of plenty (Les fils de l'abondance)* facilement exploitables grâce au développement des chemins de fer et des transports ; un peuplement à la croissance rapide qui a constitué un marché intérieur de dimension jusque là inconnue ; une rareté relative de la main-d'œuvre au XIXe siècle qui oblige les industriels à la rationalisation et à la mécanisation de leurs activités (car les méthodes européennes ne suffisent plus) ; une dynamique dans le cadre de la frontière qui a permis une forte concentration des entreprises de 1895 à 1905. En un mot, il faut ouvrir une voie propre pour produire et s'organiser à l'échelle d'un continent.

Ainsi se dessinent les traits dominants du caractère américain, teinté d'un dynamisme foncier et d'un optimisme incoercible que l'on retrouve dans l'activité entrepreneuriale.

► **Le *self made man* est l'incarnation du rêve américain.**

La frontière[2] est génératrice d'individualisme, l'homme y est isolé et doit faire face à des situations très changeantes exigeant des aptitudes très étendues et des réac-

1. WASP : White Anglo Saxon and Protestant. Il s'agit des premiers émigrants et de leurs descendants d'origine blanche, anglo-saxonne et de confession protestante.

2. Le terme désigne « le point de rencontre entre le sauvage et le civilisé », c'est-à-dire la limite entre les territoires de l'Est américain, occupés et mis en valeur, et l'Ouest sauvage et encore à conquérir. La frontière se déplace ainsi d'Est en Ouest tout au long du XIXe siècle. Selon l'historien Frederick Jackson Turner la frontière a forgé les institutions et les mentalités américaines. La frontière est un « état d'esprit ». Vers 1890 l'Amérique réserve de terres vierges prend fin, les États-Unis se donnent alors une nouvelle frontière : l'industrialisation. Avec la mort de Buffalo Bill dans la misère, c'est un monde qui disparaît ; avec les Morgan, les Rockefeller, les Carnegie entrent dans l'histoire les capitaines d'industrie.

tions originales et innovantes. Cet individualisme de la réussite s'est incarné dans les capitaines d'industries de la fin du XIXe siècle qui font preuve de dynamisme et d'invention. Le *self made man* devient un modèle, il incarne le « rêve américain ».

La première étape de l'industrialisation, jusqu'en 1873, fut celle de ces individus qualifiés de « rois » qui durent tout expérimenter, tout créer.

• **Parmi eux, beaucoup réussissent dans le chemin de fer et le télégraphe.** C'est dans ce secteur que se constitue la grande entreprise américaine. Car l'efficacité opérationnelle exigée des infrastructures de transport et de communication a imposé une série impressionnante d'innovations organisationnelles et technologiques. C'est pourquoi dès 1850 les sociétés de chemin de fer américaines devinrent les pionnières du management en créant de toute pièce un système d'administration de type *Staff and Line* qui réorganise profondément les pouvoirs à l'intérieur de l'entreprise (cf. schéma 1).

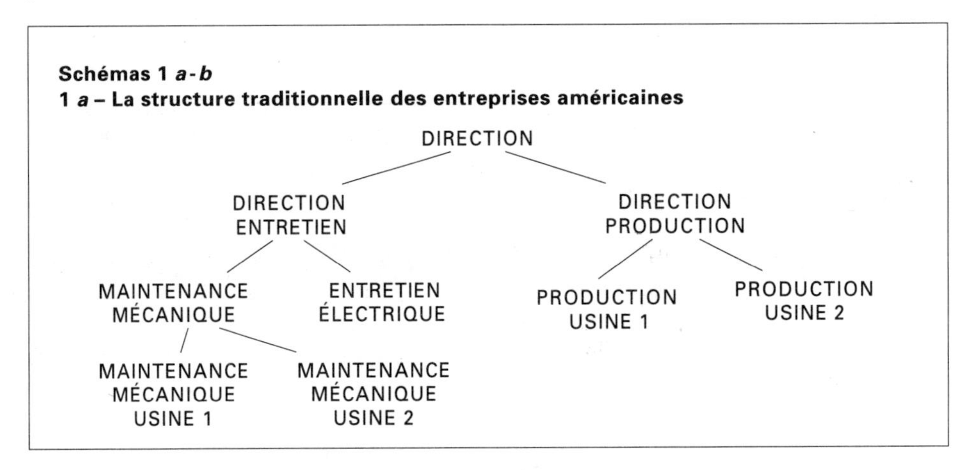

Cette hiérarchie pyramidale du pouvoir ne résiste pas à la complexité des structures et des tâches qui s'imposent aux compagnies de chemin de fer.

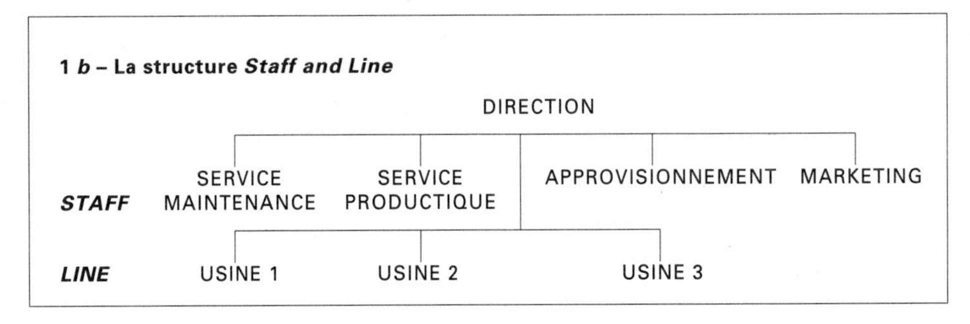

Robert Mac Callum et Albert Fink y substituent la structure *Staff and Line* qui associe les relations de compétence professionnelle dans une ligne *Staff* à l'autorité dans une ligne de décision *Line*. Ce prototype d'organisation centralisée et articulée en départements fonctionnels servira plus tard de modèle à l'ensemble de la grande industrie.

Aux débuts de l'industrialisation la structure fonctionnelle de l'entreprise repose sur un principe hiérarchique et centralisé de commandement.

> *Les entreprises américaines furent les premières à mettre en place une vaste structure d'organisation interne avec des voies hiérarchiques soigneusement définies reliant le bureau central aux responsables des services et aux divers postes établis sur le terrain; et elles furent les premières à développer un flux de données financières et statistiques pour contrôler et évaluer le travail de nombreux responsables*[1].

De plus l'exploitation des réseaux de chemin de fer nécessite l'accumulation d'importantes ressources financières, accumulation qui ne se révèle possible que dans le cadre de la société par actions. C'est grâce aux chemins de fer que des instruments financiers modernes ont vu le jour (actions, obligations, bons hypothécaires).

Parmi les « rois » de l'industrie les exemples de John Pierpont Morgan et d'Andrew Carnegie sont des plus significatifs :

- **John Pierpont Morgan** (1837-1913) fils du financier Junius Spencer Morgan (1813-1890) est en 1871 codirecteur de la New York City Firm of Drexel Morgan and Company, banque qui devient le principal organe de financement des besoins du gouvernement des États-Unis. Morgan renforce son pouvoir en étant chargé d'émettre des emprunts nationaux et en contrôlant des opérations de remboursement des bons du Trésor. En 1894, alors que la situation économique est tendue, le président Cleveland demande à Morgan de l'aider à rassembler 50 millions de dollars en or pour soutenir les réserves du Trésor. Dans un premier temps la fuite d'or s'amplifie malgré tout. Cleveland a de nouveau recours à Morgan pour un emprunt de 65 millions de dollars afin de stopper l'hémorragie. L'opération est couronnée de succès et les bénéfices sont considérables (10 millions de dollars). En l'absence d'une banque des États-Unis, la banque Morgan fait office de banque centrale.

— En 1895 la banque prend son nom définitif : John Pierpont Morgan and Company.

— En plus des activités bancaires l'action de John Pierpont Morgan s'oriente alors dans trois directions majeures : le chemin de fer, la sidérurgie, les transports maritimes.

— Il réorganise les chemins de fer de la région de New York, de la Pennsylvanie et de l'Ohio, créant ainsi un réseau structuré et cohérent dans le quart nord-est des États-Unis. Cette opération lui permet de contrôler 5 000 miles de voies ferrées.

— En 1892/1893 Morgan s'intéresse aux sociétés sidérurgiques et, après cinq ans d'efforts, il peut créer la Federal Steel Corporation c'est un amalgame de plusieurs compagnies de Pennsylvanie et du Middle West. La Federal Steel Company est déjà un modèle d'intégration verticale puisqu'elle possède des mines de fer, de charbon, un chemin de fer minier et une flotte pour le transport du mine-

1. Alfred Chandler, *La main visible des managers,* Economica, 1988.

rai sur les grands lacs. En 1901 il complète son empire en achetant à Andrew Carnegie la Carnegie Company pour la somme de 492 millions de dollars. L'ensemble de la United State Steel Corporation représente 170 000 ouvriers, 78 hauts fourneaux, 149 aciéries, et possède 200 000 hectares de terrains charbonniers. C'est alors la première entreprise industrielle du monde !

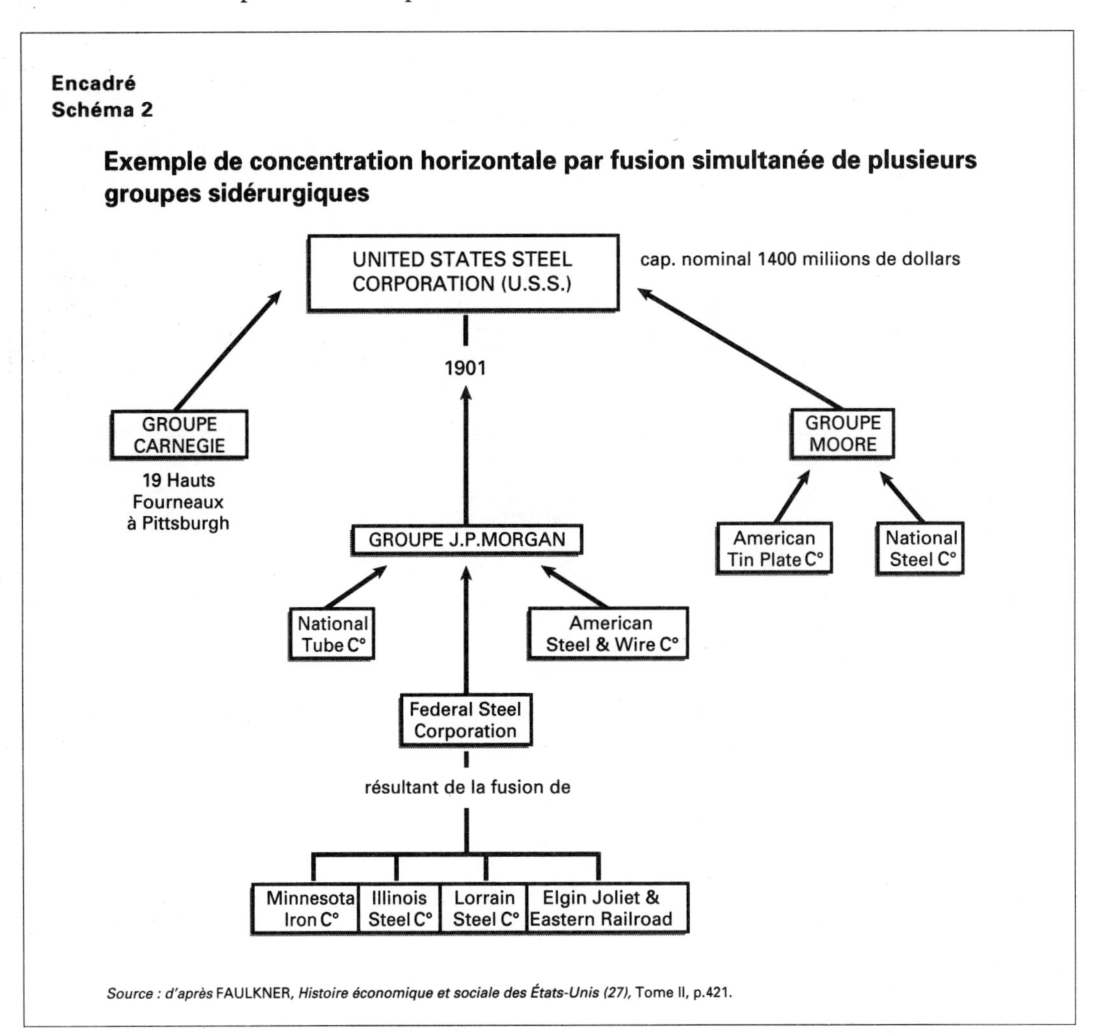

Encadré
Schéma 2

Exemple de concentration horizontale par fusion simultanée de plusieurs groupes sidérurgiques

Source : d'après FAULKNER, *Histoire économique et sociale des États-Unis (27)*, Tome II, p.421.

US STEEL : fondée en 1901 par John Pierpont Morgan après rachat de l'empire Carnegie US Steel est devenue un symbole aux États-Unis, car émergeait pour la première fois un ensemble industriel de première grandeur étendant son empire sur un ensemble d'activités en amont de la fabrication d'acier (extraction de minerai, transport) et en aval (transformation, stockage, vente), et pesant de tout son poids sur toute la vie économique des États-Unis. Son trop plein de puissance allait se transformer en un lourd handicap.

Très tôt cible de la législation antitrust US Steel évolue pendant vingt ans sous le feu croisé des investigations et des menaces de dissolution. Ayant sous les yeux l'exemple de la Standard oil Company, US Steel choisit par crainte du démembrement une quasi-stagnation volontaire. Fortement concurrencée dès la fin des années 60 par la sidérurgie du Japon et de l'Europe US Steel est entré en crise par manque de diversification de la production pour répondre aux besoins nouveaux en aciers spéciaux des fabricants d'avions, de turbines à gaz et de réacteurs nucléaires.

Après avoir racheté Marathon Oil Company, US Steel a perdu la plus grande partie de ses activités et est devenue depuis 1986 la société USX spécialisée dans le raffinage. Autrement dit, aujourd'hui il ne reste pratiquement plus rien de l'US Steel façon John P. Morgan. Cette chute marque la fin d'un certain type de capitalisme monoproduit ayant pour objectif la production de masse.

— En 1902 enfin Morgan prend le contrôle de l'International Merchant Marine et de l'International Harvester, ce qui lui permet de pénétrer dans le commerce maritime international.

Son fils John Pierpont Morgan Junior (1867-1943), diplômé de Harvard en 1889, succède à son père en 1913, et pendant la Première Guerre mondiale finance les fournitures et l'aide colossale apportées aux Anglais et aux Français. Après le traité de Versailles, la Banque Morgan avance à titre de prêts 1,7 milliard de dollars dans le cadre de la reconstruction européenne. Elle soutient la politique extérieure des États-Unis en appuyant financièrement le plan Young (1929-1932) qui entend régler le problème des réparations allemandes, et ce d'autant plus que depuis 1922 John Pierpont Morgan Junior est membre de la Commission des réparations. C'est le sacre du banquier-roi !

Mort en 1943, il a été le dernier de la dynastie des Morgan à diriger cet empire financier.

• **Andrew Carnegie** (1835-1919), né en Ecosse, arrive avec sa famille aux États-Unis en 1848. Il débute à 13 ans dans une usine de coton comme bobineur. Entre-temps il apprend la comptabilité, car il a compris que seule la formation lui permettra de gravir les échelons de la société.

En 1849 alors qu'il a été engagé dans un bureau télégraphique, ses qualités le font remarquer par le directeur de la branche Ouest de la Compagnie des chemins de fer Pennsylvania Railroad. Carnegie y gravit en dix ans tous les échelons de la hiérarchie, et en 1859 il est nommé directeur de la branche Ouest de la Pennsylvanie Railroad. Carnegie prend alors des participations dans de nombreuses affaires : pétrole, wagons-lits, bâtiments et travaux publics. Sa fréquentation au cœur du chemin de fer le place en prise directe avec les problèmes de fusions, d'acquisitions, de concentration. En 1863, grâce à ses placements, il est millionnaire en dollars. La guerre de Sécession fait sa fortune.

A partir de 1865, avec la Keystone Bridge and Company, entreprise spécialisée dans la fabrication de ponts pour les chemins de fer, Carnegie oriente ses activités vers l'industrie sidérurgique qui fabrique les poutrelles dont il a besoin. Il y ajoute des prises de participation dans l'Union Iron Mills, la Superior Rail Mills et la Pittsburgh Locomotion Works.

Ce n'est qu'en 1872, à la suite d'un voyage en Angleterre, qu'il décide de consacrer toute son activité à l'acier. Il installe sa première usine près de Pittsburgh, pour produire des rails avec un laminoir Bessemer intégré, le plus important du monde. Il a compris l'importance du progrès technique dans le développement d'une entreprise pour offrir les produits au meilleur prix et ainsi s'imposer sur les marchés.

Carnegie s'associe avec des producteurs de charbon Clay Frick et Charles Schwab. Il lui faut sept ans pour absorber ses associés et fonder en 1879 la Carnegie Brothers and Company Limited qui deviendra la Carnegie Steel Company où le processus d'intégration est très avancé : Carnegie possède alors ses hauts fourneaux ; ses cokeries, ses mines de charbon et de minerai de fer. Il pratique donc l'intégration verticale. Il faut ajouter qu'il est l'un des premiers hommes d'affaires de l'ère moderne à s'être intéressé à la gestion et au marketing (c'est Carnegie en personne qui, dans sa maison de courtage de New York, négocie la vente de ses produits).

— En 1901 Andrew Carnegie est en situation de quasi-monopole. Il décide de vendre la Carnegie Steel Company pour 492 millions de dollars au banquier John Pierpont Morgan qui veut constituer le plus grand trust du monde de l'acier.

Ces *self made men* prouvent qu'aux États-Unis avec du travail, de la ténacité et de l'habileté, on peut passer « des haillons à la fortune ». Mais la création de l'US Steel Company marque la fin d'une époque avec le transfert des moyens de production accumulés par un homme et sa petite équipe au profit d'une gigantesque Corporation. C'est le début du XXe siècle et des organisations bureaucratiques.

▸ L'entreprise américaine démontre une souplesse et une faculté d'adaptation remarquable.

La crise de 1872-1873 a mis à nu la fragilité des constructions personnelles et a conduit les entreprises familiales à se transformer en sociétés par actions. A partir de 1880 l'entreprise américaine entre dans un processus de concentration pour former des pools, des ententes, des trusts pour se répartir les marchés et maîtriser les prix de vente. Ces ententes font disparaître le libre jeu de la concurrence, c'est pourquoi le gouvernement fédéral dut intervenir pour limiter la menace qui pesait à ses yeux sur le fonctionnement du marché.

• **La législation antitrust qui vise à la restauration de la concurrence et au libre fonctionnement du marché** se fait en trois étapes.

— En 1887 tout commence avec quinze États qui adoptent une législation interdisant les pratiques anticoncurrentielles, mais ces mesures se révèlent inefficaces dans la mesure ou un monopole recouvre plusieurs États. Une action au plan fédéral devient nécessaire.

— Le résultat est le vote en 1890 de la loi Sherman qui organise la recherche et la sanction des politiques anticoncurrentielles classiques fondées sur les ententes (prohibées par la section I du Sherman Act) et attaque les tentatives de monopolisation ou les abus de position dominante (section II du Sherman Act) afin d'interdire « les contrats, combinaison sous forme de trust ou autre, et les coalitions en vue de restreindre le commerce parmi les États ou avec des nations étrangères ». Les termes de la loi sont vagues, les définitions de monopole et de restriction du commerce sont imprécises, l'application s'en révèle difficile (de 1890 à 1900 il n'y a que 18 poursuites). La loi Sherman interdit les trusts, les capitalistes s'adaptent et développent les holdings. Néanmoins jusqu'en 1914 avec les présidents progressistes Roosevelt et Wilson les poursuites s'accélèrent contre les monopoles. Les actions les plus célèbres sont celles entreprises contre la Standard Oil, dont le démembrement en trente firmes est confirmé, et d'American Tobacco qui dut abandonner certaines filiales et se réorganiser.

— La troisième étape s'inscrit dans le cadre du *New Freedom* du président Wilson avec le vote de la loi Clayton en 1914. Cette loi précise le champ d'intervention des mesures anticoncurrentielles en énumérant les procédés illégaux à combattre (discrimination de prix, refus de vente, sélectivités ou accords liants trop rigoureux, protections territoriales). La loi Clayton est complétée par la Robinson Patman Act en 1936 qui lutte contre le dumping et les prix discriminatoires.

Les holdings sont particulièrement visés par le Clayton Act, les entrepreneurs développent en réaction les conglomérats qui sont alors concernés par le Celler-Kefauver Act. En fait la concentration des entreprises et les monopoles sont les manifestations de la puissance économique des États-Unis. Ces phénomènes font voler en éclats les pratiques concurrentielles dont la restauration s'avère souvent aussi vaine qu'illusoire, et l'État fédéral en est arrivé à accepter la concentration pourvu qu'elle soit contrôlée.

• **Dans le domaine de la production l'essor de l'entreprise américaine est en partie dû à l'application des méthodes de production** imaginées par un ingénieur économiste issu d'une famille de pasteur : **Frederic Winslow Taylor.**

Ouvrier, contremaître puis chef d'atelier dans des entreprises métallurgiques (Bethlehem Steelwork), il est l'inventeur de nombreux outils très performants qui améliorent le rendement des machines. Devenu ingénieur vers 1880, il conçoit une organisation rationnelle de l'entreprise car il part de l'idée que pour atteindre un rendement optimum le travail de l'ouvrier doit être parfaitement adapté à la machine. Ce nouveau concept prend le nom d'organisation scientifique du travail (OST). Ses vues ont été exprimées dans deux ouvrages : *Shop Management* en 1904, et *Principles of scientific management* en 1911.

Selon Taylor l'ouvrier ne doit pas penser, mais exécuter aussi rapidement que possible des gestes déterminés à l'avance : « Tout travail intellectuel doit être enlevé à l'atelier pour être concentré dans les bureaux de planification et d'organisation. » Le travail est alors décomposé en une série d'opérations simples commandées aux ouvriers par des instructions précises et minutées *(the one best way).* Ainsi chaque ouvrier se voit confier une seule opération, qu'il répète à l'infini. Chaque opération est chronométrée pour établir un temps de base nécessaire à sa réalisation (la norme) et le salaire est calculé d'après l'accomplissement de cette norme.

L'application du taylorisme a pour effets la mise en place du travail à la chaîne dès 1910 aux abattoirs de Chicago, et dès 1913 dans les usines Ford à Detroit.

L'organisation scientifique du travail (OST) bouleverse le travail en entreprise et lui imprime définitivement un nouveau rythme d'avancement (la cadence de travail) et de productivité. Avec le travail à la chaîne chaque mètre carré est valorisé. Comme le dit Ford, « nos ateliers ne sont pas des jardins publics ». D'ailleurs la dépense d'énergie doit être réservée à des gestes productifs parce que selon Ford « la marche à pied n'est pas une opération rémunératrice ». (Il faut dire que ces principes permettent à la productivité de quadrupler chez Ford entre 1909 et 1919).

Avec le taylorisme les méthodes américaines tendent à l'universalité, cette innovation qui se révélera fondamentale dans la vie des entreprises américaines servira d'idée directrice pour l'organisation du travail dans toute activité industrielle et sous toutes les latitudes.

- **L'histoire des usines Ford est des plus révélatrices.**

Henri Ford (1863-1947), fils de fermier irlandais, émigré aux États-Unis, n'a reçu qu'une simple éducation primaire. Mais ce primaire a du génie. A dix ans il construit une machine à vapeur à turbine, à 16 ans il apprend l'horlogerie et la réparation des machines agricoles. En 1890, à 27 ans, il entre chez Edison comme mécanicien, et en 1892/1893 il construit sa première automobile. A ce stade de sa carrière c'est un artisan. En 1896, à Detroit, il s'installe à son compte et fonde la Ford Motor Society avec un capital de 100 000 $ seulement. Son programme est simple, construire pour l'usager un type unique d'automobile. Dès 1905 il crée une usine d'assemblage à Walkerville au Canada pour éviter les 35 % de droits de douane sur l'importation de véhicules finis que fait payer l'État canadien. Henry Ford produit alors huit modèles (A, B, C, F, K, N, R et S).

En 1908 un fabricant de charrettes, devenu constructeur automobile, B. Durant, propose à H. Ford d'édifier un Trust : l'International Motor Company. Ford refuse cette proposition. B. Durant persévère, achète les firmes en difficulté (les jantes Dowes, la firme Ewing automobile et la Carter Car Company). Le 16 septembre 1908 c'est la naissance du groupe Durant, dénommé General Motors. GM prend le contrôle de ses fournisseurs les plus importants (bougies Albert Champion, garde-boue Biscoe, carrosseries Oakland) et envisage d'acheter la Ford Motor Company pour 5 millions de dollars. Nouveau refus de Ford. GM se tourne alors vers d'autres constructeurs qu'elle absorbe (Pontiac - Buick - Oldsmobile - Chevrolet - Cadillac) dans un gigantesque mouvement de concentration horizontale.

Cette menace stimule Ford qui fait un choix stratégique décisif en décidant de ne fabriquer en série qu'un modèle unique, le fameux modèle T (18 millions de véhicules construits entre 1908 et 1927) qui présente des avancées techniques importantes et permet d'en faire un objet standardisé. Il est le pionnier de la production en série et de la vente à bon marché, et dégage des bénéfices atteignant 700 millions de dollars en 1927.

Tableau 1
La Ford T

Années	*Prix en dollars*	*Production*
1909-1910	950	18 664
1910-1911	780	34 528
1911-1912	690	78 440
1912-1913	600	168 220
1913-1914	550	248 317
1914-1915	490	308 213
1915-1916	440	533 821
1916-1917	360	785 432
1917-1918	450	706 584
1918-1919	525	533 706

Henry Ford se tourne vers l'étranger pour installer de nouvelles usines. Il s'agit encore d'assembler dans chaque usine des pièces détachées venues des États-Unis (cartes 1/2). Mais, dès 1924, la croissance des marchés européens incite les dirigeants du groupe à installer une grande usine à Dagenham près de Londres. Ils poursuivent alors deux objectifs : Dagenham doit approvisionner toutes les usines du continent européen et l'entreprise doit être divisée au niveau mondial en trois ensembles autonomes et intégrés : États-Unis, Canada et colonies britanniques, enfin Europe. Dagenham sera le centre de l'ensemble européen, et le dispositif prévu alors fonctionne encore en 1924 (cartes 1/2). Dès lors le groupe fait de son développement en Europe une priorité malgré la crise de 1929.

Après la Seconde Guerre mondiale, Ford s'efforce d'adapter ses modèles aux marchés nationaux et unifie progressivement sa gamme afin d'élargir et de multiplier les économies d'échelles dans la conception, la fabrication et la vente. (Le modèle Fiesta dans les années 80 en est le plus pur produit, cf. carte 3.)

L'arrivée des constructeurs japonais, à la fois sur le marché européen et américain, amène Ford à réorganiser la division internationale des tâches au sein du groupe afin de comprimer les coûts. La finalité est double :

— produire « la voiture mondiale » ce qui élimine les doubles investissements ;
— faire jouer à plein les économies d'échelles.

La compagnie applique ces changements avec le programme Ford Escort qui se déroule conjointement en Europe et en Amérique. Puis Ford passe des alliances avec les Asiatiques. Entre 1979 et 1985 il achète 25 % du capital de Mazda (Japon) et 10 % du capital de Kia (Corée du Sud). Ces alliances font accéder Ford au savoir-faire des Asiatiques dans la conception et la fabrication de petites voitures. Ford en profite pour adopter le système de production « juste à temps » qui a fait le succès des constructeurs japonais avec flexibilité du processus de production, livraison en « flux tendus » et zéro stock. Parallèlement un effort

Cartes 1/2
FORD

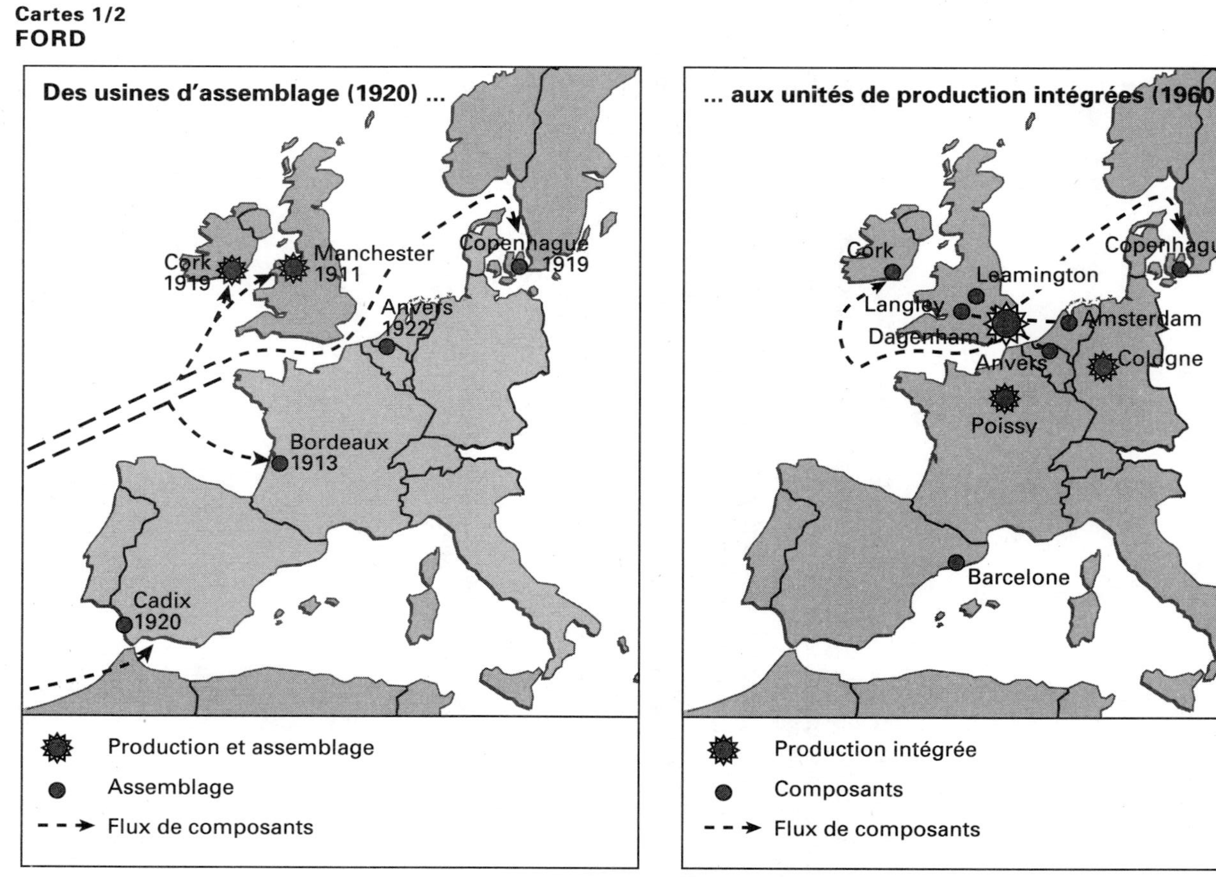

Source : M. WILKINS et F. E. HILL : *American business abroad : Ford on six continents,* Detroit, Wague State University, 1964
Atlas mondial des multinationales, Paris, Reclus/Doc. française, 1991

Carte 3

□ Production et assemblage final

● Usines de composants

Pôle Britannique :
Composants : éléments moteurs, freins, carburateurs, distributeurs, bougies, radiateurs (Basildon)

Pôle Germano-Belge :
Roues, carrosserie, Transmissions, axes et pignons de boîtes de vitesse (Cologne)

Bordeaux : Boîtes de vitesse

Source : CSA/FIOM, 1987.
Atlas mondial des multinationales, Paris, Reclus/Doc. française, 1991.

important d'automatisation a permis de diminuer le temps de travail et d'améliorer sensiblement la qualité, qui doit tendre au « zéro défaut ».

Aujourd'hui, en 1995, Ford représente un chiffre d'affaires de 108,5 millions de dollars avec un effectif de 322 000 employés dont 150 000 opèrent aux États-Unis mêmes. Comme ces deux concurrents Chrysler et General Motor, il a renoué avec les bénéfices depuis 1993 et consolidé sa part de marché aux États-Unis.

2. Le capitalisme et l'entreprise américains deviennent un modèle

► **Les entreprises américaines se considèrent comme des laboratoires de l'expansion en rassemblant ressources matérielles, connaissances et compétences.**

Au XIXe siècle l'entreprise est considérée comme une simple organisation de moyens de production ou comme un instrument de mainmise sur un marché. Aux États-Unis les entrepreneurs parachèvent ce système et le rendent très performant, mais l'expansion démographique continue, la hausse régulière du niveau de vie, l'extension des débouchés à l'échelle du continent imposent des unités de production de grande taille. **La concentration et la taille deviennent les traits les plus caractéristiques de la grande entreprise américaine.** Cette mutation allait bénéficier au milieu du XIXe siècle de la conjonction de trois phénomènes fondamentaux :

— un **phénomène politique** avec le passage d'une juxtaposition de marchés locaux à une économie de marché où le rôle de l'État fédéral a été essentiel ;
— un **phénomène technique** avec l'extension du chemin de fer qui amplifie les échanges et renforce les liens de complémentarité entre les différentes activités industrielles par une diffusion rapide des biens et des techniques ;
— un **phénomène financier et juridique** avec la création des sociétés anonymes rassemblant les moyens financiers nécessaires aux dimensions nouvelles de l'activité économique. La société anonyme qui limite les risques financiers des investisseurs sur leurs biens propres devient la forme d'entreprise dominante.

Les entreprises se caractérisent peu à peu par leur constante remise en cause des formes, des idées et des pratiques établies. Bon nombre d'entre elles ne font pas seulement preuve de dynamisme ; à la différence de ce qui se passe en Europe, dès la fin du XIXe siècle, **elles transforment la conception même de l'entreprise.** L'entreprise américaine est le résultat d'une expérience unique qui en fait une institution centrale, un véritable fait de civilisation.

► **Les entreprises bénéficient d'outils monétaires et financiers performants.**

• La **loi sur la frappe** (Corinage Act de 1792) a défini le système monétaire des États-Unis comme reposant sur un double étalon-or et argent. Les États-

Unis sont donc à l'origine bimétallistes. Les colonies choisirent une monnaie nationale à laquelle elles donnèrent un nom : le dollar. Des espèces en or et en argent circulent alors sur le territoire des États-Unis. En 1900 la loi sur la frappe démonétise l'argent et établit l'étalon-or. Ainsi les États-Unis rejoignent les autres grands pays capitalistes. Pour les États-Unis et leur tissu industriel, instaurer le monométallisme-or c'est faciliter le commerce extérieur, lutter contre la spéculation, posséder une monnaie forte qui donne confiance aux capitaux européens, se doter enfin d'une monnaie indépendante des fluctuations de deux métaux rivaux.

• **Parallèlement le réseau bancaire se diversifie pour soutenir l'initiative industrielle.**

Avant la guerre de Sécession les États-Unis vivaient en pleine anarchie bancaire et ne disposaient pas d'une Banque centrale chargée de l'émission des billets. Ce ne sont pas les tentatives qui ont manqué, une ébauche de Banque des États-Unis a fonctionné de 1791 à 1811 puis de 1816 à 1837. Mais après 1837 les États ont laissé se développer des banques locales chargées de l'émission des billets. En 1863 le National Banking System essaie d'organiser l'émission du billet en donnant à plusieurs centaines de banques l'autorisation d'émettre des billets. C'est un progrès nécessaire sur l'anarchie antérieure, mais il n'est pas suffisant. Il faut attendre 1913 pour que le Federal Reserve System organise un contrôle efficace de l'émission des billets. C'est alors qu'est mis en place le Federal Reserve Board composé de 8 membres nommés par le Président après avis du Sénat. Ces 8 sages sont chargés de coordonner la politique monétaire et bancaire du pays, d'autant plus que l'activité financière se développe dans deux directions, les banques d'investissements et les bourses (de valeurs, de commerce).

— Les **banques d'investissements** sont représentées par des entreprises familiales qui se déploient dans les grandes villes de l'Est : Boston, Baltimore, Philadelphie, New York. Elles ont fait fortune en vendant des actions de chemin de fer. Des banquiers comme J.-P. Morgan, Kuhn, Loeb, Hibginson, Kidder, Peabody, Winslow joueront un rôle crucial dans le financement des fusions industrielles des années 1900. Ils auront un impact puissant sur l'environnement juridique, financier et éducatif dans lequel l'entreprise américaine moderne allait évoluer.

— Les **bourses** se sont développées de façon plus ou moins désordonnée dans de nombreux ports, les bourses de marchandises ou de valeurs apparaissent aux États-Unis dès le milieu du XIXe siècle, (le coton à la Nouvelle Orléans, les valeurs à New York). En 1869 le New York Stock Exchange reçoit son statut, mais ne réussit pas à éliminer d'autres bourses à New York même (une bourse du coton et une bourse du café). Chicago dans son Board of Trade fixe les prix des grains qui s'imposent aux États-Unis et même à l'étranger. Déjà San Francisco est la plus grande place boursière de la côte Ouest. Peu à peu tout s'organise à partir de New York, ce que symbolise Wall Street, la rue où sont installées banques et bourses.

Disposant de moyens financiers toujours plus importants les entreprises ne vont pas cesser de croître en dimension dans le cadre d'un capitalisme moins

« sauvage » qui glisse de l'ère des « Rois » aux équipes managériales. Le cas le plus significatif étant Ford, managé par son fondateur jusqu'en 1947, et qui ne devient société par actions cotées en bourse qu'en 1956.

Les firmes souvent géantes se heurtent alors au problème de la coordination de leurs activités multiples et complexes.

3. Les entreprises américaines expérimentent et perfectionnent un processus de concentration continu

Les différentes législations antitrust, la taille du marché intérieur américain et la conquête des marchés étrangers poussent les entrepreneurs à faire évoluer les structures de leurs entreprises. Les nouveaux dirigeants durent redéfinir leurs entreprises en fonction de leurs ressources et de leurs potentiels d'expansion. Les principes retenus sont les suivants : consolidation, centralisation, contrôle de l'efficacité.

▶ **Les entrepreneurs innovent et expérimentent des méthodes de gestion plus efficaces en imposant dès le début du XXe siècle une structure d'organisation centralisée et organisée par fonction :** production, achats, ventes, transports, finances. Cette gestion par fonction autorise des études et un contrôle systématique des achats, de la production et de la répartition territoriale des ventes. Le management dispose ainsi de nouveaux moyens d'information et de contrôle sous forme de statistiques, de comptes prévisionnels et de critères de performance ; afin d'éliminer les points faibles et de faire profiter les autres secteurs de combinaisons réussies et de pousser l'exploration systématique des filières de production. Les entreprises pratiqueront de plus en plus la croissance par « dérivation » qui permet de « dériver » de la gamme de fabrication originale vers d'autres produits et d'autres utilisations pour les produits existants.

• **General Motors** sera le champ d'application de ces principes. Ils prennent la forme d'une concentration des moyens de production dans un petit nombre de grandes unités, situées avantageusement par rapport aux principaux débouchés, le réseau commercial étant réorganisé à l'échelle nationale, mais avec une articulation régionale, sous la présidence de son fondateur William C. Durant.

Le fondateur de General Motors se porte acquéreur en 1904 de la Buick Motor Company qui vient de faire faillite. Il redessine et modernise le modèle fabriqué par Buick et investit dans des unités d'assemblage plus performantes dans le Michigan. Avec beaucoup d'intuition il crée aussitôt un réseau de vente sur l'ensemble du territoire des États-Unis qui repose sur les circuits de distribution établis antérieurement pour la commercialisation des voitures à chevaux. Politique efficace et rentable, puisqu'en 1908 Buick avec 8 487 automobiles vendues passe devant Ford (6 181 véhicules vendus).

En 1908 est créée General Motors sous la forme d'une holding avec pour composantes Buick, Olds et W.-S. Stewart Company, Cadillac, Oakland, plus de petits fabricants de pièces et accessoires automobiles. En 1916, anticipant la consommation de masse, l'entreprise conçoit les plans de production en série d'une voiture populaire.

Après la Première Guerre mondiale, Durant acquiert des participations dans de nombreuses entreprises de pièces et accessoires comme les sociétés Goodyear (pneumatiques), General Leather (les cuirs), Doekler (pièces en fonte) et Brown, Lipe, Chapin (les engrenages). Durant a une stratégie précise, produire en grande série en intégrant aussi largement que possible en amont et en aval, et perfectionner sans cesse le réseau commercial. General Motors a en quelque sorte défriché une voie, et un grand nombre d'entreprises américaines qui figurent parmi les plus grandes suivront. Du temps du fondateur la diversification fut momentanée et discontinue. Durant achète en 1918 la Guardian frigerator Company qu'il rebaptise Frigidaire Corporation. Cette société produit un article primitif et peu fiable. La nouvelle direction décide des études approfondies dans tous les domaines – (esthétique, technique, fiabilité) – pour transformer complètement l'appareil qui devient un succès mondial.

Il faut attendre son successeur A. P. Sloan Junior pour que la politique de diversification suive un programme plus établi.

▸ **Après les années 30, le temps des trusts monopolisateurs est révolu, la période est alors à celle des oligopoles et des conglomérats.**

Dans la situation d'oligopole, quelques sociétés dominent le marché et se retrouvent en position de quasi-monopole. C'est le cas de l'automobile, du pétrole, du matériel téléphonique et du transport aérien. Dans le cadre du conglomérat, la croissance passe par l'absorption de sociétés engagées dans d'autres secteurs d'activité. Cette forme particulière de concentration d'entreprises ayant peu de rapports économiques directs les unes avec les autres permet à une société d'échapper aux rigueurs de la législation antitrust, puisque le conglomérat s'étend sur de nombreuses activités sans chercher à en contrôler une seule c'est-à-dire à être en situation de monopole.

• Parmi les sociétés américaines en situation d'oligopole **Boeing** est un exemple significatif, dans la mesure où elle doit s'imposer devant son concurrent américain Mac Donnell Douglass, sans parler d'Airbus. La firme est née de l'association de William Edward Boeing et de Conrad Westerwelt en 1916 pour construire des hydravions. Dix ans plus tard la société s'est imposée dans la construction pour l'aviation civile. Dans les années 20 la société devient un conglomérat rassemblant Boeing, Pratt & Whitney, Sikorsky, Clarence Vought et des compagnies de transport aérien. L'ensemble est basé à Hartford dans le Connecticut jusqu'en 1927. Dans les années 30, à la suite de l'Air Mail Act (1934) qui impose la séparation des constructeurs et des transporteurs, le groupe se scinde en trois : United Technologies, United Airlines et Boeing. Cette dernière, installée à Seattle, lance le premier avion de ligne, le 247, monoplan bimoteur pouvant transporter dix passagers et leur faire traverser les États-Unis en moins de vingt heures.

La Seconde Guerre mondiale offre des possibilités de développement d'une gamme impressionnante de bimoteurs et quadrimoteurs civils et militaires (la célèbre *Flying fortress* B 17 et le bombardier quadrimoteur B 29). La société Boeing passe de 4 000 employés en 1939 à 30 000 en 1941 et 50 000 en 1944. Elle connaît, sans doute, une dépression après guerre avec le ralentissement des commandes militaires (15 000 employés en 1945), mais la guerre froide et l'essor de la demande civile lui donnent un nouvel élan, en la poussant au milieu des années 50 vers la production civile et militaire de quadriréacteurs (le bombardier B 52 pour le Strategic Air Command, et le Boeing 707, véritable phénomène commercial, pour le transport civil intercontinental). Les effectifs approchent les 100 000 personnes au milieu des années 60. Des années fastes, de l'aveu même des dirigeants de Boeing, s'écoulent de 1954 à 1968. Avec la crise du début des années 70 et le ralentissement de la demande civile les effectifs chutent (40 000 employés environ). Les années 80 sont des années de reprise avec une diversification importante de la gamme proposée, du moyen courrier au long courrier et au Jumbo Jet.

A Everett, à quelques kilomètres au nord de Seattle, dans le plus grand bâtiment jamais construit au monde, Boeing peut assembler en parallèle trois 747 Jumbo. La firme proclame sur une énorme affiche qui orne un des murs du hall de montage *We build a legend, (nous construisons une légende),* et pourtant le Jumbo a failli tuer Boeing.

Tout commence en 1966 lorsque Juan Trippe, *chairman* de Pan Am, réclame un gros porteur. A l'époque William M. Hallen, patron de Boeing et ami de Juan Trippe, fait vivre son groupe au rythme des commandes de l'US Air Force (B 47, B 52). Comme le marché du transport aérien croît de 15 % par an au milieu des années 60, William M. Hallen se laisse convaincre, d'autant plus qu'en 1965 Lockeed a emporté le marché d'un avion de transport militaire géant à l'US Air Force (le C 5 A) à partir duquel Lookheed entend développer un avion civil.

Commence chez Boeing une aventure technologique unique, car les problèmes touchent tous les domaines, de la structure de l'avion au moteur capable d'arracher du sol une masse de 300 t. L'avion est un véritable défi technologique où les ingénieurs de Boeing font œuvre de pionnier dans l'assemblage des ailes à la carlingue en utilisant de nouveaux matériaux comme la fibre de verre et le titane. Une nouvelle usine est construite à Everett et, le 9 février 1969, l'avion vole pour la première fois. Il est présenté au salon du Bourget le 4 juin 1969.

L'entreprise américaine, au travers de la firme Boeing, a montré d'une façon magistrale l'étendue et sa capacité à mobiliser ses ressources d'intelligence, son savoir faire technologique et sa puissance. D'autant plus qu'au mois de juillet de la même année Boeing est associée au premier pas de l'homme sur la lune puisque la société travaille avec la NASA.

Mais l'ambiance économique mondiale au début des années 70 est à la récession, la vente du 747 devient problématique et les commandes chutent – (1968 : 369 appareils – après 1971 : 169 appareils commandés). Le constructeur est au bord de la faillite, la First National City Bank finance la fin du programme, mais

Boeing doit supprimer plusieurs dizaines de milliers d'emplois. De son côté, Pan Am ne survivra pas au Jumbo, son suréquipement en 747 au moment où les passagers faisaient défaut l'entraîne à sa perte.

Avec la reprise des années 80, le 747 se vend bien. En 1995, il est décliné en 15 versions, il a rapporté 115 milliards de dollars, transporté 1,4 milliard de passagers depuis 1970 et a été commandé à 1 177 exemplaires. Comme le déclare le patron de Boeing, le Jumbo est devenu « le meilleur levier de l'entreprise ». Il y a là toute la philosophie de l'entreprise de Seattle, disposer tous les dix ans d'une bonne « vache à lait » (ce qui s'est passé depuis 1945 avec le Boeing 707 dont les bénéfices ont pu payer le 747 dont les profits doivent servir au lancement du 767).

En 1994 Boeing a un effectif de 134 000 personnes et un chiffre d'affaires d'environ 30 milliards de dollars. Boeing est aussi présente dans le secteur de l'armement avec trois filiales particulièrement actives :

— Boeing Aerospace and Electronics (construit les avions radars Awacs) ;
— BMAC, Boeing Military Airplane Company (missiles guidés à fibre optique) ;
— Boeing Helicopter Company (fabrique le V 22 Osprey).

Actuellement Boeing est l'exemple du conglomérat devenu oligopole qui vend des avions dans 120 pays et contrôle 70 % du marché mondial, même si la concurrence est rude avec Airbus industrie.

• **United Technologies** constitue un autre exemple d'oligopole. Le groupe est né en 1934 (voir plus haut) et regroupe Pratt & Whitney (moteur et réacteur d'avion), Sikorsky (constructeur d'hélicoptère) et Hamilton Standard (fabricant d'hélices).

Après la Seconde Guerre mondiale, il tend à la diversification. Dans les années 70, il acquiert les ascenseurs Otis (1975), les systèmes de climatisation Carrier et le premier fabricant d'encres, aux États-Unis, Inmont. En quinze ans (1971-1986) le chiffre d'affaire est ainsi passé de 1 milliard de dollars à 16 milliards de dollars. Le groupe prend en 1986 un tournant stratégique avec son nouveau dirigeant Robert Daniell (ancien ingénieur de chez Sikorsky) qui l'oriente dans trois directions :

— il le renforce sur les domaines où il est leader mondial, c'est-à-dire la fabrication des moteurs d'avion, les ascenseurs, l'équipement automobile et les hélicoptères avec le rachat du constructeur britannique d'hélicoptères Westland ;
— il abandonne parallèlement une trentaine d'entreprises dont principalement Inmont vendu à l'Allemand basf, et Mostek (fabricant de composants), vendu au groupe français Thomson ;
— il recherche des alliances, surtout pour faire face à General Electric. Il se tourne vers Rolls-Royce, Daimler-Benz, Fiat Aviazone pour l'Europe et Japanese Aero Engine pour le Japon. C'est l'association IAE (International Aero Engines).

En 1994 United Technologies est une puissance industrielle conglomérale qui emploie 168 600 personnes avec un chiffre d'affaires de l'ordre de 18 milliards de dollars. Du 26e étage de la « Tour dorée » dominant Hartford dans le Connecticut, Robert Daniell a négocié habilement ce changement de cap comme on les aime dans les manuels de management avec recentrage sur quelques affaires de base, abaissement des coûts de production et vente des affaires qui ne cadrent pas avec la culture d'entreprise. Il a développé dans son entreprise un management participatif novateur qui encourage à tous les niveaux la collaboration étroite entre les filiales du groupe. Le domaine dans lequel ces synergies sont les plus efficaces reste celui de l'espace où Pratt & Whitney demeure le leader dans la conception et la construction des moteurs de fusées, et Hamilton Standard dans l'équipement des astronautes.

▸ **Après l'époque des milliardaires qui correspond à la phase de jeunesse du capitalisme américain, l'ère des organisateurs et des techniciens s'impose.** Ces derniers ont permis l'essor des firmes multinationales en trois étapes :

— dans un premier temps (1945-1960), une stratégie ethnocentrée avec mise au point de produits nationaux à vocation mondiale ;
— dans un deuxième temps (1960-1970), elles se sont réorientées vers une stratégie polycentré avec acquisitions de sociétés étrangères afin de produire en fonction des marchés locaux ;
— enfin, dans un troisième temps (1960-1990), elles adoptent une stratégie géocentrée dite « triadique » avec production globale dans des filiales intégrées.

De plus, dans l'Amérique postindustrielle le pouvoir n'est plus situé là où se localisent les industries mais dans les centres où les sièges sociaux organisent les moyens de leur puissance. En fait la technostructure domine le système économique et draine vers le centre la plus-value tirée du processus industriel.

II. Le Big Business domine l'économie américaine

1. Le *Business* bénéficie d'un consensus économique et social qui repose sur des ressources humaines plus ou moins valorisées

▸ **L'entreprise américaine évolue dans un monde qui lui est favorable, et son dynamisme ne peut être dissocié d'un ordre social qui la sert.** En particulier le syndicalisme américain est original par bien des aspects.

Le **syndicalisme américain** a choisi rapidement la voie du réformisme avec Samuel Gompers et la création de l'American Federation of Labor (1886). Ce syndicalisme réformiste ne se considère pas comme un adversaire résolu et dogmatique, mais comme un élément du système qu'il doit améliorer. L'entreprise peut donc compter sur un syndicalisme réaliste qui s'est refusé à toute ambition politique autonome, s'intègre au capitalisme et ne conteste pas l'ordre social établi. Pour les syndicats, l'entreprise n'est pas l'enjeu de la contestation sociale, son existence n'est pas remise en cause, on ne discute pas le bien-fondé de sa mission, mais uniquement sa réussite. Pour cela les syndicats se consacrent prioritairement à deux grandes activités :

— ils négocient les conventions collectives portant sur les salaires, l'organisation et les conditions de travail, les assurances maladies, l'indemnisation du chômage, les retraites ;
— ils participent à la gestion des caisses de retraite et d'assurances. Ainsi le syndicalisme s'est-il en quelque sorte institutionnalisé en devenant un des rouages du bon fonctionnement du système, et par là même de la démocratie américaine. Il est capable de coopération avec le patronat pour sauver des entreprises (cf. l'accord négocié et conclu chez Chrysler en 1980 sur les salaires revus à la baisse et le licenciement de la moitié des salariés). A l'heure actuelle (1995) le syndicalisme américain reste puissant et organisé même si le taux de syndicalisation est à la baisse (16 millions de syndiqués aujourd'hui).

▶ **L'entreprise américaine peut puiser dans des ressources humaines aux capacités variées.**

Le premier trait de cette population est la multiplicité et le croisement des cultures – 260 millions d'Américains dont l'immense majorité a pour langue commune l'anglais par naissance ou par apprentissage, et qui, par la variété de leurs origines, offrent aux entreprises américaines des salariés pratiquant la majorité des langues parlées sur la planète. C'est un atout qui se révélera important dans le domaine du commerce international. De plus des immigrants compétents et qualifiés d'Europe et d'Asie jouent un rôle important dans la création d'industries américaines de haute technologie. Ainsi un tiers des ingénieurs travaillant dans la Silicon Valley sont d'origine asiatique. Ces ingénieurs chinois, coréens, indiens créent leurs propres sociétés souvent avec l'aide financière de leur famille ou de relations. « L'Amérique gagnera parce que nos Asiatiques battront leurs Asiatiques », prédit un banquier de Wall Street.

Le second trait de cette population est sa mobilité. Dans le système américain la mobilité du personnel dans l'entreprise apparaît comme une nécessité et une vertu. La mobilité professionnelle qui se double le plus souvent d'une mobilité géographique est regardée comme un bienfait, comme une preuve de compétence et vécue par les employés comme un espoir de promotion. Attitude diamétralement opposée à ce qui se passe en Europe où la mobilité est le plus souvent vécue comme une disgrâce, voire une sanction. Aux États-Unis la forte rotation de la main-d'œuvre et la flexibilité rapide du marché du travail sont à coup sûr des atouts déterminants pour les entreprises, sauf en ce qui concerne la formation continue interne. Le *pioneering* est toujours présent bien qu'il n'ait plus rien à voir avec l'ancienne épopée, même si l'on assiste aujourd'hui à une certaine régression de la mobilité professionnelle.

► **Le système éducatif, bien qu'imparfait, offre aux entreprises du personnel souvent efficace, compétent et tenace dans l'effort.**

• Il est à souligner que **l'enseignement** souffre de graves insuffisances aux États-Unis, si on le compare aux systèmes allemands et japonais. La prise de conscience récente du fait que 20 à 30 millions d'Américains sont illettrés ou proches de l'illettrisme a donné lieu à une intervention accrue des entreprises dans le système scolaire. A la fin des années 80, elles ont développé un partenariat financier avec les écoles et investi dans des initiatives pédagogiques massives à la suite de la publication du rapport *A Nation at risk* (une nation en danger) de la National Commission ou Excellence in Education créée par Ronald Reagan. Néanmoins le nombre moyen d'années d'études scolaires de la population américaine est supérieur à celui des principaux pays européens. Malgré ses imperfections le système éducatif américain est l'un des plus ouverts sur le monde de l'entreprise. L'interface système éducatif-système productif s'y déploie particulièrement et multiplie les possibilités d'accès au monde du travail tout au long des cycles de formation.

• A cela s'ajoute des efforts accomplis depuis dix ans pour la **formation permanente** des salariés. Longtemps, nous l'avons dit, la mobilité des salariés a freiné le développement de la formation continue : il n'est pas surprenant que les chefs d'entreprise aient été peu enclins à développer la formation d'un personnel qui pouvait les quitter à tout instant, la règle d'*employment at will* permettant à l'employeur comme à l'employé de mettre fin au contrat de travail sans préavis et à n'importe quel moment. Mais depuis 1988/1989, les entrepreneurs tentent de développer un esprit maison et une formation continue permanente interne ou externe à l'entreprise, sans doute à l'image du Japon. Parmi les sociétés les plus innovantes à la fois dans le domaine de l'organisation du travail et de la gestion des ressources humaines, on trouve les entreprises de pointe comme IBM qui a lancé en précurseur dès 1979 des cercles de qualité dans son usine de Lexington, mais aussi les *Big Three* de l'automobile (General Motors, Ford, Chrysler) qui ont accompagné leur restructuration et la robotisation des chaînes de production de plans de formation multiforme pour leur personnel.

L'exemple de General Motors illustre ce tournant. General Motors affirme maintenant que ce qui fait la différence essentielle entre les entreprises et plus précisément entre la réussite et l'échec d'une société, ce sont les hommes. Elle émet dès lors les principes suivants :

1 / employer les gens selon leur compétence ;
2 / former au plus juste les hommes pour les tâches qui leur sont confiées, et assurer un suivi de formation ;
3 / imprimer à toute l'organisation l'esprit d'une équipe coordonnée ;
4 / fournir à chaque élément de l'ensemble les instruments et les moyens adéquats à sa tâche ;
5 / stimuler, reconnaître et valoriser le travail de chacun.

La différence est encore plus marquée dans la sphère de la direction et des cadres administratifs supérieurs, c'est-à-dire dans la **technique du management.**

Sur le vieux continent il est de bon ton de gravir les échelons hiérarchiques pour devenir manager. Aux États-Unis être manager ne s'improvise pas, c'est une profession qui exige une formation solide, de l'expérience et une approche méthodique des problèmes de direction. Le PDG célèbre de General Electric, Raph J. Cordiner, dans les années 60 définissait le management comme une fonction complexe impliquant à la fois les paramètres suivants : administrer, entraîner, commander, conduire, contrôler, diriger, expliquer, gouverner, guider, instruire, intégrer, faire connaître, montrer, enseigner, former, ordonner. Ce qui explique que cette fonction tient de la science et de la force de caractère, de la psychologie et de l'art de persuasion.

► **Le management n'est pas une science exacte mais dynamique, et les entrepreneurs aiment les innovations en matière de gestion.**

En ce qui concerne la pratique managériale, l'entreprise américaine fut pionnière et est restée un champ d'expérimentation continu surtout depuis la fin de la Seconde Guerre mondiale.

• **Pendant les années 60 où l'on ne doute pas de l'avenir,** les concepts de management s'élaborent sur la côte Est des États-Unis. L'éminence grise en est Robert Mac Namara[1], ancien président de Ford et père fondateur de la stratégie d'entreprise. Le management façon côte Est s'oriente vers les concepts de gestion par objectifs, de dynamique de groupe, de marketing mix. De plus s'imposent aussi les matrices du Boston Consulting Group qui classent méthodiquement les produits d'une entreprise en fonction de la progression de leur cycle de vie :

— les produits « étoiles » caractérisés par une part de marché importante sur un marché en croissance forte ;
— les produits « vache à lait » qui conservent une part de marché conséquente sur un marché mûr ;
— les produits « poids morts » couvrant une faible part de marché dans un secteur en récession.

• **Avec la crise les matrices du BCG ont révélé leurs limites,** même si la notion de cycle de vie des produits fut nécessaire dans l'évolution de la gestion des entreprises américaines. Nécessaires, mais non suffisantes pour rendre compte totalement des réalités économiques, car on ne met pas la vie des entreprises en équations. D'après une étude de la *Harvard Business Review,* la moitié des entreprises utilisaient ses matrices au milieu des années 70. Le lieu d'application en est Boston et sa région immédiate avec deux rocades qui deviendront célèbres : la route 128 et la route 495, ce que les Américains appellent l'*America's technology highway.*

1. Robert Mac Namara inaugure un système de programmation souple, généralisé sous le nom de « Budget du programme » ou PPBP : *planning programming budgeting process* fondé sur deux techniques : l'analyse avantages-coûts *(cost benefit)* ; l'analyse efficacité-coûts *(cost effectiveness).*

Encadré

La route 128, commencée en 1933, avait pour but de désenclaver Boston et d'éviter la traversée de ses principaux satellites. Elle est achevée en 1951. L'aménagement de cette rocade s'est traduit par une expansion industrielle exceptionnelle à la fin des années 60 (800 établissements en 1969). Si la plupart des branches industrielles sont présentes, il y a surreprésentation des industries « High tech ».

On parle alors « du modèle Route 128 » avec la liaison universités/industries/laboratoires, qui repose sur le rôle fondamental d'équipements universitaires de haute qualité de la région

Carte 4

Boston : de la Route 128 au "périmètre de platine" Route 495

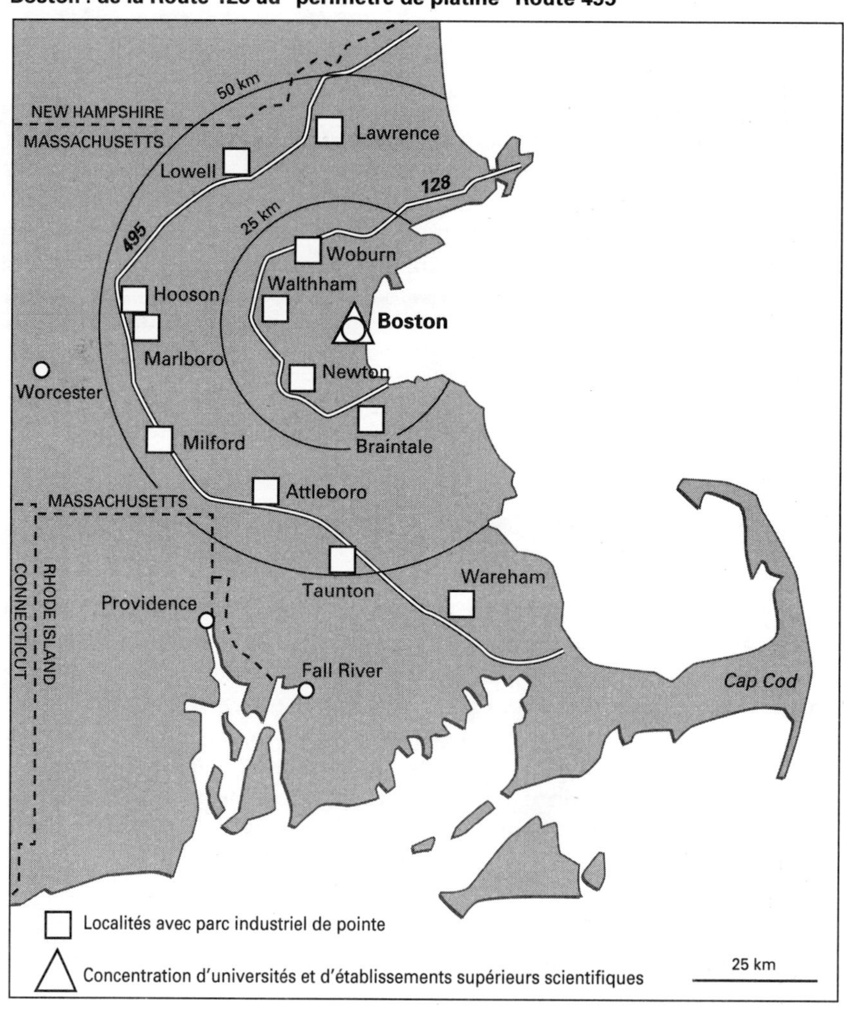

de Boston (université de Harvard, North eastern, Tufts and Brandeis, le MIT, Clark university, lowell technological institute). L'ensemble se caractérise aussi par l'originalité des méthodes de management fondées sur l'emploi des sciences mathématiques et des logiciels informatiques. Dans ce cadre les nouvelles entreprises privilégient la notion de **système,** qui définit en premier lieu les caractéristiques du produit, puis remonte pas à pas la filière pour en déduire les destinations, les missions et les actions concrètes dans un agencement rigoureux des ressources et des délais de réalisation. En second lieu ces entreprises substituent à la méthode par disciplines un **programme par projets,** la nouveauté étant que chaque programme est un ensemble de projets s'imbriquant organiquement autour d'un thème central qui intéresse par ses ramifications et ses innovations scientifiques, techniques et économiques toute une série d'industries et d'activités.

La clef de voûte du développement de la route 128 réside dans le rôle du gouvernement fédéral qui a des besoins croissants en matériel de plus en plus sophistiqué dans les domaines militaire et spatial. Washington multiplie les marchés d'État et les contrats de recherche (programme Apollo – ABM). Ainsi parmi les vingt premières entreprises travaillant pour les armées, comme General Dynamics, Loockeed, General Electric..., dix-sept étaient implantées sur la route 128. A partir des années 70 la réduction des programmes militaires se répercute sur le volume des crédits de recherche et une baisse des commandes fédérales. On assiste alors à une mutation, un transfert de technologie vers des activités technologiquement aussi sophistiquées concernant les transports et la circulation automobile, la recherche biomédicale et les sciences de l'environnement (création en 1972 du NERI : National environmental research institute). Se développe alors une vague de fusions, de rachats, de concentration et de reconversions industrielles qui conduisent à un glissement progressif vers l'Ouest du champ d'implantation des industries technologiques de seconde génération sur la route 495.

La route 495 qualifiée « de périmètre de platine » bénéficie de l'expérience de la route 128 et amplifie le mouvement d'installation d'entreprises de pointe dans les secteurs novateurs et porteurs de l'équipement médical et chirurgical (Standard international Corporation Angot), équipement électronique (Digital equipement Corporation), équipements de laboratoires (Simplex industries), informatique (IBM), et produits pharmaceutiques (Parks Davis).

Voilà ce qui fait l'originalité des routes 128 et 495, combinaison spéciale d'esprit d'entreprise, de pratiques managériales novatrices, d'opérations financières hardies et de compétence universitaire.

• **Pendant les années 70,** le management américain est influencé par le modèle suédois et son concept de « démocratie industrielle », ses ateliers flexibles (chez Volvo), l'amélioration des conditions de travail, l'enrichissement des tâches qui devaient permettre d'en finir avec le taylorisme.

• **Avec les années 80** les patrons américains cherchent leur modèle managerial sur la côte Ouest. Les jeunes patrons de la Silicon Valley comme Steve Jobes chez Apple ou Bill Gates chez Microsoft soulèvent l'enthousiasme et l'admiration de leurs collaborateurs en pratiquant le *management by wandering around* (le management en se promenant). L'initiative individuelle est reconnue avec la gestion à la japonaise et le livre *Theorie Z* de William Ouchi, professeur d'origine asiatique de l'Université de Californie. Le management ne jure plus que par le « zéro défaut », les cercles de qualité, le Kanban, les stages extrêmes, la médiatisation des patrons et la culture d'entreprise. Toute une partie des alliances que tissent les firmes américaines avec des Japonais ont d'ailleurs pour but de mieux comprendre les méthodes de ces derniers. On explique ainsi par exemple la création de la *joint-venture* entre Toyota et General Motors à Fremont (près de San Francisco), les Américains insistant pour que le management soit... japonais !

• **Pendant les années 90** de nouvelles théories du management s'affirment autour de trois axes : les concepts et les techniques d'amélioration des produits, la motivation du personnel et son attention à la clientèle, enfin le fonctionnement interne des entreprises.

Pour les produits le nouveau management insiste sur le concept « d'analyse de la valeur » qui consiste à décomposer en détail toutes les étapes de la vie d'un produit, conception, production, vente et distribution, dans le but d'analyser la valeur créée à chaque étape et de répartir les coûts totaux entre les différentes étapes afin de réduire les prix de revient. Par ailleurs l'« approche ABC » *(activity based costing)* est une technique de comptabilité analytique visant à maîtriser les coûts et à mettre en place une politique de prix en précisant la nature des coûts indirects et des frais généraux adjacent à tel produit ou à tel service. Lorsque le concept ABC est étendu à l'ensemble de la gestion de l'entreprise, il devient l'approche ABM *(activity based management)*. Le *benchmarking,* inventaire et évaluation comparée des solutions de la concurrence, permet à une entreprise de mesurer en permanence ses performances en termes de produits et de services.

Les « gourous » du BCG (Boston Consulting group) et du MIT prônent même une réorganisation radicale de l'entreprise. Ils parlent de *reengineering* : comment réorganiser l'entreprise autour de ses processus opérationnels en supprimant les frontières classiques des fonctions et des services. C'est une logique innovante développée par Michael Hammer, professeur au MIT, mais qui entraîne en général des suppressions de poste ou des modifications importantes de leur contenu, ce qui explique une certaine réticence de la part des employés. Le *risk management* entend de son côté prévoir, analyser et valoriser les risques qui guettent l'entreprise afin de les minimiser quelle que soit leur nature (accident du travail, dégât des eaux, contrefaçons, défaillance du système informatique). Le *trade marketing* vise à améliorer les relations entre fabricant et distributeur en instaurant un partenariat qui doit se traduire par l'échange d'informations et la mise en œuvre de promotions conjointes. Enfin, le *time to market* incite les entreprises à réduire au minimum les délais de fabrication et de livraison car, même si le consommateur met des mois à se décider d'acheter un produit, il le veut dans l'immédiat.

► **Le goût de l'innovation et une pénurie de main-d'œuvre ont incité les entrepreneurs à faire appel aux inventeurs pour imaginer des solutions.** D'où l'importance des universités, de la recherche et de leurs liaisons avec l'entreprise. L'activité entrepreneuriale s'est tournée par nécessité vers les activités de recherche, aussi n'est-il pas étonnant de voir se développer dès le XIXe siècle des écoles, des universités ayant pour mission de fournir au monde de l'entreprise une élite intellectuelle spécialisée dans la recherche ou la gestion.

Les exemples les plus achevés étant celui du MIT : Massachusetts institute of technology et de l'Université de Harvard.

• **Harvard,** créée en 1636 à Cambridge (Massachusetts), est devenue aux États-Unis une institution du patrimoine national qui tire ses ressources des droits d'inscription, des contrats de recherche passés avec les grands groupes et des dons de particuliers.

Cette université privée rassemble environ 17 000 étudiants venus des quatre coins du monde. C'est l'université de l'élite aux 29 prix Nobels, 27 prix Pulitzer, 6 présidents des États-Unis. Harvard est la combinaison de ce qui se fait de mieux dans tous les domaines. Sa *law school,* véritable pilier du capitalisme américain, est la voie royale d'accès au monde des affaires. Sa *Kennedy School of Government* est l'équivalent de l'ENA aux États-Unis. Sa *Medical School* est une référence internationale.

Harvard forme la plus puissante des aristocraties, celle du Savoir, et elle vous fait entrer dans un réseau qui ne se limite pas aux frontières des États-Unis.

- Le **MIT** a été fondé en 1862 par le Dr William Barton Rogers qui a le désir d'associer plus étroitement université et industrie. Il s'inspire pour cela des Arts et Métiers français et installe l'école à Boston, centre déjà apprécié d'enseignement classique et au très fort potentiel de développement industriel à l'époque. En 1918 l'institut ouvre une division de coopération industrielle et devient ainsi le premier établissement universitaire américain à créer et à organiser un lien direct avec les entreprises. Dès lors l'université privée qu'est le MIT aide les entreprises à recruter leur personnel technique et permet à son corps enseignant de donner des conseils pour la direction et la coopération des programmes de recherche. L'université ouvre aussi sa bibliothèque et organise des visites d'usines.

Pendant la Seconde Guerre mondiale, ce pôle d'excellence travaille pour la défense des États-Unis et se distingue grâce aux travaux du Pr Rabi (prix Nobel de physique) sur la bombe atomique et les systèmes radars.

Le MIT a pour objectif l'enseignement. Il comprend 22 départements dans cinq facultés : la faculté d'architecture et de planification, la faculté d'ingénierie, la faculté des humanités et des sciences humaines, la faculté Alfred Sloan d'administration et la faculté des sciences.

Les effectifs étudiants s'élèvent à environ 10 000, pour 980 professeurs et 700 chercheurs.

- Les universités donnent souvent naissance à des parcs scientifiques comme le **Triangle research park.** En Caroline du Nord trois universités importantes sont groupées aux sommets d'un triangle dont les deux côtés les plus longs représentent environ 50 km. Duke university of Durham est une université privée, de grande renommée et classée parmi les meilleures des États-Unis. S'y adjoint le Duke medical center, agrégat d'une dizaine d'hôpitaux considéré comme l'un des meilleurs du pays. A Chapel Hill réside la plus ancienne des universités américaines l'University of North California qui accueille plus de 20 000 étudiants. Enfin, à Raleigh, la North Carolina State university accueille 26 000 étudiants.

Sur 2 500 ha au centre de ce triangle est établi le Research triangle park qui regroupe une centaine d'unités : centres de recherche privés, universitaires, fédéraux (National institute of Environmental Health sciences), industries de haute technologie (entreprises pharmaceutiques comme Burroughs Wellcome, laboratoire coopératif de toxicologie : le Chemical industry institute of toxicology). Le TRP emploie environ 40 000 personnes dont un bon quart possède un doctorat, ce qui en fait une des plus forte concentration de docteurs en recherche aux États-Unis par rapport à la population du secteur.

Tableau 2
Les États-Unis et les prix Nobel de 1900 à 1990

	1900-1945	*1946-1960*	*1960-1990*
Nombre total de prix Nobel	142	74	185
Prix Nobel attribués aux États-Unis	20	38	98
	(14 %)	(51 %)	(53 %)

▶ **L'entreprise américaine profite actuellement d'une productivité élevée et d'une main-d'œuvre bon marché qui favorisent les exportations.**

L'Amérique de 1995 est l'un des producteurs les moins chers du monde industriel. Cela est dû à un dollar de plus en plus déprécié qui a perdu la moitié de sa valeur de 1985 par rapport aux monnaies japonaises et allemandes. Elle a de plus le niveau de productivité le plus élevé des grandes économies de l'OCDE, si l'on en croit la grande majorité des statistiques.

Non seulement la productivité de l'Amérique est relativement élevée, mais encore sa main-d'œuvre est bon marché. Ainsi les coûts moyens horaires du travail dans l'industrie étaient en 1991 de 15 $ aux États-Unis contre 16 $ au Japon et 23 $ en Allemagne. La somme de ces éléments place les États-Unis en tête de la compétitivité mondiale en 1994, suivis de près par le pôle asiatique (Singapour-Japon-Hong Kong) et l'Allemagne.

Ainsi, depuis 1986, les exportations américaines de produits manufacturés ont-elles vu leur volume augmenter de 90 %. Elles concernent plus particulièrement les machines électroniques, les avions, les produits pharmaceutiques et les équipements de télécommunications.

2. Le tissu industriel repose sur une masse de petites affaires (Small business) dominées par quelques milliers d'entreprises géantes (Corporation)

▶ **Le *Small business* revient à l'honneur.** Longtemps cantonnée dans des activités de production subalterne ou de services la petite entreprise aux États-Unis a cumulé pendant longtemps les handicaps (accès difficile aux progrès techniques et au crédit bancaire). Il faut attendre le milieu des années 50 et la création par l'État de la SBA (*Small business administration,* 1954) pour que les PME accèdent plus facilement au crédit et aux technologies nouvelles. Depuis, par un long travail en profondeur de reconnaissance de leur rôle et de leur capacité d'innovation, les PME travaillent de plus en plus pour les grands groupes en raison de leurs facultés d'adaptation. Elles sont devenues les maillons essentiels au royaume des flux tendus. La sélection et le contrôle des fournisseurs deviennent donc stratégiques pour les grands groupes, car ils leur demandent des engagements en qualité et une augmentation régulière de la productivité. Consultés dès la conception et l'ingénierie des produits, les PMI sous-traitantes coopèrent avec leur client pour rechercher une optimisation maximale des coûts de fabrication. Ainsi ont-elles pu souvent s'imposer comme partenaire à part entière.

• L'exemple de la SRC, **Springfield Remanufacturing Corporation,** est des plus éclairant. En 1983 International Harvester vend son unité de production à Springfield qui est en déficit. Elle est rachetée par Jack Stack et une douzaine d'employés d'I. H. qui fondent la SRC et se spécialisent dans la restauration et la remise à neuf des composants mécaniques pour moteur (pompe à huile, pompe à eau). Depuis sa création cette PME innove dans les techniques de production, elle encourage l'esprit d'initiative et d'invention de son personnel grâce à des primes de 500 $ par idée afin de réduire les coûts. L'entreprise joue aussi la carte de la formation continue et de la promotion interne (actuellement tous les cadres proviennent de la base), et depuis 1992 elle encourage elle-même ses employés à créer leur propre entreprise (création de Megavolt, Avatar, Newstream entreprises). L'entreprise SRC travaille pour les grands (Chrysler, General Motors) ; elle a multiplié son chiffre d'affaires par 20 en dix ans et fait passer son effectif de 112 employés à 690. La devise de l'entreprise résume parfaitement sa philosophie qui repose sur un esprit d'équipe et de compétition évident : *We work together, we play together, we win together.*

▸ **Si *Small is beautiful, Big is powerful,* et les géants impriment toujours leur marque à l'économie américaine.**

• **Du Pont de Nemours** est fondée en 1802 à Wilmington (Delaware) par des émigrés français qui avaient étudié la chimie à Paris avec Lavoisier et qui avaient fui la Révolution. Ils installent une société d'explosifs à usage minier. La société se spécialise rapidement dans la fabrication de la dynamite puis dans la chimie lourde. A cette époque l'entreprise est petite, elle n'a que six actionnaires, tous de la famille Du Pont. Mais les promoteurs, ingénieurs de formation, rompus aux méthodes administratives les plus avancées mises en place dans les compagnies de chemin de fer et de la construction électrique s'intéressent rapidement aux problèmes d'organisation de l'entreprise.

En 1902, à la disparition du principal associé Eugène Du Pont, les trois jeunes cousins Alfred Du Pont, Coleman Du Pont et Pierre Du Pont qui ont fait leurs études au MIT décident de réorganiser l'entreprise familiale qui reposait sur deux ententes de type horizontal : la Gunpowder Trade Association (GTA), qui fixait depuis 1872 les prix et les volumes de production de la poudre noire dans le cadre de participations croisées avec d'autres petites firmes, et la Eastern Dynamite Company pour la dynamite au sein d'un holding formé en 1895. Ils font passer l'entreprise familiale de l'entente horizontale à l'intégration verticale et du regroupement inorganisé d'usines à la structure centralisée en départements fonctionnels. C'est pourquoi dès 1903 les Du Pont regroupent les membres de la GTA et de la EDC en une seule entreprise, la EI Du Pont de Nemours Company. Les usines des différentes sociétés sont regroupées au sein de trois départements d'exploitation : poudre noire, dynamite, poudre sans fumée. A cette époque le service des ventes et les trois départements d'exploitation de Du Pont sont structurés de manière très semblable à ce qu'a mis en place General Electric. Chaque département d'exploitation est autonome avec ses chercheurs, ses ingénieurs, ses services de contrôle et de comptabilité.

Par bien des aspects, les Du Pont font œuvre de pionnier dans de nombreux domaines et devaient servir de modèle pour nombre d'entreprises du XXe siècle :

— la comptabilité : mise en place de la formule de Brown, encore employée par la société Du Pont et la plupart des entreprises pour définir le taux de rentabilité ;
— la publicité ;
— la recherche et développement : dès 1903 Du Pont développe ses laboratoires de recherche industrielle et se lance dans l'exploration d'une chimie révolutionnaire.

Les méthodes de gestion mises au point chez Du Pont de Nemours firent boule de neige. Les ingénieurs créateurs de nouvelles méthodes pour rendre plus scientifique et plus performante la gestion des usines présentent le résultat de leurs travaux dans *Transactions,* revue de l'American Society of Mechanical Engineers, ou dans *Engineering News* ou *American Machinist.*

L'entreprise Du Pont centre ses activités sur la chimie de synthèse (recherche sur les polymères). Les laboratoires mettent au point des produits révolutionnaires. Le néoprène, la fibre nylon avant la Seconde Guerre mondiale ; puis le téflon, le zytel-kevlar et le nommex de nos jours. Les fibres techniques Du Pont entrent de plus en plus dans la construction automobile. Du Pont a participé au développement des systèmes de sécurité passifs dès le début des années 70 et a mis au point des fibres de nylon industriel à haute ténacité qui ont permis la fabrication des *airbags.* Le zytel-kevlar constitue par ailleurs un matériau plastique idéal pour divers composants automobiles. Toyota l'utilise dans les tirants de porte, Automative products Company dans les commandes d'embrayages et d'autres constructeurs dans un large éventail de fabrications, pignons de boite de vitesse, bagues, roulements...

Ainsi, depuis les années 60 la firme Du Pont a ciblé son effort dans quatre domaines à forte valeur ajoutée :

— la chimie fine avec les additifs à l'essence, les colorants, les enduits industriels, les additifs alimentaires ;
— la pharmacie et les biotechnologies, les médicaments, les produits chimiques d'usage agricole ;
— les nouveaux matériaux comme les plastiques, les céramiques industrielles, les matériaux de l'électronique ;
— le matériel médical.

En 1994 Du Pont de Nemours est un géant qui a intégré plus de 200 sociétés et fabrique plus de 15 000 produits. Installé dans plus de 50 pays, il emploie 144 000 personnes pour un chiffre d'affaires de 125 milliards de francs.

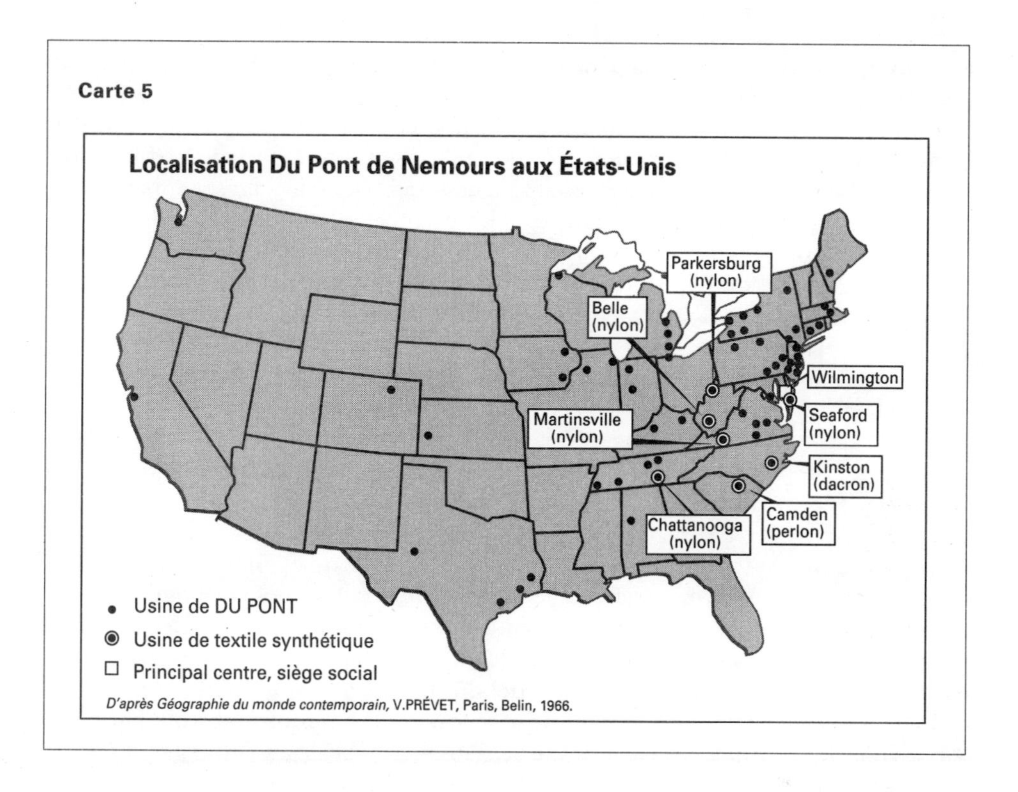

Carte 5

Localisation Du Pont de Nemours aux États-Unis

D'après Géographie du monde contemporain, V.PRÉVET, Paris, Belin, 1966.

• **Coca-Cola** doit son origine à John Styth-Pemberton. En 1886 à Atlanta (Géorgie), celui-ci ouvre une pharmacie et espère faire fortune en fabriquant des sirops, des lotions ou des pilules. Le 8 mai 1886 dans l'arrière-cuisine de sa pharmacie il met au point dans une bassine en cuivre un sirop qu'il espère efficace contre la toux et les migraines, sirop à base d'extrait de noix de cola, de feuille de Coca, de noix de muscade, de citron vert, de glycérine et de sucre, le tout coupé d'eau en des proportions qu'il garde secrètes. Le résultat est un mélange peu appétissant de couleur plus ou moins verte qu'il qualifie « Vin français de coca ». Il dépense 46 $ pour louer un panneau publicitaire dans un quotidien d'Atlanta *(le Daily journal)* et vanter les mérites de son sirop. Il y a là tout ce que sera Coca-Cola : une idée et le savoir-faire pour le vendre.

Son comptable Franck Robinson calligraphie son sigle qui devient Coca-Cola. Pendant un an les ventes stagnent, elles ne sont que de 13 verres par jour. Pemberton, ruiné, décide de vendre sa formule à un prédicateur droguiste : Asa Candler pour 282 $. Celui-ci décide de changer la couleur verte du Coca-Cola en y ajoutant du caramel, ce qui lui donne la teinte ambrée qu'on lui connaît de nos jours. Il lui donne surtout en 1915 sa bouteille dessinée par Alexandre Samuelson à la forme si identifiable : taille étroite et stries verticales dans le verre, évoquant les robes plissées à la mode de l'époque. La bouteille de Coca-Cola devient alors « la dame au fourreau noir ».

En 1919 Candler cède Coca-Cola pour 25 millions de dollars au groupe dirigé par Robert Woodruft. Vendeur génial, c'est lui qui pose les principes de la trilogie de Coca-Cola : une seule recette de fabrication, une seule bouteille, un seul produit. La prohibition fait la fortune de la marque et les premiers distributeurs automatiques de Coca-Cola inondent le marché américain. Ainsi dans l'entre-deux-guerres Coca-Cola devient aux États-Unis une véritable institution qui détient 40 % du marché des boissons gazeuses. Pendant la Seconde Guerre mondiale, Coca-Cola est autorisé par le général Eisenhower à devenir le fournisseur officiel de l'armée américaine. Le GI doit pouvoir acheter une bouteille de Coca-Cola pour cinq cents où qu'il soit dans le monde. Il y a dans l'armée américaine des « Captain Coca ». Le GI débarque avec Coca-Cola et Coca-Cola suit la progression des soldats alliés : dans les territoires libérés des usines d'embouteillage sont construites systématiquement.

Les premières boîtes métalliques apparaissent dans les casernes en 1950 et Coca-Cola sponsorise son premier programme télévisé. Car Coca-Cola, produit banal, voire prosaïque, livré par tonnes en sirop concentré à des embouteilleurs qui y ajoutent de l'eau gazeuse et quelques additifs chimiques est condamné au mouvement perpétuel. La firme d'Atlanta a bien compris que la valeur de son produit est certes dans son goût, sa pétillance, sa couleur, mais surtout dans le mythe qui l'entoure. D'où le rôle essentiel du marketing chez Coca-Cola.

La société s'est lancée à la conquête du marché mondial au début du XXe siècle. Dès 1906 Coca-Cola ouvre ses premières filiales à l'étranger, à Cuba, au Mexique et au Canada ; mais cette expansion n'est que régionale. Après 1945 Coca-Cola étend son emprise à la quasi-totalité des pays du monde. Même dans les pays socialistes, on produit et on boit du « Coke » nationalisé de Cuba à Moscou. Seuls les pays arabes boycotteront longtemps la marque parce qu'elle est vendue par Israël. Coca-Cola est devenue une boisson universelle, un symbole, une référence, une quasi-religion qui excite l'appétit de son rival Pepsi-Cola. Pepsi-Cola concurrence en effet durement Coca-Cola sur le marché des boissons gazeuses et contraint le géorgien à élargir sa gamme de produits en développant les boissons Fanta et Sprite. Cette guerre des sodas prend des allures politiques quand les présidents des États-Unis ont été amenés à choisir leur camp. En 1968 Richard Nixon installe des distributeurs de Pepsi-Cola à la Maison-Blanche, en 1976 Carter les remplace par Coca-Cola.

Coca-Cola passe alors à la multinationalisation de ses investissements publicitaires en devenant le leader mondial du sponsoring. Coca-Cola se veut partie prenante de tous les événements apparentés à une célébration – les Jeux olympiques (dès 1928 aux Jeux olympiques d'Amsterdam, puis plus près de nous Montréal, Moscou, Los Angeles) ; les coupes du monde de football d'Argentine, d'Espagne et du Mexique. Mais aussi Euro Disney, l'exposition universelle de Seville et la chute du Mur de Berlin – (chiffre révélateur : en 1991, première année de la réunification allemande, chaque ex-Allemand de l'Est a consommé en moyenne 27 l de Coca-Cola ce qui représentait 258 % de plus qu'en 1990. Belle efficacité du marketing Coca).

La guerre des sodas est ininterrompue et redouble d'intensité en période estivale. Depuis l'origine des temps le leader (Coca-Cola) se positionne sur son image d'institution et le challenger (Pepsi-Cola) comme une solution alternative. Dès le début des années 60 le concept de la *Generation Pepsi* fait des ravages et prend Coca-Cola à contre-pied en 1983 lorsqu'il décide d'associer sa marque à une grande vedette du show-business : Michaël Jackson. Le contrat est rempli au-delà de toutes les espérances, l'image du produit a fini par s'identifier à l'idole et à son public de jeunes. Coca-Cola réplique avec le seul argument que Pepsi ne peut pas utiliser : *it's the real thing,* autrement dit Coca-Cola c'est l'original et le reste n'est qu'imitation. Pepsi-Cola choisit une autre stratégie et par ses provocations pousse Coca-Cola à la faute quand celui-ci en 1985 annonce le remplacement de sa formule traditionnelle par un *new coke* légèrement plus sucré, comme Pepsi. C'est une protestation générale qui traverse les États-Unis, car les Américains ont l'impression qu'on a touché à leur patrimoine, les habitués réclament le retour à l'original et Coca-Cola capitule en revenant à la *real thing* sous l'appellation de *Coke classic.* Le patron de Pepsi-Cola jubile et déclare à la presse « à force de regarder notre rival droit dans les yeux, au bout de quatre-vingt-sept ans, il a fini par ciller ».

En septembre 1991 la direction de Coca-Cola s'adresse à l'agence Créative Artists pour détecter les goûts de demain et en déduire les stratégies marketing plus adaptées.

La concurrence de Pepsi a contraint Coca-Cola à se diversifier vers les concentrés citriques en absorbant en 1960 la société Miinute Maid, vers le café soluble avec l'achat de Duncan Foods en 1964 et vers la lutte antipollution par la prise de contrôle en 1970 d'Aqua Chem. C'est le début d'une évolution qui entraîne Coca-Cola hors du secteur des boissons, voire hors de la production matérielle industrielle (cinéma). Néanmoins Coca-Cola reste maître du monde des sodas avec 46 % du marché mondial des boissons sans alcool. Les quatre marques du groupe (Coca-Cola, Coca-Cola light, Fanta, Sprite) sont consommées dans 195 pays, 685 millions de fois par jour à raison de 20 cl minimum.

La formule mise au point par Pemberton et baptisée « 7 x » demeure un secret bien gardé dans un coffre-fort à Atlanta à tel point qu'en 1977 Coca-Cola a préféré perdre un marché important aux Indes plutôt que de communiquer la formule mystérieuse au gouvernement indien qui le souhaitait.

Souvent copié, jamais imité, Coca-Cola est le symbole de l'*American way of life* et reste la marque la plus connue au monde, celle qui nous fait prendre des bulles pour un système de valeurs et réalise hors des États-Unis les deux tiers de ses ventes et les quatre cinquièmes de ses profits. **Les clés de cette réussite ? une internationalisation à marche forcée, et une stratégie uniquement fondée sur son produit vedette.**

• **Procter et Gamble offre un autre exemple de succès en matière de management et de marketing.**

A Cincinnati (Ohio), en 1837, l'Anglais William Procter, fabricant de bougies, et l'Irlandais James Gamble, savonnier, unissent leur savoir-faire pour commercialiser leur premier produit de marque, les bougies Star Candles. Le succès se confirme avec le savon Ivory (1879) et la margarine Crisco vantée dans les magazines féminins. La machine P & G se met alors en marche pour devenir un formidable ensemble à créer et à gérer des marques de produits grand public. L'entreprise, dont la présidence se transmet de père en fils, est alors paternaliste mais en avance sur son temps dans le domaine social (congé du samedi après-midi en 1885, intéressement des salariés en 1887, assurance vie, retraite, maladie, invalidité dès 1915).

La diversification conduit l'entreprise à gérer plus de 150 marques, et en 1939 P & G possède 11 usines aux États-Unis et 5 à l'étranger. P & G utilise déjà à plein toutes les possibilités de publicité offertes par la radio, et dès 1939 le savon Ivory est choisi pour la première publicité à la télévision.

Pendant la Seconde Guerre mondiale P & G participe à l'effort de guerre en fournissant aux armées poudres, fusées et bombes en grosse quantité. Après 1945, P & G entre dans la très grande consommation grâce à une maîtrise exemplaire des techniques du marketing. Dans ce domaine, P & G est à la fois une référence et un vivier de cadres commerciaux pour les autres entreprises. On parle souvent de « l'école proctérienne » en cette matière. Dans ses écoles les commerciaux reçoivent une formation complète et apprennent les techniques les plus avancées (études de marché, création en 1974 du premier service consommateur avec numéro d'appel gratuit...).

Dans les années 50 le groupe part à la conquête du monde avec ses lessives, ses détergents et ses produits d'hygiène (shampoing, dentifrice, papiers absorbants). Ainsi, en 1995, il contrôle et gère 250 marques comme Pampers (couche créée en 1961), Always (protection féminine), Crest ou Blend a mil (dentifrice), Ariel-Dash-Tide (lessives), Mr Propre (nettoyant, récurent), Oil of Olaz (cosmétique) Pantène ou Hégor (shampoings), Camay ou Monsavon (savons), Petrole Hahn (produits capillaires), Vicks (produits pharmaceutiques), Sunny Delight (jus de fruit), Milton (stérilisation à froid de biberon)... Le groupe est présent dans 140 pays, emploie 110 000 personnes avec une progression régulière du chiffre d'affaires de 1988 à 1994 qui le voit passer de 142 milliards de francs à plus de 170 milliards de francs. Fait remarquable la moitié du chiffre d'affaires est réalisé à l'étranger dans 4 activités principales : hygiène corporelle (53 %), lessives (32 %), alimentation (11 %), chimie et pharmacie (4 %).

La stratégie actuelle de P & G consiste en un effort en direction des marchés en expansion d'Europe centrale, d'Amérique latine (Brésil et Mexique), d'Asie (Chine, Japon, Thaïlande) et de l'Inde où elle est liée par une *joint-venture* au groupe Godrej.

Encadré
La guerre des lessives en Europe

Le marché mondial des lessives représente 125 milliards de francs, l'Europe représentant à elle seule 55 milliards de francs. Deux géants concurrents se partagent le marché : **Procter et Gamble** avec 24 % et **Unilever** 20 %. Dominée par Unilever jusqu'en 1990, l'Europe est passée depuis sous influence de P & G. Pour les deux plus grands lessiviers de la planète, l'affrontement marketing est une longue habitude sur ce marché hyperconcurrentiel qui fait figure de laboratoire du management, du marketing et de la publicité. Pour gagner la guerre des lessives, les deux grands multiplient les innovations et segmentent l'offre à l'infini : Bonux (créé par P & G en 1958) existe aujourd'hui en 4 versions – Bonux classique, Bonux liquide, Bonux ultra et Bonux ultra-liquide !

La bataille décisive remonte à janvier 1982 quand Procter et Gamble lance la première lessive liquide Vizir. Unilever réplique à la fin de l'année avec Wisk. P & G passe alors devant Unilever, le feu couve jusqu'en 1989 quand Unilever crée la surprise avec la poudre compacte Skip micro (deux fois plus concentré que les lessives classiques !) lancée en juin 1989. P & G riposte avec Ariel ultra en juillet 1989. C'est la guerre de tranchées, les deux géants campent sur leurs parts de marché sans réussir de percée dans le paysage commercial. Alors les deux lessiviers déplacent la bataille sur le terrain des liquides, puis des couleurs. En octobre 1991 Unilever lance Skip micro liquide, au printemps 1992 P & G réplique avec Ariel ultra-liquide et Ariel ultra-color, étudié pour ne pas ternir les couleurs. Six mois plus tard Unilever contre avec Skip micro color. Au bout du compte ces différentes manœuvres se traduisent par un léger recul d'Uniler qui perd 3 points de part de marché entre 1991 et 1993.

Durant la même période P & G et Unilever s'affrontent sur le terrain de l'emballage. Le premier propose les écorecharges en poudre ou liquides qui permettent de recharger les paquets rigides ou les bidons plastiques de la marque ; le second jette sur le marché une boite métallique réutilisable comme moyen de rangement ou rechargée en lessive. Ce qui permet aux deux lessiviers d'affirmer qu'ils respectent l'environnement – en fait ils économisent surtout 75 % des matériaux d'emballage !

En 1994, Unilever grâce à ses nouvelles poudres superconcentrées Skip power et Omo power relance les hostilités. P & G polémique en déclarant à la presse « Omo power attaque le linge et fait des trous au bout de vingt-quatre heures », et étaie ses accusations grâce aux tests réalisés par un laboratoire indépendant TNO.

L'enjeu est de taille, Unilever avec Skip power en France, Omo power aux Pays-Bas et Persil power en Grande-Bretagne réalise son premier lancement paneuropéen. Ce qui est nouveau, car jusque là P & G seul pouvait, grâce à sa structure fortement centralisée, élaborer une véritable stratégie marketing européenne. Unilever souffre d'un handicap : il est constitué de filiales ayant chacune leurs propres produits et leurs propres centres de production et bénéficiant d'une grande autonomie. Aussi au début des années 90 Unilever a entamé une réorganisation en profondeur de son activité lessive sur une base européenne avec pour centre nerveux Bruxelles. Unilever l'européen a dû s'aligner sur les méthodes de lancement de Procte Gamble. Il a encore du chemin à parcourir, car chaque pays a sa marque historique (Persil power pour les Anglais, Omo power pour les Suisses, Skip power pour les Français), alors qu'Ariel, produit phare de P & G, s'achète dans toute l'Europe sous le même conditionnement imprimé en plusieurs langues.

▶ **Les grandes entreprises américaines sont aussi des entreprises de service.**

— L'aventure de **Sears Roebuck** commence en 1886 lorsque Richard Sears, télégraphiste, publie sa première circulaire pour vendre montres et bijouterie. En 1910 Sears a dix usines et un catalogue de 1 000 pages, véritable bible de l'acheteur dans les campagnes américaines. Il est le premier de la vente par correspondance. On peut tout y acheter, sauf le gros matériel agricole. Le catalogue soutenu par une chaîne de grands magasins devient la référence obligée dans les chaumières. On dit que beaucoup d'Américains des États du Sud y ont appris à lire.

Le groupe se partage en cinq branches :

— Allstate Insurance Group (assurance) : 13 000 employés dont 33 % installés directement dans les magasins à l'enseigne Sears ;
— le crédit hypothécaire de Dean Witter Reynolds spécialisé dans le courtage, les dépôts et les prêts à la consommation ;
— Coldwell Banker spécialisé dans la gestion de l'immobilier ;
— les grands magasins Sears ;
— le Sears World Trade spécialisé dans le négoce.

De nos jours (1994), fortement concurrencé par Wall Mart et K. Mart le système, le groupe Sears doit se restructurer. Edward Breunan décide de vendre la Tour Sears à Chicago (110 étages). Il allège son groupe en fermant la filiale négoce (Sears World Trade) et en se dégageant de l'activité caisse d'épargne. La restructuration passe aussi par la mort de son catalogue : la fin d'un mythe ! De surprenantes acquisitions ont été opérées en même temps : la chaîne d'ophtalmologie Eye Care Center en décembre 1987, puis les magasins d'habillement Pinstripes Petites et l'accessoiriste automobile Western Auto Supply.

Dans le même temps l'intérieur des magasins change, des rayons spécialisés de grande dimension y sont ouverts dont Mac Kids (qui vend des objets bénéficiant de la marque Mac Donald's) et surtout Brand Central pour l'électroménager américain. De plus certains produits de Sears sont concurrencés par des spécialistes ; Circuit City et Best Buy en électronique sont devenus très agressifs sur le marché, Home Depot et le « Do it yourself » pour la maison s'est imposé, car moins cher et plus efficace.

En fait, au fil du temps, Sears était devenue une affaire de famille, et la famille s'était endormie sur ses lauriers. La gestion y était devenue bureaucratique et coûteuse. Les coûts de Sears rapportés à leurs ventes approchaient 28 % en 1992, il faut atteindre 22 % pour égaler les performances des autres grands magasins et encore combien de temps pour atteindre les 15 % affichés par Wall Mart. Bref le groupe a mal vieilli et est à la recherche d'une nouvelle compétitivité.

▸ L'informatique constitue l'ossature principale du nouveau capitalisme qui se met en place aux États-Unis à l'aube du XXIe siècle.

C'est un capitalisme fait d'audace, de coups de génie, d'épopée scientifique où brillent dans la galaxie informatique américaine les constructeurs géants comme Compaq, Apple, IBM, les fabricants des microprocesseurs comme Intel, Motorola, AMD ou Texas instruments et les concepteurs de logiciels comme Microsoft, Lotus, Symantec. Dans chaque catégorie un leader se détache, IBM pour les constructeurs, Intel pour les microprocesseurs, Microsoft pour les logiciels.

• L'origine lointaine d'**IBM** (International business machines Corporation) remonte à 1911 ; trois firmes spécialisées dans les machines comptables et les appareils de mesure fusionnent et donnent naissance à la CTR (Computing

Tabulating Recording Company). La nouvelle société se spécialise dans la production de machines électro-comptables, de matériel d'horo-contrôle, de balances de précision, de tabulatrices et de cartes perforées. En 1914 Thomas J. Watson devient président de la CTR et conçoit ce qui deviendra la doctrine de la compagnie : fournir à la clientèle un service de haute qualité ; utiliser au mieux les compétences du personnel ; assurer la satisfaction du personnel dans le cadre de l'entreprise. En 1924 la CTR prend le nom d'IBM. Dans l'entre-deux-guerres IBM perfectionne son matériel de production et ses produits (trieuses, vérificatrices, tabulatrices...). En 1935 elle lance sur le marché la première machine à écrire électrique.

Durant la Seconde Guerre mondiale IBM participe au projet ENIAC (electronic numerical integrator and calculator) qui consiste à mettre en œuvre une calculatrice géante pour l'armée afin d'effectuer les opérations nécessaires à la conception de l'arme atomique. En 1948, la firme développe le premier calculateur électronique, suivi en 1952 du premier ordinateur scientifique l'IBM 701. C'est le fils du fondateur Thomas Watson Junior qui oriente IBM dans la conception d'ordinateurs.

La structure de la société évolue en 1949 avec la création d'IBM World Trade Corporation qui confirme la volonté de Big Blue d'être présente sur tous les marchés. Puis, au milieu des années 50, la nécessité d'une décentralisation s'impose : en 1957 l'entreprise est réorganisée en douze divisions formant l'IBM Corporation. Deux filiales indépendantes dans le management sont crées mais restent financièrement liées à IBM Corporation. La direction générale dont dépendent cinq comités spécialisés supervise les opérations de l'ensemble. IBM World Trade Corporation est responsable de trois zones géographiques :

- IBM États-Unis (21 usines, 22 laboratoires de recherche-développement et le siège central à Armonk) ;
- IBM Far East (Europe[1], Moyen-Orient, Afrique ; 15 usines et 10 centres de recherche) ;
- IBM Asia-Pacific (Asie + Amérique latine ; 10 usines).

Dans chacune de ces zones IBM a développé des compagnies associées (IBM France, Allemagne). Il s'agit avec IBM de la forme la plus achevée d'une stratégie globale de type tricontinental.

Durant ces années la culture d'entreprise d'IBM repose sur un ensemble de données fondamentales parmi lesquelles se détache la volonté d'une implantation mondiale, vendre là où l'on produit et par là même participer à l'aménagement du territoire du pays concerné, fidéliser la clientèle et rester dans le haut de gamme. La firme se veut une entreprise modèle à la fois vis-à-vis de son personnel et face au reste du monde. IBM la protestante a su développer et composer un

1. Très tôt IBM s'est intéressé au marché européen en développant des usines filiales, les sister plants, sur le vieux continent : Vincennes près de Paris en 1922, Berlin en 1927, Stockholm et Amsterdam en 1932.

esprit maison, où l'IBMER est garanti d'un emploi stable, d'une formation de haut niveau, d'une évolution de carrière, d'avantages sociaux et d'une redistribution d'une part importante des gains de productivité sous formes de hausses salariales, ...à vie.

Face au reste du monde, IBM est le modèle de l'entreprise « multidomestique » qui se veut exemplaire par le fait qu'elle paie ses impôts dans les pays où elle est installée et fait travailler des ouvriers et ingénieurs autochtones par le biais de la sous-traitance, ce qui lui permet d'apparaître comme un producteur national dans beaucoup de pays.

Aux États-Unis, IBM a concentré ses usines sur la côte Est, et principalement dans l'État de New York où est son siège social à Armonk (cf. carte) et les principaux centres de recherche de la Compagnie. La recherche tient en effet une place fondamentale dans le développement d'IBM. Le cœur scientifique est constitué par le centre de recherche de York Town Heights qui dépose chaque année un nombre considérable de brevets. Ce centre travaille en étroite collaboration avec les centres de recherche de San José en Californie et de Zurich en Suisse. Chacun de ces laboratoires de recherche fondamentale est tenu d'être en relation constante avec les usines qui mettent au point et développent les produits.

En ce qui concerne la production, IBM distingue trois types d'usines :

— en amont, les *technology plants* spécialisés dans les composants électroniques ou autres éléments entrant dans le processus de fabrication de produits destinés à d'autres usines du groupe, ainsi l'usine de Sindelfingen près de Stuttgart en Allemagne produit des microplaquettes de mémoire pour les usines assemblant des cartes mémoires ;

— en aval, les *box plants* effectuent l'assemblage final et les tests des produits (écrans-claviers) ;

— enfin, certains *box plants* possèdent une activité de *technology plants;* ce sont les usines mixtes du groupe, comme Vimercate, Berlin, Montpellier (Montpellier en France produit les ordinateurs et les modules qui entrent dans leur fabrication).

Une telle interdépendance nécessite une organisation spatiale et technique de la production ainsi que d'importants flux d'échanges entre les usines du groupe. Mais ceci génère de forts coûts de gestion. Cette stratégie pouvait être maintenue tant que la domination d'IBM sur le marché l'autorisait à pratiquer des prix élevés – c'est la situation jusqu'au début des années 70. IBM est sûre d'elle-même et dominatrice.

Avec les années 80 la position d'IBM s'effrite et ses profits fléchissent car la compagnie est dépassée. Son monolytisme, sa bureaucratie et son autosatisfaction lui masquent les réalités. Elle passe à côté de l'ordinateur personnel et surtout ne voit pas, et ne mesure pas, les dangers des clônes qui fabriquent des produits compatibles avec ses standards beaucoup moins cher (comme Compaq), et elle doit se résoudre à agir comme la concurrence. Une partie de son image s'estompe, IBM doit rebondir et entrer dans une nouvelle ère.

Au début des années 90, le nouveau PDG (depuis mars 1993) Louis Gerstner met en place un plan de redressement visant à réduire les frais de structure par la fermeture d'usines et le regroupement d'activités. IBM doit pratiquer le *Down Sizing:* 400 000 salariés en 1985, 225 196 en 1994 et pour la première fois dans son histoire imposer des licenciements secs, ce qui n'avait pas été le cas pendant la crise de 1929.

IBM est de plus en plus contraint de localiser ses sites de production dans des zones à faibles coûts de fabrication. En agissant de la sorte, comme la plus banale des FMN, IBM perd un peu de son éthique, de son image et de ce qui la singularisait. Elle ne produit plus où elle vend, elle produit où la main-d'œuvre est la moins chère aussi s'installe-t-elle dans les pays développés à main-d'œuvre peu qualifiée et peu rémunérée (Écosse, Espagne, Sud des États-Unis) et dans les pays d'économie émergente (Corée du Sud, Chine, Mexique).

IBM doit revoir sa stratégie spatiale et les principes fondamentaux de la production qui reposaient sur la triple source[1], la diversification des fournisseurs et la production proportionnelle aux ventes. Tout cela doit être abandonné au profit d'une stratégie globale, c'est un véritable changement de culture d'entreprise qui se dessine actuellement.

Simultanément le géant américain s'est engagé dans une stratégie de recentrage de ses activités autour de ses métiers de base. En août 1990 IBM a cédé ses activités de machines à écrire électriques et petites imprimantes, trop concurrencées par les fabrications asiatiques. En matière de micro-ordinateurs une grande refonte du secteur est en cours avec le nouveau patron de la division, Richard Thomas. IBM a annoncé la réduction du nombre de ses marques de 9 à 4, (il reste IBM PC-APTIVA-IBMPC Server-THINKPAD).

De plus IBM a repris l'offensive en rachetant Lotus, le concurrent direct de Microsoft. Elle concentre par ailleurs toute son attention sur le client et n'hésite plus à chercher des alliances, ce qui était invraisemblable autrefois.

Cette stratégie est payante puisque, après quatre années de dépérissement, IBM a renoué avec les bénéfices en 1994 grâce à une embellie des marchés *mainframes* (le parc vieilli est en phase de renouvellement). De plus la politique d'alliances initiée par IBM avec Apple et Motorola pour mettre au point une arme destinée à contrer le Power PCIntel commence à porter ses fruits.

Même si le géant de Wall Street a tremblé sur ses bases au début des années 90 parce qu'il a eu du mal à s'adapter à la révolution de l'ordinateur personnel et à la montée en puissance des microprocesseurs, IBM se situe encore à la pointe du progrès technique, et fière de ses 300 milliards de francs de chiffre d'affaires et de ses bénéfices nets qui dépasseront les 30 milliards en 1995 elle reste une référence au niveau mondial.

1. Triple source : à chaque usine aux États-Unis, correspondent deux usines sœurs, les *sister plants,* fabriquant les mêmes produits en Asie et en Europe.

Encadré
La formation du personnel chez IBM.
L'exemple de l'Université de la Hulpe.

Ce qui caractérise IBM c'est l'importance accordée à la formation du personnel. En effet la succession rapide des générations d'ordinateurs et les perfectionnements continus d'une gamme de produits très large imposent au personnel une mise à jour régulière et complète. Les besoins en formation sont pris en charge soit au niveau national, soit au niveau international quand il s'agit de domaines innovants. IBM possède une véritable université d'entreprise installée à la Hulpe en Belgique à la périphérie de Bruxelles. Elle accueille l'élite des ingénieurs et des cadres de la compagnie pour des stages courts et intensifs de recyclage de haut niveau. Le campus regroupe une quinzaine d'écoles et instituts qui travaillent en synergie (3 instituts de marketing commercial, une école de robotique, une école de techniques de communication, une école de formation de cadres supérieurs, un institut d'administration des affaires, un institut sur les techniques de production). Cet ensemble est ouvert sur le monde et fait appel à la collaboration de prestigieuses universités européennes. Ainsi régulièrement des professeurs de l'école polytechnique de Lausanne, de Cambridge ou de Louvain viennent assurer selon un cahier des charges très précis des stages dans les domaines où la Compagnie ne s'estime pas assez compétente (automatisation de la production, analyse des méthodes). Se remettre en cause pour progresser fait partie de la culture d'entreprise.

• **Intel** s'est imposé comme le leader mondial du microprocesseur[1].

En juillet 1968 un trio d'ingénieurs de la Silicon Valley (Gordon Moore, Bob Noyce, Andrew Grave) crée Intel: Integrated electronics. Intel commence son aventure avec la technologie des semi-conducteurs qui remplacent les mémoires magnétiques. La croissance de l'entreprise est rapide, le chiffre d'affaires double d'année en année: 0,5 million de dollars en 1969, 4 millions de dollars en 1970, 9 millions de dollars en 1971, 23 millions de dollars en 1972, 66 millions de dollars en 1973.

En 1970, un ingénieur d'Intel Ted Hoff invente un microprocesseur (nom: 4044) capable d'exécuter 60 000 opérations par seconde, pour répondre à la demande d'un fabricant japonais de calculatrices. C'est l'entrée dans l'ère informatique. En 1979 le géant IBM qui monopolise l'informatique mondiale choisit le microprocesseur Intel pour équiper son premier ordinateur personnel IBM-PC. De plus la concurrence fabrique des ordinateurs compatibles avec ceux d'IBM, donc a recours au même « cerveau » pour ses machines: Intel. Les microprocesseurs Intel deviennent le standard de l'industrie informatique. L'entreprise concentre

1. LEXIQUE INFORMATIQUE : **Transistor:** inventé en 1948, il permet de contrôler le courant électrique en l'amplifiant ou en le faisant osciller. Chaque transistor est doté d'une porte qui l'allume ou l'éteint. Ceci permet de représenter selon le cas le 1 ou le 0 binaires du langage qui gouverne tout le processus logique d'un ordinateur. **Semi-conducteurs:** corps mous métalliques qui conduisent l'électricité dans un seul sens. **Microprocesseur:** assemblage de millions de transistors qui constitue le cerveau des ordinateurs en recevant les informations et en exécutant les opérations. **Mémoires:** dispositif qui permet de stocker les informations et de les transmettre au microprocesseur en fonction des besoins de ce dernier.

alors toute son énergie et son savoir-faire sur ce qui va devenir une rente, les microprocesseurs. Se succèdent alors les puces de type 286 (1 million d'instructions seconde), 386 (5 millions d'instructions seconde), 486 (20 millions d'instructions seconde), le penthium (100 millions d'instructions seconde) et en 1994 le P 6 (300 millions d'instructions seconde) qui représentent le top niveau technologique en matière de microprocesseur.

Pour conserver son avance technologique Intel accélère le renouvellement de ses familles de produits car, dans la compétition mondiale, être le premier à explorer un territoire technologique n'y donne aucun droit permanent à la souveraineté ; en cela l'entreprise applique la loi de « Moore » un de ses fondateurs qui prédisait dès 1965 que la densité en transistors d'une puce de Silicium allait doubler tous les dix-huit mois. Intel est condamné à investir sans compter pour assurer sa suprématie, face à la concurrence d'AMD, Power PC et NEXGEN. De 1990 à 1993 la société a aussi investi 5 milliards de dollars en machines et usines et 2,9 milliards de dollars dans la recherche et développement. Dans ce type d'activité, la complexité des procédés de fabrication et de production est toujours plus élevée. La finesse des circuits et des tranches de silicium imposent des machines de plus en plus sophistiquées et des usines de plus en plus propres, car les opérations de fabrication se déroulent en milieu stérile.

Avec 10 usines, dont 3 au top niveau de la technologie, Intel bénéficie pour l'instant d'une situation intouchable, même si ses produits sont rapidement « clonés » (c'est-à-dire copiés). Intel reste la *one product company* qui fabrique et commercialise 80 % des puces au cœur de chaque microordinateur.

- **Microsoft** enfin est la première entreprise mondiale de logiciels[1]. En 1974 William H. Gates (plus connu sous le nom de Bill Gates), âgé de 19 ans et issu d'une bonne famille, abandonne ses études à Harvard ; il fonde en 1975 Microsoft avec son camarade de lycée Paul Allen. Ils ont compris que l'avenir appartient aux ordinateurs personnels. La fortune de Microsoft est faite lorsque IBM choisit Gates et Allen pour développer le logiciel (sans lequel l'ordinateur n'est qu'une boîte muette) et l'*operating system* de son premier micro-ordinateur qui sort en juillet 1981. Ce logiciel s'appelle MS DOS. DOS Disk operating system, MS pour Microsoft.

Gates a inventé entre-temps les principaux langages informatiques (FORTRAN, BASIC, COBOL, PASCAL). Dans l'entreprise, Gates est le *doer,* celui qui accomplit grâce à son sens inné de la vente, Allen est l'*idea man,* le visionnaire. Certains comparent Bill Gates à Henry Ford, car comme Ford il a créé de toutes pièces grâce à son intuition une nouvelle industrie.

Depuis le début des années 90 Microsoft se lance dans de nouvelles aventures industrielles avec la création du microsoft Network, un service *on line* comparable

1. Il s'agit de programmes écrits en langage informatique qui indiquent au processeur ce qu'il doit faire. Les logiciels gèrent les relations entre l'unité centrale de l'ordinateur et ses périphériques (clavier, souris, écran, imprimante, disque dur), son utilisateur et les autres logiciels. Les logiciels d'application sont spécialisés dans un travail donné comme le traitement de texte, le tableur, la gestion de base de données, le dessin.

à Internet. Ce réseau, Gates le conçoit comme une sorte de centre commercial géant où les abonnés pourraient accéder avec un ordinateur à une multitude de services et de produits. Parallèlement, avec son programme pour CD ROM *ENCARTA*, Gates est devenu le principal vendeur d'encyclopédies aux États-Unis.

De plus, dans la tradition des mécènes américains, Gates finance pour 12 millions de dollars l'Université de Washington afin de construire le laboratoire de biologie moléculaire le plus performant du monde avec à sa tête Leroy Hood, le père du Human Genome Project qui recense le patrimoine génétique de l'humanité. La biotechnologie est le hobby de Gates ! Il finance également un laboratoire fondé par Hood (Darwin Molecular Corporation) qui recherche un traitement du SIDA par la mise au point d'un gêne tueur.

Bill Gates s'intéresse aussi à Léonard de Vinci, homme à la curiosité universelle, et vient d'acquérir un document de 72 pages le *Codex Hammer,* sorte de carnet de notes de l'artiste italien rédigé entre 1506 et 1510, pour 30,8 millions de dollars.

En 1994 Microsoft représentait un chiffre d'affaires de 4,6 milliards de dollars, soit une progression de 24 % par rapport à 1993 (3,7 milliards de dollars) avec environ 15 000 employés. Sur les 130 ha de son campus à Redmond à l'est de Seattle, Microsoft est devenu le n° 1 mondial de son secteur en moins de quinze ans. L'entreprise contrôle 34,7 % du marché mondial des logiciels, ses principaux concurrents se partagent les miettes. Confortablement installé sur son système Microsoft Windows vendu à plus de 100 millions d'exemplaires et installé par plus de 400 fabricants d'ordinateurs de par le monde, Microsoft a fait de son créateur l'homme le plus riche et le plus influent du monde. Néanmoins l'homme qui pèse près de 10 milliards de dollars début 1995 a perdu un round important contre le juge fédéral Stanley Sporkin qui refuse d'entériner un accord intervenu entre Microsoft et le ministère de la Justice américain au nom des lois antitrust.

Encadré
La galaxie informatique américaine en 1994 (en %)

Le marché du système d'exploitation		Le marché du micro-ordinateur	
Microsoft	84	IBM	8,5
Apple	7	Apple	8,5
IBM	4	Compaq	10,3
Autres	5	Autres	72,7
Le marché du logiciel		**Le marché du microprocesseur**	
Microsoft	35	Intel	83
Novell	8	Motorola	6
Lotus	12	AMD	5
Autres	45	Autres	6

Source : Le Point, 4 mars 1995.

• Le capitalisme des medias est bien représenté par **CNN** (Cable news Network). Son dirigeant, Robert Edward Turner, a d'abord acheté une petite station de télévision en faillite à Atlanta le 1er janvier 1970 et l'a transformée en TBS (Turner Broadcasting System), la « superstation qui sert la nation ». En 1980, il crée CNN, une chaîne câblée, en pariant sur le goût particulier des Américains pour le sport et l'information en continu, le tout en diffusant par satellite. Turner acquiert parallèlement des équipes de base ball *(Atlanta braves, Atlanta hawks)* à la fois pour supporter des équipes locales et pour remplir des heures de télévision à bas prix.

En 1985 Turner lance CNN international. Soucieux de diffusion planétaire, il a bien vu l'importance d'une empreinte satellite quasi totale sur la planète. Ainsi CNN I a des centres de production à Londres, Hong Kong, Atlanta, plus 29 bureaux répartis dans le monde entier et 600 stations de télévision affiliées. Il contrôle ainsi un empire de l'image qui pour sa diffusion utilise 13 satellites, couvre plus de 210 pays et territoires (4 milliards d'humains peuvent capter CNN). Turner mise sur les émissions *live* en direct (record d'écoute le 16 janvier 1991 au moment de la guerre du Golfe) pour conquérir le monde, même l'ex-URSS avec ses programmes en langue russe.

Ce *self made man* milliardaire traite les images et les nouvelles comme des biens de consommation dans une industrie de l'information qu'il veut mondiale, globale et pacifique. Turner n'a pas changé et, fidèle à sa déclaration de 1989, veut toujours sauver la planète : « Pourquoi ne tenterions nous pas, durant les deux prochaines années, d'obtenir la paix sur terre ? et en l'an 2000 de remettre l'horloge à zéro ? Écrivons BP et AP, avant la paix *(Before peace)* et après la paix *(After peace)*. » Sans doute son mariage avec la star de cinéma Jane Fonda, ancienne militante pro-Viêtcong, n'est-il pas étranger à ses prises de position, progressistes et mondialistes.

Son empire déborde sur le cinéma avec Turner Pictures qui produit des films comme *When Harry meets Sally* où des comédies comme *The mask*. De plus Turner a acquis environ 10 000 films de MGM, Warner Bross, RKO et United artists afin d'alimenter son réseau. Il faut y ajouter le contrôle de près de la moitié des films d'animation produits aux États-Unis dans le cadre de son association avec la société Hanna & Barbera.

Le *Citizen Kane de CNN* pour les uns, *the mouth of the South* (la grande gueule du Sud) pour les autres, a fusionné en octobre 1995 avec Time Warner créant ainsi le numéro un mondial de l'audiovisuel. Le nouveau groupe réalise un chiffre d'affaires de 18,7 milliards de dollars, soit plus que les 16,4 milliards de dollars que représente la récente fusion Walt Disney-ABC (août 1995).

Ted Turner montre là qu'il est convaincu que *Bigger is better* et que dans une vision mondialiste de l'audiovisuel il faut à la fois pouvoir contrôler la production et la distribution.

• Enfin, dans une logique capitaliste poussée à l'extrême, **Nike** fait figure d'entreprise virtuelle : n'est-il pas le n° 1 mondial du vêtement et de la chaussure de sport sans posséder aucune usine ?

En 1962, Philip Knight, un jeune étudiant ancien athlète de demi-fond de la

Stanford Business School, rédige un mémoire de fin d'études consacré au marché des chaussures de sport aux États-Unis ; les deux leaders mondiaux étaient alors les marques allemandes Puma et Adidas. A l'issue de ses études, il visite le Japon et, armé de son MBA, il se présente aux dirigeants du n° 1 japonais Asics et les convainc de lui confier la distribution de leur gamme d'articles de sport dans l'Ouest américain. Avec son ancien entraîneur Bille Bowerman, ils fondent leur entreprise avec une mise de fond de 500 $ chacun pour distribuer les modèles qu'ils conçoivent pour une clientèle américaine dynamique et moderne. Au bout de six ans les liens se distendent, et Knight crée sa propre entreprise en 1968 : Nike, du nom de la déesse grecque de la victoire. Il l'installe à Beaverton dans l'Oregon.

Knight a délocalisé très tôt sa production là « où la main-d'œuvre est abondante, bon marché et facile à former ». Il précise déjà la philosophie de son entreprise « nous ne sommes pas des fabricants, nous sommes des commerciaux et des stylistes ». Pour Nike, la production ne l'intéresse pas, elle est déléguée et ne doit pas poser problème – c'est pourquoi il est installé en Asie pour 90 % de sa production. Avec Nike l'entreprise devient de plus en plus un simple intermédiaire. Elle aide ses partenaires spécialistes de la production à s'adapter pour trouver les meilleures conditions économiques de fabrication. Mais les risques de production sont pris par la sous-traitance.

Depuis les années 70 Nike a définitivement quitté la Grande Bretagne, l'Irlande et les Philippines pour miser, au début des années 80, sur la Corée du Sud et Taïwan. Au tournant des années 90 le géant américain s'est implanté en Chine, Indonésie et Thaïlande, et en 1993/1994 il a prospecté le Viêt-Nam et l'Inde à la recherche de coûts de fabrication et de main-d'œuvre encore plus bas. Ainsi 75 000 ouvriers fabriquent des Nike dans tout le continent asiatique, mais Nike n'emploie directement que 9 000 personnes pour un chiffre d'affaires de l'ordre de 18 milliards de francs.

Nike développe un capitalisme original, plus marchand que fabricant, plus nébuleuse d'unités que groupe intégré. Elle préfigure selon certains experts l'entreprise réseau, l'entreprise de demain, qui est en fait réduite à sa plus simple expression : elle met en relation, donne des ordres de fabrication et des directions de marketing. C'est un réseau de relations, un carnet d'adresses téléphoniques en dehors de toutes structures classiques qui a fait de la flexibilité son atout majeur, en sous-traitant toutes les activités contraignantes (secrétariat, production, comptabilité) au coup par coup. C'est l'ébauche de l'entreprise virtuelle.

3. Le management stratégique de l'entreprise américaine se fonde de plus en plus sur la multiplication des alliances.

Conscient que le monde de l'entreprise est mouvant et que les rapports de forces évoluent les nouvelles entreprises américaines ne sont plus seulement organisées de manière pyramidale comme celles qui bâtissaient leur activité sur la production standardisée de masse. Dans un mouvement nécessaire de globalisation de leurs activités, à la place de cette structure pyramidale, elles privilégient, pour mieux s'adapter aux conditions du marché et gagner en flexibilité, le développement d'une structure en réseau qui assure une plus grande vitesse de réaction aux tendances nouvelles de la demande. Aussi à l'intérieur des entreprises se sont multipliés les centres de projets indépendants où chaque unité de production dispose d'une forte autonomie et est jugée à ses résultats de vente.

Face à l'extérieur les entreprises américaines s'associent à des partenaires américains ou étrangers avec des formes variées et originales de liens juridiques et financiers. Avec l'accroissement du nombre des sociétés qui ont une stratégie vraiment globale les investissements stratégiques sous forme d'alliance se multiplient.

Deux niveaux d'alliances apparaissent :

— les alliances entre partenaires américains ;
— les alliances avec des partenaires étrangers.

Ces alliances prennent **4 formes principales :**

— les alliances à but technique ou scientifique (échange de savoir-faire) et les alliances à but commercial ;
— les *joint-ventures :* elles peuvent prendre deux formes distinctes : la *join-venture* contractuelle, qui se caractérise par une limitation de sa durée et de ses objectifs, et la *joint-venture* à capitaux qui abrite des projets dont ni l'étendue, ni l'horizon ne sont contractualisées ;
— les *corporate venturing* ;
— la prise de contrôle.

► **Les alliances entre partenaires américains sont conçues pour faire face à une menace extérieure et conserver une position de leader, voire de monopole.** Dans ce cadre les entreprises restent profondément américaines à la fois dans les méthodes empreintes de rigueur et de juridisme et dans la philosophie générale qui sous-tend l'action.

Ces alliances intéressent surtout le domaine de la R & D dont les coûts ont augmenté fortement dans les vingt dernières années. Ces alliances entre partenaires américains présentent à leurs yeux des intérêts fondamentaux :

— elles permettent, grâce à l'action de leurs centres de recherche respectifs, une identification plus rapide et un suivi constant des technologies clés ;
— elles aident les entreprises à combiner leurs technologies pour faire leur entrée sur de nouveaux marchés d'applications ;
— elles peuvent aider les entreprises dont la technologie est faible ou mal adaptée à diversifier leurs activités vers de nouveaux marchés.

• La **MCC** (Microelectronics and Computer technology Corporation) répond à ces critères. En 1983 un groupe de sociétés leaders dans les secteurs de l'informatique et des semi-conducteurs constitue un laboratoire commun de recherche pour faire face à la menace japonaise représentée par les ordinateurs de la 5e génération. Tout a commencé à Orlando en Floride le 19 février 1982 lorsque William Norris président de Control data réunit seize entreprises américaines du secteur informatique pour discuter du projet MCC. Après de longues discussions, seules 13 entreprises adhèrent dans un premier temps à la MCC (AMD-Allied Signal Corporation-Control Data Corporation-Digital-Harris Corporation-Honeywell-Martin et Sperry). IBM et Texas instruments restent volontairement en dehors du projet. Il fut décidé que chaque entreprise détiendrait une seule action de la MCC au prix de 150 000 $, et que le laboratoire commun regrouperait les compétences intellectuelles et les savoir-faire de chercheurs issus des sociétés membres. L'ensemble sera dirigé par un conseil dans lequel chaque société membre aura un siège et les décisions y seront votées à la majorité relative.

Le laboratoire s'est installé à Austin au Texas avec un programme bien défini, concernant quatre domaines : les logiciels, la conception assistée par ordinateur, l'interconnexion de circuits intégrés et les architectures d'ordinateur. Les brevets deviennent automatiquement propriété de la MCC dont les membres reçoivent un droit d'exploitation sous licence gratuit pendant trois ans.

La création de la MCC est une innovation juridique d'autant plus remarquable que les entreprises américaines impliquées n'ont pas hésité à coopérer dans le but de produire des technologies communes, mais sont restées commercialement concurrentes.

▸ Les alliances avec des partenaires étrangers prennent des formes diverses qui vont de la *joint-venture* à la *corporate venturing* et à la prise de contrôle.

Les **joint-ventures** associent souvent des rivaux. Trois cas attirent l'attention par l'importance quantitative et qualitative des partenaires, par les intérêts et les attentes espérés et par les stratégies déployées.

• **NUMMI** (New united motor manufacturing INC) associe deux rivaux de poids, Toyota et General Motors.

En 1981 Toyota premier constructeur automobile du Japon et troisième mondial recherche un partenaire aux États-Unis pour apprendre à manœuvrer dans l'environnement du capitalisme américain, et surtout s'y implanter. Toyota approche alors General Motors qui connaît des difficultés sérieuses. Les discussions furent longues et laborieuses. Ce n'est qu'en avril 1984 qu'une *joint-venture* est constituée entre Toyota et General Motor (NUMMI).

NUMMI est une *joint-venture* classique à 50/50 de droit américain ; chaque partenaire participe à la hauteur de 100 millions de dollars aux coûts de démarrage de leur usine commune. L'usine NUMMI occupera le site de Fremont près de San Francisco que General Motor avait fermé en 1982 pour manque d'efficacité et fortes revendications syndicales. Depuis 1984 l'usine fonctionne selon les modes de production Toyota. L'efficacité et la qualité des relations avec le personnel chez NUMMI sont souvent citées en exemple aux États-Unis. L'usine appuie sa production sur un modèle Toyota (la *Corolla*) ; les moteurs et les transmissions sont importés du Japon mais le reste des pièces provient de firmes américaines.

Les deux partenaires y trouvent leur compte. Toyota peut faire face à la vague montante du protectionnisme américain. General Motors y apprend les méthodes de production japonaises (et encore avec le Maître !) et les teste dans l'environnement américain. De plus General Motors produit, grâce au savoir-faire et à l'organisation Toyota, les petits modèles de qualité supérieure qui lui faisait tant défaut, tout en sortant du complexe FIAT *(fix it again Tony)*, expression populaire utilisée par les Américains pour désigner les modèles automobiles à problèmes et présentant de trop grands défauts.

Cependant, les deux partenaires devaient se séparer bientôt ; est-ce l'aveu d'un échec, ou cette décision ne signifie-t-elle pas plutôt que chacun a tiré suffisamment profit de l'expérience, Toyota en termes d'implantation sur le marché américain et General Motor en savoir-faire ?

Au total le capitalisme américain préfère, dans ce cas de figure, s'allier à l'adversaire menaçant et en faire un partenaire.

- **FANUC** s'associe avec General Motors et General Electric.

FANUC est une société japonaise en position de leader mondial pour les systèmes de contrôle numérique des machines outils et de la robotique industrielle. C'est une excroissance devenue indépendante en 1972 du constructeur informatique japonais Fujitsu.

En 1982 FANUC décide d'améliorer sa pénétration des marchés étrangers et principalement du continent Nord Américain. Aux États-Unis General Motors s'était lancé dans le développement d'un système de peinture robotisé à commande numérique et dans l'acquisition programmée sur six ans de 20 000 robots industriels pour ses chaînes de montage (pour un montant prévu de 40 milliards de dollars).

General Motors prend contact avec FANUC et lui propose une *joint-venture*. Les deux partenaires ont des intérêts multiples et complémentaires (cf. tableau 3).

Tableau 3
Avantages de la *joint-venture*

Pour General Motors	*Pour FANUC*
Faire des économies sur son programme de modernisation	General Motors ouvre les marchés américains et canadiens aux productions FANUC
Augmenter ses connaissances et son contrôle sur une technologie clef dans la construction automobile	Avoir un associé pour développer en commun les progiciels (opération coûteuse)
Augmenter son avance sur ses concurrents en maîtrisant des technologies nouvelles	S'imposer comme le n° 1 des fournisseurs de robots sur le marché américain
Diversifier ses activités vers de nouveaux marchés	

En 1986 General Electric approche FANUC et lui soumet une proposition de *joint-venture* 50/50 permettant d'associer les compétences de General Electric en systèmes intégrés avec les servomoteurs et les systèmes de contrôle numérique de FANUC. Une société est créée, GE-FANUC-AUTOMATION, et basée en Virginie à Charlotteville.

• **SIECOR** représente un cas extrême, celui du management stratégique des *joint-ventures.*

Aux États-Unis CGW corning glass works est l'une des sociétés les plus habiles en matière de *joint-venture,* système qu'elle a utilisé à répétition (40 fois depuis 1924) pour développer de nouveaux secteurs d'activité et pénétrer de nouveaux marchés ; ainsi en 1988 les *joint-ventures* représentaient 57 % des ressources d'exploitation de Corning.

Dans les années 70 la société Corning était un des pionniers de la technologie des fibres optiques. Longtemps elle cherche des partenaires pour partager les coûts de recherche et développement. Elle signe avec cinq sociétés étrangères des accords de participation aux frais de recherche (Fujikura, Japon ; Siemens, RFA ; Pirelli, Italie ; Thomson, France ; BICC, Grande-Bretagne). Avec une participation annuelle de 100 000 $ au programme de R & D chaque partenaire avait accès à la technologie de Corning et pouvait produire sous licence.

Avec les progrès des travaux, Corning ressentit le besoin d'avoir un partenaire privilégié pour développer le câble qui envelopperait la fibre optique. Corning porta son choix sur Siemens pour des raisons bien précises : les deux entreprises avaient une bonne complémentarité de leurs capacités technologiques, elles possédaient des cultures d'entreprises semblables, fondées sur une sagesse faite de patience qui convient aux entreprises familiales au paternalisme marqué. En 1977 il y a création d'une *joint-venture* à parts égales : SIECOR.

SIECOR est en 1994 le premier producteur mondial de câble à fibre optique et le premier fournisseur de câbleries pour les ascenseurs aux États-Unis.

• **Monsanto** est un cas de *corporate venturing* qui illustre comment une entreprise gère ses investissements en capital risque. Monsanto fut créée en 1901 par John Francis Queeny qui donna le nom de jeune fille de son épouse à sa société. Cette entreprise deviendra une des cinq premières sociétés chimiques américaines. Dirigée par John Hanley venu de Procter & Gamble, elle commence à rechercher des sources de revenus plus rentables et décide d'investir dans des fonds de capital-risque.

Le premier investissement en capital-risque en 1972 est une association avec Emerson Electric pour constituer INNOVEN avec un capital de 10 millions de dollars. INNOVEN investit alors prioritairement dans des entreprises de pointe dans le domaine de la biotechnologie (participation minoritaire au capital de GENENTECH spécialisée dans la technologie de manipulation de l'ADN). En 1977, INNOVEN investit dans GENEX, spécialiste des enzymes.

A partir de 1982 les activités de capital-risque de Monsanto s'internationalisent par l'intermédiaire du réseau à l'étranger d'une société de capital-risque de Boston, TA associates. Monsanto s'intéresse à tous les domaines de l'électronique, de la robotique, de l'instrumentation médicale et finance des équipes de chercheurs d'Oxford, Cambridge et du Royal College en Grande-Bretagne (une nouvelle société Oxford Glyco Systems est créée grâce à l'aide de sociétés capital-risque pour exploiter les recherches développées à l'université).

En 1984, Monsanto a atteint un niveau d'investissement conséquent en recherche et développement dans le domaine de la biotechnologie. Monsanto mesure toutes les possibilités de synergies entre la biotechnologie et ses capacités de fabrication et de manipulation moléculaire. Mais Monsanto a besoin d'un réseau de marketing et de distribution au niveau international pour pouvoir mettre en place un secteur d'activité intégré : ce sera l'absorption d'une grande société pharmaceutique en 1985 (la société Searle).

A partir de 1986 Monsanto franchit une étape décisive dans son développement, en orientant prioritairement ses capitaux de l'outil de production à la recherche. Dans les années 60 ce qui constituait une activité annexe à la périphérie de ses activités est en passe de devenir la fonction essentielle de Monsanto dans les années 90.

- L'alliance **Motorola-Toshiba** a pour objectif l'échange de technologie.

L'accord entre Motorola et Toshiba en 1986 a pour objectif l'échange de la technologie Motorola en matière de microprocesseurs contre la technologie de Toshiba dans le domaine des puces. Toshiba met ses réseaux de distribution et de vente à la disposition de Motorola qui commence à assembler les puces mémoire de Toshiba et l'alimente en microprocesseurs de 8, 16 et 32 bits.

Par cette alliance Motorola refait son entrée sur le marché des puces mémoire et renforce sa position sur le marché japonais. Toshiba de son côté renforce sa position sur le marché des unités centrales et des télécommunications grâce à l'accès à la technologie des microprocesseurs.

Le transfert de technologie prend forme avec la création, en 1988, à Sendaï, dans le nord du Japon, d'une usine en copropriété : Tohoku Semiconductor Corporation. Cette usine oriente sa production sur les puces mémoire de Toshiba ainsi que sur la technologie Motorola des microprocesseurs 8, 16, 32 bits.

Dès 1991 les deux sociétés envisagent d'étendre leurs échanges de technologie à d'autres domaines.

▸ **L'alliance peut aboutir à une prise de contrôle partielle ou totale.**

L'alliance **General Motors-Isuzu** a commencé en 1971 : General Motors décide de prendre 34,2 % du capital d'Isuzu Motors pour une valeur de 58 millions de dollars. Pour les deux entreprises les objectifs sont triples. Pour General Motors il s'agit d'augmenter son accès au marché japonais, de se fournir en pièces japonaises de qualité pour camions légers et de faire des bénéfices. Isuzu y voit une injection de capitaux non négligeable, le moyen de se servir du réseau commercial de General Motors et d'avoir accès à la technologie de General Motors pour les voitures de tourisme.

De plus ce rapprochement a engendré diverses relations commerciales entre les deux partenaires. A partir de 1989 Isuzu a accepté de distribuer les Opel construites par General Motor Europe, a construit des camions de petit et moyen gabarit que General Motors distribue aux États-Unis ; Isuzu a pris une participation de 40 % dans le capital de Bedford, filiale de General Motors en Grande-Bretagne, et a formé une société IBC vehicules qui construit des 4×4 et des camionnettes.

De plus les deux sociétés se sont approvisionnées réciproquement en pièces automobiles. C'est Isuzu qui fournit les pièces de la transmission à commande manuelle des Opel Vectra et le moteur diesel qui équipe les Corsa. En contrepartie General Motors fournit les transmissions automatiques.

Ce mariage apportait à General Motors et Isuzu une réponse aux pressions concurrentielles qui se faisaient sentir sur leur marché respectif et leur ouvrait des marchés nouveaux.

Ces nombreux exemples d'alliance avec des partenaires étrangers font des sociétés américaines les plus internationales du monde. Mais **s'agit-il encore d'entreprises américaines ?**

La réponse doit être en nuance, dans la mesure où les entreprises évoluent dans un monde où l'économie, la politique, le droit, les problèmes sociaux et l'information se sont internationalisés ; s'adapter à l'environnement et coopérer avec l'extérieur est devenu une exigence vitale. Mais cette exigence ne sera pas une menace si le système productif et les entrepreneurs des États-Unis savent conserver leurs propres forces dont les principales sont la créativité, l'esprit d'initiative et d'entreprise, la souplesse intellectuelle et l'énergie des citoyens. Les entreprises américaines doivent trouver des partenaires et des moyens financiers à l'étranger, mais elles doivent le faire de manière à préserver les valeurs intrinsèques du capitalisme à l'américaine qu'elles ont su développer au cours des deux derniers siècles. La logique de mondialisation suppose une forte culture d'entreprise : si les entreprises américaines savent prendre appui sur ce corpus idéologique qui a conquis le monde, elles doivent conserver leur dynamisme et leur leadership.

Il y a toujours eu un environnement naturel, économique, social et psychologique favorable à la création de nouvelles entreprises aux États-Unis. Que ce soit au début du XIXe siècle avec ses capitaines d'industrie de la vieille école, dirigeants eux-mêmes les entreprises qu'ils avaient fondés ; au seuil du XXe siècle qui se traduit par l'abandon forcé de la direction familiale paternaliste au profit de comités de gestion composé d'experts ; au tournant du XXe siècle quand s'est imposé le manager mobile qui évolue d'une firme à une autre ; et plus récemment lorsque émerge le management « philosophique » qui conçoit la gestion d'une entreprise comme étant une somme de problèmes moraux et philosophiques et l'application des sciences sociales qui optimisent les relations positives entre les travailleurs d'une firme ; toujours l'entreprise américaine a démontré une facilité d'adaptation et un esprit d'innovation étonnant.

La suprématie des entreprises américaines d'après 1945 reposait sur quatre piliers. Le marché intérieur américain était de loin le premier du monde, la domination technologique était sans partage, les ouvriers américains étaient en moyenne plus qualifiés que les autres et les managers étaient les plus efficaces du monde. Mais depuis vingt ans les entreprises américaines doivent s'accommoder de l'égalité des adversaires et accepter de passer de l'hégémonie au premier rang. Contrairement à ce que l'on affirme souvent, le défi fondamental pour les entreprises américaines n'est pas l'aboutissement d'une évolution interne, mais de changements qui se produisent dans les autres parties du monde. La principale menace pour les firmes américaines n'est pas tant une perte de leur puissance intrinsèque, car elles restent souvent les premières, que le rattrapage qui se produit ailleurs.

Pour résister, les entreprises américaines ont fait évoluer leurs stratégies promouvant soit l'accroissement de leur taille avec une fièvre de fusions entretenue par « des chasseurs de firmes professionnels » en multipliant les achats, les OPA à l'aide de fonds empruntés à des taux élevés ; soit en déployant toute la gamme d'alliances stratégiques (*joint-venture,* prise de contrôle) qui conduit à réaliser des économies d'échelles mondiales ; soit le *corporate venturing international* pour accéder partout aux meilleures technologies et à un marketing global plus offensif.

Même si certains voient dans l'utilisation de ce *venture capitalism* (capital-risque) du *vulture capitalism* (capitalisme vautour), croire à la fin de la compétitivité de l'économie américaine est une erreur. Des milliers d'entreprises, géantes comme petites, restent parmi les plus compétitives et les plus innovantes du monde et demeurent en tête dans un grand nombre d'industries de pointe, telles que l'informatique (ordinateurs, logiciels, microprocesseurs), les biotechnologies et les sciences de la terre, l'aérospatial, les matériaux nouveaux. Même les Japonais reconnaissent à l'Amérique sa première place dans beaucoup d'industries de pointe. En 1991, l'Economic planing agency du gouvernement japonais a étudié 110 technologies sensibles qui auront une influence majeure au siècle prochain et a conclu que 43 étaient dominés par les entreprises américaines et 33 par des entreprises japonaises, le reste du monde se partageant les 34 dernières. Dans les produits de consommation et les services, les firmes américaines sont les meilleures du monde avec Procter & Gamble, Philip Morris, Coca-Cola, Nike, Mattel, Mac Donald, Pizza Hut et Kentuchy Fried Chicken. Dans le royaume du divertissement et de l'image enfin brillent Time Warner et Walt Disney.

En fait l'entreprise américaine et sa réussite mondiale nous administrent la leçon suivante : il n'y a pas d'échelon intermédiaire. L'entreprise doit avoir un rayonnement mondial ou bien elle n'est pas réellement grande et doit se résigner à évoluer dans l'orbite technologique, manageriale et commerciale des entreprises qui agissent à l'échelle planétaire – c'est parce qu'elles l'ont compris avant les autres qu'elles continuent à dominer le monde.

Approfondir

- J. Antoine, *L'autoroute périphérique 128 : l'usine nouvelle,* Tertiel, novembre 1983.
- Alfred D. Chandler Jr, *La main visible des managers,* Economica, Paris, 1988. Fondamental pour comprendre la mise en place du capitalisme et des grandes entreprises américaines jusqu'en 1948.
- Robert Levering et Milton Moskowitz, *The 100 best companies to work for in America,* Plume Book, Penguin group, New York, 1994. Voyage à l'intérieur de 100 compagnies américaines. Unique.
- G. Dorel, A. Gauthier, A. Reynaud, *Les États-Unis de 1945 à nos jours,* Bréal, 1986. Principalement les chapitres I et II.
- Patrick Joffre, *Comprendre la mondialisation de l'entreprise,* Economica, 1994, Gestion poche. Synthétique, brillant et bien documenté.
- Michael Dertouzos, Richard Lester, Robert Solow, *Made in America,* InterÉditions, Paris, 1990. Etude décapante de la situation des entreprises américaines face à la menace extérieure.
- Timothy M. Collins, Thomas L. Doorley, *Les alliances stratégiques,* InterÉditions, Paris, 1992. Clair et bien documenté avec de nombreux exemples.
- J.-P. Fichou, *La civilisation américaine,* PUF, 1987, « Que sais-je ? », n° 2372. Indispensable à la compréhension du monde américain et du capitalisme.
- D. Bollinger, G. Hofstede, *Les différences culturelles dans le management,* Éd. d'organisation, 1987. Fondamental pour comprendre comment chaque pays gère ses hommes.
- J.-P. Mark, *The empire builders,* Harrop, 1987. Au cœur de la Harvard Business school.

REVUES

- *Futuribles.*
- *L'Expansion.*
- *Capital.*
- *Problèmes économiques.*

2

Un laboratoire exemplaire et singulier

LE CAPITALISME BRITANNIQUE

Connaître

Entreprise	*Date de fondation*	*Siège social*
Guiness	1759	Londres
Cadbury-Schweppes	1783 (Schweppes) 1824 (Cadbury)	Londres
Pearson	1844	Londres
Beecham Group	1850	Brentford
Reuters	1851	Londres
Marks et Spencer	1884	Londres
BAT Industries	1902	Londres
Rover	1906	Londres
Shell	1907	Londres
LONRHO London et Rhodesian Mining et Land Company	1909	Londres
British Petroleum	1909	Londres
ICI (Imperial Chemical Industries)	1926	Londres
Unilever	1930	Londres et Rotterdam
Grand Metropolitain	1934	Londres
Trusthouse Forte	1935	Londres
Hanson Trust	1964	Londres
Saatchi et Saatchi	1970	Londres

Première puissance mondiale à la fin du siècle, puissance dominante sur les plans économiques et financiers, le Royaume-Uni a vu sa suprématie rapidement confisquée par l'arrivée d'un concurrent redoutable de l'autre côté de l'Atlantique sur la scène internationale : **les États-Unis.**

La Grande-Bretagne a perdu sa prépondérance économique quand l'ancienneté des transformations est devenue une cause de vétusté et de retards économiques. Cet héritage pèse de nos jours lourdement, d'une part avec un ensemble de secteurs industriels désormais sur le déclin (charbon, acier, textiles) et d'autre part avec une puissance financière qui porte plus à l'autosatisfaction qu'à la remise en question.

Les performances médiocres de l'économie britannique depuis la fin de la Seconde Guerre mondiale témoignent, en fait, de l'échec des gouvernements conservateurs ou travaillistes, comme des faiblesses structurelles des entreprises britanniques durant cette période (sous-investissement, faiblesse de la R & D, faible croissance de la productivité). La politique de Mme Thatcher avait pour ambition de mettre un terme au *british disease,* c'est-à-dire à cette rotation de gestion incompétente qui à un « socialisme raté avait vu succéder un capitalisme raté ». Dans le secteur de l'industrie et de l'entreprise le Royaume-Uni fut un laboratoire grandeur nature rêvé ; mais pourquoi l'Angleterre en a-t-elle aussi peu tiré parti, et pourquoi n'a-t-elle pas échappé au déclin ? L'économie britannique se place aujourd'hui derrière l'Allemagne et la France, au niveau de l'Italie. Pionnière dans le domaine industriel et dans les modes de production capitaliste au XIXe siècle, **n'a-t-elle aujourd'hui comme avenir que d'être le miroir grossissant des difficultés des vieux pays industriels ?**

I. La Grande-Bretagne fut le berceau d'un capitalisme pionnier, puissant et prospère

1. L'entreprise industrielle s'est développée dans un cadre particulièrement favorable en Grande-Bretagne dès le XVIIIe siècle

▸ **L'entreprise asseoit son développement sur la révolution agricole et une montagne de charbon et de fer.**

• **La révolution agricole est accomplie depuis 1815,** l'assolement quadriennal triomphe, la culture des plantes sarclées ou fourragères oblige à nettoyer le sol et l'enrichit, les rendements s'élèvent, les jachères disparaissent. La mécanisation s'impose par le biais du semoir et de la batteuse.

La révolution agricole a prolétarisé et déraciné une grande partie de la paysannerie anglaise aux dépens des petits propriétaires qui descendirent au rang de fermiers voire même de simples journaliers.

• **De longue date on connaissait les richesses naturelles du sous-sol** en charbon et en minerai de fer de l'Angleterre du Nord et du Centre. Dès le XVIIIe siècle, l'exploitation méthodique et continue des gisements est entreprise dans le cadre de petits sièges d'extraction familiale. Au XIXe siècle l'extraction du charbon passe de 50 millions de tonnes en 1850 à 225 millions de tonnes en 1900.

▸ **L'entreprise bénéficie d'un environnement psychologique, idéologique et humain stimulant.**

• La **religion** n'a pas été un obstacle au développement des activités industrielles et entrepreneuriales car le protestantisme repose sur la responsabilité individuelle qui sanctifie dans le travail et la réussite la course à l'argent et au pouvoir (cf. Max Weber dans *Capitalisme et protestantisme*).

De plus le culte du travail repose sur un double plan qui associe le religieux à l'économique d'une part, le travail étant sacralisé comme nécessité et comme vertu, et d'autre part la morale puritaine justifie l'enrichissement et avance que l'argent est récompense du mérite.

La révolution industrielle repose donc sur cette morale fondée sur le travail, la discipline, l'autorité, l'épargne que résument parfaitement les méthodistes dans leur affirmation : *gain all you can, save all you can, give all you can.*

• **Le capitalisme qui triomphe en Grande-Bretagne s'ancre sur trois notions :**

— *steady* (solide) que l'on peut prendre dans le sens de persévérant et honnête ;
— *earnest* (sérieux) qui insiste sur la côté sérieux et austère des activités humaines ;
— *respectable* qui justifie la réussite et la richesse.

• **L'essor démographique participe au développement industriel** grâce à une natalité forte et à l'abaissement progressif du taux de mortalité. La population augmente considérablement de 1850 à 1890 passant de 28 millions à près de 40 millions d'habitants, formant un réservoir de main-d'œuvre important. De plus, le mouvement de migration intérieure rapide de la campagne aux villes et de l'agriculture à l'industrie crée le plus important marché de consommation du monde. En 1850 le quadrilatère d'or formé par Londres, Cardiff, Glasgow, Édimbourg rassemble plus de 10 millions de personnes salariées qui représentent le marché de consommation le plus riche du monde et cela pendant près d'un siècle.

2. La Grande-Bretagne fut le laboratoire de l'outillage et des idées économiques ainsi que le champ d'expérience de l'entreprise au XIXe siècle

▸ Des idées originales et des concepts novateurs favorisent le développement industriel.

• L'Angleterre du milieu du XIXe siècle reste gouvernée par des règles héritées du temps du mercantilisme avec les barrières douanières, les actes de navigation et les monopoles de compagnies commerciales. Très vite **le protectionnisme est attaqué par les tenants du libre-échange et du laisser-faire.** La Grande-Bretagne devient le laboratoire d'idées et la patrie des économistes libéraux. S'appuyant solidement sur les réflexions d'Adam Smith (1723-1823), Jérémy Bentham (1748-1832) et John Stuart Mill (1806-1873) démontrent que seul un régime opérant en toute liberté selon la loi du marché dans un état de concurrence parfaite est en mesure d'offrir aux consommateurs les meilleurs produits au meilleur prix. Les industriels y voient le remède à tous leurs maux : la baisse du prix du pain et donc des salaires ; l'élargissement du marché intérieur puisque les ouvriers pourront acheter plus d'objets fabriqués, dans la mesure où ils consacreront moins d'argent à la nourriture ; l'élargissement du marché extérieur puisque les pays d'où l'Angleterre importera du blé achèteront en retour, du moins le croit-on, des produits industriels anglais.

Le libre-échange permet ainsi de répartir les ressources avec le maximum d'efficacité entre les divers secteurs de l'économie, disent ses partisans ; ils sont convaincus qu'en défendant les droits des consommateurs, ils défendent l'intérêt général, donc le bien-être de la nation.

Les protectionnistes apparaissent en revanche comme étant les champions des intérêts particuliers d'une minorité privilégiée, les propriétaires terriens souvent aristocrates. En effet, les principales lois protectionnistes sont les Corn Laws qui empêchent l'entrée des céréales et soutiennent ainsi la production agricole anglaise. C'est alors que commence le duel historique de « l'usine et du manoir ».

• **A l'origine de la campagne en faveur du libre-échange** se trouve un groupe de patrons radicaux de Manchester : Richard Cobden (1804-1865) et son « anti-Corn Law Association » et John Bright (1811-1899).

Richard Cobden est l'archétype du *self made man* d'origine modeste, patron d'une fabrique d'indiennes et de cotonnade. Il croit au progrès et aux vertus du libre-échange synonyme de bien-être et de paix pour le plus grand nombre. Il se dresse dans ses discours avec véhémence contre les privilèges de naissance de l'aristocratie terrienne. Son dynamisme, sa fougue, son pouvoir de persuasion le poussent vers l'action politique.

Dans ses discours, on devrait dire ses prêches, **John Bright,** quaker industriel du Lancaschire, apporte à ses convictions la force de sa morale religieuse et le pouvoir de son éloquence.

Le mouvement libre-échangiste qui s'installe à Manchester a fait de la capitale de l'industrie cotonnière son quartier général où elle trouve là un terrain d'élection et un réseau de soutien efficace (conférence, débats, meetings, affiches, tracts) et dès 1843 le concours d'un hebdomadaire libéral à l'avenir brillant : *The Economist.*

Grâce à leur action, le libre-échange est adopté en 1840 par la suppression des Corn Laws. Les mesures appliquées à partir de 1849 entraînent l'abrogation progressive de toutes les taxes à l'importation. Elles sont complétées en 1850 et 1854 par l'abolition des « actes de navigation » de Cromwell, ce qui ouvre les ports britanniques aux pavillons du monde entier. Ainsi s'est mis en place un véritable corpus idéologique du libre-échange qui ouvre l'entreprise anglaise sur le monde.

▶ **L'avance de l'outillage économique permet à l'entreprise de tirer profit de cette politique hardie qui repose sur les moyens de transport.**

• La **flotte britannique** conserve une prépondérance incontestée, en 1850 son tonnage est presque égal à celui de toutes les autres flottes (168 000 tonneaux anglais contre 186 000 tonneaux pour le reste du monde). Surtout la flotte dispose d'escales dans le monde entier, du meilleur charbon pour les chaudières de ses navires à vapeur et des chantiers navals les mieux équipés, les plus performants et les plus productifs.

Ainsi l'industrie britannique peut s'ouvrir sur le monde pour ses importations de matières premières et ses exportations de produits finis. D'où la position très spécialisée et exceptionnelle que la Grande-Bretagne se constitue dans l'économie mondiale avec ses ports et sa flotte. La *shipping industry* (armement naval) est faite de multiples petites entreprises associant des activités de négoce et d'armement. La vapeur et la construction en fer combinée entraînent une augmentation de la dimension des navires et le développement de grandes compagnies de navigation comme : Cunard, Peninsular and Oriental, Royal Mail.

• La **Peninsular and Oriental Steam Navigation** est restée dominée par quelques grandes familles (familles Gedde, Anderson, Colin) bien qu'il s'agisse de nos jours d'une grosse société cotée en bourse. Elle assure une grande part du trafic trans-Manche avec une flotte de ferry des plus modernes.

• La **Cunard,** fondée par Sir Samuel Cunard en 1840, se spécialise grâce à ses vapeurs transatlantiques dans les relations entre Boston, New York et Liverpool. La compagnie Cunard reste jusque vers 1880 la première du monde, à la fois par la diversité de ses services et ses innovations techniques. Elle a lancé de célèbres paquebots tels que le *Scotia* (1862), le *Lusitania* (1903), le *Queen Mary* (1935).

En 1911, elle acquiert la Thomson Line, ce qui renforce sa présence sur l'Atlantique Nord. En 1918, la Cunard Line acquiert des intérêts dans la Port Line et la Société Thos and J. Broke Bank, spécialisée dans les liaisons avec les mers du Sud (Australie, Nouvelle-Zélande, Indes).

En 1934, elle fusionne avec sa grande rivale la **White-Star Line** (la Compagnie du *Titanic*) avec la bénédiction de l'État anglais qui avance 9,5 millions de livres pour l'achèvement du *Queen Mary* et du *Queen Elizabeth* lancé en 1938.

Après la Seconde Guerre mondiale, les difficultés apparaissent et en 1971 la Cunard passe sous le contrôle du groupe immobilier britannique Trafalgar House

Investment. C'est le temps de la diversification vers les activités de transport de fret et le transport aérien.

• Le **réseau de chemin de fer** triple sa longueur de 1850 à 1890 (11 000 à 32 000 km) dans le cadre de l'entreprise privée. Les transports intérieurs sont révolutionnés car les prix sont réduits et le marché s'unifie. Disparaissent alors les petits marchés locaux où persistaient le retard technique et la petite entreprise. Les grandes régions industrielles achèvent de se spécialiser, d'autant plus que le réseau est particulièrement adapté aux besoins des entreprises puisque son arête médiane qui relie Londres à Newcastle par Birmingham et Sheffield irrigue grâce à des embranchements nombreux tous les centres industriels et miniers et tous les ports importants.

▸ **L'entreprise industrielle fait du Royaume-Uni l' « atelier du monde ».**

• La **révolution industrielle** fait émerger la grande industrie (le *factory system*) mécanisée et concentrée en usines. L'ensemble a un propriétaire unique, individu ou société, et constitue une unité de production tout à fait originale par ses dimensions et sa complexité. Le Joint Stock Compagnies Act de 1856 a réduit considérablement la responsabilité des capitalistes et des actionnaires. En effet, en cas de faillite, ils ne perdent que l'argent investi au lieu d'être rendus responsables sur la totalité de leurs biens (c'est cette conception de la responsabilité que traduit *limited* figurant après le nom des entreprises). Il est à noter que le *factory system* ne l'emporte que dans les branches industrielles où une technologie nouvelle permet une production mécanisée. Cependant le triomphe de l'usine ne s'accompagne pas d'une concentration très poussée. Au début du XXe siècle, l'entreprise moyenne domine dans la plupart des branches.

• L'**entrepreneur industriel** qui émerge se distingue nettement des dirigeants de l'industrie traditionnelle qui sont avant tout des négociants et des « donneurs d'ouvrage ». Propriétaire et dirigeant l'usine, l'industriel de la fin du XIXe siècle prend en charge l'organisation de la production à toutes ses étapes.

On a longtemps cru, sur la foi du best-seller de Samuel Smiles (*Self Help,* 1859), que les pionniers de la révolution industrielle et aussi nombre d'industriels du XIXe siècle étaient des hommes nouveaux, des *self made men.* Ce n'est pas toujours le cas : les industriels du XIXe siècle sont souvent des « héritiers ». A l'époque victorienne, la période des pionniers de la grande industrie est terminée. Néanmoins il y a encore des entrepreneurs audacieux, dynamiques et innovateurs comme William H. Lever, William Morris, Thomas Lipton ou Jesse Boots.

Par ailleurs, le développement du travail en usine a homogénéisé le monde des travailleurs manuels en Grande-Bretagne tandis que le passage du *domestic system* au *factory system*[1] en accroît le nombre : 4,5 millions d'ouvriers en 1851, 6,1 mil-

1. *Domestic system :* caractérise un travail effectué à domicile par des artisans sans machines importantes ; *factory system :* caractérise un travail réalisé avec des machines utilisant la force hydraulique ou la vapeur dans le cadre d'ateliers ou d'usines.

lions en 1881, 8,3 millions en 1901, 9,4 millions en 1901. L'essentiel de cette évolution étant achevée à la fin du XIXe siècle.

▸ **La City devient la première place financière du Monde.**
Au centre de la City se dresse le quadrilatère massif de la Bank of England qui remplit alors trois rôles :

— prêter de l'argent (à l'État) ;
— offrir une monnaie sûre (elle imprime des billets) ;
— gérer pour le gouvernement la dette publique.

On peut y ajouter être le banquier des autres banques. En effet au XIXe siècle apparaissent des banques d'affaires familiales comme les banques Baring-Hambro, Rothschild, Schreder...

Puis naissent véritablement les grandes banques de dépôt, les *big five* : Barclays, Midlands, Lloyd, Westminster, National Provincial. Elles sont parmi les banques les plus importantes du monde occidental et ont pris leur forme actuelle dès la fin de la Première Guerre mondiale.

3. Depuis la fin du XIXe siècle, le capitalisme britannique connaît un lent déclin

▸ **Le Royaume-Uni fut longtemps la première puissance économique mondiale.**
Tout y a contribué ; l'accumulation de capitaux s'est faite avec le commerce maritime, les villes ont disposé d'une main-d'œuvre abondante dès le XVIIIe siècle, la richesse en charbon et le chemin de fer, la multiplication et l'accumulation des innovations techniques ont placé le pays au sommet de la révolution industrielle pendant un siècle et demi, de 1740 à 1890.

La Grande-Bretagne a créé un capitalisme original d'où se dégagent quelques traits fondamentaux qui reposent sur la tradition libérale, le mouvement de concentration précoce, la multiplication de relations économiques internationales appuyée sur l'empire colonial et, déjà, un capitalisme financier qui prend très tôt le relais du capitalisme industriel.

▸ **Pourtant la situation s'est retournée avec la conjonction de trois phénomènes :**
• De grandes puissances industrielles sont apparues (États-Unis, Allemagne) qui ont de plus en plus concurrencé les exportations britanniques avec un matériel de production plus récent et plus compétitif alors que les équipements britanniques vieillissent.

• Les **efforts de guerre du Royaume-Uni** de 1914-1918 et surtout de 1939 à 1945 ont coûté très cher et ont handicapé la modernisation ultérieure en raison d'un endettement important. Ceci a aggravé le problème du **manque de capi-**

Encadré 1
Un déclin relatif

Parts dans la production industrielle mondiale	*1870 (en %)*	*1913 (en %)*
Royaume-Uni	31,8	14
Allemagne	13,2	15,7
France	10,3	6,4
États-Unis	23,3	35,8

Rang mondial Date	*Production de charbon*	*Tonnage de la marine marchande*
1850	1er	1er
1913	2e	1er
1950	3e	2e
1985	8e	8e
1994	9e	13e

taux, a freiné l'investissement et donc le renouvellement de l'appareil de production et a engagé le pays dans une spirale de stagnation économique.

• Avec sa **structure industrielle déséquilibrée et spécialisée,** dominée par quelques grandes industries de base produisant une gamme assez étroite de biens, il était inévitable que la Grande-Bretagne fût exposée à des difficultés.

Les grandes *Staple Industries*[1] anglaises ont été menacées, et, si l'industrialisation mondiale posait des problèmes d'adaptation ou de reconversion, il fallait créer de nouvelles industries, de nouveaux produits, redéployer les ressources et innover. L'entreprise britannique n'a pas su maintenir un niveau avancé de technologie et, par conséquent, une compétitivité satisfaisante : les industries textiles du coton n'innovent pas et ignorent le métier automatique, la sidérurgie repousse l'usine intégrée et reste fidèle trop longtemps au procédé Bessemer.

D'autre part les industries nouvelles, chimie, électricité, automobile, n'ont eu qu'un développement modeste.

• En ce qui concerne **l'automobile,** ses débuts en Grande-Bretagne sont instructifs. La fabrication commence dès 1896. Très rapidement la production se fait dans le cadre d'une industrie très dispersée en petites entités (sur 393 fondations d'entreprises, il n'en subsistait que 113 en 1914). Ces entités industrielles familiales de petites tailles adaptent des modèles étrangers ou habillent des châssis venus d'Europe (la France est alors le premier producteur européen) et pratiquent le perfectionnisme et la recherche de la plus haute qualité afin d'offrir des

1. Industries de base (mines, métallurgie, textile) de la révolution industrielle en Grande-Bretagne qui fournissent 60 % de la valeur nette de la production au XIXe siècle.

voitures de luxe à la clientèle fortunée (c'est ce qu'on appelle la *Rolls Royce attitude*). L'entreprise automobile britannique, en raison des revenus limités de la majorité de la population pour qui l'automobile reste un article de luxe, a ciblé sa production sur la clientèle riche mais peu nombreuse.

En 1914, les producteurs d'automobiles américains qui produisent au contraire pour le grand nombre ont écrasé l'industrie automobile anglaise tant du point de vue du nombre que du point de vue des méthodes de production. Méthodes de production connues puisque Ford a ouvert à Manchester une usine dès 1911. Ce n'est qu'à la veille de la Première Guerre mondiale que deux futurs « géants » de l'automobile britannique se lancent dans la production de petites voitures bon marché. Ces deux précurseurs sont Herbert Austin et William Morris (fondées en 1906 et Morris Motors en 1910).

Encadré 2
Schéma

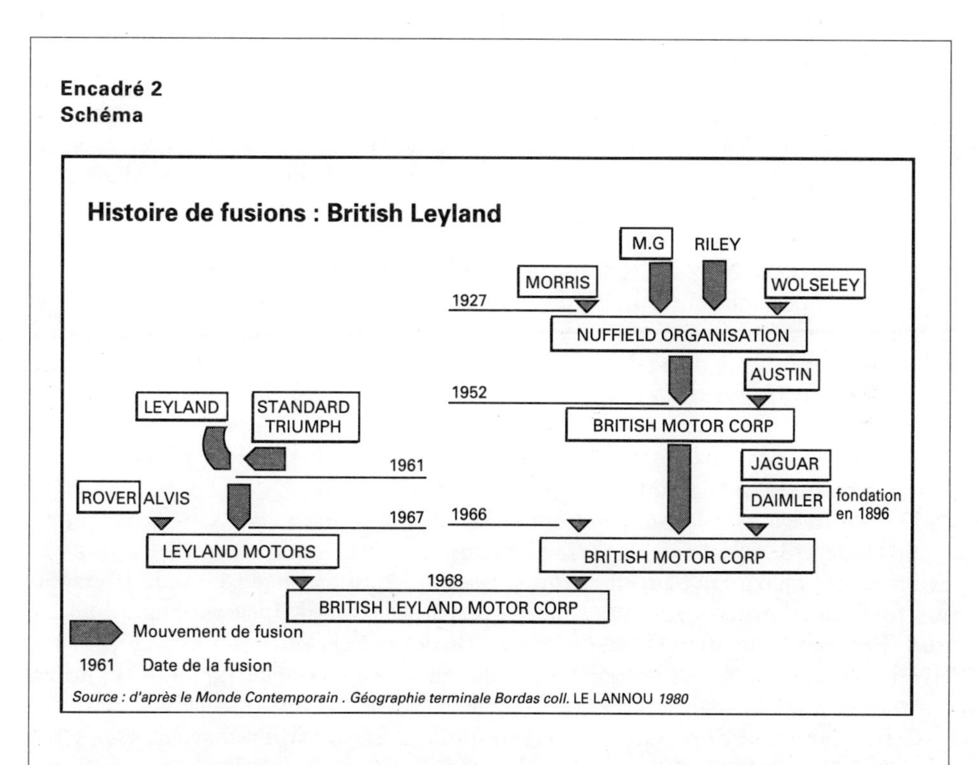

Les fusions qui ont abouti en 1968 à la création de Bristish Leyland, Motor Corporation, avaient pour objet la constitution, à partir de sociétés de taille moyenne, d'un groupe automobile britannique capable de lutter à armes égales avec les constructeurs continentaux.

En réalité, l'ensemble mis en place en 1968 n'est qu'un amalgame industriel et commercial. Chaque entreprise a apporté ses usines, ses modèles, ses problèmes. Malgré des efforts de rationalisation, cet éparpillement n'a permis aucun gain de productivité.

II. Difficultés et mutations au XXe siècle

1. L'entreprise britannique évolue dans un cadre contraignant

► **Les ressources humaines sont limitées, insuffisamment formées et médiocrement employées.**

► **De 15 millions en 1800, la population des îles Britanniques est passée aujourd'hui à 62 millions,** mais depuis la Première Guerre mondiale la vitalité démographique est très amoindrie. Depuis 1973, le renouvellement des générations n'est plus assuré : entre 1970 et 1982, la population britannique passe de 56,1 millions à 56,3 millions d'habitants, ce qui donne un taux de croissance démographique de 0,1 ‰ par an contre 0,6 ‰ pendant la décennie précédente. Le vieillissement s'accentue.

Ce vieillissement ne signifie pas stabilité de la population active car, compte tenu de l'existence des générations du baby boom, le nombre de jeunes continue d'augmenter et d'alimenter le nombre de demandeurs d'emplois. D'autre part, il faut y ajouter la croissance du taux d'activité de la population féminine. **L'entreprise britannique a donc à sa disposition une population active d'environ 24 millions d'individus.**

► **Les lacunes en matière d'enseignement de la gestion pénalisent le développement industriel.**

Si Cambridge et Oxford forment d'excellents économistes (spécialement le Kings College de Cambridge), elles ne se consacrent pas assez à former des gestionnaires et des managers haut de gamme. Rien de comparable en Grande-Bretagne aux formations prodiguées aux États-Unis par la Harvard Business School, Stanford, Berkeley et le MIT. Pendant que les Business Schools des États-Unis et les Handelshochschulen d'Allemagne connaissent une croissance rapide, Oxford et Cambridge mettent un point d'honneur à ne dispenser aucun cours commercial.

Certes, au début du siècle, il y a création d'une institution remarquable : l'Université de Birmingham. Elle se spécialise dans la gestion des affaires et la technologie. Quelques années plus tard, en prenant modèle sur la Harvard Business School, est fondée la London Business School (1932). Mais ces deux écoles, malgré leur excellence, forment peu de diplômés par an.

Il faut attendre la fin des années 70 pour que Oxbridge (association de mots Oxford et Cambridge), grâce aux dons importants de la famille Templeton, installe le **Templeton College** à Oxford dans le but de former des diplômés de haut niveau en « management ». Cette école délivre un MBA (Master of Business Administration) mais là aussi en petit nombre : 20 diplômés en 1991, 30 diplômés en 1993. Par comparaison Harvard délivre 800 MBA par an.

En 1991, un tournant est pris par Mme Thatcher lorsqu'elle décide de rehausser le statut des **écoles polytechniques** où l'on enseignait un peu de tout dans le cadre d'un système hybride associant humanisme et savoir commercial. Ces écoles polytechniques rénovées ont l'ambition de devenir des Business School de haute qualité[1].

De plus se met en place un système associant l'État et les entreprises dans le cadre de TECS (Training and Enterprises Councils) régionaux. Ces nouvelles structures de formation regroupent employeurs et écoles techniques (privées ou publiques) et décident des programmes, des stratégies de formation, de la gestion des établissements et du placement des diplômés.

Dans le futur l'entreprise britannique espère y trouver le personnel qualifié qu'elle réclame depuis des décennies.

• **Parallèlement à ce handicap, l'entreprise britannique ne tire pas suffisamment profit d'un personnel de recherche efficace et performant.**

On peut multiplier les exemples d'inventions britanniques repris par les autres :

— le moteur à réaction : mis au point par Sir F. Whittle dès 1938, bien avant les ingénieurs allemands de chez Messerschmitt ;
— la découverte de la structure de la molécule d'ADN par Francis Crick et James Watson (prix Nobel en 1953) ; pourtant les entreprises qui en exploitent les possibilités d'application sont principalement américaines ou suisses.

Il semble qu'à ce stade, l'Angleterre soit incapable de concrétiser ses inventions, en un mot de convertir les idées en argent. L'entreprise britannique hésite d'ailleurs à investir dans la recherche et le développement (R & D). Par comparaison les dépenses consacrées à ces activités en Grande-Bretagne sont inférieures aux chiffres des pays concurrents.

Encadré 3

Dépenses de recherche et développement réalisées par les sociétés industrielles en pourcentage de leur chiffre d'affaires

Pays	%
Allemagne	6
Japon	5
France	3,9
États-Unis	3,6
Grande-Bretagne	2,3

Source : EUROSTAT, 1992.

1. Cette réforme qui remet en cause les écoles établies est le pied de nez de Mme Thatcher, « fille de boutiquier », à l'establishment qu'elle n'aimait guère et qui le lui rendait bien.

Actuellement le gouvernement John Major essaie d'inverser la tendance en créant un Office of Science and Technology chargé de mettre en symbiose l'industrie et l'État afin de développer des projets à long terme.

Cette situation qualifiée de « catastrophique » par le conseiller scientifique du gouvernement se mesure dans l'ampleur de la fuite des cerveaux vers les États-Unis (exemple révélateur : l'équipe nationale de recherche sur la maladie d'Alzheimer est partie en Floride pour continuer ses travaux).

▸ Il est vrai qu'en Grande-Bretagne, vieux pays aristocratique, l'activité industrielle manque de prestige par rapport au respect qu'inspire la City.

Les journaux qui font référence *(Financial Times, Daily Telegraph)* admettent qu'il y a un « préjugé anti-industriel profondément enraciné dans la culture britannique », sans doute conséquence des lacunes du système éducatif et du statut privilégié des professions non industrielles. L'industrie n'attire pas l'élite car pour beaucoup « c'est une activité socialement considérée comme de seconde classe », comme le reconnaît Christopher Lewington (PDG du groupe TI).

A cet égard, l'échelle comparée des salaires des ingénieurs par pays industrialisés est révélatrice, même s'il ne faut pas oublier qu'en moyenne les salaires anglais sont inférieurs à ceux du Vieux Continent.

Encadré 4

Pays	*Année 1990 - salaire en écus (1 écu = 7 FF)*
Grande-Bretagne	21 700
Italie	26 900
France	33 400
Allemagne	42 500

(D'après le *Royaume démuni*, André Wilmots, 1993, Éd. Francis Bourin.)

Au regard du salaire, être ingénieur en Allemagne est prestigieux, pas en Grande-Bretagne. Une enquête de l'IER (Institute for Employement Research) montre qu'en 1992, 20 % des diplômés seulement cherchent un emploi dans l'industrie, alors qu'ils préfèrent majoritairement les filières tertiaires (services financiers).

La City passe avant l'industrie dans l'économie d'outre-Manche, ce qui accentue la décrépitude et les difficultés des entreprises britanniques alors qu'elles doivent faire face à une concurrence organisée et redoutable.

▸ Les entreprises britanniques doivent composer avec un syndicalisme organisé, puissant et combatif.

Les ouvriers se sont très rapidement organisés dans le cadre de sociétés corporatives appelées amicales, mutuelles ou clubs. De 1836 à 1848 toutes les forces de revendication sociale se constituent en un puissant mouvement d'émancipation ouvrière : le chartisme.

• Au milieu du XIXe siècle le réveil syndical se traduit par la mise en place d'organisations élaborées et efficaces, fondées sur les syndicats de métier *(Craft Unions)* [1].

A la fin du XIXe siècle, ils seront remplacés par des syndicats d'industrie très puissants. Cette puissance repose sur de nombreux éléments. Au sein de l'entreprise, ils bénéficient souvent du système du *closed shop* qui oblige l'employeur à embaucher des syndiqués. En 1979, six millions de travailleurs étaient concernés, en particulier marins, dockers, mineurs, salariés de l'édition...

Au niveau national, les syndicats tiennent une place privilégiée pour deux raisons :

— ils fournissent 80 % des finances du parti travailliste, sont représentés au comité directeur et sont impliqués dans la désignation du leader travailliste ;
— les syndicats sont associés à la gestion du *welfare state* par leur présence à côté de l'administration et du patronat dans de nombreux organismes tripartites, comme le NEDC, Conseil national pour le développement économique, ou le MSC, Manpower Services Commission.

Ainsi les organisations syndicales britanniques sont parmi les plus puissantes du monde occidental du fait de leur richesse financière et du nombre de leurs adhérents. Leur puissance fut souvent facteur de gêne pour l'adaptation du système productif britannique aux mutations économiques et technologiques.

Il ne faut pas se tromper sur le caractère réformiste des *Trade Unions.* Il existe en effet une tradition de manifestations violentes (*Bloody Sunday* du 13 novembre 1887) et d'action directe. Certains syndicats sont orientés très à gauche tel, dans les années 70-80, le syndicat des mineurs de Scargill, accusé par ses adversaires de communisme.

Ainsi, au cours des années 70, le recours massif à la grève a désorganisé la production. C'est l'époque des grèves sauvages, souvent organisées à la base par les *shops stewards* (délégués d'ateliers) que les Trade Unions ne peuvent même plus canaliser. Ceci provoque une irritation de l'opinion qui explique en grande partie le succès de Mme Thatcher en 1979.

1. *Syndicat de métier :* première organisation du mouvement ouvrier sous forme de sociétés appelées tantôt amicales ou mutuelles. L'entrée s'y trouve restreinte par l'exigence d'une qualification professionnelle et des cotisations élevées. Le syndicat de métier assure une double fonction : — prendre la défense des intérêts ouvriers ; — jouer le rôle de mutuelle en organisant la protection contre la maladie, l'accident du travail, la vieillesse et les frais d'enterrement.

Syndicat d'industrie : à la fin du XIXe siècle naissent les syndicats regroupant les ouvriers non qualifiés *(unskilled)*. Ainsi se développe le syndicat des dockers, des transports, des gaziers et des travailleurs municipaux. Ce nouvel « unionisme » adopte une tactique plus offensive que les anciens syndicats de métier.

En effet en 1978-1979, porté par le courant antisyndical né de « l'hiver du mécontentement », le gouvernement Thatcher a réduit et encadré les pouvoirs des syndicats par toute une série de dispositions législatives en 1980, 1982 et 1988 portant sur l'emploi (Employment Acts) en adoptant trois types de dispositions :

— d'une part un renforcement du droit des salariés face aux syndicats exerçant un monopole d'embauche ;
— d'autre part instauration du vote à bulletin secret pour l'approbation de la création du monopole d'embauche et pour la confirmation des monopoles antérieurs ;
— et enfin un encadrement des possibilités de recours à la grève par obligation avant toute action revendicative d'un vote à bulletin secret et portant sur la responsabilité des syndicats en 1988 (Trade Union Act). Syndicat qui peut être condamné à des dommages et intérêts élevés pour tout acte illégal autorisé ou couvert par lui.

Avec Mme Thatcher c'est le début du déclin syndical.

Graphique 1

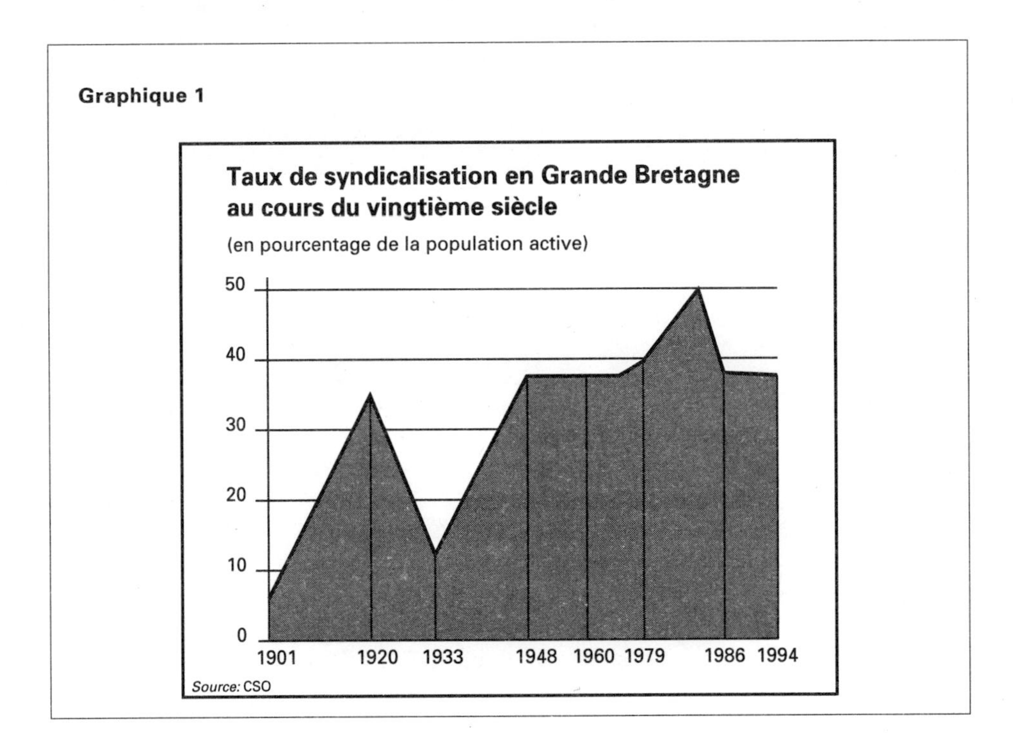

2. Le tissu industriel est dense, déséquilibré et menacé

De nos jours, la structure du tissu industriel britannique est le résultat de la conjonction d'un double processus hérité du XIXe siècle : un attachement très fort au management familial et un mouvement de concentration continu qui a favorisé le développement du management collégial.

▸ **Le management familial repose sur des entreprises gérées par un petit nombre d'associés.**

Ce sont les entreprises où les fondateurs ou leurs héritiers continuent de posséder une influence déterminante sur les décisions prises au niveau de la haute direction. Si, aux États-Unis, le népotisme a une forte connotation négative, en Grande-Bretagne, il est une façon de vivre acceptée par tous. A ce propos, deux entreprises industrielles nous en offrent une illustration significative : **Cadbury Brothers** et **Imperial Tobacco.**

• **Cadbury Brothers Ltd** commence en 1861 lorsque Georges et Richard Cadbury héritent de la petite société de négoce de café et de thé de onze personnes fondée par leur père en 1831. Georges et Richard orientent leur activité vers le chocolat et, en 1879, ils innovent en dotant leur usine des procédés de fabrication les plus modernes. La production croît rapidement ainsi que le nombre des employés qui passe de 1 189 en 1889 à 4 923 en 1909 et 7 100 en 1919. Les investissements majeurs concernent la production, le marketing et la distribution, car en 1921 Cadbury investit en installations de distribution au plan national et dans une flotte de camions.

Les deux frères ne se lancent à la conquête de l'étranger qu'avec beaucoup de prudence, et encore l'entreprise ne s'étend-elle que dans les limites de l'Empire britannique (bureaux de vente en Australie, Nouvelle-Zélande, Indes, Afrique du Sud). Il faut attendre la Première Guerre mondiale pour que Cadbury construise des usines à l'étranger (1920 en Australie, 1930 en Nouvelle-Zélande, 1937 en Afrique du Sud).

Particulièrement prolifique, la famille Cadbury prend en charge la gestion et la direction de toutes les activités fondamentales de l'entreprise (production, achats, marketing, ventes).

On peut donc dire que Cadbury est une affaire de famille : jusqu'en 1940 les propriétaires sont managers, et les managers sont propriétaires.

• **Imperial Tobacco** est emblématique de certaines fusions rassemblant un grand nombre de petites entreprises familiales au sein d'une unique société holding.

Pour faire face à l'offensive de l'ATC (American Tobacco Company) en Grande-Bretagne, un producteur de cigarettes anglaises, Wills, rassemble à ses côtés les seize autres petits producteurs dont les familles Players et Churchmanns en créant une société établie sur la base d'échange de titres : Imperial Tobacco. Le siège social est établi à Bristol. La société anglaise passe un accord avec le concurrent américain American Tobacco : ils créent une société commune, British American Tobacco, et ils se partagent les marchés, IT se réservant le Royaume-Uni et ATC les États-Unis. BAT est chargé de distribuer les produits des deux entreprises dans le reste du monde.

Imperial Tobacco concentre ses forces sur son marché intérieur en Grande-Bretagne. Elle est organisée sous la forme d'une fédération ; le « gouvernement fédéral » en est le Comité de direction composé des familles propriétaires des plus grandes sociétés du groupe. Ce comité de direction fixe les prix et approuve les comptes annuels. Néanmoins chaque société à gestion familiale continue à fabriquer et à distribuer ses produits de façon totalement indépendante. Ce système très souple, peu contraignant, amène les sociétés à lutter les unes contre les autres pour la conquête des parts de marché, mais toujours avec bienséance, et ceci sans changement notable jusque dans les années 60. Quel contraste avec l'American Tobacco Company où les managers sont des salariés disposant de faibles participations dans l'entreprise et intégrés dans des hiérarchies managériales omnipotentes.

▸ Depuis un demi-siècle, le mouvement de concentration a modifié le management collégial.

L'époque des autocrates est révolue et nombre d'entreprises ont rompu tout lien avec les familles qui les ont lancés. Depuis 1945 les industries britanniques tendent à se modeler sur celles des États-Unis : finie la multitude des firmes locales qui se disputent le marché, il ne doit y avoir que quelques géants en compétition. Cette concentration s'accentue rapidement et les géants britanniques s'affranchissent de la tutelle des hommes de finance et de la Banque.

Parmi les géants d'outre-Manche, Royal Dutch Shell, Unilever et ICI sont particulièrement puissants :

• La société **Royal Dutch Shell** n'est pas strictement britannique car elle résulte en 1907 de la fusion voulue par Henri Deterding (Hollandais) et Marcus Samuel (Anglais) de Royal Dutch et de Shell.

L'origine de Shell remonte à 1833 quand Marcus Samuel entreprend l'importation de coquillages *(shells)* d'Extrême-Orient. A la même époque est créé l'embryon de la Royal Dutch Petroleum qui exploite les gisements pétroliers de Sumatra. En 1903 les deux sociétés passent un accord pour bâtir l'Asiatic Petroleum Company qui, quatre ans plus tard, devient la Royal Dutch Shell, les deux firmes détenant respectivement 60 % (Royal Dutch) et 40 % (Shell) du capital.

De 1914 à 1928 Shell investit dans le raffinage (essence pour les moteurs à combustion interne) et dans la pétrochimie (peintures, adhésifs, engrais). Parallèlement l'entreprise diversifie ses zones d'exploration et de forage, du Venezuela à la Colombie en passant par l'Égypte. Dès les années 60 elle s'intéresse à la mer du Nord. Elle se spécialise dans le transport et la distribution des dérivés du pétrole et du gaz.

En 1928, dans un château d'Écosse, les sociétés pétrolières se partagent les marchés (accord d'Achnacarry : Deterding représente la Shell, Walter Teagle la Standard Oil of New Jersey, Sir John Cadman la British Petroleum). Ce pacte fonctionne jusqu'en 1942.

Pendant les « Trente Glorieuses », Shell développe ses activités au niveau mondial et s'installe sur tous les continents et les océans.

Le siège financier du groupe est à Londres. Trois fois par semaine les administrateurs directeurs se réunissent pour présider aux destinées de la société. Celle-ci a été réorganisée en 1959 par John Hugo Loudon qui imposa aux deux centres (Londres et La Haye) une direction unique après avoir consulté l'agence Mac Kinsey, spécialisée dans les réformes administratives.

Dans le domaine du management, la société Royal Dutch Shell a innové en favorisant le recrutement local et en mettant en place « un programme de régionalisation ».

Cette politique de recrutement local a pour conséquence une certaine décentralisation qui se mesure par les 500 maisons « Shell » éparpillées dans le monde entier. L'encadrement venu de métropole est donc peu important. De plus Shell a su faire appel systématiquement aux diplômés universitaires (elle fut la pionnière en Grande-Bretagne où, dès 1910, elle offrait 10 000 livres pour la fondation d'un service universitaire de placement). Shell recrute donc tous azimuts, au bénéfice d'un personnel asiatique, africain ou sud-américain.

De nos jours, Shell opère dans 103 pays, emploie 91 000 personnes et consacre 4,6 milliards de francs à la recherche. Leader dans l'énergie et les produits pétroliers, elle possède une gamme des produits vendus impressionnante : pétrole, gaz naturel, bitumes mais aussi raffinage, transport maritime, distribution de carburants (1 500 stations-service en France), sans oublier la chimie de base (éthylène, propylène, chlorure de vinyle) ; depuis 1994, elle a forgé une association avec la société Montedison : la nouvelle société, dénommée Sophia, ambitionne de devenir premier producteur mondial de polypropylène.

Shell reste le premier raffineur mondial, le premier producteur de gaz, le plus gros vendeur de pétrole, de bitume et de lubrifiants (huile hélix) ; il possède les réserves pétrolières les plus importantes (8,9 millions de barils).

• **Unilever,** société anglo-hollandaise décentralisée, se subdivise en 500 maisons distinctes et vend une gamme extraordinaire de produits. On la qualifie d'ailleurs de « multinationale aux mille marques ».

A l'origine, William Lever, un industriel anglais du savon comprend, dès 1885, tous les avantages commerciaux de l'usage d'une bonne publicité. Afin de s'assurer des sources d'approvisionnement, Lever recherche à l'étranger du copra et de l'huile de palme. En 1905, il achète une plantation de cocotiers aux îles Salomon. Vers 1920, William Lever contrôle 75 % du commerce de savon en Grande-Bretagne.

Séduit par les îles situées à l'ouest de l'Angleterre, Lever monte des conserveries de poissons pour venir en aide aux pêcheurs. Il achète les magasins « Mac Fisheries » pour vendre le poisson. Ainsi Lever entre dans les fabriques alimentaires.

En 1929, « Lever » et la « Margarine unie » fusionnent pour former la Société anglo-hollandaise Unilever sur la base de deux sociétés par actions et de conseils d'administration jumelés.

En 1942, l'entreprise encourage et développe pour ses cadres la promotion interne. Certes Unilever recrute des universitaires pris sur titre mais aussi des employés sortis du rang, passés par « l'université des coups durs » comme disait William Lever en parlant de sa propre formation. Après la Seconde Guerre mondiale, les familles des fondateurs cèdent peu à peu la place à des administrateurs promus au mérite et se renouvelant par cooptation.

La carrière d'un des présidents est à plus d'un titre révélatrice. George Cole, président de « Unilever limited » en 1960, est originaire du nord de l'Angleterre. A 16 ans il entre comme employé à la Niger Company et y démontre un esprit audacieux ainsi que le goût des affaires. George Cole agrandit le champ d'action d'Unilever en introduisant l'étude de la psychologie du consommateur, des sondages d'opinions et de la publicité télévisuelle à haute dose. Pour George Cole, la télévision remplace avantageusement le porte-à-porte.

L'année 1982 est un tournant dans l'histoire d'Unilever. L'entreprise, qui réalise alors les deux tiers de son chiffre d'affaires dans les activités traditionnelles du groupe (détergents, produits de lavage, produits gras), décide d'y ajouter les produits de soins et les cosmétiques. D'où l'acquisition d'Elizabeth Arden, Calvin Klein et Chesebrought Pond's.

En même temps, les PDG du groupe déclarent : « Il faut trouver notre croissance en dehors de l'Europe et des États-Unis. » Ils décident de donner la priorité aux marchés émergents (Chine, Amérique latine, Europe de l'Est, Moyen-Orient). Ces cinq dernières années la multinationale y a investi 2,5 millions de dollars principalement sur le marché chinois alimenté par ses huit usines locales. Unilever produit lessive, savon, crèmes glacées pour les 1,2 milliard de consommateurs qui consacrent 51 % de leurs revenus en nourriture du fait des subventions d'État pour le logement, l'éducation, les transports.

Le chiffre d'affaires de la multinationale Unilever s'élève à 240 millions de francs dont un bénéfice net de 11 millions de francs en 1993. Ce qui place Unilever en 22e position parmi les 200 premiers groupes mondiaux. C'est un ensemble de 500 filiales installées dans plus de 80 pays avec un effectif de 293 000 personnes. Unilever possède une gamme impressionnante de produits vedettes (cf. encadré 5).

Au total l'entreprise Unilever est originale dans sa structure (une somme de petites pyramides à la taille variable, aux contours et au tracé capricieux) comme dans sa gestion avec le passage d'un management collégial familial (si caractéristique du capitalisme anglais) au management à l'américaine plus proche de l'évolution de l'entreprise industrielle moderne.

- **ICI** naît en octobre 1926 quand Sir Alfred Mond et Sir Harry Mac Govan consignent sur les pages d'un bloc-notes de la compagnie de transports Cunard les bases de l'accord qui donnent naissance aux Imperial Chemical Industries. C'est la fusion de British Dyestuffs, Brenner, Mond and Company, Nobel Indus-

Encadré 5
Les produits d'Unilever en Europe

Lessives	Coral, Omo, Persil, Skip
Savons	Dove, Lux, Soleil
Nettoyants	Cif, Domestos
Huiles	Fruit d'Or, Puget
Margarines	Astra, Planta
Allégés	Vive la Vie, Effi
Fromages	Boursin
Sauces	Bénédicta
Thés	Lipton, Éléphant
Potages	Royco
Glaces	Motta, Cornetto, Viennetta, Carte d'Or
Surgelés	Captain Iglo, La Tartelière
Dentifrices	Sanogyl, Signal
Shampooing	Timoteï
Produits de toilette	Axe, Darling, Impulse, Rexona
Parfums	Cerruti, Fabergé, Jean-Louis Sherrer
Cosmétiques	Elisabeth Arden

tries, United Alkali. ICI devient rapidement une société britannique à part entière qui fait partie en quelque sorte du patrimoine national.

En 1925, Harry Mac Govan et ses principaux associés décident de centraliser le contrôle administratif et de rationaliser la production et la distribution. Ils décident de créer un département technique et un département commercial afin d'exploiter plus efficacement les économies d'échelle. Les productions sont alors les suivantes : colorants, explosifs, chimie générale, chaux, métaux, vêtements de cuir. ICI investit dans la recherche et scelle des liens étroits avec les universités d'Oxford et de Cambridge. Ainsi, dès décembre 1935, le laboratoire de recherche du groupe Alkali découvre le polyéthylène qui deviendra un des produits les plus rentables d'ICI. Avant la Seconde Guerre mondiale, les laboratoires du groupe mettent au point de nouveaux produits comme : articles de caoutchouc, résines et laques synthétiques, détergents, pesticides, produits pharmaceutiques. L'entreprise britannique joue alors jeu égal avec les Américains (Du Pont de Nemours) et les Allemands (IG Farben).

En 1962, ICI lance sa « grande réorganisation » avec l'aide des consultants américains Mac Kinsey & Company pour que chaque division de l'entreprise soit administrée par une seule direction responsable de ses pertes et profits. C'est ainsi qu'ICI est devenue en Grande-Bretagne le modèle de la réussite organisationnelle avec des investissements élevés en marketing, en recherche et développement.

Depuis 1987, Denys Henderson préside aux destinées d'ICI et oriente l'entreprise vers des activités nouvelles comme les matériaux composites et la biotechnologie.

En 1993, le groupe chimique ICI a éclaté en deux sociétés : ICI et Zeneca. D'un côté le nouvel ICI regroupant l'activité chimique traditionnelle (plastiques, poudres, peintures). De l'autre, Zeneca avec la pharmacie, l'agrochimie et les spécialités. Cette scission décidée durant l'été 1992 est la conséquence de l'arrivée dans le capital du groupe du « pair prédateur » Lord Hanson[1]. C'est David Barnes qui prend la direction de la nouvelle société. Il est à noter que les deux sociétés ont les mêmes actionnaires : banques américaines, Morgan Stanley avec 7 % des parts, Mercury Asset Management avec 3,5 % des parts, Norwich Union et Prudential Company avec 3 % des parts chacune. Il n'y a aucune importante participation individuelle.

De nos jours l'entreprise fait 75 % de ses affaires avec l'étranger et emploie environ 120 000 salariés.

• **Avec ces trois exemples, le gigantisme semble être une spécialité britannique en matières industrielles** comme l'indiquent les chiffres de la part des cent plus grandes sociétés du pays dans la production de biens manufacturés : 32 % en 1958, 41 % en 1972 et 51 % en 1993.

Les processus de fusion, de reprise, d'absorptions ont totalement transformé l'industrie britannique depuis les années 60. Ainsi, de nos jours, un tiers des entreprises géantes d'Europe sont britanniques. Pourtant limiter les activités industrielles britanniques à ces géants est trop réducteur, il faut insister sur le rôle fondamental que jouent les PME-PMI outre-Manche.

► **Il existe une multitude de PME aux confins de l'industrie, des services et de l'artisanat en Grande-Bretagne.** Le directeur est souvent en même temps le propriétaire et, sinon le fondateur, du moins son descendant proche. L'équipe managériale est des plus réduite et l'entreprise évolue dans un capitalisme familial si typiquement britannique. La plupart de ces entreprises sont fragiles et leur chance de réussite ne repose souvent que sur l'idée originale du fondateur. C'est le cas de l'entreprise de confiserie **Taveners** qui s'est faite la spécialiste des bonbons non enveloppés et saupoudrés de sucre vendus dans des boîtes en fer hermétiques avec de vieux décors anglais. On peut citer aussi l'entreprise **Tiptree** spécialisée dans la confiture qui limite volontairement ses fabrications et ses ventes à ce que produisent ses 500 ha de verger. L'entreprise est un modèle de gestion puisqu'elle s'efforce de rester sans endettement afin d'être indépendante face aux banquiers, afin de fabriquer *Jams* et *Marmelades* dont la plus typiquement anglaise est la confiture de groseilles.

Les PME en Grande-Bretagne se méfient des banquiers et des financiers qu'elles accusent de faire « payer trop cher leurs services ». Le *small business* se

1. Selon le *Financial Times* Lord Hanson et Lord White sont célèbres à Londres pour leur habileté à combiner des « coups financiers » pour opérer des reprises, des fusions, des absorptions. C'est ainsi que Lord Hanson a pu s'emparer de 2,8 % du capital ICI et provoquer la scission du groupe chimique. ICI qui se sentant agressé a décidé par une opération purement financière de se recentrer en pratiquant la « diffusion ».

plaint aussi de ne pas être assez aidé par l'État, même si un ministère est spécialement chargé de son sort, alors qu'en Allemagne elles sont choyées et que l'on reconnaît depuis longtemps le dynamisme industriel des 300 000 *Mittelstand.* Pourtant avec Mme Thatcher le *small business* fut l'objet de toute sa sollicitude. Plus de 100 dispositions dont le BES ont été prises pour stimuler la création et l'exploitation des PME : crédit privilégié, déréglementation, détaxes fiscales[1]...

Le Business Expansion Scheme (BES) a eu des effets positifs sur les créations d'emplois dans la mesure où il a favorisé le développement de PME-PMI performantes et exportatrices qui ont un leadership sur de petits créneaux. Deux cas sont particulièrement révélateurs : le whisky et les avions de petite taille.

• Ainsi **United Distillers,** fière de son histoire, rappelle que le Johnny Walker Red Label fut la marque la plus connue au monde avant Coca-Cola, numéro un à l'exportation en 1820 et implanté dès 1920 sur 122 marchés nationaux. United Distillers avec ses autres marques (Black Label, White Horse, Bells et Vat 69) détient en 1994 35 % du marché mondial du whisky suivi par Allied Lyons (12 % du marché grâce à la marque Ballantine).

United Distillers se tourne vers les économies émergentes, principalement vers l'Extrême-Orient où la consommation de whisky augmente comme symbole de réussite dans les milieux d'affaires.

La Grande-Bretagne occupe 21 % des exportations mondiales d'avions de petite taille (c'est-à-dire de moins de 15 places) grâce à des PME-PMI innovantes et soucieuses d'une certaine qualité comme **Pilatus Britten Norman** et **Slingsby Aviation.**

• **Pilatus Britten Norman** s'est imposé sur le marché mondial avec ses Islander de 10 places que l'on peut décliner au militaire dans une version de reconnaissance avec radar et capteur multimodes du dernier cri technologique (14 avions vendus à l'armée de l'air du Maroc).

• **Slingsby Aviation** construit depuis soixante ans des avions écoles d'entraînement. L'avionique de son dernier modèle, le T67, et les matériaux composites renforcés de son fuselage lui donnent des capacités acrobatiques inégalées et en font un avion multi-usage très apprécié des forces aériennes du Canada, de Hong-Kong, de la Norvège et de la Turquie car il réduit le coût global d'entraînement de par ses performances.

En 1994, l'armée de l'air américaine a passé commande de 113 T67 pour environ 55 millions de dollars. La commande américaine représente des profits assurés permettant de rénover entièrement le système de production en introduisant des unités de fabrication autonomes comme cela s'est fait dans l'automobile.

1. Depuis le budget de 1983, ceux qui paient 60 % d'imposition maximale peuvent investir jusqu'à 40 000 livres dans les sociétés non cotées de façon presque défiscalisée.

3. Le capitalisme britannique a fait depuis longtemps le choix des services

Le secteur financier est ici particulièrement important. Le *big bang* de la déréglementation boursière a stimulé en 1987 les marchés financiers et entraîné un accroissement du taux de l'emploi dans les professions des services financiers. Selon le « City Research Project »[1] cela représentait en 1991 environ 600 000 emplois parmi les mieux rémunérés du pays. De nos jours, en Grande-Bretagne plus qu'ailleurs, la bonne tenue de l'économie dépend de celle des activités de services financiers et autres. Elles représentaient 21 % du PIB en 1993, c'est-à-dire quatre fois plus qu'aux États-Unis.

En ce domaine la Grande-Bretagne se taille la part du lion dans les créneaux de la banque, de l'assurance, du conseil en entreprise, des transports aériens et du tourisme.

• La banque la plus importante est la **Barclays Bank.** Elle est le résultat d'une fusion de 25 banques quakers qui s'unirent en 1896 pour faire face à la concurrence, mais qui décidèrent de garder leur personnalité par un système de « directeurs locaux ». Dans leurs conseils on retrouve toujours les mêmes noms des familles quakers de l'East-Anglia pionnières dans la Banque (Barclays, Bland, Bevan, Seebohin...). Ces banquiers sont libéraux et sont partisans du dogme « laisser faire, laisser passer ».

La Barclays Bank se renouvelle aujourd'hui considérablement. Elle innove particulièrement en France où elle mène depuis 1993 une offensive vigoureuse. Le plan Hannibal est le nom de code du concept de « banque allégée » (c'est-à-dire conçue et gérée à l'économie) pour diminuer le coût des structures, surtout administratives, que la Barclays veut s'imposer. Martin Taylor, diplômé d'Oxford, ancien journaliste financier au *Financial Times,* directeur général de la Barclays Bank, insiste sur la réduction des coûts, la nécessité d'avoir une clientèle soigneusement sélectionnée (cadres - professions libérales - retraités) et de ne proposer que quelques produits standardisés performants. L'arme absolue est le compte chèques dynamique, sorte de compte chèques rémunéré qui a connu un net succès en France avec près de 3 milliards de francs de dépôts. Il faut y ajouter des placements à court, moyen et long terme, des montages immobiliers, des produits délocalisés et des placements facilitant la transmission du patrimoine.

Grâce à une gestion rigoureuse, le groupe, en difficulté au début des années 90, se redresse et renoue avec les bénéfices.

• **La Midlands Bank,** « la Banque des petites gens » comme l'appellent les Anglais, se montre elle aussi capable d'innover ; n'avait-elle pas ouvert une banque à bord du *Queen Mary* ?

Comme l'indique son nom, elle est originaire des régions du Centre ; elle recevait les dépôts de sa clientèle locale et prêtait à court terme aux entreprises,

1. Le déclin relatif des activités de la City et les remèdes proposés font l'objet du programme « City Research Project » mené par une équipe de la London Business School.

grandes ou petites, sous forme d'avances sur gages, d'escompte et de découverts. Première banque du monde dans l'entre-deux-guerres, la Midlands a vécu un lent déclin depuis 1945 qui s'est aggravé dans les années 80 ; elle est victime de la crise des pays endettés du Tiers Monde. Aussi, de nos jours, la Midlands est considérée comme en état de convalescence, en dépit d'un changement d'équipe managériale qui a pour but de moderniser un fonctionnement qualifié « d'un autre âge » par la profession.

Dans le cadre de cette modernisation, depuis 1989, elle promeut la banque directe, *First Direct,* c'est-à-dire la banque sans guichet. Le directeur général Kevin Newman (37 ans, informaticien de formation) avance de nombreux arguments qui expliquent son succès :

— la suppression des agences entraîne une réduction des coûts d'exploitation que l'on peut répercuter dans les tarifs proposés aux clients ;
— le travail en continu (car la banque est ouverte sept jours sur sept, vingt-quatre heures sur vingt-quatre) rentabilise l'impressionnant système informatique ;
— le délai très court avec lequel le client est servi (les chèques voyages sont délivrés par envoi recommandé dans les vingt-quatre heures alors qu'il faut trois à quatre jours en passant par une agence).

Kevin Newman affirme que la banque offre par téléphone la même gamme de produits financiers qu'un réseau traditionnel avec agence et guichets (soldes, transferts, règlements, prêts et épargne).

La *First Direct* a aujourd'hui 2 000 salariés et 500 000 clients bien ciblés (dans la tranche d'âge la plus active des 24-45 ans, à l'aise dans les affaires et les technologies nouvelles). Il faut croire que la formule est viable car la plupart des grandes banques comme Barclays, TSB, National Westminster ont été contraintes de suivre. D'ailleurs Kevin Newman insiste sur le fait que la formule intéresse les banquiers d'Australie et du Canada qui y voient le moyen d'attirer les clients des régions les plus isolées, tandis que des contacts sont même pris avec le Moyen-Orient où les banquiers pensent que cette formule permettrait d'attirer la clientèle féminine.

Enfin la fusion de la Midlands Bank et de la Hong-Kong and Shanghai Banking Corporation est sans doute la planche de salut providentielle pour la banque anglaise.

• Spécialiste de l'assurance depuis le XVIIe siècle, époque ou Edward **Lloyd,** cafetier, notait les mouvements de tous les bateaux, la Lloyd assure les risques les plus élevés ou les plus fous (de la plate-forme en mer du Nord jusqu'aux jambes des athlètes et des vedettes de cinéma). Au sein de la Lloyd, il y a les *names.* Ces personnes physiques, adhérentes au syndicat du Lloyd's, sont responsables sur leurs biens propres des pertes à couvrir.

De réputation internationale par la qualité de ses informations et la diligence de ses remboursements, l'institution qu'est la Lloyd a été déstabilisée depuis 1980 par des catastrophes naturelles qui ont provoqué d'énormes pertes et la faillite de plusieurs milliers de *names*. D'ailleurs le nombre de *names* diminue régulièrement : de 51 260 en 1962, ils avoisinent les 30 000 en 1994. Une telle désaffection entraîne une moindre capacité financière de contracter de la réassurance, ce qui satisfait la concurrence allemande *(Munich reinssurance)*, suisse *(Swiss reinssurance)* et italienne *(Assicurazioni generali)*.

• Les services ne sauraient cependant se limiter aux activités bancaires. Un autre cas intéressant est celui des **transports aériens.**

Au lendemain de la Seconde Guerre mondiale, le gouvernement nationalise les transports aériens en Grande-Bretagne. La fusion en 1974 des entreprises publiques BEA et BOAC a donné naissance à **British Airways,** une entreprise pléthorique, déficitaire, de qualité de service médiocre, même si des efforts sont entrepris dès 1975 pour augmenter le nombre des liaisons avec l'Écosse (cf. le *Shuttle service* organisé entre Londres et Glasgow en 1975 et Londres et Édimbourg en 1976. Ce service de navettes permet à un nombre quelconque de passagers de s'embarquer à Londres pour Glasgow chaque heure et sans réservation et *vice versa*).

A la fin des années 70, la compagnie n'en souffre pas moins d'une image déplorable. Elle est alors redressée par une main de fer pour amener à sa privatisation en 1987. Margaret Thatcher charge en 1981 Sir John King of Whartnaby de remettre de l'ordre dans la société. Un plan de survie est adopté dès septembre 1981 *(Survival Plan)*. Il prévoit 10 000 licenciements et la fermeture de 16 lignes internationales, l'entreprise cherche à faire des économies tous azimuts.

L'exercice 1982-1983 dégage de légers bénéfices. Au sein de l'entreprise, la compagnie lance en direction du personnel un programme d'intéressements aux bénéfices et de motivation. En 1993, les résultats sont là. Les 50 000 employés ont suivi un stage de motivation intitulé *Winning for customer* (Gagner pour le client). La satisfaction du client et, par là, sa fidélisation, est devenue le mot d'ordre du simple manutentionnaire au commandant de bord. De 1987 à 1993 la productivité de l'entreprise fait un bond de 47 % dans le cadre d'une gestion ultralibérale et pragmatique, à l'image de ses dirigeants. Lord King, qui a quitté la présidence de la société en février 1993, et son successeur Sir Colin Marshall sont des *self made men* qui proviennent d'horizons industriels sans rapports avec le transport aérien (énergie et location de voiture).

British Airways a des ambitions. Sir Colin Marshall insiste pour que sa compagnie dispose d'un véritable réseau mondial grâce à des alliances et si possible des acquisitions. Maintenant que la compagnie a renoué avec les bénéfices, elle a pris des participations dans TAT et Deutsche BA en Europe, Quaritas en Australie et US Air aux États-Unis. « Maintenant que nous en avons les moyens, nous allons attaquer et réclamer plus de concurrence », affirme Michel Marchal, le président de TAT European Airlines. La compagnie, contrôlée à 49,9 % par British Airways, obtient de Bruxelles en 1994 le droit d'exploiter des lignes au départ d'Orly en direction de Marseille et de Toulouse.

L'obsession de la réussite a pu conduire British Airways a des pratiques parfois contestables (en témoignent ses démêlés avec sa petite rivale Virgin Atlantic). Entre 1992 et 1994, championne des profits, elle laisse loin derrière ses concurrents européens avec des coûts d'exploitation réduits de 15 % et des frais généraux en baisse d'au moins 30 %. Il n'y a, au niveau mondial, que Singapore Airlines qui fasse mieux.

▸ **Autre domaine où les Britanniques occupent une place prépondérante, le conseil au sens large.** Que ce soit dans l'ingénierie, les études de marché ou le management, les consultants anglais sont souvent en tête des classements des principaux cabinets internationaux : ainsi les *chartered accountants* (les experts-comptables) ont développé une gamme d'activités allant du conseil juridique (combien précieux dans le monde anglo-saxon) à l'étude de marché, la recherche de partenaires et le recrutement du personnel. La politique d'intégration de services annexes à leur activité initiale permet d'offrir à la clientèle un éventail de prestations qu'elle devrait aller chercher auprès de quatre ou cinq cabinets spécialisés, d'où économie de temps et d'argent et efficacité accrue.

4. Les privatisations britanniques illustrent la volonté du gouvernement anglais de relancer le capitalisme en Grande-Bretagne

Les conditions politiques, économiques et financières sont particulièrement favorables aux privatisations pour cinq raisons :

— il n'existe aucun obstacle d'ordre constitutionnel susceptible de ralentir le programme de privatisations ;
— en Grande-Bretagne toutes les entreprises publiques sont étatiques, elles sont la propriété de l'État central et non de collectivités locales, ce qui laisse une totale liberté au gouvernement ;
— le secteur public est mal perçu par la population qui y voit des ensembles inefficaces, véritables gouffres financiers ;
— les Conservateurs ont su créer une vaste et puissante coalition en faveur des privatisations ;
— toutes les entreprises privatisées étaient dans une position commerciale et financière avantageuse grâce aux programmes de restructuration entrepris par l'État.

Quatre stratégies principales ont été utilisées par les Conservateurs pour réduire et redéfinir le rôle de l'État dans l'économie.

La première stratégie poursuivie depuis 1979 repose sur **l'autonomisation** avec une translation de pouvoir vers les élites non étatiques comme les associations volontaires, les patrons, les parents d'élèves. Mais ce n'est en aucun cas une décentralisation territoriale.

La seconde stratégie englobe un ensemble de **déréglementations** visant à diminuer les contrôles imposés par l'État comme les contraintes en matière d'urbanisme, à démanteler tout le système syndical de règles rigides qui minaient le marché du travail.

La troisième stratégie introduit la notion de **marchéisation** qui implique dans le secteur public l'installation d'une « logique de marché » et d'une « culture commerciale » reposant sur la diminution des subventions d'État et l'imposition d'une politique de prix dictés par le marché.

Enfin la stratégie la plus importante, la plus radicale, est le programme de **privatisations.** Ce programme qui a de larges ambitions touche les collectivités locales, les entreprises d'État, les administrations centrales et le Service national de santé (NHS).

Ce programme s'articule sur quelques idées fortes : la diminution des subventions d'État pour inciter les organismes financés sur fonds publics à rechercher auprès du secteur privé des compensations financières :

— l'encouragement au secteur privé à participer à des projets d'investissements publics et à leur confier des compétences relevant des pouvoirs publics ;
— l'introduction des notions d'efficience et les techniques du management du secteur privé dans le secteur public en recrutant des managers du secteur privé ;
— la politique de subcontractualisation (sous-traitance) qui permet de céder au secteur privé des activités du secteur public ;
— la vente d'une partie ou de la totalité des actions d'une entreprise publique.

Ainsi plus de la moitié du secteur industriel de l'État a été totalement ou partiellement privatisé et plus d'un million d'employés de ce secteur, transférés au secteur privé. C'est l'État qui a fixé, pour chaque privatisation, la date et les modalités, le nombre d'actions à vendre, le prix des actions, la partie réservée aux employés, le

Encadré 6
Les privatisations réalisées de 1981 à 1991

Entreprises	*Année de privatisation*	*Prix de vente en millions de livres*
British Aerospace	1981-1985	390
British Airport Autorities	1987	1 182
British Airways	1987	53
British Gas	1986-1990	5 293
British Petroleum	1979-1997	6 084
British Steel	1988	2 425
British Telecom	1984-1991	8 900
Britoil	1982-1985	9 620
Cable and Wireless	1981-1985	1 021
Roll Royce	1987	1 031
Compagnie des Eaux	1989	3 454
Compagnie d'Électricité	1990-1991	7 100
Angleterre	1991	2 800
Écosse		

seuil pour les investisseurs individuels, institutionnels et étrangers. Sont dénationalisés les grands services publics (gaz, électricité, eau, télécommunications) ainsi que des industries stratégiques (aérospatiale, sidérurgie, British Airways).

Est-ce à dire que les privatisations britanniques représentent un recul décisif de mainmise de l'État sur l'économie ? La réponse doit être nuancée, car si l'État britannique a redéfini ses rapports avec l'économie de marché, il reste toujours présent par sa stratégie macroéconomique monétaire et budgétaire, par sa politique envers le marché du travail, par son attitude à l'égard de la recherche et développement et ses politiques d'enseignement et de formation professionnelle.

III. Les entreprises britanniques face à la conjonction de trois horizons

1. Les activités se déplacent de plus en plus vers le Sud

▸ **La géographie industrielle en Grande-Bretagne est un legs de l'histoire.** Outre-Manche, l'industrie a toujours été répartie de façon très inégale. Chaque phase d'industrialisation a privilégié les régions les mieux pourvues en ressources humaines et naturelles, compte tenu des capacités technologiques existantes, et relégué celles qui avaient bénéficié de la vague précédente.

La vague d'industrialisation des XVIIIe siècle et XIXe siècle est fondée sur le charbon, elle profite aux bassins houillers. Tout (machine à vapeur grosse consommatrice de charbon – coût élevé des transports) pousse les industriels à monter leur usine aussi près que possible du carreau de la mine.

En 1913, l'industrie britannique a atteint un degré de spécialisation régionale remarquable et rarement égalé en Europe : construction navale dans les estuaires d'Écosse comme la vallée de la Clyde, du Nord-Est dans celle de la Tyne et de la Wear, du Nord-Ouest dans celle de la Mersey ; industrie textile (coton dans le Lancashire, laine dans le Yorkshire, lin en Irlande du Nord) ; coutellerie à Sheffield. C'est alors l'hégémonie des « régions noires » du Nord avec leurs industries à base charbonnière.

Dans l'entre-deux-guerres débute la vague d'industrialisation fondée sur le moteur à explosion, l'électricité, les métaux légers. Les industries s'installent dans la région londonienne et les Midlands : constructions automobiles, aéronautique, appareil électroménager, produits alimentaires...

Le dynamisme de ces industries de consommation contraste déjà avec la crise profonde des industries de première nécessité des régions du Nord.

Depuis le début des années 60, émerge une nouvelle répartition géographique. On assiste à une descente vers le Sud *(Drift to the South)* des activités industrielles et des services en Grande-Bretagne. Le *Western Corridor* de Londres à Bristol attire les activités nouvelles et les sièges sociaux des principales entreprises.

▸ **Une nouvelle géographie s'impose aujourd'hui.**

L'exemple de **Reading,** capitale du Berkshire, en est l'illustration. Avec ses 135 000 habitants, Reading est le résultat d'une double métamorphose : celle d'un bourg rural en pôle industriel puis en vitrine *High tech.*

Dans les années 60, Reading était la ville des trois « B » :

— *Bulbs* pour la grainerie Suttons Seeds ;
— *Biscuits* avec l'entreprise de biscuits Huntley and Palmers ;
— *Beer* (la bière) avec la brasserie Courage.

De nos jours, de ces activités traditionnelles, seule la bière subsiste et l'équipe managériale de l'entreprise Courage a déménagé l'usine du cœur de la cité à la sortie de l'autoroute M4[1] qui traverse le sud de l'Angleterre de Londres au pays de Galles. Cette autoroute est devenue le moteur de la dynamique économique de la région et fait de Reading une plaque tournante du commerce intérieur et de l'export. En effet, Reading se trouve à trente minutes de l'aéroport d'Heathrow, à une heure de Bristol, une heure trente de Birmingham et deux heures de Douvres.

Reading attire dans les années 70 les plus grandes sociétés comme Gillette, Digital Equipement, Metal Box Company, Prudential Assurance Company.

Dans les années 80, la ville prend le virage de l'informatique et la structure de la population évolue :

— 20 % des actifs travaillent dans la banque et les services financiers ;
— 20 % des actifs travaillent dans les activités *High Tech.*

Reading est en train de devenir une « Mini Silicon Valley » où l'État injecte des livres par millions dans les ordinateurs (notamment les ordinateurs de la 5e génération) ou la biotechnologie.

Dans cette Angleterre industrielle du bassin de Londres, la clé de la compétitivité réside dans l'innovation ; comme outre-Manche, ce qui fait défaut est l'articulation entre l'invention et sa mise en œuvre sur le terrain. Un effort est fait pour rapprocher les laboratoires des entreprises et féconder l'industrie par l'Université. A Cambridge a été ouvert le premier *Science Park* qui rassemble 80 entreprises de haute technologie où Clive Sinclair produit le micro-ordinateur parmi les moins chers d'Europe.

2. Avec le nouvel horizon socio-économique, le réalisme l'emporte

• **La Grande-Bretagne industrielle et entrepreneuriale doit gérer le rétrécissement de sa base industrielle.** Dans les activités du passé, la destruction l'emporte sur la création.

L'émigration du capital et la délocalisation croissante d'activités par les multinationales d'outre-Manche ont clairement abouti à une véritable érosion de la

1. M signifie *motorway.*

base industrielle du pays. Ne doit-on pas voir dans ce mouvement de délocalisation de la production la volonté des entreprises de se soustraire à la pesanteur des structures sociales et au poids écrasant du Welfare State ? Ainsi le poids du secteur manufacturier dans le PIB est passé de 30 % en 1979 à 18,5 % en 1993. Il faut y ajouter un grand perdant : l'emploi. De 1972 à 1983 les cinquante premières firmes britanniques ont supprimé 600 000 emplois au Royaume-Uni.

• Dans l'automobile le cas **British Leyland** au cours des années 80 est révélateur.

Dans son livre *Back from the Brink,* Sir Michael Edwardes explique par quelle thérapie de choc il a sorti British Leyland du gouffre : « J'ai supprimé 96 000 emplois (50 % du total) pour rendre l'entreprise compétitive. »

Sa stratégie de *Down sizing* s'est appuyée d'une part sur une réduction du nombre des sous-traitants liée à une contraction des capacités de l'entreprise afin d'améliorer la profitabilité de la firme ; d'autre part, avec une compression des effectifs bien au-delà de la chute de production. Il faut y ajouter la mise en place d'un Code de 67 pages sur la modification des pratiques du travail afin de lutter contre les déclenchements de grèves abusifs. Il s'agit là d'une stratégie libérale associée à un durcissement du management, ce qui est nouveau en Grande-Bretagne accoutumée au management du Welfare State. D'ailleurs il n'hésite pas à faire porter la responsabilité de l'état des choses antérieur aux gestionnaires. « Les problèmes de l'entreprise anglaise viennent de la faillite du management. »

Depuis le début des années 90, les patrons et les ouvriers sont devenus plus responsables. L'entreprise bouge en profondeur, le management change et ne supplie pas le gouvernement de dévaluer la livre ou de relancer la demande. Les entrepreneurs veulent maîtriser leurs coûts pour conquérir le marché, ils savent qu'il leur appartient de résoudre leurs propres problèmes.

Cet état de fait a permis aux entreprises britanniques de se trouver en position favorable pour entrer en concurrence avec des pays (Allemagne, France, Italie) qui avaient pris une certaine avance dans la modernisation de leurs appareils industriels. Ce qui pose la question des relations entre les entreprises britanniques et les autres.

3. Un horizon international problématique : l'Atlantique ou l'Europe

Face à l'extérieur, l'entreprise d'outre-Manche adopte une politique d'ouverture destinée à attirer l'investissement étranger. Les Britanniques adoptent l'adage fataliste *If you cannot beat them, join them* (Si vous ne pouvez les vaincre, mettez-vous de leur côté) en passant des alliances avec les firmes allemandes (ainsi Rover avec BMW) ou japonaises dans l'espoir d'une création massive d'emplois.

Ainsi apparaît depuis le début des années 80 un véritable axe industrialo-commercial Londres-Tokyo.

Cet axe s'incarne dans une commission permanente, l'*UK Japan 2000 Group,* qui rassemble les élites des affaires et de la politique de ces « deux monarchies buveuses de thé». Le rôle pilote des Japonais s'exerce surtout dans l'automobile, l'électronique et l'informatique. Les Britanniques attendent de la coopération automobile avec le Japon des retombées fabuleuses: grâce aux implantations, l'Angleterre espère redevenir un producteur égal à la France et même dépasser l'Italie. Les industriels d'outre-Manche se réjouissent de la stimulation que les méthodes de travail japonaises imposent à l'industrie automobile nationale. Aussi encouragent-ils les alliances et les prises de participation.

Tel est le cas de l'**alliance Rover-Honda:** Honda apporte 6 millions de francs et prend 20 % du capital. Pour Honda il s'agit de disposer pour ses modèles japonais *made in UK* d'un réseau de commercialisation européen au maillage étroit. De plus la perspective du marché unique aiguise les appétits et la Grande-Bretagne devient pour les Japonais « une rampe de lancement dans la conquête du marché européen». Cependant, BMW est devenu en janvier 1994 le principal actionnaire de Rover.

Dans le domaine de l'électronique et de l'informatique les Japonais investissent: Fujitsu a acquis 80 % du capital d'ICL, le premier fabriquant d'ordinateurs en Grande-Bretagne. Les Japonais ont installé une trentaine de laboratoires de recherche et développement en Grande-Bretagne, mais il semble bien que les Asiatiques se réservent les productions les plus sophistiquées (le superconducteur) et laissent aux Anglais des activités du genre *Screw Driver* (usines tournevis), c'est-à-dire de montage dans l'électronique de consommation (téléviseur, magnétoscope).

La montée en puissance des entreprises étrangères, américaines ou japonaises, permet de préserver un nombre non négligeable d'emplois et contribue à redynamiser des secteurs sinistrés comme l'automobile. En contrepartie elle induit une certaine perte de contrôle de l'appareil productif national et place le pays à la merci des arbitrages des firmes étrangères qui n'hésiteront pas à fermer leurs implantations si des perspectives plus intéressantes sont offertes ailleurs.

L'entreprise anglaise risque de devenir une gigantesque antenne de production pour des entrepreneurs étrangers qui se réservent les centres de recherche et leur avance dans le domaine de l'innovation.

Depuis 1993 d'ailleurs, les Anglais deviennent prudents et comptent moins sur les Japonais pour « réanimer leur industrie ».

« Il est dangereux de continuer à compter sur les entreprises japonaises pour réanimer notre industrie; nous n'avons aucune certitude que les implants japonais continueront d'être compétitifs une fois que sera tarie la source de capitaux dont ils dépendent», déclare Barry Riley.

La Grande-Bretagne retrouve ainsi son ancien dilemme, le grand large ou l'Europe. Le choix de l'Europe paraît une nécessité puisque c'est le sud du pays, le plus proche de l'Europe continentale, qui se développe au détriment du vieux Nord industriel jadis ouvert sur les océans. Les entreprises britanniques rénovées trouvent maintenant de nouveaux débouchés en Espagne, au Portugal et même en France. On comprend que la nouvelle entreprise britannique éprouve un brusque désir de « continentalité ».

L'entreprise britannique est-elle en train de sauter directement de la première révolution industrielle à la dernière pour atteindre la société postindustrielle? L'avenir le dira. En s'engageant sur la voie du renouveau, l'économie britannique change et, comme disent les Anglais, **ne sous-estimez pas la Grande-Bretagne, ce pays qui perd toutes les batailles et qui gagne toutes les guerres.**

Approfondir

- Barou Yves, *Le Royaume-Uni: une économie à contre-courant,* Paris, Hatier, 1981.
- Charlot Monica, *L'Angleterre de 1945 à 1980,* Paris, Imprimerie nationale, 1981. Bonne approche historique de l'après-guerre britannique.
- Farnetti Richard, *L'économie britannique de 1873 à nos jours,* Paris, Armand Colin, 1994. Fondamental pour la mise en perspective historique.
- Johnson Christopher,*The economy under Mrs Thatcher,* Penguin Books (1979-1990). Tout sur le libéralisme à la Thatcher. Des privatisations aux lois antisyndicales.
- Monnet Hervé, Santini Jean-Jacques, *L'économie britannique: le libéralisme à l'épreuve des faits,* Paris, Nathan, 1992. Bien documenté, clair et synthétique.
- Riches Véronique, *L'économie britannique depuis 1945,* Paris, La Découverte, 1992. Une bonne analyse de la période des politiques keynésiennes (1945 à 1979) et de la rupture néo-libérale du thatchérisme (1979-1990). Une problématique intéressante sur la Grande-Bretagne qui se dirige vers une économie postindustrielle.
- Wilmots André, *Le Royaume démuni,* François Bourin, Paris, 1993. Riche, complet, critique et lucide. Excellente problématique sur la perception du déclin britannique et l'affaiblissement de sa base industrielle.

REVUES

- *Problèmes économiques.*
- *L'Expansion.*
- *Capital.*
- *Alternatives économiques.*
- *Futuribles.*

3

Des performances sous-estimées

LE CAPITALISME FRANÇAIS

Connaître

1665	Naissance de la fabrique de glaces Saint-Gobain qui obtient le privilège et le titre de Manufacture royale en 1692.
1704	Jean Martin Wendel s'installe comme maître de forge à Hayange.
1833	La famille ardéchoise Pavin de Lafarge fonde la société Lafarge. En 1980, achat du cimentier belge Coppée.
1836	Le banquier Eugène Schneider reprend une ancienne fonderie royale au Creusot et lui donne son nom.
1853	Création de la Compagnie générale des eaux, destinée à l'irrigation dans les campagnes, à l'adduction et à la distribution d'eau dans les villes.
1863	L'industriel lyonnais Henri Germain fonde une société par action destinée à financer les industries de la région, le Crédit lyonnais.
1864	Naissance de la Société générale.
1889	André et Édouard Michelin fondent la société du même nom, destinée à fabriquer des patins de freins garnis de caoutchouc pour automobile.
1872	Naissance de la Banque de Paris et des Pays-Bas.
1896	Armand Peugeot fonde la Société des automobiles Peugeot à partir d'une vieille entreprise familiale de quincaillerie et de cycle.
1898	Louis Renault fonde avec son frère la société Renault Frères à Boulogne-Billancourt.
1898	Pierre Azaria, ingénieur électricien, fonde le holding de la Compagnie générale d'électricité, aujourd'hui Alcatel-Alsthom. Il la dirige jusqu'en 1937.
1907	Eugène Schueller fonde la Société française des teintures inoffensives, proposant le produit « Aurore » qui a donné son nom à L'Oréal.
1929	Fusion des usines du Rhône et des Établissements Poulenc dans la société Rhône-Poulenc.
1932	Jean Mantelet fonde la société Moulinex.
1945	Marcel Chassagny fonde la société Mécanique Aviation Traction (Matra) ultérieurement développée grâce à Sylvain Floirat. Avec son PDG Jean-Luc Lagardère, elle prend le contrôle de Hachette en 1981.

1947	Édouard Leclerc fonde la société de distribution alimentaire du même nom.
1948	Le baron BIC fonde la société du même nom.
1950	Gilbert Trigano fonde le Club Méditerranée
1952	Francis Bouygues, fonde la société du même nom.
1963	Marcel Fournier et la famille Badin-Defforey créent le premier hypermarché Carrefour à Saint-Germain-des-Bois.
1966	Sous l'impulsion d'Antoine Riboud, fusion de la firme de verre plat de Boussois et de la verrerie familiale Souchon-Neuvesel dans la société BSN, aujourd'hui Danone.
1967	Paul Dubrule et Gérard Pélisson ouvrent le premier Novotel à Lille, fondant la société Accor.
1986	Naissance d'Usinor-Sacilor de la fusion de l'Union sidérurgique du Nord et de la Société des Aciéries de Lorraine.
1987	Bernard Arnaud regroupe diverses sociétés, souvent très anciennes situées dans le secteur du luxe, dans Louis Vuitton-Moët Hennessy (LVMH).
1991	Naissance du groupe Alcatel-Alsthom.

L'entreprise française n'est pas conforme à la présentation qu'on en fait...

La puissance de l'économie de la France, mesurée par la valeur du PIB en dollars aux taux de change courants, la place au quatrième rang des pays industrialisés. Les États-Unis produisent approximativement cinq fois plus qu'elle, le Japon trois fois et demie plus et l'Allemagne une fois et demie. Elle se situe dans le peloton de tête des puissances moyennes, devançant de peu l'Italie et le Royaume-Uni. Le bilan est très différent si l'on prend en compte l'effectif théorique de la population en âge de produire des richesses, celle qui est âgée de 15 à 65 ans et représente les actifs potentiels. Les chiffres publiés par l'OCDE montrent que 87 millions d'actifs Japonais[1] produisent chacun une richesse évaluée à 48 252 $. Les 38 millions de Français les suivent de peu (47 670 $), devant les États-Uniens (37 623 $) et les Allemands (31 144 $). Dans les pays industrialisés, le Français est donc aujourd'hui le **deuxième meilleur producteur** du monde. L'entreprise française est souvent présentée comme un nain parmi les géants. On ne sait pas assez que depuis trente ans la taille de nos entreprises a augmenté de 330 % contre 290 % pour les entreprises japonaises, 150 % pour les entreprises allemandes et seulement 100 % pour les entreprises américaines.

Voilà divers aspects d'une réalité bien souvent oubliée par une opinion prompte à l'autodénigrement.

Le système productif de la France, qui intègre secteur privé et secteur public, entreprises nationales et entreprises étrangères situées sur le territoire, correspond aujourd'hui à un total voisin de 2,8 millions d'entreprises. Il est particulièrement efficace puisque la France est capable de produire beaucoup avec une population relativement peu nombreuse.

L'entreprise française a ainsi un rôle de plus en plus actif dans l'économie mondiale, même si l'opinion publique hexagonale tarde à le reconnaître. Dès lors se posent les questions : comment en est-on arrivé là ? Comment l'entreprise française d'aujourd'hui met-elle en œuvre les facultés et les ressources disponibles sur le territoire et hors des frontières nationales ? Quelle est sa place dans le « village planétaire »[2] de cette fin de millénaire ?

1. Chiffre tiré de Nippon 1994-1995 : A charted survey of Japan.

2. L'expression est de C. A. Michalet, dans l'ouvrage collectif écrit avec M. Cicurel, J. Klein, F. Rachline et C. Stoffaës, *Une nouvelle économie mondiale,* Hachette, coll. « Pluriel », inédit, 1985.

I. Le capitalisme français

Comme le visage d'un homme mûr est le miroir de son passé, de même, le portrait du capitalisme français d'aujourd'hui porte les traces de son histoire et la dynamique économique d'un vieux pays comme la France s'appuie sur une forte tradition. L'immédiat après-guerre a placé la France sur une trajectoire de croissance dont le taux a été pendant plusieurs décennies supérieur à celui de la plupart des pays de l'OCDE. Cette accélération de l'activité économique a été sans précédent. Elle est due aux transformations structurelles du capitalisme national, mais, par interaction, la forte croissance en a également stimulé les mutations. Si la rupture historique de 1945 est évidente, elle ne doit pas aveugler l'observateur superficiel car on sait, après Fernand Braudel, qu'« il n'y a jamais entre passé, même lointain, et temps présent de rupture totale, de discontinuité absolue. Les expériences du passé ne cessent de se prolonger dans la vie présente, de la grossir ».

1. En 1945, l'entreprise française porte les traces d'un passé tourmenté

► Les structures de 1939 sont marquées par les caractères originaux de la première industrialisation.

La lenteur de l'industrialisation de la France du XIXe siècle pourrait laisser sceptique sur le dynamisme du capitalisme national et sur la capacité des entreprises à acquérir une taille suffisante pour être compétitives. Les causes ont été recherchées dans certaines pesanteurs culturelles qui se sont opposées au développement du capitalisme, dans l'intervention paralysante de l'État, dans le manque d'esprit d'entreprise de la bourgeoisie trop attachée à la petite entreprise familiale ainsi que dans la gravité des tensions sociales. Ces freins doivent être reconnus mais aussi relativisés.

• Les **pesanteurs socioculturelles** ont freiné un processus d'industrialisation réalisé sans véritable « révolution industrielle »[1]. La société est restée longtemps attachée aux valeurs paysannes et l'entreprise industrielle enracinée dans le terroir. Dans la culture traditionnelle, la prévention contre « les arts mécaniques » remonte à la fin du XVIIIe siècle. Dans la préface de l'*Encyclopédie*, d'Alembert évoque le « mépris qu'on a pour les arts mécaniques » et en écho, le savant Georges Cuvier constate encore en 1810 : « La technologie n'a point d'école en France où l'on en démontre les principes. » Les esprits éclairés déplorent que la France n'ait pas de véritable vocation industrielle. En général, les humanistes sont réservés à l'égard des entreprises innovantes car, pour eux, la technique

1. Voir André Louat et Jean-Marc Servat, *Histoire de l'industrie en France jusqu'en 1945. Une industrialisation sans révolution,* Bréal, coll. « Amphi », 304 p., 1995, ouvrage dans lequel est présentée l'originalité du capitalisme français avant 1945.

asservit l'homme. Selon le sociologue Max Weber, la morale catholique n'est pas aussi favorable que l'éthique protestante à l'émergence du capitalisme.

Pour lui, le protestantisme et le catholicisme ont suscité des comportements différents. Le catholicisme n'inspire pas le sens des responsabilités qui découle de la possession des richesses et n'incite pas à renoncer à la jouissance immédiate qu'elles permettent. Dans un pays où il fait bon vivre, comme en France, l'hédonisme l'emporte sur l'ascétisme. De plus, la réussite matérielle n'a pas la même signification sociale chez les catholiques. Pour les protestants, la prédestination permet à l'individu de sortir du groupe dont il est l'élu reconnu. Quand « Dieu bénit le profit » individuel, le groupe en est honoré. A l'opposé, la tradition catholique place le groupe avant l'individu et celui qui s'en détache est suspecté. Le capitalisme libéral aurait ainsi trouvé justifications et encouragements dans la morale calviniste des pays anglo-saxons. Le catholicisme aurait freiné le développement du capitalisme français.

Ces conclusions un peu simplificatrices doivent être nuancées. En effet, en France, de nombreux entrepreneurs appartenaient à la Religion réformée. Ils ont fait leurs preuves dans la région de Mulhouse où les Dollfus, Schlumberger, Kœchlin ont fondé de véritables dynasties dans l'industrie du coton. Dans les industries mécaniques, les Peugeot et le Japy se sont distingués par leurs réussites matérielles et par leurs responsabilités dans le Consistoire supérieur protestant. « L'esprit du capitalisme » animait également de nombreux entrepreneurs catholiques au XIXe siècle. Il suffit de rappeler le dynamisme du patriciat textilier représenté par les Vrau, les Motte, les Charvet dans le Nord où le développement de la Société de Saint-Vincent-de-Paul s'y est trouvé lié à celui de l'influence de la famille Kolb-Bernard. Cette région n'était pas exceptionnelle. Les grands sidérurgistes des « baronnies » minières du Massif central, les négociants de la « fabrique » lyonnaise, les directeurs des « pensionnat – couvents – ateliers » pour jeunes filles travaillant dans le textile en bas Dauphiné et dans l'Ardèche, la « banque catholique » de Montpellier (qui concurrençait la « banque protestante » de Nîmes) montrent également que le catholicisme n'a pas étouffé l'esprit d'entreprise. Une lecture superficielle de l'ouvrage de Max Weber risquerait de conduire à des conclusions hâtives sur le dynamisme des entrepreneurs français.

• Dans la théorie libérale, **l''intervention de l'État est considérée comme un frein au développement du capitalisme libéral.** Elle est fortement critiquée par les économistes classiques comme Jean-Baptiste Say, Frédéric Bastiat et Dunoyer de Segonzac. Avant Joseph Schumpeter, Jean-Baptiste Say (1767-1832) exalte le rôle de l'entrepreneur dans l'économie de marché. Ses conclusions sont connues : « La production ouvre des débouchés aux produits » et le producteur ne peut craindre le risque de la surproduction. Le marché s'autorégule spontanément, sans aucune intervention des pouvoirs publics. La plume acérée du polémiste Dunoyer de Segonzac résume la position de l'École libérale française dans *La liberté du travail,* publié en 1845 : « Quand l'État fait le bien, il le fait mal et quand il fait le mal, il le fait bien. »

• En réalité, l'État **n'a pas toujours freiné le développement économique et bridé l'initiative individuelle**. Au XVIIe siècle, **Colbert** s'appuie sur la théorie du mercantilisme productiviste pour promouvoir une industrie concentrée grâce aux Manufactures royales : la recherche de la qualité (déjà le « zéro défaut » !) permet de réaliser des excédents commerciaux en produits manufacturés, source de l'enrichissement et de la puissance du prince. L'impulsion étatique a créé un environnement favorable aux affaires.

A l'**époque révolutionnaire et impériale,** l'aristocratie est supplantée par la bourgeoisie à la tête de l'État. Une législation libérale répond aux **vœux des entrepreneurs et à leurs besoins :**

— Le libéralisme est instauré par voie législative. En 1791, les structures paralysantes des corporations sont supprimées par le décret d'Allarde et toute association de salarié est interdite par la loi Le Chapelier. Le marché du travail devient atomistique.

— Le capitalisme est désormais protégé par l'État. La propriété individuelle est garantie par le Code civil qui fait prévaloir les principes du droit romain. Grâce à ces interventions étatiques, capitalisme et libéralisme peuvent désormais se développer et se consolider mutuellement. L'État est intervenu efficacement et a créé les conditions de son propre retrait.

— Le Code du commerce de 1807 établit l'essentiel des bases juridiques de l'entreprise d'aujourd'hui. Il distingue trois types de sociétés, les deux premières ayant déjà fait leurs preuves à l'époque antérieure.

La Société en nom collectif est reconnue, avec la responsabilité solidaire de tous ses membres sur la totalité de leur patrimoine. La prise de risques est grande, parfois dissuasive, mais les profits sont proportionnels. Les grandes compagnies de négoce international des ports de l'Atlantique et de la Méditerranée et les grandes entreprises dans l'industrie ont adopté ce statut pendant tout le XIXe siècle. Un capital familial clos permet aux dynasties fondées par les grands capitaines d'industrie de conserver le contrôle de l'affaire sans ingérence extérieure. L'entrepreneur français préfère nettement ce statut pendant tout le XIXe siècle.

Le statut de la Société en commandite limite ces risques pour l'investisseur peu rompu aux affaires. Seul, le commandité, véritable entrepreneur, est responsable sur la totalité de ses biens propres. A l'opposé, pour le commanditaire, les risques sont limités au montant des capitaux fournis. La société en commandite peut drainer plus largement les capitaux. La « fièvre de la commandite » retombe vite au milieu du siècle.

La principale innovation introduite pour élargir la collecte de l'épargne et encourager l'investissement est la création du statut de la Société anonyme. Cette société de capitaux est habilitée à collecter l'épargne privée en échange d'actions anonymes. Le risque de l'investisseur est limité au montant de son apport. De plus, l'entreprise accède aux marchés financiers et, si elle est défaillante, elle peut être reprise par une plus performante. L'épargnant est protégé par une garantie étatique car la création d'une société anonyme reste soumise à l'autorisation du Conseil d'État jusqu'aux lois libérales de 1863-1867. L'entrepreneur français choisit le statut de la SA plus rarement et plus tardivement que son homologue anglais ou allemand, au XIXe siècle.

• Au **début du XIXe siècle, Saint-Simon** (1760-1825) propose une nouvelle définition de l'État. Pour lui, la politique est la « science de la production » et l'administration des choses est appelée à remplacer le gouvernement des hommes. Il prévoit que les institutions politiques disparaîtront au profit d'organes de décision économique. Les « industriels » (le terme est alors synonyme « d'entrepreneurs ») ont pour vocation d'écarter les hommes politiques de la tête de l'État et de diriger la France comme est gérée une société anonyme !

Dès le milieu du XIXe siècle, les Saint-Simoniens exercent une influence décisive sur la vie économique. Michel Chevalier, principal conseiller économique de

Napoléon III, est l'artisan des traités de libre-échange signés par la France avec l'Angleterre et avec les autres pays limitrophes dans la décennie 1860. Issac et Émile Pereire, avec la création du Crédit mobilier, en 1852, ouvrent la voie aux grandes banques d'affaires. Les frères Talabot posent des rails de chemin de fer dans toute l'Europe. Il faut leur associer Ferdinand de Lesseps, le perceur de canaux, et Gustave Eiffel, dont les ponts révolutionnaires en poutrelles d'acier sont lancés sur la plupart des fleuves du continent européen, du Danube au Douro. Par la suite, le courant saint-simonien s'affaiblit sans se tarir et son influence a aujourd'hui de fortes résurgences dans la sphère des grands commis de l'État et des grands manageurs de cette fin de XXe siècle.

Le libre-échange préconisé par le courant saint-simonien est néanmoins rejeté par une partie du patronat qui n'accepte pas la libre concurrence et ses effets dévastateurs. En cas de difficultés, il n'hésite pas à faire appel à l'État. Au début de la grande dépression qui touche l'économie mondiale entre 1873 et 1896, de nombreux patrons se rassemblent dans « l'Association de l'Industrie et de l'Agriculture française » pour faire voter les tarifs protectionnistes Méline de 1892. Plus tard, ils saluent le sauvetage par l'État de la Compagnie de l'Ouest en 1909, dont la gestion n'est plus adaptée aux contraintes de l'économie de marché. Même si le libéralisme reste la théorie dominante dans le milieu des affaires, le patronat ne s'exprime pas toujours d'une seule voix.

• **Avec la Première Guerre mondiale le pragmatisme l'emporte sur le dogmatisme du débat théorique.** L'État s'implique plus fortement dans l'économie sous la contrainte des circonstances. Paradoxalement, le socialiste Albert Thomas, sous-secrétaire d'État puis ministre de l'armement entre 1914 et 1917, a respecté la logique libérale du profit, alors que le ministre libéral Étienne Clémentel a inauguré un véritable « socialisme de guerre », à partir de 1917. « L'individualisme économique doit disparaître et céder la place aux puissances collectives organisées », affirmait-il encore en 1918.

Albert Thomas ne nationalise aucune entreprise travaillant pour la Défense nationale. Si des contraintes de normes sont imposées à la fabrication par une *Commission de standardisation* créée à cet effet, la règle du profit capitaliste est respectée. De plus, l'État subventionne la modernisation des grandes entreprises et les incite à se regrouper dans des associations patronales promues au rang d'interlocuteurs privilégiés. Le gouvernement encourage la création de *consortium* entre les firmes, sorte de centrales d'achat avec lesquelles les ministères négocient l'affectation des matières premières réquisitionnées.

A partir de novembre 1917, avec Clémenceau, et son ministre E. Clémentel, une philosophie plus dirigiste prévaut dans les relations entre l'État et le capitalisme privé. Le contrôle gouvernemental se resserre sur toute la production industrielle. La production énergétique est réorganisée par la création du Comité général du pétrole. Une loi élabore le statut de la Société d'économie mixte qui associe capitaux privés et capitaux publics, ces derniers restant majoritaires. Si de nombreux projets n'aboutissent pas avant la victoire, faute de temps, l'élan est donné et la fin du conflit n'amène pas le retour au libéralisme de l'avant-guerre.

Étienne Clémentel souhaite en particulier regrouper le patronat dans une structure unifiée, interlocuteur unique et commode pour les pouvoirs publics. Les grands industriels s'y refusent et fondent de leur propre initiative, en 1919, la **Confédération de la production française** pour échapper à la volonté tutélaire de l'État.

Les ingérences étatiques sont néanmoins maintenues, en particulier par la création de plusieurs sociétés d'économie mixte (qui associent capitaux publics et privés). La Compagnie nationale du Rhône voit le jour en 1921, la Compagnie de la moyenne Dordogne en 1928, et Air France en 1933. Dans le secteur des chemins de fer, la Convention de 1921 amorce une harmonisation dans la gestion des différents réseaux privés. En 1924, la Compagnie française des pétroles est créée sous l'impulsion de l'État avec pour objectif de réduire la dépendance nationale vis-à-vis des grandes compagnies anglo-saxonnes. Le capital est détenu à 35 % par l'État, le reste étant réparti entre les distributeurs et les banques (Paribas, Union parisienne). La loi de 1928 impose aux compagnies étrangères de faire raffiner en France le pétrole qu'elles y distribuent. Ces mesures montrent la volonté des grands commis de l'État de promouvoir une étroite collaboration entre le secteur privé et les pouvoirs publics. Le retour à « l'état de paix » ne fait donc pas disparaître totalement « l'État de guerre », malgré la puissance du courant libéral qui souhaitait dès 1918 le « retour à la normale ».

A l'opposé, l'intervention budgétaire de l'État dans l'économie a tendance à se réduire, le poids des dépenses publiques dans le PIB passant de 35,8 % du PIB en 1922 à la moyenne de 18,8 % entre 1929 et 1936. L'investissement privé reste donc toujours le moteur essentiel de l'économie.

En conclusion, La « Belle Époque » de l'industrie française, qui se situe entre la fin de la Grande Dépression du XIXe siècle et celle des années 30, a été celle de l'apprentissage d'une **étroite collaboration entre le capitalisme privé et les représentants des pouvoirs publics.** Cette collaboration devait se resserrer par la suite mais l'État était déjà entré au cœur de l'entreprise privée en intervenant dans les relations entre les entrepreneurs, le capital et les salariés.

▸ **Au sein de l'entreprise, les relations entre l'entrepreneur, le capital et les salariés sont distantes et quelquefois conflictuelles.**

• **Les relations entre les grands industriels et le monde de la finance ont été longtemps marquées par des réticences réciproques.** Au début du XIXe siècle, l'**autofinancement suffit** au développement d'une industrie encore faiblement capitalistique, mode de financement le moins coûteux en période de stabilité monétaire. Les grandes familles répugnent à ouvrir leur capital aux ingérences extérieures, premier pas vers l'amenuisement du contrôle familial et première menace pour le patrimoine qu'il convient de transmettre intact aux générations montantes. La stratégie d'investissement des industriels reste timorée et se démarque de l'audace des entreprises anglo-saxonnes. Au cours du XIXe siècle, l'apparition de techniques plus capitalistiques augmente les besoins de financement. Les chefs d'entreprise organisent alors l'entrée des capitaux extérieurs tout en les contrôlant. La stratégie des alliances matrimoniales est un recours efficace. L'échange de consentement entre les jeunes époux accompagne l'échange de capitaux entre les familles, suivant une logique où le sentiment familial et l'intérêt de l'entreprise l'emportent sur la passion amoureuse. L'endogamie permet à la fois le financement de l'entreprise et sa gestion patrimoniale. Par exemple, à la fin du siècle, le mariage d'Auguste et de Louis Lumière avec les deux sœurs héritières de la famille Wincler leur permet d'élargir la surface financière de leur entreprise et de mieux pénétrer la société lyonnaise.

Les entrepreneurs peuvent également utiliser la législation pour drainer plus facilement l'épargne extérieure. En effet, les lois de 1863 et de 1867 allègent les garanties à présenter pour créer une Société anonyme (SA). La SA peut financer sa croissance par l'émission d'obligations et de nouvelles actions sur le marché boursier. Cette facilité n'est pas exploitée en France autant qu'à l'étranger et à la fin du XIXe la majorité des entreprises continuent encore à privilégier l'autofinancement et le statut de la Société en nom collectif (SNC). Ainsi Louis Renault, entre 1900 et 1913, finance principalement par ses profits l'extension des ses installations de Billancourt ; seulement 29 % des investissements industriels sont financés par des apports extérieurs. Il est représentatif de ce capitalisme industriel clos sur lui-même, mais qui ne manque pas pour autant de dynamisme.

Le comportement des banquiers n'est pas étranger à cette méconnaissance mutuelle. Les lois de 1863 et 1867 ont facilité la création de nouvelles banques, comme le Crédit lyonnais, en 1863, la Société générale en 1864 et la Banque de Paris et des Pays-Bas, en 1872. Dans un premier temps, toutes ces banques prennent des participations aventureuses dans des entreprises appartenant à des secteurs aussi variés que la sidérurgie (Société anonyme des forges et aciéries du Nord et de l'Est), l'électricité ou la chimie (Kuhlmann). Quelques banques régionales comme la Banque Chapernay, à Grenoble, leur emboîtent le pas. **Avec le retournement de la conjoncture du début de la décennie 1870, cette politique de prise de participations est considérée comme trop risquée et abandonnée.** Henri Germain, fondateur du Crédit lyonnais, après avoir subi ces déboires, considère avec sagesse que les participations industrielles doivent figurer dans la rubrique des « extraordinaires » et, en 1874, un directeur parisien du Crédit lyonnais, M. Mazerat, formule en termes lapidaires la nécessité de revenir à des pratiques plus prudentes : « Ce n'est pas notre métier d'être entrepreneurs, mais de prêter aux entrepreneurs en leur laissant les risques. » Hormis quelques rares banques d'affaires, comme la Banque de Paris et des Pays-Bas, la plupart répugnent à soutenir les banques d'affaires par leur participation. En général, les banques de dépôt, qui collectent pourtant une épargne de plus en plus abondante, répugnent à assumer la fonction d'intermédiation entre l'épargnant et l'investisseur. La spécialisation bancaire est entrée dans les habitudes bien avant d'être institutionnalisée (à l'époque de l'État français de Vichy).

Dans les années 20, la forte reprise économique et de nouvelles innovations, comme le taylorisme, augmentent encore les besoins de financement de l'entreprise. Elle s'adresse alors aux marchés financiers, qui représentent un potentiel de l'ordre de 5 à 10 milliards de francs par an (contre 300 à 400 millions de francs en 1913). Les banques deviennent des partenaires techniques de l'industrie sur le marché boursier, mais sans plus d'engagement financier de leur part.

Avant 1945, les relations entre la banque et la firme industrielle sont donc restées assez distantes. Il n'y a pas eu de symbiose entre capitalisme industriel et capitalisme bancaire. La responsabilité de cet état de fait est partagée mais il a sans aucun doute été préjudiciable au dynamisme et au rayonnement du capitalisme industriel français à une époque où, en Allemagne, les « banques à tout faire », les banques universelles participaient activement à l'expansion mondiale du *Made in Germany.*

• **Depuis le début de l'industrialisation, les relations du travail ont toujours été très tendues.** Trois types de conflits sont apparus. Les premiers portaient sur l'introduction du progrès technique, les seconds concernaient la rémunération du travail (le paternalisme limitant les conséquences sociales de l'économie concurrentielle), les troisièmes mettaient en cause l'existence même de l'entreprise capitaliste.

Le premier type de conflit porte sur la mécanisation. Il appartient à l'entrepreneur de mettre en œuvre l'innovation, mais la main-d'œuvre a souvent tendance à considérer que la machine est « tueuse d'emplois ». En France, au début du XIXe siècle, le ***luddisme*** (du nom d'un agitateur mythique, Ned Ludd, qui aurait organisé des expéditions de destruction de machines dans les premières manufactures textiles du Leicester à la fin du XVIIIe siècle) a plus ou moins touché tous les métiers à mesure qu'ils se mécanisaient, particulièrement dans le textile. Par exemple, l'introduction du métier Jacquard se heurte aux « briseurs de machines » qui brûlent les premiers métiers sur la place de la Croix-Rousse, à Lyon. Cependant, le *luddisme* n'a pas la même ampleur qu'en Grande-Bretagne et disparaît quasiment au milieu du XIXe siècle. Il faut dire que l'entrepreneur français temporise pour introduire les innovations mises au point par les Britanniques, répugnant à travailler « à l'anglaise ».

L'opposition de la main-d'œuvre à la mécanisation du travail n'a jamais été systématique comme ce fut le cas en Grande-Bretagne jusque dans le deuxième tiers du XXe siècle.

Le deuxième type de conflit porte sur la répartition de la richesse produite par l'entreprise. A la nécessité de réinvestir une grande part du profit pour faire face à la concurrence, les salariés opposent la détérioration de leurs conditions de vie lorsque baissent les salaires à chaque retournement de conjoncture.

A une époque où le ministre Guizot affirme :« Enrichissez-vous par le travail et par l'épargne... Il faut que les ouvriers sachent qu'ils n'ont d'autre remède que la patience et la résignation », **la grève éclate parfois, dirigée contre le libéralisme** et les contraintes de l'économie de marché. Jusqu'au milieu du XIXe siècle, la grève est un mouvement inorganisé, proche d'une révolte de la misère à laquelle prennent part les épouses qui ne peuvent plus nourrir leur famille. A Lyon, en 1831 et en 1834, une crise conjoncturelle du marché de la soierie amène les fabricants-négociants à baisser les « tarifs » rémunérant l'ouvrage des canuts. Ils écrivent alors leur cri de désespoir sur le drapeau noir de l'insurrection : « Vivre en travaillant ou mourir en combattant.» Avant 1864, la grève est illégale et considérée comme une rébellion. La force publique est appelée pour contenir le mouvement séditieux s'il prend de l'ampleur, comme à Lyon en 1830 et 1834, à Anzin en 1837 ou à Rive de Gier en 1846. Habituellement, la grève ne dure pas longtemps, car les Caisses de secours mutuel, devenant pour l'occasion des organisations de combat, ne peuvent fournir longtemps des secours aux grévistes. Elle se termine rarement à leur avantage au début du siècle. Pour panser les plaies provoquées par la dure loi du marché ou pour en prévenir les effets, le patronat prend des mesures **inspirées par le paternalisme.** Dans l'entreprise de type patrimonial les relations sont de type patriarcal.

Le **courant humaniste chrétien** était très fort dans le patronat calviniste. Chez les catholiques, il est représenté par des hommes de réflexion comme Albert de Mun, Frédéric Ozanam ou La Tour du Pin qui inspirent la création de multiples « œuvres sociales », notamment dans les régions lilloise, rémoise, stéphanoise et lyonnaise. En 1891, le patronat catholique est interpellé par l'encyclique *Rerum Novarum* de Léon XIII. Le pape réfute la théorie de la lutte des classes mais il condamne également l'application de la « loi du marché » dans l'établissement des salaires. Il préconise une solution concertée entre l'employeur et les syndicats.

Le patronat protestant du textile est particulièrement puissant dans la région de Mulhouse. Il est issu des fondateurs du milieu du XIXe siècle, comme Émile Dollfus, Josué Heilmann, Nicolas Kochlin, Issac Schlumberger ou Jean Zuber. Ils ont donné naissance a des dynasties de chefs d'entreprises modernistes et philanthropes. La prise en compte des responsabilités sociales de l'entreprise est pour eux un devoir d'état autant qu'une exigence de leur éthique protestante.

Le **paternalisme** se manifeste principalement dans trois domaines, celui de l'**instruction** des ouvriers, de leur **logement** et de la fondation de **dispensaires de soins**, les trois devoirs que s'assigne le patron philanthrope par conviction ou par intérêt.

— L'instruction des ouvriers répond à des préoccupations humanitaires et aussi à l'intérêt de l'entreprise. En effet, en plus de l'instruction élémentaire, le patronat a très vite compris que la formation professionnelle est nécessaire pour adapter les savoir-faire au progrès technique. De nombreuses écoles professionnelles sont érigées à l'ombre des usines. Dans ce domaine, les Schneider, au Creusot, et les patrons mulhousiens font figure de précurseurs avant d'être imités par presque toutes les grandes entreprises.

— La politique patronale en matière de logement correspond à un besoin social et à une exigence de productivité, car une main-d'œuvre logée à proximité de l'usine est plus ponctuelle. Certains voient aussi l'intérêt de s'attacher plus fermement à cette main-d'œuvre encline au nomadisme et de mieux la contrôler. Au début du siècle, des immeubles collectifs sont construits dans les grandes villes, alignés autour de l'usine dans un ordonnancement tout militaire. Progressivement, des logements individuels leur sont préférés. Ils sont fréquemment prolongés d'un jardinet fournissant à la maisonnée un espace de liberté et de production et au chef de famille une solution alternative au cabaret qui échauffe les esprits. Eugène Schneider est un pionnier parmi les industriels bâtisseurs. A la fin du XIXe siècle et au début du XXe, les De Wendel et la plupart des Compagnies minières, les Peugeot et les Michelin suivent son exemple à l'échelle d'une ville dont les activités sociales et culturelles dépendent largement de leur entreprise.

— Dans le domaine de la santé, le patronat voit d'un mauvais œil se développer les Sociétés de secours mutuel gérés par les ouvriers car elles se transforment facilement en « caisses de grève ». Il crée donc des Caisses de prévoyance, alimentées conjointement par des cotisations salariales et patronales. Les aides sont destinées à subvenir aux besoins les plus pressants en cas de maladie ou d'accident du travail du chef de famille.

Dans le domaine de la santé et de la protection sociale, l'entreprise a la plus souvent devancé la législation de l'État. En contrepartie, l'assurance qu'elle propose se paie par une plus grande dépendance. Cette relation est refusée par le mouvement ouvrier et en particulier par le syndicalisme.

Encadré 1
Exemples d'instances de négociation mises en place avant 1945

1853 : réforme des Conseils des prud'hommes. L'usage de laisser la charge de la preuve au salarié qui s'oppose à la parole de l'employeur est abandonné. C'est la fin de la « loi maître et serviteur ».

1864 : la grève n'est plus considérée comme un délit de droit commun. Elle devient un moyen de pression dans la négociation salariale et, pour les révolutionnaires, un instrument de déstabilisation du système capitaliste.

1874 : un corps d'inspecteurs du travail est créé, chargé de faire respecter la législation du travail dont l'application restait jusqu'ici dépendante de la bonne volonté des employeurs.

1884 : la loi Waldeck-Rousseau autorise la création de syndicats des syndicats et permet une représentation collective des salariés.

1919 : une loi valide juridiquement les conventions collectives établies entre les représentants des salariés et des employeurs. Le marché du travail atomistique devient progressivement un marché organisé.

1936 : les délégués du personnel sont créés dans les ateliers pour porter devant la direction les problèmes du travail individuels et collectifs.

(D'après Alain Dewerpe, *Le monde du travail en France 1800-1950*. Édition A. Colin, 1989. *Passim*.)

Le troisième type de conflit prend la forme de la grève révolutionnaire. Après la loi de 1884 autorisant la création des syndicats, les grèves sont mûries et organisées et se répandent sur tout le territoire dans les branches sensibles de la mine, du textile et de la métallurgie. La Confédération générale du travail avait des visées révolutionnaires lors de sa création en 1895. Elle **oriente la grève contre le capitalisme,** les thèmes de l'abolition du salariat et de l'autogestion du prolétariat alimentant le discours maximaliste de ses dirigeants. Quand les pouvoirs publics considèrent que la manifestation tourne à la subversion, la troupe intervient. Le 1er mai 1881, à Fourmies, une fusillade fait sept morts et six à Draveil en 1908. La réaction patronale est moins violente mais parfois très efficace. Chez Schneider, en 1900, 1 200 salariés grévistes ont été forcés de quitter le Creusot pour les usines de la société de Champagne-sur-Seine. Il n'y a plus eu de grève au Creusot jusqu'en 1950. Ces épisodes dramatiques laissent des traces amères dans la mémoire collective du monde ouvrier. Il a le sentiment que le patronat et l'État lui font la guerre.

Le patronat reproche aux salariés de ne pas comprendre les contraintes de l'économie de marché qui commandent les salaires. Les salariés lui reprochent de ne pas accepter la loi de 1884 qui institutionnalise les syndicats à une époque où les Trade Unions britanniques et les syndicats allemands négocient déjà des conventions collectives. Avant 1914, en France, les relations du travail se présentent bien souvent comme une confrontation dont la violence n'est tempérée que par le paternalisme patronal et la soumission des salariés.

Pendant la Première Guerre mondiale, le ministre socialiste Albert Thomas et le syndicaliste réformiste Léon Jouhaux tentent de mieux intégrer les syndicats de salariés dans l'entreprise mais la vague de grèves de 1919-1920 a montré les difficultés à surmonter. A partir de 1921, la fraction de la CGT qui est restée sensible aux directives du Parti communiste et du Komintern, la CGT-maintenue, reprend la ligne révolutionnaire de l'époque antérieure à l'Union sacrée de 1914. Le patronat se retrouve sur la défensive et l'action antisyndicale est énergique. A nouveau, le syndicalisme est considéré comme le vecteur d'une menace révolutionnaire qui pèse sur la société.

Les années 30 sont marquées par la crise sociale qui éclate lors de la victoire électorale du Front populaire, en 1936. La révolution n'est pas à l'ordre du jour, lorsque les premières grèves éclatent en mai 1936 chez Bréguet, au Havre, chez Latécoère à Toulouse et chez Renault à Boulogne-Billancourt, malgré le discours subversif des chefs de file syndicaux. L'occupation des usines reste une transgression pacifique et symbolique du droit de propriété. Nulle part ne se manifeste la volonté de remettre en marche les machines et d'organiser un mode de production autogestionnaire. Les tensions paroxistiques de l'époque laisseront des traces dans la mémoire collective de l'entreprise mais le véritable héritage de cette période, c'est le contenu des accords Matignon de juin 1936. L'obligation des conventions collectives et l'institution des délégués du personnel dans les établissements de plus de dix salariés devaient à l'avenir modifier profondément les relations et le marché du travail. Le résultat le plus durable est l'institutionnalisation de nouvelles relations de concertation entre les salariés et le patronat.

En bref, pendant toute la période qui précède la Seconde Guerre mondiale, **les conflits contre le capitalisme prenant la forme de grèves révolutionnaires ont été rares et ponctuels. A l'opposé, les tensions provoquées par les conséquences sociales du libéralisme ont été constantes** et ont laissé des séquelles. Le défi de l'entreprise était clair : rendre productifs les efforts d'une société qui ne marche pas à l'unisson.

► **Le « capitalisme de la IIIe République » a été injustement décrié.**

• **L'entreprise s'est montrée capable d'innover.** Jusqu'au milieu du XIXe siècle, les inventions ont été médiocrement mises en valeur car le **savant et le mécanicien, l'inventeur et l'entrepreneur** s'ignorent bien souvent. A l'opposé, les dernières décennies du siècle représentent un tournant. Les entreprises françaises sont alors sollicitées pour construire des ouvrages d'art dans toute l'Europe et de nouvelles entreprises, parfois appelées à une longue destinée, sont créées dans des secteurs de pointe comme l'aéronautique, l'automobile, l'électricité, la chimie ou la photographie et le cinéma.

Dans l'aviation, le mécanicien Lavavasseur construit le premier moteur (surnommé « Antoinette ») assez puissant pour faire décoller l'avion de Santos Dumont en 1906. Le modèle construit par Legagneux atteint 3000 m d'altitude en 1910, année où celui de Bréguet emporte douze personnes à la fois. La société Morane livre les premiers appareils revêtus de tôles d'acier dès 1911 et Deperdussin présente au salon de 1912 le premier monocoque à fuselage rigide, particularité qui libère l'espace intérieur de l'avion. Pendant la guerre, les avions Bréguet et Voisin porteront les bombes, les chasseurs et les avions de reconnaissance seront construits par Morane, Nieuport et Caudion. L'innovation donne à ces entreprises une avance considérable sur leur concurrents. La France est au premier rang mondial dans le domaine de l'aéronautique en 1914. Le développement de ce type d'entreprises devait être stimulé par les commandes militaires passées pendant le conflit.

Un « système électricité » s'est mis en place à la fin du XIXe siècle grâce à des entreprises comme Thomson-Houston, créée en 1893, ou la Compagnie générale d'électricité, créée en 1898. A l'opposé, la France a moins d'entrepreneurs d'envergure dans les secteurs de l'électrochimie et de l'électrométallurgie, secteurs où elle est distancée par les grands capitaines d'industrie d'outre-Rhin.

La naissance de l'industrie automobile en France est significative du dynamisme du patronat de l'époque. Avec Armand Peugeot, qui utilise les moteurs Panhard-Levassor, Louis Renault, le marquis de Dion associé à Bouton, Marius Berliet et Adolphe Clément, ils sont trente constructeurs en 1900, 57 en 1910 et 155 en 1914. Leur réussite s'explique par la passion de la mécanique, le goût de l'innovation et le sens des affaires. Le parcours de la société Renault est exemplaire.

Louis Renault ne fabrique à ses débuts que des pièces détachées, il produit ses premiers moteurs en 1903. Son chiffre d'affaires atteint alors trois millions de francs et dégage un bénéfice voisin de 50 %. L'autofinancement est assuré, la croissance est spectaculaire. En 1898, un atelier de 300 m² abrite six ouvriers hautement qualifiés travaillant le bois (carrosserie et châssis), le cuir, l'acier et le cuivre. Ils produisent six voitures dans l'année. En 1902, les usines de Billancourt de 7000 m² emploient 500 salariés fabriquant 509 voitures. L'entreprise crée sa propre fonderie en 1905. Le nombre de machines-outils passe de 400 en 1905 à 2250 en 1914 et la marque propose alors un catalogue de dix modèles différents. Vu son prix, la voiture française s'apparente à un « article de Paris », quasiment monté sur mesure par une main-d'œuvre artisanale riche des savoir-faire traditionnels.

A coté des « hommes nouveaux » apparus dans les industries de pointe, le patronat traditionnel est toujours fortement représenté dans les anciens secteurs. A la veille de 1914, les « barons du fer » sont les plus puissants, autour des chefs de file François de Wendel et Eugène II Schneider. A leur pouvoir industriel s'ajoutent l'autorité sociale et l'influence politique. Charles de Wendel a siégé à la Chambre des députés en même temps qu'un autre De Wendel, François, siégeait au Reichstag. Les dynasties du textile dans le Nord et en haute Alsace, autour de Mulhouse, tiennent les mêmes rôles en fait de pouvoir économique et social et exercent la même influence politique. Dans l'industrie du BTP, la maison Fougerolles représente le même modèle familial ainsi que les verriers Souchon, les chimistes Gillet dans la région lyonnaise et les métallurgistes Japy et Peugeot en France-Comté. La famille Michelin commence à s'imposer à Clermont-Ferrand. La nouvelle génération d'entrepreneurs qui se lève au tournant des deux siècles assure non pas une relève, mais plutôt un modèle alternatif sur l'échiquier des entreprises de la « Belle Epoque ».

La guerre de 1914-1918 redistribue les cartes. De multiples entreprises déposent leur bilan mais certaines, comme Renault, Berliet, Citroën ou Peugeot, se développent et concourent activement à la mécanisation des armées de la victoire. Les commandes militaires sont un tremplin particulièrement efficace. Un cas extrême est présenté par la modeste société de mécanique Latécoère. En 1917, elle reçoit une commande d'avions militaires avant même de disposer des ateliers et les hangars indispensables pour en usiner les pièces et pour les assembler. Ces installations sont édifiées à la hâte, l'entreprise prospère et se situe d'emblée dans la « course à l'aéronautique ». Au lendemain du conflit, ses exploits ont jalonné l'histoire de l'aéropostale.

Après la guerre, la nouvelle vague d'entrepreneurs prend de l'ampleur. Souvent issus d'écoles d'ingénieurs, ils sont alors soucieux de modernisation et leurs regards se tournent vers les méthodes américaines. **André Citroën personnifie assez bien ce renouveau patronal.** Ancien polytechnicien, il reconvertit dès 1919 ses usines de fabrication d'obus et se lance dans la production en série de véhicules populaires. Il utilise massivement la publicité et, pour développer ses ventes, crée une société de crédit à la consommation, la SOVAC. Visionnaire plutôt que gestionnaire, il doit abandonner le contrôle financier de son entreprise à la famille Michelin en 1935. Ernest Mercier est un autre grand patron de l'époque, lui aussi ancien polytechnicien. Il fonde après la guerre l'Union d'électricité. Quinze ans plus tard, il est président, administrateur ou directeur de 49 firmes dans les industries électrique, pétrolière et chimique et dans la banque (Lyonnaise des Eaux, Alsthom, Compagnie française des pétroles, etc.).

Ces entrepreneurs sont saisis par le modernisme. Le taux de l'investissement national était de 14,9 % entre 1896 et 1913 et passe à 16,1 % entre 1922 et 1938 et les techniques de management se rationalisent, notamment dans le secteur automobile. Le taylorisme y est largement introduit. L'usine est alors organisée rationnellement autour des flux de produits qui la traversent. Les chefs d'entreprise qui s'y refusent payeront bientôt très cher leur mépris pour les produits banalisés, standardisés fabriqués en longue séries. Le patronat se « professionnalise ». Au seuil des années 20, l'École des ponts et chaussées et l'École des arts et métiers fournissent déjà 25 % des cadres diplômés. La catégorie sociale des grands entrepreneurs se renouvelle. Le temps est proche où les diplômés non issus des grandes familles rivaliseront à égalité avec les héritiers.

Encadré 2
Moulinex, une PME qui a pris son essor pendant la grande dépression des années 30

Le groupe Moulinex doit sa fortune à son fondateur Jean Mantelet (1900-1991). Jeune parisien, titulaire du diplôme d'une grande école de commerce, il avait commencé à travailler à 17 ans avant d'être mobilisé sous les drapeaux. En 1922, il fonde une entreprise de pompes à main à Belleville pour répondre aux besoins du marché rural. En 1932, il constate que la purée de pomme de terre des ménagères contient des grumeaux. Il dépose donc un brevet pour un « moulin à légumes » et le fabrique en grandes séries dans des usines installées en Normandie et dans le Maine. En 1938, il obtient le marché des quarts et de gobelets de l'armée française. A la libération, il traite avec les Américains. Dans les années 50, le moteur électrique est introduit dans les moulins à légumes et le petit électroménager et consacre la réussite de la firme. Il est alors surnommé « le Japonais du moteur électrique ». La société est cotée en bourse en 1970. Associé à SEB et Calor, le groupe devient majoritaire dans les sociétés allemandes Rowenta en 1989 et Krupps en 1991. A cette date, il est devenu un groupe internationalisé, installé dans une centaine de pays et employant plus de 10 000 salariés.

Les raisons du succès sont multiples mais très claires :

1 / L'innovation a été permanente. Jean Mantelet a participé au concours Lépine dans les années 30. Par la suite, les centres de recherche rassemblent dans les mêmes équipes sociologues, « créatifs », techniciens et ingénieurs. En avril 1995, la société lance sa nouvelle gamme de fours à micro-ondes Optimo avec de fortes chances de réussite sur un marché dominé par les Coréens.

2 / L'appui initial des commandes publiques a été déterminant pour sa croissance. A la veille de la Deuxième Guerre mondiale les fournitures aux armées lui ont permis de dégager des excédents nécessaires à son autofinancement et au changement d'échelle de sa production.

3 / Le marketing a été efficace. Les études de comportement des ménagères, de plus en plus nombreuses à cumuler un emploi extérieur et les tâches domestiques, l'ont incité à fabriquer sans cesse de nouveaux petits matériels électriques. La promotion publicitaire devient assourdissante chaque année au mois de mai, à la veille de la « fête des mères » !

4 / L'internationalisation s'est développée en même temps que les ventes à l'étranger. Les acquisitions réalisées dans l'ancienne RFA lui ont servi de tremplin pour assurer ses ventes à l'Est. Des installations en Amérique latine et en Asie du Sud-Est sont des têtes de pont vers de nouveaux marchés.

Au fil des ans, la concurrence s'est durcie. En période de ralentissement de l'expansion, la stratégie initiale a montré ses limites. Inventer sans cesse et fabriquer la totalité des composants d'appareils de plus en plus complexes devenait une gageure de plus en plus difficile à tenir, alors que ses concurrents faisaient appel à la sous-traitance spécialisée. Les difficultés se sont encore aggravées lors de la disparition de Jean Mantelet, en 1991, comme pour de nombreuses entreprises dans ces circonstances, quand le fondateur assure mal sa succession. Malgré un plafonnement du chiffe d'affaires aux alentours de 7 milliards de francs, le redressement des comptes au milieu des années 90 permet d'augurer une prochaine sortie de la zone rouge, au terme d'une restructuration douloureuse entreprise en 1994.

L'indicateur des gains de productivité du travail réalisés dans l'industrie depuis la fin du XIXe siècle est significatif. Il montre que le pari de la performance a été tenu. A la fin du XIXe siècle, la productivité apparente du travail a augmenté plus vite en France qu'en Angleterre et l'entreprise française faisait presque jeu égal avec son homologue allemande à la veille de 1914. Entre 1890 et 1913, les gains de productivité ont été supérieurs à 55 % en France, contre 24,5 % en Angleterre et 53 % en Allemagne.

Les performances n'ont pas fléchi après la Première Guerre mondiale. La productivité par travailleur augmente de 5,8 % par an pendant dix ans. Le nombre d'heures de travail nécessaire à la fabrication d'un véhicule automobile diminue de 17 % chez Peugeot entre 1926 et 1930 et la durée de fabrication de 1 t de fonte chez Pont-à-Mousson passe de 8 h 30 en 1923 à 3 h 12 en 1929. Le prix d'un véhicule automobile de série baisse de 40 % entre 1921 et 1930. Le dynamisme des entreprises permet d'aborder le stade la production de masse.

- **L'internationalisation des activités de l'entreprise française est déjà amorcée avant 1939.** L'exportation des capitaux accompagne fréquemment la vente des marchandises à l'étranger car, avant la crise de 1929, les gouvernements ne pratiquent pas le contrôle des changes. Les investissements directs à l'étranger ne rencontrent aucun obstacle administratif et les conflits militaires n'arrêtent pas l'expansion du capitalisme français.

Le taux d'ouverture de l'économie à la fin du XIXe siècle était déjà comparable à celui de la fin du XXe siècle si l'on prend en compte les échanges coloniaux. Les taxes aux frontières n'ont pas arrêté les échanges extérieurs et le **protectionnisme** de Jules Méline a rétabli notre compétitivité industrielle dans un contexte de concurrence inégale. Les libéraux s'y sont ralliés. L'universitaire libéral Leroy-Beaulieu lui-même l'approuve, lui qui condamne habituellement toutes les entraves opposées à la liberté des échanges. Il perçoit les dangers de la concurrence déloyale avant même qu'ils n'émergent : « Que les nations occidentales prennent garde aux Asiatiques dont elles ne devinent pas assez la prochaine et redoutable concurrence », écrivait-il en 1881.

> Les premiers relèvements des tarifs douaniers décidés en 1881 et 1884 s'étant révélés peu efficaces face à la crise, les industriels s'allient aux agriculteurs dans une « Association de l'industrie et de l'agriculture française », puissant groupe de pression qui permet aux amis de Jules Méline de gagner les élections de 1889 et de faire voter la loi de janvier 1892 établissant les « tarifs Méline ». Le repli sur l'Empire et la pratique d'un protectionnisme éclairé consolident la position de nos entreprises qui, par ailleurs, se raffermissent par la cartellisation. Les réussites sectorielles sont dues – déjà – à une heureuse « spécialisation-produits » dans les fabrications de qualité. Le tour de main, le savoir-faire artisanal, l'esprit d'entreprise des petits patrons font preuve d'une grande efficacité. Le produit français acquiert alors une réputation de qualité et de bon goût (voir de luxe et de frivolité) et cette connotation a traversé les décennies. Longtemps, les exportations ont bénéficié de cette image.

L'internationalisation du capital et l'investissement croisé entre la France et ses partenaires est fréquente. Ainsi, au début du XXe siècle, le groupe allemand

Thyssen finance les investissements sidérurgiques de Caen-Mondeville. Le belge Solvay s'installe à Dombasle. Le luxembourgeois Arbed creuse ses galeries de mines sous la frontière, dans le département de la Moselle. Réciproquement, l'**investissement français a joué un rôle fondamental en Europe.** Ainsi Paulin Talabot crée en 1886 le premier combinat à parcours croisé de l'histoire entre le Donetz et Krivoï-Rog reliés par voie ferrée. La Société générale crée la Société générale alsacienne de Banque dans la province annexée et ce tremplin lui permet d'installer des guichets à Francfort et en Bavière. En 1914, De Wendel exploite des mines de charbon dans la Ruhr et Saint-Gobain produit en France seulement le tiers de ses glaces. Ses principales usines sont implantées en Allemagne, en Belgique, en Italie et en Espagne. En Espagne à la fin du XIXe siècle, plus de la moitié de l'industrie lourde est contrôlée par des ingénieurs et des capitaux français. Avant de réaliser la tour qui porte son nom, le centralien Gustave Eiffel est un des premiers constructeurs de ponts métalliques d'Europe.

Après la Première Guerre mondiale, la société dirigée par Eugène II Schneider s'est implantée en Europe centrale, notamment en Tchécoslovaquie où elle contrôle financièrement la société Skoda depuis 1919. En 1929, elle s'associe avec la firme Westinghouse pour accéder à la technologie américaine de l'équipement électrique. Michelin acquiert une dimension internationale par étapes. En 1909, la firme s'installe aux États-Unis et en 1917 en Angleterre. Pendant la dépression des années 30, à l'époque où les pays se réfugient dans le protectionnisme, la firme contourne les barrières douanières en produisant en Argentine, en Allemagne, en Espagne et en Tchécoslovaquie. Hispano Suiza suit la même stratégie en Espagne, Pont-à-Mousson et les Usines du Rhône font de même au Brésil alors que les Établissements Poulenc Frères prennent des participations dans des sociétés britanniques, italiennes, polonaises et canadiennes. Gnome-Rhône privilégie les accords avec des entreprises locales qui fabriquent des moteurs d'avions sous licence dans seize pays étrangers, du Portugal au Japon.

• **Une structure atomistique caractérise le capitalisme français des années 30,** époque où un industriel marseillais affirme : « C'est l'affaire moyenne, gérée par un patron responsable, qui contient les meilleurs éléments, psychologiques et matériels de prospérité, de stabilité et d'équilibre social. » La petite exploitation agricole subsiste à l'abri des barrières douanières. La boutique traditionnelle domine le commerce de distribution. Dans l'industrie, la petite affaire familiale, parfois liée par des relations de sous-traitance avec les grands groupes industriels, principalement dans les secteurs issus de la deuxième vague d'industrialisation, reste la forme privilégiée de l'entreprise.

Le patronat obéit à deux motivations convergentes, le souci de conserver des unités de production à taille humaine pour faciliter les relations personnelles dans l'atelier et, en même temps, la crainte des mouvements de foule incontrôlables en cas de conflit du travail. Entre 1906 et 1936, la concentration technique de la main-d'œuvre s'est donc peu renforcée.

Tableau 1
Évolution de la répartition des salariés selon la taille des établissements entre 1906 et 1936

	1906	*1931*	*1936*
1 à 10 salariés	57,9	40,5	43,8
11 à 50	14,3	17,7	17
51 à 100	11,8	16,3	15,8
Plus de 500	10,8	18	16,5
	100	100	100

Source : Études et conjoncture, juillet-décembre 1954.

Du point de vue économique, les commandes militaires de la guerre de 1914-1918 ont favorisé la grande entreprise et la crise des années 30 a accéléré le rythme des fusions. La moyenne annuelle des fusions était de 11 entre 1909 et 1911. Elle passe à 16 entre 1918 et 1926, à 45 entre 1927 et 1931 et à 34 entre 1932 et 1938. Mais le processus est moins avancé qu'à l'étranger et la petite entreprise est encore dominante en 1939.

Quelques secteurs font exception. Le marché de l'automobile est toujours de type oligopolistique, les producteurs maîtrisant les prix de vente et se garantissant les profits nécessaires à l'autofinancement. A la tête, Renault, avec 40 000 ouvriers, est la première entreprise d'Europe dans sa catégorie. Avec Citroën et Peugeot, cette firme réalise les deux tiers de la production nationale dans les années 30. Dans la sidérurgie, les dix premières entreprises détiennent 70 % du capital du secteur. La plus grande entreprise, la Société des forges de la marine et Homecourt, en contrôle environ 11 % en 1939. La chimie et l'industrie de l'aluminium sont également le domaine de la grande entreprise. Deux sociétés se partagent le marché de l'aluminium : Ugine et Pechiney (l'ancienne Compagnie des produits chimiques d'Alais et de Camargue). Trois firmes dominent l'industrie chimique : Kuhlmann, Pechiney et Saint-Gobain.

Cependant, ces exemples isolés ne doivent pas faire illusion car l'investissement de modernisation et la concentration restent rares dans les entreprises traditionnelles. Le patronat textilier du Nord, par exemple, reste attaché à l'autofinancement, aux méthodes éprouvées et à la production de qualité en séries limitées. Dans son ensemble, l'entreprise française des années 30 est encore essentiellement représentée par l'entreprise familiale de petite dimension. En 1939, la concentration, sous ses formes diverses, reste assez limitée par rapport aux cartels allemands. Les ententes diverses n'ont jamais empêché de nouveaux producteurs d'entrer dans la profession, les seuls accords importants signés depuis la fin du XIXe siècle concernant les secteurs déjà les plus concentrés.

A quelques exceptions près, la France de 1939 offre un marché de concurrence, sur lequel les industriels sont soumis à la loi des acheteurs, souvent les négociants grossistes, qui font tout pour les tenir divisés. L'image d'une nébuleuse de petites entreprises familiales entourant quelques grands groupes rend assez bien compte du paysage entrepreneurial de la France des années 30.

Le « capitalisme IIIe République » ne mérite pas totalement la réputation d'immobilisme qu'on lui a faite. Déjà, l'entreprise française rayonne largement au-delà des frontières et permet à la France d'exercer une influence plus importante que son poids économique.

2. En 1945, des forces de renouveau entraînent une régénération de l'entreprise dans le cadre original du néo-capitalisme.

▸ **La Libération n'est pas « l'année zéro » pour le néo-capitalisme de l'après-guerre.** Il plonge ses racines dans un régime économique qui a subi l'épreuve du feu pendant le conflit.

• **Pendant la guerre, l'entreprise a été victime de la pénurie de main-d'œuvre et de matières premières et du détournement de sa production** dans une France affaiblie par le pillage, les Allemands s'étant emparés de nos finances pour acheter notre économie.

Pressés par la nécessité, les hommes de Vichy recherchent les moyens les plus efficaces pour faire face aux contraintes du temps. Ils **contestent l'efficacité du libéralisme et la légitimité du capitalisme.** L'antilibéralisme est alors une réaction contre un régime économique qui, dans la crise de 1929, a montré les limites de la régulation par le marché. Le gouvernement manifeste sa méfiance à l'égard de la libre concurrence et du grand capital en renforçant l'appareil de l'État et en valorisant les PME. L'appropriation des moyens de production par l'État trouve des avocats. La loi du 4 octobre 1940 établit une nouvelle « organisation sociale des professions ». Selon cette charte du travail, des institutions corporatistes sont établies pour réguler les relations sociales dans l'entreprise.

Le renouveau de la doctrine corporatiste est dû, en France, à la réflexion du marquis de La Tour du Pin (1836-1924) qui proposait une coopération entre les différentes catégories sociales au sein d'un corps formé par les patrons, les ouvriers et les techniciens de la même industrie. En 1940, la corporation est dotée d'un pouvoir judiciaire habilité à résoudre les conflits du travail. La collaboration réalisée dans ce corps intermédiaire est appelée à remplacer la négociation entre les syndicats de salariés et de patrons, champ clos de la lutte des classes, qui sont dissous. Par ailleurs, les circonstances exceptionnelles exigent de gérer au mieux la pénurie et de coordonner l'action des entreprises. Les Comités d'organisation, créés en août 1940 dans chaque profession, rassemblent les grands industriels et deviennent les interlocuteurs quotidiens de la Délégation générale de l'équipement, créée en 1941. Un ministère de la Production industrielle est doté de compétences étendues. Ce ministère est occupé successivement par René Belin, un ancien syndicaliste, puis par Pucheu, un ancien cadre supérieur de Pont-à-Mousson, par Lehideux, ancien dirigeant de Renault puis par Bichelonne, un polytechnicien. Tous ont choisi l'économie dirigée comme alternative à l'économie de marché.

Les **Comités d'organisation,** dont les membres sont parfois désignés par l'administration, ouvrent leurs portes aux diplômés des Grandes Écoles plutôt qu'au patronat traditionnel. Les **technocrates** (le terme n'est pas encore en usage) axent leur réflexion sur la définition du nouveau régime économique et sur les modalités du redressement de l'économie nationale. La réflexion théorique débouche sur l'action immédiate. Ils fixent les limites de la libre concurrence en même temps qu'ils dressent les plans d'un laminoir à large bande dont la métallurgie a besoin dans le Nord. Ils définissent les compétences de l'État dans le cadre de l'économie mixte et, simultanément, mettent au point les plans d'aménagements hydroélectriques de Serre-Ponçon et de Donzère-Mondragon. Jamais le pouvoir des fonctionnaires n'a été aussi grand. A nouveau, les patrons sont amenés à dialoguer avec des partenaires qui ne sortent pas de leurs rangs.

• Sous l'occupation, **le patronat doit avant tout sauver l'entreprise du désastre,** mission qui comporte le risque de la compromission. En fait, les comportements vis-à-vis de l'occupant se situent dans un large éventail, entre la collaboration affichée et la résistance quasi ouverte. Certains collaborent par conviction, comme des dirigeants de Pont-à-Mousson, d'autres ferment les yeux sur le détournement de leur production au profit de l'Allemagne, comme Louis Renault. De son côté, la direction de Rhône-Poulenc empêche l'absorption de cette société par I. G. Farben et celle de Peugeot fait obstacle à la convoitise de Volkswagen. Enfin, la résistance est ouvertement organisée par certains, comme le sidérurgiste François de Wendel et comme Jean-Marie Louvel, directeur de la Société générale d'entreprises (BTP). La direction de Peugeot orchestre elle-même le sabotage de ses propres produits.

De leur côté, les Allemands appliquent le *Führer Prinzip* dans la direction des entreprises réquisitionnées, un militaire flanquant chaque dirigeant à tous les stades de la gestion et la fabrication. Ils tentent de réorganiser la production dans certaines branches. Ainsi, ils regroupent les entreprises sidérurgiques du Nord dans une société unique, SIDENOR. Une telle fusion répond à la rationalité économique autant qu'à la préoccupation de resserrer les contrôles. Le principe en a été retenu et une Union sidérurgique du Nord (USINOR) a été créé en 1948 par la fusion des entreprises sidérurgiques de cette région.

A la libération, le patronat peut récuser à juste titre l'accusation de collaborationniste qui lui est parfois adressée uniformément, autant que celle de malthusianisme pour son attitude d'avant la guerre. Le patronat est tout d'abord désarçonné à la Libération ; cependant, il se ressaisit assez vite, remis en selle par la lutte anticommuniste à l'époque de la guerre froide.

• **Une nouvelle réflexion économique a donc été entreprise avant qu'apparaissent les « hommes nouveaux » de la Libération** mais en 1945 le discours officiel a alors renforcé les tendances antilibérale et anticapitaliste de l'époque précédente.

En France, la **« révolution keynésienne »** dans la théorie économique s'ajoute à la tradition **colbertiste et saint-simonienne pour justifier un accroissement du rôle de l'État.** La *Théorie générale de l'emploi, de l'intérêt et de la monnaie* de John Maynard Keynes publiée en 1936 est donc bien accueillie.

La prévention contre le régime de la libre concurrence se double d'un sentiment anticapitaliste ouvertement déclaré. La brutalité de l'expression s'explique par la situation paroxystique de l'époque. Le général de Gaulle, dans le discours du 12 septembre 1944, veut que « les grandes sources de la richesse commune soient nationalisées et dirigées non point pour le profit de quelques-uns mais pour l'avantage de tous ». En écho, le Conseil national de la Résistance, le CNR, affirme que l'État doit évincer « les grandes féodalités économiques et financières de la direction de l'économie » et promouvoir « le retour à la nation des grands moyens de production monopolisés ». Le dogme libéral de la coïncidence parfaite de l'intérêt général et des intérêts particuliers est ainsi énergiquement réfuté. Le gouvernement provisoire de la République française s'inspire du dirigisme que les technocrates de l'État français de Vichy ont commencé à mettre en œuvre, les impératifs de la reconstruction étant assimilés aux contraintes de l'économie de guerre. Le régime économique mis en place se situe à mi-chemin entre le capitalisme libéral et l'économie dirigée.

• **Dans la pratique, l'entreprise devient un instrument privilégié des pouvoirs publics.** La redistribution des richesses est organisée par les pouvoirs publics par l'intermédiaire de l'entreprise dont les cotisations patronales et salariales financent l'essentiel du « plan complet de sécurité sociale » du CNR, établi par les ordonnances d'octobre 1945 et avalisé par la loi en 1946. Dès lors, la redistribution fordiste est en place dans le nouveau « modèle » français.

L'action économique structurelle du gouvernement provisoire prolonge celle de l'époque antérieure. L'État est doté de divers organismes d'information économique, le plus efficace étant le Service des statistiques (prédécesseur de l'INSEE), fondé par le gouvernement de Vichy, et les bases de la concertation permanente entre l'État et les partenaires sociaux ont été établies pendant la guerre. L'idée gaullienne de l'association du capital et du travail est en germe dans le corporatisme. Un projet de « démocratie économique et sociale » est annoncé le 15 mars 1944 dans le programme du CNR. La concertation entre les institutions représentatives de salariés et des employeurs doit se poursuivre dans le cadre du Commissariat général au plan instauré le 21 décembre 1945, créé, en outre, pour incarner le vieux rêve de maîtriser l'avenir.

En créant la Société nationale des pétroles d'Aquitaine en 1941, l'État a déjà expérimenté la gestion d'une entreprise publique avant les nationalisations de l'après-guerre. Il entend désormais contrôler l'ensemble du secteur clé de l'énergie et des ressources du sous-sol. Les houillères du Nord - Pas-de-Calais sont nationalisées dès décembre 1944 (avant d'être intégrées dans les Charbonnages de France en juillet 1946) et EDF et GDF sont fondées en avril 1946. En complément, par la suite, le financement de toute l'industrie sera largement contrôlé par les banques nationalisées en 1946. L'État remédie à la pénurie de main-d'œuvre par l'Office national d'immigration créé en 1945, destiné à remplacer les organismes privés de recrutement à l'étranger organisés dans l'entre-deux-guerres.

Enfin, le régime douanier de l'immédiat après-guerre protège les entreprises de la concurrence extérieure par une politique tarifaire encore plus vigoureuse que celle de la IIIe République. En 1947, l'Accord général sur les tarifs et le commerce (l'AGETAC, ou GATT en anglais) est signé par la France mais cet accord n'entraîne pas le démantèlement immédiat des protections douanières. Un protectionnisme de fait se prolonge jusqu'à la fin de la décennie 1950, époque où l'entreprise retrouve sa compétitivité extérieure.

• **Le CNR entend imposer aux entreprises une « organisation rationnelle » de leurs productions dans le cadre de la planification.** En janvier 1946, Jean Monnet prend la direction du Commissariat général au plan avec la volonté de reconstituer en priorité la capacité de production de six secteurs de base (le charbon, l'acier, l'électricité, le ciment, les tracteurs, les transports). Enfin, la stabilité de l'emploi ne doit plus être compromise par les fluctuations conjoncturelles des commandes adressées à l'entreprise. Le régime contractuel de l'embauche et de l'emploi est établi suivant les principes du « contrat implicite » du travail : en période de haute conjoncture, l'entreprise conserve ses excédents financiers au lieu de les distribuer immédiatement par les salaires et, en contrepartie, en période de basse conjoncture, elle conserve ses excédents de main-d'œuvre.

Ces réformes, qui n'excluent pas totalement les principes de l'économie de marché, se révèlent assez efficaces pour placer la France sur la trajectoire des « Trente Glorieuses ». En contrepartie, l'esprit d'initiative, la liberté d'entreprendre et le stimulant de la concurrence sont sous-estimés, dans le système de l'économie mixte.

► **L'État et l'entreprise forment désormais un couple inséparable et parfois conflictuel.**

• **Les intérêts sont quelquefois divergents.** Le premier se donne mission de définir et de promouvoir un intérêt général qui ne correspond pas toujours à l'attente des entreprises. Certaines options gouvernementales ont ainsi été controversées au départ et ont abouti à des résultats inégalement profitables. Deux exemples peuvent appuyer le débat.

Dès 1945, avec l'accord des entreprises, le gouvernement de René Pleven fait le choix d'une politique de relance inflationniste privilégiant le plein-emploi plutôt que celle d'une monnaie forte défendue par Pierre Mendès France. Par la suite, l'inflation devient structurelle et la compétitivité-prix des entreprises se dégrade fortement lors des fortes poussées inflationnistes de 1950-1952, de 1956-1959, 1962-1963, de 1968-1973 et de 1975-1981. Seules les dévaluations en chaîne de la monnaie permettent de rétablir, provisoirement, les termes d'une concurrence inégale mais les importations de produits intermédiaires s'en trouvent chaque fois renchéries. Les « plans de refroidissement » destinés à freiner l'activité économique, lancés à chaque poussée de fièvre inflationniste, perturbent périodiquement la stratégie commerciale et les plans d'investissement établis par les entreprises. Enfin, le choix d'une monnaie faible incite les entreprises à miser sur la dévaluation compétitive de la monnaie pour conquérir des marchés à l'étranger. Plutôt que de choisir une spécialisation sur des produits à forte intensité technologique vendus chers à l'étranger, comme en Allemagne, les entreprises françaises sont amenées à se spécialiser dans des productions banalisées exportées à bon marché. Cette stratégie, dont la politique monétaire porte une part de responsabilité, est maladroite de la part des entreprises d'un pays industrialisé comme la France.

Le choix du libre-échange, nous l'avons vu, a été décidé en 1947 malgré l'opposition réunie des syndicats de patrons et de salariés. Ce choix est renouvelé lors de la signature du traité de Rome en 1957 et de l'Acte unique européen en 1985 et chaque fois la hardiesse des décisions de l'État dépasse le souhait des syndicats patronaux et des syndicats de salariés. A l'épreuve du temps, ces choix se révèlent judicieux. En contrepartie, l'ouverture des frontières, décidée par l'État, le condamne lui-même à limiter ses prérogatives et à exclure de multiples mesures dirigistes de la panoplie de ses interventions. L'État doit, dès lors, se reposer largement sur la compétitivité des entreprises pour assurer la charge de l'équilibre des échanges extérieurs de la nation.

En conclusion, ce que **l'État attend de l'entreprise** après 1945 montre l'ampleur de l'interventionnisme à l'époque de la « Grande croissance ». L'État souhaite que l'entreprise privée, et à plus forte raison l'entreprise publique, soit un laboratoire social, un collaborateur docile dans sa politique de régulation conjoncturelle et un instrument de sa politique structurelle.

L'État veut utiliser l'entreprise pour mettre en œuvre son **projet politique et socio-économique.** Il pénètre largement dans ses murs pour y réguler les relations du travail par la réglementation et la législation. Il sollicite son concours pour assumer une partie de sa mission sociale, missions d'assistance et d'assurance financées directement par les cotisations du monde du travail.

Dans sa politique de **régulation conjoncturelle**, par le freinage ou la relance de l'activité économique, l'État compte sur l'entreprise pour s'adapter instantanément aux retournements du marché. Les résultats ne sont pas toujours conformes aux espérances. Par exemples, les « plans de refroidissement » lancés lors des périodes de forte inflation et les deux plans de relance décidés en 1975 et en 1981 ont surpris nombre d'entrepreneurs qui misaient sur une inflation soutenue.

Pour suivre sa **politique structurelle,** l'État adresse des injonctions à l'entreprise publique et des **sollicitations à l'entreprise privée**. La planification, particulièrement entre 1947 à 1974, fournit une instance de concertation entre les partenaires de l'entreprise et les hauts fonctionnaires. Dans ce forum, l'État et les composantes économiques et sociales de l'entreprise se rencontrent pour définir le projet de société de la France. Le poids de l'État était celui d'un arbitre partial qui détient une grande partie du pouvoir financier...

L'État se repose sur l'entreprise pour conduire sa **politique d'aménagement du territoire.** La répartition équilibrée des activités sur le territoire est continuellement menacée par la tendance des entreprises à choisir la localisation la plus favorable au profit immédiat. L'État met donc en œuvre des incitations financières pour que la règle du profit capitaliste soit respectée et la politique de la DATAR, créée en 1963, a permis de déménager les usines parisiennes dans la province transformée en « colonie » de production. L'effacement relatif de l'État devant le marché, depuis le milieu des années 80, laisse s'aggraver de profonds déséquilibres géographiques entre les régions les plus attractives et les régions déshéritées du territoire. Il est vrai que les efforts de la DATAR sont aujourd'hui orientés vers l'objectif prioritaire de drainer les investissements étrangers vers la France et que, de ce fait, cet organisme dispose de moyens plus réduits pour préserver l'équilibre interrégional.

La période 1936-1986 a été celle de l'interventionnisme triomphant. Ce demi-siècle est marqué par le contrôle des prix et du crédit, par les nationalisations et par les grands projets de politique industrielle volontariste. L'entreprise a dû s'y soumettre. Depuis une dizaine d'année, un État plus modeste soutient le développement de l'entreprise par une tactique d'environnement qui lui laisse les coudées franches pour définir elle-même sa stratégie de développement. Cela ne veut pas dire que le divorce a été prononcé. Les relations sont désormais celles d'un partenariat plus équilibré. L'histoire n'a pas fait disparaître la singularité des relations entre l'entreprise et l'État. Elles ont été seulement transformées.

• **Réciproquement, ce que l'entreprise attend de l'État est à la fois de veiller au maintient d'une loyale concurrence en même temps qu'une certaine tolérance pour s'affranchir de ses règles.** Elle en attend aussi une aide financière en cas de difficultés majeures et, fréquemment, un arbitrage dans les conflits de répartition.

Dans la tradition libérale, une des missions de l'État est de promouvoir et de préserver la situation de concurrence équilibrée contre les agissements des agents les plus puissants qui veulent l'infléchir à leur profit. En fait, l'entreprise a souvent demandé à l'État une certaine tolérance pour éviter les contraintes et limiter les effets indésirables de la concurrence. Par exemple, les PME et les entreprises de taille moyenne exercent depuis longtemps une pression sur l'État pour brider l'essor des plus performantes qui tendent à une situation de monopole. Leur premier grand succès date de 1854, quand l'État impose à la première entreprise géante française, la Compagnie générale des mines de la Loire, le fractionnement de ses activités en quatre unités de production distinctes. La concentration dans les charbonnages s'en est trouvée durablement freinée. A l'autre extrémité de l'échelle chronologique, la loi Royer votée en 1973 protège encore le petit commerce de détail contre la grande distribution intégrée.

Par ailleurs, l'État libéral s'incline souvent sous la pression des grandes entreprises désireuses d'échapper aux règles du marché. La période précédant la Première Guerre mondiale est particulièrement riche en créations d'ententes, de comptoirs et de cartels. Après la création du célèbre Comité des Forges, en 1864, le Comptoir des essieux est créé en 1872, le Comptoir de Longwy, en 1876, le Comptoir des poutrelles et aciers Thomas en 1896), le Comptoir des tubes en 1906. Dans la chimie, des accords de non-belligérance sont signés en 1886 et complétés en 1896 par les producteurs français dominés par l'influence de Saint-Gobain. En 1900, est créée la puissante Union des industries métallurgiques et minières qui a toujours pignon sur rue. Les industriels français sont partie prenante également dans les cartels internationaux de l'acier (1904) et de l'aluminium (1909). Entre le début du XXe siècle et 1945, nous avons déjà noté l'appel des actionnaires à l'État pour une intervention de sauvetage de la Compagnie ferroviaire de l'Ouest, rachetée par les pouvoirs publics après son dépôt de bilan. Entre les deux guerres mondiales, l'intervention la plus sollicitée est la protection douanière contre une concurrence étrangère considérée comme inégale.

Plus tard, quand les frontières se sont ouvertes, la concurrence entre les grandes firmes de taille internationale s'est développée. **Quelques entreprises privées obtiennent des aides publiques importantes pour financer leur fusion,** suivant en cela les politiques gaullienne et pompidolienne tendant à l'érection de groupes de taille européenne. En plus des subventions directes, la loi fiscale de 1965 stipule que les actifs des sociétés seront réévalués en cas de fusion, ce qui a eu pour effet de réduire sensiblement leurs impôts sur les bénéfices. Ces avantages bénéficient immédiatement, en 1966-1967, années des grands rapprochements, et dans les années suivantes, à :

— Gervais et Danone (Gervais-Danone) ;
— Beghin et Say (Beghin-Say) ;
— Dassault et Bréguet-Aviation ;
— Thomson-Houston et CSF ;
— Pechiney-Ugine et Kulhman ;
— la BNP ;
— Peugeot (cette société a racheté Citroën en 1970) ;
— Nord-Aviation, à Sud-Aviation et à la SEREB quand elles ont fusionné en 1970 dans la Société nationale aéronautique et spatiale (SNIAS), « l'Aérospatiale » ;
— Schneider, à Thomson et à la CGE qui, en outre, ont reçu près de 600 millions de l'État pour fonder la Compagnie internationale pour l'informatique (CII).

Toutes ces sociétés tendent, à atteindre une taille internationale, sans toujours y parvenir, telle la CII, une création factice destinée à la mise au point de la force de frappe.

Enfin, pendant la décennie qui suit l'arrivée de la crise de 1974, l'État est sollicité comme brancardier pour porter secours à de multiples entreprises en difficultés. Le textile (l'empire Boussac), la machine-outil et les industries mécaniques (Creusot-Loire), reçoivent des dizaines de millions de francs. La restructuration du secteur sidérurgique absorbe à elle seule près de 100 milliards de francs en dix ans, avant la prise de contrôle du capital d'USINOR et de SACILOR par des organismes publics en 1978. Le rapport Hanoun a montré en 1976 que les groupes les plus puissants sont largement privilégiés, les sept premiers bénéficiant des deux tiers du total de la prébende publique. En avril 1991, le Comité interministériel de restructuration industriel (CIRI) garantit les emprunts de la société « Vitos Établissement Vitroux », héritière des empires Boussac et Prouvost, auprès du Crédit lyonnais et d'autres banques, dont cette banque nationalisée est le chef de file. L'État n'a plus l'intention de s'engager autant que pour la sidérurgie, sous peine d'être condamné par la Division de la concurrence de la Commission de Bruxelles.

Quand les entreprises accusent le marché de dérives anticoncurrentielles, l'État est pris à témoin. Aujourd'hui, ce rôle est conjointement assuré par la Commission de Bruxelles qui veille à préserver un marché concurrentiel dans le cadre de l'Union européenne. Les fusions de grandes entreprises sont examinées de près pour éviter qu'elles ne génèrent des positions de monopole. Jusqu'ici, seules les fusions et les acquisitions d'un montant supérieur à 5 milliards de francs étaient prises en considération. En avril 1995, le commissaire à la concurrence, Karel Van Miert, prétend répondre à la demande des entreprises quant il présente à la Commission de Bruxelles le projet d'abaisser ce seuil de 5 milliards de francs de CA (250 millions d'Écus) au-delà duquel une fusion ou une acquisition doit être contrôlée par la Commission de Bruxelles. « La commission et une partie considérable de l'industrie souhaiteraient que ce seuil soit abaissé », affirmait ce Commissaire à *The Independant*, le 26 avril 1995. Face à la concurrence mondiale des grandes firmes, les entreprises françaises, tout comme leurs homologues européennes, risquent de rencontrer un frein à leur développement.

► Ce que l'entreprise attend d'elle-même, c'est d'abord de conduire à son terme une réflexion autonome sur sa nature, sur ses relations internes, sur son insertion dans l'économie et dans la société afin de s'autoréformer en toute liberté.

• **Les chefs d'entreprise représentent une catégorie très hétérogène** qui va du petit « patronat de propriété » de la PME au grand « patronat de gestion » des grandes firmes multinationales. Malgré les différences, voire les divergences, des intérêts professionnels, le patronat a créé des instances de réflexion communes, en marge du syndicalisme patronal représenté notamment par le Conseil national du patronat français (CNPF) et le Centre des jeunes dirigeants (CJD), ce dernier refusant d'être considéré comme une simple pépinière du premier. La désaffection du syndicalisme patronal ne doit pas faire illusion. Depuis le début du siècle, le relai est assuré par de multiples organismes parasyndicaux dont l'activité s'intensifie chaque fois que les organismes institutionnalisés rencontrent des difficultés.

Dès la décennie 1920, l'*Association française pour le progrès social* rassemblait les têtes pensantes du patronat pour formuler de nouvelles idées et établir de nouvelles stratégies en réponse aux interrogations du temps. Après 1945, les « cercles d'étude » se sont multipliés, véritables laboratoires d'idées ou « têtes chercheuses de patronat ». Dans certains, les participants se regroupent par affinités religieuses ou idéologiques.

Dans la mouvance chrétienne, le *Centre français du patronat chrétien*, majoritairement catholique, et de nombreux groupes de patrons protestants débattent sur les moyens d'éviter les conflits de classe, d'établir leur autorité par la négociation permanente et de déléguer les responsabilités pour impliquer au maximum le personnel, étant acquis que les salariés ne recherchent pas seulement dans le travail une satisfaction pécuniaire mais surtout leur épanouissement par des responsabilités personnelles. Dans cette ligne, le mouvement des *Entreprises à taille humaine industrielles et commerciales* (ETHIC) , fondé en 1976 par Yvon Gattaz et vingt-cinq chefs d'entreprises « assez grandes pour être fortes et assez petites pour être indépendantes », en rassemble de nos jours un effectif plus de dix fois supérieur. Proche de la doctrine sociale de l'Église catholique, il établit une charte sur l'éthique et l'entreprise et se propose de promouvoir avant tout l'accomplissement de la personne par un travail valorisant dans des PME conviviales où la « culture d'entreprise » est développée. Aujourd'hui, il prend le contre-pied du discours majoritaire pour affirmer le rôle des moyennes entreprises personnelles et familiales dans la compétition internationale et milite pour que la pérennité des Moyennes entreprises patrimoniales (MEP) soit assurée.

Dans la mouvance saint-simonienne, l'*Association des cadres dirigeant de l'industrie* (ACADI) recrute par cooptation un demi-millier de cadres supérieurs. Ces manageurs novateurs orientent leur réflexion sur les grandes questions du temps. Par exemple, ils cherchent à définir la nature des relations que la grande firme doit établir avec les pouvoirs publics dans le cadre d'un libéralisme rénové. En avril 1981, la *Fondation Saint-Simon* a été créée sous l'impulsion de Roger Fauroux, de François Furet et d'un groupe de grands patrons parmi lesquels se trouvaient Michel Albert, Francis Mer, Jean Payrelevade... Son influence est d'autant plus forte que les médias diffusent largement les résultats de leur réflexion et que leurs compétences leurs permettent d'exercer des responsabilités aussi bien dans les sphères les plus élevées de l'État qu'à la tête de grandes entreprises privées ou publiques.

Avec des préoccupations plus techniques et sans connotation idéologique marquée, le Centre de recherche et d'études des chefs d'entreprise a été créé en 1956 par Georges Villiers, premier président du CNPF après la guerre jusqu'en 1965. Dans son prolongement, l'*Institut de l'entreprise* est fondé en 1975 par Jean Chenevier, alors président de BP France, appuyé par François Ceyrac, président du CNPF et par François Dalle. Il a été animé par des personnalités comme François Guiraud ou Michel Drancourt, qui en a occupé la charge de délégué général pendant dix sept ans. Son successeur est Michel Tardieu, ancien directeur du *Nouvel économiste.* Ils ont ouvert les yeux du public et des manageurs sur les grandes transformations de l'environnement de l'entreprise. François Périgot a présidé l'Institut avant de devenir président du CNPF.

Pour *Entreprise et progrès*, fondé en 1970, « Le progrès économique et social sont indissociables ». Ses fondateurs et animateurs (François Dalle, Francis Gauthier, Pierre Bellon, José Bidegain, Antoine Riboud) promeuvent des réformes qui se concrétisent au fil des années, comme la mise en place d'instances de formation continue, l'extension des horaires souples ou l'individualisation de la rémunération.

Le patronat participe également avec une certaine assiduité aux grands carrefours européens ou mondiaux qui permettent aux chefs d'entreprises de rencontrer leurs homologues étrangers, les hommes de réflexions et les grands décideurs de notre temps. En premier lieu, les rencontres annuelles de Davos et la *Table ronde européenne*, présidée en 1995 par Jérôme Monod, où sont régulièrement représentées les sociétés Nestlé, Siemens, Saint-Gobain, Philips, Alsthom...

Sans prétendre à l'exhaustivité, il faudrait ajouter l'*Association des femmes chefs d'entreprise*, l'*Institut La Boétie*, le *Comité Colbert*, qui fédère une centaine d'entreprises spécialisées dans le luxe. Leur dimension et leur vocation peuvent être de dimension régionale, comme celles du *Club des gagnants* qui rassemble les grands entrepreneurs du Nord - Pas-de-Calais les plus désireux de faire connaître son dynamisme retrouvé après la crise, « des militants de la renaissance du Nord, pas des conservateurs de structures », proclament-ils, car « le Nord n'attire pas assez, mais il retient ». La liste des associations, clubs ou amicales s'allonge chaque jour, signe de vitalité mais aussi des besoins toujours ressentis de mieux définir et de promouvoir le « métier » de chef d'entreprise.

Ces instances auxquelles les syndicats d'employeurs pourraient être associés sont nombreuses mais ne sont pas à l'origine d'un véritable « parti du patronat ». Ce serait méconnaître la diversité du mouvement. A la base, les syndicats de métiers et les branches sont regroupées en fédération. A côté, l'Union des industries métallurgiques et minières est très structurée et assure la plus forte part du financement du mouvement patronal. Par ailleurs, dans chaque département, les syndicats présents se regroupent en Unions régionales. Leur poids a augmenté depuis François Ceyrac et les dénationalisations. D'une façon générale, le problème du syndicalisme est double : il manque de moyens ; les dirigeants et les représentants y consacrent peu de temps (sauf à l'UIMM). Le patronat reste donc une nébuleuse, composé de patrons de PME et de dirigeants de grandes entreprises. S'il entend conserver son influence dans la définition de la politique économique suivie en France, il est trop hétérogène pour que ses deux millions et demi de membres s'expriment toujours d'une seule voix.

• **Le thème de la « réforme de l'entreprise » est l'objet d'une réflexion permanente,** depuis que l'ouvrage de François Bloch-Lainé, *Réforme de l'entreprise,* a lancé le débat en 1964. Ce rapport est révélateur des malentendus sur l'entreprise. L'État voulait élargir les prérogatives des syndicats et recherchait une « troisième voie », entre libéralisme et socialisme. Il a eu son utilité par les réflexions qu'il a provoquées. Mais, rédigé par le plus haut fonctionnaire de l'époque, il n'a pas été bien reçu par les chefs d'entreprise qui acceptent difficilement qu'un homme qui ne sort pas du sérail leur donne la leçon. La réflexion est par la suite enrichie par Octave Gelinier (*Le secret des structures compétitives,* 1966) et par Marcel Demonque (*La participation,* 1968). De nos jours, la France se trouve à la confluence de multiples courants de réflexion, venant des États-Unis et du Japon et sur le terrain, les responsables revendiquent la plus grande marge de liberté pour tenter des expériences individuelles, parfois dérogatoires à la réglementation, ces expériences pouvant faire évoluer la jurisprudence et le droit du travail. Les exemples sont multiples.

• **« Aujourd'hui, la différence ne se fait plus uniquement sur le produit mais surtout sur la qualité »,** rappelait encore récemment Jean-René Fourtou, PDG de Rhône-Poulenc. Les **cercles de qualité** se sont multipliés en France pendant la décennie 1980, rassemblés dans l'Association française des cercles de qualité (AFCQ) jusqu'au seuil des années 90. Si les années 80 ont été marquées par l'influence de la Gestion des ressources humaines des Japonais[1], aujourd'hui, le ton est donné plutôt par les méthodes américaines, notamment avec le *benchmarking* (traduit par « étalonnage concurrentiel » et défini comme un processus permanent de comparaison des pratiques et des résultats d'une entreprise avec ceux des meilleurs). La firme initiatrice a été Rank Xerox Corporation, aux États-Unis, au début de cette décennie. Par la suite, « l'étalonnage concurrentiel » s'est répandu et a été appliqué dans les différentes fonctions des entreprises, comme la GRH, la fabrication, la commercialisation.

Sur notre territoire, les expériences de gestion participative fusent actuellement « tous azimuts », dans le prolongement de la recherche d'une « troisième voie », à la suite du rapport Bloch-Lainé, du rapport Sudreau (1975) et des théoriciens des nationalisations. L'exemple qui suit serait moins significatif s'il ne concernait pas la société dirigée par le président national du Centre des jeunes dirigeants, M. Daniel Livio, cogérant de l'agence de communication Media Conseil, implantée à Dijon. Il a signé le 24 mai 1995 avec la CFDT un accord tout à fait original. Dans sa société, un « conseil d'entreprise » cumule les attributions des délégués du personnel, du comité d'entreprise et du comité d'hygiène, de sécurité et des conditions de travail (le CHSCT créé par la loi Auroux de 1982). Il est composé de quatre salariés élus et d'un représentant de chacun des principaux services. Ce conseil se réunit une fois par mois sous la présidence du chef d'entreprise pour négocier les rémunérations, l'organisation du temps de travail, le plan de formation, la circulation de l'information, la gestion des conflits, l'intéressement et la gestion du personnel.

La principale originalité de cet accord concerne la présence à ce conseil d'un représentant syndical extérieur, choisi par l'Union départemental CFDT de la Côte-d'Or parmi les militants d'une filiale de Thomson, située dans la voisinage. M. Didier Livio explique cette expérience par la nécessité d'organiser un « contre-pouvoir structuré alors que les salariés manquaient de savoir-faire ». Le responsable syndical apporte son expérience et sa maturité et le dialogue permet de négocier certains accords dérogatoires au droit du travail. Le CJD recense une quarantaine de conseils de ce genre, mais c'est la seule expérience où un dirigeant de PME pallie l'insuffisance de formation syndicale de ses salariés par l'appel à des compétences extérieures.

1. Voir Claude Chancel, *Le capitalisme japonais,* chapitre 5.

3. Le capitalisme français a pris son essor pendant les « Trente Glorieuses » et sort transformé de la crise.

▶ **L'entreprise s'est renforcée sur le territoire national et s'est préparée à l'ouverture des frontières.**

L'interventionnisme qui s'est développé à l'époque de la grande croissance est conforme à la tradition nationale. L'industrie est redevenue « une affaire d'État ». Quand les pouvoirs publics ont pesé de tout leur poids pour que les entreprises se spécialisent dans les technologies de l'avenir, cette politique représentait la forme moderne du colbertisme, un « colbertisme high tech ».

Après guerre, la priorité industrielle s'est manifestée dans les plans de reconstruction et de modernisation ; les progrès ont tout d'abord été mesurés à l'aune de la production d'acier, d'énergie et de ciment. Puis, la priorité de la modernisation par le progrès technique s'est imposée. Dans l'aéronautique, le lancement de la première « Caravelle » en 1955 est le signe annonciateur de performances technologiques concrétisées peu après par le rôle déterminant de nos entreprises dans la mise au point de « Concorde » et dans la création d'Airbus Industrie. Dans les années 70, autour d'Alsthom, des sociétés françaises mettent au point l'ensemble technologique TGV et se distinguent dans l'aérospatiale. Le discours politique développe successivement les thèmes de l'« impératif industriel », au tournant des décennies 60-70, du « redéploiement » à la fin des années 70, de la « réindustrialisation » dans les années 80 et reflète le même volontarisme.

Onze ans après la signature du traité de Rome, les frontières sont totalement ouvertes à la concurrence européenne en 1968, lors de la constitution effective de l'Union douanière entre les six premiers États membres de la Communauté économique européenne. L'entreprise a dû se renforcer tout d'abord à l'abri d'un protectionnisme tempéré, mais sans pour autant se replier frileusement sur le territoire national. De plus en plus stimulée par la concurrence extérieure, elle développe de multiples relations avec l'étranger, et pas seulement des relations commerciales. Les transferts de technologie en témoignent. Par exemple, la société Camus-Dietricht, entreprise franco-allemande, s'installe à Moscou, avec ses capitaux et ses savoir-faire, au milieu de la décennie 50 et la BNP fait bénéficier le Japon de ses techniques bancaires dans les années 60, époque où les Charbonnages de France aident la restructuration des sociétés minières du pays. Les capitaux américains et leurs méthodes de production et de management pénètrent massivement dans les entreprises françaises. La main-d'œuvre étrangère est également sollicitée. Par exemple, les frontaliers allemands viennent massivement travailler en Alsace jusque vers 1961-1965 et l'Office national d'immigration organise un « drainage des bras » (à défaut d'un « drainage des cerveaux ») dans les pays de l'ancien empire colonial. Le faible coût de la main-d'œuvre incite l'entreprise à créer des postes à forte intensité de travail plutôt que des postes à forte intensité capitalistique, à la différence de l'entreprise japonaise.

Le fonctionnement du marché, auquel le capitalisme français est attaché, tout au moins à certaines conditions, ne s'est jamais passé de l'intervention de l'État. Celui-ci en retour, utilise toujours le ressort du profit au prix de multiples entorses à la règle libérale, pour stimuler, consolider et pour encadrer le développement du capitalisme national. Selon l'analyse classique, le capitalisme français s'est trouvé en situation d'exercer conjointement avec l'État les **trois pouvoirs** : le pouvoir économique, le pouvoir social et le pouvoir politique.

La PME, de son côté, est souvent tenue en marge des relations nouées entre les grands manageurs et les grands commis de l'État. Souvent propriété de son dirigeant, qui représente le « patronat réel », elle est souvent ignorée des technocrates parisiens. Et pourtant, elle représente le terreau sur lequel lève la grande entreprise.

▸ **Sous l'effet de la crise, une mutation structurelle s'est accélérée : l'entreprise industrielle s'affaiblit et se tertiairise.**

L'entreprise industrielle connaît son apogée au début de la décennie 70. La stratégie des dirigeants et l'intervention de l'État sont l'une et l'autre à l'origine de l'essor, suivi de l'affaiblissement de nos entreprises industrielles au profit de l'entreprise tertiaire.

A défaut de trancher entre les responsabilités respectives, il convient de situer les contre-performances relatives de nos entreprises industrielles dans leur contexte de longue durée, afin d'éviter de faire fluctuer les interprétations au fil de la conjoncture.

• **Les politiques industrielles ont été hésitantes et leur versatilité a sans doute fragilisé nombre de nos grandes entreprises depuis une vingtaine d'années.** La priorité assignée aux entreprises pendant la durée du VIIe Plan, entre 1976 et 1980, était de faire face à la nouvelle donne internationale. Par le choix de « créneaux », les entreprises étaient alors encouragées à combler le déficit énergétique ; les produits de IAA (Industries agro-alimentaires) devaient devenir le « pétrole vert de la France ». La moitié des aides publiques sont alors concentrées sur sept groupes industriels désignés comme les « champions » de nos exportations. Les secteurs de l'armement traditionnel, du nucléaire civil et militaire, de l'énergie, des transports aériens et des télécommunications répondent aux sollicitations de l'État : la tutelle est étroite. Les autres entreprises doivent composer entre les impératifs de leur propre développement et les objectifs définis par l'État.

En 1981, une brutale inversion des priorités est décidée. L'objectif est désormais la reconquête du marché intérieur grâce à une politique de filière ; le « fer de lance » est un secteur industriel public renforcé par la nationalisation de certains groupes privés, comme CGE, Thomson-Brandt, Saint-Gobain - Pont-à-Mousson, PUK, Rhône-Poulenc, Bréguet-Dassault et Matra. L'État entend soustraire ces entreprises aux contraintes financières et les aligner sur une logique industrielle. A cette fin, il crée des « pôles de production » dans les télécommunications autour de la CGE, dans l'aluminium et les nouveaux matériaux autour de Saint-Gobain et dans l'électronique à usage militaire, autour de

Thomson. Sous l'impulsion des pouvoirs centraux, les entreprises adaptent à nouveau aux circonstances leurs structures de financement, de production et de commercialisation...

Cette impulsion s'affaiblit dès 1984, au point de réduire la politique industrielle à une « politique d'environnement ». Cette dernière est réputée plus favorable à l'émergence d'un nouvel esprit d'entreprise, à une plus grande flexibilité de la production (grâce en particulier à la flexibilité du travail) et à une plus grande efficacité par un allégement sélectif des charges salariales, sociales, voire fiscales. Par les dénationalisations, dont Saint-Gobain et la CGE fournissent le premier exemple, l'État abandonne un instrument privilégié de politique économique. Un symbole : les sites sinistrés de La Seyne, de La Ciotat et de Dunkerque deviennent « zones d'entreprise », sortes de zones franches où les avantages tirés de l'économie de marché doivent remplacer les subventions étatiques. En matière d'intervention, l'État a préféré l'abstinence à l'incohérence.

Au début des années 80, les premières orientations d'un « grand ministère de l'Industrie et de la Recherche » tendent à renouer avec une politique industrielle volontariste, mais elles ne sont que velléités. En juin 1989, le ministre de l'Industrie R. Fauroux reconnaît que « les grands plans sectoriels, c'est fini. Nous sommes dans un monde où les mots de secteurs industriels ne veulent plus dire grand-chose. **Il n'existe que des entreprises** ». Après 1993, le programme de **privatisations** prudentes est poursuivi. Aujourd'hui, les modalités des privatisations se présentent sous un nouveau jour. L'État fixe un prix de cession selon différents critères économiques et boursiers. Il sélectionne des actionnaires stables et encourage la participation des petits porteurs pour minorer le coût de la prise de contrôle par les « noyaux durs » (actionnaires permanents ayant une part significative du capital). Les privatisations doivent rapporter 30 à 40 milliards de francs par an. D'après une étude de Shearson Lehman Brothers, les dix plus importantes sociétés (UAP, GAN, AGF, BNP, Crédit lyonnais, Elf, Total, Rhône-Poulenc, Pechiney et Thomson) devraient rapporter au total 230 milliards de francs : on peut y ajouter Air France, EDF-GDF, SNCF, France-Télécom...

Les entreprises industrielles sont amenées à modifier encore une fois leurs structures de financement, de production et de commercialisation en fonction des nouvelles données. Les cycles électoraux et l'alternance des politiques industrielles coïncident rarement avec les fluctuations de la conjoncture économique, mais l'histoire récente a fourni un raccourci exemplaire de ce déphasage : dans les entreprises, l'effort porte peut-être trop souvent sur l'adaptation aux nouvelles relations avec les pouvoirs publics et pas assez sur l'adaptation à l'évolution du marché.

- **L'État n'est pas le seul responsable des difficultés rencontrées par les entreprises industrielles.** Certaines faiblesses sont en partie imputables à la rémanence d'anciennes méthodes de production et de management.

Une enquête récente a montré que le taylorisme n'a pas disparu de l'atelier. Aujourd'hui encore, le pourcentage des salariés travaillant à la chaîne correspond à 7,1 % de la main-d'œuvre industrielle, ce qui exige un sureffectif dans l'encadrement de premier niveau. On sait d'expérience que le temps de réponse de la production devant un subit afflux de commandes est directement proportionnel au taux d'encadrement de la main-d'œuvre d'exécution. En 1975 et en 1981, lorsque l'État a relancé la consommation des ménages, les entreprises françaises ont réagi avec un temps de retard par rapport aux étrangères qui ont satisfait plus vite les besoins du marché. Il s'en est suivi un effondrement de notre balance commerciale. Les entreprises françaises souffrent d'une trop grande rigidité de leur rythme de production, notamment par rapport à leurs concurrentes allemandes. Dans l'entreprise allemande et japonaise, non taylorienne, la maîtrise est beaucoup moins nombreuse et passe plus de temps au « guidage technique » qu'au contrôle des tâches par une main-d'œuvre plus qualifiée.

Dans les entreprises allemandes, l'intensification de la concurrence renforce le consensus social. A l'opposé, en France, pendant la décennie 80, l'entreprise française développe l'individualisation des salaires pour récompenser les plus zélés. Cette méthode ne paraît pas adaptée au renforcement de l'esprit d'équipe dans cette « cellule économique de combat » qu'est l'entreprise en période de crise. La transplantation du modèle américain montre ainsi ses limites.

Enfin, l'investissement privé a été défaillant dans l'industrie et parfois mal orienté. La question de la stratégie de l'investissement est délicate car elle oppose la théorie économique classique et la réalité. En effet, les économistes traditionnels voient dans le taux d'intérêt *réel* (taux nominal défalqué du taux d'inflation) le principal déterminant de l'investissement. En fait, il apparaît que la chute de l'investissement industriel s'est produite à la fin des années 70 quand les taux d'intérêt réels étaient quasiment nuls et parfois négatifs. *A contrario,* au milieu des années 80, l'inflation a baissé plus vite que les taux d'intérêts nominaux ; depuis 1986, jamais l'argent n'a coûté aussi cher et jamais les entreprises n'ont autant investi. Il semble donc que, conformément à la théorie keynésienne, la conjoncture et l'environnement macro-économique ont plus pesé sur la décision des investisseurs que le coût de l'emprunt. Est-ce dire que le retard d'investissement a été comblé ? Sans doute, la situation est-elle inégale selon les entreprises, mais, dans l'ensemble de l'industrie manufacturière, l'âge moyen du matériel productif vient encore augmenter d'un an au cours de ces dix dernières années. Même si le rythme de l'investissement se maintient, il faudra peut-être encore dix ans pour inverser la tendance. Irriguée depuis peu par un sang nouveau, l'entreprise industrielle n'a pas encore vraiment bénéficié d'un bain de jouvence.

Simultanément, l'entreprise française s'est tertiairisée. Le poids économique et social des entreprises industrielles décline face à la montée des entreprises de services. Des « sociétés de services » lui fournissent désormais des prestations variées : du personnel intérimaire, des services de maintenance ou de gardiennage, des conseils en financement, en trésorerie, en communication, etc. La **stratégie d'externalisation** les a allégées d'une grande partie des effectifs remplissant auparavant des fonctions tertiaires. Sans changer de métier, ces anciens salariés de l'industrie se trouvent recensés dans la catégorie des « services ».

Tableau 2
Le poids de l'emploi industriel a baissé depuis vingt ans par rapport à l'emploi tertiaire
(en pourcentage de la main-d'œuvre occupée)

	Effectif des emplois occupés dans les entreprises industrielles	*Effectifs des emplois occupés dans les entreprises de services*
1975	40	51
1995	30	65

Les dirigeants de l'entreprise industrielle veulent se recentrer sur le métier et s'alléger de la gestion des personnels occupés dans les services périphériques de l'atelier. Comme l'athlète en période de compétition, l'entreprise industrielle a perdu du poids pour être plus performante.

Les conséquences de cette tertiairisation de l'activité de nos entreprises sont débattues. Pour les uns, elle correspondrait à un processus de désindustrialisation et serait annonciateur d'un proche déclin, à l'image du Royaume-Uni. Pour d'autres, la France participe à un vaste mouvement de restructuration, accéléré par la crise, propre aux économies avancées et serait un signe de modernité. Dans le cadre d'une économie moderne en cours de dématérialisation, la France aurait avantage à importer des produits manufacturés, pour peu qu'elle excelle dans la production et l'exportation des services.

▸ **La crise a transformé les relations de l'entreprise et de son environnement.**

Au terme de vingt ans de crise, synonyme de « danger et d'opportunités », selon la définition préférée de Lionel Stoléru (*L'ambition internationale,* Seuil, 1987), l'environnement socio-économique de l'entreprise se trouve profondément modifié.

• **Les relations de l'entreprise se sont relâchées avec l'État et se sont resserrées avec la nation.** La mise en cause de l'État a coïncidé en France avec la reconnaissance par l'opinion publique des vertus de l'entreprise privée.

La critique libérale s'est renforcée dans les années 70, notamment sous l'impulsion des économistes américains. Après avoir été l'objet d'un culte tournant à l'idolâtrie, l'État a été chargé de toutes les infamies.

En dehors de tout jugement excessif, il est généralement admis que l'administration s'est plus développée en France que dans tout autre pays industrialisé. Les limites du système sont apparues quand les centres de pouvoir se sont multipliés au sein même de l'État, notamment avec la création du ministère de l'Industrie (juillet 1940), du Commissariat général au Plan (1946), puis avec le rôle majeur joué par l'Élysée depuis 1958. L'administration communautaire et le pouvoir régional s'ajoutent à ces pouvoirs administratifs particuliers.

La lourdeur des interventions et du contrôle de l'État s'est manifestée lorsque les frontières se sont ouvertes et lorsque la vague de libéralisme a déferlé des États-Unis. La France a participé à un vaste mouvement tendant à réduire les obstacles à la liberté de produire et d'échanger. Elle est engagée à son tour dans les processus :

— de déréglementation de tous les marchés (des marchandises, des capitaux et du travail) ;

— de désintermédiation bancaire en libérant les marchés financiers et en ouvrant les métiers de banques à des organismes financiers non bancaires ;

— de décloisonnement de l'espace national, qui renforce la concurrence sur le marché domestique mais, en réciprocité, ouvre de nouvelles perspectives aux exportateurs ;

— de délocalisation des productions (en courant le risque de la désindustrialisation) qui est facilitée par la liberté de circulation quasi totale des capitaux français dans le monde mais, en retour, fait de l'hexagone un des principaux pôles mondiaux de l'investissement étranger ;

— de déspécialisation par rapport aux anciennes productions issues des deux premières vagues d'industrialisation. Elles sont progressivement remplacées par des productions plus sophistiquées, mettant en œuvre une plus forte intensité de capital et de matière grise par poste de travail. Les entreprises françaises ont dû s'adapter à cet environnement mouvant ou un « État modeste » intervient de moins en moins, alors qu'elles avaient pris l'habitude de coexister avec un « État-providence » omniprésent. L'État n'en continue pas moins de tenir son rôle en faveur des entreprises, comme dans tous les pays développés, par exemple, par une aide à la recherche-développement ou par son action diplomatique au service de l'exportation. Moins actif qu'au Japon, il reste plus interventionniste que chez la plupart des partenaires de la France.

• **La nation s'est réconciliée avec ses entreprises.** L'opinion publique, vers le milieu de la décennie 80, a mieux accepté les principes de l'économie de marché et a reconnu la fonction créatrice de richesses de l'entreprise. Le capitalisme est devenu « populaire » à la suite des pratiques d'intéressement et de participation suivies par les entreprises. Les vagues de privatisations de grandes entreprises nationales ont étendu l'actionnariat aux petits épargnants, souvent eux-mêmes des salariés.

Les premières modalités d'intéressement des salariés aux résultats de leur entreprise ont été mises en place par une ordonnance de 1959 et celle de la participation en 1967, mais pendant longtemps ces dispositions sont considérées par les dirigeants comme une contrainte institutionnelle plutôt que comme un outil de management et de motivation du personnel. Pour les salariés, le calcul des sommes versées au titre de la participation leur paraît tellement obscur qu'ils les considèrent comme de simples « gadgets » dont le montant ne dépend pas de leur travail.

Le général de Gaulle a voulu développer l'association des salariés et de leur entreprise, mais trente ans après la signature des premières ordonnances, seulement 1 200 accords d'entreprises concernant 360 000 salariés ont été signés. Le caractère facultatif des dispositions réglementaires et les lourdeurs administratives n'expliquent pas complètement cet échec relatif. Ni la demande sociale, ni les dirigeants ne considèrent l'intéressement comme une priorité dans le dialogue entre les syndicats et les gestionnaires.

La « participation légale aux fruits de l'entreprise », selon les dispositions de l'ordonnance de 1967, a un caractère obligatoire pour les entreprises de plus de 100 salariés. Plus de 12 000 sociétés l'ont mise en œuvre, mais les partenaires sociaux l'assimilent volontiers à un simple mécanisme financier propre à constituer une épargne pour les salariés. Le temps n'est pas encore venu de l'utiliser, en outre, comme un instrument de management du personnel.

L'actionnariat des salariés, prévu par la loi de 1973, et la distribution gratuite d'actions dans la limite de 3 % du capital, selon les dispositions de la loi de 1980, n'ont connu qu'un développement confidentiel. En 1986, seulement 350 sociétés avaient ouvert leur capital à leur personnel. Ces différents systèmes n'ont donc pas eu le succès espéré par leurs promoteurs. Les avancées législatives et réglementaires des années 1986-1987 suscitent davantage d'intérêt.

Selon les stipulations de l'ordonnance du 21 octobre 1986, le caractère facultatif de l'intéressement est maintenu, mais les avantages fiscaux sont augmentés. Désormais, les salariés bénéficient d'une exonération de l'Impôt sur le revenu des personnes physiques (IRPP) en cas de reversement dans un Plan d'épargne d'entreprise. Les cadres bénéficient en outre de mesures favorables à l'extension des systèmes des plans d'épargne-entreprise, des stocks-options, des bons de souscription réservés au personnel et des possibilité de Rachats d'entreprise par leur personnel (RES). Enfin, une entreprise peut désormais renforcer son « actionnariat-salarié » en versant un intéressement égal à 20 % des salaires annuels, sous un régime fiscal particulièrement avantageux. C'est un excellent moyen de « capitaliser » une part importante des frais de personnel en fonds propres.

Par ailleurs, cette ordonnance supprime l'homologation administrative préalable à l'application des accords d'intéressement. Un accord peut être conclu sur simple proposition de la direction ou du comité d'entreprise, suivi d'un référendum ratifié par les deux tiers du personnel. Enfin, les accords peuvent être modulés en fonction des priorités du management, et c'est **le caractère le plus novateur de la réforme.** Suivant les priorités, telle succursale sera intéressée au chiffre d'affaires (cette pratique est déjà généralisée dans le réseau Renault), tel atelier aux économies de matières premières (particulièrement importantes dans le textile et la métallurgie), tel service à la qualité de ses prestation, tel catégorie de personnel à sa ponctualité ou telle autre à la réalisation de l'objectif budgétaire. L'intéressement est devenu un ressort particulièrement souple et efficace de la gestion de l'entreprise. Depuis le milieu des années 80, les accords d'intéressement se sont multipliés dans des secteurs aussi variés que la banque, la grande distribution et les industries lourdes. Les sociétés Essilor et Auchan ont joué un rôle de pionnier en la matière.

Cette ordonnance du 21 octobre 1986 n'a apporté que des simplifications techniques au système de la participation légale aux fruits de l'entreprise. Comme pour l'intéressement, elle peut être introduite par référendum et l'homologation administrative est supprimée. Les modestes ambitions de cette ordonnance montrent que la préférence du législateur s'est portée plutôt sur la réforme de l'intéressement.

Le succès s'explique par une « nouvelle donne » culturelle et l'encadrement a pris conscience des avantages à tirer de l'implication financière des « épargnants-salariés ». Le contexte de libéralisme a favorisé les pratiques contractuelles décentralisées en matière de rémunération et ce système de participation cadre parfaitement avec les impératifs de gestion de l'entreprise, « condamnée aux performances » :

— les gestionnaires peuvent moduler les coûts de personnel en fonction des résultats réels ;

— ils peuvent ajuster les rémunérations individuelles ou celles d'une équipe sur ses performances propres, par exemple, telle catégorie de salariés peut être motivée par les gains de productivité horaire, une autre catégorie par l'éradication de l'absentéisme, une autre encore par la baisse du taux de rebut de la production en fin de chaîne ;

— les accords d'intéressement peuvent être un substitut aux relations traditionnelles entre syndicat et direction. Ils deviennent un terrain institutionnel privilégié du dialogue pour les syndicats, plus ou moins privés d'autres sujets de négociation ;

— certaines formules de participations des salariés au capital, comme celles d'options de souscription (les stocks-options des Anglo-Saxons), de RES, de Plan d'épargne entreprise, de plans d'actionnariat divers peuvent renforcer la situation de l'entreprise en cas de menaces diverses, comme celle d'une succession patrimoniale difficile ou celle d'une OPA inamicale. Un noyau dur d'actionnaires fidèles peut alors s'opposer à l'agression des « rôdeurs » ;

— cette forme de rémunération bénéficie d'avantages fiscaux appréciables.

D'une manière générale, la récente résurgence de la participation financière des salariés s'inscrit en référence aux principes du management moderne qui fait de la motivation et de la responsabilisation du personnel le principal gisement de productivité dans l'entreprise. Pour les salariés, la participation et l'intéressement répondent également à de nouvelles motivations, principalement à celle de disposer d'une épargne longue, qui peut coïncider avec le souci de se constituer un complément de retraite ou une garantie contre les risques salariaux. Pour eux également, les avantages fiscaux sont attractifs.

Longtemps, **l'intéressement et la participation** ont été appliqués par conviction (par ceux qui partageaient la vision gaullienne) ou par opportunisme (par ceux qui en valorisaient les avantages fiscaux). Ils sont **aujourd'hui de plus en plus intégrés à la stratégie sociale et financière des grandes entreprises.**

Les privatisations ont également élargi la base du capitalisme populaire. Aujourd'hui, environ 5 millions de petits actionnaires sont intéressés par les résultats des entreprises. Même si la France ne s'était pas donné des dirigeants favorables à la poursuite des privatisations, elle y aurait été contrainte par les autorités supranationales de l'Union européenne. En effet, les privatisations s'inscrivent dans le droit fil de la politique imposée par la Commission de Bruxelles. Au terme de l'article 222 du traité de Rome, la concurrence doit jouer dans les mêmes conditions pour les entreprises privées et pour les entreprises publiques, y compris pour celles qui sont chargées d'un « service public », au sens où on l'entend communément en France. Les entreprises du secteur public qui proposent des services d'intérêt général doivent démontrer qu'elles répondent à une nécessité reconnue. Le contrôle de la Commission a été renforcé en 1991. Désormais, l'État français doit déclarer les aides apportées aux entreprises publiques conformément à la directive « relative au renforcement de la transparence des relations financières entre les États et leurs entreprises publiques du secteur manufacturier », ce qui prive l'État de ses moyens d'action et amenuise la légitimité d'un secteur public étendu.

Tableau 3
L'essor des actionnaires individuels à la suite des privatisations de 1987
(en millions)

	1978	*1979*	*1982*	*1987*	*1991*	*1992*	*1994*	*1995*
Actionnaires individuels	1,3	1,4	1,7	6,2	5,4	4,5	5,7	5,3

Source : COB et enquête Sofres.

Les privatisations ont amené à la Bourse de nouveaux actionnaires individuels. Au total, les possesseurs de valeurs mobilières et de divers produits financiers dépassent 15 millions, ce qui représente une proportion notable de la population française...

• **Les relations avec le monde de la finance se sont intensifiées** et les possibilités de financement de l'entreprise se sont élargies avec le passage de la bancarisation à la désintermédiation consécutive à l'essor des marchés financiers.

Pendant les années de forte inflation, et particulièrement dans les années 70, quand la hausse des prix annuelle était voisine de 10 %, les taux d'intérêts nominaux étaient artificiellement maintenus à un niveau extrêmement bas, parfois inférieur au taux de l'inflation. Le taux d'intérêt réel, qui correspond au taux nominal défalqué du taux de l'inflation, est alors très faible et même parfois négatif. L'emprunt bancaire est un moyen de financement particulièrement avantageux et les charges financières, correspondant au service de la dette, sont modestes. Dans le cadre de cette *économie d'endettement,* les entreprises ont trouvé des interlocuteurs de plus en plus attentifs. Les relations avec les banques se sont améliorées dans la décennie 60 car le principe de la spécialisation bancaire a été abandonné partiellement en 1966. En France, l'entreprise s'est plus endettée que dans la plupart des pays industrialisés, acceptant ainsi une forte dépendance vis-à-vis des banques.

Après 1979, quand le Système fédéral de réserve américain décide de relever ses taux d'intérêt, toutes les banques du monde relèvent les leurs. Les entreprises françaises se trouvent surendettées et dans l'impossibilité de recourir à de nouveaux emprunts, trop onéreux. Elles doivent recourir aux deux solutions classiques pour financer leur développement : **restaurer leurs profits, nécessaires à l'autofinancement, et recourir aux marchés financiers.**

Tout d'abord l'autofinancement exige la restauration des profits. Entre 1974 et 1988, ils peuvent progresser puisque :

— la productivité des entreprises industrielles a augmenté de 71 % ;
— le nombre d'heures travaillées de 34 % ;
— et la valeur ajoutée de 13,3 %.

La restructuration des effectifs et la modération salariale permettent de réduire de 75 % à 65 % la part des frais de personnel dans le chiffre d'affaires entre 1983 et 1989. Dès 1983, grâce à la modération salariale et aux gains de productivité, le taux de marge (qui correspond à l'excédent brut d'exploitation rapporté à la valeur ajoutée) cesse de se dégrader. Il avait chuté de 10 points entre 1973 et 1982, passant de 29,7 % à 19,6 % entre ces deux dates. Il progresse de 13 points en cinq ans, de 19,6 à 33 %. L'endettement est réduit en proportion.

L'entreprise a également bénéficié de l'essor des marchés financiers. Le placement spéculatif des excédents de trésorerie a été confié à des spécialistes, à des *golden boys,* et la spéculation a parfois fait gagner à l'entreprise industrielle davantage que son activité traditionnelle de production. Ce fut le cas de la société Thomson, à la veille du krach boursier de 1987. La firme industrielle abandonne le vieux principe de Henry Ford, suivant lequel : « C'est l'atelier qui finance l'entreprise. » En général, les relations des grandes entreprises avec les marchés financiers se sont intensifiées, au risque de rendre plus indécise leur vocation productive. L'investissement industriel a pourtant repris une courbe ascendante après 1986, la loi bancaire de 1984 permettant aux banques de prendre des participations au capital des entreprises. Actuellement, la tendance est à l'établissement d'un partenariat étroit, voire à une **osmose entre le capitalisme industriel et le capitalisme financier,** ce dernier dominant souvent le premier.

Le désendettement s'en trouve facilité et la marge d'autofinancement s'est élargie dès l'arrivée de la reprise conjoncturelle de la fin de la décennie 80. Disposant d'une plus grande possibilité d'investissements sur fonds propres, les grandes entreprises sont plus autonomes. Néanmoins, la désintermédiation bancaire n'ouvre pas les mêmes perspectives à toutes les entreprises. Les plus grandes peuvent facilement s'adresser aux marchés financiers mais non les entreprises de taille modeste. Une réforme en cours de la bourse doit aboutir à la création d'un marché réservé au moyennes entreprises innovantes pour faciliter leur développement.

• **La France offre aujourd'hui un environnement favorable au développement du capitalisme national** et des conditions attractives pour l'investisseur étranger. La « compétitivité du sol » est devenue le facteur déterminant du développement du capitalisme français et de l'implantation des entreprises étrangères. **La France se présente comme un territoire particulièrement attractif.** Une étude publiée à la fin de l'année 1994 par la « Société d'études et de documentation économique, industrielle et sociale » en rend compte. Les critères retenus sont :

— les coûts de production, notamment les coûts salariaux ;
— l'accessibilité des marchés ;
— la position française au sein de l'Union européenne ;
— la qualité de l'environnement économique général et les perspectives de rentabilité de l'investissement.

Plus de la moitié des coûts de production sont représentés par les **charges salariales.** La France se situe dans la moyenne, entre les pays de l'Europe du Nord (où les salaires directs et les charges salariales sont plus élevés) et les pays de l'Europe du Sud, dont l'expertise de la main-d'œuvre est nettement inférieure. La progression des salaires a été particulièrement lente en France depuis 1980, alors que les gains de productivité du travail ont été supérieurs à la moyenne de l'OCDE.

Des infrastructures de qualité rendent les marchés très accessibles. En matière de transport, la France est parmi les premiers pays d'Europe pour la densité d'autoroutes par habitant et le premier pour la densité des routes et des lignes ferroviaires. Dans les télécommunications, les services sont parfois considérés comme onéreux, mais leur qualité fait l'unanimité, particulièrement celle des réseaux Numeris, Transpac et Minitel. Les délais pour obtenir un raccordement sont pratiquement nuls.

La France offre un des grands marchés solvables de l'Union européenne, avec 16 % de la population de l'Union et 20 % du PIB communautaire. Malgré une situation géographique légèrement décalée par rapport au centre de gravité économique de l'Union européenne, l'infrastructure des réseaux de communication l'arrime de plus en plus solidement à une « dorsale européenne » qui suit la vallée du Rhin et la prolonge vers le nord-ouest jusqu'en Angleterre et vers le sud-est vers la Lombardie. Son territoire est une **tête de pont** efficace pour les firmes transnationales qui veulent pénétrer le plus grand marché du monde. Seule réserve : la rareté de ses métropoles de dimension internationale, hormis Paris et Lyon.

L'environnement économique général et les perspectives de rentabilité de l'investissement sont également très appréciés par les entreprises. La fiscalité pesant sur les entreprises est inférieure ou comparable à celle des pays de l'Europe du Nord, le Royaume-Uni excepté. La réglementation des investissements étrangers, assouplie depuis 1987, est aujourd'hui une des plus libérales de l'Union. Aucune démarche administrative n'est imposée aux investisseurs communautaires et les investissements d'origine extracommunautaire sont soumis à une autorisation préalable seulement s'ils représentent des prises de participations supérieures à 50 millions de francs dans une société cotée en bourse. Nombre d'entreprises ont été recapitalisées par les investisseurs étrangers. Les privatisations, depuis 1986, ont par ailleurs accru l'attrait des marchés financiers nationaux.

Le risque social est particulièrement réduit malgré quelques récentes tensions sporadiques. Le nombre de journées perdues pour fait de grèves a fortement diminué pendant les années 80 et le taux de syndicalisation est aujourd'hui l'un des plus faibles de l'Union européenne. Enfin, la France offre aux cadres des conditions de vie de qualité, auxquelles s'ajoutent des ressources culturelles et touristiques que les manageurs immigrés ne tardent pas à apprécier.

Il s'ensuit que la rentabilité des investissements productifs est en France supérieure à celle de la plupart des autre pays de l'OCDE.

Une meilleure valorisation du potentiel national par des entreprises restructurées explique les bonnes performances récentes autant que l'amélioration de la conjoncture. L'attractivité des conditions de production est de plus en plus reconnue par les investisseurs étrangers.

II. L'adaptation de l'entreprise à la nouvelle donne internationale

Dès 1979, les vastes horizons s'ouvrant devant l'entreprise française ont été évoqués par Michel Drancourt dans *La France du grand large*[1] et en 1987 Lionel Stoléru affirmait à son tour : « L'international commande et le national suit », dans *L'ambition internationale* (Seuil). Depuis vingt ans, le capitalisme français participe à un processus de « destruction créatrice », selon le vocabulaire schumpétérien, au cours duquel un ordre ancien disparaît. Simultanément, émergent de nouvelles conditions de production et d'échanges et s'élargissent les perspectives.

La réussite de l'entreprise dans une économie concurrentielle dépend des qualités professionnelles et de l'« esprit d'entreprise » des hommes qui y collaborent ainsi que du dynamisme des créateurs. Aujourd'hui, les structures organisationnelles sont diverses, les relations internes de pouvoir ne cessent d'évoluer et de s'adapter, en particulier en fonction de la taille de l'entreprise. La stratégie suivie

1. Michel Drancourt, *La France du grand large,* Éd. Robert Laffont, 1979.

par les grands groupes les conduit à investir davantage à l'étranger que sur le territoire national où les conditions de production sont pourtant particulièrement favorables. Le paradoxe n'est qu'apparent, mais il en résulte certaines difficultés pour définir les contours exacts du capitalisme français.

1. Les hommes de l'entreprise sont de plus en plus performants

▸ **L'importance des ressources humaines est décisive.**

• **La main-d'œuvre n'a jamais été aussi nombreuse, aussi bien utilisée et autant qualifiée qu'aujourd'hui.**

Les Français n'ont jamais été si nombreux, avec un effectif un peu supérieur à 58 millions sur le territoire métropolitain dont 38 millions âgés de 15 à 65 ans. Les traces de la surmortalité et du déficit des naissances consécutifs à la Première Guerre mondiale s'estompent sur la pyramide des âges et les enfants de l'après-guerre sont en âge de travailler depuis le début de la décennie 60. Le Français est-il trop nombreux ? Sans aborder de front ce grave débat, notons que les pouvoirs publics ont adopté une politique restrictive afin d'ajuster l'effectif des actifs aux besoins **immédiats** des entreprises. Depuis le milieu de la décennie 70, l'immigration organisée des travailleurs étrangers a été en principe arrêtée. Simultanément, la scolarité a été allongée et l'âge de la retraite effective avancé afin de réduire par les deux bouts la période de travail dans la vie d'un actif. La durée légale hebdomadaire de travail n'a jamais été aussi courte, ramenée à trente-neuf heures depuis 1982, et la durée des congés payés a été portée à cinq semaines. Le Français est réputé travailler moins longtemps que les Japonais et approximativement aussi longtemps que les Allemands. Mais ces données quantitatives ne rendent pas compte de la durée de l'utilisation du capital technique, un des principaux déterminants de la productivité globale.

• **La durée d'utilisation des machines a été allongée en même temps que la durée du travail individuel était réduite,** les horaires de travail dans l'entreprise française se révèlent extrêmement diversifiés et s'individualisent, parfois à la demande du salarié, le plus souvent à l'initiative de l'employeur :

— des heures supplémentaires peuvent être demandées par l'employeur, à concurrence d'un contingent annuel de cent trente heures ;

— le travail peut être organisé en cycle d'une durée allant jusqu'à douze semaines d'affilée, pendant lequel un salarié peut travailler, par exemple, trente-six heures une première semaine et quarante-deux heures la semaine suivante, et ainsi de suite ;

— l'horaire modulé permet de faire varier la durée hebdomadaire du travail sur quelques mois ou sur l'année complète, à condition que la moyenne de trente-neuf heures calculée sur l'année soit respectée ;

— par ailleurs, le travail par équipe s'organise en relais, avec chevauchement des horaires de travail de deux équipes aux heures de pointe, ou par succession de deux équipes ; le travail posté en continu couvre vingt-quatre heures sur vingt-quatre et, parfois, sept jours sur sept ;

— le travail de nuit est autorisé au-dessus de 18 ans, sauf dans certains cas pour la main-d'œuvre féminine ;

— le travail à temps partiel correspond à une durée hebdomadaire inférieure à trente-deux heures, formule pouvant être choisie par le salarié ou par son employeur. Il est fréquent dans le cas du congé parental et de la retraite progressive ;

— le travail intermittent correspond à une alternance de périodes travaillées et de périodes non travaillées, selon le rythme des tâches saisonnières ou c-ycliques ;

— enfin, le travail régi par un contrat à durée déterminée (CDD) à tous les niveaux de qualification représente une forme d'embauche très fréquente, particulièrement pour ceux qui accèdent à un premier emploi. Toutes ces formules sont contractuelles et conformes à l'article L 212 du Code de travail. Le législateur a manifestement eu le souci de prendre en compte la nécessité d'opposer le maximum de flexibilité aux contraintes de la production dans une situation concurrentielle. De plus, jamais la main-d'œuvre n'a été aussi compétente.

Depuis une vingtaine d'années, à la suite de la réduction des effectifs industriels non qualifiés, dont le pourcentage est passé de 33 % à 23 % depuis 1975, et de la quasi-stabilité de la main-d'œuvre qualifiée (techniciens et agents de maîtrise), la **compétence professionnelle moyenne s'est nettement améliorée.** Le phénomène de requalification n'est donc pas consécutif à une amélioration de la formation professionnelle des salariés mais de la procédure licenciement/embauche. Néanmoins, un pourcentage équivalent à environ 7 % des ouvriers d'usines (5 % des ouvriers et 25 % des ouvrières) travaillent toujours à la chaîne. Le taylorisme n'a pas disparu, et avec lui les inconvénients bien connu du surencadrement, de la rigidité des flux, de la médiocre qualité de la production et de multiples servitudes pour la main-d'œuvre.

Est-il préférable de changer **de** personnel ou de changer **le** personnel ? Cette question brutale se posait encore fortement à la fin des « Trente Glorieuses ». La Gestion des ressources humaines (GRH) française a longtemps hésité à suivre la logique américaine, qui privilégie la sélection à l'embauche, plutôt que la méthode de la grande entreprise allemande ou japonaise, qui promeut l'insertion de ses salariés grâce à une formation continue dispensée au sein de l'entreprise. Depuis une dizaine d'années, la méthode américaine prévaut, faisant preuve d'une réelle efficacité économique. Le court terme est privilégié au long terme ; les relations du travail traditionnelles s'en trouvent modifiées.

• **L'efficacité de la population active dépend étroitement de sa formation professionnelle et l'entreprise a pris le relais du système éducatif pour la rendre opérationnelle.** Les PME restent encore aujourd'hui le lieu privilégié de l'apprentissage avec l'avantage de permettre à l'apprenti de s'adapter rapidement à sa tâche grâce à la transmission des savoir-faire, des tours de mains et des astuces du métier, mais au risque de la routine et de l'absence d'innovation. La grande entreprise intervient notamment par l'intermédiaire du CNPF qui, au terme de la loi de 1984, finance plus de 130 associations de formation (les ASFO) grâce à la collecte de cotisations qui représentent 0,4 % de la masse salariale de ses adhérents. Le montant de ces cotisations, qui était fiscalisé avant 1984, s'élève aujourd'hui à plusieurs milliards de francs par an. Au sein du CNPF, le poids de l'Union des industries métallurgiques et minières (UIMM) oriente le plus souvent de façon décisive la politique de formation professionnelle.

Le développement de la formation professionnelle a de lourdes retombées sociologiques.

— Pendant la décennie 60, elle a permis l'intégration des classes moyennes, dont la formation générale était assez inégale et la formation professionnelle acquise sur le tas.

— Pendant la décennie 70, l'entreprise s'est progressivement valorisée dans l'opinion publique et elle a pris en charge certaines prérogatives de l'Éducation nationale, en matière de formation qualifiante.

— Depuis le milieu de la décennie 80, avec la redécouverte et l'acceptation de règles de l'économie de marché, la formation continue a permis d'en vulgariser les règles et les contraintes. Elle a favorisé l'émergence de nouvelles relations du travail.

• **Les relations du travail se sont améliorées depuis un demi-siècle.** Les grèves révolutionnaires de l'immédiat après-guerre, notamment en 1947, devaient encore révéler les influences extérieures et les relations privilégiées entretenues par les syndicats avec les « Deux Grands » pendant la « guerre froide ». La CGT était attentive aux directives du Kominform et la CGT-FO a été créée avec le soutien de l'American Federation of Labor. L'entreprise était prise en otage et soumise à de fortes tensions sociales et politiques, nationales et internationales. Depuis vingt ans le nombre des conflits du travail s'est réduit pour trois raisons principales.

Tout d'abord, l'emploi est moins protégé, plus précaire, moins défendu par les syndicats et le licenciement plus facile. De plus, les expériences de gestion participative de la main-d'œuvre lui ont permis de trouver dans le travail de meilleures conditions d'épanouissement personnel que dans la gestion taylorienne. Enfin, les salariés ont pris conscience des fragilités de l'entreprise face à la concurrence. Il s'agit là d'une sorte de « révolution culturelle » dont les conséquences sont sans aucun doute bénéfiques aux gains de productivité, fût-ce au prix d'une plus grande instabilité sociale. Il s'ensuit que **la main-d'œuvre employée dans l'entreprise française est plus performante qu'on ne le croit généralement.** Les gains de productivité du travail sont supérieurs en France à ceux des États-Unis.

L'entreprise française a adopté une stratégie de marge plutôt qu'une stratégie de parts de marchés et a suivi une politique *d'investissements d'innovation* plutôt que des programmes *d'investissements de capacité*. Elle sort consolidée de ces vingt dernières années de croissance récessive. De plus, la valeur de la production exportée, rapportée à l'effectif des actifs employés en France (une valeur supérieure à

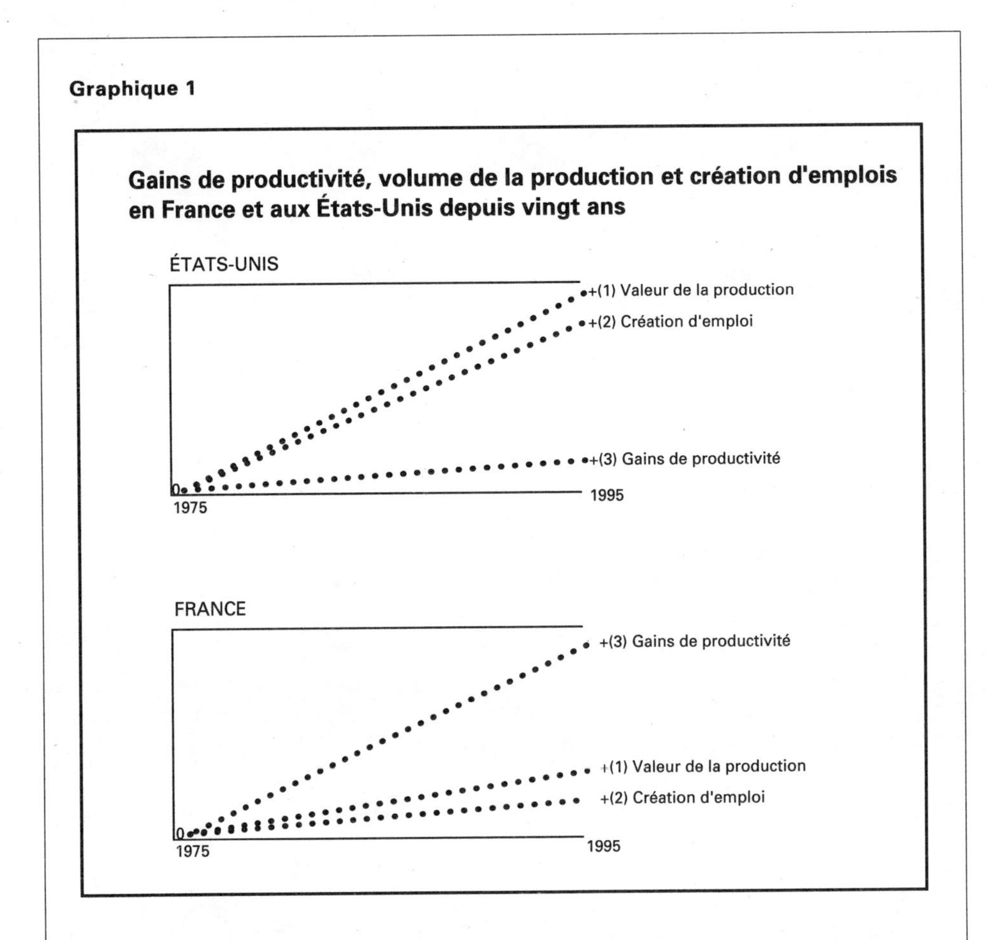

L'évolution de la productivité horaire (3), de la valeur de la production (1) et de la création d'emplois (2) en France montrent que depuis vingt ans :
— la production a augmenté moins vite qu'aux États-Unis, alors que
— les gains de productivité ont été supérieurs et que les créations d'emplois ont été moindres.

celle du Japon et des États-Unis, et inférieure de peu à celle de l'Allemagne), montre l'excellente compétitivité du système productif national.

• **L'encadrement a bénéficié d'un sang neuf avec le développement de la méritocratie**. Au XIXe siècle, la hiérarchie de la notabilité et de la puissance dépendait des secteurs d'activité. Au sommet, le banquier et le maître de forges ; au-dessous, le grand patron dans les industries modernes et le négociant.

Aujourd'hui l'*establishment* est constitué en France d'un appareil « colbertien » et d'un réseau « saint-simonien ». La plupart des grands commis de l'État et des dirigeants des grands groupes sont formés dans les mêmes institutions, tels l'École polytechnique (27 % des grands manageurs), les Ponts et chaussées ou HEC (7 % d'entre eux). L'École nationale d'administration fondée au lendemain de la Seconde Guerre mondiale a vu passer 19 % des grands manageurs actuels. Aujourd'hui, un grand manageur sur deux est passé par le service de l'État. Dans son parcours où alternent services publics et direction d'entreprises privées, il a noué de solides relations personnelles dans le milieu « saint-simonien ». L'homogénéité du grand patronat français est cimentée par l'appartenance aux grands corps de l'État et par une réelle conformité culturelle.

► **La grande entreprise familiale** n'est plus le modèle dominant. Elle n'a pas disparu, mais a connu des fortunes diverses depuis une cinquantaine d'années. Les destinées divergentes des « barons de l'acier » et de la famille Michelin en offrent deux exemples extrêmes.

• **Dans la sidérurgie, le capitalisme familial a été remplacé par le capitalisme d'État avant d'être privatisé.**

En 1938, les héritiers des anciens maîtres de forges étaient à la tête de 122 entreprises sidérurgiques, produisant ensemble 6 millions de tonnes d'acier, quand cinq entreprises allemandes en fabriquaient un tonnage quatre fois supérieur. A l'abri du protectionnisme, l'appareil de production n'avait pas été modernisé et le dernier haut fourneau avait été construit en 1906. Leurs installations ont été médiocrement utilisées par l'occupant pendant la Seconde Guerre mondiale. En 1945, les ressources propres des entreprises ne pouvaient plus couvrir les besoins de l'investissement de capacité et de modernisation au moment où elles devaient fournir à la France les produits de base de la reconstruction. Dans le cadre du Ier Plan quinquennal, les sidérurgistes ont été prioritaires dans le Plan Marshall. Puis le Groupement des intérêts sidérurgistes (GIS) a obtenu le privilège rare d'émettre des emprunts garantis par l'État. Le volume de la production de cette industrie emblématique de la première industrialisation donnait à nouveau la mesure de la puissance de la nation. Il fallait produire à tout prix, voire à n'importe quel coût.

L'État a fixé les prix de l'acier à un niveau assez bas pour que les industries du secteur aval bénéficient de produits intermédiaires à bon marché. En contrepartie, les pouvoirs publics garantissent les emprunts du GIS et accordent des subventions. Entre 1945 et 1965, ils encouragent la concentration des entreprises autour des trois sociétés :

— Usinor (Union sidérurgique du Nord), créée en 1948 par la fusion de multiples petites entreprises du Nord ;
— Sidelor (Sidérurgie de Lorraine), créée en 1964 autour du chef de file Pont-à-Mousson ;
— De Wendel, un autre chef de file de la sidérurgie lorraine.

En 1968, l'État aide financièrement la fusion de SIDELOR avec De Wendel et préside en 1970 à celle de la Compagnie des ateliers et forges de la Loire et des Sociétés de forges et aciéries du Creusot, détenues par les familles Empain et Schneider.

L'année 1978 est celle de la dernière restructuration des entreprises sous l'égide de l'État. Deux sociétés financières (holding) sont constituées, avec une nouvelle répartition du capital : la première autour de Sacilor, la seconde autour de Usinor. Le coût global des aides à la restructuration franchit alors le seuil de 100 milliards de francs.

Entre 1945 et 1978, au terme d'une « nationalisation discrète », le capital est progressivement passé du contrôle familial au contrôle de l'État.

La nationalisation *de jure* est réalisée en 1982 : l'État refinance les deux producteurs, le ministère de tutelle répartit les productions et les deux groupes représentent déjà un ensemble cohérent quand une direction commune leur est donnée (1986). L'offre publique de vente a été décidée en mars 1994 et le capital privatisé.

Encadré 2
Fiche d'identité d'Usinor-Sacilor en mars 1994, lors de la privatisation

— Capital social : 3,73 milliards.
— Chiffre d'affaires, en milliards de francs : 1989 : 97 ; 1990 : 96,1 ; 1991 : 97,2 ; 1992 : 87 ; 1993 : 75,3 ; 1994 : 79,6.
— Part du chiffre d'affaires réalisé hors de France : 68 %.
— Endettement : 17,4 milliards de francs (fonds propres : 23 milliards de francs).
— Production : 18 millions de tonnes (premier rang européen, troisième rang mondial, derrière Nippon Steel), Japon (25,6 millions de tonnes), et Posco, Corée (23,5 millions de tonnes).
— Répartition de productions, en parts du CA : produits plats : 55 % (destinés aux matériels de transports, aux gros tubes soudés) ; inox : 20 % (aciers au nickel, au chrome, au cobalt, au titane...) ; aciers spéciaux : 18 % (dont rails pour TGV, ressorts, aciers pour roulements) ; autres : 7 % (dont profilés, tubes sans soudure produits, cylindres pour laminoirs, ronds à béton).

• **A l'opposé, le capitalisme familial s'est consolidé dans l'industrie du pneumatique.** La famille Michelin est à l'origine d'une entreprise traditionnelle toujours performante, depuis sa création en 1889, par les deux frères Michelin, André (ingénieur centralien) et Édouard (diplômé des Beaux-Arts). Héritiers d'une entreprise familiale de mécanique forte d'une dizaine de salariés, ils commencent par fabriquer des patins de frein vendus aux pionniers de l'automobile : Renault, Peugeot, le marquis de Dion, Panhard, etc. Ils ont dirigé la société jusqu'à leur mort en 1931. François, né en 1926, est devenu associé-gérant en 1957. Il est toujours en activité en 1995. Son fils, Édouard (ingénieur centralien), est nommé à ce poste à ses côtés en 1991 avec la qualité de successeur désigné. La société a été rarement dirigée par des personnes extérieures à la famille qui en a toujours conservé le contrôle financier malgré les « rôdeurs » (ainsi sont qualifiés par François Michelin les « raiders », « attaquants » ou « pirates »), ce contrôle étant facilité par le statut de la commandite.

Une politique d'innovation permanente a été poursuivie sans relâche. Chez les Michelin, la compétence technique est devenue une exigence familiale. Le succès est dû à la réussite d'innovations techniques successives.

— En 1889 : le caoutchouc, un nouveau produit, est utilisé pour garnir les freins des premières automobiles.

— En 1891 : le pneumatique (gonflable) perfectionné par Michelin entre en compétition avec le bandage en caoutchouc plein, malgré une vigoureuse campagne publicitaire des concurrents qui avancent les risques de crevaison et surtout d'éclatement.

— En 1895 : mise au point d'un pneu démontable pour automobile.

— Dans les années 1920 : début de la fabrication à la chaîne dans des usines conçues selon les principes de Taylor.

— En 1940 : mise au point du « pneu X » à carcasse radiale, différente de la structure métallique croisée en diagonale. La fabrication est lancée en 1946 malgré l'avis des financiers et des commerciaux et se développe dans les années 60.

— Dans les années 70-80 : la recherche porte sur la qualité et sur la diversité des gommes utilisées. Certaines gommes permettent de privilégier la longévité, d'autres, l'adhérence au sol.

— En 1993 : mise au point du modèle XH4, le « pneu vert ». La bande de roulement en est plus étroite, réduisant de 30 % la consommation de carburant. La gomme, de meilleure qualité, permet de doubler le kilométrage parcouru.

— En 1995 : introduction d'un nouveau procédé de fabrication de pneu pour les véhicules de tourisme, le C3M, dont les caractéristiques restent secrètes. Le budget recherche-développement représente environ 5 % du chiffre d'affaires de la société.

Le pouvoir du chef d'entreprise est resté sans partage, même si les associés-gérants de la société en commandite ne le reconnaissent pas officiellement. Pour François Michelin, « le véritable *corporate governance* d'une entreprise, c'est le client... La notion d'organisation pyramidale est complètement erronée car il convient de partir des réalités du terrain, les faits et les hommes. C'est de là que viennent les idées et les stratégies ». De son côté, Édouard Michelin affirme à la presse en juillet 1995 : « Quand on demande à un mille-pattes comment il fonctionne, il s'arrête et il prend une congestion cérébrale. » Les relations du travail sont marquées par le souci du contact quotidien avec le personnel. Édouard a occupé de multiples postes de travail dans les ateliers, avant et après son passage à l'École centrale, et parfois sous le couvert de l'anonymat. Le dialogue social est informel et court-circuite souvent les institutions représentatives du personnel. Quand éclate un conflit du travail, les syndicats reprochent moins à la direction de contenir les salaires que de brider la parole et la liberté des comportements. Cette dernière déplore la flânerie et l'effritement du respect de l'outil de travail. François Michelin résume les qualités d'un chef d'entreprise : le sens du contact, la capacité de comprendre les données scientifiques d'un problème, un sens aigu du commerce, de la finance et de l'organisation. Il doit gérer en fonction des clients, du personnel et des actionnaires. C'est le sens de l'équilibre entre ces divers acteurs qu'il a décelé dans la personne de son fils, lui aussi prénommé Édouard, appelé à lui succéder.

Dès sa création, la firme a voulu agir sur son environnement immédiat. A la fin du XIXe siècle, les ouvriers-paysans étaient formés dans l'atelier. Bientôt, les écoles Michelin ont dispensé une formation professionnelle adaptée à ses besoins.

Au milieu du XXe siècle, la société Michelin finance le logement, les loisirs sportifs et culturels, les établissements de santé, etc., de ses employés, qui en tirent grands bénéfices mais les perdent s'ils sont licenciés. La ville de Clermont-Ferrand dépend presque totalement des emplois directs ou indirects générés par la firme.

Michelin a compris que la firme doit répondre aux besoins du marché et modifier ce marché à son profit par une intense pression publicitaire. Dès 1894, Édouard souligne la bonne adhérence au sol supérieure des pneus en inventant la formule : « Le pneu Michelin boit l'obstacle. » Son imagination le conduit naturellement à l'injonction épicurienne : « Maintenant, il est temps de boire ! », en latin : *Nunc est bibendum,* et il conçoit un petit personnage boudiné, « Bibendum », dont la silhouette est composée de pneus empilés les uns sur les autres. De son côté, André engage une action à long terme pour imprimer le nom de la firme dans les esprits. Il dresse les premières cartes routières en 1901, bientôt établies à l'échelle de 1/200 000 toujours utilisées aujourd'hui. Il obtient des Ponts et chaussées la numérotation des routes qu'il jalonne par de luxueuses bornes kilométriques érigées aux carrefours.

A l'égard des pouvoirs publics, la famille Michelin est le plus souvent restée très discrète, mais répugne toujours à laisser l'État entrer dans ses ateliers. François est aujourd'hui un des porte-parole du courant libéral. Pour lui, l'actuelle réglementation du travail impose de ne licencier que lorsque la situation de la firme se détériore. La firme ne peut donc suivre de « stratégie préventive », représentée par des licenciements progressifs et une aide au reclassement. Il regrette de ne pas pouvoir suivre cette politique considérée comme plus respectueuse de la dignité du personnel que les licenciements massifs. Il regrette de ne pouvoir ajuster les effectifs aux carnets de commandes et, de ce fait, de devoir être prudent dans l'embauche.

Tirant sa force dans son enracinement auvergnat, la firme développe ses antennes à l'échelle mondiale. La firme a suivi **une stratégie de croissance** par la diversification dans l'automobile entre 1935 et les années 80 (rachat de Citroën en 1935, de Panhard en 1965 et de Berliet en 1967). Michelin s'en sépare quand la crise de l'automobile des années 70-80 en fait des gouffres à finances. Le recentrage sur sa monoactivité de départ, la fabrication de pneumatiques et la même stratégie de croissance externe conduisent Michelin à prendre le contrôle de Kléber-Colombe en 1970 et de Uniroyal-Goodrich en 1989-1990. Au milieu des années 60, Michelin réalisait le dixième de la production de Firestone et occupait le dixième rang mondial. Aujourd'hui, il est le numéro un mondial dans sa branche. Michelin a abandonné une approche du marché par pays au profit d'une approche par continent. La spécialisation de chaque usine monoproductrice, fabriquant un seul produit, impose une nouvelle redistribution mondiale de son parc de machines entre les sites et lui permet de réaliser des économies d'échelles et des gains de productivité.

Michelin tend à produire sur les lieux de vente en choisissant les marchés les plus vastes, comme celui des États-Unis dès 1909 et celui de la Grande-Bretagne en 1917. Pour contourner les obstacles tarifaires érigés dans les années 30, il s'installe en Argentine, en Allemagne, en Espagne et en Tchécoslovaquie. Aujourd'hui, ces obstacles sont représentés essentiellement par les fluctuations des parités monétaires, mais la même stratégie est toujours justifiée. Par exemple, dans un premier temps, la vente aux États-Unis, au Japon et au Brésil était confiée au service « Grand Export ». Une fois que l'image est devenue positive et les parts de marché significatives, la firme investit dans la production sur place. Il ne s'agit pas de délocalisation mais d'investissements directs à l'étranger destinés à mieux répondre aux besoins locaux, sans détruire pour autant des emplois sur le territoire national. La création d'emplois en France, selon François Michelin, est directement liée à la compétitivité, qui dépend elle-même du coût du travail et de la compétence de la main-d'œuvre. Les charges salariales y sont plus élevées qu'au Royaume-Uni et en Italie, mais les compétences y sont plus nombreuses. Sur 120 000 salariés, la France en accueille le quart pour réaliser le tiers de sa production mondiale. Michelin a mis en service la plus grande usine mondiale entièrement automatisée à Clermont-Ferrand en 1993. Les laboratoires de recherche y sont installés.

Encadré 3
Fiche d'identité de Michelin

— Création : 1889 à Clermont-Ferrand.
— Statut juridique : commandite par actions.
— Activité : manufacture de pneumatiques.
— Chiffre d'affaires : 67,2 milliards de francs en 1994 (+ 6,2 % par rapport à 1993).
— Bénéfice net consolidé : 1,27 milliard de francs en 1994.
— Parts de marché : premier rang mondial avec 19,7 % du marché, devant Bridgetone (Japon) dont la part de marché est de 18 %. Michelin est le chef de file dans sa branche depuis l'acquisition de Uniroyal en 1990. La firme a 69 usines dans le monde et environ 120 000 salariés. Le tiers de la production est réalisé en France, le quart en Amérique du Nord et 2 % au Japon où ses ventes couvrent 10 % du marché. En Chine et dans le Sud-Est asiatique, Michelin a « plusieurs fers au feu » (François Michelin).

Hormis les PME, les exemples de grandes entreprises performantes construites sur le modèle dynastique restent nombreux. L'empreinte familiale reste particulièrement forte sur les firmes de la grande distribution intégrée, avec les familles Halley (Promodès), Guichard (Casino), Mulliez (Auchan), Leclerc (Centres Leclerc), Roch (Intermarché), Fournier (Carrefour), Toulouse-Deroy (Docks de France). Dans la chimie, la société L'Air liquide a été fondée par Paul Delorme, son premier successeur a été Jean Delorme, son fils, et le deuxième, Édouard de La Royère, gendre de Jean Delorme. Il conviendrait d'y ajouter les firmes Bouygues, L'Oréal, Peugeot, Sodexho, etc. Le « management à la française », selon Frédéric Teulon (*L'État et le capitalisme au XXe siècle,* PUF, coll. « Major », 1992), a été écartelé entre trois tendances : la tendance dynastique, avec le capitalisme familial, la technostructure, avec la montée des cadres, et l'influence des grands commis de l'État, qui nomadisent entre le public et le privé.

Dans la diversité française, le capitalisme familial qui plonge ses racines dans le XIXe siècle conserve sa place lorsque pointe le XXIe siècle.

▶ **L'exercice du pouvoir dans l'entreprise s'est adapté,** après avoir subi les turbulences de l'histoire. La conception « mécanicienne » de l'entreprise, machine à réaliser du profit, justifiée du strict point de vue économique, est aujourd'hui considérée comme étriquée. La réflexion moderne propose une définition plus large de l'entreprise.

L'entreprise est à la fois l'endroit où se crée la richesse et celui où cette richesse est répartie. Elle est aussi un lieu de vie dans lequel s'établit l'essentiel des rapports sociaux. Les relations entre les agents ont donc évolué de pair avec la société, et avec elle, l'exercice du pouvoir. François Perroux affirmait naguère que l'entreprise est le « microcosme du capitalisme », la principale « matrice de la société ». Elle ne peut que refléter les relations de pouvoir régissant cette société depuis l'apparition du capitalisme en France.

Le pouvoir politique est tout d'abord passé de la monarchie totalitaire à une monarchie censitaire, dans laquelle seuls les propriétaires payant l'impôt jouissaient des droits civiques. Il a enfin débouché sur la démocratie. L'entreprise quant à elle navigue et trouve sa voie entre l'écueil de l'autoritarisme paralysant et celui de la dilution du pouvoir qui conduit à l'inefficacité.

Le danger de la centralisation autoritaire du pouvoir a été maintes fois souligné. Une interview de Konosuke Matsushita, président du groupe Matsushita (recueilli par *Le Figaro* du 13 janvier 1986), reflète l'analyse d'un grand manageur japonais, citoyen d'un pays où la démocratie n'a pourtant pas de racines aussi profondes qu'en France.

> *Nous avons gagné et l'Occident va perdre. Vous n'y pouvez plus grand-chose. C'est en vous-mêmes que vous portez votre défaite car vos organisations sont tayloriennes. Mais le pire, c'est que vos têtes le sont aussi. Vous êtes totalement persuadés de bien faire fonctionner vos entreprises en ayant d'un côté ceux qui pensent et d'un autre côté ceux qui vissent. Pour vous, le management reste l'art de faire passer convenablement les idées des patrons et des ingénieurs dans les mains des manœuvres...*

Encadré 4
Le poids des mots et le choc des idées :
les fonctions d'entrepreneur, de patron, de chef d'entreprise et de manageur

La terminologie n'est jamais innocente. L'usage courant privilégie spontanément un terme par rapport à un autre. Certains y voient le reflet des fonctions et des relations prédominantes de l'employeur à un moment donné. En fait l'homme-orchestre qui dirige l'entreprise exerce tous les rôles simultanément, mais il se présente sous différents jours suivant les circonstances. Par exemple, en période de rapides mutations économiques, l'**« entrepreneur-innovateur »** prend le pas sur le **« chef d'entreprise-gestionnaire ».**

Malgré la plurifonctionnalité du même homme, chaque terme est riche d'une connotation particulière.

— L'**« entrepreneur »** est à l'origine de l'innovation, selon Schumpeter. Il est un créateur dont les qualités de visionnaire l'emportent parfois sur les talents de gestionnaire. André Citroën le personnifiait assez bien.

— Le mot **« patron »** qui vient directement du latin *patronus* (protecteur) et indirectement de la racine de *pater* (père) correspond à l'entreprise patrimoniale d'origine familiale où les relations restent souvent de type patriarcal. Les Michelin en fournissent des exemples.

— Le « **chef** » d'entreprise est celui qui s'impose dans une structure hiérarchisée de type militaire à la tête de cette « cellule économique de combat » qu'est l'entreprise d'aujourd'hui. Elle a besoin d'un chef prenant (souvent seul) des décisions stratégiques impopulaires. Il est proche du général Murat, un meneur d'hommes, tel Jean Mantelet (1900-1991) à la tête de Moulinex. Il est proche du maréchal Davout, quand domine en lui le stratège, comme chez Didier Pineau-Valencienne, C. Bébéar tenant à la fois du premier et du second. Un certain nombre de grands capitaines d'industrie ont imprimé durablement la marque de leur personnalité sur l'entreprise qu'ils ont créée ou développée. Dans la lignée des « despotes éclairés », après Henry Ford aux États-Unis, se situent André Blanchet (Télémécanique), Marcel Demonge (Lafarge), Paul Merlin (Merlin-Gérin), Antoine Riboud (Danone).

— Le terme « **manageur** » caractérise plutôt le mérite et la compétence d'un « homme nouveau », tel qu'il est défini par Burnham dans les années 40. Il est un élément de l'appareil collégial de la technostructure, selon J. K. Galbraith. Les grands commis de l'État, qui pantouflent volontiers, présentent l'archétype du manageur moderne, dans la mesure où le système correspond à la « méritocratie ».

• **Le fondement légal du pouvoir reste le droit de propriété du capital.** Le statut juridique de l'entreprise donne une base juridique à l'exercice de tous les pouvoirs par son propriétaire. Le Code napoléonien définit le droit de propriété et accorde un pouvoir discrétionnaire au propriétaire, calqué sur les relations « maître et serviteurs » reconnues par toute la jurisprudence jusqu'au milieu du XIXe siècle. L'entreprise de grande taille reproduit alors une organisation militaire. Le pouvoir de la hiérarchie est de nature technique (compétence) et disciplinaire comme le montrent les règlements d'atelier et le « Livret ouvrier » de l'époque. Aujourd'hui, dans l'entreprise individuelle de petite taille, le « patron » s'identifie encore au propriétaire du capital.

Dans les grandes sociétés (sociétés anonymes), le pouvoir théorique est détenu par les actionnaires qui le délèguent aux cadres supérieurs. Le principe hiérarchique est sauvegardé : le pouvoir « vient d'en haut » et se démultiplie en fonction des compétences reconnues. Avec le taylorisme, le travail a été divisé, horizontalement, par la parcellisation des tâches et, verticalement, par la séparation du travail de conception et du travail d'exécution. Le pouvoir hiérarchique est lui-même parcellisé (selon Henri Fayol) dans l'entreprise à structure pyramidale. L'autorité supérieure ordonne et contrôle l'initiative à quelque échelon que ce soit. « Un patron ne doit rien faire, tout faire faire et ne rien laisser faire », écrivait naguère Henry Ford. Cet exercice du pouvoir traditionnel prévalait après la Seconde Guerre mondiale. Aujourd'hui, il a été réformé par la politique d'enrichissement des tâches à l'initiative de la hiérarchie ou par l'introduction des cercles de qualité, qui, grâce à la concertation, permettent une motivation de la main-d'œuvre sur des objectifs proposés par l'encadrement.

• **Les limites de l'exercice du pouvoir issu du droit de propriété du capital sont d'origine externe,** générées par la réglementation et la législation, **mais également d'origine interne** liées au développement propre de l'entreprise capitaliste. En effet, la concentration économique a réduit le pouvoir des propriétaires du capital ou de leurs représentants directs. James Burnham, avec *The managerial revolu-*

tion (1941), traduit et publié sous le titre *L'ère des organisateurs* chez Calmann-Lévy en 1947, s'est placé dans une perspective saint-simonienne pour prévoir un essor sans limites du pouvoir des grands manageurs et pour déceler des contre-pouvoirs générés par l'entreprise elle-même. Devant la complexité de la gestion des grandes sociétés, l'information est maîtrisée au niveau des cadres supérieurs. Les actionnaires deviennent plus ou moins incompétents et les manageurs infléchissent facilement la prise de décision. Galbraith, dans *The New Industrial State*, en 1964, a qualifié de « technostructure » cet appareil collégial qui prépare et détermine la décision.

En France, l'entreprise a depuis longtemps généré elle-même des contre-pouvoirs. Dès la fin du XIXe siècle, dans la décennie 80, le développement du « pantouflage » de hauts fonctionnaires dans les entreprises a favorisé l'émergence d'une nouvelle oligarchie et a renforcé la tendance au management administratif des firmes de grande taille. Les dirigeants issus de la haute administration se sont habituellement montrés soucieux de garantir l'indépendance de l'entreprise, mais, en cas de difficultés particulières, ils ont été tout naturellement disposés à se rapprocher du partenaire-État, leur ancien employeur. Aujourd'hui, l'origine sociale des dirigeants, l'identité de leur formation, le partage des mêmes valeurs et leur alignement sur les mêmes comportements sociaux en font un corps homogène au sein duquel l'État, les entreprises nationalisées et les grands groupes privés puisent selon leurs besoins. Les cadres supérieurs privilégient la stratégie de puissance par rapport à la stratégie de profit, souhaitée par les actionnaires. Mais, depuis une décennie, leur pouvoir se heurte à la dictature du marché et à des gérants de portefeuilles de plus en plus compétents et sourcilleux. Le capital retrouve ses prérogatives.

Parfois, les manageurs très proches du capital recherchent un nouvel exercice du pouvoir, fondé sur une autorité issue de la compétence, comme en témoigne Gérard Mulliez (PDG de la société Auchan qui, le 7 novembre 1986, donnait une conférence aux nouveaux diplômés de l'École supérieure des sciences commerciales d'Angers. Le thème abordé était : *Le partage du savoir, du pouvoir et de l'avenir, une nécessité dans l'entreprise.* Ce propos, en apparence provocateur, voulait susciter la réflexion. La portée en était d'autant plus grande qu'il était tenu par un manageur qui avait bien su « verrouiller » l'organisation familiale de sa société.

La tradition française ne favorise pas le partage de la prise de décision. Elle se démarque de la tradition de l'Allemagne où, à la fin du XIXe siècle, les lois bismarckiennes ont créé un contexte favorable à la concertation et les syndicats allemands ont abandonné leurs revendications de « socialisation » de la propriété privée dès 1918. Les lois dites de « la cogestion » (ou plutôt la « codécision et la coresponsabilité ») ont été expérimentées à partir de 1951 dans certains types de grandes sociétés et toutes les entreprises de plus de 2 000 salariés y ont été soumises en 1976. De par leur expérience, les entreprises allemandes ont dépassé le risque que la diffusion du pouvoir n'entraîne sa dilution. Il y a dilution et inefficacité s'il n'y a pas de prise de responsabilité. Il y a diffusion s'il y a reconnaissance mutuelle des compétences et affirmation du sens des responsabilités. L'entreprise française se trouve confrontée à ce premier défi.

En France plus que dans d'autres pays, l'entreprise est un creuset dans lequel les passions se sont exacerbées. En apparence, l'entreprise a eu des difficultés à surmonter une grave contradiction interne : alors que les ambiguïtés du pouvoir paternalisme étaient soulignées et refusées par la main-d'œuvre, cette dernière refusait d'assumer le partage des responsabilités. En fait, le discours radical des chefs de file syndicaux était souvent en porte à faux par rapport à leur pratique réformiste. Heureusement, au-delà de l'affrontement idéologique, s'est développée une collaboration quotidienne effective, dans le cadre du compromis fordiste. Aujourd'hui, la crise du fordisme impose de suivre une autre voie. Selon le grand patron japonais Konosuke Matsushita, ce n'est pas en copiant les pratiques étrangères mais en redéfinissant son propre « modèle » de management qu'une entreprise nationale se donne les meilleurs moyens de relever les défis...

La société civile est passée du pouvoir théocratique à la démocratie. L'entreprise ne peut plus être le seul cadre où s'exerce le pouvoir traditionnel. Elle a de plus en plus la préoccupation de mobiliser et d'intégrer les compétences de tous les agents qui la composent. La division d'un cercle en trois tiers peut symboliser la participation tripartite dans l'entreprise : le capital, le travail et le manageur.

2. Le dynamisme exceptionnel des PME depuis vingt ans est un signe du renouveau de l'esprit d'entreprise

Aujourd'hui, environ deux millions et demi d'entreprises sont en activité sur le territoire national, allant de la grande Société anonyme de dimension internationale à l'Entreprise unipersonnelle à responsabilité limitée récemment créée[1].

Tableau 5
Répartition des entreprises selon l'effectif de leurs salariés

0 à 99 salariés	94 % des entreprises
100 à 499 salariés	5 % des entreprises
Plus de 500 salariés	1 % des entreprises

Source : INSEE.

Elles représentent un ensemble émietté et hétérogène, comparable à une galaxie de micro-entreprises plutôt qu'à un tissu entrepreneurial structuré d'entreprises de taille moyenne, performantes comme en Allemagne. La PME française est réputée routinière dans ses procédés de fabrication et peu innovante sur les marchés extérieurs, mais le dynamisme qu'elle affiche depuis une vingtaine d'années reflète un renouveau de l'esprit de l'entreprise.

1. La loi du 11 juillet 1985 a créé le statut de l'EURL.

Ces dernières décennies rappellent la fin du XIXe siècle quand de multiples entrepreneurs, dans leurs ateliers d'artisans, mettaient en œuvre les innovations de la deuxième révolution industrielle, dans l'automobile, la chimie, l'électricité ou l'aéronautique. Aujourd'hui, la PME reste soumise aux contraintes dues à sa taille – et il faudra en prendre la mesure – mais elle prouve qu'elle n'est pas une *entreprise qui n'a pas su grandir*. Elle affiche de nouvelles ambitions.

► **La crise économique des années 70 a été particulièrement féconde en matière de création d'entreprises.**

La théorie nous apprend que les crises du passé entraînaient la disparition de nombreuses entreprises, les plus fragiles étant absorbées par les plus puissantes. Le capital s'en trouvait chaque fois plus concentré entre les mains de capitalistes toujours moins nombreux. Cette vieille loi marxiste de la concentration ne s'est pas vérifiée. Le nombre d'entreprises n'a cessé de croître en France, aujourd'hui comme il y a cent ans, et le rythme des créations s'est même accéléré depuis le milieu des années 80.

Ce phénomène reflète une véritable rupture dans l'évolution de la société fran-

Graphique 2

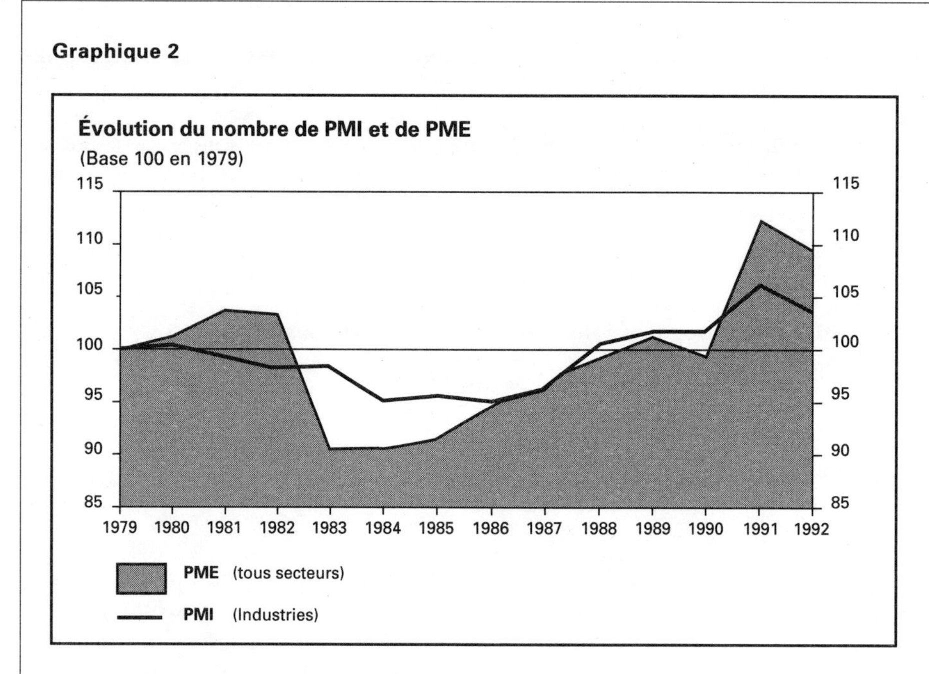

Sources : SESSI, ministère de l'Industrie et INSEE (Sirene).

(Tiré de Sanvi Avouyi-Dovi et Patrice Busque, *Les PMI dans les annéesquatre-vingt*, Document de travail n° 1995-03 E, Caisse des dépôts et consignations, Services des études économiques, juillet 1995, p. 9.)

çaise issue de l'après-Seconde Guerre mondiale car la PME naît et se développe en symbiose avec l'environnement social dont elle émane. Et la France a connu une mini-révolution culturelle au milieu de la décennie 80.

• **Le dynamisme des créateurs d'entreprises est exceptionnel depuis vingt ans.**

Aujourd'hui, plus de 240 000 nouvelles entreprises naissent chaque année en France, dont près de 200 000 créées *ex nihilo*. Plus de la moitié des nouveaux emplois sont dus à ces dernières. Les créateurs reçoivent des soutiens privés et publics, comme celui de nombreuses Chambres de commerce et d'industrie qui prodiguent informations et formation. Les initiatives patronales abondent, telles celles de l'« Association pour favoriser la création d'entreprise » ou de la « Fondation pour entreprendre » créée en 1986 avec le parrainage de Bouygues, L'Oréal, le Crédit lyonnais, Carrefour, Rhône-Poulenc, etc. Il s'y ajoute de récentes mesures gouvernementales qui réduisent les formalités administratives, et donc les délais, nécessaires à la naissance d'une entreprise.

Le créateur n'est plus un homme seul mais il reste une personnalité atypique. S'il est diplômé, il est rarement polytechnicien (il aurait été tenté par la fonction publique). S'il est fils d'industriel, il est parfois centralien et a reçu une formation moins théorique. S'il est d'origine modeste, il est peut-être passé par l'École des arts et métiers qui prépare le mieux à la direction de l'atelier. S'il crée une entreprise de services, il sort rarement de l'École des hautes études commerciales de Jouy-en-Josas mais plutôt d'une École supérieure de commerce de réputation plus modeste qui lui a fourni les connaissances techniques de base et a développé chez lui l'esprit d'aventure.

Le plus souvent, il n'a pas de diplôme particulièrement brillant, il est ancien représentant, ouvrier hautement qualifié ou contremaître. Avant tout, il a le goût de l'action et de l'indépendance. Dur avec lui-même, il est exigeant pour son entourage. Ses motivations ne sont pas exclusivement d'ordre pécuniaire. Il s'identifie à son projet et y investit ses économies personnelles, son temps et son talent. En retour, il se réalise à travers son œuvre. A moyen terme, il espère en tirer un profit financier dont lui et sa famille bénéficieront légitimement. Il privilégie pour s'installer certains secteurs d'activité et le tertiaire vient en tête avec 83 % des créations dans les services aux entreprises ou aux particuliers, contre 9 % dans l'industrie et 8 % dans le bâtiment. La PME est un acteur essentiel dans la tertiairisation de la société française.

La fertilité des régions françaises est assez inégale en matière de créations d'entreprises.

La carte n° 1 montre que l'Ile-de-France et le Sud-Est sont les paradis des créateurs. A elles seules, l'Ile-de-France, Rhône-Alpes et la PACA représentent 48 % des créations d'entreprises. Dans la plupart des régions, les créations les plus nombreuses concernent le secteur tertiaire. Néanmoins, l'industrie, en Haute-Normandie, et le bâtiment, en PACA, devancent le secteur des services.

Une lecture superficielle de cette carte risque de donner lieu à un contresens. Il serait erroné de penser que la création d'entreprises est le fait d'un dynamisme régional particulier. Une étude publiée dans la *Revue d'économie industrielle* de sep-

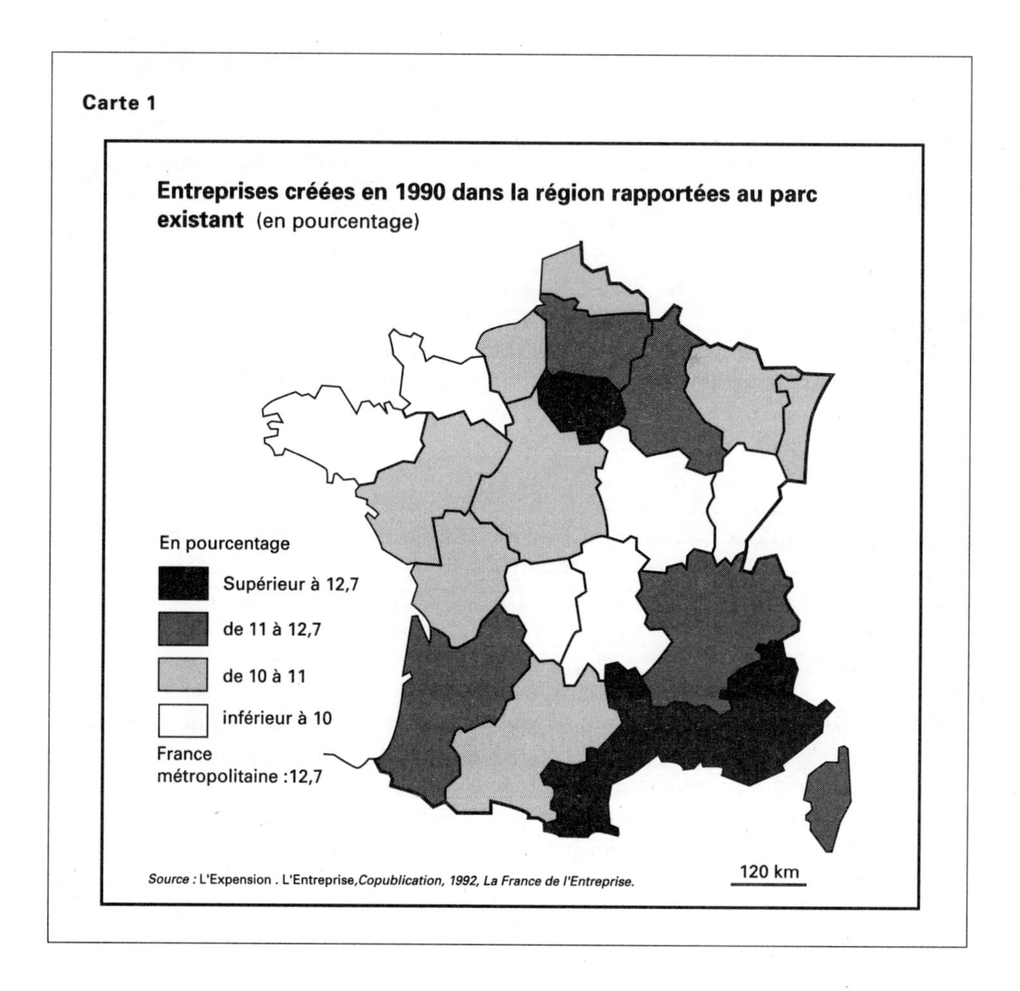

tembre 1994 montre à l'évidence que les zones géographiques d'intenses cessations d'activité sont particulièrement fécondes en termes de créations. Il s'agit d'un processus de renouvellement, voire de régénérescence, du tissu entrepreneurial français. Les considérations économiques prévalent toujours dans le choix des créateurs d'entreprises mais les aménités des climats ensoleillés ne sont pas étrangères au dynamisme des régions méridionales.

▸ **La PME reste par nature fragile et dépendante.**
L'espérance de vie d'une entreprise était en moyenne de trois générations au XIXe siècle. Elle est réduite à 12-15 ans actuellement. Jamais autant d'entreprises n'ont été créées que de nos jours, mais, plus nombreuses que par le passé, les PME sont aussi plus fragiles. Dans un environnement économique contraignant, le sort de la PME est lié avant tout à la personnalité de son créateur.

La PME dépend étroitement de son environnement immédiat. La fragilité de la PME provient de sa **dépendance financière vis-à-vis du banquier et du client.** La structure des dettes inscrites aux bilans de la PME traduit clairement sa précarité. Elle est beaucoup moins endettée à long terme que la grande entreprise, car elle a plus difficilement accès aux emprunts longs et au marché des capitaux, malgré les réformes récentes de la Bourse. A l'opposé, les dettes à court terme sont relativement importantes car la banque ne prête que pour de courtes durées. La PME rencontre des difficultés simultanément pour honorer ses échéances et pour recouvrer ses propres créances.

La pratique du crédit-fournisseur est particulièrement périlleuse. Or la PME isolée ne peut s'y soustraire quand elle négocie avec les grandes marques de la distribution intégrée, rassemblées dans de puissantes centrales d'achat (Carrefour, Centres Leclerc, Cofradel, etc.). La PME est prise en tenaille entre ses créanciers exigeants et ses débiteurs insouciants ou défaillants. Une récente étude bancaire montre que deux tiers des dépôts de bilan proviennent des retards de paiement de la clientèle. L'État est un client particulièrement inconscient. Ses délais de paiement contraignent ses fournisseurs à recourir au Crédit d'équipement des PME dont la moitié de l'activité est orientée vers les PME titulaires de commandes publiques. Le rythme des interventions du CEPME reflète assez bien l'évolution de l'endettement des PME. Ainsi, la reprise de l'année 1994 a entraîné une réduction du volume de ses interventions à 8,3 milliards de francs, soit une baisse de 7 % par rapport à l'« année noire » 1993. Les frais financiers qui découlent des emprunts pénalisent les PME dès qu'elles entrent sur les marchés publics.

Si le financement de la PME reste délicat en France, les États-Unis connaissent une formule originale d'apports de capitaux pour **financer les entreprises innovantes.** C'est le capital-risque dans lequel les fonds publics et les fonds privés s'associent dans la même aventure. En France, il existe une quarantaine de « sociétés à capital-risque », telles Soginnove, Sofinnova, Finovelec, Finovection, Agrinova ou Sadinova, mais elles connaissent des fortunes diverses. Les collectivités locales ne sont pas aussi dynamiques qu'aux États-Unis et les banques restent souvent trop réservées au gré des entrepreneurs.

La PME est également fragilisée par une **forte dépendance technologique**. L'accélération du progrès technique contraint la PME à une modernisation permanente, car le savoir-faire de l'entrepreneur qui est à l'origine de sa création devient plus vite obsolète que par le passé. L'Agence nationale pour la valorisation de la recherche, depuis 1968, concentre 72 % de ses aides au profit des entreprises de moins de 500 salariés, mais son efficacité est freinée par un fonctionnement très administratif. Seules la veille technologique assurée au sein de l'entreprise, la mise au point continuelle de nouveaux procédés de fabrication, de nouveaux « tours de main », garantissent la survie.

La **dépendance économique** de la PME vis-à-vis des grandes entreprises provient des relations propres à la sous-traitance de spécialité. Des contrats de production parfois léonins définissent les produits et les conditions de la fabrication réalisée sous la surveillance étroite du donneur d'ordres. Dès lors, la PME peut difficilement innover. Ainsi, les équipementiers de l'automobile, de l'aéronautique ou de l'électroménager réussissent difficilement à diversifier leur production et leurs clients et subordonnent leur pérennité aux commandes des grandes entreprises. Celles-ci produisent peu par elles-mêmes, ont barre sur un réseau de fournisseurs, jouent sur les prix et les mettent en concurrence. Elles deviennent de plus en plus des « gestionnaires de marques ». Beaucoup de sous-traitants ne résistent pas. Thomson électroménager s'approvisionnait auprès de 300 fournisseurs il y a trente ans ; il n'y en a plus qu'une centaine aujourd'hui.

Enfin, **les fluctuations de la conjoncture** ont des répercussions immédiates sur la PME. En règle générale, les entreprises sous-traitantes servent d'amortisseurs pour atténuer les répercussions de la conjoncture sur la grande entreprise. Ainsi, l'année 1993 a été catastrophique. La baisse des commandes et l'allongement des délais de paiement ont été fatals à de nombreuses PME. *A contrario,* la reprise de 1994 a permis de réduire de 6,9 % le nombre de défaillances d'entreprises.

La jeune PME doit surmonter de redoutables maladies infantiles et le taux de mortalité reste particulièrement élevé. Un grand nombre d'entreprises disparaissent dans l'année qui suit leur création. Les étapes fatidiques se situent après six mois d'existence, puis entre la troisième et la cinquième année. Le taux moyen de faillite est de l'ordre de 32 % avant la troisième année, avec des différences selon les secteurs d'activité, comme le confirment deux enquêtes portant sur les entreprises créées en 1987 et entre le 1er septembre 1990 et le 31 août 1991.

Tableau 6
Taux de survie à trois ans
(entreprises créées en 1987 et en 1990-1991)

	Entreprises créées en 1987 (en %)	*Entreprises créées en 1990-1991 (en %)*
Industrie	72	76
Services	69,5	69
Commerce de distribution	64	66
Construction	68	62
Ensemble	**67**	**68**

Source : INSEE et Répertoire Sirene, in *Problèmes économiques,* n° 2434, 16 août 1995.

La « mortalité infantile » de l'entreprise est particulièrement élevée dans le commerce de distribution et plus faible dans les activités de production industrielle. Les entreprises créées en 1990-1991 se sont révélées plus résistantes que celles qui ont été fondées en 1987, sauf dans le secteur de la construction, frappé de plein fouet par la dépression conjoncturelle de 1993. La fragilité des jeunes PME françaises n'est pas exceptionnelle. Parmi nos partenaires européens, le taux de survie à trois ans est de 69 % en Finlande, 67 % aux Pays-Bas, 66 % en Suède et de 62 % au Royaume-Uni. Partout, au terme de cinq ans, le taux de survie a encore diminué.

Tableau 7
Taux de survie à cinq ans
(entreprises créées en 1987)

Secteurs	*Taux de survie à cinq ans des entreprises créées en 1967 (en %)*
Services aux ménages	66
Industries agro-alimentaires	62
Services aux entreprises	54
Industries manufacturières	53
Transports	53
BTP	49
Commerce de distribution	44
Hôtels-cafés-restaurants	44
Taux de survie à cinq ans (tous secteurs confondus)	**50**

Source : Ibid.

A cinq ans, la survie dans le secteur « Hôtels-cafés-restaurants » est le plus faible, ainsi que dans le « commerce de distribution ». A la fin de la décennie 80, de nombreuses boutiques ont été créées sans une solide étude de marché préalable et l'engouement pour la restauration rapide ou exotique a montré ses limites.

En 1995, le cabinet Blain & Co. et le Groupe HEC ont retrouvé la trace de 100 000 entreprises sur les 245 000 créées en 1985. Il en ressort que le **taux de survie à dix ans est de 41 %.**

Ce taux de survie à dix ans est nettement plus élevé dans le cas des entreprises reprises après dépôt de bilan (voisin de 45 %). A l'opposé, le taux de survie des créations pures ne dépasse pas 35 %. Cette différence souligne l'importance du savoir-faire des personnels déjà en place et des structures relationnelles de l'entreprise avec son environnement. Le dépôt de bilan n'est parfois qu'une péripétie dans l'existence d'une entreprise fondamentalement saine.

Au départ, la création d'une PME dépend de l'esprit d'initiative de son créateur, mais d'autres qualités s'avèrent indispensables pour en assurer le développement.

Encadré 7
Fiche d'identité du créateur type

- **Les créateurs les plus nombreux :**

— ils représentent une minorité active de la population, soit 6 % des individus âgés de 19 à 65 ans ;
— ils sont relativement jeunes : 66 % des créateurs ont moins de 40 ans ;
— ils sont majoritairement des hommes, les femmes ne représentant que 25 % d'entre eux ;
— ils sont plutôt instruits. 47 % d'entre eux sont au moins bacheliers (contre 22 % en moyenne pour la population âgée de 19 à 65 ans) ;
— les chômeurs, les employés et les ouvriers représentent plus de 50 % d'entre eux.

- **Les créateurs qui réussissent :**

Le taux de survie à trois ans de l'entreprise est supérieur à la moyenne si le créateur :
— recherche un prolongement de ses activités antérieures ;
— appartient au sexe masculin ;
— est diplômé ;
— recherche des conseils auprès de plusieurs organismes (Chambre des métiers, decommerce, Agence nationale pour lacréation d'entreprises...). Le taux de surviedes entreprises augmente avec le nombrede conseils reçus ;
— reprend une entreprise déjà existante.

- **Les créateurs qui échouent :**

Le taux de survie à trois ans l'entreprise est inférieur à la moyenne si le créateur :
— recherche une solution à l'inactivité ou au chômage ;
— appartient au sexe féminin ;
— a une formation professionnelle acquise sur le tas ;
— agit seul ;
— crée une entreprise *ex nihilo*.

Le fondateur ne dispose pas toujours au départ des qualités requises pour piloter le développement de son entreprise et il doit devenir un **« homme orchestre »** pour en assurer la pérennité. Si, avec l'âge, il se contente d'un chiffre d'affaires modeste, il s'affaiblit face à la concurrence et s'il lui vient des idées de grandeur, elles risquent de le conduire à sa perte. Pour grandir, la PME se nourrit du mélange paradoxal de l'audace et de la prudence.

Dans leur ensemble, les PME se sont assez bien comportées face à la croissance récessive. Leur **taux de marge** (c'est-à-dire l'excédent brut d'exploitation rapporté à la valeur ajoutée), qui mesure la part de la valeur ajoutée revenant effectivement à l'entreprise et leur **taux d'investissement** ne se sont pas effondrés comme ceux des grandes entreprises. L'écart en faveur des plus grandes, qui était très important en période de croissance, s'est réduit nettement à partir de 1974. La meilleure résistance des PME s'explique tout d'abord par une grande capacité d'adaptation aux transformations économiques et sociales. Les PME ont été les premières à réagir face à de nouveaux marchés. Dans les services, les entreprises spécialisées dans la maintenance industrielle, l'élaboration de logiciels et le travail temporaire étaient rares ou inexistantes il y a une génération. Elles ont profité de l'essor rapide de ces branches. Les magasins en franchise se sont multipliés, répondant eux aussi à de nouvelles demandes, comme celle du vêtement et du matériel de sport-loisir *(La Hutte)*, celle de la restauration rapide (*Quick* concurrente française de Mac Donald sur notre territoire) ou celle des services instantanés fournis aux particuliers *(Midas, Speedy)*.

Une entreprise créée sur des bases saines par un entrepreneur éclairé a les meilleures chances de se développer. C'est la conviction de tous ceux qui ont entrepris d'aider et d'informer – voire de former – les candidats à la création. La CCI de Lyon, notamment, conduit une action reconnue sur le plan national et international.

Encadré 8
La Chambre de commerce et d'industrie de Lyon et la création d'entreprises innovantes

(Présentation par Denis Feuillant, conseil en stratégie d'entreprise, de la direction industrie de la CCI de Lyon.)

« En 1988, sous l'impulsion de la Chambre de commerce et d'industrie de Lyon, des collectivités locales et territoriales et d'une soixantaine d'entreprises privées, était lancé le concept des "Pépinières d'entreprises innovantes" rapidement nommées "NOVACITÉ". Trois "Novacités" ont été créées, chacune implantée dans une des technopôles de la région lyonnaise. Le pari était simple : démontrer que la création d'entreprises innovantes est possible et qu'il s'agit en plus d'un facteur de richesse pour le tissu économique local.

« Les critères de sélection pour qu'une entreprise démarre à Novacité sont de deux ordres :

« • Il est nécessaire qu'il s'agisse d'une entreprise industrielle ou de service à l'entreprise ;

« • Il est nécessaire que son projet repose sur une innovation. Cette innovation (technique, technologique, commerciale ou autre) est le facteur de risque essentiel face à un monde industriel où la notion de qualité totale et de risque minimum est primordiale. L'objectif de Novacité est de travailler sur ces facteurs de risque et de les transformer en opportunités.

« Si l'expérience de Novacité est encore récente, elle est déjà reconnue en France. Ses références : 80 entreprises créées et pérennes, près de 600 emplois directs (dont 60 % d'encadrement ou de recherche), plus de 92 % de réussite après cinq ans d'activité (contre une moyenne nationale de 50 %), une valeur ajoutée par salarié supérieure à celle des entreprises françaises de plus de 500 salariés et un maillage très fort avec les industries et les laboratoires de recherche régionaux ;

« Enfin, dans une période où la nécessité de renouveler et de développer le tissu économique est devenue une priorité, il convient de souligner que 42 % des entreprises créées à Novacité sont des entreprises industrielles ou s'intégrant directement dans le processus de fabrication, et que 20 % des entreprises analysées en 1995 dépassaient les 10 millions de francs de chiffre d'affaires. Enfin, la richesse créée (ou valeur ajoutée) par ces entreprises était en 1994 de plus de 150 millions de francs. »

Il faut préciser en effet que les premières « pépinières d'entreprises », ou « incubateurs », ont vu le jour au début de la décennie 80 sur les ruines de l'industrie. Dans des zones sinistrées parfois réduites à l'état de friches industrielles, les pouvoirs publics et des initiatives privées ont entrepris de recréer un tissu économique favorable à l'installation de nouvelles activités. Des locaux ont été aménagés et les sites reliés aux réseaux modernes de télécommunication. Des services communs ont été organisés (services juridiques, fiscaux, etc.) afin de les rendre attractifs pour de nouveaux entrepreneurs. Dix ans plus tard, près de deux cents « pépinières d'entreprises » étaient à même d'accueillir près de 3 000 PME. Aujourd'hui, ces « incubateurs » sont aussi créés hors des régions en crise. Ils sont particulièrement féconds dans les technopôles, participant à la synergie qu'elles ont créée entre l'enseignement supérieur, la recherche-développement et la production dans les technologies de pointe.

A Lyon, sont installées « Novacité Delta », de Lyo- Ouest, à Écully (40, avenue de Collongue, 69130 Écully), « Novacité Omega », de Lyon-Sud, à Lyon-Gerland (8, rue Hermann-Frenkel, 69007 Lyon) et « Novacité Alpha », de Lyon-Est, sur le campus de La Doua (27-29, boulevard du 11-Novembre, 69603 Villeurbanne). Les PME intéressées sont actuellement situées à 40 % dans le secteur industriel et à 60 % dans les services aux entreprises. Elles sollicitent Novacité avant leur création (appréciation sur la faisabilité du projet) et au moment du démarrage (vérification du plan initial, découpage des prévisions de la première année en objectifs mensuels, contrôle informatisé des résultats et des éventuelles dérives...). Le suivi est assuré par les associations de parrainage qui apportent une aide financière, des transmissions de savoir-faire, un carnet d'adresses et des espaces de dialogue.

Les enjeux sont considérables car la PME a une influence croissante dans le domaine de l'emploi, de l'innovation et des relations extérieures.

▶ **La PME affiche de nouvelles ambitions et les assume.**

La PME s'acquitte de missions particulières dans l'économie concurrentielle d'aujourd'hui et elle contribue activement à l'évolution de la société dont elle crée la trame. Les fonctions qui lui étaient traditionnellement dévolues se sont développées. Ses rapports avec la grande entreprise ne se résument plus aux habituelles relations de sous-traitance et elle est de plus en plus présente sur la scène internationale.

• **Le rôle social de la PME est de plus en plus évident.**

En France, depuis une vingtaine d'années, **les PME embauchent davantage que les grandes entreprises ne licencient** et elles ont fait progresser de près de 3 millions l'effectif total des emplois depuis 1974. Les catégories sociales les plus exposées au chômage (les jeunes, les ouvriers non qualifiés et les femmes) sont surreprésentées dans les PME. Elles en sont les premiers bénéficiaires. La rotation du personnel est réduite dans la PME. L'équipe est plus stable que dans la grande firme car le dirigeant reste souvent attaché à ses compagnons de route, des collaborateurs qui ont prouvé leur implication personnelle.

Dans sa région, la PME retient l'activité et l'emploi comme les haies retiennent l'eau dans les pays de bocage. Le remembrement décidé par les technocrates ne doit pas laisser table rase. Les PME méritent plus de considération que ne leur en accordent les « visionnaires-planificateurs » de *La France de l'an 2000* (Éd. Odile Jacob, 1994). L'emploi est souvent sauvé par un tissu de PME d'origine locale dont le développement est le seul espoir d'un coin de terre relativement abrité des turbulences de la conjoncture. Aujourd'hui, le cœur de la ville moyenne bat souvent au rythme le l'activité de ses entreprises de taille moyenne.

La nouvelle entreprise **naît parfois du chômage et contribue à le réduire.** En effet, le licenciement ou le risque de perdre son emploi détermine de plus en plus de salariés à se mettre à leur compte. Les indemnités de licenciement fournissent parfois un premier capital et les aides spécifiques de l'État et des collectivités locales complètent l'apport des banques, toujours difficile à obtenir. Tous les niveaux de qualification sont concernés : de l'ouvrier devenu artisan au cadre ou à l'ingénieur qui utilise ses relations antérieures pour s'installer dans sa branche. Les motivations sont partout identiques : devenir son patron et souhaiter maîtriser au mieux son propre destin.

Tableau 8
La création d'entreprises, une solution alternative au chômage

	1987	*1988*	*1989*	*1990*	*1991*	*1992*	*1993*	*1994*
Nombre de chômeurs ayant créé leur propre entreprise (en milliers)	63	56	53	44	44	50	54	94

Source : INSEE et DARES.

La PME contribue à transformer l'emploi, pour le meilleur et pour le pire (si tant est que le pire n'est pas l'absence d'emploi). Elle propose en effet un travail plus motivant, moins rémunéré et plus précaire. Nombre de salariés sont attirés par la dimension plus conviviale de la PME. Ce choix traduit peut-être un désir de repli vers une société plus chaleureuse, proche des valeurs traditionnelles.

En contrepartie, les salaires sont moins élevés que dans la grande entreprise, la sécurité du travail est aléatoire et les garanties des conventions collectives rarement assurées. Il s'ensuit que le marché du travail en France tend à être segmenté en deux parties. D'une part, les emplois protégés, gratifiants et financièrement bien reconnus, mais d'accès difficile, sont offerts par la grande firme ou le secteur public. D'autre part, les emplois précaires, plus motivants mais parfois déconsidérés et mal rémunérés, se trouvent dans la PME. Cette différenciation contribue à l'établissement d'une société duale, proche du modèle japonais.

Les économistes du courant libéral s'appuient volontiers sur l'observation de la société américaine pour esquisser les grandes lignes de notre avenir. Dans cette mouvance, l'ouvrage récemment publié par William Brodge, intitulé *Job Shift*, donne un aperçu des lignes de force appelées selon lui à transformer l'emploi dans les prochaines années. Les grandes entreprises ne trouveraient plus d'intérêt à embaucher et préféreraient éviter d'établir avec leurs partenaires une relation de type salarial. Elles seraient plus portées à acheter des produits ou des services fournis par des travailleurs indépendants. Le contrat commercial remplacerait le contrat salarial.

A l'image de l'Amérique, une société mobile et flexible, caractérisée par une forte tradition d'individualisme, serait la plus apte à assumer cette évolution. La société japonaise, plus collective et hiérarchisée, aurait plus de difficultés à s'y adapter.

La France se situe à mi-chemin entre ces deux « modèles ». Actuellement, **le développement du travail indépendant est assez rapide** dans certaines branches, comme dans le tertiaire supérieur ou dans les tâches d'exécution du télétravail. De nombreux cadres donnent ainsi la mesure de leurs compétences et de leur esprit d'initiative. Ils en tirent plus de profit personnel que ne le leur permettait leur statut de salarié d'entreprise. Ils sont les plus aptes à entrer en force dans un marché du travail qui tend à se mondialiser. Il n'en va pas de même pour les moins qualifiés. Si la tendance se généralisait dans les emplois d'exécution, les transformations sociales seraient profondes. Déjà, le travail de saisie informatique de la comptabilité de plusieurs grandes sociétés françaises est réalisé dans les pays émergents. L'essor du travail indépendant ne serait pas bénéfique pour tout le monde si la main-d'œuvre la moins qualifiée se heurtait directement à la concurrence des pays qui pratiquent le « dumping social ». Les inégalités sociales s'en trouveraient sans doute augmentées.

Verra-t-on à l'avenir l'emploi indépendant prendre le relais de l'emploi salarié ?

Tableau 9
Évolution de l'emploi salarié depuis un siècle et demi (en %)

1851	62	1954	84
1881	73	1975	89
1911	80	Aujourd'hui	92

Source : Challenge, février 1995.

L'essor de l'emploi indépendant s'inscrit à contre-courant d'une tendance lourde, une tendance plus que séculaire. Actuellement, cette tendance s'infléchit. Peut-être s'inverserait-elle un jour si la France s'alignait sur l'exemple américain. Mais est-ce souhaitable ?

• **Les PME jouent un rôle stratégique dans la compétition internationale.** Dans une économie où le progrès technique est un déterminant de la compétitivité internationale, **les PME ont pour vocation de prendre le risque de l'innovation.** Depuis vingt ans, la recherche de nouvelles techniques de production et de nouveaux produits s'accélère et le budget de recherche-développement des grandes firmes leur permet d'atteindre une masse critique fructueuse à long terme. La plupart des « innovations lourdes » restent le fait des grands groupes. Néanmoins, les PME plus légères sont très efficaces pour tester les productions dont la rentabilité est incertaine. Si le produit est viable, situé sur un créneau porteur, l'expansion de l'entreprise reçoit alors le soutien des grands groupes financiers.

Il n'y a pas d'incompatibilité génétique entre grande et petite entreprise et les grands groupes dynamisent parfois les PME. L'ombre de la grande entreprise est fertile pour l'éclosion des PME qui voient le jour grâce à la stratégie d'externalisation et d'essaimage de la plus grande.

L'externalisation consiste pour une grande société à abandonner les activités étrangères de sa production principale et à recourir aux services de sociétés spécialisées. L'essaimage est la transmission de personnels, de technologies, voire de capitaux, en faveur d'une PME naissante dans l'orbite de la grande entreprise. Dans un premier temps, cette dernière reste le seul donneur d'ordres à la sous-traitante mais, plus tard, la PME peut trouver d'autres clients.

Les pionniers de l'essaimage, dans les années 70, ont été Charbonnages de France dans le Nord, Saint-Gobain Développement, Danone (alors BSN) et la SOFREA, filiale d'Elf-Aquitaine, dans le Béarn. Pressées par la nécessité de réduire des tensions sociales locales issues de la crise, ces entreprises ont réalisé leurs premières opérations « à chaud ». Pour Elf-Aquitaine, il fallait revitaliser l'environnement social des usines de parachimie et, dans les couloirs de la société, on cite volontiers la création par d'anciens cadres d'une entreprise de fabrication de vêtements à Saint-Jean-de-Luz, d'une fonderie de titane à Ogeu (Pyrénées-Atlantiques) et d'une unité de fabrication de robinetterie à Feyzin.

Actuellement, l'essaimage « à froid » est plus fréquent et les exemples sont de plus en plus nombreux :

— Rank Xerox et les laboratoires Boiron ont aidé certains de leurs cadres à s'investir dans des activités initiées au sein de la firme mais dont le développement n'était pas conciliable avec son orientation stratégique ;

— Hewlett-Packard a « materné » une équipe de cadres dynamiques désireux de créer une société de logiciels, évidemment compatibles avec le matériel de la marque. Ils sont devenus de véritables ambassadeurs de la culture d'entreprise de leur ancienne maison ;

— la Société nationale des poudres et explosifs achète aujourd'hui les services de chercheurs indépendants qui étaient hier ses salariés ;

— la société Salomon est entourées de PME créées par d'anciens salariés qu'elle a aidés à se mettre à leur compte. L'état-major admet volontiers qu'un *designer* créatif externe est stratégiquement plus important qu'un comptable salarié par l'entreprise.

L'essaimage est également fréquent dans le secteur des transports routiers. Le processus est simple. La grande entreprise licencie un salarié, lui vend un camion et le transforme ainsi en sous-traitant. En 1992, 11 300 entreprises de transport routier ont vu le jour. Ce chiffre s'est élevé à 10 400 en 1993 et à 11 200 en 1994.

Le groupe hôtelier Accor est en train d'expérimenter dans sa filiale Mercure un statut à mi-chemin entre le salarié et l'actionnaire. Ce réseau, gérant près d'un millier d'hôtels dans le monde, vient d'être découpé en zones géographiques. Les directions régionales sont progressivement remplacées par des sociétés d'exploitation dotées d'un conseil d'administration autonome. Le président de la société régionale et les directeurs d'hôtels participent à raison de 30 % au capital, le groupe ACCOR restant jusqu'ici largement majoritaire. A tous les niveaux, le personnel est directement intéressé aux résultats.

Graphique 3

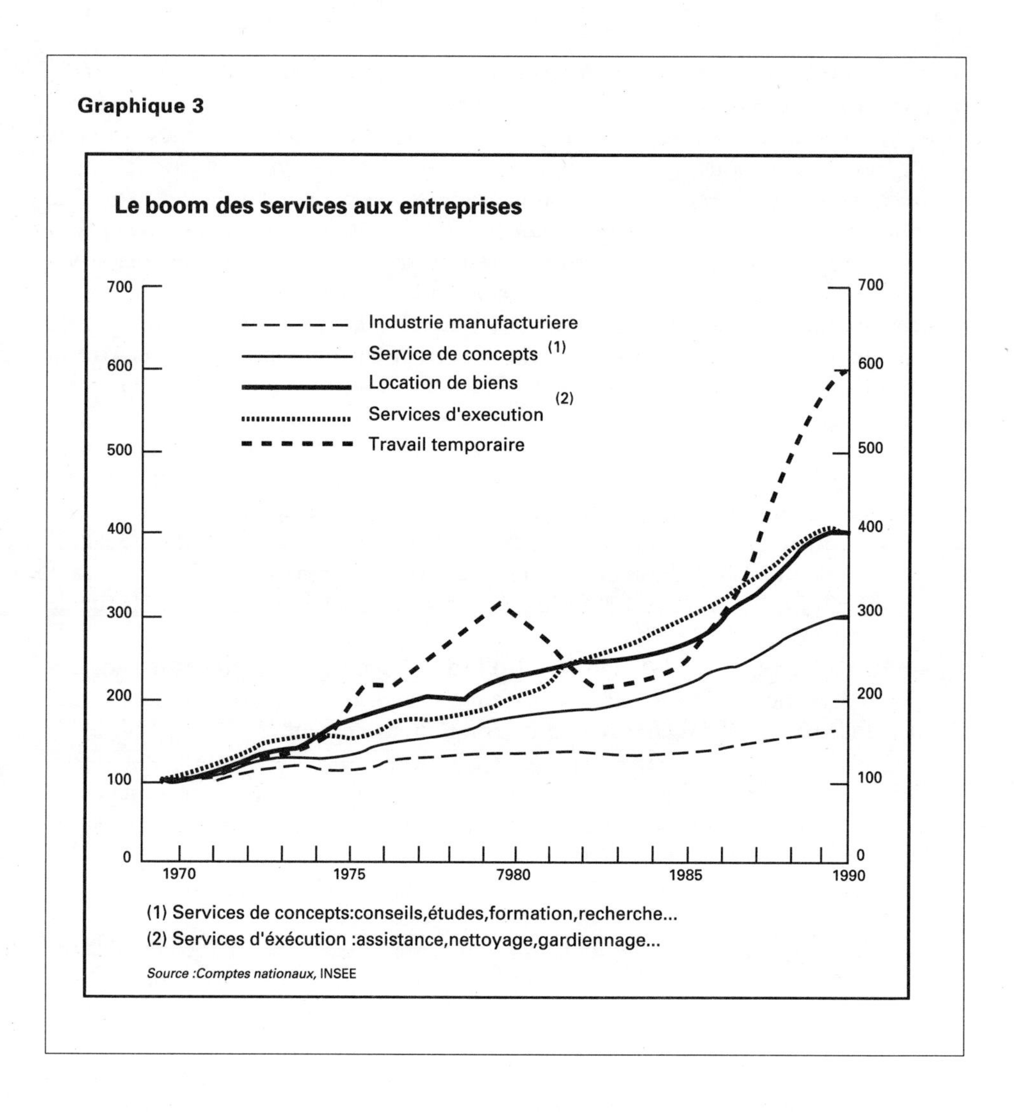

Pour produire mieux et plus vite, les grandes entreprises doivent s'automatiser, s'informatiser et former leur personnel. D'où l'essor des entreprises de conseil de petite taille. Leur souplesse et leur capacité d'adaptation à un marché mouvant permettent aux plus grandes de mieux « coller » aux besoins.

De grandes entreprises ont intérêt à s'associer pour créer des filiales communes de taille moyenne, à l'image de PSA et de Tréca qui, en 1989, ont donné naissance à la société ESCA, spécialisée dans la conception de sièges pour automobiles. Le donneur d'ordre réduit de cette manière ses coûts de production car le recours à la sous-traitance est toujours moins onéreux que l'emploi de salariés intégrés dans l'entreprise. Du point de vue économique, l'efficacité s'en trouve incontestablement renforcée.

— **Des PME dynamiques se placent dans le sillage des groupes multinationaux pour exporter.**

Elles bénéficient de l'expérience des grands groupes pour pénétrer les marchés extérieurs. Des moyennes entreprises exportatrices signent des contrats commerciaux de *portage* avec des associés comme Sefranex, filiale spécialisée de Pechiney Trade, avec Total ou avec Rhône-Poulenc. L'exemple de la société lyonnaise Gattefossé est significatif. Spécialisée dans les cosmétiques et l'industrie pharmaceutique, elle a choisi Rhône-Poulenc pour l'aider à établir son réseau de distribution en Algérie. Avec un chiffre d'affaires consolidé de 150 millions de francs en 1994, elle a réalisé 60 % de ses ventes à l'exportation. Après avoir été *portée*, aujourd'hui Gattefossé est devenue à son tour *porteuse* aux États-Unis, pays où son implantation est forte. Un modèle de transmission génétique !

A la différence des moyennes entreprises allemandes, leurs homologues françaises s'**implantent encore rarement à l'étranger**. Au début de 1995, elles ne représentaient que 15 % des filiales expatriées par les entreprises françaises et 5 % des emplois créés à l'étranger, soit moins qu'un groupe comme Alcatel-Alsthom, premier employeur français hors de France avec 120 000 salariés.

Tableau 10
L'exportation et la taille de l'entreprise industrielle

	Part dans l'investissement industriel national (en %)	*Part dans le chiffre d'affaires industriel national (en %)*	*Part dans l'emploi industriel national (en %)*	*Part dans les exportations industrielles nationales (en %)*
PME	33	43	50	35
Grandes entreprises	67	57	50	65

Source : INSEE.

Ce tableau résume la situation des PME en France. Sous-capitalisées, elles occupent des branches à forte intensité de main-d'œuvre et parfois à forte intensité de matière grise. Elles réalisent près de la moitié du chiffre d'affaires de l'industrie et fournissent la moitié des emplois. Les PME privilégiaient traditionnellement le marché intérieur. Aujourd'hui, elles explorent des voies nouvelles sur les marchés étrangers. Elles font figure de « fantassins » dans la bataille de la production et de l'exportation. Même si le nombre des moyennes entreprises de 100 à 499 salariés est relativement réduit, elles assurent déjà un peu plus de 35 % des exportations nationales.

La situation économique relativement favorable des PME leur permet aujourd'hui de jouer un rôle de **catalyseurs dans le domaine de l'exportation.**

Souvent une innovation représente le point de départ d'une petite entreprise et sert de tremplin pour la conquête d'un marché.

Des PME de plus en plus nombreuses occupent des « niches » sur les marchés étrangers. Par exemple, les méthodes de fabrication rapide de clés de remplacement ont servi de base au développement d'une firme qui fournit divers services express (réparation de chaussures, tirage de photos, etc.). Le rayonnement de Kiss aujourd'hui dépasse les frontières (même si son fondateur a été personnellement victime du « syndrome du créateur » qui a trop vite réussi). Salomon, et surtout Rossignol, se sont imposés par leur maîtrise technique dans la mise au point des skis de compétition. Leurs produits de plus en plus diversifiés sont présents sur toutes les pentes enneigées du monde mais aussi dans les zones de loisirs d'été.

Le créateur de la société Zodiac Espace, qui n'employait que cinquante personnes il y a vingt ans, a anticipé sur le développement explosif des activités de loisir. Il a bénéficié de l'aide de l'Agence nationale pour la valorisation de la recherche et élargi son domaine à de multiples produits pour le tourisme et le loisir (notamment avec les piscines individuelles). L'effectif de ses salariés a été multiplié par cinq et sa marque est connue aujourd'hui dans toutes les régions touristiques du monde. On pourrait citer également – parmi des dizaines – la société Bac Riviera, une PME atypique, qui mène à bien une politique de diversification et d'exportation à partir d'un « pot de fleurs ».

C'est la PME qui a sauvé le secteur du textile-habillement. La déconfiture des empires du textile a marqué la fin d'une époque. Aujourd'hui, 70 % du chiffre d'affaires du textile sont réalisés par des PME et 88 % du chiffre d'affaires de l'habillement. Dans cette dernière branche, certaines entreprises s'appuient sur l'expérience de la « fabrique » lyonnaise du XIXe siècle pour s'adapter à la volatilité des marchés. Leurs structures sont très souples, elles emploient un effectif limité de salariés dans des tâches apparentées au tertiaire supérieur (conception des modèles, commercialisation) et confient à des façonniers la réalisation des articles. Les machines à coudre piquent les vêtements indistinctement dans les ateliers familiaux du Sentier parisien ou des villages tunisiens. Ainsi, la **société Zannier** s'est-elle spécialisée dans le vêtement pour enfants, grâce à la flexibilité particulière de sa stratégie offensive. Le produit est de bonne qualité, à bon prix et, surtout, il arrive au bon moment sur le marché. Le groupe a massivement délocalisé sa production et ne fabrique plus rien par lui-même. Ses exportations représentent aujourd'hui 35 % de son chiffre d'affaires (hors licence aux États-Unis et en Asie).

Moins connue, la société **Petit Boy** est également spécialisée dans le prêt-à-porter pour enfants. Elle fait confectionner la moitié de sa production au Maghreb, en Turquie et dans le Sud-Est asiatique, mais elle reste fortement enracinée dans son terroir et emploie 200 personnes à Nay en Béarn. Elle exporte principalement en Belgique, en Espagne et en Allemagne, en s'appuyant sur un réseau de trente boutiques possédées en propre et trente-cinq en franchise. L'objectif défini pour fin 1995 est d'atteindre la centaine de points de vente et de s'installer dans la périphérie parisienne, à Londres et à Madrid. La progression du chiffre d'affaires (de 107 millions de francs en 1993 à 117 millions en 1994) et des marges qui ont atteint 12 millions justifient ces ambitions.

A l'ère des firmes transnationales, **la PME ne doit plus être considérée comme un vestige du capitalisme atomistique du passé,** comme une entreprise qui n'a pas su grandir. Un noyau de moyennes entreprises performantes dynamise l'ensemble de l'économie et représente une nouvelle forme de capitalisme concurrentiel, innovateur et performant.

Pour conclure, on observe qu'**à l'encontre de la théorie marxiste,** le capitalisme libéral est fécondé par les créateurs d'entreprises, alors que l'économie dirigée, dominée par le gigantisme des entreprises d'État, est restée stérile par manque d'entrepreneurs. D'un côté, des grands combinats isolés et, de l'autre, des groupes de plus en plus puissants, entourés de PME de plus en plus nombreuses et performantes.

La PME occupe aujourd'hui une place reconnue dans le tissu entrepreneurial français. Irremplaçable pour combler un vide économique et social, elle participe de plus en plus à l'équilibrage de nos échanges extérieurs. La Grande Dépression de la fin du XIXe siècle a vu surgir des fondateurs de PME nommés André et Édouard Michelin, Armand Peugeot, Louis Renault, Auguste et Louis Lumière, Pierre Azaria, Eugène Schueller[1]. Les futures grandes entreprises du XIXe siècle se trouvent dans la génération actuelle des jeunes PME. Elles sont porteuses de nombreux espoirs pour peu que **se vérifie la vision de Joseph Schumpeter** : « L'apparition d'une ou de quelques entreprises rend plus facile et, par là, provoque l'apparition d'autres entreprises. Et cette apparition provoque elle-même l'apparition d'entreprises différentes et toujours plus nombreuses » (*Théorie de l'évolution économique,* Éditions Dalloz, 1935, p. 319).

3. L'entreprise française est présente dans la compétition internationale

Selon un schéma classique, les entreprises commençaient par exporter. Ensuite, pour contourner les barrières douanières et les obstacles non tarifaires, elles investissaient à l'étranger afin de profiter des avantages comparatifs présentés par les conditions de production locales, comme ceux de la main-d'œuvre ou de la fiscalité. Selon cette logique, l'exportation trouvait une alternative dans l'implantation sur les marchés extérieurs.

Aujourd'hui, cet ordre de marche n'est plus respecté. Exportations et investissements directs à l'étranger (IDE) vont de pair. Dans l'optique d'une expansion à l'échelle mondiale, et particulièrement sur chacun des trois pôles de la « triade »

1. Entre 1889 et 1907, ils ont créé les PME suivantes (dans l'ordre) : Société en nom collectif Michelin (aujourd'hui : 1er rang mondial dans sa branche), Société des automobiles Peugeot (5e rang en Europe), Société Renault Frères (4e rang en Europe), Société Lumière Frères, Compagnie générale d'électricité (aujourd'hui Alcatel-Alsthom, 3e rang en Europe), Société française des teintures inoffensives (future L'Oréal, 3e rang en Europe).

(Europe, États-Unis, Japon et Sud-Est asiatique), des firmes comme Accor, L'Air liquide, Essilor, Roussel-Uclaf et Michelin montrent la voie.

Par ailleurs, dans la course à la mondialisation, le déploiement des antennes est toujours déterminé par l'enracinement dans le terroir. En cette fin de siècle, la France offre un terreau particulièrement favorable à l'entreprise au point d'attirer de plus en plus les investissements étrangers.

▸ **L'entreprise française dispose aujourd'hui de solides points d'appui** pour assurer son déploiement mondial. Elle s'est d'abord renforcée sur son territoire puis a recherché à l'extérieur des éléments de puissance supplémentaire.

• **Une augmentation de taille était nécessaire pour soutenir la concurrence avec le capitalisme étranger** dont la plus forte concentration s'explique par l'antériorité. Dans les années 60, le tissu entrepreneurial français était en effet particulièrement fragmenté.

Depuis trente ans, les entreprises recherchent l'effet de masse. Elles ont franchi deux étapes. Entre le milieu de la décennie 60 et le milieu de la décennie 70, elles veulent grossir à tout prix (et parfois à n'importe quel coût). Saisissant toutes les opportunités, elles se lancent dans de nouvelles activités, absorbent des entreprises éloignées de leur production d'origine et se diversifient à l'extrême. La formule conglomérale est alors réputée présenter les meilleurs avantages en termes de profit et de sécurité. Un épisode de cette course à la diversification reste dans les mémoires : la régie Renault s'est trouvée à la tête d'une usine produisant du café lyophilisé pendant quelques mois avant de s'en séparer ; ce n'était pas son métier !

Avec l'arrivée de la crise, l'entreprise se rend compte que l'excellence dans son secteur est la meilleure garantie de compétitivité. Dès lors, elle se recentre sur une gamme plus étroite de productions. Contrairement à la théorie économique, la crise a ralenti le mouvement de concentration et la reprise l'a relancé dès le milieu des années 80, lorsque les entreprises ont retrouvé le chemin des profits.

Le renforcement de la monnaie nationale rend moins onéreuses les acquisitions à l'étranger. Quand le coût d'une opération dépasse les capacités de la firme, celle-ci privilégie généralement le financement sur fonds propres, par exemple par l'émission d'actions sans droit de vote : le contrôle de la firme ne change pas de mains. Les chiffres d'affaires s'en trouvent gonflés et les parts de marché augmentées.

Elles conjuguent la stratégie de croissance interne et la croissance externe qui passe par l'absorption de partenaires et de concurrents. Parfois, elles signent des contrats de « coopétition » avec des concurrents afin de s'associer dans des projets de base tout en restant concurrentes. Parmi les grands pays industrialisés, la France est le pays où **le mouvement de concentration est le plus puissant depuis trois décennies.** La taille des entreprises françaises a progressé de 330 %, contre 290 % pour les entreprises japonaises, 150 % pour les entreprises allemandes et 100 % pour les entreprises américaines. Malgré le très faible niveau de départ, la taille des sociétés nationales se rapproche peu à peu des normes de trois grands concurrents, l'Allemagne, le Japon et les États-Unis.

Tous les secteurs sont concernés, notamment ceux des biens de consommation courante. Les progrès sont les plus sensibles dans l'automobile, l'agro-alimentaire, l'énergie et le BTP. Renault, Danone, L'Oréal, L'Air liquide, Michelin, Lagardère Groupe, Lafarge Coppée se distinguent particulièrement par leur pugnacité. Les 25 premiers groupes français pèsent davantage aujourd'hui qu'il y a trente ans car les « champions nationaux » ont grandi dans la crise. Actuellement, selon les années, 5 ou 6 figurent dans les 50 premiers groupes mondiaux du palmarès de la revue *Fortune*, le premier étant situé habituellement entre le 25e et le 28e rang. En 1994, la hiérarchie situait Elf-Aquitaine, Renault, Alcatel-Alsthom, PSA, Générale des Eaux et Total entre le 26e et le 52e rang.

Par rapport aux grandes firmes européennes, le chiffre d'affaires des groupes français reste encore modeste : Danone réalise à peu près le quart du chiffre d'affaires d'Unilever, Rhône-Poulenc la moitié de celui de BASF et Renault moins des deux tiers de celui de Daimler-Benz. Néanmoins, les progrès sont sensibles. Le chiffre d'affaires moyen des 100 plus grandes sociétés françaises représentait le sixième de celui des 100 premières sociétés américaines il y a trente ans. Aujourd'hui, il dépasse le tiers.

Réciproquement, le **danger permanent d'être absorbée** par un prédateur – un « raider » – ou par un groupe plus puissant guette chaque entreprise nationale en cette période de restructurations du capitalisme mondial.

• L'entreprise a de plus en plus souvent recours à la compétence des **consultants pour définir sa stratégie d'internationalisation.** Les sociétés de conseil anglo-saxonnes sont les plus sollicitées, comme Arthur Andersen, le premier cabinet mondial (plus de 20 000 employés, dont la moitié hors des États-Unis). Il soutient par exemple l'effort de Saint-Gobain, Bio-Mérieux et de multiples sociétés de prêt-à-porter pour pénétrer le marché japonais. Ernst et Young Conseil met un réseau de 30 cabinets répartis dans l'Hexagone à la disposition de ses clients français, environ 200 grandes sociétés mais aussi plus de 5 000 PME. Gemini Consulting Group, filiale de Cap Gemini, a fondé l'Université Cap Gemini dans les Yvelines pour former les cadres des grandes sociétés françaises. Avec le Boston Consulting Group, McKinsey est sans doute la société qui a exercé l'influence la plus durable sur le manageur français, particulièrement attentif aux publications de ses membres, comme Kenichi Ohmae, inventeur de la notion de « triade » ou Thomas Peters et Robert Waterman, auteur de *Le prix de l'excellence*, publié en 1983 (InterÉditions).

Les **sociétés de conseil nationales sont de plus modeste envergure.** Deux exemples suffiront à le montrer. En 1987, la société Peat Marwick Consultant a rompu ses attaches avec sa maison mère KMPG pour devenir une société indépendante purement française. Son terrain est essentiellement la métropole mais elle bénéficie toujours du réseau mondial de KMPG pour mener à bien des missions à l'échelle de la planète. Elle cite volontiers l'exemple des contacts qu'elle a établis récemment en l'espace de dix jours entre un industriel du bois de la région de Troyes et un chef d'entreprise brésilien qui voulait vendre des grumes. Bossard Consultant est la première société française d'origine, son siège étant à Issy-les-Moulineaux. Avec un chiffre d'affaires voisin de 150 millions de dollars et un effectif de 800 employés, elle occupe le vingt-septième rang mondial et le dixième rang européen. Elle dispose de bureaux aux États-Unis, au Japon et en Europe et se spécialise actuellement dans les études des pays de l'Europe centrale et orientale où se posent les problèmes de stratégie d'entrée. Ses antennes de Riga (Lituanie), de Tallin (Estonie) et de Saint-Pétersbourg (Russie) lui permettent de s'appuyer sur les Pays baltes comme sur une tête de pont pour pénétrer le marché russe. Bossard Consultant travaille en partenariat avec la Société générale, le Crédit lyonnais, la BNP et le CFCE pour explorer le terrain, pour frayer la voie aux entreprises et pour les aider à optimiser leur gestion sur ces marchés de l'avenir.

En plus de ces firmes bien connues, il convient de mentionner la CEGOS ou le CNOP qui ont formé des générations de dirigeants, et l'action de Solving et d'Orgaconseil, dont la présence sur le terrain est moins spectaculaire mais irremplaçable.

Néanmoins, avec le Boston Consulting Group, c'est sans doute Mac Kinsey qui a eu et a toujours l'audience la plus forte et la plus durable auprès des managers français.

▸ **La consolidation des grands groupes est réelle. Elle n'est pas seulement due à la conjoncture,** car « il n'est de bon vent pour qui ne sait où il va ». Elle est l'aboutissement d'une stratégie de restructuration efficace.

La reprise du milieu de la décennie 90 a effectivement consolidé les résultats des grands groupes.

Graphique 4

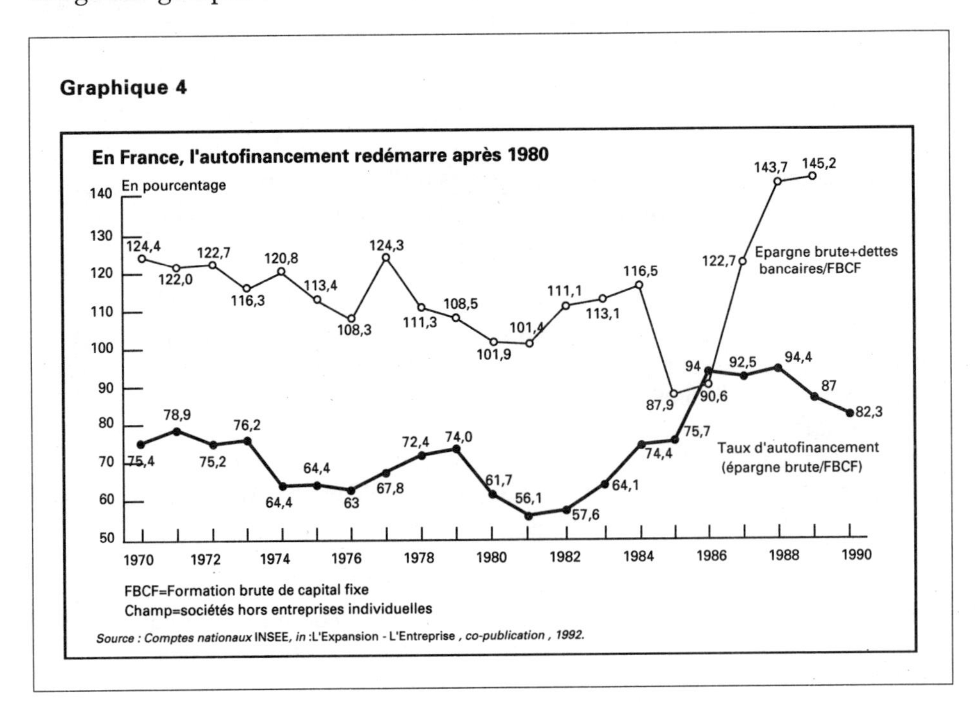

Au milieu des années 80, les taux d'intérêt nominaux ont fléchi moins vite que l'inflation. Il s'est ensuivi une hausse des taux réels et un renchérissement du crédit. Le développement sur fonds propres a donc été privilégié par les entreprises qui, à cette époque, ont vu leurs profits se redresser. De plus, les innovations financières et la déréglementation ont permis à l'entreprise d'accéder plus facilement aux marchés financiers. Les grandes entreprises se sont alors lancées dans d'ambitieux programmes de croissance externe par des achats « tous azimuts ».

▸ **La France contribue à l'internationalisation des échanges commerciaux et à l'élaboration du capitalisme mondial,** mais la vocation de l'entreprise n'est pas d'être le vecteur des intérêts nationaux hors de France. Les entreprises françaises doivent s'aligner sur la stratégie de leurs concurrentes pour se développer. Leur contribution au renforcement de l'économie nationale n'est que la conséquence heureuse de leurs performances.

• **La vente à l'étranger a été la première étape de l'internationalisation de l'activité des entreprises.** Les trois tremplins vers le marché mondial ont été le marché national, l'empire (les PED ayant assuré le relais) puis l'Europe.

Dans le passé, les relations avec les marchés extérieurs étaient marginales, les entreprises françaises ayant un comportement résiduel à l'exportation. Le taux d'ouverture de l'économie nationale à la veille de 1914 était sans doute important, mais l'empire, avec plus de 13 % des « exportations », représentait le prolongement naturel du marché domestique. Jacques Marseille a montré[1] que des entreprises peu performantes y écoulaient les produits qui ne trouvaient plus preneurs en métropole et profitaient d'une rente de situation. Néanmoins, pour quelques groupes, l'ouverture sur les marchés concurrentiels remonte au XIXe siècle (cf. *supra*).

La CE puis l'EEE ont été un tremplin pour l'internationalisation. Les perspectives ouvertes par la première ouverture sur l'Europe dans la décennie 60 ont été considérables. Aujourd'hui, les règles de la concurrence sont établies par Bruxelles.

Les performances sur les marchés extérieurs se sont améliorées récemment dans un nouvel environnement international. Deux ruptures se sont produites. D'une part, la dépréciation de la monnaie américaine, après septembre 1985, a durablement réduit la compétitivité-prix des produits français sur toute la zone dollar. D'autre part, la solvabilité des PED, nos clients traditionnels, s'est détériorée à la suite la crise de l'endettement du Tiers Monde puis du contre-choc pétrolier de 1986. Les entreprises engagées dans des programmes de grands travaux d'équipement ont été sinistrées et ont dû souvent recourir aux services de la COFACE (Compagnie française d'assurance pour le commerce extérieur).

• **L'image du produit et de l'entreprise à l'étranger s'est améliorée.** Elle influence directement la décision d'achat et perturbe totalement le jeu mécanique des avantages comparatifs. Il ne suffit pas de savoir bien produire et bien vendre car le culturel influence le comportement du client autant que l'économique.

1. Dans *Empire colonial et capitalisme français,* Seuil, 1984.

Encadré 9
Niches, pôles, filières et créneaux

Tout système industriel est constitué par des flux d'approvisionnement interentreprises : les entreprises situées à l'amont dans le processus de production fournissent des produits semi-finis aux entreprises de l'aval ; ces produits représentent des consommations intermédiaires. Ils peuvent être d'origine nationale ou étrangère.

Une **stratégie de créneaux** consiste à s'adapter à l'évolution de la demande mondiale, à se spécialiser si possible avant les concurrents dans les productions correspondantes, quitte à s'approvisionner en produits intermédiaires auprès de fournisseurs étrangers.

La réussite d'une stratégie de créneau repose avant tout sur :

— une bonne prospection des marchés ;
— une grande flexibilité de l'appareil de production, capable d'abandonner rapidement les produits anciens au profit de produits nouveaux ;
— une bonne compétitivité des entreprises (coûts, politique des prix plutôt qu'une politique des marges de bénéfices, qualité, services financiers et commerciaux annexes, etc.).

Les obstacles à surmonter sont en particulier la rigidité de l'appareil de production qui allonge le temps de réponse de l'entreprise (lourdeur de l'appareil hiérarchique, médiocres relations de travail, taylorisme...) et le risque d'erreur dans l'analyse de la conjoncture internationale, l'économie y reste toujours très sensible.

Une **stratégie de filière** consiste à maîtriser tous les maillons de la chaîne de fabrication qui conduit des matières premières au produit fini ; elle est particulièrement efficace si cette maîtrise s'étend aux services divers qui accompagnent la production (recherche-développement, financement, etc.). Elle peut être suivie par une firme multinationale ou par un État.

Dans le cas d'un État, la réussite dépend avant tout :

— d'une dotation en facteurs de production suffisante (matières premières, capitaux nationaux, main-d'œuvre adaptée, aptitude à utiliser le progrès technique) ;
— de l'existence d'entreprises à chaque étape de la production ;
— de l'existence de relations de fournisseurs à clients, entre les entreprises nationales ou situées sur l'espace national.

La politique de filière permet à l'État de pratiquer une relance efficace dans la mesure où, par une stimulation de l'activité d'un maillon de la chaîne, il peut réactiver toute la chaîne. L'économie est moins sensible aux fluctuations de la conjoncture internationale, à la limite, l'État peut viser l'autarcie.

Une **politique de pôles de production** consiste à la fois à se spécialiser dans la fabrication de produits à forte demande et à maîtriser une large gamme de productions intermédiaires afin de réduire à la demande extérieure et à bénéficier des économies d'échelles : c'est le cas de l'Allemagne dans les industries mécaniques.

La **politique de niche** est moins ambitieuse. Elle consiste, pour une entreprise de taille modeste par rapport aux grands conglomérats étrangers, à se recentrer sur une fabrication principale pour laquelle elle bénéficie de brevets d'exclusivité ou d'un savoir-faire particulier. Elle se spécialise sur un nombre réduit de produits biens sélectionnés dont la demande mondiale est assurée. Plutôt qu'à une politique de vastes créneaux, la politique de niche fait penser à une attaque au laser...

En France, la politique de créneau a été suivie dans les années 70, la politique de filière a été privilégiée en 1981 et abandonnée vers 1983-1984 au profit de la politique de créneaux. D'après l'INSEE, la France ne dispose de pôles vraiment compétitifs que dans le caoutchouc et dans les matières plastiques ; la politique de niche réussit assez bien à certaines entreprises, par exemple dans le matériel de télécom., les articles de Paris... les brouettes et le tissu de mousseline dont la ville de Tarare, dans le Rhône, est la « capitale mondiale » depuis cent cinquante ans !

Notre image s'est améliorée sensiblement depuis le début de cette décennie, tant auprès des consommateurs que des experts. Les résultats de multiples études récentes convergent tous vers les mêmes conclusions.

Auprès des consommateurs, les entreprises françaises ont hérité du XIXe siècle la **réputation d'exceller dans les produits de luxe,** auxquels est attachée une connotation de frivolité. Les « articles de Paris » ont fait le tour du monde. « L'art de vivre à la française » est reconnu dans les produits gastronomiques et l'exportation des produits agro-alimentaires. Naguère, les dirigeants d'entreprises français expatriés étaient traités avec une certaine condescendance par leurs interlocuteurs dès qu'ils s'éloignaient de ces stéréotypes. Il a fallu attendre longtemps pour que la qualité des autres produits et le sérieux des services accompagnant la vente soient reconnus dans les secteurs de hautes technologies que nous maîtrisons particulièrement (matériels de transport terrestre, aéronautique, nucléaire, armements, etc.). Aujourd'hui, l'image des produits de grande consommation s'améliore nettement.

Il en va de même auprès des experts. Début septembre 1995, une enquête a été conduite conjointement par Arthur D. Little, un des conseils en stratégie internationaux les plus reconnus, et par la revue *L'Expansion*, auprès de cent directeurs technologiques de haut niveau employés par des grandes entreprises européennes. Ils étaient invités à désigner **cinq entreprises qu'ils admiraient le plus pour leurs performances technologiques récentes,** dans leur propre pays, et cinq autres hors de frontières.

Ils ont classé **six entreprises françaises parmi les vingt-cinq premières européennes** (Alcatel-Alsthom, Renault, SGS Thomson (italo-française), Rhône-Poulenc, L'Oréal, et Airbus Industrie (en consortium). S'ils ont oublié Michelin, Saint-Gobain, Pechiney et L'Air liquide, ils sont excusables : dans ces sociétés, l'intensité technologique est particulièrement élevée et l'innovation est peu spectaculaire car continuelle. Dans l'ensemble, l'appréciation portée sur les entreprises françaises par leurs pairs est flatteuse ; il y a dix ans, bien peu de sociétés nationales auraient été citées pour la rapidité avec laquelle elle font passer l'idée du laboratoire à l'atelier.

Le Centre d'observation économique de la Chambre de commerce et d'industrie de Paris a publié en janvier 1995 une étude sur la *Compétitivité et image des produits européens.* Il en ressort que certains points forts à l'exportation correspondent à notre image traditionnelle.

Les **entreprises agro-alimentaires** jouissent à l'étranger d'une très bonne réputation après celle des États-Unis. Cette position correspond à une réalité économique, puisque la France est le deuxième réexportateur mondial de produits agricoles. Les grandes entreprises ne sont pas les seules à se distinguer sur ce marché. Les artisans producteurs de pralines de Montargis vendent au Japon et Fauchon y a créé quarante-trois boutiques où il vend cinq fois moins cher que place de la Madeleine ! Le seul point faible de nos exportateurs est le manque de fiabilité des livraisons. Émile Bonduelle l'a bien compris, lui qui affirmait en janvier 1992 : « J'ai conquis l'Allemagne le jour où j'ai servi les Allemands avec la même ponctualité que les Français. Depuis, je fais mon développement européen grâce à la marge que j'ai sur l'Allemagne. »

Les **industries de luxe** bénéficient toujours d'une image solide. La qualité des produits autant que la notoriété de la marque sont appréciées. Les marques françaises bénéficient d'un leadership mondial. Selon McKinsey, elles détiennent collectivement près de 50 % du marché mondial du luxe. Ces performances résultent notamment de la diversité de l'offre, les entreprises françaises étant en fait les seules à offrir une gamme complète de produits, chacune sous leur propre griffe. Il faut y ajouter la domination de sept secteurs où elles maîtrisent plus de 50 % du marché, soit : accessoires de mode, champagne, cristallerie, haute couture, parfumerie, spiritueux et vins. Chanel, L'Oréal, Dior ou LVMH n'usurpent pas leur renommée.

L'**image de la chimie et de la pharmacie** est plus ambiguë. Dans la chimie-pharmacie, la forte image des entreprises allemandes fait de l'ombre aux groupes français. Ainsi, la réputation de Rhône-Poulenc ne tire pas pleinement bénéfice de ses performances (77 % du CA sont réalisés à l'étranger, dont 25 % aux États-Unis).

Les entreprises du **secteur électronique-informatique** ont une réputation toujours très médiocre dans ces branches qui touchent la troisième révolution industrielle. Dans le domaine des services informatiques, la société Cap Gemini Sogetti est totalement méconnue, bien qu'elle occupe le deuxième rang européen de la branche. La faiblesse des entreprises dans les produits de grande consommation occulte les performances des sociétés comme Alcatel-Alsthom, Thomson ou Matra. Le déficit de notre balance commerciale dans l'électroménager ternit les réussites dans les produits de haute technologie comme Airbus, Ariane, les hélicoptères, le TGV, le Minitel, les centraux téléphoniques à commutation numérique ou les centrales nucléaires.

De plus, l'image des produits français est assez différenciée selon les marchés nationaux. Ils sont très bien placés sur les marchés belge et italien, moins bien sur le marché allemand (malgré une évolution positive) et très mal placés sur le marché britannique, au terme d'une dégradation récente assez nette. Néanmoins, l'image du produit français s'est nettement améliorée depuis le début de cette décennie.

► **Le secteur de l'automobile offre un exemple significatif de l'amélioration globale d'une image de marque,** si l'on en croit une enquête récente de l'European Customer Survey. Chaque année, l'ensemble des constructeurs installés en Europe commandent à l'ECS une étude de marché comparative sur les qualités de leurs produits et de leurs services. Plus de quarante mille conducteurs, choisis dans huit pays d'Europe, ont été sondés en 1995 sur leur degré de satisfaction. L'enquête aboutit à l'attribution d'une note aux différents producteurs. Le résultat est pondéré : la qualité des produits intervient pour 40 % et celle du service des concessionnaires pour 60 %. Les conclusions sont encourageantes pour les trois marques nationales comme le montre le tableau suivant.

L'entreprise française, comme cellule d'exportation, présente certains caractères spécifiques par rapport à ses homologues allemandes et japonaises, ses principales concurrentes.

Graphique 5

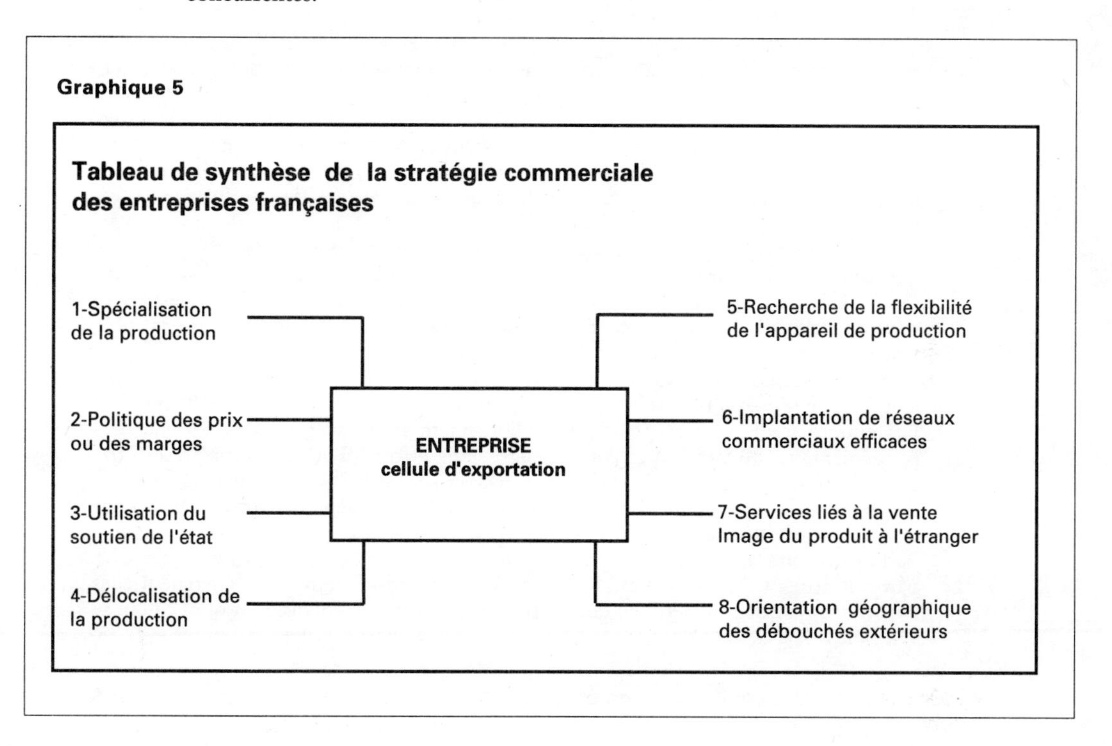

1/Globalement, les entreprises sont moins spécialisées que les allemandes. Elles exportent des produits très diversifiés, situés sur un éventail de produits largement ouvert. Un nombre restreint d'entre elles exercent une suprématie écrasante dans les ventes à l'étranger, mais elles sont peu nombreuses à réaliser des performances décisives sur le marché mondial.

2/Depuis la reprise des échanges internationaux, en 1984, les entreprises ont préféré augmenter leurs marges en maintenant leur prix plutôt qu'élargir leurs parts de marché en baissant leur prix. Une consolidation de leur position financière était sans aucun doute nécessaire après plusieurs années de difficultés. Les taux d'intérêts élevés les ont contraintes à privilégier l'autofinancement, moins coûteux que l'emprunt, pour augmenter leur taille.

3/La recherche-développement, très concentrée dans les établissements publics ou semi-publics, est réputée peu efficace, car trop éloignée du marché. En contrepartie, les aides financières à l'exportation sont importantes, grâce à la BFCE (Banque française du commerce extérieur) et aux garanties que propose la COFACE (Compagnie française d'assurance pour le commerce extérieur).

Le marché intérieur est moins protégé que celui du Japon et plus protégé que le marché allemand. En France, l'élasticité des importations est importante. En effet, dans un passé récent (comme en 1975 et en 1981) la reprise de la consommation domestique a profité davantage aux importateurs qu'aux producteurs nationaux.

4/Les groupes français n'ont jamais réalisé de grands investissements dans le Tiers Monde qu'ils considèrent surtout comme un marché d'exportations. Les investissements directs à l'étranger, nombreux depuis la fin des années 80, leur ont permis de s'implanter dans les pays de l'OCDE.

5/Les entreprises françaises manquent encore de flexibilité, mesurée par la vitesse d'adaptation aux transformations du marché. Elles supportent encore certaines lourdeurs organisationnelles dans le domaine de la production. Le temps de réponse à une opportunité commerciale est en effet proportionnel au taux d'encadrement de la main-d'œuvre d'exécution et les entreprises françaises ont hérité d'une structure taylorienne pyramidale. Elles sont en train de les remplacer par une organisation plus légère et plus souple et l'amélioration récente des performances est notable.

6/ et 7/ Malgré les progrès récents, les réseaux et les services français à l'étranger sont relativement moins efficaces que ceux de l'Allemagne et du Japon. Néanmoins, la valeur des exportations françaises rapportée au nombre d'actifs est supérieure à celle du Japon. L'image du produit français à l'étranger est en sensible amélioration.

8/Le redéploiement sur les marchés de l'Union européenne est en bonne voie alors que se réduit la part relative des exportations orientées vers la zone hors OCDE. Les entreprises françaises profitent médiocrement de l'ouverture des marchés des pays émergents du Sud-Est asiatique malgré leurs efforts. Tous les PED n'en sont pas délaissés pour autant, mais les entreprises choisissent désormais les marchés les plus solvables. Les pays qui suivent les programmes d'ajustement structurels définis par le FMI sont privilégiés.

Les réussites allemande et japonaise sont établies sur des stratégies commerciales particulièrement performantes. Peut-être les entreprises françaises cherchent-elles encore trop à mieux vendre ce qui est produit, plutôt qu'à mieux fabriquer ce qui se vend bien dans le monde.

• **Les secteurs d'excellence des entreprises françaises sont de plus en plus nombreux et diversifiés.** La spécialisation-produit et la spécialisation-client évoluent rapidement. La puissance du capitalisme national provient moins de la taille des entreprises que de leurs performances dans leurs secteurs d'activité respectifs.

Le critère financier du chiffre d'affaires doit être corrigé par le classement de nos sociétés dans leur secteur d'activité. Alcatel-Alsthom (dans les courants faibles), Michelin, Ciment Lafarge, L'Air liquide occupent alors le premier rang mondial.

En deuxième ou troisième position mondiale, prennent place Thomson (dans l'électronique de défense) et Usinor-Sacilor (pour ses aciers de haute technologie). De leur côté, Aérospatiale, Matra Hachette et la Compagnie générale des eaux sont tous situés au 1er rang européen. Entre le deuxième et le sixième rang en Europe, arrivent Rhône-Poulenc, Renault, Carrefour, L'Oréal et Danone, Elf-Aquitaine, Sodexho, Saint-Gobain, Strafor-Facom.

Une firme méconnue, la **Compagnie française des ferrailles,** mérite d'être présentée. La CFF est le numéro un mondial dans le traitement des épaves automobiles, avec un chiffre d'affaires de 4,4 milliards de francs en 1994. Depuis 1991, avec le cimentier Vicat, elle expérimente à Saint-Pierre-de-Chandieux (Rhône) un procédé de broyage dont les résidus servent de combustible dans un four à ciment. PSA lui livre le plus gros des 150 000 épaves traitées chaque année qui laissent seulement 10 % de déchets ultimes, contre une moyenne de 25 % dans l'Hexagone. Cette expérience est suivie de près par la Commission européenne qui a établi une réglementation fixant à 5 % la proportion des déchets non réutilisés à l'horizon 2015. Des comités de certification analysent aujourd'hui les procédés de la CFF pour élaborer les normes bientôt exigibles de la part des démolisseurs et des broyeurs qui voudront obtenir la certification.

Le PDG, Jacques Tapiau, a signé en juillet 1995 deux accords qui lui permettent d'envisager une expansion prometteuse hors du continent. Le premier, conclu avec les autorités guadeloupéennes, concerne la création d'un centre de broyage et de dépollution à Pointe-à-Pitre, afin de prendre pied dans les Caraïbes. Le second a été signé avec General Motors et avec deux aciéries mexicaines. La CFF se charge de livrer clé en main au Mexique un site totalement équipé pour que les sidérurgistes réutilisent le métal récupéré sur un volume de 150 000 à 200 000 épaves par an. Le financement est assuré à 40 % par la CFF, à 40 % par GM et à 20 % par les sociétés mexicaines. La CFF en assurera la maintenance. Pour Jean-Marie Del Vecchio, directeur industriel technique-environnement, les besoins potentiels de Mexico City (environ 20 millions d'habitants) s'élèvent à quatre installations de ce type... et le marché nord-américain est quasiment vierge pour cette nouvelle technologie.

Une avancée technologique décisive sur le territoire national, une réponse à un besoin ressenti par l'opinion et reconnu par une autorité supranationale, une alliance avec le grand capitalisme international pour pénétrer sur un marché où le gaspillage est légendaire et une première place mondiale dans sa spécialité : voilà l'explication de la trajectoire exemplaire d'une société pilote.

• **De nouveaux concurrents émergent aujourd'hui du Sud pour nos pays industrialisés. Les défis de l'exportation sont pressants** et nos entreprises doivent réunir de multiples conditions pour les relever.

— Nos entreprises ne peuvent plus compter sur une protection générale aux frontières. La France ne peut s'isoler face au mouvement de libéralisation du commerce mondial. Seules des mesures sectorielles et provisoires peuvent donner quelque répit aux entreprises affrontées aux distorsions de concurrence les plus graves (provoquées par exemple par le dumping social des pays à faible coût de main-d'œuvre).

— Il faut que nos entreprises vendent cher la qualité, comme les Allemands, quand l'image du produit et les services annexes séduisent nos clients. Mais il faut aussi qu'elles soient capables de vendre la qualité bon marché comme les Japonais quand il s'agit d'« attaquer au laser » un marché extérieur.

— Il faudrait une grande maîtrise dans la fabrication et, pour cela, que l'ingénieur retrouve son prestige d'antan. Notre humanisme devrait se réconcilier avec la technique, qui ne déshumanise pas nécessairement la société.

— Il faudrait que les grands groupes s'appuient davantage sur de moyennes entreprises aussi performantes qu'en Allemagne et que nos entreprises ne se satisfassent pas d'une bonne position sur les marchés des grands contrats, au détriment des produits générateurs d'un échange constant et donc d'une pénétration plus durable.

Carte 2

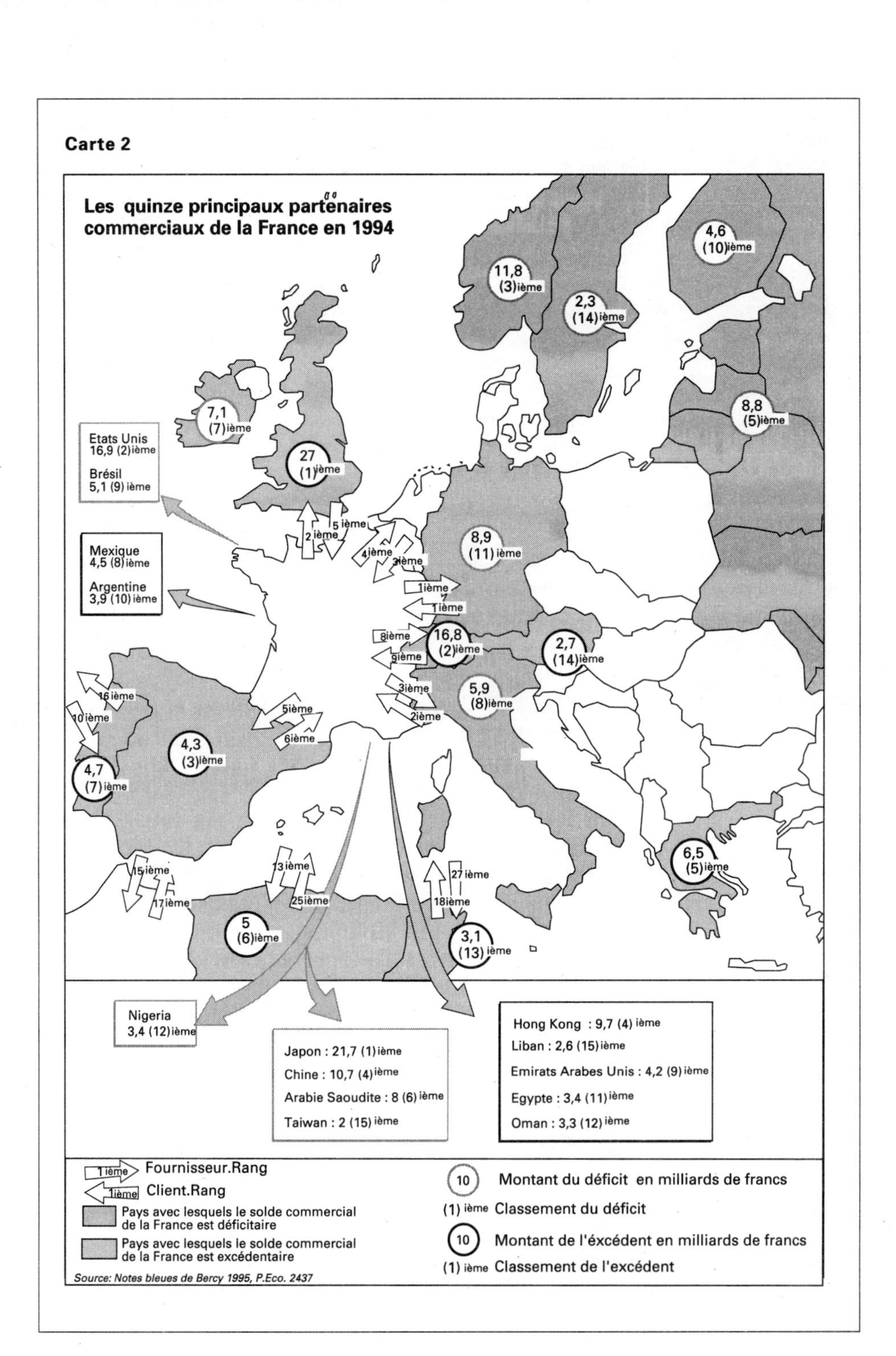

Source: Notes bleues de Bercy 1995, P.Eco. 2437

La place modeste qu'occupent nos anciennes colonies montre que nos entreprises se sont définitivement dégagées du système colonial pendant la décennies 80.

Parmi les quinze premiers partenaires de nos entreprises dans le monde, les pays frontaliers de l'Union européenne occupent une place privilégiée. Le marché européen est devenu un « marché domestique » pour nos entreprises.

Les échanges lointains sont encore beaucoup plus rares que les échanges de proximité. Les entreprises, fascinées par l'essor des pays émergeant de l'Asie du Sud-Est et de l'Amérique latine (comme toutes les entreprises mondiales) y prennent pied difficilement. Par exemple, les ventes sur le marché chinois sont encore largement insuffisantes pour compenser la valeur des produits que nous importons de ce pays.

Partant d'un niveau très bas, les carnets de commande et les livraisons de nos entreprises à l'Asie du Sud-Est ont bénéficié d'une progression de l'ordre de 20 % en 1994 par rapport à 1993.

— Il faudrait pour nos entreprises un soutien de l'État et des banques aussi efficaces qu'au Japon et des relations sociales aussi harmonieuses qu'en Allemagne.

— Il faudrait que soit abandonné un système d'économie mixte où l'État exerce un rôle directeur sur la stratégie des entreprises. La « politique d'environnement » commence à porter ses fruits à l'exportation. Désormais, **il ne s'agit plus de desserrer la contrainte extérieure mais d'alléger les contraintes internes** pour faire face aux défis de la compétition internationale. Toutes ces conditions ne dépendent pas seulement de nos entreprises.

La crise a stimulé la réflexion sur les « modèles » étrangers, notamment sur le modèle japonais, ainsi que sur l'identité du modèle national. Elle peut aider à voir plus clair dans la redéfinition nécessaire d'un nouveau système de production compétitif.

▸ Les investissements directs à l'étranger (IDE) ne donnent pas encore au capitalisme national une dimension planétaire.

L'expansion du capitalisme français remonte à la fin du XIXe siècle. Les investissements français à l'étranger étaient alors localisés dans les régions géographiquement ou diplomatiquement les plus proches de la France. Après une longue période de repli relatif sur le territoire national, une phase d'expansion remarquable du capitalisme national hors des frontières a commencé à la fin des années 80, avec un taux de croissance annuel supérieur à 50 % entre 1985 et 1990. Le rythme s'est ensuite ralenti. Aujourd'hui, la répartition géographique de l'investissement de nos entreprises ne couvre pas l'ensemble de la planète. Elles semblent toujours obéir à la loi de la proximité.

• **L'internationalisation du capital français est ancienne.** Après avoir été la nation la plus puissante d'Europe au début du XIXe siècle, la France en était encore la nation la plus riche en 1914. L'épargne nationale abondante était collectée par le réseau bancaire dans lequel se distinguaient particulièrement les « nouvelles banques » créées après 1850, comme le Crédit lyonnais, la Société générale et la Banque de Paris et des Pays-Bas. Depuis le milieu du XIXe siècle, cette épargne alimentait un flux croissant d'investissements à l'étranger dont le stock s'élevait à 2 250 millions de francs en 1848, à 13 500 millions en 1870, 17 850 millions en 1881 et à 50 200 millions en 1914. La répartition géographique des avoirs français dans le monde – investissements directs et investissements de portefeuille confondus – montre déjà une certaine aversion pour les implantations lointaines.

L'investissement français le plus ancien, remontant à la période 1850-1873, était situé en Europe du Nord-Ouest et en Europe Centrale. En effet, après les révolutions qui ont secoué tout le continent en 1848, les investissements britanniques se sont orientés outre-mer. Le capital français a comblé le vide. La banque et l'ingénieur français sont à l'origine du premier équipement ferroviaire de tout le continent européen pendant le troisième quart du XIXe siècle, en particulier dans les pays méditerranéens. Seul le *Zollverein* autour de la Prusse ne les a pas laissés pénétrer. L'investissement français s'est détourné de l'Europe au cours de la décennie 1870, quand la « fièvre ferroviaire » est retombée. Trois régions sont alors devenues attractives, la Russie, les États-Unis et, dans une moindre mesure, l'empire colonial.

— Après le krach boursier de 1882, les banques françaises délaissent les prises de participation directe dans le capital des sociétés étrangères et privilégient les emprunts garantis par l'État français. Par exemple, la Russie, qui amorce à la fin du XIXe siècle une révolution industrielle prometteuse, reçoit 12,5 milliards de francs de prêt, ce qui correspond à 25 % du total de l'investissement extérieur de la France en 1914. Le gouvernement bolchevik issu de la révolution de 1917 n'a pas reconnu les dettes du régime tsariste et les épargnants français s'en sont trouvés spoliés.

— En Amérique du Nord, l'essentiel des investissements français (7,4 sur un montant de 8 milliards de francs investis en 1914 sur ce continent) a été réalisé après 1882. Le montant équivaut à 12 % de l'investissement extérieur national, soit deux fois moins qu'en Russie. L'Angleterre, à l'opposé, est le premier créancier d'une économie en train de la supplanter.

— Dans ses colonies, la métropole a investi modestement et tardivement. « La colonisation est fille de l'industrialisation », a dit Jules Ferry et l'empire représentait des débouchés commerciaux et des gisements de matières premières plutôt qu'une zone de production. Les sociétés de travaux publics, comme Spie-Batignolles ou Schneider y ont créé des ports et lancé des ponts, des routes et des voies ferrées. L'empire représente un débouché vital pour certaines productions. Il absorbe par exemple 73 % des locomotives exportées, 80 % des produits métallurgiques, 85 % des cotonnades et 88 % des chandelles vendues à l'extérieur ! Vers 1910, ce marché protégé offre le troisième débouché pour les produits nationaux, juste après l'Angleterre et l'Allemagne.

L'investissement français à l'étranger exerce un effet d'éviction sur le financement de l'économie nationale difficile à mesurer. Il ressort néanmoins que les banques françaises favorisent l'industrialisation des concurrents de la France alors qu'elles participent médiocrement au financement des entreprises industrielles sur le territoire national.

Après la Première Guerre mondiale, le flux des investissements français à l'étranger se ralentit, car les besoins de la reconstruction de l'économie nationale prévalent. Pendant la grande dépression des années 30, les flux vers l'extérieur sont représentés surtout par le mouvement des capitaux fébriles. La spéculation contre le franc provoque des sorties sporadiques de capitaux qui ne sauraient être confondues avec des investissements. Pendant la période de forte croissance qui suit la Seconde Guerre mondiale, les investissements nationaux à l'étranger restent modestes. Avec un total de 8,8 milliards de dollars courants, ils ne représentent en 1973 que 4,4 % du total mondial de l'investissement extérieur. Il faut attendre la fin de la décennie 80 pour que la France s'aligne sur le mouvement général des pays industrialisés et comble son retard. En 1992, le stock s'élève à 101 milliards de dollars, soit 5,1 % du total mondial.

• **Aujourd'hui, l'implantation à l'étranger est l'ultime étape de la mondialisation du capitalisme national.**

L'**internationalisation** du capital doit être distinguée de la stratégie de la **globalisation** suivie aujourd'hui par nos entreprises comme par le capitalisme mondial. L'internationalisation correspond à une implantation multidomestique de l'entreprise qui crée une filiale dans un pays pour contourner les obstacles aux frontières ou pour s'adapter aux conditions particulières du marché local.

Dans la logique de la **globalisation,** les groupes multinationaux sont présents dans de nombreux pays et leurs unités de production y sont spécialisées dans un seul produit. Il s'agit d'usines de grande capacité fabriquant un seul élément en quantité suffisante pour approvisionner toutes les filiales du groupe. Le produit final est assemblé dans un pays choisi pour les avantages comparatifs qu'il propose. La firme transnationale commercialise ainsi un produit identique sur le marché mondial (globalisé). Le poids des « échanges captifs » (intra-firme) augmente d'autant. La Division internationale du processus de production complète l'ancienne Division internationale du travail, sans toutefois la remplacer.

Les décisions stratégiques de la firme transnationale tiennent compte à la fois de la globalité du marché et des particularités locales de la production. (Un néologisme issu d'un concept japonais en rend compte, celui de **« glocalisation »,** définie comme une action orientée par les perspectives d'un marché *global* auxquelles l'entreprise s'adapte en mettant en valeur les facteurs *locaux* de productions.) La politique d'environnement (politique fiscale et politique sociale libérales), suivie par l'État dans les pays d'accueil influence largement le choix de l'implantation des unités de production. Les entreprises françaises s'alignent sur cette stratégie.

Les entreprises françaises ne recherchent pas dans leurs IDE un palliatif aux difficultés d'exportation. En effet, la constitution du marché unique en Europe et l'abaissement des barrières douanières et des obstacles non tarifaires dans le monde élargissent sans cesse leurs débouchés. Elles ne sont pas confrontées à l'alternative de l'exportation ou de l'investissement. Actuellement, c'est **vers les parties du monde où leurs exportations sont les plus fortes qu'elles inves-**

tissent le plus : les six premiers clients de la France représentent 55 % des exportations nationales et plus de la moitié du stock des investissements extérieurs. Leur objectif est de s'adapter à de vastes marchés afin d'atteindre une taille critique et de réaliser des économies d'échelles. Comme toutes les entreprises européennes, les grandes entreprises françaises sont fascinées par les marchés asiatiques. Elles essaient d'y prendre pied mais elles accusent beaucoup de retard sur leurs concurrentes japonaises et américaines.

La stratégie la plus rapide passe par la croissance externe (qui implique des fusions avec les entreprises étrangères) et par la création de nouvelles unités de productions à l'étranger. Elles conjuguent simultanément **exportation-internationalisation-globalisation** (et « glocalisation »). L'implantation à l'étranger ne doit donc pas être assimilée à une fuite devant des conditions de productions défavorables (nous avons vu *supra* l'attractivité du territoire), pas plus qu'une alternative à l'exportation. Elle obéit aux lois propres du capitalisme qui ignore les barrières et se découvre sans cesse de nouveaux défis, de « nouvelles frontières ».

• **Une active politique d'investissement à l'étranger depuis 1985 a permis aux entreprises françaises de commencer à combler leur retard en matière d'internationalisation de leur production.** L'essor des flux a été spectaculaire pendant cinq ans avant de se ralentir quelque peu.

Tableau 11
L'essor de l'investissement extérieur
à la fin de la décennie 80
(flux d'investissements annuels, en milliards de francs)

1984	*1985*	*1986*	*1987*	*1988*	*1989*	*1990*	*1991*	*1992*	*1993*
18	20	36	52	76	115	147 (1er rang mondial)	120	130	100

Source : Bureau analyse et prévision de la direction des relations économiques extérieures et tableau de l'économie française 1995-1996, INSEE, 1995.

Entre 1989 et 1993, les entreprises françaises ont été le troisième investisseur mondial à l'étranger (avec 13 % des flux mondiaux) derrière les États-Unis (18 %) et le Japon (15 %). Elles ont créé à l'étranger près de 370 000 nouveaux emplois, dont environ 300 000 dans les seuls pays de l'OCDE. En 1994, 2,45 millions de salariés travaillaient dans des filiales à l'étranger, Alcatel-Alsthom étant le premier employeur français avec 120 000 salariés hors des frontières.

Ces implantations sont le fait d'une dizaine de groupes très internationalisés, répartissant entre plusieurs pays, voire plusieurs continents, la fabrication, le montage et la commercialisation de leurs produits. Dix groupes représentent le tiers de l'implantation du capital français hors des frontières et sont à l'origine du quart des exportations nationales.

Parmi les grandes entreprises les plus internationalisées, viennent en tête (classées d'après les pourcentages du CA de 1994 réalisés à l'étranger) :

80	Pechiney	66	L'Oréal
76	Rhône-Poulenc	63	Saint-Gobain
71	Alcatel-Alsthom	61	Sodexho
71	Thomson	58	PSA
68	Aérospatiale	56	Strafor Facom
67	Michelin	55	Danone
67	Usinor-Sacilor	53	Renault

Source : Jean-Michel Béhar, *Guide des grandes entreprises,* Seuil, 1995, et divers rapports d'activité publiés par les sociétés.

Une forte concentration géographique caractérise l'implantation des entreprises nationales à l'étranger. Les six premiers pays d'accueil (États-Unis, Royaume-Uni, Allemagne, Espagne, Belgique et Italie) accueillent plus de la moitié de leur investissement extérieur. Néanmoins, la répartition géographique des investissements français dans le monde a été profondément modifiée depuis un quart de siècle.

Tableau 16
Évolution de l'implantation française à l'étranger depuis 1970
(Pourcentages pondérés par les effectifs)

Régions d'implantation	*Avant 1970*	*1970-1984*	*1985-1989*	*1990-1994*
OCDE	19	20	37	24
Union Europe	22	18	38	22
Europe hors UE	20	13	22	45
OCDE hors Europe	12	26	39	23
Hors OCDE	33	29	14	24
Maghreb	51	30	12	7
Afrique hors Maghreb	45	33	10	12
Amérique latine	33	33	13	21
Asie en développement rapide ([1])	10	32	32	26
Reste de l'Asie	33	26	25	16
Pays de l'Est		3	8	89
Monde	23	23	30	24

([1]) Asean + Chine + Corée + Hong Kong + Taïwan.

Source : Enquêtes filiales, DREE, in *Problèmes économiques,* n° 2428, du 14 juin 1995.

Aujourd'hui, les **États-Unis viennent en tête**. En 1994, 1 200 entreprises y étaient implantées (contre 200 en 1980) créant environ 400 000 emplois directs. Elles ne représentent que 6 % du stock des IDE nationaux mais une dizaine de groupes français figurent parmi les 100 principaux investisseurs étrangers pour leur chiffre d'affaires, parmi lesquels Rhône-Poulenc se place au 21e et Axa au

8e rang après l'acquisition de Equitable Life en 1991. Les achats de Big Three par Air liquide, de Rorer par Rhône-Poulenc, de Square D par Schneider, d'Executive Life par la MAAF et le Lyonnais sont d'autres opérations emblématiques de ces dernières années.

Le **Royaume-Uni est le deuxième pays pour l'implantation française à l'étranger.** Nos entreprises y emploient 240 000 salariés et figurent au deuxième rang derrière leurs homologues américaines pour les investissements réalisés depuis 1989. Les acquisitions y ont été facilitées par la dépréciation de la livre et Alcatel et le CCF ont réalisé récemment des opérations dans des conditions particulièrement avantageuses.

L'**Allemagne vient à la troisième place** avec 230 000 emplois dépendant directement des sociétés françaises. Leur stock de capital ne représente que 7 % du total des IDE (6e rang mondial) mais depuis 1991, nos entreprises sont les deuxièmes investisseurs derrière les États-Unis. Elles viennent au premier rang mondial dans les nouveaux Länder orientaux, prenant une part prépondérante des risques dans la transition vers l'économie de marché. Les secteurs stratégiques particulièrement dynamisés par les capitaux français sont ceux de l'énergie (raffinerie, gaz, électricité), du bâtiment et des biens intermédiaires (chimie, ciments). Les entreprises les plus impliquées sont Elf (qui a acquis et modernisé la raffinerie de Leuna), Air liquide, Alcatel, Danone, Bouygues, CGE, CMB Packaging et Gaz de France. La trace de ces formations lourdes a été suivie par les bataillons légers de moyennes entreprises, plus modestes par leur chiffre d'affaires que pour leurs ambitions. L'afficheur Jean-Claude Decaux, numéro un en Europe pour le mobilier urbain, s'est appuyé sur sa filiale de l'ouest de l'Allemagne pour pénétrer sur le marché de la partie orientale en 1990. Ses abribus, sanisettes et panneaux d'information en plastiques injectés se dressent aujourd'hui à Leipzig, à Rostock et dans d'autres grandes villes. Jean-Claude Decaux équipe gratuitement l'espace urbain et en contrepartie obtient le droit de vendre ses espaces publicitaires aux annonceurs. Nos entreprises apportent leur savoir-faire en plus de leurs capitaux et, de cette manière, participent activement aux réussites de la réunification.

A la veille de 1970, des raisons historiques expliquent que **l'Afrique, avec en particulier le Maghreb, était le continent le plus attractif pour nos entreprises.** La crise économique prolongée que traverse ce continent et l'instabilité chronique de certains régimes en ont détourné les entreprises. L'effectif des créations de filiales s'est effondré depuis une vingtaine d'années mais ce continent abrite encore autant d'entreprises françaises que les États-Unis. La reprise des investissements depuis 1992 est due à la nouvelle situation de l'Afrique du Sud. La présence française y a presque doublé en deux ans pour répondre aux besoins en infrastructures (bâtiments, matériels électriques, hôtellerie).

En **Amérique latine, la présence des capitaux français est ancienne** mais ils sont concentrés pour moitié dans un seul pays, le Brésil, où Air liquide, Michelin, Rhône-Poulenc et Saint-Gobain se sont installés il y a plus d'un demi-siècle, y employant près de 120 000 salariés. Ces dernières années, nos entreprises n'ont guère investi qu'en Argentine, dont le programme de privatisations et de déréglementation des IDE est particulièrement attractif, et au Mexique, qui est en passe de devenir un point d'entrée privilégié pour l'accès au marché de l'Amérique du Nord depuis la signature de l'accord de libre-échange nord-américain, en 1992. Ces deux pays sont les seuls à recevoir aujourd'hui des investissements français qui négligent les autres pays de cette région.

En Europe de l'Est, les investisseurs français se sont installés dans les pays qui ont adopté les premiers les programmes d'ajustement structurel préconisé par le FMI. Les investissements sont concentrés à **80 % en République tchèque, en Hongrie et en Pologne.** La Russie accueille des bureaux de représentation plutôt que des investissements productifs. Les entreprises les plus actives à l'Est sont Danone, Pechiney, Elf-Sanofi, Rhône-Poulenc, Thomson. Le secteur tertiaire est représenté par Accor et Sodexho.

Depuis une dizaine d'années, **l'Asie du Sud-Est** est la partie du monde qui reçoit la plus grande part des IDE, avec plus de 60 % des investissements dirigés vers les PED. Le taux de croissance y est le plus élevé du monde. Les coûts de la main-d'œuvre y sont toujours attractifs (bien que les salaires augmentent très vite dans les NPI de la première génération) et les investisseurs visent désormais à être présents sur un marché régional à forte potentialité de développement. La présence des entreprises françaises est très discrète dans ces pays émergents. Elles investissent le plus souvent par la création de coentreprises *(joint ventures)* mais sont très en retard par rapport à leur homologues étrangères. Avec un stock de 9 milliards de francs investis depuis 1989, elles se situent au même niveau que les allemandes, loin derrière les japonaises (191 milliards), les américaines (99 milliards) et les britanniques (21 milliards). Parmi les pionniers, viennent en tête Alcatel, Carmaud, Metabox, Danone, Valéo et PSA en Chine, Rhône-Poulenc en Indonésie, Technip en Malaisie, Air liquide aux Philippines, Rhône-Poulenc, Sanofi et Technip au Viêt-Nam.

• **Le bilan de cette phase d'expansion du capitalisme français à l'échelle mondiale est contrasté et discuté.** L'investissement français à l'étranger est caractérisé par une forte concentration. En matière de concentration sectorielle, l'industrie manufacturière représente 61 % du stock du capital. Dans ce secteur, les cinq premières branches représentent 71 % des effectifs industriels à l'étranger, soit :

1 / 27 % pour le matériel électrique et électronique, avec Alcatel-Alsthom, Thomson, Schneider... ;
2 / 15 % pour l'automobile, avec Renault et PSA ;
3 / 11 % pour le caoutchouc, avec Michelin ;
4 / 11 % également pour les matériaux de construction, avec Lafarge, les Ciments français ;
5 / 7 % pour la chimie de base, avec Rhône-Poulenc.

Les services, de la banque à l'assurance, de l'hôtellerie à l'ingénierie, ne comptent guère que pour 26 % du total mais offrent un potentiel considérable. Déjà, Air

France confie à sa filiale tchèque CSA l'entretien d'une partie de son matériel volant qui bon an mal an lui coûte près de 400 millions de francs. Le commerce, avec 6 %, occupe une place modeste, à la mesure de la petite taille moyenne des filiales commerciales, même si de grands groupes comme Carrefour concrétisent de plus en plus leurs ambitions internationales : les ventes de Carrefour-Brésil ont augmenté de 23 % en 1994 et celles de Carrefour-Taiwan, de 25 %.

Les 12 000 établissements dépendant de nos entreprises dans le monde comptent un petit nombre de très grande taille : 172 d'entre eux emploient la moitié des effectifs totaux. Les plus puissantes filiales sont : 1 / Société générale de Belgique, en Belgique (Suez) ; 2 / Standard Elektrik Lorenz, en Allemagne (Alcatel-Alsthom) ; 3 / Gec-Alsthom GB, en Grande-Bretagne (Alcatel-Alsthom) ; 4 / Fasa Renault, en Espagne (Renault) ; 5 / Norton, aux États-Unis (Saint-Gobain) ; 6 / Uniroyal Goodrich, aux États-Unis (Michelin) ; 7 / Michelin Allemagne, en Allemagne (Michelin) ; 8 / Alcatel Standard Electrica, en Espagne (Alcatel-Alsthom) ; 9 / Michelin GB, en Grande-Bretagne (Michelin) ; 10 / Michelin Espagne, en Espagne (Michelin).

La concentration géographique est marquée par une polarisation croissante sur les pays de l'OCDE (plus de deux tiers des filiales) et plus particulièrement sur ceux de l'Union européenne (42 % des filiales et un flux correspondant à 63 % des investissements français à l'étranger depuis 1987, contre 26 % entre 1980 et 1986). Les pays où l'implantation est la plus forte sont les pays limitrophes de la France et représentent le prolongement naturel de notre marché domestique. A l'opposé, notre présence est particulièrement discrète dans les pays émergents, d'Asie du Sud-Est et d'Amérique latine. L'activité économique y est la plus dynamique du globe, les marchés réels ou potentiels les plus vastes et les effets d'entraînement de ces économies sur la conjoncture mondiale sont appelés à s'intensifier. Et nos entreprises pèseront peu sur les commandes de pilotage de l'économie mondiale...

En privilégiant les pays industrialisés, et surtout ceux du Vieux Continent, par rapport aux PED africains, nos entreprises se dégagent d'un schéma hérité de la colonisation, mais elles préfèrent encore le terrain connu à l'aventure lointaine, la proximité au grand large. Ce choix peut laisser craindre des difficultés commerciales à l'avenir car l'implantation est toujours une condition d'accès aux marchés émergents.

L'internationalisation de l'investissement suscite un débat. Ce qui est **bon pour l'entreprise française n'est peut-être pas bon pour la France.** L'investissement n'est pas orienté en fonction des intérêts nationaux mais en fonction des objectifs stratégiques propres à la firme et les entreprises françaises s'installant à l'étranger sont réputées préférer créer des richesses et des emplois à l'extérieur plutôt que sur le territoire national. Le 4 juin 1994, le sénateur Jean Arthuis a présenté un rapport très alarmiste sur *L'incidence économique et fiscale des délocalisations hors du territoire national des activités industrielles et de services.* Dans ses conclusions, il a recensé les risques présentés par la délocalisation d'un ensemble d'activités industrielles – réalisant 2 410,9 milliards de francs de chiffre d'affaires, créant 778,5 milliards de francs de valeur ajoutée et employant 2 410 millions de salariés – actuellement situées sur notre territoire. L'expérience passée invite à plus de sérénité. En fait il ne s'agit pas d'une simple alternative entre la production sur place ou la production à l'extérieur des frontières.

En effet, l'investissement extérieur est le fait d'un nombre restreint de groupes dont la puissance sur le territoire national est suffisante pour défendre leurs parts de marché : c'est dans les secteurs occupés par ces groupes que le taux de pénétration des importations est le plus réduit (voir les performances de Rhône-Poulenc, de Thomson, de Pechiney et d'Air liquide). La rentabilité moyenne des dix premières, mesurée par leur marge nette (bénéfice net sur chiffre d'affaires) est tout à fait honorable : avec 3,5 % cette marge nette est proche de celle des dix premières sociétés américaines qui détiennent le record avec 3,7 % et devancent les performances allemandes (3,2 %) et surtout japonaises (2,3 %). Ces firmes se sont incontestablement consolidées à l'étranger. Pour se développer et pour créer des emplois sur le territoire national, **les entreprises doivent être fortes, et pour être fortes, elles doivent être internationales.**

► **L'attractivité du territoire national sur l'investissement extérieur s'est renforcée depuis une décennie.**

• **Jusqu'à un passé récent, l'investissement étranger sur notre territoire suscitait des réserves dans l'opinion publique et dans les milieux gouvernementaux.** Au lendemain de la Seconde Guerre mondiale, les investissements américains ont été reçus comme un palliatif indispensable à la reconstruction, mais dans les milieux gaulliste et d'extrême gauche, on soulignait déjà les menaces qu'ils représentaient pour l'indépendance nationale. La même méfiance était répandue dans l'opinion. En 1967, J.-J. Servan-Schreiber dans *Le défi américain* mettait en garde contre la domination des firmes américaines dans les technologies de pointe. Elle animait également les gouvernements de la Ve République, après 1958, quand ils ont adopté des politiques industrielles tendant à promouvoir des industries stratégiques en s'appuyant sur des sociétés nationales dans l'informatique (CII), le nucléaire (Framatome) ou l'automobile (Renault et Peugeot). Cette politique d'autodéfense a été suivie par la suite au profit des entreprises situées dans les secteurs en déclin. Cent milliards de francs ont été accordés aux entreprises sidérurgiques en dix ans, avant 1978, mais elles n'ont reçu aucun dollar ni aucun Deutsche Mark ! Au début de la décennie 80, les nationalisations ont été réalisées afin d'éviter l'internationalisation du capital national, selon la justification officielle. En 1982, le gouvernement refusait encore à General Motors l'autorisation de s'implanter en Lorraine, région qui avait pourtant besoin des 3 000 emplois créés un peu plus tard par cette firme dans la banlieue de Barcelone. La situation a changé complètement à partir du milieu des années 80, époque où un ministre de l'Industrie lançait cette exclamation : « Mieux vaut des Japonais que des chômeurs ! » Dès lors, les avantages attendus des investissements étrangers en France ont été reconnus.

La **progression de l'investissement étranger** sur notre sol est sensible dès 1980, mais entre 1985 et 1994 la part de la France dans les investissements

Tableau 12
Évolution du stock des investissements étrangers en France entre 1973 et 1994
(en milliards de francs)

1973	*1980*	*1985*	*1990*	*1991*	*1992*	*1993*	*1994*
32	110	170	392	480	510	595	630

Source : DATAR.

directs hors frontières accueillis par l'ensemble des pays de l'OCDE est passée de 4 à 11 %, la classant au **troisième rang dans le monde,** derrière les États-Unis et la Chine. Elle est même la première d'Europe, à égalité avec le Royaume-Uni, qui bénéficie d'un taux de change monétaire nettement plus favorable.

L'investissement cumulé des firmes européennes est le plus important avec plus de 60 % du total, devant celui des américaines avec 20 %. Les anglaises détiennent 11 % du total et les allemandes 6 %. Le Japon, malgré une progression récente, est encore marginal avec un investissement cumulé égal à 0,8 % du total. Les principaux secteurs d'implantation sont les activités tertiaires mais la progression des IDE dans l'activité manufacturière est rapide depuis le début de la présente décennie. Les branches de la chimie-pharmacie, l'électronique et l'informatique sont les plus pénétrées. En privilégiant les régions du Nord et du Nord-Est, les investissements étrangers ont **renforcé l'ancrage de ces régions en crise dans la partie la plus dynamique de l'espace économique européen.** Les moyennes entreprises allemandes sont les plus nombreuses à s'implanter en Alsace-Lorraine, régions qui participent directement à la dynamique de la dorsale européenne.

Deux exemples caractéristiques marquent l'année 1994. L'état-major de MCC, la coentreprise Mercedes-Swatch, a choisi le site de l'Europole de Sarreguemines en Lorraine pour construire la Swatchmobile en investissant 2,6 milliards de francs, créant 1 900 emplois directs entre 1995 et 1997. La société Liebherr-France, quant à elle, a profité d'une augmentation de ses résultats en 1994 (correspondant à une progression de 27 % de son CA) pour créer un nouvel atelier sur son site de Colmar d'un coût de 30 millions de francs. Il est destiné à accueillir la fabrication d'une pelle adaptée à l'exploitation des gisements à ciel ouvert. L'engin, désigné par le code « R 996 Litronic », développe une puissance de 3 000 ch, pèse 530 t et la capacité du godet est de 50 t. Il peut fonctionner vingt-quatre heures sur vingt-quatre et un réservoir de 13 000 l de fuel garantit l'ouvrage de trois postes de travail sans interruption. La production de ce mastodonte a été lancée fin mai 1995. Il est destiné à remplacer les modèles R 992 et R 994, au gabarit plus modeste, jusqu'ici utilisés dans de grands pays miniers, comme les États-Unis, le Canada, l'Afrique du Sud, l'Australie et les États arabes. Liebherr-France offre désormais 970 emplois sur le site de Colmar et une bonne exploitation d'un créneau à l'exportation sur lequel aucune entreprise d'origine française n'était placée. Au total, 300 établissements appartenant à des groupes étrangers sont installés en Lorraine, employant 44 000 personnes. Dans le département de la Moselle, un emploi sur deux provient d'une entreprise à capitaux allemands. Les avantages présentés par ce département sont énumérés dans une lettre adressée par un gérant du groupe allemand Continental au président de Mercedes-Benz en 1993 : « Une mentalité de travail germanique, des salaires français, du personnel qualifié, d'excellentes relations sociales, un positionnement géographique central, les réponses rapides de l'administration locale, un site approprié, une construction de bâtiments rapide. » Hubert Pignol, directeur du site de Viessmann de la société allemande Sofirem, chef de file mondial de la chaudière thermique, ajoute de son côté : « L'impôt sur les sociétés reste moins élevé en France qu'en Allemagne[1], le coût de la main-d'œuvre y est également plus bas et la productivité est au moins aussi bonne. A qualité égale, le coût de notre production est inférieur de 15 % à 20 % au coût allemand. » L'analyse de ces avantages menace bien des idées reçues sur les capacités productrices de la France.

Graphique 6

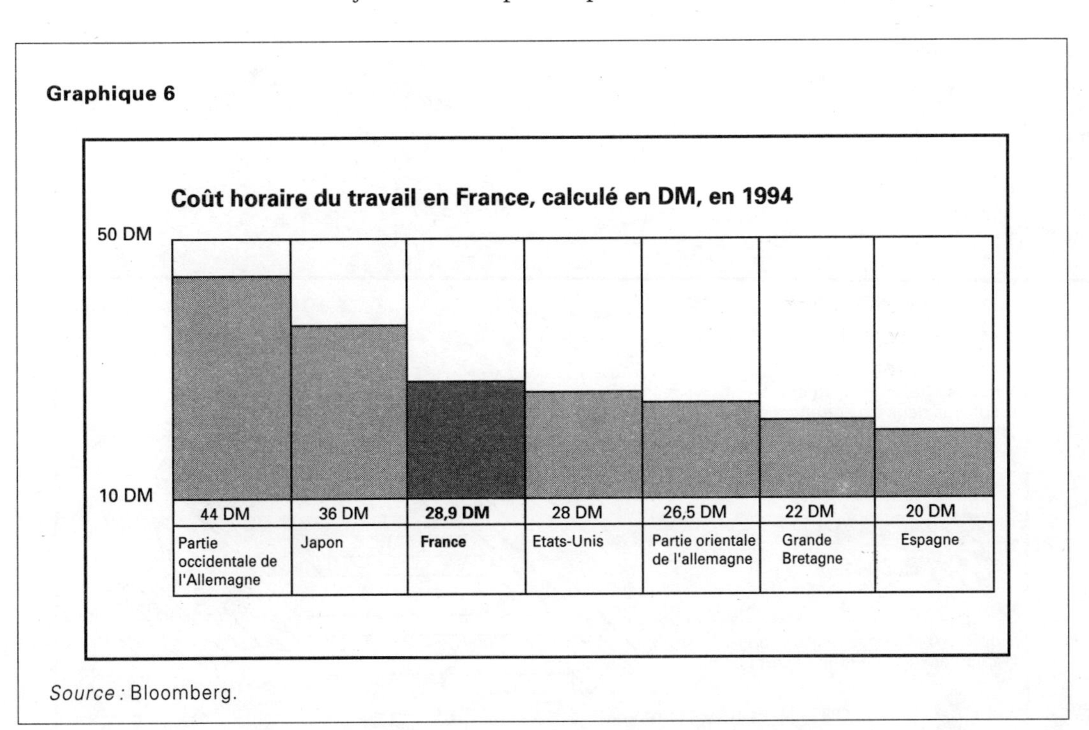

Source : Bloomberg.

Il faut y ajouter l'importance du bilinguisme pour les Allemands et, par ailleurs, les négociations sur la flexibilité des horaires sont plus faciles en France qu'en Allemagne, où le syndicalisme reste puissant et intransigeant, à l'image de l'IG Metal dans l'industrie automobile.

1. 38 % contre 50 % de la tranche supérieure des bénéfices industriels et commerciaux.

NB: On considère généralement qu'il y a influence de l'étranger pour des participations dans le capital entre 20 et 50 % (participations minoritaires), l'influence recouvrant des situations diverses et, dans certains cas, des contrôles effectifs (minorité de blocage). Le contrôle est certain lorsque la participation est supérieure à 50 % (participation majoritaire).

Au-dessous du seuil de 20 %, les participations étrangères constituent un simple placement et ne traduisent pas une véritable volonté d'influencer la gestion de l'entreprise. En France, comme dans la plupart des autres pays, les entreprises détenues majoritairement sont les plus nombreuses.

Carte 3

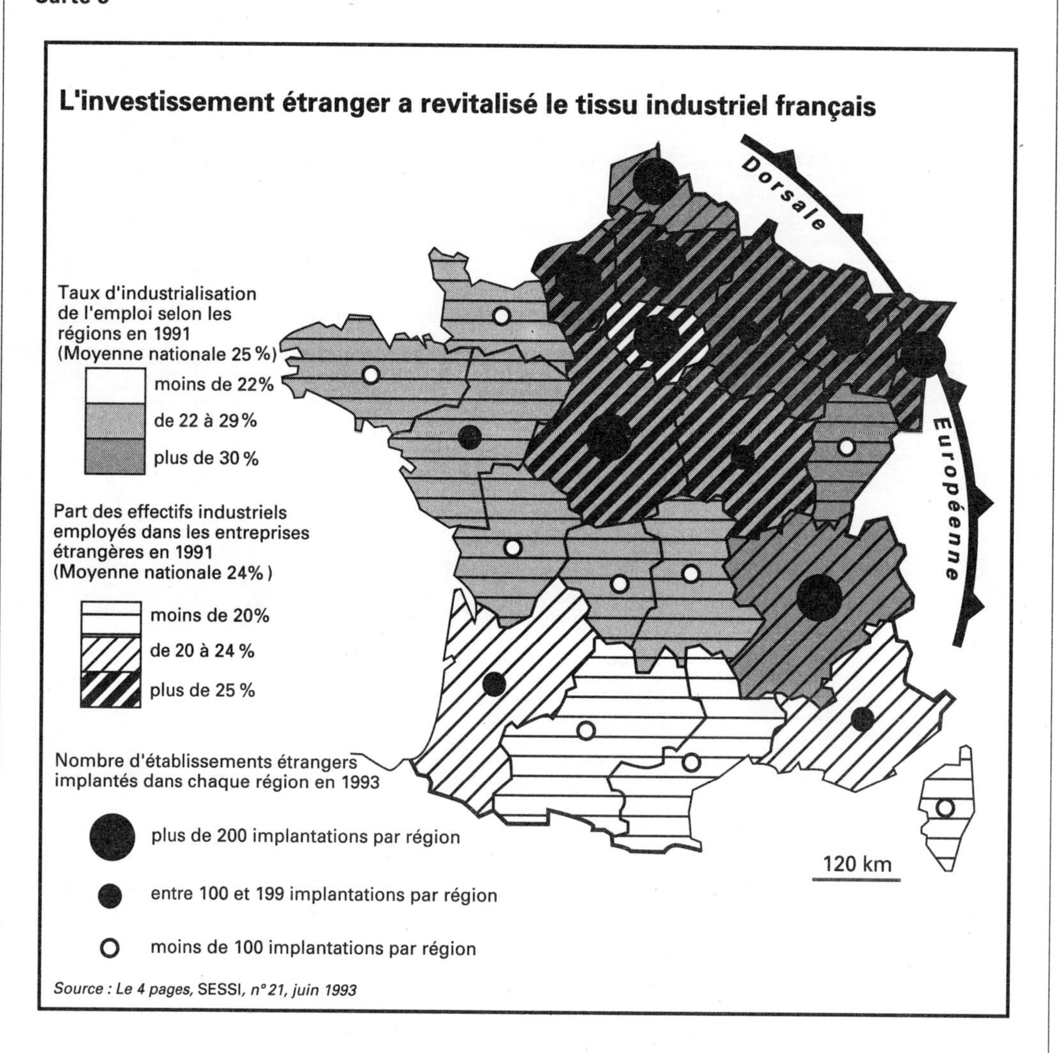

Source : Le 4 pages, SESSI, *n° 21, juin 1993*

Les régions situées à l'est d'une ligne Le Havre-Marseille, les plus intégrées à l'Europe et les plus industrialisées, sont particulièrement attractives, avec 26 % des emplois industriels dépendant de filiales étrangères. A l'ouest, la moyenne est seulement de 17 %. L'effet de proximité européenne reste donc déterminant.

• De **nombreux emplois dépendent de filiales étrangères.** Entre 1985 et 1994, les sociétés étrangères ont créé de 13 000 à 15 000 nouveaux emplois par an sur notre territoire. Aujourd'hui, les entreprises américaines viennent en tête, du fait de l'ancienneté de leurs implantations, avec un total voisin de 400 000 emplois. Le tiers des salariés français employés dans des entreprises à capitaux étrangers le sont par des filiales de groupes américains.

En 1979, les sociétés étrangères représentaient dans l'industrie située sur le territoire national 18 % des salariés, réalisaient 22 % de la valeur de la production nationale et participaient pour 25 % des exportations.

Aujourd'hui, les proportions sont d'environ 24 % pour l'emploi, 29 % pour la production et 32 % pour les exportations industrielles. Ces proportions sont supérieures à celles des deux autres grands pays européens (Italie et Allemagne) et comparables à celles de la Grande-Bretagne.

Après avoir pénétré dans la plupart des branches industrielles à l'époque de la grande croissance de l'après-guerre, les investisseurs étrangers sont aujourd'hui plus sélectifs. Ils tendent à s'implanter dans les secteurs qui sont les points forts de leur pays d'origine : la haute technologie pour les Américains, la moyenne technologie (telle la mécanique), pour les Allemands. L'innovation des entreprises à capitaux étrangers puise dans les brevets détenus par la maison mère et dans une moindre mesure par un effort de recherche-développement local, axé sur l'adaptation aux marchés français et européens. En hommage à la compétence de la main-d'œuvre française, il faut rappeler que des centres de recherche à vocation mondiale sont implantés sur notre territoire par des firmes transnationales étrangères, comme IBM.

• **Les entreprises nationales profitent inégalement de l'investissement étranger en France.** Certaines sont stimulées par la concurrence des *« filiales-relais »* spécialisées dans la commercialisation des produits étrangers sur le marché national. Un avantage parfois douteux pour les moins compétitives. En revanche, elles peuvent copier des techniques de vente éprouvées. A l'opposé, les PME sous-traitantes bénéficient des commandes des *« filiales-ateliers »* des firmes transnationales étrangères. Parfois, elles introduisent chez elles les nouvelles techniques de production et les nouvelles méthodes de management stipulées dans les contrats de sous-traitance. De plus, certaines entreprises en difficulté ont évité la déconfiture grâce à des sociétés étrangères. Les entreprises nationales tirent un bénéfice indirect de la revitalisation du tissu économique que l'investissement français n'aurait pas suffi à assurer.

Jamais la France n'a pu compter sur autant d'entreprises. Le mouvement de création de PME a été vigoureux depuis une dizaine d'années et en cette fin du XXe siècle, le tissu entrepreneurial est aussi fécond qu'à la fin du siècle dernier, quand ont été créés le Crédit lyonnais, la Société générale, la Banque

Graphique 7

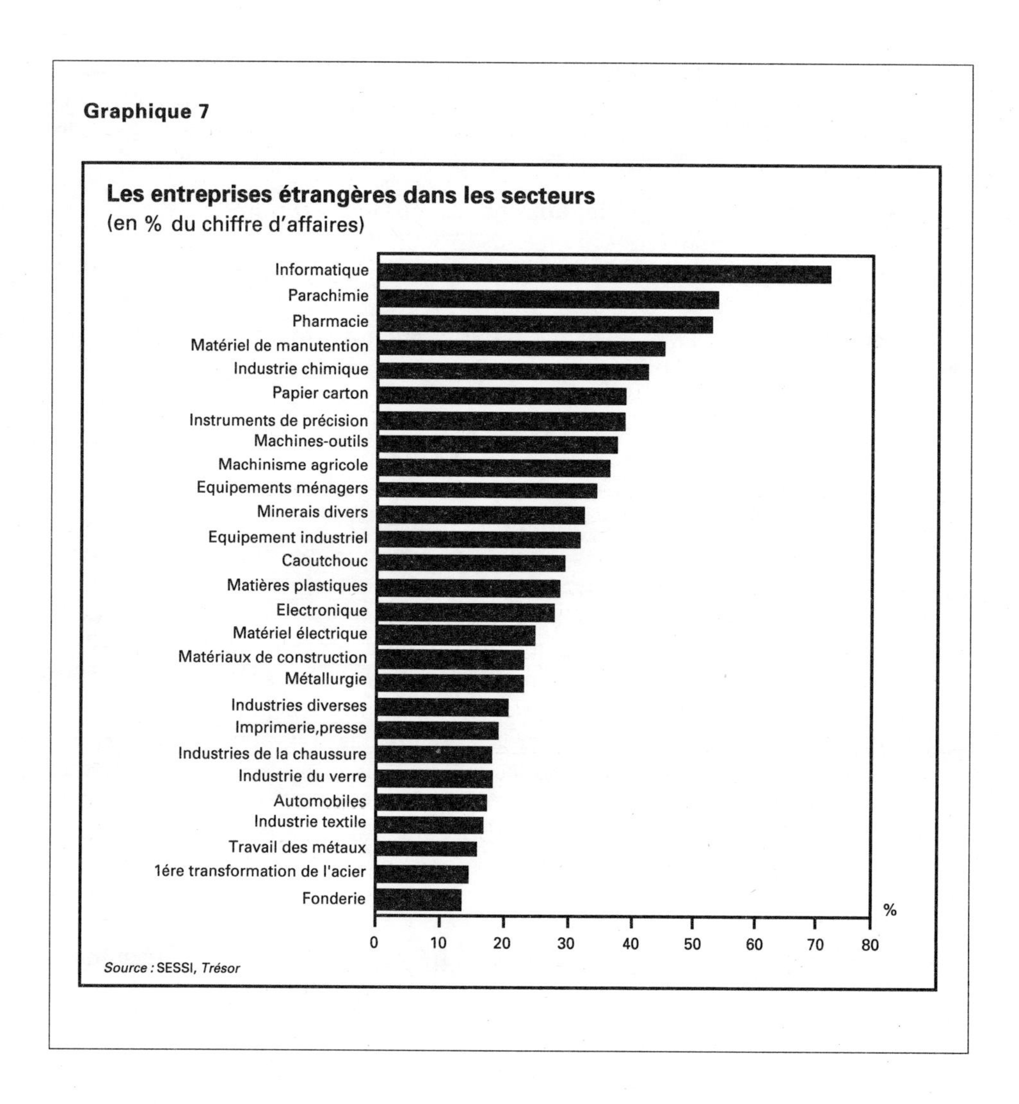

de Paris et des Pays-Bas, Renault, la Compagnie générale d'électricité, Thomson-Houston ou Michelin. Aujourd'hui, à l'ère postindustrielle, les créations sont particulièrement nombreuses dans le secteur processif des services. De multiples entreprises de taille moyenne manifestent leurs ambitions sur un marché national élargi à l'espace européen. Les plus performantes occupent déjà une place mondiale enviable dans leur spécialité. Si le territoire national continue à l'avenir à offrir un terreau aussi favorable à l'éclosion des PME et des conditions aussi attractives pour les investissements étrangers, la France conservera le rang dans le monde auquel elle prétend.

Encadré 10
Sauvetages et prises de contrôle d'entreprises françaises par le capitalisme international

Des sociétés américaines ont racheté des marques aussi diverses que les cachous Lajaunie, les collants Dim, les poupées Corolle, les galettes de Pleyben et le matériel sanitaire Jacob Delafon. Dunlop-France est toujours en activité grâce aux Japonais.

De multiples PME ont été sauvées par des capitaux d'origines diverses, ainsi :

— Les biscuits Saint-Michel par Bahlsen (Allemagne) ;
— Kiss clés et photominutes par Photo Me (RU) ;
— Chocolats Bouquet d'Or par Cadbury Schweppes (RU) ;
— Collants Well par Courtaulds (RU) ;
— Armements de Lorient Jero Quere par Pescavova (Espagne) ;
— Verre trempé Vertal par Asahi Glass (Japon) ;
— Darty par King Fisher (RU) ;
— Transports Prost par DHL (EU) ;
— Crèmes glacées Ortiz-Miko par Unilever (PB).

Les industries de luxe offrent de bons exemples de sociétés recapitalisées par l'extérieur mais aussi d'entreprises victimes des « rôdeurs » qui s'en sont emparé, avec des risques de démantèlement et de revente. Dans la première catégorie, se situent :

— Lanvin a été recapitalisé par le britannique Midlands Bank à hauteur de 34 % ;
— le capital de Yves Saint-Laurent Parfums (CA de plus de 2 milliards de francs) est détenu à 40 % par Cerus (italien) ;
— Cartier est contrôlé par Rothman (Afrique du Sud) à 47 % ;
— Loris Azzaro, dans la mode - prêt-à-porter, appartient pour 54 % à Maurer et Wirtz (Allemagne) ;
— le groupe Mum, qui associe les marques Perrier-Jouët, Cognac Martell et Hiedsiek-Monople, est contrôlé à 97 % par le canadien Seagram ;

D'autres sont passés sous contrôle étranger à 100 %, tels :

— Rochas (Wella, Allemagne), Intercontinental, Grand Hotel et Carlton (Seibu Saison, Japon) ;
— Ritz (Al Fayed, Egypte), Courvoisier (Allied-Lyons, Royaume-Uni), Courrèges (Itokin, Japon), Dupont (Dickson Concepts Ltd, Hong-Kong).

Du côté des « champions nationaux », les grandes entreprises arrivent au terme d'une double évolution amorcée il y a cinquante ans. Une véritable « révolution industrielle » (que la France n'avait pas connue au XIXe siècle) a tout d'abord renforcé le capitalisme manufacturier au sein d'un système héritier du colbertisme et du saint-simonisme. Ce « modèle français » a montré ses limites, en même temps qu'apparaissaient celles des interventions de l'État. La seconde évolution provient de l'ouverture des frontières. Après une phase de concentration et d'enracinement sur le territoire, la grande entreprise a déployé ses antennes dans le cadre international par une audacieuse stratégie de croissance externe. De ce fait, elle tend à s'aligner aujourd'hui sur un modèle mondial. Elle utilise et coordonne un réseau de plus petites unités qui consomment ou fournissent les produits et les services annexes. Chez elle, le « cerveau-facturé» remplace de plus en plus le «manu-facturé». Elle devient une entité de plus en plus immatérielle, internationalisée et tertiairisée. L'appareil productif national n'est plus homogène car les investissements croisés brouillent son image identitaire. La grande entreprise française devient une réalité transnationale, voire «dénationalisée».

La balance commerciale de la France montre une évolution de la spécialisation internationale de ses entreprises. Elles sont de plus en plus performantes dans les exportations de services et réussissent moins bien dans la vente de produits manufacturés. Cette spécialisation a des conséquences discutées. Pour Michel Cicurel, elle est très positive car les services sont des produits processifs, bénéficiant d'une forte demande sur le marché mondial, à la différence des produits alimentaires ou des biens manufacturés. A l'opposé, pour Michel Albert, tout dépend des performances industrielles, car «l'emploi est lié à la croissance, la croissance est liée à l'équilibre extérieur et l'équilibre extérieur est lié à l'adaptation de notre industrie». Le débat reste ouvert...

Approfondir

• Jean-Michel Béhar, *Guide des grandes entreprises, Les groupes qui font la France*, Éditions du Seuil, 1995, 320 pages. Trente-six entreprises, confrontées à la bataille de la concurrence et représentatives de chaque grand secteur de l'économie, sont présentées avec leur organisation (les dirigeants), leur stratégie (la politique de RD, les choix d'activités) et leur situation financière (performances, endettement). L'évolution des principaux indicateurs (chiffres d'affaires, effectifs employés, investissement) donne la mesure de leur dynamisme. Une courte synthèse situe chaque entreprise dans son environnement concurrentiel.

• Michel Drancourt, *Mémoires de l'entreprise*, Éditions Robert Laffont, 1993, 368 pages. Grâce à sa plume de journaliste (presse, radio, TV), l'auteur réconcilie les plus rétifs avec la vie des affaires. Il nous livre son expérience de chef d'entreprise (télémécanique), d'animateur des cercles de réflexion patronaux (l'Institut de l'entreprise) et d'hommes de relations (il nous fait faire la connaissance de la plupart des grands décideurs de notre temps). L'entreprise est «vécue» en même temps qu'analysée avec le recul du temps et de la réflexion.

• André Gueslin, *L'État, l'économie et la société française, XIXe-XXe siècle*, Éditions Hachette, 1992, 252 pages. Les relations établies par l'État avec les acteurs de l'économie, et notamment avec les entreprises, sont étudiées dans une perspective historique et économique, de «l'État protecteur» du XIXe siècle à «l'État de crise» de la fin du XXe siècle, en passant par «l'État-Providence» des «Trente Glorieuses». Une synthèse sur l'histoire de l'interventionnisme «à la française». Solide bibliographie et une table de documents évocateurs.

• Patrick Fridenson et André Straus (sous la direction de), *Le capitalisme français, XIXe siècle*, Éditions Fayard, 1987. L'introduction de Jean Bouvier donne la mesure de l'ambition des auteurs : approfondir la réflexion économique dans une vaste perspective historique. D'un abord un peu difficile, tant les références aux auteurs spécialisés sont nombreuses, ce passage pose bien le problème de la relativité des sciences historique et économique. Ensuite, vingt et un spécialistes (dont André Gueslin, Jacques Marseille, Patrick Verley) étudient des questions précises, comme « Trajectoire d'une grande entreprise privée : Saint-Gobain entre 1949 et 1969 », « L'État, l'investissement et la petite entreprise », « Capitalisme et colonisation : une histoire à écrire ». Une somme. L'index des noms propres est d'une grande utilité.

• Jacques Marseille (sous la direction de), *Les performances des entreprises françaises au XXe siècle,* Le Monde Éditions, 1995, 334 pages. Une équipe de chercheurs a analysé les comptes de 500 entreprises pour établir un palmarès de la croissance et de la rentabilité de ces sociétés depuis le début de la crise des années 30. L'étude confirme le dynamisme des entreprises familiales et des firmes spécialisées dans le luxe et dans l'agro-alimentaire. Les secteurs des applications électriques et de l'armement, des travaux publics et des services sont également devenus le terrain de performances fréquemment sous-estimées. Les « clés de la performance » sont présentées en conclusion de l'ouvrage.

• Denis Woronoff, *Histoire de l'industrie en France,* Éditions du Seuil, 1994. Les racines et le développement des entreprises industrielles dans leur contexte historique. Bibliographie exhaustive. Index thématique, index des lieux et, surtout, un index des noms propres qui permet de suivre à la trace les grandes entreprises et les grands entrepreneurs dans l'histoire nationale du XVIe siècle à nos jours.

4

Un modèle rhénan?

LE CAPITALISME ALLEMAND

Connaître

Entreprise		*Date de la fondation*	*Siège social*
Krupp	1811		Essen
	1834	Union douanière	
Bertelsmann	1835		Gütersloh
	1839	La ligne ferroviaire Dresde-Leipzig est opérationnelle	
Siemens	1847		Munich
BASF	1861		Ludwigshafen
Bayer	1863		Leverkusen
Hoechst	1863		Francfort-sur-le-Main
Deutsche Bank	1870		Francfort-sur-le-Main
	1871	Unification politique Création du mark	
	1875	Création de la Reichsbank	
Karstadt	1881		Essen
Daimler-Benz	1886		Stuttgart
Bosch	1886		Stuttgart
Bahlsen	1889		Hanovre
Allianz	1890		Munich
	1911	Fondation de la Kaiser-Wilhelm-Gesellschaft (1)	
Quelle	1927		Fürth

Entreprise	*Date de la fondation*	*Siège social*
Volkswagen	1937	Wolfsburg
	1948 Création de la Banque des États allemands	
Lufthansa	1953	Cologne
	1957 Création de la Bundesbank	

([1]) Équivalent de notre CNRS.

Ce chapitre revêt une importance particulière compte tenu de l'interdépendance forte qui lie les économies française et allemande. Il emprunte beaucoup à la connaissance de l'Allemagne de Dominique-Ivan Gallé, professeur d'allemand au lycée Victor-Hugo de Poitiers que l'auteur remercie de ses conseils et de son aide amicale.

I. L'économie allemande: miracle, modèle et défi

Troisième puissance économique de l'OCDE, ou quatrième du monde (selon la place que l'on attribue à la Chine), la République fédérale d'Allemagne doit son rang à ses entreprises. Le « miracle économique[1] » d'après guerre est dû à un ensemble d'héritages, d'options et de choix précis qui contribuent à l'originalité et à la vigueur du capitalisme rhénan. Dans ce contexte, les entreprises, outre leurs propres initiatives, bénéficient de l'aide de l'État et des Länder[2] tout autant que de celle de la banque. Tous veillent aux liaisons et aux réseaux de l'économie nationale.

Grâce à un tissu d'entreprises géantes ou sous-traitantes, d'une densité et d'une qualité exceptionnelles au monde, l'économie allemande peut mobiliser d'importantes ressources humaines, nationales ou étrangères. Ces hommes bénéficient de l'une des meilleures protections sociales qui soient. La puissance des syndicats, la cogestion, la réputation du *made in Germany* et la puissance du mark ont contribué à l'attractivité du « modèle économique allemand ».

Cependant, les entreprises d'outre-Rhin sont aujourd'hui, dans une économie toujours plus internationalisée, confrontées à de nouveaux et nombreux défis, technologiques et humains (formation, vieillissement et coût de la main-d'œuvre, montée du chômage). L'Allemagne des années 90 doit aussi restructurer les anciennes unités de production des Länder de l'Est et s'insérer dans une Europe qui se cherche et dans laquelle ses entreprises évoluent en premier lieu.

1. Les facteurs de la puissance et de la prospérité du capitalisme allemand sont nombreux et attractifs

▸ Les héritages de l'histoire sont essentiels.

L'affirmation de l'économie allemande et tout particulièrement l'industrialisation ont été plus lentes, plus tardives, mais finalement plus puissantes qu'en Angleterre ou en France. Comme l'Italie, l'Allemagne reste longtemps morcelée (il y a encore 41 États dans la confédération germanique en 1815). C'est ce qui différencie ce pays des vieilles nations occidentales : Angleterre, France, Espagne.

1. Das Wirtschaftswunder.
2. Il est d'usage, dans la presse française, d'utiliser les mots *Land-Länder* sans les traduire, ceux-ci n'ayant pas d'équivalents dans le découpage administratif de la France.

• **Ce sont l'Union douanière (le Zollverein de 1834) et l'aventure des chemins de fer** (la première ligne fonctionne entre Dresde et Leipzig à la fin des années 1830) qui déclenchent la nouvelle dynamique économique. Elles ouvrent en effet des marchés, unifient et entraînent les principales productions de l'ère industrielle, industries textiles et métallurgiques. A la fin du siècle, la seconde révolution industrielle y ajoutera l'électricité, la chimie et l'automobile.

C'est ainsi qu'à Essen, au cœur de la Ruhr, naît (en 1811) puis se développe rapidement la firme **Krupp.** Possédant des mines dans le plus grand bassin charbonnier d'Europe, elle devient, bien avant 1914, la plus puissante entreprise sidérurgique du continent. Dans le domaine de l'électricité, **Siemens** s'installe à Berlin dès 1847 et va marquer de son empreinte les paysages et les activités de la ville. Installé après le second conflit mondial à **Munich,** Siemens y côtoiera la firme **MAN,** créée en 1841 et spécialisée dans la fabrication de machines-outils et d'engins de transports. C'est en deux ans que s'installent sur le Rhin et le Main **BASF** (à Ludwigshafen), **Bayer** (à Leverkusen) et **Hoechst** (à Francfort). L'automobile n'est pas en reste. Stuttgart voit apparaître, la même année, 1886, **Daimler-Benz** et **Bosch.** Peu de temps auparavant, à Hanovre, la firme travaillant le caoutchouc, **Continental AG** s'était constituée en 1871. C'est déjà toute la filière automobile allemande qui se met en place : motorisation et construction, équipements (dont les pneumatiques).

Le siècle n'est pas achevé sans que d'autres secteurs industriels démarrent à leur tour. C'est Hanovre encore, au cœur de la zone de la Börde, riche par le lœss sur lequel on produit du blé et de la betterave à sucre, que se développe à partir de 1889 l'entreprise **Bahlsen,** spécialiste de toutes sortes de biscuits et de cakes. Avec la naissance de la **Deutsche Bank** à Francfort en 1870, de la compagnie d'assurances **Allianz** à Berlin en 1890, c'est la mobilisation systématique des capitaux du pays qui commence à s'opérer, tandis que l'apparition du premier magasin **Karstadt** à Essen en 1881 illustre l'existence d'un important marché de consommateurs qu'offre une population pourvue d'un emploi, dense et rassemblée autour des usines.

Certaines caractéristiques fondamentales de l'activité économique allemande apparaissent clairement dès cette époque. C'est d'abord une organisation autour des créneaux fondamentaux : l'énergie (charbon et électricité), l'acier, la machine-outil, la chimie et l'automobile, ce qui n'exclut d'ailleurs pas d'autres branches comme le textile ou l'agro-alimentaire. C'est ensuite un processus de concentration, d'intégration et de diversification. Une multitude de fournisseurs, de sous-traitants et d'artisans gravitent autour des géants de l'industrie, qui n'hésitent d'ailleurs pas à s'entendre plus ou moins sur le prix pour se partager le marché. Ce dernier phénomène est appelé cartellisation. Les banques jouent un rôle essentiel d'encadrement de l'économie. Dans la tradition des Fugger du XVe siècle, illustres banquiers d'Augsbourg qui prêtaient aux souverains, **les banques allemandes sont présentes comme actionnaires dès le début de l'industrialisation.** C'est ainsi que depuis longtemps, par exemple, la Deutsche Bank est partiellement propriétaire de Daimler-Benz et de Karstadt. C'est ce que certains spécialistes appellent la **banque-industrie,** dont le cœur est constitué par la Hausbank, la banque-maison.

• **Un autre trait essentiel concerne l'importance des découvertes scientifiques.** L'Allemagne est un pays de prix Nobel. Ainsi Adolf von Bayer obtient en 1905 le prix Nobel de chimie pour sa découverte de la synthèse de l'indigo. Or, note Michel Richonnier, « le bleu indigo est la couleur la plus demandée dans le monde comme l'atteste le succès universel des blue-jeans » (in *Les métamorphoses de l'Europe,* Flammarion, 1985). Pour mieux exploiter les inventions et les découvertes, les plus hautes autorités du pays encouragent l'enseignement technique : l'empereur Guillaume II n'hésite pas à attirer dans les écoles techniques supérieures les fils des meilleures familles allemandes. Ainsi s'institue très tôt une fructueuse collaboration encouragée par l'État entre les universités techniques et les entreprises allemandes qui financent leurs recherches (c'est en 1911 qu'est fondée la Kaiser Wilhelm-Gesellschaft, actuellement Max Planck Institut).

Ce qui est également remarquable, c'est la **mise en place précoce, sous l'égide de Bismarck, de mesures sociales.** C'est dans la décennie 1880 que la législation allemande a élaboré un système d'assurances maladie et d'assurances invalidité vieillesse financé de toute façon par les ouvriers et par les patrons, ces derniers assumant seuls le dédommagement des accidents du travail. Élaborées dans un but politique (il s'agit de désarmer l'opposition socialiste), ces lois sociales font de l'Allemagne un pays en avance dans ce domaine, aussi bien sur la France que sur l'Angleterre, démontrant que l'expansion économique peut profiter à de larges couches de la société.

Au total, **les composantes de la réussite allemande sont nombreuses.** Ce sont d'abord les observations de l'expérience anglaise, l'aptitude des Allemands à tirer parti des découvertes étrangères aussi bien que nationales. Le pays économise ainsi des investissements et du temps. Ce sont ainsi « les atouts du retard » qui lui permettent de normaliser les produits et de réaliser d'importantes économies d'échelles. L'Angleterre encore méprisante en 1870 (« le Teuton a recours à des méthodes déloyales et vend une camelote tape-à-l'œil », est-il alors déclaré à la Chambre des communes) est dépassée avant la Grande Guerre[1]. Avant 1914, l'Allemagne est largement en tête du continent européen. Outre-mer, ses ventes soutenues par un remarquable réseau de représentants bousculent les positions commerciales des Anglais et des Français.

Comme pour le Japon, bientôt d'autres éléments jouent aussi en faveur du pays de Guillaume II et tout particulièrement une population désormais beaucoup plus jeune que celle de la France et de l'Angleterre. Une population qui fournit en abondance des épargnants, des producteurs et des consommateurs...

Mais le secret de l'Allemagne réside sans doute dans son **système éducatif.** Dès 1763, l'école est obligatoire en Prusse. En 1860, le taux de scolarisation des

1. En Allemagne même, on évoque alors un *internationales Weltkrämertum,* c'est-à-dire mercantilisme international, et Hambourg, l'ancienne ville hanséatique, justifie pleinement son surnom de *Tor zur Welt,* la porte du monde !

enfants est de 97,5 % (on remarque qu'il s'agit de taux proches des taux actuels du Japon, de la Corée du Sud et de Taïwan). Or l'instruction primaire ne devient obligatoire qu'en 1880 en Angleterre et en 1882 en France. Avant 1914, l'Allemagne est avec le Japon le pays qui dépense le plus pour l'instruction et l'éducation et qui dispose par conséquent de la meilleure population possible pour maîtriser la seconde révolution industrielle.

L'entreprise, la banque et l'école, aidées et encouragées par l'État, sont donc à l'origine de la fortune économique de l'Allemagne, qui bouleverse la hiérarchie des grandes puissances dès avant guerre[1].

• **Après la Première Guerre mondiale, l'Allemagne est appauvrie en territoires et en ressources.** La grande inflation, de 1920 à 1923, anéantit les revenus fixes et les Allemands en gardent un souvenir épouvanté. Rétablie à partir de 1924, l'économie allemande est alors plus que jamais marquée par la concentration dont les exemples les plus célèbres sont illustrés par la sidérurgie et par la chimie. L'IG-Farbenindustrie rassemble les trois plus grandes entreprises du secteur : Badische-Anilin, Bayer et Hoechst. Mais, dans un contexte international redoutable, empoisonné par le problème des réparations, de la dette et des capitaux instables, l'Allemagne aux prises avec la crise voit le chômage culminer à 6,1 millions de personnes en 1932.

Après 1933, le système économique national-socialiste est caractérisé par la résorption, par tous les moyens, du chômage – par un financement reposant sur l'emprunt des grands travaux et de l'armement. Une stratégie d'autarcie prépare la guerre. L'Allemagne de 1939 était une nation exploitée par l'État totalitaire.

Pendant les hostilités, la population allemande garde jusqu'en 1942 des conditions de vie meilleures que celles du Royaume-Uni. Mais, à partir de cette date, les industries d'armement bénéficient d'une priorité plus marquée, les ressources du pays ne suffisent pas. Le Reich accentue l'exploitation des pays conquis, jusqu'à la catastrophe finale.

En 1945, les éléments défavorables à l'Allemagne peuvent apparaître gigantesques avec la défaite, les pertes humaines, la désorganisation générale, les villes bombardées, la baisse de la production, l'occupation étrangère et la division du pays en zones. Pourtant, les éléments favorables restent importants avec, sans doute, une certaine volonté de revanche sur le destin, une capacité de production supérieure à celle d'avant guerre où elle était déjà la troisième du monde. Treize millions de réfugiés de l'Est constituent une remarquable réserve de main-d'œuvre. Le plan américain GARIOA, les crédits britanniques et le Plan Marshall fournissent une aide anglo-américaine de 4 milliards de dollars. Il faut ajouter à ces atouts l'action de Ludwig Erhard et de Konrad Adenauer qui ancreront l'Allemagne à l'Ouest, participant à l'OECE créée en 1948. L'absence du fardeau de la défense, du moins jusqu'en 1955, est aussi un atout décisif.

1. Le rôle des milliards payés par la France suite à la guerre de 1870 permet au reporter Victor Tissot d'intituler *Voyage au pays des milliards,* 1877, ce qui deviendra un succès de librairie.

► **Une nouvelle pensée économique émerge.**

Il faut considérer que la nouvelle politique économique se fait en réaction contre un siècle de tradition dirigiste qui a culminé avec l'encadrement de l'économie nazie. C'est aussi une réaction contre l'économie stalinienne installée à l'Est.

L'histoire de la pensée économique allemande[1] présente une évolution intéressante au cours des deux derniers siècles ; elle part de l'État commercial fermé pour aboutir à l'économie sociale de marché. En 1880, l'ouvrage de Johann Gottlieb Fichte évoque en effet un tel modèle d'État commercial fermé, réglementé et isolé. Vers 1837-1841, Friedrich List soutient la thèse de la protection des industries naissantes et du protectionnisme éducateur. En route vers la croissance, les États allemands semblent rechercher une voie spécifique *(Sonderweg)* s'appuyant à la fois sur les individus, les entreprises et les organisations d'État et se différencient des voies anglaise et française. Adolf Wagner (1835-1917) a construit un projet de social-démocratie conservatrice qui n'est pas très éloignée de la « royauté sociale » que l'empereur Guillaume II a appliquée de 1890 à 1914.

On constate qu'avant le premier conflit la pensée économique du pays de Karl Marx était plutôt orientée vers une économie dirigée. Les catastrophes de l'entre-deux-guerres font rebondir le débat : « trop d'État, pas assez d'État ».

Contre l'économiste Werner Sombart et les dirigistes qui prônent une économie à dominante autarcique, Walter Eucken, installé à Fribourg depuis 1927, propose « une régulation assurée par le contrôle des monopoles, la politique sociale et la politique conjoncturelle ». Wilhelm Röpke (1899-1966), qui doit quitter l'Allemagne dès 1933, est proche de Walter Eucken dans cette démarche libérale interventionniste. Il a été l'un des conseillers très écoutés de Ludwig Erhard. L'économie sociale de marché *(soziale Marktwirtschaft)* est une expression née en 1946 dans l'entourage de Ludwig Erhard. Cette conception d'une économie organisée doit reposer sur la solidarité des partenaires sociaux et sur la subsidiarité (partage des tâches entre le public et le privé). On reconnaît le double héritage de l'ordo-libéralisme de l'École de Fribourg et de la doctrine sociale de l'Église. En réaction contre le nazisme et le stalinisme, refusant l'ultralibéralisme, le nouvel État allemand ne garde qu'un pouvoir de coordination et de régulation macro-économique.

Ludwig Erhard a été un élève de Franz Oppenheimer et a travaillé dès 1928 à l'Institut d'observation économique de Nuremberg. Ayant refusé d'enseigner sous Hitler, il est, après la guerre, directeur de l'économie en ce qui concerne les zones anglaise et américaine. Dès 1946, il soutient, dans ses écrits, la théorie de l'équilibre des forces économiques, l'État devant exclure monopoles (économiques) et privilèges (sociaux). Ministre de l'Économie de 1948 à 1963 et chancelier de 1963 à 1966, « le père du miracle économique allemand » et du Deutsche Mark (dont un autre parrain est l'Américain Dodge, banquier de

1. Voir l'ouvrage de Maurice Baslé *Quelques économistes allemands : de l'État commercial fermé (1800) à l'économie sociale de marché (1950-1990)*, Éditions de l'Espace européen.

Detroit) est un partisan de **l'économie sociale de marché** où il convient d'inciter, d'intervenir même, mais jamais contraindre : Ludwig Erhard a bénéficié de l'aide de Franz Boehm (1895-1977), économiste lui aussi privé d'emploi sous le régime nazi. Ce dernier président de l'Université de Fribourg en 1945 a beaucoup apporté au nouveau système économique allemand en matière de réglementation, de contrôle de la concurrence et de comportement des prix.

Selon Maurice Baslé, « Eucken, Röpke, Erhard, Boehm sont ainsi les fondateurs de la doctrine économique de l'Allemagne d'aujourd'hui ». Les économistes allemands peuvent construire sur de nouvelles bases une pensée libérale-sociale.

▸ **Le capitalisme allemand peut s'appuyer sur le Deutsche Mark.**

Le mark a été créé en 1871, la même année que le yen. L'étalon-or est adopté en 1873. Après la Grande Guerre surviennent les événements tragiques avec la grande inflation, la création du Rentenmark en 1923, le retour à l'étalon-or, le Reichsmark en 1924, le contrôle des changes en 1931 et le début des monnaies multiples en 1932...

Reichsmarks bloqués, caisse de conversion, pillage des pays conquis enfin, rien ne pourra empêcher l'Allemagne en guerre de connaître l'inflation monétaire. En 1945, le Reichsmark n'a plus de valeur. Un économiste allemand, Georg Friedrich Knapp (1842-1926), avait déjà noté à quel point la monnaie est « la cristallisation de la confiance d'un peuple dans son économie ».

En juin 1948, la réforme monétaire est une opération chirurgicale extrêmement brutale. C'est une puissante opération de déflation. Il s'agit d'un échange de billets avec blocage d'une partie des avoirs. Le taux est fixé à 1 mark pour 10 RM, mais la remise de liquidités aux particuliers est limitée à 60 marks versés en deux étapes, dont 40 immédiatement et 20 deux mois plus tard. Les entreprises voient, dans cette opération, leurs créances réduites de 90 %. Masse monétaire et prix baissent brutalement. Injuste (la réforme épargne davantage les détenteurs de capitaux fonciers et immobiliers), la réforme est efficace : le Deutsche Mark est une monnaie à fort pouvoir d'achat, qui autorise la croissance dans la stabilité, et des marchandises, qui ne se trouvaient plus qu'au marché noir, réapparaissent dans les vitrines.

En 1949, année de la Loi fondamentale et de la naissance de la République fédérale, le Deutsche Mark est dévalué de 20 %, ce qui annule les effets de la dévaluation britannique et autorise de nouveau des prix concurrentiels à l'exportation. Après une crise grave, en 1950-1951 que connaît la jeune République fédérale, et qui fait revenir au contrôle des devises, la guerre de Corée (1950-1953) déclenche une gigantesque demande mondiale et, pour la première fois, en 1951, la balance commerciale allemande devient excédentaire. A partir de 1979 et de l'entrée en vigueur du Système monétaire européen, le Deutsche Mark est régulièrement réévalué et pèse 33,4 % de la composition de l'ECU à la fin des années 1980.

Le Deutsche Mark apparaît ainsi comme le refuge du nationalisme d'un pays interdit d'arme atomique et privé de siège au Conseil de sécurité.

2. L'organisation allemande permet de mobiliser les ressources du pays au profit de l'entreprise

▶ **Dès le XIXe siècle, l'État joue un rôle important dans le « capitalisme organisé » *(Organisierter Kapitalismus).*** D'une certaine façon, les sociétés d'État racontent l'histoire économique de l'Allemagne. Il y a d'abord eu la Prusse et la République de Weimar avec les sociétés du groupe Preussische Elektrizitaets AG, aujourd'hui rattaché au holding Veba AG. Le IIIe Reich a créé et contrôlé Volkswagen et la société sidérurgique Reichswerke Hermann Göring, rebaptisé Salzgitter AG après la guerre. A la fin du conflit, le gouvernement Adenauer-Erhard a créé des banques d'État pour faire redémarrer l'économie et mobiliser le crédit. Sous les gouvernements sociaux-démocrates des années 70, des sociétés d'État dans le secteur du pétrole et de la recherche nucléaire sont apparues. En revanche, dans les années 80 du gouvernement chrétien-démocrate du chancelier Kohl, les privatisations ont concerné des entreprises comme Volkswagen, VEBA, VIAG et Salzgitter dont l'État s'est retiré, la Bundespost étant concernée par la déréglementation.

De toute façon, **la Loi fondamentale de 1949[1], qui fonde un État fédéral, accorde aux Länder des compétences et des pouvoirs étendus** dans le domaine économique. Tel est le cas pour ce que les Américains appellent les *utilities* (distribution d'eau, de gaz et d'électricité), mais aussi en matière de travaux publics et de transports en commun. Les seize Länder que compte l'Allemagne unie bénéficient de la « législation concurrente » par rapport à la « législation exclusive », celle du Bund, l'État fédéral. De plus, la loi de 1969 précise que la politique structurelle régionale dépend des Länder. En Allemagne, les régions et les communes gèrent ainsi 60 % du budget public (24 % seulement en France) et disposent de moyens financiers importants, provenant de la TVA ainsi que de l'impôt direct sur les revenus et sur les sociétés. Ceci a d'heureuses conséquences : d'abord une meilleure répartition économique à travers le territoire d'autant plus qu'un système de péréquation financière horizontale *(horizontaler Finanzausgleich)* permet des transferts des Länder les plus riches vers les Länder les plus pauvres, ensuite un contrôle international beaucoup plus difficile des interventions publiques en matière économique, surtout par rapport à un État centralisé comme la France.

En revanche et dans le cadre du processus de la réunification, l'essentiel des transferts en faveur de l'Allemagne orientale auxquels participent les Länder ouest-allemands reste à la charge de l'État fédéral. « Pour au moins dix ans et sans doute plus longtemps encore, les coûts de la restructuration imposent des limites drastiques aux interventions et engagements de l'Allemagne hors des frontières, même si, jusqu'à présent, l'Allemagne figure en première place et, de loin, parmi les investisseurs en Europe orientale et en Russie... On s'en est aperçu dans l'af-

1. *(Das Grundgesetz),* l'équivalent de notre Constitution.

faire des usines Skoda où Volkswagen a dû réduire très fortement les investissements promis, connaissant lui-même des difficultés de grande envergure », souligne Joseph Rovan en septembre 1994.

L'État, en Allemagne, depuis l'action de Ludwig Erhard, en 1949-1951, exerce son influence par des décisions d'action libérale (au niveau des prix, par exemple), par des mesures purement conjoncturelles, éventuellement vite rapportées, mais aussi par des résolutions contraignantes... et peu libérales. Le tout constitue un ensemble convergent et cohérent où l'État peut et doit intervenir pour faire de la RFA une grande puissance économique. Quelques dates marquent les grandes inflexions de cette action (voir encadré 1).

Encadré 1
Le rôle de l'État dans l'économie allemande

1947	Ludwig Erhard, héritier de l'ordo-libéralisme de l'École de Fribourg, met en place l'économie sociale de marché
1948	Création du Deutsche Mark, qui remplace le Reichsmark
1957	Création de la Bundesbank, dotée d'une grande autonomie. Elle est chargée de défendre la stabilité et la parité de la monnaie allemande Loi sur les cartels interdisant les restrictions sur la concurrence
1959	Au Congrès de Bad-Godesberg, le SPD accepte les lois fondamentales de l'économie de marché
1967	Loi sur la promotion de la stabilité et de la croissance de l'économie
1972-1973	Transformation du ministère de l'Énergie atomique en ministère de la Recherche et de la Technologie
1978	Fondation du SME
1990	Création de la **Treuhandanstalt,** office public chargé de la privatisation des entreprises est-allemandes
1994	Loi sur la promotion du marché financier. A partir du 1er janvier 1995, une société doit déclarer sa participation au capital d'une entreprise lorsque celle-ci dépasse 5 % (le seuil était de 25 % avant cette date)

Au total, l'État allemand refuse l'économie de contrainte *Zwangswirtschaft*, fait confiance au marché mais atténue ses rigueurs par le social. Telle est la *Sozialmarktwirtschaft* : l'État allemand tente de réconcilier des intérêts réputés antagonistes : employeurs et salariés (marché du travail), emprunteurs et prêteurs (marché des capitaux), producteurs et consommateurs, etc.

► **La banque-industrie caractérise l'économie allemande.**

• La banque des États allemands créée en 1948 a cédé la place en 1957 à la **Banque fédérale allemande (Bundesbank)** qui, selon la loi, « n'est pas soumise aux instructions du gouvernement fédéral ». Elle émet seule les billets de banque, veille à leur pouvoir d'achat, à la stabilité et à la parité de la monnaie. Elle fixe les taux fondamentaux : le taux d'escompte et le taux lombard. Ce sont le directoire et les présidents des banques centrales de Länder qui déterminent la politique monétaire.

• Le **système bancaire ouest-allemand** présente une structure simple et cohérente avec essentiellement des banques commerciales de droit privé, des caisses d'épargne dotées d'un statut de droit public et un crédit coopératif qui repose sur une base mutualiste. Les premières sont orientées vers la grande industrie et les fortunes privées, tandis que les deux autres réseaux concernent essentiellement la clientèle de masse et les PME.

Les banques commerciales allemandes fonctionnent selon la caractéristique à peu près unique en Europe de la banque universelle, ce qui signifie qu'elles sont à la fois banques de dépôt et d'affaires. La « Hausbank », « banque-maison », est à la fois collecteuse de dépôts, prêteuse, prestataire de services et actionnaire. Ces banques d'entreprise, à l'actionnariat déjà renforcé par des participations croisées, ont souvent un siège au conseil de l'entreprise investie et veillent aussi aux conseils de surveillance. Une loi les autorise par ailleurs à agir pour le compte d'actionnaires qui leur confient leurs voix lors des assemblées générales. Les trois banques Deutsche Dresdner et Commerzbank dominent incontestablement. Elles ont leur siège à Francfort, souvent appelé « Bankfurt »[1] (mais la Dresdner, comme son nom le suggère, est originaire de Dresde). Les suivantes sont des banques bavaroises, ce qui est logique en ce qui concerne la région la plus dynamique de la République fédérale, ou berlinoises. Suivent des banques privées aux noms prestigieux (Finck, Fugger, Merck, Oppenheim, Thurn und Taxis, Warburg).

Les puissantes caisses d'épargne, les Sparkassen, sont nées au XVIIIe siècle, se sont organisées au XIXe et ont été autorisées à émettre des chèques en 1909. Omniprésentes (près de 1 800 guichets dans la seule Allemagne de l'Ouest), elles ont une fonction essentiellement locale et régionale, les Landesbanken ou « Giro » tiennent le rôle de banques centrales et de CCP des Länder. Les trois plus grosses sont à Düsseldorf, à Munich et à Hanovre.

Le troisième ensemble bancaire du pays est issu du crédit coopératif au XIXe siècle. Les banques Raiffeisen de la mutualité agricole sont traditionnellement celles des campagnes. Les banques Schultze-Delitzch pour la mutualité artisanale et ouvrière (banques populaires) étant celles des villes. Mais cette distinction s'efface progressivement. Toutes ces banques sont également universelles et prêtent à long et à court terme aussi bien aux particuliers qu'aux entreprises.

L'Allemagne dispose enfin d'établissement spécialisés, de caisses d'épargne-logement et de nombreuses banques étrangères.

• **La Deutsche Bank a été fondée en 1870 à Francfort par un membre de la famille Siemens.** A elle seule, elle est un empire. C'est la première banque d'Allemagne, devenue en juillet 1995, avec un bilan en progression de 10,2 % pour le premier semestre, la plus grande du monde après les géants japonais. La Deutsche Bank possède 28 % de Daimler-Benz, le premier groupe industriel

1. Voire même *Mainhattan* !

outre-Rhin et sans doute le premier d'Europe (automobiles, avions, électronique, services) mais aussi 30 % du n° 1 allemand du bâtiment et des travaux publics, Philipp Holzmann. On retrouve la participation de la banque dans le groupe de négoce et de sidérurgie Klöckner, dans la compagnie maritime Hapag Lloyd ainsi que dans les groupes de distribution Horten et Karstadt. Surtout, la Deutsche Bank possède 30 % des actions du groupe Allianz, qui est le plus grand assureur européen. On retrouve la banque de Francfort chez Thyssen, Nixdorf, SEL, Continental, Bertelsmann et Veba. Ainsi d'Hambourg à Stuttgart et d'Essen à Munich, on retrouve partout la première banque d'Allemagne qui, d'ailleurs avec ses filiales hypothécaires, tient encore la première place pour le financement du logement.

Tout ceci donne à cette banque, qui détient 400 sièges dans les conseils de surveillance des entreprises, un énorme pouvoir. Déjà, en 1924, elle avait mené la réorganisation et la fusion de deux sociétés du nom de Daimler et de Benz. En 1985, elle a veillé au mariage de Daimler-Benz (automobiles Mercedes), de MTU (moteurs d'avions), de Dornier (aéronautique) et de AEG (électronique). Près du pouvoir dès l'époque du chancelier Konrad Adenauer et du miracle économique allemand, la banque peut aussi, dans les années 80, offrir des crédits bonifiés jusqu'au Kremlin. Si l'on pense au rôle que joue la banque dans la reprise des firmes en difficulté, dans les fusions d'entreprise et au niveau des crédits, on peut dire qu'à leur façon les hommes de la Deutsche Bank font de la politique industrielle.

▶ **Le rôle des banques est complété par celui des assurances.**

Le marché allemand est le premier d'Europe en matière d'assurances dont les principales branches concernent l'assurance vie (qui concerne près de la moitié des primes, c'est un marché en constante augmentation), l'assurance automobile et la section responsabilité civile accidents. Les principales places de ce secteur étaient, avant la réunification, Cologne, Düsseldorf, Francfort, Hambourg, Hanovre et Munich. Derrière le mastodonte Allianz, les n°s 2 et 3 de l'assurance allemande, AMB et Colonia, sont respectivement contrôlés par les groupes français, AGF et Victoire UAP.

Avec la Deutsche Bank, **Allianz,** le géant allemand de l'assurance, est le pilier du capitalisme allemand. La compagnie dont le symbole est un aigle est née en 1890 à Berlin d'où elle doit partir à la fin de la Seconde Guerre mondiale. Elle réside actuellement dans un bel immeuble au 28, Königstrasse, à Munich. Avec plus de 110 000 employés, Allianz est la cinquième compagnie d'assurances du monde et sans doute la plus internationale de toutes, puisqu'en effet près de la moitié de ses primes viennent de l'étranger.

Le groupe d'assurances est, de loin, le premier d'Allemagne, devant AMB et Colonia. Ce rang ne peut être que renforcé par son rôle dans l'ex-RDA où, prenant de vitesse toutes ses rivales, la compagnie a racheté, en 1990, la Staatliche Versicherung AG, le monopole d'assurance est-allemand. Le groupe est le premier assureur en Hongrie et tente de s'établir à Prague et à Moscou. En Europe de l'Ouest, Allianz est le deuxième assureur en Italie derrière les Generali[1], la firme de Trieste dont il détient d'ailleurs 3 % du capital. Le Groupe est aussi huitième en Espagne et au Portugal et douzième en France où il a acquis Via Rhin et Moselle. On retrouve la compagnie en Autriche et en Suisse, en Angleterre et aux Pays-Bas ainsi qu'en Scandinavie. Commencées en 1974, ces acquisitions à l'étranger se sont précipitées ensuite dans les années 80, en prévision de la libération des services en Europe, particulièrement dans le domaine de l'assurance dommage. Outre-Atlantique, on retrouve Allianz au Brésil et, surtout, aux États-Unis où elle a racheté en 1991 Fireman's Fund Insurance. La compagnie, présente en Chine, regarde, vers l'Asie du Sud-Est. Il n'y a guère que le Japon qui échappe encore à son emprise. Cette véritable boulimie d'acquisitions a valu à Allianz, en 1991, d'enregistrer pour la première fois de son histoire une perte technique importante. Dans ce contexte mouvementé et tumultueux, certains ont parlé des « indigestions d'Allianz ». Gageons que, dans la grande compagnie, l'heure est à la réduction des coûts, à la recherche de la productivité et à la réorganisation pour mieux maîtriser l'expansion.

Outre son implantation en Allemagne, en Europe et dans le monde, Allianz impressionne par son savoir-faire. « Théoriquement, un habitant d'Allemagne fédérale doit pouvoir trouver l'un des représentants d'Allianz dans un rayon de 5 km ou plus... Il n'y a qu'en Allemagne que l'on voit ça. Lors de l'achat d'une automobile, c'est l'agent qui effectue les formalités d'immatriculation s'il s'agit d'une BMW ou d'une Volkswagen et qui livre la voiture à domicile avec le contrat d'assurance adapté. »[2] La compagnie cultive, chez son personnel, qu'elle forme, avec le plus grand soin, à partir du niveau Bac + 2, la mentalité de gagneur. Le réseau ouest-allemand compte à lui seul 7 000 agents, auxquels sont rattachés de jeunes vendeurs, le tout étant complété par 36 000 mandataires à temps partiel. Il faut ajouter à ce réseau plus de 600 guichets de DUAG en ex-RDA.

En 1990, juste après la chute du Mur, Allianz a organisé à Berlin, sa ville d'origine, des Jeux olympiques entre ses salariés des différentes nations pour fêter dignement son centième anniversaire.

L'évolution récente va dans le sens de la bankassurance. Officiellement, Allianz détient en direct un peu plus de 22 % de la Dresdner Bank, alliée à la BNP (elle-même liée à l'UAP). En fait, en tenant compte des filiales et des participations croisées, Allianz contrôle en réalité 47 % du capital de cette méga-banque, la seconde de l'Allemagne ! La Dresdner Bank vend désormais des produits d'assurance vie, Allianz, vendant 16 % de l'assurance dommage et 14 % de l'assurance vie, s'approchait du seuil des 20 % allemands que l'office des Cartels de Berlin interdit de dépasser. Dans le pays, AMB (Aachener und Muenchener Beteiligung) et Colonia se positionnent loin derrière.

Il reste que les participations d'Allianz et ses relations croisées avec les grands groupes d'outre-Rhin font de la compagnie d'assurances l'un des bastions de la

1. Dont l'un des plus célèbres employés fut... Franz Kafka !
2. Article de Catherine Gollian dans *Le Nouvel économiste,* n° 772 du 30 novembre 1990.

« forteresse Allemagne » – selon Philippe Boulet Gercourt, in *Challenges,* novembre 1994. Le groupe détient des participations dans les trois principales banques allemandes, la Deutsche Bank (8 %), la Dresdner Bank (47 %) et la Commerz Bank. Allianz est aussi très présent chez les industriels du pays, Bayer, et Hoechst, les chimistes Thyssen, le sidérurgiste Bosch et Mannesmann, les équipementiers et mécaniciens, Daimler-Benz (28 %) et MBB pour les automobiles et les moteurs d'avions et même les grandes compagnies de transport maritime (Hapag Lloyd) ou aérien (Lufthansa). Le directeur d'Allianz siège dans les conseils de surveillance de plus de 100 sociétés.

Inversement, qui contrôle Allianz ? La Deutsche Bank et la Dresdner en possèdent chacune 10 %. Bref, les possédants sont possédés par ceux qui possèdent et *vice versa*... C'est une **« économie de cousins »,** selon l'expression d'un hebdomadaire allemand, écrit Philippe Boulet Gercourt – article cité. Les participations croisées les plus expressives concernent sans aucun doute les 25 % que le groupe Allianz a dans le capital de Münchener Rückversischerung laquelle dispose de 26 % du groupe Allianz. La Münchener Rückversischerung, qui est installée en face d'Allianz à Munich, est le n° 1 mondial de la réassurance.

L'histoire d'un décollage économique tardif mais puissant explique bien sûr ces liens en Allemagne entre la banque, l'assurance, l'industrie, le commerce et les services. Dans ce pays, les grandes familles respectent assez peu les droits des petits actionnaires. Comme au Japon, les intérêts croisés[1] entre firmes nationales permettent de se protéger des OPA et, tout particulièrement, des étrangers. C'est ce qui explique que des observateurs parlent de forteresse. Avant l'évolution, limitée, de ces dernières années, il n'était sans doute pas inexact d'évoquer un marché verrouillé et le faible rôle de la bourse (contrairement à ce qui se passe dans le capitalisme anglo-saxon). **Depuis longtemps, le capitalisme rhénan est celui de la banque.**

▸ Existe-t-il un modèle économique allemand ?

Après les traumatismes et les cauchemars de la première moitié du siècle, l'Allemagne fédérale a connu une vraie prospérité à partir des années 50, une sorte de miracle si l'on en juge par les taux de croissance annuels des décennies qui se suivent : 8 % pour les années 50, 4,7 % pour les années 60, et encore 2,6 % pour les années 70 et 80. Les à-coups, sensibles et assez brutaux, sont plutôt rares : récession de 1965-1967, chocs pétroliers de 1973 et 1979, récession de 1993. Depuis 1951, la RFA connaît régulièrement un excédent commercial qui l'a placée en 1991 au premier rang mondial des pays exportateurs, juste devant les États-Unis.

Ce succès remarquable repose sans aucun doute sur une judicieuse adaptation industrielle (mécanique et automobile, électricité et électronique, chimie) par rapport à la demande mondiale. Malgré des coûts élevés, résultant du haut niveau

1. Allemands, Japonais et Coréens, par exemple, admettent fort difficilement qu'une entreprise du pays échappe aux capitaux nationaux. Il faut y voir l'expression ferme d'un nationalisme économique que semblent moins pratiquer les pays de culture anglo-saxonne ou latine.

des salaires et de la protection sociale, les produits *made in Germany,* réputés pour leur qualité, leur service commercial après vente, leurs délais rapides de livraison et de réparation sont relativement indifférents aux prix. Le Deutsche Mark d'abord sous-évalué (arme redoutable pour s'emparer de marchés extérieurs) est ensuite constamment réévalué, permettant l'utilisation des matières premières et d'énergie bon marché pour l'Allemagne. C'est le fameux cercle vertueux. Dans un contexte de stabilité intérieure et d'élévation constante de niveau de vie, l'économie ouest-allemande a surtout été « une économie de surplus à l'exportation » selon Anne-Marie Gloannec.

Au milieu des années 90, le pays s'interroge sur les atouts de son économie. La question des coûts est désormais au cœur des débats : coûts salariaux unitaires, productivité, « idéologie des trente-cinq heures de travail par semaine ». En 1993, le chancelier Kohl n'a pas hésité à qualifier son pays à la démographie vieillissante de « parc de loisirs collectifs ». La discussion se porte sur la notion de *Standort Deutschland* ou de « l'Allemagne comme site de production industrielle ». Ainsi se trouvent posés les problèmes des travailleurs étrangers, de la délocalisation, ainsi que de l'unification économique. Des dizaines de milliers d'emplois ont brutalement disparu ces dernières années dans les plus grandes entreprises allemandes, chez Bosch, chez Mercedes, chez Volkswagen ; ces entreprises, fait nouveau, commencent à délocaliser et à produire à l'étranger où les salaires sont plus faibles – surtout si l'on tient compte de la force du mark. Ainsi le pays compte plus de 3,6 millions de chômeurs et la restructuration a fait perdre, pour la seule année 1993, un million d'emplois industriels.

Le défi de la récession et de la réunification invite l'État et les entreprises allemandes à agir sur l'offre, à renouveler les méthodes, les produits et les services, à incorporer les technologies nouvelles. L'Allemagne s'oriente de toute évidence vers un nouveau modèle industriel aux industries à forte intensité de capital, mais qu'une partie de la main-d'œuvre aura quitté. A ce niveau l'Allemagne retrouve le grand défi européen, celui de l'emploi. Réussira-t-elle à la fois son entrée dans l'ère des technologies nouvelles et le rétablissement des grands équilibres régionaux et sociaux ?

3. Liaisons, organisation commerciale et observation économique créent un environnement favorable : Hapag Lloyd de Hambourg et Kloeckner-Werke de Duisbourg

▸ **En matière de transports, l'Allemagne est remarquablement équipée.** Elle dispose tout d'abord du meilleur réseau fluvio-maritime d'Europe. En mer du Nord et mer Baltique, elle possède cinq ports importants : Hambourg, Wilhelmshaven, Brême-Bremerhaven, Lübeck et Rostock, dignes de la tradition hanséatique. Le canal maritime de Kiel permettant de passer de la Baltique à la mer du Nord est le troisième du monde, après Suez et Panama. Voies navigables et canaux offrent aux entreprises des transports lents mais surpuissants et peu chers.

Avec la réunification, Hambourg retrouve son arrière-pays, « Hinterland », jusqu'à Berlin[1], et est appelé à redevenir un des plus grands ports au monde. Le Rhin est la première artère navigable du monde. Cela explique l'importance du trafic de Rotterdam et le rang de Duisbourg, premier port fluvial du monde[2]. Hier, la RFA ou Allemagne de l'Ouest était essentiellement rhénane et de configuration méridienne. La réunification qui valorise le Mittelland Kanal et l'ouverture, le 22 septembre 1992, du canal Main-Danube redonnent toute leur ampleur aux grands chemins Ouest-Est, au cœur de l'Europe.

Sur terre, le réseau de routes, et surtout d'autoroutes, est l'un des plus remarquables du monde. Par ailleurs, l'Allemagne, qui possède déjà une voie ferrée à grande vitesse (250 km/h) entre Hanovre et Wurtzbourg, nourrit des espérances dans ce domaine, avec l'ICE (Intercity Express) de Siemens comme constructeur « Challenger » de GEC Alsthom, le Franco-Anglais, et de Mitsubishi, le Japonais.

La Lufthansa est l'une des plus grandes compagnies aériennes du monde. Elle dispose en Allemagne de grands aéroports, tels ceux de Düsseldorf, de Stuttgart, de Nuremberg, de Munich et de Berlin. Francfort est, après Londres et Paris, le troisième aéroport d'Europe, mais le premier pour le fret.

▸ **Comme le Japon, l'Allemagne s'appuie sur de puissantes sociétés de transport et de commerce** comme la grande compagnie de Hambourg, **Hapag Lloyd.**

Elle a été créée en 1970. Les actionnaires d'Hapag Lloyd sont la Deutsche Bank, la Dresdner Bank, VEBA (électricité, essence), Gevaert (chimie, photographie), Kaufhof (distribution), Lufthansa (transport aérien) et TUI (tourisme). Elle transporte des marchandises sur les grandes routes transocéaniques (Atlantique-Nord, Extrême-Orient, Amérique du Sud, golfe Arabo-Persique), sous pavillon allemand ou étranger. Elle possède de nombreux porte-conteneurs. Elle pratique également le tourisme, possédant même des paquebots comme l'*Europa* et organise des vols charters (la compagnie possède près de vingt avions dont plusieurs Airbus). Avec les agences de voyage et les activités d'assurances, Hapag Lloyd emploie plus de 8 000 personnes.

• Un autre exemple de l'activité commerciale allemande peut être fourni par la société **Kloeckner-Werke.** C'est une maison fondée en 1897, dont le siège est à Duisbourg et qui emploie 35 000 personnes. Cette maison, respectée en Allemagne, appartient pour 90 % à une fondation et pour 10 % aux héritiers de la famille fondatrice. Cette firme est à la fois un sidérurgiste, parmi les six plus puissants d'Allemagne, un chimiste qui élabore des plastiques et un négociant en matières premières et métaux. En difficulté à la fin des années 80, cette entreprise est passée sous le contrôle effectif de la Deutsche Bank, ce qui marque, une nou-

1. La presse allemande déplore que la liaison ferroviaire Berlin-Hambourg soit plus lente en 1995... qu'en 1930.

2. Cf. le surnom allemand du Rhin *Vater Rhein,* Notre Père le Rhin.

velle fois, la puissance des banques outre-Rhin et leur rôle éminent dans les restructurations industrielles.

En 1990, quelques mois après l'alliance entre Daimler-Benz et Mitsubishi, Kloeckner a resserré ses liens, déjà anciens, avec la célèbre maison de commerce japonaise Itoh, les deux firmes ont créé une société mixte à Brême pour produire des tôles d'acier galvanisé destinées à l'automobile.

De fait, les grandes firmes industrielles allemandes disposent de **SCI (Sociétés de commerce internationales)** qui ne peuvent être comparées qu'aux shoshas nippones. Elles commercialisent les produits de leurs groupes, mais aussi ceux des PME qui ne disposent pas de réseaux à l'étranger. Ces sociétés offrent de grandes facilités de service (transport, finance, assurance, etc.).

▸ **Outre ses remarquables transports et ses 3 000 maisons de commerce de Brême et de Hambourg, qui ne sont dépassées que par les shoshas japonaises, l'Allemagne dispose d'autres outils remarquables, ses foires et ses expositions.**

La foire de Francfort-sur-le-Main est mentionnée pour la première fois dans un document de 1 240 (époque de Frédéric II[1]). C'est un autre empereur, Maximilien, qui, en 1507, est à l'origine de la Foire de Leipzig. Aujourd'hui, plus de 160 foires et expositions figurent au calendrier du Comité d'organisation des foires et expositions de l'économie allemande de Cologne. **Francfort** est une ville connue pour sa foire aux textiles et à l'habillement, pour son salon de l'automobile, pour sa foire consacrée aux produits sanitaires, au chauffage et à la climatisation, enfin pour la foire du livre. Cette dernière a accueilli en 1994 8 600 exposants qui ont présenté 320 000 ouvrages du monde entier. **Cologne** accueille plusieurs manifestations concernant l'alimentation, l'ameublement, les articles ménagers, l'image[2], les cycles et la quincaillerie. **Düsseldorf** se préoccupe de fonderies, d'automatisation d'impression (Interpack), et de papier, de machines et de matériaux d'emballage. Quatre fois par an la ville organise l'IGEDO, l'exposition internationale de mode.

Les expositions de **Munich** sont renommées en ce qui concerne les matériels de travaux publics *(la Bauma),* l'artisanat, les matériels et les systèmes informatiques. **Berlin** organise une « semaine verte internationale », qui concerne les produits agricoles et les aliments, un salon du tourisme, un salon de l'audiovisuel. En 1992, pour la première fois depuis la réunification, l'Allemagne organise son salon aéronautique à Berlin, sur l'aéroport de Schönefeld. Ce salon avait été inauguré dans cette ville en 1912. Il avait été interrompu par les deux guerres mondiales. Depuis 1957, l'exposition avait lieu à Hanovre, sans avoir l'importance de celles du Bourget, en France, ou de Farnborough, en Angleterre, ces deux derniers salons ne se déroulent plus qu'en alternance depuis les années 70. **Hambourg, Essen, Nuremberg** jouent aussi un grand rôle. Cependant, la foire de Hanovre, créée en 1947, est la plus grande de ce genre dans le monde. Elle met à

1. Frédéric II de Hohenstaufen, 1194-1250.
2. A titre comparatif, il est publié annuellement en France 35 000 à 40 000 titres.

l'honneur toutes les machines, y compris celles de la bureautique et des télécommunications depuis 1986.

L'Allemagne est dotée d'une multitude d'instituts de recherche et d'observation économique, en particulier des cinq instituts de conjoncture de Kiel, de Hambourg, de Berlin, d'Essen et de Munich.

▶ **L'Allemagne s'installe enfin de plus en plus fortement sur le secteur de la communication.** Ainsi, en 1994, un projet de société de télévision à péage a attiré l'attention de la Commission de Bruxelles, craignant les abus de situation dominante. La société projetée, Media Service GmbH, MSG serait en effet due à l'association de géants : Bertelsmann, le leader européen de la communication, Deutsche Bundespost Telekom, principal câblo-opérateur du marché allemand, et Kirch, principal fournisseur de programmes des télévisions allemandes ; 80 millions d'habitants, une position centrale en Europe, des ambitions mondiales. Voilà ce qui dynamise les réseaux allemands et, déjà, Bertelsmann est le leader européen.

• **Bertelsmann,** entreprise créée à Gütersloh (Rhénanie-Westphalie) en 1835, emploie aujourd'hui 45 000 personnes. Cette firme, d'origine provinciale, est le premier groupe européen de la communication et le second mondial derrière l'Américain Time Warner. D'ailleurs, les deux tiers de son chiffre d'affaires 1994 de 18,4 milliards de marks (62,5 milliards de francs) sont réalisés hors d'Allemagne. Le groupe familial est contrôlé par Reinhard Mohn qui a fait don des 55 % des actions de Bertelsmann, que son père lui avait donnés, à la Fondation Bertelsmann. L'avantage d'une fondation en Allemagne, c'est d'éviter une entrée en bourse. De plus comme personne ne peut mener d'OPA sur une fondation, cela permet à la dynastie familiale, unique actionnaire de la fondation qui porte son nom, de préserver son pouvoir en le partageant avec la direction de l'entreprise.

Groupe multimédia, Bertelsmann est un empire qui sait diversifier et limiter les risques. La direction opérationnelle qui compte 600 membres à Gütersloh gère en fait, selon ses propres déclarations, 250 « centres de profit ». Sept grandes branches constituent l'ensemble : l'impression, l'édition dans les pays germanophones, l'édition dans les autres pays, la presse, la production de disques et l'édition musicale, les médias électroniques, enfin les clubs de livres et de disques. Les clubs de livres ont été lancés en 1950 en Allemagne de l'Ouest, à une époque de pénurie. Aujourd'hui, ces clubs de livres et de disques comptent 25 millions de membres répartis dans une trentaine de pays dans le monde et rapportent beaucoup à l'entreprise de Gütersloh. Elle possède d'ailleurs presque la moitié du capital de France-Loisirs (49,5 %), à égalité avec les Presses de la Cité.

Le groupe allemand qui possède aux États-Unis l'éditeur de livres de poche Bantam books et la maison d'édition Doubleday et qui est également implanté au Royaume-Uni est le leader du livre en langue anglaise. Bertelsmann réalise environ 40 % de son chiffre d'affaires en Allemagne, 30 % aux États-Unis, 28 % en Europe de l'Ouest et le reste en Amérique latine et désormais en Russie et dans les pays de l'Est. Au total, le groupe pèse trois fois plus qu'Hachette.

Le nombre des titres de Bertelsmann en France s'accroît régulièrement depuis une quinzaine d'années. Ils concernent surtout la presse magazine. En témoignent les dates de lancement : 1979 : *Géo* ; 1981 : *Ça m'intéresse* ; 1982 : *Prima* ; 1984 : *Femme actuelle* ; 1986 : *Télé-Loisirs* ; 1987 : *Voici* ; 1989 : *Guide cuisine et Cuisine actuelle* ; 1990 : *Partance* ; 1991 : *Capital.* Second marché étranger de l'entreprise de Gütersloh. La France continue de l'intéresser au plus haut point. En 1994, Bertelsmann entre dans le secteur de la presse professionnelle française en s'associant au deuxième groupe de presse médicale en France, Impact Médecin, qui publie un quotidien, un hebdomadaire, des mensuels et des guides et participe à des salons médicaux. Déjà expérimenté dans ce domaine en Allemagne, Bertelsmann vise une implantation européenne dans ce domaine avec d'autres localisations en Grande-Bretagne, en Italie et en Espagne. Un second magazine économique *(Mercure ?)* devrait être lancé en France sur les traces de *Capital* qui tire à plus de 300 000 exemplaires.

En Allemagne même, le groupe possède une filiale à Hambourg : Grüner + Jahr AG & Co. qui est le troisième groupe de presse magazine allemand après Axel Springer Verlag AG, Verlagsgruppe Bauer et devant Burda GmbH. En 1986, le groupe a pu acheter son premier quotidien, le *Hamburger Morgenpost,* diffusé dans la région de Hambourg. Aujourd'hui, il en possède douze. Près de trente titres sont édités, dont *Stern* et *Brigitte.* Cela n'empêche pas Bertelsmann de s'intéresser au disque. L'entreprise a pendant un certain temps possédé le troisième producteur mondial de disques, l'Américain MCA Records, repris ensuite par Matsushita. Actuellement la firme prépare le lancement d'une chaîne musicale mondiale. Principal actionnaire de BMG (important éditeur de musique), Bertelsmann s'associe à Warner, EMI Sony et Polygram pour nourrir les programmes de cette chaîne qui entre en concurrence avec MTV (Music Television).

Le secteur divertissement *(entertainment)* s'intéresse, pour l'avenir de l'entreprise, à toutes les techniques modernes de câble, de satellite, de CD-Rom, de jeux vidéo interactifs, dans les chaînes de télévision. Associé avec la CLT luxembourgeoise et avec Canal Plus, Bertelsmann parie sur l'informatique et le numérique et pénètre déjà trois à quatre chaînes de télévision en allemand : *RTL plus* en première, chaîne privée, première chaîne à péage, bientôt *RTL plus 2,* une chaîne de cinéma, en attendant le lancement de MSG, Media Service GmbH – et la guérison de Vox, chaîne allemande menacée de faillite où Bertelsmann a investi. Aujourd'hui, riche, disposant d'importants fonds propres, ce qui n'est pas le cas de ses concurrents, Bertelsmann ignore la crise des médias. Le secret du succès ? D'abord un bon centrage sur la profession et le métier, ce qui limite les risques. Ensuite la cohérence des métiers, ce qui permet de déléguer, de décentraliser, de tabler sur le marketing et de plaire à la clientèle. Enfin, une politique efficace du personnel (participation, motivation, salaires élevés pour ses 48 000 employés).

Assuré de sa force, Bertelsmann plaide pour une libéralisation des médias en Europe : est-ce une nouvelle espèce d'industriels ? « Les médias et la communication ont remplacé l'automobile comme moteur du développement économique dans les pays industrialisés », a déclaré Mark Wössner le PDG de l'entreprise lors de la présentation annuelle du bilan, le 20 septembre 1994 à Gütersloh. Le résultat net était en hausse de presque 15 % par rapport à l'année précédente...

Carte 1
C'est déjà presque demain :
l'Allemagne des 15 Länder

Les 15 "Länder de demain"

Länder :

"Anciens" Länder

	Capitale	Superficie (en km²)	Population (en millions)	Rang N (sur 16) Sup.	Pop.
Bade-Würtemberg	*Stuttgart*	35 751	9,6	3	3
Basse-Saxe	*Hanovre*	47 349	7,3	2	4
Bavière	*Munich*	70 554	11,2	1	2
Brême	*Brême*	404	0,665	16	16
Hambourg	*Hambourg*	755	1,6	15	14
Hesse	*Wiesbaden*	21 114	5,7	7	5
Rhénanie du Nord-Westphalie	*Düsseldorf*	34 068	17,3	4	1
Rhénanie-Palatinat	*Mayence*	19 848	3,7	9	7
Sarre	*Sarrebrück*	2 500	1,1	13	15
Schleswig-Holstein	*Kiel*	15 700	2,6	12	10

Berlin + Brandebourg

	Capitale	Superficie	Population	Rang N (sur 16) Sup.	Pop.
Berlin	*Berlin*	883	3,4	14	8
Brandebourg	*(Potsdam)*	29 060	2,6	5	10
Ensemble	***Potsdam***	**29 943**	**6**	**5**	**5**

"Nouveaux" Länder

	Capitale	Superficie	Population	Rang N (sur 16) Sup.	Pop.
Mecklembourg-Poméranie	*Schwerin*	23 835	1,95	6	13
Saxe	*Dresde*	18 300	4,8	10	6
Saxe-Anhalt	*Magdebourg*	20 445	2,96	8	9
Thuringe	*Erfurt*	16 251	2,6	11	10

L'Allemagne des 10 Länder, plus Berlin-Ouest et des 14 Bezirke de l'ex-RDA devenus cinq nouveaux Länder[1], va de nouveau changer de configuration. Aux 16 (11 + 5) Länder actuels vont se substituer 15 Länder, puisque le 23 juin 1995 les parlements des Länder de Berlin (Est + Ouest) et de Brandebourg (capitale Potsdam) ont décidé, avec une confortable majorité, de fusionner.

Certes, les citoyens devront manifester leur accord lors d'un référendum (prévu au printemps 1996). C'est alors que sera décidée l'entrée en vigueur effective de cette fusion, qui semble irrévocable, soit en 1999, soit en 2002.

1. Berlin-Est étant discrètement phagocyté par Berlin-Ouest.

II. Le fonctionnement des entreprises allemandes

1. L'entreprise allemande dispose d'importantes ressources humaines et organisationnelles

▸ **La main-d'œuvre abondante, qualifiée et motivée, reste le principal atout allemand.**

L'Allemagne réunifiée compte plus de 81 millions d'habitants (plus de 65 à l'Ouest et moins de 16 à l'Est). Sa densité de population (228 hab./km^2 contre 103 en France), en 1995, est l'une des plus importantes d'Europe. Ces habitants, nombreux, fournissent à la fois des consommateurs (marché domestique considérable), des producteurs (abondante main-d'œuvre) et des épargnants, ce qui est important pour l'investissement.

• **Cependant, l'Allemagne connaît un certain nombre de problèmes.** Le premier est très sérieux et concerne le vieillissement démographique du pays. Globalement, la relève des générations n'est plus assurée depuis les années 70. L'Allemagne a un des taux de natalité parmi les plus faibles qui soient au monde. Ce vieillissement rapide accroît la charge qui pèse sur la population active, modifie la consommation et les anticipations collectives, pose, à terme, le problème de la solidarité et de la cohésion sociale. L'Allemagne de l'Est connaît même « une véritable paralysie démographique... ». La natalité a chuté de moitié depuis la réunification !

Le second problème concerne les **travailleurs étrangers** admis « en fonction des conditions et de l'évolution du marché du travail ». Au nombre de 6 millions, ils sont Turcs, Yougoslaves, Italiens, Grecs, Espagnols, Portugais, Vietnamiens, Roumains et exilés de tous pays. Dans certaines villes, ils constituent des minorités importantes : 25 % d'immigrés à Francfort, 18 % à Stuttgart, 17 % à Munich. De véritables ghettos se sont constitués, comme à Kreuzberg, le quartier turc de Berlin-Ouest. Jusqu'en 1973, la plupart des *Gastarbeiter* « invités » étaient recrutés à l'initiative des employeurs eux-mêmes. Aujourd'hui, cette Allemagne qui vieillit et qui a besoin, à terme, de ce renouvellement évoque les *Ausländische Mitbürger,* les concitoyens étrangers, ne serait-ce que pour conjurer la xénophobie.

Mais le vrai problème dans ce pays qui compte en 1995 environ 4 millions de chômeurs (2,7 à l'Ouest et 1,3 à l'Est) reste celui de **l'emploi.** Il faut, en effet, ajouter aux chômeurs déclarés les chômeurs à temps partiel et ceux qui sont menacés par la *lean production* – production maigre ou, si l'on veut, les progrès de la productivité, considérables, partout. Des firmes de légende dans la tourmente « dégraissent » leurs effectifs – c'est le cas de Bosch et de Mercedes, d'Opel et de BASF ainsi que de secteurs entiers (mécanique, textile et chimie). L'Office fédéral du travail de Nuremberg relève une inégalité sensible entre le sud et le nord du pays. Les experts estiment que l'Allemagne manque de 6 millions d'emplois. Les femmes, en particulier celles de l'Est, où elles étaient plus nombreuses à travailler, sont particulièrement victimes de cette situation. En revanche, les jeunes gens de moins de 24 ans (10 % de chômeurs) souffrent moins du chômage qu'en France (taux de 25 %) sans doute grâce à l'apprentissage.

Certains, en Allemagne ou ailleurs, observent l'évolution des Allemands par rapport au travail. Les syndicats, surtout depuis 1984, ont obtenu des réductions de temps de travail (jusqu'à trente-sept heures et demie) mais évoluent sur ce point. Le syndicat patronal évoque les avantages de la flexibilité, riche d'espoirs. L'Allemagne pourra-t-elle continuer à disposer des plus hauts salaires du monde et de la durée du travail la plus courte ?

▸ Cependant, les travailleurs allemands sont formés de façon originale et efficace.

Dans son ouvrage *Les secrets de réussite de l'entreprise allemande,* Maurice Bommensath met en bon rang l'apprentissage qui forme aux différents métiers de l'entreprise. Plus de 500 000 apprentis se trouvent, en Allemagne, impliquées dans la formation qui concerne environ 1 800 000 jeunes. Sur son seul site de Ludwigshafen, qui compte 53 000 salariés (sur un total de 134 000 pour l'entreprise entière), BASF forme 800 apprentis. Bosch en compte plus de 5 000 (sur un effectif global de 110 000). Ici, une PME de 30 salariés forme 5 apprentis chauffagistes ; là un bachelier est apprenti boucher en attendant d'être admis à l'école vétérinaire.

La pratique de l'apprentissage plonge ses racines dans le monde des corporations du Moyen Age. La révolution industrielle l'a renforcé en Allemagne. La loi du 14 août 1961 laisse place au droit public pour les écoles professionnelles et au droit privé pour la formation en entreprise. Les Länder interviennent par l'intermédiaire de leurs ministères respectifs et organisent la partie scolaire de la formation. Un institut fédéral, à Bonn et à Berlin, harmonise l'ensemble et anime la recherche. 440 métiers sont agréés et leur formation est sanctionnée par un diplôme d'État. Le patronat et les entreprises prennent en charge la formation professionnelle, concluent les contrats avec les intéressés ou leurs familles et versent une certaine rémunération à l'apprenti (1 000 à 2 000 F par mois environ de la première à la troisième année). C'est ce que les Allemands appellent le **système dualiste.**

Ce système n'est évidemment pas parfait. Syndicats et sociaux-démocrates contestent la trop grande importance des chambres consulaires et la mainmise des chambres professionnelles dominées par le patronat. L'enseignement scolaire et la culture générale sont aux yeux de certains trop négligés et trop sommaires puisque essentiellement réduits à l'apprentissage de la langue allemande, à l'instruction civique et religieuse et à la pratique du sport. La semaine d'activité se répartit entre deux jours de cours et trois jours de travail.

Bien des inégalités subsistent. Il est évident que les grandes entreprises peuvent bien mieux que les petites, malgré leurs regroupements à ce niveau, assurer une formation plus complète et plus riche. Il existe aussi des contrastes géographiques, selon les cultures et les spécialités économiques régionales. Enfin, sur le plan social, les apprentis proviennent plus souvent des filières les moins nobles d'un enseignement secondaire assez fortement hiérarchisé.

Pourtant, les avantages du système restent nombreux à un point tel que près des trois quarts des jeunes Allemands le pratiquent à partir de 14, 15 ou 18 ans, et pendant une période de trois ans. Le premier de ces avantages consiste essentiellement en une insertion professionnelle souvent réussie. Les apprentis sont assez couramment embauchés par l'entreprise qui les a formés, ou par d'autres. Un très faible nombre d'entre eux est au chômage. Sans doute quelques échecs sensibles sont-ils enregistrés : ils concernent surtout les filles et les jeunes étrangers. Malgré ces ombres, les résultats sont incomparables par rapport à ce qui se passe ailleurs en Europe de l'Ouest.

Le second avantage de ce système de formation est un assez bon ajustement entre la demande réelle des entreprises sur le marché du travail et l'offre de formation professionnelle. Cela permet de mieux coller à l'évolution technologique que les jeunes apprentis assimilent avec une relative facilité. Les « ordonnances » élaborées par les partenaires sociaux (patronat et syndicats) tentent de suivre l'évolution technique et de l'accompagner. Les meilleurs apprentis pourront d'ailleurs, après avoir acquis une expérience professionnelle, reprendre des cours et obtenir le titre de *Meister* (contremaître) qui donne le droit de former au métier et, également, de créer une entreprise.

La formation des cadres et des élites présente en Allemagne, là encore, une voie originale qui ne ressemble ni au système français des Grandes Écoles ni aux formations universitaires anglo-saxonnes. Les jeunes Allemands passent leur baccalauréat entre 18 et 20 ans. Ils accomplissent ensuite pendant dix-huit mois leur service militaire. Les universités sont d'accès difficile, les inscriptions nécessitent un temps d'attente parfois long. Beaucoup de disciplines sont soumises à *numerus clausus* : c'est le cas de la médecine, de la pharmacie, de la biologie, de la psychologie, de l'architecture... et de l'économie de l'entreprise. Depuis le centre national de Dortmund, la répartition des candidats entre les universités donne lieu à une sévère sélection (notes au baccalauréat, tests ou entretiens éventuellement). Tout ceci prend du temps. L'âge de fin d'études se situe donc entre 24 et 28 ans, plus de 30 s'il s'agit de doctorat.

Optant pour la perspective de carrière avant le salaire, beaucoup de futurs cadres suivent, après leur formation universitaire traditionnelle, un *Trainee Program,* une formation pratique de deux ans en moyenne après l'université, au sein de l'entreprise. Par exemple chez Siemens pour le mécanicien-électronicien, chez AEG pour l'électricien ou chez Henkel pour le chimiste. Cela forme, dit un grand responsable allemand, des patrons qualifiés, mais qui commencent leur carrière à un âge avancé. En Allemagne, une partie importante des bons éléments se trouvent dans les grandes entreprises.

Une formation plus ou moins précoce au bureau, à l'atelier ou au laboratoire, moins de séparations rigides qu'en France entre ouvriers, employés et cadres, des travailleurs qualifiés et responsabilisés, une hiérarchie moins nombreuse mais orientée vers des objectifs à long terme constituent, à n'en pas douter, quelques-uns des atouts les plus importants des entreprises d'outre-Rhin.

▸ **Les partenaires sociaux organisant la cogestion.**

• **L'État social *(Sozialstaat)* a pour origine la question ouvrière** au moment de la rapide industrialisation du pays à la fin du XIXe siècle et l'œuvre de Bismarck aussi soucieux de couper l'herbe sous le pied du nouveau Parti socialiste que de protéger réellement les ouvriers allemands[1].

Encadré 2
L'État-providence en Allemagne

1883	Création de l'assurance maladie obligatoire pour les ouvriers
1884	Esquisse d'un système d'assurances pour les accidents
1889	Assurances vieillesse
1919	Premières assurances concernant le chômage
1924	Premier système d'assurance sociale unifié

Dès cette époque et encore aujourd'hui, ce sont essentiellement les partenaires sociaux (employeurs et salariés) (ouvriers ou employés) et les collectivités locales (Länder et communes) qui assurent l'essentiel de la gestion sociale.

• **Le patronat allemand est représenté par trois associations :** le BDA (Bundesvereinigung der Deutschen Arbeitgeberverbände) ou Union patronale des associations d'employeurs allemands joue un rôle fédérateur. En son sein chaque branche (métallurgie, chimie) défend ses intérêts. Le BDI (Bundesverband der Deutschen Industrie) représente et défend les intérêts de l'industrie. Le DIHT (Deutscher Industrie und Handelstag) ou Assemblée allemande de l'industrie et du commerce s'occupe en particulier de la formation professionnelle et du développement régional.

En face du patronat, existent davantage de représentations syndicales. La principale, la DGB (Deutscher Gewerkschaftsbund), en 1949 est proche de la social-démocratie. **Bien qu'en baisse récemment, le taux de syndicalisation est encore élevé en Allemagne, puisqu'il atteint 40 % contre moins de 10 % en France.** La DGB compte 11 millions d'adhérents. C'est une fédération qui ne compte pas moins de 17 syndicats. Les plus importants sont les suivants : l'IG Metall (métallurgie) avec 3,3 millions de membres. L'OTV qui concerne les services publics et les transports a 2 millions de membres et l'IG Chemie (chimie

1. Un paternalisme hégémonique est alors de rigueur dans certaines firmes telles que Krupp. Un *Kruppianer* est un ouvrier qui naît, travaille et meurt dans le monde de son entreprise qui fournit maternité, dispensaire, coopérative et maisons, et exige une conduite morale digne.

et papier) a encore 800 000 membres. Ces grands syndicats sont suivis par l'IG Bau (bâtiment), le commerce et la banque, la poste, le chemin de fer, l'IG Berghau (secteur de l'énergie et des mines), l'alimentation, l'éducation et les sciences, le textile et l'IG Medien (média). On reconnaît l'importance des grandes branches industrielles : métallurgie, chimie, alimentation, textile, de l'énergie, des mines et du bâtiment, des réseaux : transports, chemins de fer, poste, médias, des services, enfin : commerce, banque, éducation, sciences.

Derrière ce gigantesque syndicat, les autres font plutôt pâle figure. Le DBB (fonctionnaires) a un million d'adhérents, le DAG (employés) en regroupe presque 600 000. Enfin les agriculteurs allemands à plein temps sont, à 90 %, regroupés dans le DBV, qui compte 750 000 membres.

Héritier de Ferdinand Lassalle (1825-1864), auteur allemand d'un ouvrage intitulé *Capital et travail,* le syndicalisme est issu d'une histoire où les idées réformistes l'emportent largement sur les idées révolutionnaires. En 1959, le SPD adopta, à Bad-Godesberg, l'économie sociale de marché. Traditionnellement, le syndicalisme dans ce pays y est nourri d'adhésions nombreuses, d'habitudes de gestions paritaires avec le patronat, de recherche de compromis et d'esprit « positif » comme il est souvent dit. Cela n'exclut nullement les orages et les mouvements très durs (comme ceux de 1984) ni même les grèves sauvages. Mais, dans l'ensemble, le consensus social est réel et l'atmosphère en entreprise est plutôt bonne.

Le mot *Mitbestimmung* signifie prendre part dans un processus de décision. Plutôt que par « cogestion », il conviendrait mieux de le traduire par « cosurveillance », participation ou « codétermination ».

— La loi de 1951 organise cette participation dans les entreprises minières, sidérurgiques et métallurgiques. Le nombre des représentants du capital au sein du conseil de surveillance est égal à celui des travailleurs. S'y ajoute un « onzième homme » neutre. Un directeur du travail, qui siège au directoire *(Vorstand),* ne peut être nommé contre la majorité des travailleurs.

— La loi de 1952, pour les autres entreprises, celles de 500 à 2 000 personnes, comporte deux fois plus de sièges pour le capital que pour les travailleurs. Il n'existe pas de directeur du travail.

— La loi de 1972 donne aux comités d'entreprises, élus par les travailleurs, des pouvoirs étendus d'intervention dans les affaires du personnel, ainsi que dans les questions d'ordre économique et social.

— La loi de 1976 (pour les entreprises de plus de 2 000 salariés) concerne environ 4 à 5 millions de personnes, réparties dans 600 ou 700 entreprises. Là, capital et travail sont également représentés. Parmi la représentation des travailleurs figurent des représentants de l'organisation syndicale extérieure à l'entreprise ainsi qu'un représentant des cadres supérieurs. Le président du conseil de surveillance est toujours l'employeur. Sa voix compte double.

• **Aujourd'hui, la crise fragilise le consensus social.** L'Allemagne connaît des problèmes comparables à ceux de ses partenaires : vieillissement de la population qui alourdit les dépenses de l'assurance maladie et met en danger la

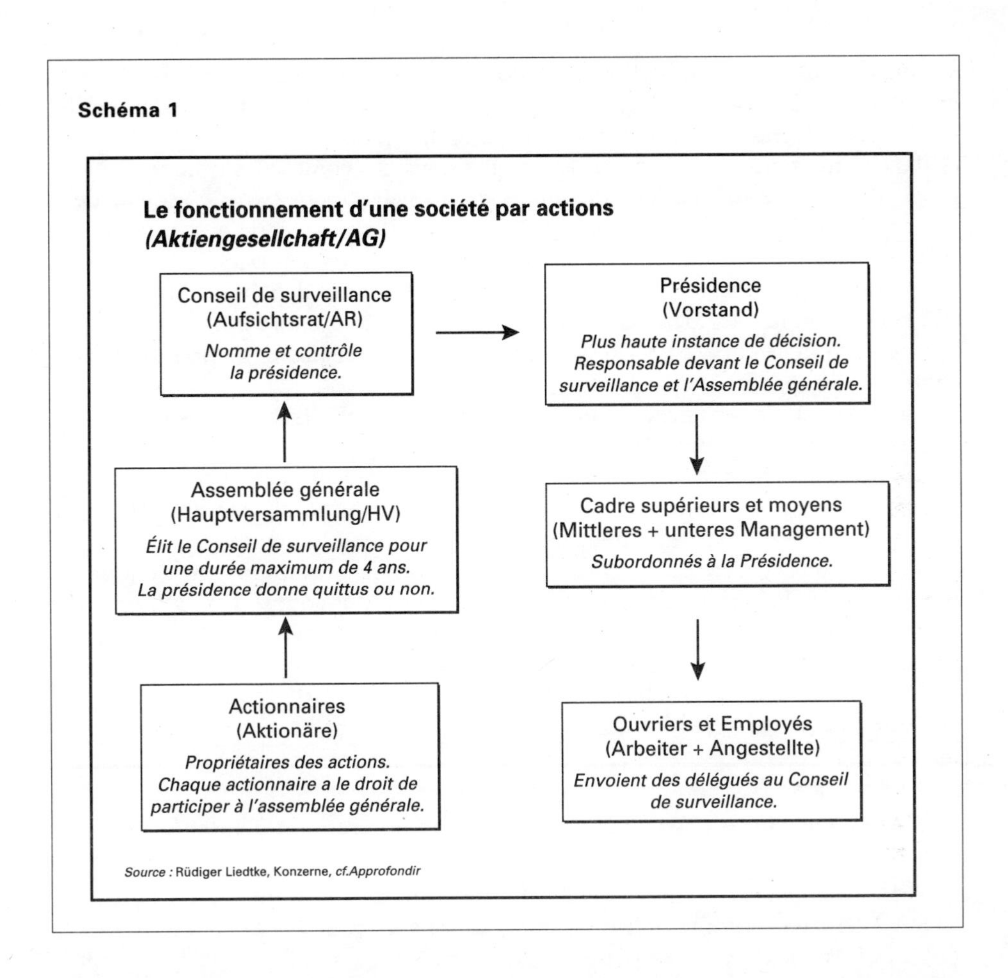

retraite, récession et montée du chômage... Mais elle souffre d'un handicap, revers de la médaille de ses succès : le coût élevé du travail, qui s'explique à la fois par le niveau élevé de rémunération, le faible temps de travail, la protection sociale et la force du Deutsche Mark. L'Allemagne est-elle menacée par sa richesse même ? En tout cas IGM Metall réclame 6 % d'augmentation pour 1995 : 3,5 % pour l'augmentation de la productivité économique, 2,5 % pour la hausse des prix. Le syndicat s'opposait à la remise en cause de la semaine de trente-cinq heures[1], également réduction obtenue à l'issue d'une grève très dure, en 1984.

Or l'État et le patronat recherchent la compétitivité par la mondialisation, la restructuration et la flexibilité. Ils sont d'autant moins prêts à la conciliation

1. Finalement obtenue le 1er octobre 1995 avec augmentation de salaire.

aujourd'hui que la productivité du travail de l'Allemagne réunifiée a **diminué,** à cause de l'intégration des Länder de l'Est beaucoup moins efficaces. Ainsi les patrons réagissent-ils en délocalisant et/ou en licenciant.

Tous remettent en cause certains « acquis sociaux » comme les primes de Noël, de la formation et même les indemnités de mauvais temps dans le secteur de la construction. Des entreprises comme Hoescht filialisent certaines activités ou quittent les organisations patronales pour ne pas avoir à appliquer les conventions collectives. L'État n'est pas en reste qui réduit les dépenses sociales (Plan Blüm pour limiter les dépenses de l'assurance maladie en 1988) et envisage de mettre en concurrence, en 1996, les diverses caisses maladie et de baisser les allocations chômage.

De sorte que les syndicats, dont les effectifs tendent à baisser sous le poids de la crise et des difficultés, s'interrogent. Dans l'immédiat, il se produit une certaine érosion du revenu salarié réel (à laquelle s'ajoute l'augmentation des impôts, conséquence du pacte de solidarité dû à la réunification). Le temps de travail n'est plus susceptible de diminuer encore, il peut même remonter.

Va-t-on vers des affrontements sociaux de plus en plus importants, comme le feraient croire les grèves de 1984 (dans la fonction publique) ? En 1993, pour la première fois, le patronat allemand a dénoncé des conventions collectives dont il estimait qu'elles l'étranglaient. Et pourtant le consensus social allemand existe toujours. Preuve la recherche de voies originales pour lutter contre le chômage, ce dont témoigne l'accord Volkswagen de 1994.

2. Le tissu des entreprises allemandes est particulièrement diversifié

▸ Le Mittelstand[1] (PME-PMI) est le poumon de l'industrie allemande.

Si l'Allemagne compte près de 4 000 grandes entreprises pour tout le pays réunifié, elle est riche, dans sa partie occidentale, de deux millions de PME dont le rôle est essentiel puisqu'elles produisent la moitié du PIB national, créent les quatre cinquièmes des emplois (alors que les grandes firmes sont responsables, dans la même proportion, des pertes d'emplois) et jouent un très grand rôle à l'exportation, vers tous les horizons du monde.

• **Il n'existe guère de définition légale de la PME.** La réalité s'appuie essentiellement sur le nombre de salariés et éventuellement sur celui du chiffre d'affaires. On peut considérer qu'il en existe trois catégories. Les petites entreprises sont celles qui emploient moins de cinquante personnes. Les entreprises moyennes ont des effectifs compris entre 50 et 500 personnes. Au-delà, de 500 à quelques milliers de personnes, on peut parler de moyennes-grandes (les PME allemandes sont, en général, de taille supérieure à celles des PME françaises).

1. Le mot *Mittelstand* désigne aussi bien le monde des entreprises moyennes que celui des couches moyennes de la société allemande. C'est un mot clé de l'économie et de la sociologie de la République fédérale allemande.

Sous-traitantes ou innovantes, les PME constituent, en Allemagne, un tissu industriel dense, diversifié et harmonieux. Les seuls pays qui peuvent soutenir la comparaison à un tel niveau sont les États-Unis, le Japon, et l'Italie. Que ce soit à Bonn, à Düsseldorf, à Munich ou à Stuttgart, une multitude d'entreprises, petites ou moyennes, constituent le tissu industriel fondamental du pays. Elles font toujours partie du paysage, qu'il soit urbain ou rural (unités isolées ou regroupées en parcs ou en zones d'activités). Elles travaillent souvent pour les grands groupes de la mécanique de l'automobile et de la chimie, grands donneurs d'ordre. Elles transportent aussi pour l'exportation, qui concerne facilement une moitié de la production. Évoquant cette remarquable complémentarité entre les groupes géants et les PME, certains auteurs ont évoqué la société industrielle duale *(industrial divide)*.

• **Parmi les tout premiers mérites des PME, il y a la création et la souplesse.** La démographie entrepreneuriale est, elle aussi, constituée de naissances, de croissance et de disparitions. Les créateurs d'entreprises assurent le renouvellement et le nouveau dynamisme. Ils s'adaptent naturellement, et par la force des choses, plus facilement à la demande nouvelle sous peine d'échouer rapidement. En contrepartie, les PME d'Allemagne, comme celles de France, connaissent un problème important, difficile et qui n'est pas facilement réglé ; celui des transmissions et des successions qui met en cause des conditions fiscales et juridiques, les éventuels repreneurs étrangers devant faire preuve de prudence pour ne pas heurter le patriotisme, familial et économique, des Allemands. D'autres difficultés, malgré les bons résultats de l'apprentissage, concernent le manque, par dizaines de milliers, d'ouvriers qualifiés. On comprend, dans ce contexte globalement performant, la sollicitude des autorités allemandes, et particulièrement des instances régionales ou locales. Sous diverses formes (transports, télécommunications, formation), le Mittelstand est aidé par l'État, plus exactement par les Länder locaux. De cette façon, les instances internationales (celles de Bruxelles pour l'Union européenne ou de Genève pour le GATT) peuvent plus difficilement contrôler et intervenir. En revanche, des structures centralisées comme celles de la France sont plus voyantes au regard de la vigilance des concurrents.

Outre le fait que les PME soient un outil essentiel dans le maillage ou l'aménagement de territoire, elles jouent un rôle important dans la mise au point des productions. « La meilleure protection, c'est le produit. » « Ne pas s'épuiser à vouloir réussir dans les industries de pointe, mais mettre de la pointe dans toutes les activités » est, selon un observateur français, la politique choisie par les PME allemandes. Ces entreprises sont des partenaires considérables dans la formation des jeunes et dans le processus de l'apprentissage auxquels elles consacrent une part importante de leur masse salariale.

• Un exemple intéressant de PME, moyenne-grande, peut être fourni par la firme **Trumpf** (dont le nom signifie « Atout » !) fondée en 1923, qui a son siège à Ditzingen, près de Stuttgart, dans une région exemplaire par son dynamisme ces dernières décennies. Il s'agit d'une entreprise familiale spécialisée depuis sa création dans la fabrication d'outils pour le travail du bois et de la tôle. Aujourd'hui, elle travaille avec des ordinateurs et des machines laser, tant au niveau de la conception que de la réalisation. Dans ce secteur de la mécanique-outil où la concurrence est féroce, particulièrement de la part des Japonais et des Américains, la firme exporte depuis 1955. Elle crée des filiales à l'étranger, en France, par exemple où elle est présente en Alsace et en région parisienne. Au Japon même, Trumpf n'a pas hésité à s'installer dès 1965, avec l'aide du Land de Bade-Wurtemberg, à Yokohama, dans un immeuble appartenant à la Deutsche Bank et à Mitsubishi qu'elle partage avec d'autres sociétés allemandes.

Tout ceci permet de s'implanter, de réduire les coûts, d'être efficace. Tant sur le plan économique que sur le plan social, **l'Allemagne a réussi, parce qu'elle est une société d'associés.**

▶ **A l'autre extrémité, l'Allemagne est riche de très grands groupes.**

• **Daimler-Benz** est le premier groupe industriel allemand. Il est l'un des plus puissants du monde. Son histoire, ses performances et ses problèmes sont exemplaires.

C'est entre Mannheim, Karlsruhe et la banlieue de Stuttgart qu'est né le plus grand groupe industriel d'Europe. Karl Benz, ingénieur, a conçu, en 1886, la première voiture propulsée par un moteur à gaz. Gottlieb Daimler, armurier, a réalisé, en 1888, une « calèche motorisée ». La marque Mercedes a été choisie, comme chacun sait, en hommage à un marchand dont la fille se prénommait ainsi, c'était en 1902 et c'est en 1911 que l'emblème de Daimler depuis deux ans, l'étoile à trois branches symbolisant la terre, l'eau et l'air, fut adopté pour tous les véhicules.

Brillants ingénieurs, mais moins bons managers, Benz et Daimler ne voient pas leurs firmes respectives connaître un brillant essor. Les Américains les battaient largement en production. Aussi la Deutsche Bank, qui restera le principal actionnaire, constitua un nouveau groupe en 1926 : Daimler-Benz AG. Hitler fut ensuite l'un des premiers politiciens à utiliser l'automobile dans ses campagnes. Il choisit des Mercedes, ayant été convaincu de leur solidité après un accident de voiture. Le Führer arrive en Autriche et en Tchécoslovaquie en Mercedes de parade. C'est le groupe Daimler-Benz qui motorise les avions de combat Messerschmitt ainsi que, sur terre, les chars Panther et Tigre.

Peu de temps après la guerre, dès 1948, le groupe expose à la Foire de Hanovre ses nouvelles voitures et un nouveau camion. Au début des années 70, Mercedes apparaît, avec Cadillac, comme ce que l'on peut faire de mieux en matière de voiture de luxe. L'entreprise a une solide culture d'innovation. N'est-ce pas elle qui, en 1936, a mis au point la première voiture Diesel, puis, en 1954, la première motorisation à injection. En 1978, le premier véhicule équipé d'un système ABS, de freinage antiblocage, apparaît. En 1980, c'est la première voiture équipée d'un airbag. En 1982, Mercedes sort un nouveau type de 190 et, pour les produire, la firme ouvre un nouveau site, à Brême, où elle devient vite le premier employeur de la ville.

En 1987, Edzard Reuter, fils du maire de Berlin lors du blocus en 1948-1949, membre du SPD, le Parti social-démocrate, devient le patron du Daimler-Benz. Avec le soutien d'Alfred Herrhausen, le patron de la Deutsche Bank, le plus gros actionnaire du groupe (28,5 %)[1], il va déclencher une vaste opération de diversification (cf. encadré 3).

Encadré 3
La diversification de Daimler-Benz

1987	Edzard Reuter devient président du directoire de Daimler-Benz AG. Depuis quatre-vingt-dix ans, le groupe fabrique essentiellement des automobiles. Il est le plus grand fabricant mondial de poids lourds (plus de 6 t) et d'autocars. Mercedes représente 80 % du chiffre d'affaires
1988	Constitution (stratégique) d'une branche aéronautique-défense, la future DASA (Deutsche Aerospace)
1989	Participation majoritaire dans MBB, Messerschmitt-Bölkow-Blohm, regroupé avec Dornier, MTU et les secteurs espace d'AEG dans la DASA Participation d'AEG, avec Siemens, ou développement de l'ICE
1990	Regroupement du Daimler-Benz en quatre pôles : automobile (Mercedes), aéronautique (DASA), électronique (AEG) et informatique (Debis) Accord-cadre de coopération Daimler-Benz-Mitsubishi, c'est la plus grande alliance industrielle de tous les temps L'Allemagne obtient l'assemblage de l'Airbus 321 à Hambourg
1991	Participation (34 %) dans Cap Gemini Sogeti, la SSII française de Grenoble (SSII : société du service et d'ingénierie informatique)
1992	Prise de participation de la DASA chez le Hollandais Fokker
1993	Pertes financières importantes du groupe (crise économique)
1993-1994	53 000 suppressions d'emplois sont annoncées. De plus de 400 000 salariés en 1992, le groupe passe à 350 000 fin 1994
1994	Choix de la Lorraine pour la construction de la Swatchmobile
1995	Départ d'Edzard Reuter, remplacé par Jurgen Schrempp

La stratégie d'Edzard Reuter est claire. L'automobile est arrivée à saturation. Il faut compenser la perte de vitesse du marché automobile par des prises de position fortes dans la haute technologie, pour compenser une mauvaise conjoncture dans un secteur par le meilleur comportement des autres. Il faut aussi jouer les synergies : composants et systèmes électroniques pèsent de plus en plus dans la valeur d'une automobile. Mais, 18e entreprise du monde, le Konzern de Stuttgart ne risque-t-il pas de devenir trop hétéroclite ?

Le groupe AEG-Telefunken a connu une faillite retentissante dans les années 80. Il a été acquis par DB en 1982. C'était un groupe trop composite (aspirateurs, bureautique, télécommunications, torpilles, radars, mines, équipements électroniques pour les avions les blindés et les navires de guerre). L'électroménager, aux prises avec l'uniformisation mondiale des modes de cuisson et

1. Les autres détenteurs d'action sont Mercedes, 25 %, l'État du Koweit 14 % et les petits porteurs.

Schéma 2
Le groupe Daimler-Benz

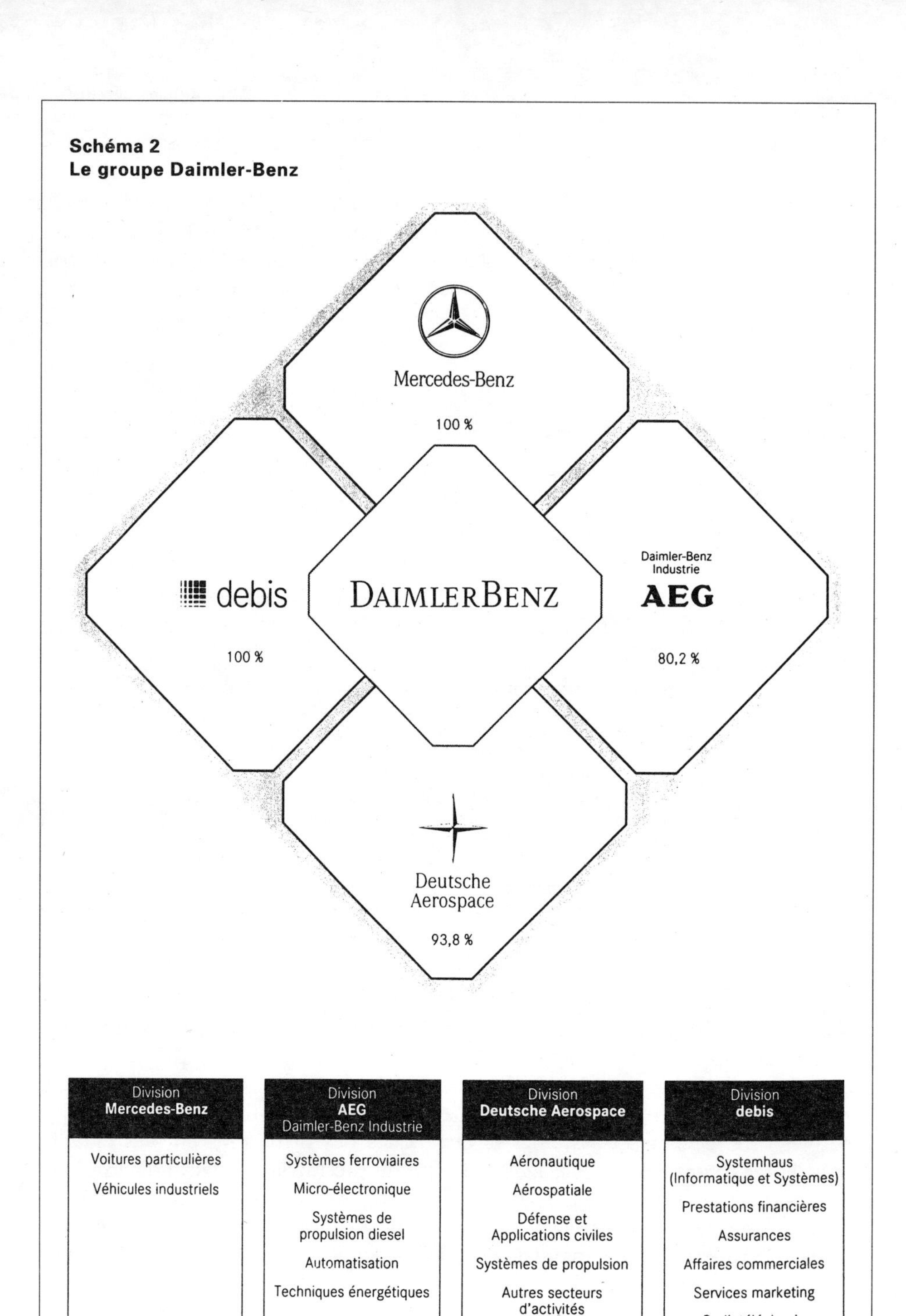

Division **Mercedes-Benz**	Division **AEG** Daimler-Benz Industrie	Division **Deutsche Aerospace**	Division **debis**
Voitures particulières	Systèmes ferroviaires	Aéronautique	Systemhaus (Informatique et Systèmes)
Véhicules industriels	Micro-électronique	Aérospatiale	Prestations financières
	Systèmes de propulsion diesel	Défense et Applications civiles	Assurances
	Automatisation	Systèmes de propulsion	Affaires commerciales
	Techniques énergétiques	Autres secteurs d'activités	Services marketing
			Radiotéléphonie
			debis Gestion immobilière

Source : Rapport de Daimler-Benz.

de lavage, doit trouver des alliés comme Électrolux. Aujourd'hui AEG s'engage prioritairement dans les automatismes industriels, dans les systèmes ferroviaires (train à grande vitesse ICE), dans la microélectronique (Telefunken) et dans l'outillage électrique.

En ce qui concerne la DASA, Deutsche Aerospace, les acquisitions aéronautiques ont été considérables. MTU (Motoren und Türbinen Union) qui rejoint le groupe au milieu des années 80 est le troisième motoriste européen derrière l'Anglais Rolls Royce et la Snecma française. Dornier, également récupéré, est une affaire familiale fondée en 1922 par Claude Dornier, le « Dassault » allemand. C'est le second constructeur d'avions du pays après MBB. L'ensemble aéronautique, espace et armement a été regroupé en 1989 au sein de Deutsche Aerospace AG (DASA) qui participe à une multitude de programmes : Tornado, Eurofighter, Alpha Jet, avions de transports régionaux ou utilitaires Dornier, hélicoptères de divers types dont les Tigre... et toutes les catégories d'Airbus (A 300, A 310, A 320, A 330 et A 340) ou encore Columbus, Hermès (plus ou moins abandonnés) et Ariane. Des collaborations sont possibles avec les Anglais (BAE, British Aerospace, Rolls Royce GEC, Marconi, Smith Industries, Lucas), avec les Américains (Alliance MTU Pratt & Whitney, alors que BMW est allié à Rolls Royce et que la SNECMA travaille avec General Electric), avec les Japonais (accord de 1990, à Singapour, avec Mitsubishi) et même avec les Russes ! La DASA est actuellement en difficulté (crise du Golfe et problèmes de l'aviation civile, nouvelle donne dans le secteur militaire depuis l'effondrement soviétique) et connaît des problèmes de sureffectifs. Ses comptes sont même devenus déficitaires. Certains, en Allemagne, les Verts, par exemple, s'inquiètent de la constitution d'un complexe militaro-industriel géant, en situation de quasi-monopole pour la fourniture d'armements à la Bundeswehr. Les libéraux reprochent la prise en charge par l'État des risques financiers de MBB et redoutent les prix de Daimler. En France, on peut redouter la trop grande concentration allemande par rapport à une relative dispersion hexagonale : Aérospatiale, Dassault, Thomson, Sextant avionique, Matra (où DB a une participation), la SNECMA et Turbomeca.

Il n'empêche qu'en 1995 Edzard Reuter a redonné à l'Allemagne sa suprématie industrielle dans deux domaines dont elle était bannie depuis 1945 : la défense et l'aéronautique.

L'activité principale reste celle de Mercedes qui constitue encore les deux tiers du chiffre d'affaires avec les voitures et les camions. Après les usines de Stuttgart et de Brême (pour la Mercedes 190), une nouvelle usine a été construite à Rastatt, avec l'aide du gouvernement de Bade-Wurtemberg. En 1992 et pour la première fois, Mercedes a été dépassé par BMW, la firme de Munich, en ce qui concerne le nombre d'unités produites. La réplique consiste en une politique agressive des prix, ce qui pose le problème de la rentabilité. Actuellement, la nouvelle classe C de Mercedes remporte un grand succès sur les marchés, en particulier japonais et américain. Aux États-Unis, Mercedes est encore un symbole de richesse, de prestige et de puissance. L'entreprise y réalise 18 % de son chiffre d'affaires, ce qui explique, avec le besoin de financement, son introduction à la Bourse de New York en 1993. Son centième anniversaire, en 1996, fut, en Amérique, fêté par un livre sur l'histoire de l'entreprise, *The Star and the Laurel,* livre bien documenté, bien écrit et magnifiquement illustré. Cette réalisation a été financée par Mercedes-Benz of America et tirée à 50 000 exemplaires, 15 000 exemplaires ayant été distribués aux bibliothèques et aux universités (évoqué dans *The Global Marketplace,* de Milton Moskowitz-Macmillan Publishing Company, New York, 1987).

Hors d'Allemagne, l'entreprise de Stuttgart possède en Europe une unité de production en Espagne. En Asie, elle a une filiale commune, TEMIC, avec Mitsubishi, pour produire des circuits automobiles destinés à l'électronique grand public mais aussi à l'automobile.

En Allemagne, déplorant « les faiblesses du pays dans les entreprises de demain », Edzard Reuter, le visionnaire, a, en liaison avec le Bund et les Länder de Hambourg de Brême et de Bade-Wurtemberg, contribué à une politique industrielle qui existe dans les faits mais qui reste niée officiellement tant le mot est tabou. Dans le reste de la planète, Daimler-Benz se veut, selon les propos mêmes de son patron, une entreprise mondiale, un *global player.* (Il faut suivre attentivement le destin de l'usine.)

• **Le groupe Hoechst partage avec Du Pont de Nemours & Co. le premier rang mondial pour la chimie.** Il est né en 1863 à Hoechst, un village au bord du Main, non loin de Francfort où l'entreprise a aujourd'hui son siège. Elle a été fondée par Eugène Lucius, bientôt entouré de quelques parents et associés. Les colorants devinrent rapidement sa spécialité et connurent même le succès en France à la cour de Napoléon III, où les couleurs des tenues de soirée de l'impératrice Eugénie faisaient merveille.

En 1900, l'entreprise d'Eugène Lucius devint la Färberwerke Hoechst Aktiengesellschaft. En 1910, elle finance les travaux de Paul Ehrlich qui met au point un médicament contre la syphilis. C'était un événement considérable dans l'histoire médicale car c'était la première fois qu'un produit élaboré par l'homme était capable de guérir une maladie infectieuse. Hoechst s'est aussi illustré dans la lutte contre la diphtérie.

En 1925, Hoescht rejoint Bayer et BASF pour constituer l'IG Farben, de sinistre mémoire et condamné en 1948 au procès de Nuremberg. En 1951-1952, chacune de ces entreprises reprit son autonomie, rivalisant avec les géants anglo-saxons (Du Pont de Nemours & Co., Imperial Chemical Industrie) pour accéder au premier rang mondial.

En 1968, la firme de Francfort prit une participation minoritaire dans les laboratoires français Roussel et devint majoritaire en 1974. Après quelques tribulations qui la mirent aux prises avec le gouvernement français puis avec Rhône-Poulenc, sur des questions juridiques et financières, Hoescht consolida sa participation majoritaire (54 %) en 1994. Les laboratoires Roussel-Uclaf ont leur identité propre. Avec 16 000 collaborateurs, c'est le second groupe pharmaceutique français après Rhône-Poulenc, le troisième européen dans le domaine des antibiotiques. Bien implantée au Japon, second marché mondial du médicament, la firme française est parfaitement complémentaire des intérêts de Hoechst.

En 1980, Hoechst s'est associé avec un biochimiste new-yorkais pour créer un laboratoire de recherches génétiques dans le cadre du Massachusetts General Hospital de Boston, dans la mouvance de l'Université Harvard. N° 2 mondial en 1986, l'entreprise lance alors une OPA sur l'Américain Celanese, 41e firme mondiale. L'objectif est sans doute de contrôler la montée en puissance des NPI dans le domaine des fibres synthétiques polyester et de prendre pied dans la pétrochimie saoudienne où la firme américaine a des intérêts (depuis 1982, l'Émir du Koweit possède 24 % des actions de Hoechst).

Employant 170 000 personnes, Hoechst reste, au milieu des années 90, le second chimiste du monde précédant de peu ses challengers allemands, BASF et Bayer.

Pays des prix Nobel de chimie, l'Allemagne compte en effet, dans ce secteur, deux autres firmes géantes.

• **BASF,** second chimiste allemand et troisième mondial, est aussi un grand spécialiste des colorants et des peintures. Il a été le premier à fabriquer l'indigo en laboratoire, et c'est l'un des groupes qui « peint » le plus au monde, en particulier les BMW, les Mercedes et les Volkswagen. BASF fut aussi, en 1934, la première entreprise au monde à fabriquer une bande magnétique. Bombardé pendant la Seconde Guerre mondiale, le site de Ludwigshafen, reconstruit et agrandi, abrite le siège social de l'entreprise. Plus de 50 000 personnes (sur les 130 000 que compte le groupe) travaillent ici dans un des plus gigantesques ensembles de laboratoires et d'usines qui soient au monde. Depuis les bords du Rhin, l'expansion, au niveau mondial, a recommencé dès le début des années 50 au point que plus de la moitié du chiffre d'affaires de BASF est réalisé hors du pays.

• **Bayer,** la quatrième firme mondiale, est née la même année que Hoechst, en 1863, à Cologne. Son histoire, pour le meilleur et pour le pire, se confond avec celle de l'Allemagne contemporaine, comme l'évoque l'ouvrage de Joseph Borkin, *The crime and punishment of IG Farben*. L'entreprise a été encore plus brillante au niveau des découvertes que les deux autres, au palmarès pourtant remarquable : elle a découvert l'aspirine, mis au point des médicaments contre la malaria et la maladie du sommeil et « inventé » le caoutchouc synthétique. Mais la firme est aussi celle des gaz asphyxiants de 1914-1918 ainsi que de ceux d'Auschwitz[1]. Elle a développé la photographie, à partir des installations d'Agfa-Gevaert, filiale à 100 % du Bayer.

Adolf von Bayer, chercheur et entrepreneur, a reçu le prix Nobel de chimie en 1905 pour sa découverte de la synthèse de l'indigo. L'intérêt économique est considérable car le bleu indigo est la couleur la plus demandée au monde, car

1. Tel le Zyklon B, tristement célèbre.

c'est celle des blue-jeans. Bayer, célèbre par ses laboratoires, fut aussi à la pointe des lois sociales (dès 1873) et des réalisations pour ses employés. Elle a favorisé, pour eux, les activités sportives et culturelles. Il existe aujourd'hui un orchestre philharmonique Bayer et la bibliothèque de l'entreprise est la plus grande bibliothèque privée de l'Allemagne.

Aujourd'hui, Leverkusen, avec 40 000 employés sur les 170 000 du groupe mondial, est à Bayer ce que Ludwigshafen est à BASF. Bayer s'était vu interdire l'utilisation de sa marque et de son logo aux États-Unis (à cause de la fabrication des gaz asphyxiants). Mais en 1994 Bayer a pu, par sa filiale Miles, racheter la division nord-américaine des médicaments sans ordonnance de Sterling Winthrop qui appartenait au groupe anglo-américain Smithkline-Beecham. Ainsi « Bayer est redevenu Bayer en Amérique du Nord ». Le nom et la croix Bayer peuvent de nouveau parcourir le monde entier.

• **Troisième entreprise allemande, après Daimler-Benz et VIAG (énergie, chimie, aluminium), quinzième du monde, Siemens est le type même de l'entreprise d'ingénieurs.** Avec près de 400 000 collaborateurs, elle est le second employeur du monde, après General Motors.

La firme Siemens et Halske est née à Berlin en 1847. Werner von Siemens est un inventeur-ingénieur, fervent patriote prussien. Son associé Johann Georges Halske est un praticien et un fabricant doué. Les premières spécialités sont les applications de l'électricité et particulièrement le télégraphe. La première liaison concerne Berlin-Francfort (pour des raisons politiques). Suivent un réseau en Russie et la ligne prestigieuse Londres-Berlin-Moscou-Sébastopol-Téhéran-Karachi-Calcutta, la ligne des Indes. Un frère de Werner s'installe à Dresde, un autre va en Angleterre et encore un autre en Russie. Ils y réussiront tellement bien pour l'entreprise et pour le pays d'accueil qu'ils y seront anoblis avant 1914.

L'entreprise produit beaucoup à partir de ses propres inventions (le « Siemens » est aujourd'hui une unité de mesure dans le domaine de la transmission de l'électricité). En 1896, Siemens construit le premier métro d'Europe, à Budapest. Plus tard, Siemens participe à la construction de la station de Shannon, en Irlande, à celle du barrage hydro-électrique de Zaporojié, sur le Dniepr, en Russie et au métro de Moscou. En 1919, avec AEG et Auer, elle a mis au point OSRAM (filaments d'ampoules) et en 1939 le microscope électronique. Siemens fut requis par la machine de guerre allemande. Près d'Auschwitz un camp de prisonniers fonctionnait sous la direction de Siemens pour fabriquer des installations électriques de sous-marins et d'avions. Après le conflit, Siemens redevint très vite un très grand groupe industriel, étant « à la fois la General Electric et l'IBM de l'Allemagne » (selon Milton Moskowitz). Proche du gouvernement, influent dans la poste allemande, la firme de Munich absorbe Nixdorf Computer, une entreprise de 16 000 personnes, spécialiste des mini-ordinateurs pour les PME et installée en Rhénanie du Nord-Westphalie (à Essen et à Paderborn).

D'origine berlinoise, Siemens occupe à Berlin un certain nombre de quartiers, y constituant « une ville dans la ville », Siemenstadt, en grande partie détruite à la fin de la guerre, puis reconstruite à la fin des années 40[1]. Hors de cette enclave en Allemagne de l'Est, l'entreprise délocalise et installe alors son siège à Munich. Elle a décidé, en 1993, de construire à Dresde, en Saxe, des circuits intégrés, à la pointe de la technologie. Ce qui est révélateur pour ce site de Dresde, le Zentrum für Mikroelektronik, c'est l'importance des aides acquises pour cette localisation : la Treuhand, la Commerzbank, la Dresdner Bank (originaire de cette ville), le gouvernement régional de Saxe et le gouvernement fédéral, par l'intermédiaire du ministère de la Recherche, ont apporté leur concours. Le but est d'attirer, sur ce site de l'Allemagne de l'Est, d'autres entreprises. Texas Instrument est intéressé. Cette défense du « Standort Deutschland », n'est-elle pas à la manière allemande, en ce cas réaliste et inavouée, une certaine forme de politique industrielle ?

Aujourd'hui, implanté dans le monde entier, Siemens a les activités suivantes :

— **l'électricité** (6,8 %) avec KWU Kraftwerk Union, constructeur de centrales nucléaires et de matériel électrique (câbles) ;
— **les transports** (7,1 %) ferroviaires, avec l'ICE (le TGV allemand) et les métros ;
— **l'équipement industriel** et les automatismes (23,8 %), Siemens est un équipementier ;
— **l'informatique :** Groupe Siemens-Nixdorf (13,6 %) ;
— **les appareils médicaux** (9 %) (mesures, images, contrôles, etc.) ;
— **les composants électroniques** (5,3 %) avec des sites à Regensburg (Allemagne), à Corbeil (France) et en Autriche ;
— **les télécommunications** (24,4 %), Siemens équipe en grande partie la poste et les télécommunications allemandes.

Comme tous les grands groupes mondiaux, Siemens multiplie les alliances, avec l'Allemand Robert Bosch, avec le Néerlandais Philips, avec les Anglo-Saxons, ICL, GTE ou Westinghouse (le marché et la recherche des États-Unis sont incontournables). Il y a aussi des accords avec les Français Bull et Framatome (il s'agit de renforcer la coopération franco-allemande dans un monde de l'an 2000 où les deux pays ne représenteront que 2 % de la population mondiale) et les Japonais enfin, Toshiba et surtout Fuji Electric et Fujitsu, avec lesquels les liens sont anciens. Collaboration et prise de capitaux : Siemens a influencé Fuji. D'ailleurs la diversification en filières de Siemens n'est-elle pas à la mode nippone[2] ?

1. A la suite d'un célèbre concours d'architecture auquel participèrent une quarantaine des plus grands noms de l'architecture mondiale.

2. En 1995, le géant allemand Siemens choisit de délocaliser en Grande-Bretagne. Une usine de micro-puces sera construite à Newcastle-Upon-Tyne qui, au nord-est de l'Angleterre, joua le rôle déterminant que l'on sait dans la révolution industrielle.

► **Les spécialités allemandes sont variées.**

• **Robert Bosch GmbH est une grande entreprise typiquement allemande.** Elle a été fondée en 1886 par Robert Bosch lui-même dans un petit atelier de Stuttgart où est mis au point, dès l'année suivante, le premier alternateur. Employant aujourd'hui plus de 140 000 personnes (dont 4 500 en France et plus de 3 000 aux États-Unis), le groupe est l'une des plus grandes entreprises privées d'Europe et sans doute le plus grand équipementier du monde en matière automobile. En Europe, il précède le Français Valéo et l'Italien Magnetti-Marelli. Depuis des décennies il met au point et fabrique une gamme immense : démarreurs, générateurs, régulateurs, avertisseurs, batteries, outillages pour pneumatiques, équipements électriques et électroniques. Le système d'injection (essence et diesel) qui permet d'économiser de l'énergie est mis au point dès avant guerre. Bien entendu, la firme s'intéresse aux systèmes de freinage et antipollution. C'est en 1933 que Blaupunkt a fabriqué le premier autoradio d'Europe.

Dans les années 80, alors que le chiffre d'affaires est encore constitué aux deux tiers par les équipements automobiles, l'entreprise se montre soucieuse de diversification. C'est pourquoi elle conçoit et fabrique de plus en plus des machines pour l'industrie, dans le secteur de l'emballage par exemple. Robert Bosch produit aussi du matériel pour les télécommunications, des radiotéléphones, de l'électronique médicale, s'intéresse au domaine de la photo, du cinéma de la vidéo (marque Bauer), sans oublier, bien entendu, les téléviseurs et les magnétoscopes. L'électroménager est représenté par les congélateurs et les appareils de cuisson (« du maxi-froid au micro-ondes »). Ici, et en association avec Siemens, l'entreprise tente de garder toute sa capacité d'innovation.

En 1899, treize ans seulement après la création de sa société, Robert Bosch installe déjà une agence commerciale à Paris et, dès 1905, il réalise son premier atelier en France. Aujourd'hui, cinq établissements industriels fonctionnent dans ce pays, à Caen (en Normandie), à Vénissieux (près de Lyon), à Bonneville et à Rumilly (en Savoie), à Rodez enfin (en Aveyron). Parmi les 116 pays où Bosch est implanté dans le monde, les États-Unis constituent un pays privilégié, offrant neuf sites localisés aussi bien au Sud (Caroline du Sud) qu'au Nord, comme par exemple dans la capitale mondiale de l'automobile, Detroit.

Le fondateur de l'entreprise, Robert Bosch, a imprimé une marque originale à la firme, tant du point de vue de l'action sociale que de celui du management. « Bosch le Rouge » embaucha des révolutionnaires russes après 1905, introduisit la journée de travail de huit heures en 1906, avant Henry Ford (innovation de 1914) et la loi française de 1919. Il n'hésite pas à fournir un emploi à l'ancien maire de Leipzig, révoqué par Hitler pour fait d'opposition et à pratiquer une politique de salaires élevés pour ses ouvriers. Au milieu des années 80, la semaine de travail est passée à trente-huit heures et demie à la suite de grèves. Des milliers d'employés du groupe bénéficient de locations ou de prêts avantageux d'accession à la propriété.

La seconde grande originalité, après ces importants aspects sociaux, concerne le pouvoir et l'organisation. Il y a, en effet, une séparation nette entre, d'une part, la fondation de charité de Robert Bosch Stiftung* qui possède 90 % des actions du Groupe et qui finance avant tout des services de santé et, d'autre part, le vrai pouvoir qui appartient à l'état-major de l'entreprise. Cela permet à la grande maison d'échapper aux appétits d'actionnaires impatients et exigeants, de tabler sur le long terme et de parier sur une capacité de recherche imposante puisque Bosch mobilise 10 000 chercheurs...

• **Tout comme le Japon, l'Allemagne ne néglige jamais définitivement aucun créneau. Selon les statistiques du GATT, elle occupe depuis 1973 le premier rang des pays exportateurs de textile,** devant le Japon et la France, l'ensemble Belgique-Luxembourg et l'Italie. Alors que la France des années 70 a douloureusement vécu la diminution des effectifs et la faillite du groupe Boussac, l'Allemagne des années 80 a pu, grâce à la mécanisation, opérer son entrée sur le marché étranger de l'habillement.

Les recettes de cette nouvelle montée en puissance dans un secteur où l'on n'attendait pas les Allemands sont les suivantes :

— l'intégration des technologies de pointe : la mécanisation de l'activité a profité à l'industrie de la machine-outil allemande. Il y a aussi la robotisation et la conception assistée par ordinateur. « Le laser devient la couturière de l'an 2000. » Il est vrai que les effectifs ont fondu des deux tiers en vingt ans ! (de plus de 400 000 à 150 000) ;

— la délocalisation : alors que la France a longtemps hésité à investir hors de ses frontières, l'Allemagne n'a guère hésité à le faire en Roumanie, en Yougoslavie et en Asie. Le TPP[1], le trafic de perfectionnement passif, permet d'exporter des tissus, de les faire travailler sur place, puis d'« importer » ces produits finis en faisant une économie d'environ 30 % ;

— une organisation du travail rénovée et adaptée : la conception et les échantillons sont réalisés en Allemagne. Le montage et le piquage qui nécessitent beaucoup plus de main-d'œuvre sont effectués à l'étranger, sous le contrôle de cadres allemands. La surveillance de la qualité, la ponctualité, le marketing affûté restent les atouts du *made in Germany* ;

— le salon du prêt-à-porter de Düsseldorf[2], les quatre collections annuelles, le talent des stylistes nationaux et étrangers contribuent à la réputation des produits allemands.

Ainsi, la firme **Hugo Boss** emploie plus de 1 000 personnes à Metzingen, en bordure de la Forêt Noire. Elle constitue un excellent exemple de PME multi-

* Stiftung : fondation.

1. Ce système est comparable à celui qui existe entre les États-Unis et les industries maquiladoras du Mexique. Il permet d'exporter de la Communauté des produits bruts ou des pièces détachées hors droits de douane, de les faire travailler à l'étranger et de réimporter les produits en ne payant les droits de douane que sur la valeur ajoutée réalisée à l'extérieur.

2. Ville « chic » qui se veut le phare de la mode en Allemagne est quasiment l'équivalent de Paris.

nationale allemande Uwe Holy. Cotée en bourse à Stuttgart et à Francfort, cette entreprise symbolise le dynamisme contemporain de l'Allemagne du Sud (Bade-Wurtemberg et Bavière) tout aussi bien que les performances récentes du textile-habillement allemand.

Là encore, les raisons du succès exigent une recherche minutieuse. C'est d'abord une tradition de qualité et d'exigence. Avant guerre, l'entreprise avait dessiné les costumes des policiers, puis ceux de l'armée allemande. Aujourd'hui, elle est spécialisée dans l'habillement des cadres masculins. Elle a d'ailleurs racheté, en 1984, Windsor, une entreprise allemande de prêt-à-porter haut de gamme.

L'un des frères dirigeants, Uwe Holy, se consacre à la gestion, à la production et aux achats. C'est à Metzingen que se font la moitié de la production et tous les contrôles. L'autre moitié est produite dans les pays bon marché d'Europe (20 %) – Grèce, ex-Yougoslavie, Portugal – ou par les sous-traitants allemands (30 %). L'autre frère, Jochen Holy, se consacre, lui, au marketing et à la création. La promotion des produits passe essentiellement par le sport et par la télévision... En tennis, Hugo Boss parraine la coupe Davis et les tournois de Monaco, de Roland-Garros et de Bercy. Bernhardt Langer pour le golf et Alain Prost pour le sport automobile ont porté les couleurs d'Hugo Boss, tout comme « les deux flics à Miami » qui ont été habillés par l'entreprise de Metzingen. Celle-ci veille toujours sur les réalisations d'Hollywood... qui restent sans doute le meilleur moyen de se faire connaître de toute la planète.

Hugo Boss demeure une des entreprises les plus rentables d'Allemagne. Acquise, dans les années 80, par le Japonais Akira Akagi qui fut bientôt impliqué dans un scandale financier, la firme de Souabe fut rachetée par la grande entreprise génoise Marzotto en 1991. En tant que marque de vêtement masculin, Hugo Boss reste sans doute au premier rang mondial. Le Français Bidermann et l'Italien Gruppo Finanziaro Tessile constituent de plus gros ensembles certes, mais avec plusieurs marques assemblées.

Selon Remy Dessarts, de *L'Expansion,* l'entreprise Hugo Boss est bien représentative des qualités de l'Allemagne méridionale caractérisée par « la volonté d'entreprendre, le goût du travail, le sens aigu de l'innovation, la passion pour l'exportation et la solidarité entre firmes sur le plan local ».

Plus nouveaux, encore, sont les succès récents de l'industrie du PAPF, **prêt-à-porter féminin** de l'Allemagne qui est devenue, sans bruit, la seconde exportatrice mondiale, derrière Hong-Kong, mais devant l'Italie et la France. Cette industrie a gagné ses lettres de noblesse à Düsseldorf, au salon organisé par l'IGEFO. Désormais, l'Allemagne est riche en entreprises dans ce secteur dont certaines atteignent des tailles respectables : Steilmann, Escada, Betty Barclay, Mondi, Hucke, Le-Go, Delmod, Gerry Weber...

Steilmann, dont le siège social est à Wattenscheid, dans la Ruhr, est la firme la plus importante de toutes. Elle est la première entreprise de prêt-à-porter féminin d'Europe comptant 31 collections différentes. Son fondateur, Klaus Steilmann, a appris son métier au service des achats de C & A à Berlin et a monté en 1958 sa propre entreprise de manteaux. Aujourd'hui, présentant quatre collections (été, automne, hiver, printemps), l'entreprise vend toujours plus de quoi habiller des millions de femmes dans des centaines de boutiques éparpillées dans toute l'Europe. Steilmann fait fabriquer 45 % de ses biens hors d'Allemagne. L'entreprise a engagé les services de Karl Lagerfeld, le styliste de Chanel. Elle fournit des géants français de la vente par correspondance comme La Redoute ou Les 3 Suisses. Employant plus de 8 000 salariés, le couturier de la Ruhr tente de dynamiser la mode dans les pays de l'Est et à Moscou, d'où ses 140 distributeurs surveillent et convoitent un immense marché de l'Est qui, de la Tchécoslovaquie à l'Ukraine, rassemble « 370 millions d'habitants qui ont besoin de se vêtir ».

Créativité, productivité, marketing, délocalisation, exportation, maîtrise de circuits de distribution efficaces, renouvellement de l'offre et diversification des créneaux (jeunes à la pointe de la mode, forte taille, etc.), ces différents défis sont tentés par plusieurs entreprises allemandes. **Mondi** exporte 70 % de sa production, particulièrement aux États-Unis où le groupe possède 50 boutiques. **Hucke** (cinquième firme nationale sur le créneau) ne fabrique guère plus que 10 % de sa création sur le site allemand, « suffisamment pour maintenir le savoir-faire et assurer la formation des ingénieurs ». Le reste est acheté en Asie du Sud-Est ou sous-traité en Europe de l'Est, spécialement en Ukraine. Du côté proprement commercial, **Gerry Weber** (huitième entreprise allemande) a eu l'inspiration heureuse de prendre Steffi Graff sous contrat en 1986 et de voir ainsi son chiffre d'affaires croître en même temps que la renommée de la championne de tennis.

Mais l'une des plus belles *success stories* allemandes dans ce secteur est sans doute celle d'**Escada** de Munich. Wolfgang Ley est un ouvrier d'usine qui suit des cours du soir de marketing. Il rencontre et épouse Margaretha, un mannequin suédois, et le couple fonde une entreprise en 1976. L'élégante Margaretha Ley dirige la création et offre vêtements, bijoux et accessoires à une clientèle idéale au look « BCBG ». Wolfgang Ley lance de nouvelles marques comme Laurel pour le sportswear, Crisca pour les jeunes ou encore fait des acquisitions comme Schneberger pour les robes « grandes tailles ». En 1988, il fabrique et diffuse la ligne femme du grand couturier Cerutti. Contrairement à ses collègues, Wolgang Ley s'interdit de délocaliser. Les usines qu'il possède sur les pourtours du bassin méditerranéen ne sont que des unités rachetées. Ce qui lui permet de rester en Bavière, ce sont la mécanisation, l'automatisation et l'informatisation maximales. C'est aussi la spécialisation des unités du groupe : vestes, jupes, chemisiers, blazers... c'est, enfin, la quête incessante de nouvelles lignes, classiques ou sportives, et des nouveaux marchés. Escada a des boutiques à Caracas et à Moscou, à Buenos Aires et à Pékin.

L'aventure financière est refusée. La plus grande partie du capital de la société mère reste entre les mains du couple fondateur, tandis que l'installation d'une filiale française à Paris en 1986 permet, pour cette industrie de luxe, de bénéficier de la meilleure image possible.

Au total, souligne Chantal Bialobos (in *L'Expansion,* 19 mai 1994), « la véritable surprise reste la variété des succès. Les uns privilégient la sous-traitance, d'autres misent au contraire sur le *made in Germany,* tous ou presque s'ingénient à diversifier l'offre pour élargir leurs débouchés : multiplication des collections, segmentation de la clientèle, implantation à l'étranger ».

• **Karstadt, le géant de la distribution allemande, a été fondé en 1881 et a son siège à Essen, tout comme Aldi, créé en 1913.** Aujourd'hui, 164 grands magasins portent son enseigne, ils sont souvent situés au centre des villes. Les filiales les plus connues du groupe sont surtout Neckermann versant, spécialisé dans la vente par correspondance, et Nur Touristic GmbH. Karstadt, coté sur les huit places boursières de l'Allemagne, appartient à plus de 18 000 actionnaires. Cependant, la Deutsche Bank et la Commerz Bank ont des participations importantes. En 1993, Kartstadt, n° 1, a racheté Hertie[1], le n° 3 du secteur, né en 1882 et qui rayonne depuis Francfort. Possédant 75 magasins en Allemagne, employant 34 000 personnes et possédant des chaînes spécialisées en électroménager et en habillement, Hertie apporte à Karstadt les moyens d'être un géant dans

Encadré 4
Quelle, le n° 1 européen de la VPC*

Précédant ses rivaux français de Roubaix, La Redoute et Les 3 Suisses, le groupe allemand Quelle (dont le nom signifie « la source ») est, par le chiffre d'affaires, largement en tête en Europe. *Challenger* l'a étudié en mars 1995.

Son histoire se confond avec celle de l'Allemagne contemporaine. L'entreprise est née en 1927 à Fürth, près de Nuremberg. Après la grande inflation de 1923 qui n'en finit pas de marquer les esprits allemands, Gustav Schickedanz, le talentueux fondateur, est obsédé par « la qualité au meilleur prix ». Adhérant au parti nazi en 1932... mais résistant en 1944, Schickedanz sauve son entreprise qui connaît une grande prospérité après la guerre, époque des Trente Glorieuses. Après sa mort, en 1977, c'est son épouse, Grete, qui prend les rênes de l'entreprise. En 1993, un an avant sa mort, le chancelier Kohl n'hésite pas à qualifier Mme Schickedanz de « first lady de l'économie allemande ». Aujourd'hui l'entreprise appartient toujours à la famille et n'est pas introduite en bourse.

Ayant vieilli à l'image du pays, avec un bénéfice net trop faible, Quelle garde, pour l'avenir, trois atouts considérables :

— une culture d'acheteur dans le monde entier, aussi efficace que redoutable et qui fait de ses prix en catalogue une référence pour tous (même les douaniers !) ;
— un catalogue, précisément, édité et adapté dans plusieurs pays. Il tire à 12 millions d'exemplaires (8 pour La Redoute) mais avec les versions spécialisées, le chiffre monte à 28 millions ! ;
— la réunification allemande et les nouveaux marchés de l'Est (400 millions de consommateurs, avec effet de rattrapage) ont permis le pari de la construction, à Leipzig, du centre d'expédition automatisé le plus moderne du monde.

* VPC : vente par correspondance.

1. De Hermann Tietz, entreprise confisquée par les nazis à leur arrivée au pouvoir.

la distribution européenne. Le capital de Hertie exprime bien, encore une fois, les caractères spécifiques de l'organisation des entreprises en Allemagne. En 1993, 97,5 % du capital appartenait à la fondation d'utilité publique Hertie, 2 % aux héritiers du fondateur Georg Karg et 0,5 % à la Fondation Hertie.

Le nouvel ensemble Karstadt-Hertie, d'Essen et de Francfort, conservant les marques respectives de deux ensembles, bénéficie forcément de synergies au niveau des achats et de la logistique – ce qui permet aussi de devancer le n° 2 du pays, Kaufhof, filiale du groupe suisse Métro, à qui appartient déjà Asko.

Le groupe **Aldi,** né en 1913 et qui a son siège à Essen, est, avec Lidl et Norma, l'un des chefs de file des hard discounters allemands. Le *hard discount* est une activité que Aldi pratique depuis 1948 en Allemagne. Elle consiste à vendre des produits de MDD (marques de distributeurs), de haut niveau de qualité, moins cher. C'est souligner le défi que cela représente pour les grands de la distribution française (Intermarché, Leclerc, Continent) : réaliser un excellent rapport qualité-prix de type Aldi, « concept majeur de la distribution du pays le plus riche d'Europe », selon Jean-Noël Kapferer, professeur à HEC.

3. Pourquoi les succès des entreprises allemandes dans la DIT ?

► **L'Allemagne est le pays de Werner von Siemens, de Carl Zeiss et de Gottlieb Daimler** qui ont été à la fin du siècle dernier, en tant qu'inventeurs-entrepreneurs, à la base de sa puissance industrielle. Au sein de la Triade, l'Allemagne vient, sans contestation possible, au troisième rang pour la recherche. Son système décloisonné qui associe des ingénieurs et des chercheurs universitaires, le monde public et le monde privé, la recherche fondamentale et la recherche appliquée, profite particulièrement à la manufacture. Trois aspects de cette réalité méritent d'être particulièrement examinés : l'organisation de cette recherche, les défis actuels du modèle industriel et les traditions managériales.

L'élément principal de la recherche outre-Rhin est l'Université ou plutôt le réseau des universités. Depuis la réforme de Humboldt, en 1812, celles-ci ont particulièrement la responsabilité de la recherche fondamentale. Comme elles dépendent des Länder, leur dynamisme se trouve stimulé par la compétition et une incontestable émulation interrégionale.

Les universités allemandes sont bien immergées dans le tissu économique du pays. Cependant, pour éviter émiettement et saupoudrage, pour coordonner et réguler l'ensemble de cette recherche universitaire, il existe le DFG, Deutsche Forschungs-Gemeinschaft qui attribue des bourses, organise la coopération internationale et lance les grands programmes. Entièrement élu par le corps universitaire, le DFG constitue selon Michael Werner un véritable parlement de la recherche, essentiellement financé par l'État fédéral (le Bund) et les « régions » (Länder).

Née avant guerre, par la volonté de l'empereur Guillaume II, l'association Max Planck constitue le troisième pilier de la recherche allemande. Cet organisme emploie plus de 10 000 personnes, dont plus de 4 000 chercheurs à vie, formés dans l'institution et déchargés des tâches d'enseignement. Répartis dans soixante instituts, essentiellement financés par les subventions fédérales (le Bund) et régionales (les Länder), ces techniciens, ingénieurs, docteurs, au statut stable et bien implantés dans tout le pays, peuvent réaliser des travaux de très haut niveau. Le tout est coiffé par un comité de direction composé d'une quarantaine de personnalités renommées dans le monde scientifique et technique.

Il faut enfin souligner le rôle des fondations financières des grandes entreprises (Bosch, Thyssen, Volkswagen...) qui entraînent aussi une recherche fondamentale de haut niveau. L'ensemble de ce système puissant indépendant et souple permet la continuité des grands projets, autorise l'adaptation scientifique et cible les créneaux porteurs. Une allocation judicieuse des ressources attribue la moitié des crédits à la physique, à la chimie et à la technologie, le tiers à la biologie et à la recherche médicale et le sixième aux sciences humaines et sociales.

Cette recherche décloisonnée dispose de puissants moyens. Les crédits et les sommes mises en jeu sont presque le double de ceux disponibles en France. L'Allemagne reste le pays européen qui consacre la plus large part de son produit national brut à la recherche-développement, derrière le Japon, mais devant les États-Unis, la France et la Grande-Bretagne. Les deux tiers (65 %) de cet effort sont fournis par les entreprises, ce qui, une fois de plus, rapproche l'Allemagne du Japon.

Une réalisation exemplaire est le centre des techniques de production de Berlin (Produktion, Technisches Zentrum) qui associe professeurs, docteurs et ingénieurs, et imbrique monde universitaire et monde industriel. Une véritable osmose s'établit entre firmes géantes (Daimler-Benz, Volkswagen, BMW, MBB, Dornier et bien entendu Siemens, d'origine berlinoise sont présentes), firmes, naissantes PMI. L'IPK, le Fraunhofer Institut für Produktionsanlagen und Konstruktionstechnik (Institut des installations industrielles et des techniques de construction de la société Fraunhofer), est financé de façon égale par des contrats publics et des contrats privés. Ce centre et cet Institut sur le même site berlinois expriment l'importance accordée ici à l'interface entreprise-université. Siemens compte plus de 600 conseillers d'origine universitaires dans toute l'Allemagne. Le BMFT n'est-il pas à la fois le ministère de la Recherche et de la Technologie ?

Les principales dépenses de RD concernent surtout la mécanique (22,6 %) et la chimie (18,6 %). Daimler-Benz et Volkswagen, Porsche et BMW, BASF, Hoechst et Bayer ne sont-ils pas à l'origine du principal excédent commercial du pays ? En revanche, les résultats semblent moins performants en ce qui concerne l'informatique, l'électronique, la bureautique et l'aéronautique.

Globalement qualité, spécialisation et innovation constituent les atouts traditionnels de l'industrie allemande qui est la plus rapide en Europe à remodeler l'allocation sectorielle en se désengageant des secteurs à faible croissance (sidérurgie, matériaux de construction, produits métalliques, textile, cuir et habillement). Les industriels allemands ne tablent pas seulement sur la compétitivité-prix. Désormais l'enjeu consiste à vendre cher de bons produits qu'un mark fort assure encore d'une marge supplémentaire. **D'où l'effort considérable du pays sur les normes**[1] qui imposent et qui protègent tout à la fois le *made in Germany* et qui sont au nombre de 21 655. Qui ne connaît la fameuse DIN : Deutsche Industrie Norm ? Face à l'activisme de l'Amérique et de l'Asie, la guerre des normes se gagnera au niveau du terrain, en intégrant l'interdépendance entrepreneuriale, la mondialisation des échanges et la montée de l'immatériel dans l'économie. Au cours de la guerre mondiale des industries, « la norme est en train de devenir l'espéranto de la technologie » (Pierre Lapouge, in *L'Expansion*).

Certains font cependant remarquer que les Allemands n'ont pas de Minitel et que l'ICE est en retard sur le TGV. La Technikfeindlichkeit (hostilité aux innovations techniques de toutes sortes) expliquerait une partie du retard dans les domaines de la biotechnologie et des puces électroniques. L'Allemagne est-elle en train de manquer la troisième révolution industrielle, malgré le dynamisme du Bade-Wurtemberg, les efforts de la « Silicon Valley germanique »* près de Munich et le formidable rattrapage de l'Allemagne orientale en train de devenir la région la plus moderne d'Europe ? Le pays travaille-t-il désormais trop peu et trop cher ? Sa culture est-elle assez ouverte sur le monde et assez inventive ? Ses banques-maisons sont-elles capables de prendre suffisamment de risques, à la manière californienne ? On comprend que certains observateurs appellent de leurs vœux un troisième miracle économique et que le chancelier d'Allemagne puisse proposer un ministère de l'Avenir.

► **L'Allemagne n'a pas l'équivalent des Grandes Écoles françaises. Elle ne dispose ni d'énarques ni de polytechniciens. Ce sont l'Université, l'apprentissage et la promotion interne qui forment les élites.** Un jeune Allemand passe son baccalauréat entre 19 et 20 ans. Après dix-huit mois de service militaire, il continue ses études, attendant plus ou moins son tour à l'Université où il est difficile d'entrer à cause du système de *numerus clausus.* Il termine ses études vers 28 ans, à plus de 30, s'il fait un doctorat. Un certain nombre de jeunes gens ont suivi un *trainee programm,* une formation pratique en deux ans après l'Université. « Cela donne des patrons très qualifiés mais qui commencent leur carrière à un âge relativement avancé », souligne le directeur de l'École supérieure de commerce de Coblence.

Deux exceptions au moins confirment la règle universitaire en Allemagne, l'European Business School d'Eltville près de Wiesbaden (Hesse) et la Wissenschaftliche Hochschule für Unternehmenführung de Coblence (Rhénanie-Palati-

* Vallée de l'Isar (ISAR).

1. Une « norme » est un document écrit qui définit les caractéristiques techniques d'un produit ou d'un service ; l'Europe des normes est dominée par trois pays : l'Allemagne, la France et la Grande-Bretagne. En fait la France s'est imposée comme deuxième acteur décisif du système. Au sein du CEN, Comité européen de normalisation, l'Allemagne anime un peu moins de 30 % des secrétariats européens, la France 25 % et la Grande-Bretagne un peu plus de 20 %.

nat) dont les caractéristiques pédagogiques consistent à mettre l'accent sur les stages en entreprises et l'ouverture internationale (séjours en pays anglophones et francophones). Les élèves des premières promotions semblent se répartir en trois tiers : collaborateurs de grandes entreprises, nouveaux membres de PME, fondateurs d'entreprises nouvelles. Ces écoles qui fonctionnent comme une entreprise sont une nouveauté en Allemagne.

Dans ce pays, les responsables d'entreprise restent majoritairement des « ingénieurs soucieux de perfection plutôt que des financiers épris de panache » (Philippe Lemaître). Ce qui expliquerait les succès en ce qui concerne la production et les limites ou les lenteurs de l'Allemagne contemporaine face aux nouveaux défis stratégiques et technologiques. Il est intéressant, alors que 1 000 entreprises allemandes ont des actionnaires français et que 2 000 entreprises françaises ont des actionnaires allemands, de se pencher sur les difficultés de compréhension qui peuvent surgir entre les dirigeants du pays de Luther et ceux du pays de Descartes. Les Allemands prennent leurs décisions en communauté, autour d'une table ronde. Les Français fonctionnent au sein d'une organisation pyramidale, hiérarchisée, au sommet de laquelle se situe le chef d'entreprise. Un tiers des responsables allemands ont été formés dans l'entreprise même ou y ont travaillé deux ou trois décennies, ce qui constitue une sérieuse référence. Peu d'entre eux ont servi dans l'administration. En France, c'est l'inverse, près de la moitié des dirigeants y ont exercé des responsabilités et une majorité d'entre eux est issue des Grandes Écoles. Une dizaine de membres du conseil d'administration veillent sur la Dresdner Bank. Le seul président de la BNP dispose d'une plus grande latitude d'action.

Succédant en 1955 à Edzard Reuter à la tête du groupe Daimler-Benz, Jürgen Schrempp est l'exemple type d'une carrière « à l'allemande ». Entré dans l'entreprise à l'âge de 22 ans, ce mécanicien de formation qui a suivi des études d'ingénieur en devient le patron à 50 ans. Un tempérament de bon vivant – l'homme est trompettiste de jazz et « aime » la bière (comme l'ont attesté les incidents de Rome pendant l'été 1995) – et une expérience à l'étranger, notamment en Afrique du Sud, complètent les aptitudes d'un caractère ferme, volontaire et autoritaire.

Les deux comportements nationaux ont, bien entendu, leurs aspects positifs et négatifs. Les Allemands, formés en entreprise, pensent réalités concrètes, production, commercialisation : structurés, ils consultent mais leur organisation est parfois très lourde. Les Français formés dans les Grandes Écoles y acquièrent selon Ludwig Siegele originalité, art d'improviser, ambition, esprit d'à-propos, universalité, c'est-à-dire l'opposé de ce que le dirigeant allemand retire de sa lente progression au sein de l'entreprise. Les Allemands ne s'éloignent guère de l'objectif mais travaillent parfois de façon rigide. Les Français font souvent beaucoup de choses à la fois mais se dispersent. Là où un candidat allemand apporte un gros dossier avec une multitude de certificats et d'informations, un candidat français présente un *curriculum vitae* plus succinct, l'important restant l'entretien.

Comment surmonter ce « choc culturel » ? « Les Allemands sont bien meilleurs que les Français pour la rationalisation de la production. Les entreprises françaises foisonnent, elles, d'idées », remarque Stéphane Chaniot de BMW France qui constate que le centre de production de pièces détachées de Strasbourg est le plus efficace dans l'ensemble du groupe BMW. Un consultant d'entreprise, J.-P. Breuer, affirme que, sans la rigidité des uns et la facilité de autres, le partenariat franco-allemand serait imbattable... comme réponse européenne aux défis de Tokyo et de l'Asie[1].

► **L'analyse célèbre de Michel Albert oppose deux modèles de capitalisme.** L'un, l'anglo-saxon, caractérise les États-Unis et la Grande-Bretagne. Il est fondé sur la réussite individuelle et le profit financier à court terme. Il bat au rythme de la Bourse. Dans cette culture économique, l'actionnaire fait ce qu'il veut de l'entreprise. Il peut l'acquérir, la découper, la vendre. Les collaborateurs peuvent être malmenés. Ce qui compte, c'est le profit rapide. Certains dénoncent la tyrannie du bilan trimestriel, « la casse sociale », l'insécurité. Ce modèle peut séduire. Il fascine certains, car il propose le rêve de la réussite individuelle, malgré la précarisation de l'emploi et l'exclusion de certains.

L'autre modèle, le **modèle rhénan** (Allemagne, Suisse, Europe du Nord, Japon), ne considère pas l'entreprise comme une marchandise quelconque. D'ailleurs, elle appartient généralement aux banques, aux compagnies d'assurances, à des familles, souvent de fondateurs, à d'autres entreprises même (nombreuses participations croisées). Les actionnaires, les dirigeants et les syndicalistes recherchent davantage le consensus. Ils tentent d'élaborer une stratégie à long terme qui privilégie la recherche (Siemens consacre 11 % de son chiffre d'affaires à la recherche, contre 1 % chez General Electric). La réussite collective est valorisée avec une attention particulière pour la protection sociale (économie sociale de marché) et pour l'apprentissage.

Bien entendu, les entreprises allemandes n'échappent pas à la multitude des problèmes actuels : la réduction des coûts, la mondialisation de l'économie, la mise à niveau de l'Allemagne de l'Est, l'avenir du site de production Allemagne, la recherche dans les nouveaux secteurs, les difficultés de la protection sociale et celles dues à la surévaluation du mark. En 1994-1995, il est question d'un « ministère de l'Avenir ». Le choix de Hambach-Sarreguemines en Lorraine pour implanter l'unité de montage de la Swatchmobile – choix de Mercedes-Benz, actionnaire à 51 % – a sonné comme un avertissement. Jusque-là les investissements du géant allemand s'étaient toujours effectués dans le Bade-Wurtemberg. IG Metall a dénoncé « une gifle aux syndicats et aux salariés de Mercedes ». Des salaires français inférieurs de 20 à 30 % aux salaires allemands, un taux d'absen-

1. Voir l'article « Luther gegen Descartes », in *Die Zeit,* 5 février 1993 ainsi que la forte volonté des laboratoires français Roussel-Uclaf de préserver leur autonomie et leur culture d'entreprise au sein du groupe Hoechst.

téisme plus faible à l'ouest du Rhin et l'aide des pouvoirs publics (État français et collectivités locales) ont fait la différence.

Mais au total **les entreprises allemandes continuent de disposer de nombreux atouts.** Le premier élément de leur puissance consiste dans une bonne répartition sectorielle, bien adaptée à la demande mondiale, ce qui permet d'ailleurs de financer facilement les importations indispensables (matières premières agricoles et industrielles, énergie). Significatif est le nouveau créneau des Télécommunications vers lequel s'engagent des groupes comme Thyssen, Veba RWE ou Viag, « parce que ce marché présentera en l'an 2000 un potentiel supérieur à celui de l'industrie automobile en termes de chiffre d'affaires ». Il n'en demeure pas moins des lacunes ou des retards allemands dans un certain nombre de domaines (biotechnologie, informatique, etc.) subsistent.

Le second atout des entreprises allemandes consiste dans leur exceptionnelle concentration sur le plan technique, géographique et juridique. Les établissements allemands (usines chimiques, usines automobiles par exemple) sont souvent de taille impressionnante, ce qui permet une assez bonne diffusion des savoir-faire. De toute façon, grands établissements et petites entreprises bénéficient d'un pays qui compte, au kilomètre carré, deux fois et demie plus de travailleurs, de consommateurs et de contribuables que la France. En Allemagne, le droit des affaires et le régime fiscal reconnaissent, au-delà des unités et des établissements, le groupe, le Konzern. Cela permet la gestion centralisée d'ensembles imposants. Là réside le véritable niveau, la vraie force de l'économie allemande.

Enfin, le dernier grand atout du pays, c'est sa tradition et son expérience, maintenant séculaire, de la gestion du capital, du travail et du social, ce qui met l'accent sur l'apprentissage. Le processus met en œuvre moins l'État que des acteurs sociaux forts : chambres de commerce et d'industrie, collectivités locales, patronat (BDI) et syndicats, surtout soucieux de parvenir à un consensus. En période de crise, le patronat propose la discipline, voire la diminution des salaires, une moindre protection sociale, une plus grande flexibilité. Les syndicats finissent par signer des accords (chez Lufthansa ou Volkswagen) qui préservent l'essentiel et laissent espérer une baisse du chômage. C'est, selon Élie Cohen, le **compromis de crise,** modèle allemand.

L'Allemagne a la monnaie la plus forte d'Europe et son influence économique et monétaire est puissante et indiscutable sur l'Europe alpine (Suisse et Autriche) sur l'Europe du Nord (Scandinavie) et sur celle du Nord-Ouest, celles des marchands du Benelux. Ces pays appartiennent de fait à la zone Mark. (Que penser des liens du franc avec la grande monnaie voisine ?)

L'élargissement de l'Europe à quinze membres le 1er janvier 1995, six ans après l'écroulement du mur de Berlin, et l'effondrement du système de l'économie soviétique avantagent et resituent la République fédérale au centre de l'Europe. La Russie est pour ce pays un partenaire d'une grande importance. Plus de 100 millions de germanophones donnent à Berlin, au cœur de l'Europe, une nouvelle opportunité de rayonnement culturel, évoquée par le chancelier Kohl.

Encadré 5
Le sévère jugement d'un Japonais sur l'Allemagne

C'est sans prendre de gants que Minoru Tominaga s'est exprimé – sur une demi-page – dans les colonnes de *Die Welt* en annonçant que « le maître allemand est devenu gras et paresseux ». Ce conseiller consultant d'entreprises qui exerce en Allemagne depuis 1989 envisage de consacrer son talent aux entreprises japonaises investissant en Chine.

Pour l'instant, ce natif de Tokyo constate que la qualité de l'accueil de la clientèle et le suivi des dossiers laissent à désirer dans les entreprises allemandes, tout en se demandant s'il est vraiment nécessaire d'avoir les plus longs congés liés au temps de travail hebdomadaire le plus court pendant que les charges salariales et les salaires les plus élevés n'empêchent pas les Allemands d'être les champions du monde des congés maladie du vendredi ou du lundi.

Si les Japonais peuvent, selon lui, se targuer de leur surnom d'« Allemands de l'Asie », il y a belle lurette que les Allemands n'ont plus à être fiers de l'être. Pis, l'organisation du commerce, comme celle de la distribution, est paralysante. La production manque de flexibilité et les travailleurs, les cadres en tête, ne s'impliquent pas assez dans le processus productif, lequel ne sait pas s'adapter aux besoins de la clientèle...

Ses propositions d'amélioration de la qualité par l'amélioration des méthodes lui semblent difficiles à appliquer avec des gens qui ont encore peur du travail en équipe et du changement.

Pour lui, une des causes importantes du chômage est la paresse des Allemands d'aujourd'hui qui se contentent de récolter les fruits du travail des générations précédentes. L'adoption de certaines attitudes et de certaines méthodes japonaises pourrait, pour notre auteur, améliorer quelque peu les choses.

Si cette interview n'était pas parue en plein été (*Die Welt*, 28 juillet 1995), nul doute que cette présentation des Allemands qui contredit des idées reçues aurait fait l'effet – peut-être salutaire – d'une douche glacée sur l'opinion allemande.

La nouvelle Europe suscite à la fois espoirs et craintes.

Des divergences peuvent apparaître, non pas sur l'importance et l'urgence qu'il y a à la construire, mais sur le rythme, les contours et sur la densité à lui donner. Faut-il continuer à élargir avant d'approfondir ? Certains observateurs, comme Christian Saint-Étienne, prônent une « Confédération du Rhin », qui permettrait à la France de jouer pleinement son rôle avec son principal partenaire.

Tout a été dit sur les bienfaits et les complémentarités des associations économiques franco-allemandes. L'avenir de l'Europe ne dépend pas seulement des seuls Konzerne allemands. Les dynamiques et les performances des entreprises du reste de l'Europe, particulièrement celles de la France, de la Grande-Bretagne et de l'Italie doivent équilibrer leurs concurrentes d'outre-Rhin, conquérir des marchés et coopérer aussi. L'emploi en dépend. L'étude des entreprises allemandes est là, pour nous rappeler que, si la politique des pays est toujours inscrite dans leur géographie, elle réside aussi, au rendez-vous de l'an 2000, dans leur économie avec ses composantes sociales et culturelles.

Approfondir

Sur l'histoire, les réalités et la pensée économique allemande, on peut disposer de :

EN LANGUE FRANÇAISE OU ANGLAISE

▶ Concernant l'après-guerre :
• Alain Samuelson, *Le Mark, histoire de la monnaie allemande,* Paris, Didier, 1971. Bien que déjà ancien et difficile à trouver, ce livre est une source fondamentale sur le devenir du mark et son accès au rôle de monnaie-pivot.
• Maurice Baslé, *Quelques économistes allemands, de l'État commercial fermé (1800) à l'économie sociale de marché (1950-1990),* Éditions de l'Espace européen, 1990. C'est un petit livre nouveau, fruit de recherches précieuses, comportant des textes choisis essentiels d'économistes allemands, ainsi qu'un index. C'est le meilleur ouvrage pour comprendre l'évolution contemporaine de la pensée économique allemande.
• Alfred Grosser et Hélène Miard-Delacroix, *L'Allemagne,* 128 p., Flammarion, coll. « Dominos ». Un ouvrage incontournable de la plume des plus prestigieux spécialistes. Pour réfléchir et mettre en perspective les nouvelles questions sur l'Allemagne et sur l'Europe.
• Sous la direction d'Anne-Marie Le Gloannec, *L'État de l'Allemagne,* La Découverte, 1955, comporte une somme d'articles concernant des institutions, des branches et des acteurs économiques.

▶ Sur les entreprises et les régions allemandes :
• Rudolf Baumgardt, *Les colonnes du temple, génies créateurs au XIXᵉ siècle,* traduit de l'allemand par A. Boucher, Paris, Albin Michel, 1943. Chapitres sur August Borsig, Alfred Krupp, Justin von Liebig, Werner von Siemens. La date de parution... n'est pas sans influence sur le ton de ce panégyrique.
• William Manchester, *Les armes de Krupp, 1587-1968,* Paris, R. Laffont, 1970. Plus de 800 pages d'érudition sur le Konzern allemand le plus connu du monde.
• Milton Moskowitz, *The global marketplace.* C'est le travail considérable d'un spécialiste américain qui retrace l'histoire des plus grandes entreprises du monde, du moins jusqu'en 1987. C'est une édition américaine.
• Des services de la Frankfurter Allgemeine Zeitung GmbH, *Germany's Top 300,* 1991. C'est, également en anglais, une série de fiches commodes sur les grandes entreprises allemandes. Divers types de classements et quelques commentaires ajoutent à l'intérêt de ce précieux annuaire.

EN LANGUE ALLEMANDE

Les germanistes auront accès à une grande quantité d'ouvrages de bonne qualité, parmi lesquels :
• Kurt Pritzkoleit, *Männer, Mächte, Monopole,* Düsseldorf, Karl Rauch Verlag, 1953, qui raconte l'histoire des principaux fondateurs de Konzerne, non sans garder une distance critique et politique qui tempère l'exemplarité des « génies créateurs ».
• Kurt Pritzkoleit, *Das kommandierte Wunder ! Deutschland Weg im 20 (Miracle sur commande ! La voie de l'Allemagne au XXᵉ siècle),* Munich, K. Desch Verlag, Vienne, Bâle, 1959.

Plus facile d'accès et permettant de s'initier aux problèmes de l'économie moderne, on citera la collection de poche « Stichwort » chez Heyne Verlag, en particulier :
• Karl-Heinz Bilitza, *D-Mark,* Munich, Heyne, 1993. C'est un ouvrage remarquable par sa clarté.
• Christian Füller et Christof Hamann, *Bundesrepublik Deutschland,* Munich, Heyne, 1992, en particulier pour les chapitres VII sur l'économie et VIII sur la politique sociale.
• Annalena Staudte-Lauber, *Deutschland,* Munich, Heyne, 1992.

Ces ouvrages, que l'on pourrait comparer à ceux de la collection « Que sais-je ? », sont orientés vers un public jeune, souhaitant être initié. Ils permettent de se faire une idée d'ensemble des problèmes. L'étudiant français peut s'initier facilement et de façon vivante au vocabulaire spécifique.
• Rüdiger Liedtke, *Konzerne,* Hamburg, Rowohlt, 1995, et encore :
• — *Die Treuhand und die zweite Enteignung der Ostdeutschen,* Munich, 1993 ;
• — *Wem gehört die Republik ? Die Konzerne und ihre Verflechtungen (A qui appartient la République ? Les Konzerne et leurs ramifications),* Francfort-sur-le-Main, 1994, nouvelle édition complétée.

Il s'agit, avec cet auteur, d'ouvrages plus spécialisés mais toujours clairs et surtout très actuels.

Bibliographie établie par Claude Chancel (historien) et Dominique-Ivan Gallé (germaniste).

5

Des performances admirées et redoutées

LE CAPITALISME JAPONAIS

L'auteur remercie M. Yoshiki Morimoto, doyen de la Faculté des Sciences économiques de l'Université de Fukuoka, Mlle Akemi Okamura, professeur d'Université ainsi que M. Johei Oshita, spécialiste de la gestion des entreprises pour leur aide amicale et leurs précieux conseils concernant ses recherches sur le Japon.

Connaître

Date de fondation	*Société*	*Siège social*
1585	Mitsui	Tokyo
XVIIe siècle	Sumitomo	Tokyo
1661	Kikkoman	Noda
1872	Nomura	Tokyo
1873	Mitsubishi	Tokyo
1873	Toshiba	Tokyo
1873	DKB	Tokyo
1876	Mitsui Bank	Tokyo
1881	K. Hattori & Co (Seiho en 1990)	Tokyo
1887	Kanebo	Osaka
1887	Yamaha	Hamamatsu
1897	Toyoda	Toyota City
1897	Sumitomo Bank	Tokyo
1899	NEC	Tokyo
1910	Hitachi	Tokyo
1918	Matsushita	Osaka
1919	Mitsubishi Bank	Tokyo
1920	Mazda	Hiroshima
1921	Komatsu	Tokyo
1923	Fuji Bank	Tokyo
1927	Shiseido	Tokyo
1930	Kubota	Osaka
1930	Mitsukoshi	Tokyo
1931	Bridgestone	Tokyo
1933	Nissan Motor	Tokyo
1933	Sanwa Bank	Tokyo

1937	Minolta	
1946	Sony	Tokyo
1947	Nintendo	Kyoto
1948	Honda	Tokyo
1949	MITI	Tokyo
1950	Export Import Bank	Tokyo
1951	Japan Development Bank	Tokyo
1951	Japan Airlines	Tokyo
1952	Long Term Credit Bank	Tokyo
1953	Max Factor KK	Tokyo
1957	Casio	Tokyo
1958	All Nippon Airways	Tokyo
1959	Kyocera Corp	Kyoto
1964	Japan Air System Co	Tokyo
1972	Cécile Co	Takamatsu

Nippon, le pays du Soleil-Levant, est apparemment dépourvu. Mais dans « l'île absolue »[1], l'adversité semble avoir rendu aux hommes toutes les vertus qu'une prospérité précoce leur aurait sans doute enlevées. C'est dire que les facteurs de développement sont autant culturels que naturels. Aussi font-ils comprendre l'esprit du capitalisme japonais. Il est d'une rare efficacité, quand il s'agit d'épargner les ressources financières et de mobiliser les hommes. Les réseaux d'entreprises, de magasins, de transports et de communication valorisent tout ce qui peut l'être. Les dirigeants jouent toujours un rôle déterminant et encadrent l'un des peuples les plus instruits et les plus informés de la planète. Le pacte social japonais intègre la population par le travail. Va-t-il être prochainement menacé par la mondialisation de l'économie à laquelle pousse le Japon lui-même, mais qui exige ouverture, importations et rebond de la productivité ? Vieillissement, manque de main-d'œuvre, délocalisations et... immigration constituent sans doute des tendances aussi lourdes que nouvelles pour les prochaines années.

Le tissu national des entreprises nippones est d'une richesse exceptionnelle. Il associe de grands donneurs d'ordres, connus du monde entier (Mitsubishi, Toyota, Shiseido) à une multitude de sous-traitants qui furent les soutiens de l'expansion. Le Japon de l'Ouest, celui d'Osaka, « La cuisine de l'Empire », et de Kyoto a toujours été entreprenant et créatif, comme en témoignent encore aujourd'hui les shoshas et les Minolta, Matsushita, Kyocera et Nintendo. Il reste ambitieux (nouvel aéroport d'Osaka) et, bien que sinistré, apte à rebondir et à reconstruire son grand port, Kobé. C'est pourtant Tokyo qui, depuis l'ère Meiji, capitalise les activités industrielles, financières et universitaires de façon presque écrasante. Mais d'autres régions évoluent à leur tour. Hier Hokkaïdo, nouvelle frontière dynamisée par les Jeux olympiques de 1972 et l'arrivée du Shinkansen aujourd'hui, Kyushu, « silicon Island » tournée vers l'Asie et toutes les Chine et demain les Alpes japonaises (JO de Nagano), désenclavées, ainsi que la côte de la mer du Japon dont les nouvelles métropoles de Niigata et de Toyama seront sollicitées par les opportunités sibériennes et coréennes.

Eminemment apte au changement, le Japon pourra-t-il dépasser les méthodes industrielles du toyotisme ? L'empire de l'industrie explore les chemins de la nouvelle puissance. Ils passent par une veille scientifique permanente, par la synergie régionale de l'Asie et par la domination des réseaux mondiaux. Entre crise et reprise, entre collaboration et confrontation avec les États-Unis, le Japon doit

1. Selon la formule de Thierry de Beaucé.

affronter le double défi de la créativité et de l'altérité. L'économie de l'archipel, désormais au cœur de l'économie mondiale, nous réserve encore beaucoup de sujets d'observation, d'interrogation et d'action.

I. La force du faible: faiblesse et succès du Japon

1. La culture et l'économie du Japon ne peuvent guère être dissociées

► **Nippon, ensemble d'îles, présente des contraintes et des opportunités.** Petit pays de 372 313 km^2, nettement moins grand que la France (549 192 km^2), le Japon est presque un nain territorial. Son économie est pourtant, en 1995, la seconde du monde, portée par un marché domestique de 125 millions d'habitants et par le dynamisme remarquable de ses entreprises industrielles et commerciales. Comme son territoire, « île absolue », ses ressources sont limitées, tant au niveau des matières premières que de l'énergie. C'est dire que le problème de l'économie japonaise est d'abord un problème d'espace.

On comprend, alors, l'acharnement des Japonais au travail. Le terme japonais, *hataraku*, signifie « donner du repos aux autres ». Il s'agit de pouvoir faire face aux grandes dépenses vitales, qui expliquent « les lois clandestines de l'épargne » au Japon. Il faut financer *les soins de santé* dans un pays où la protection sociale est bien moindre qu'en Occident mais que l'indice de développement humain (avec comme critères la santé, l'instruction et le revenu), place en tête du classement mondial. Il faut encore assurer l'*éducation des enfants,* très chère, et qui est le placement par excellence. Car l'*immobilier*, la pierre, et surtout la terre, sont hors d'atteinte et expliquent le prix (élevé) de toute chose au pays du Soleil-Levant. L'acquisition d'un petit appartement à Tokyo ne nécessite-t-elle pas un étalement des échéances sur deux ou trois générations successives ? Il faut enfin économiser pour la retraite, toujours bien trop modeste (ce qui explique l'âge avancé des boutiquiers de Tokyo, ainsi contraints de reprendre du service) et payer, comme tous les citoyens du monde, des impôts substantiels.

Dans ces conditions et parce que les reliefs et les forêts sont peu accessibles et surtout frappés d'interdits religieux, comme souvent en Asie, les plaines et les littoraux sont proches de la saturation et ne respirent que par la mer. La rizière a été, pour les Japonais, l'école de la productivité (récolter plus, plus vite et mieux) et de la miniaturisation (soins des cultures et adaptation du matériel agricole à la façon de Kubota). La mer a été à la fois une nourrice (rôle du poisson, des coquillages et des algues dans l'alimentation nippone), une liaison avec le reste du pays et du monde et, au XXe siècle, un lieu de conquête fait de polders industriels et d'îles artificielles.

• Le Japon est, en effet, condamné à valoriser ainsi au maximum les importations. Au milieu des années 90, il produit deux fois et demi plus de richesses avec, sensiblement, la même quantité de pétrole utilisée lors du premier choc pétrolier, en 1973. C'est un exploit économique qui n'a pas toujours été suffisamment souligné.

• **On comprend mieux, dans ces conditions, les sept directives fondamentales proposées par Konosuke Matsushita,** le fondateur de l'une des plus grandes compagnies de matériel électrique du monde :

1 / le service de la Nation par le service de l'économie ;
2 / l'harmonie ;
3 / la coopération ;
4 / la lutte pour s'améliorer ;
5 / la courtoisie et l'humilité ;
6 / l'adaptation et l'assimilation ;
7 / la gratitude.

Deux autres entreprises nippones de création récente illustrent ce désir torrentiel de performance, de qualité et de conquête de parts de marché dans le monde. D'abord la société **Minolta** fondée en 1937 et qui a son siège à Osaka, l'ancienne capitale économique de l'Empire. Propriété, fait assez exceptionnel, d'une seule famille d'industriels, la famille Tashima, Minolta exporte les trois quarts des caméras et des photocopieurs qu'elle produit dans le monde entier. Les établissements de l'entreprise ont essaimé vers l'Est, à Nagoya et vers l'Ouest, à Hiroshima. De la même façon, la firme **Olympia,** installée dans la grande capitale économique de Tokyo, exporte la même proportion de sa production d'appareils d'optique médicale et chirurgicale dans le monde entier.

▶ **Depuis la Seconde Guerre mondiale, un effort considérable, bien que toujours insuffisant, a été entrepris pour comprendre le Japon en expansion.** Les manuels de géographie insistent, à juste titre, sur les contingences physiques. En 1992, un ouvrage comme *Tokyo Seisme* insiste sur les soixante secondes qui pourraient changer la face économique du monde. Le tremblement de terre de Kobe du 17 janvier 1995 a donné un aperçu des conséquences géo-économiques et financières d'une submersion partielle ou totale du Japon. De beaux ouvrages tentent d'approcher l'esprit et l'identité de Nippon. *Le chrysanthème et le sabre* (1946) de Ruth Benedict, les *Chroniques japonaises* (1989) de Nicolas Bouvier et *Nipponité* (1995) de Julien Guerrier témoignent d'un effort sans relâche pour cerner le mystère de l'âme japonaise. L'archipel compte de nombreux et sévères contempteurs et détracteurs qui signalent les « 50 honorables raisons de le détester », les « ombres japonaises » et même la « catastrophe-Japon » pour finalement poser la grande question : « Les Japonais sont-ils des humains à part entière ? » Le pays compte aussi des admirateurs et des défenseurs. Dès 1982 un livre parle des « nouveaux samouraï », un autre évoque même leur « race » et Jean-Claude Courly livre « un plaidoyer pour les fourmis ». Ces dernières années ont vu paraître une multitude d'ouvrages pour comprendre les Japonais, leurs mots et leurs quotidiens. Ce qui ne les empêche pas, encore récemment au nombre amusant de... 123 456 789, d'accomplir sans doute une « révolution silencieuse ».

Un certain nombre d'auteurs ont particulièrement observé les méthodes et le système économique de ce pays. Michel Drancourt a évoqué l'*« économie volontaire »* et Kenichi Ohmae le *« génie du stratège »*. Des ouvrages considérables ont suivi le parcours du pays pendant un demi-siècle : *Le Japon troisième grand* (1969) de Robert Guillain, *Le Japon de l'ère de Hiro-Hito* de Jacques Gravereau (1988) et le *Nippon* (Le Japon depuis 1945) publié par la BBC en 1990.

Les entreprises et les groupes japonais ont été, plus récemment, l'objet d'études plus précises qui concernent leur méthologie industrielle et leur organisation du travail. Il s'agirait, pour les Occidentaux, de « penser à l'envers », de repenser l'éthique et l'étiquette dans les ateliers, de revoir la façon de réussir en affaires. Les premières monographies commencent à paraître, concernant Nomura ou M. Honda. Il n'y a sans doute pas de modèle japonais mais l'inquiétude que suscite l'expansion et la stratégie de croissance du Japon dans les années 80 est apparue au fil des titres avec *La stratégie du nénuphar, Le Japon achète le monde, Les dents du géant* et *L'étreinte du samouraï*. De nouveaux titres, désormais plus positifs comme *La leçon japonaise* ne dispensent sans doute pas d'étudier les faiblesses avouées ou cachées de la croissance nippone.

▶ **Le capitalisme japonais a des origines lointaines.**

• **A vrai dire, les Japonais combinent naturellement keynésianisme et libéralisme.** Selon un écrivain japonais, Shichibei Yamamoto, c'est sans doute Suzuki, un prêtre zen du XVIe siècle (1579-1655) qui serait, entre autres, à l'origine de la philosophie du capitalisme japonais. Dans son ouvrage, *L'esprit du capitalisme japonais*, l'auteur Yamamoto explique que Suzuki recommande, pour se libérer des désirs de ce monde, de travailler et de commercer autant que faire se peut. Par le travail et par l'honnêteté, par la sobriété et par la sérénité, l'ancien samouraï Suzuki veut pratiquer la vertu et trouver l'harmonie. Il élève le travail au rang d'une activité religieuse qui ne recherche nullement le profit à court terme. Le capitalisme confucéen ne présente-t-il pas, à ce niveau, certaines ressemblances avec le capitalisme puritain des premières heures ? Le puritain Wesley recommandait en effet *Gain all you can, save all you can, give all you can* – Gagnez tout ce que vous pouvez, épargnez tout ce que vous pouvez, donnez tout ce que vous pouvez.

• **Beaucoup de grandes maisons nippones ont commencé à prospérer au XVIe et au XVIIe siècle autour d'activités que l'on qualifie aujourd'hui d'agro-alimentaires.** Ce fut le cas de la fabrication du saké, boisson obtenue à partir de la fermentation du riz, surtout dans les régions d'Osaka, de Kyoto ou d'Akita. A Noda, à 70 km au nord de Tokyo est toujours installé **Kikkoman,** l'une des plus vieilles compagnies de production et de commercialisation du monde. Elle a été créée en 1661 et fabrique depuis lors de la sauce de soja. Obtenue à partir du haricot de soja, la consommation de sauce de soja *(shoyu)* a été répandue par les religieux bouddhistes, qui sont végétariens. Noda vit l'expansion de nombreuses familles, tantôt associées par des mariages arrangés, tantôt en concurrence impitoyable. Non loin aujourd'hui de l'aéroport international de Narita, Noda et ses maisons bénéficièrent rapidement de l'immense marché de

Tokyo. Avant même le premier conflit mondial, profitant de l'ouverture du pays au monde, Kikkoman investissait l'Europe déjà par des pays comme la Hollande ou l'Autriche. *Ki* signifie en japonais la chance et la longévité, car c'est le symbole de la tortue, *ko* veut dire de premier ordre et *man* suggère pour toujours. La firme se veut donc prospère. La guerre l'a propulsée en Corée et en Chine et l'après-guerre aux États-Unis et même au Brésil. Au Japon, sa part du marché est d'environ 30 %. Au terme d'une histoire séculaire, marquée par des rivalités féroces, des conflits sociaux parfois très durs et même une fraude sur le vin dans les années 80 (car la firme produit aujourd'hui du vin !) Kikkoman emploie en 1995 plus de 3 500 personnes au Japon et outre-mer.

• Le nom de **Mitsui** apparaît pour la première fois en 1585. Plus tard, un riche marchand, Tokatoshi Mitsui commence à bâtir une fortune en exerçant le commerce de l'argent (prêts aux clients) et en pratiquant des opérations sur le riz. Né à Matsusaka, non loin d'Ise (où se trouve le temple national), Mitsui est le quatrième fils d'un homme qui est prêteur sur gage et brasseur. En 1873 il ouvre des boutiques de kimono à Kyoto et à Edo (l'actuelle Tokyo).

Déjà, il préfère réaliser de faibles profits mais vendre de grandes quantités ; il n'accepte d'ailleurs que des espèces sonnantes et trébuchantes. Dans ses magasins, vite florissants, il met en place une certaine division du travail et encourage la productivité de ses employés par des bonus substantiels et gratifiants. Ce personnage est considéré comme le fondateur de ce qui allait devenir le conglomérat industriel et financier Mitsui. Il devint, par ailleurs, le financier officiel du shogun.

Aujourd'hui, le groupe Mitsui est organisé autour de trois leaders, la Mitsui Bank créée en 1876, la Mitsui and Co, seconde société de commerce du Japon et la Mitsui Real Estate Dev. Corp, première société pour la construction et l'immobilier. Mitsui est ainsi un empire présent dans le secteur de l'énergie (charbon puis hydrocarbures), dans les produits de base comme le ciment (Onoda Cement fournit plus de la moitié du ciment japonais) et la pâte à papier (Oji paper est le premier fabricant) et aussi dans la métallurgie, la machine-outil, les moteurs, l'équipement industriel, la chimie et la pharmacie. Tout ceci n'exclut nullement l'agro-alimentaire (moulins, sucre et embouteillage du coca cola !). Aucun réseau n'est négligé, que ce soient les transports maritimes ou aériens, les grands magasins (Mitsukoshi) ou encore les assurances (vie et dommages) et l'activité financière dans tous les compartiments (dépôts et prêts pour les entreprises).

Ayant prospéré de l'ère Meiji à Hiroshima en ayant accompagné l'expansion du Grand Japon, démantelé en 1946 et reconstitué en 1948, l'ensemble Mitsui reste un empire dans l'Empire. Il est d'autant plus solide que le capital reste essentiellement aux mains des différentes sociétés qui le composent, remarquablement verrouillé.

• Le groupe **Mitsubishi** est l'autre groupe emblématique du Japon. Son fondateur est issu d'une modeste lignée de samouraï de la région de Nagoya. *Yataro Iwasaki* gère une compagnie de navigation qui prend le nom de Mitsubishi shokai en 1873. Les *Mitsu* (trois) *bishi* (losanges) figurent sur le pavillon de la compagnie. Iwasaki a laissé comme message à ses enfants la devise *voyez grand, ne spéculez pas, soyez patriotes.*

Appuyée sur les transports maritimes, Mitsubishi dispose d'abord d'une grande maison de commerce, la *Mitsubishi Corporation,* fondée en 1893 et qui retrouve son nom en 1954. Mais, l'essentiel est le groupe industriel, *Mitsubishi Heavy Industries,* qui démarre en 1870. *MHI* est une véritable galaxie industrielle. La société est d'abord un spécialiste des transports maritimes, dès l'ère Meiji, centrée sur Tokyo et sur Kobe. Entre les deux guerres l'aéronautique est devenue une branche importante. L'avion de George Bush ne fut-il pas, en pleine guerre du Pacifique, abattu par un des redoutables *zéro* de Mitsubishi ? Reconstitué après 1952, ce secteur travaille sur de multiples programmes : avions commerciaux, moteurs, hélicoptères, missiles et fusées. La coopération avec les États-Unis permet la mise à niveau : sous-traitance de Boeing pour le domaine civil et association plus ou moins conflictuelle avec General Dynamics pour l'avion de combat FSX. Sur terre, Mitsubishi Motors né en 1970 est devenu le quatrième groupe de construction automobile du Japon (véhicules de tourisme, véhicules utilitaires et pièces détachées).

L'industrie de Mitsubishi a investi tous les domaines prometteurs : l'espace (l'agence nationale nippone a été créée en 1969), l'énergie nucléaire (qui s'ajoute aux activités minières, pétrolières et gazières), l'électronique de pointe, la robotique (premier rang national) et la biotechnologie. Il faut encore ajouter une multitude d'activités diverses concernant la précision, la mécanique et l'optique (Nikon) ou encore la chimie et le verre *(Asahi),* le textile (Mitsubishi Rayon) et la bière *(Kirin Brewery).* « Nous fabriquons tout, du cure-dent au sous-marin, tout ce qu'il faut à l'homme depuis son berceau jusqu'à sa tombe », ainsi s'exprime un dirigeant de l'énorme conglomérat.

Celui-ci comprend un troisième grand domaine d'activités, qui concerne la banque, l'assurance et l'immobilier. *La Mitsubishi Bank* créée en 1919, reconstituée en 1953, pratique toutes les fonctions bancaires imaginables, aux Amériques, en Europe et en Océanie ; ses actions ont été introduites en Bourse à Paris en 1989. Au niveau des assurances, Mitsubishi est largement présent avec la *Meiji Mutual Life Ins.* et la *Tokio Marine and Fire Ins.* L'immobilier, avec *Mitsubishi Estate* représente aussi des intérêts considérables. La société possède la plus grande partie des immeubles du quartier d'affaires de Tokyo, là où le mètre carré est le plus cher du monde.

Encadré 1
Mitsubishi : histoire d'un empire économique

1870-1885 Les premières années	Yataro Iwasaki originaire d'un village de l'actuelle préfecture de Kochi (île de Shikoku) fonde une compagnie de navigation – qu'il perd en 1885. Mais d'autres entreprises qu'il a constitué (Mines, banque, assurance, entrepôts et transports) forment déjà l'organisation Mitsubishi, la société aux trois diamants.
1885-1893 Un nouveau départ	Yanosuke Iwasaki succède à son frère aîné, Yataro. A partir des mines et des chantiers navals qu'il modernise, il fortifie les autres activités du groupe. Il acquiert, en 1890, près de 30 ha vendus par le gouvernement près du palais impérial à Tokyo. Ce domaine va devenir le centre des affaires de la capitale, Marunouchi.

1893-1916 Diversification et réorganisation	Hisaya Iwasaki, le troisième président de Mitsubishi est diplômé de l'Université de Pennsylvanie et sensible aux aspects internationaux de l'économie. Il autonomise quelque peu les grandes divisions du groupe : mines de charbon, minerais, chantiers navals, biens immobiliers, banque, étude des marchés, administration. De nouvelles sociétés démarrent : Mitsubishi Paper Mills, Asahi Glass, Mitsubishi Cable Industries. Le président, philanthrope, exploite lui-même deux grosses fermes appartenant à Mitsubishi, offre deux jardins à la ville de Tokyo, ouvre une bibliothèque consacrée aux travaux sur l'Orient. Il exige des employés le plus grand respect des valeurs morales.
1916-1945 Modernisation et dissolution	Koyata Iwasaki, le fils de Yanosuke est diplômé de Cambridge (Royaume-Uni). Sous sa présidence, les divisions du groupe deviennent de véritables sociétés. D'autres sont créées, qui deviendront Nikon, Mitsubishi Oil, Mitsubishi Steel, Mitsubishi Rayon, Mitsubishi Chemical... En 1937 le capital de Mitsubishi, appartenant jusqu'alors exclusivement à la famille Iwasaki est – en petite partie seulement, cédé au public. Pendant le second conflit mondial les *zéro* – avions de combat de Mitsubishi foncent sur Pearl Harbor (la firme en a fourni 40 000 à l'armée de l'air japonaise). Avec ses navires de guerre et ses explosifs, Mitsubishi est un grand du complexe militaro-industriel.
L'après-guerre La renaissance	Démantelé puis reconstitué, Mitsubishi devient la plus grande entreprise du monde (énergie, ciment, chimie, automobile, optique, électronique, immobilier, transports, banque, assurance, armements, espace et ressources des océans...).

Avec son hymne matinal et ses collaborateurs motivés, Mitsubishi, écrit Maurice Moreau, est « un Japon dans le Japon ». Allié à Hœchst, l'Allemand, dans les supports magnétiques, aussi bien qu'à l'entreprise automobile malaise Proton, la firme s'empare, en 1989, de 51 % du Rockefeller Group, fondé en 1934 par John. D. Rockefeller et propriétaire du prestigieux Rockefeller Center de New York, Mitsubishi ne devient-il pas alors **un monde dans le monde ?** En 1990, les dirigeants du premier groupe industriel du Japon ont rencontré, à Singapour, ceux du premier groupe industriel du vieux continent : Daimler-Benz. De nombreuses possibilités de coopération sont apparues entre les deux géants (automobiles, poids lourds, avionique, électronique et matériaux composites). Il y a là, face au géant de Stuttgart, le géant de Tokyo, qui pèse 7 % du PNB japonais, à travers ses vingt-neuf principaux groupes industriels, auxquels il faudrait ajouter une dizaine de grandes institutions (banques, finances, assurances). Si elle se confirmait, l'alliance Daimler-Mitsubishi constituerait le plus gigantesque regroupement industriel de tous les temps.

En attendant, c'est au siège de Mitsubishi Estate, à Tokyo que se réunissent, le deuxième vendredi de chaque mois, les dirigeants de chacune des vingt-neuf plus importantes sociétés du groupe. Le *Kinyo-Kai* « club du vendredi » permet d'aborder tous les sujets... autres que ceux concernant les affaires, en principe. En réalité, c'est l'occasion d'échanger des informations et d'harmoniser ses positions. De toute façon, des réunions hebdomadaires (repas, parties de golfe) permettent aux présidents des trois sociétés Mitsubishi Corporation, Mitsubishi Trust et Mitsubishi Heavy Industries, de s'informer mutuellement et de se concerter.

Le *Kinyo-Kai,* club du vendredi, permet de réfléchir sur la technologie et les faits de société. Il a été à l'origine du *Mitsubishi Research Institute.* C'est dans des instances de ce genre que le Japon prépare le XXIe siècle.

Dessin 1
L'origine du logo de Mitsubishi
« Les trois diamants »

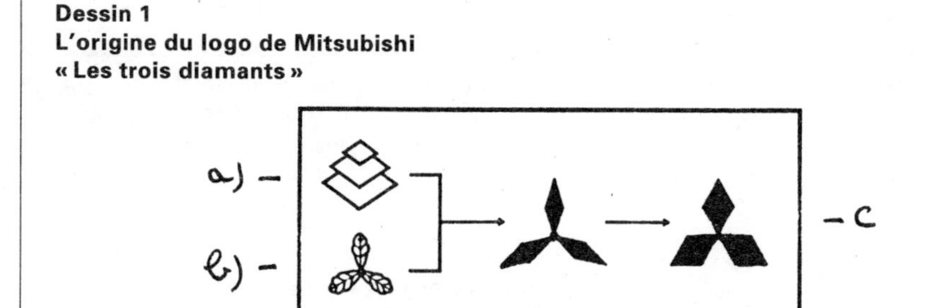

a/ armoiries de la famille du samouraï Iwasaki ;
b/ armoiries (feuilles de chêne) de la famille Yamanouchi, du clan Tosa, qui domine le pays d'Iwasaki (dans l'île de Shikoku) ;
c/ la combinaison donne « les trois diamants ».

Source : Documentation Mitsubishi.

• **Mitsui et Mitsubishi, fondés par des descendants de samouraï représentent, en quelque sorte, la première (Japon shogunal) puis la seconde (Japon Meiji) génération d'entreprises du Japon.** Après la Première Guerre mondiale, le Japon connaît un nouvel essor tout à fait considérable, avant que le militarisme et le totalitarisme ne viennent, dans les années 30, confisquer et fourvoyer les dividendes d'une économie déjà prospère. Il suffit de rappeler le démarrage de nouveaux groupes bancaires (Mitsubishi, Fuji et Sanwa Bank), des industries de l'automobile (Toyota, Mazda, Nissan et Bridgestone), des engins de travaux publics, de mécanique et des outils de précision (Komatsu, Kubota et Minolta) et des futurs géants de la consommation (Matsushita et Mitsukoshi).

On peut ainsi distinguer cinq générations historiques d'entreprises japonaises :

Époque historique	*Assise économique*	*Entreprise type*
Japon shogunal	Saké-soja-kimono-change	Mitsui
Ère Meiji	Charbon-navires-acier-banques	Mitsubishi
Entre-deux-guerres	Mécanique-électricité-automobile-chimie	Komatsu-Toyota-Bridgestone
« Haute croissance »	Acier-automobile-électronique	Sony
Défi de l'an 2000	Nouveaux matériaux-informatique-biotechnologies	Kyocera

Aujourd'hui, ce dont les dirigeants français créditent le Japon concerne la puissance du collectif, le sens et la passion du travail, l'esthétisme et le perfectionnisme, la fascination de la complexité et... la japonité intégrée. Gérard Dubrulle, un responsable de la formation chez Renault conclut « la réussite économique japonaise est un coup de pot historique ! La rencontre d'une culture floue avec l'accroissement de la complexité environnante ».

▸ **Le yen est-il toujours le bras armé du samouraï ?**

• **En 1949, Dodge, le banquier de Detroit, fixa le taux de change à 360 yen pour 1 $,** parce que le symbole du Japon est un cercle. Il est exact que les troupes américaines d'occupation sous l'autorité de Mac Arthur, surnommé par les Japonais le nouveau shogun et remarquablement conseillé par d'éminents japonologues comme le nouvel ambassadeur Edwin Reichauer, évitèrent au Japon le drame de la déculturation.

A la surprise des autorités nippones elles-mêmes, cette nouvelle parité représentait une sous-évaluation du yen d'au moins 10 %. Avec une telle monnaie de combat, arme remarquable à l'exportation, le Japon allait rapidement redevenir, avec ses cartels reconstitués depuis peu, l'atelier de l'Asie. La sous-évaluation du yen, stabilisé au demeurant, allait être un atout considérable. Les autorités japonaises vont résister massivement aux pressions externes visant à annuler cet avantage économique.

Tableau 1
Les quatre *endaka* (ou montées du yen) au Japon

1949	*Réforme Dodge*	*360 yen pour 1 $*
1971-1973-1976	Choc Nixon, choc pétrolier	300 yen pour 1 $
1978-1985	Second choc pétrolier	230 yen pour 1 $
1985-1989	Accord du Plaza Hôtel et *endaka*	de 230 à 130 yen pour 1 $
1993-1995	22 juin 1994	100 yen pour 1 $

En 1995 le contexte est moins favorable au Japon. Pendant sa campagne électorale, le président Clinton avait déclaré « Je vais me concentrer sur l'économie comme un laser. La politique étrangère ne jouera un rôle que dans la mesure où elle affecte l'économie. »

Il pensait bien sûr au déficit commercial des États-Unis, dont la moitié environ est dû au seul Japon. Et les Américains exigent d'abord un effort d'ouverture de ce pays, ensuite une revalorisation du yen qui rendra ses exportations plus coûteuses. L'excédent commercial de Nippon résistera-t-il à l'*endaka* ?

• **La solution à ces problèmes pourrait bien être trouvée dans une véritable « révolution des prix »** dont bénéficierait aussi le consommateur japonais, au sein de ce que R. Richie appelle une « civilisation du client » *(customer civilization)*.

En 1994, le premier ministre Tsutouru Hata a demandé à l'Agence de planification économique d'étudier la faisabilité d'une baisse des prix de détail de 2 % par an sur dix ans (20 % au total). De toute façon des *discount shops* ont entamé depuis deux ou trois ans cette « révolution des prix » sur divers produits (bière, vêtements, cosmétiques, électroménager). Au début de 1995, le grand journal économique japonais *Nihon Keizai* notait que « La tendance est nationale. C'est l'effondrement du système des prix ». Ce mouvement est facilité par l'*endaka,* puisque le Japon peut acheter moins cher ses importations, en particulier l'énergie si importante pour lui.

Ainsi s'esquisse au Japon un scénario de « déflation compétitive ». Dans ce schéma où les prix baissent et où les salaires nominaux stagnent, le pouvoir d'achat progresse tandis que le prix des exportations n'augmente pas exagérément malgré l'*endaka* (grâce à la baisse du prix des matières premières et à la stagnation des salaires). Ce schéma n'est pas sans rappeler le « cercle vertueux allemand »[1].

Une firme comme **Toyota,** pour compenser la revalorisation du yen, compte essentiellement sur la délocalisation de la production soit sur les lieux de vente (cas de l'Amérique du Nord) soit dans les pays à faible coût de main-d'œuvre (cas de l'Asie de l'Est). L'entreprise table également sur une rationalisation accrue des méthodes de production ainsi que sur la réduction du nombre des pièces détachées. Enfin Toyota va également, dans la tradition japonaise, reporter sur les sous-traitants une partie de l'effort de l'ajustement et de la productivité.

2. L'organisation japonaise permet de mobiliser toutes les ressources du pays au service de l'entreprise

Quatre données essentielles permettent d'expliquer en grande partie les performances du Japon et, à sa suite, celles des pays de l'Asie de l'Est : le rôle de l'État, de l'épargne, de l'entreprise et de l'éducation.

▸ **L'État encourage chaque génération d'entreprises.**

• **A partir de 1868 et de l'ère Meiji, le gouvernement japonais a laissé se développer les grandes entreprises industrielles, les groupes bancaires, les sociétés de transport et de négoce.** Il s'agissait de refuser toute tentative de colonisation économique de l'Occident. Adoptant la devise *Esprit japonais, science occidentale,* formées par les plus grandes universités du pays (Todai, Keio et

1. Le lecteur notera que le yen a été créé en 1871, la même année que le Mark.

Waseda à Tokyo), les élites du pays se retrouvent dans les grandes entreprises, dans la haute administration et dans la politique. C'est le « triangle de fer ». L'*amakudari* ou « descente du ciel » (que l'on nommerait *pantouflage* en France) désigne l'embauche des hauts fonctionnaires, au moment de leur départ de la fonction publique, dans le secteur privé. La cohérence et la connivence du système s'en trouvent renforcées.

• Dans cet effort national qui fait choisir le secteur productif aux dépens de la consommation immédiate, le **MITI** (Ministry of International Trade and Industry) créé en 1949 par d'anciens responsables des services secrets et qui succède aux ministères des Munitions (pendant la guerre) et à celui des Approvisionnements (après le conflit) joue le premier rôle. Dans la tradition japonaise, son action consiste à impulser et à coordonner l'effort de rattrapage industriel du Japon par rapport à l'Occident et, tout particulièrement, par rapport aux États-Unis.

Ce super-ministère, qui dirige avec subtilité les grandes affaires du pays (il ne dispose, selon Guy Faure que de 1 % du budget et de 1 % des effectifs des fonctionnaires du Japon) a d'abord un rôle sectoriel et stratégique. Il a ensuite une fonction commerciale et entreprenariale. Il a enfin un rôle scientifique.

Le MITI doit d'abord indiquer la bonne direction, « agiter le drapeau dans le bon sens ». Dès les années 50, il cible les secteurs prioritaires pour le pays : les chantiers navals (tonnages à six chiffres atteints avant même l'expédition de Suez en 1956), la sidérurgie au bord de l'eau, la pétrochimie. Ces anticipations remarquables permettront au pays de devenir, dès 1968, le Troisième grand. Après le premier choc pétrolier, le même ministère n'hésitera pas à programmer la mort d'industries devenues, au moins momentanément, obsolètes, salissantes, encombrantes, énergivores et non rentables. Le MITI déménage et délocalise. Après avoir littoralisé l'économie du Japon, il n'hésite pas à orchestrer la remontée de filières industrielles, de la chemise à la machine textile, de la carrosserie au robot, de la calculette à la puce – de l'économie de la tonne à l'économie du vide (c'est-à-dire de la recherche et des réseaux).

Sur le plan **entreprenarial et commercial,** le MITI propose des objectifs stratégiques, des paris industriels, impose des concertations entre entreprises, pourtant en concurrence féroce. Dans ce pays de lutteurs de sumo, le ministère organise des pôles de compétition, plusieurs équipes sur le même objectif ayant plus de chance de l'atteindre qu'une seule. C'est le cas pour l'automobile, l'électronique grand public ou l'informatique. Le MITI place les entreprises japonaises sur des créneaux d'activité où il est possible de concevoir des produits mondiaux de qualité. Cette rationalisation de l'appareil productif est favorisée par la pratique d'un protectionnisme tout aussi puissant que subtil. C'est le protectionnisme des industries naissantes, auquel succède d'ailleurs immédiatement un protectionnisme de puissance. L'essentiel est toujours de gagner des parts de marché puis de plus grandes marges bénéficiaires qui, avec le temps gagné en matière de recherche appliquée, préparent les futures batailles. De toute façon le capital des entreprises japonaises est verrouillé. Une loi de 1950 soumettait tous les investissements étrangers à l'autorisation administrative. Elle a été abolie dans les faits. Mais de nombreux secteurs politiquement sensibles (agriculture) ou stratégiques (pétrole) restent protégés. C'est le cas de bien d'autres secteurs, comme dans d'autres pays d'ailleurs : transports, banques et assurances, télécommunication et audiovisuel.

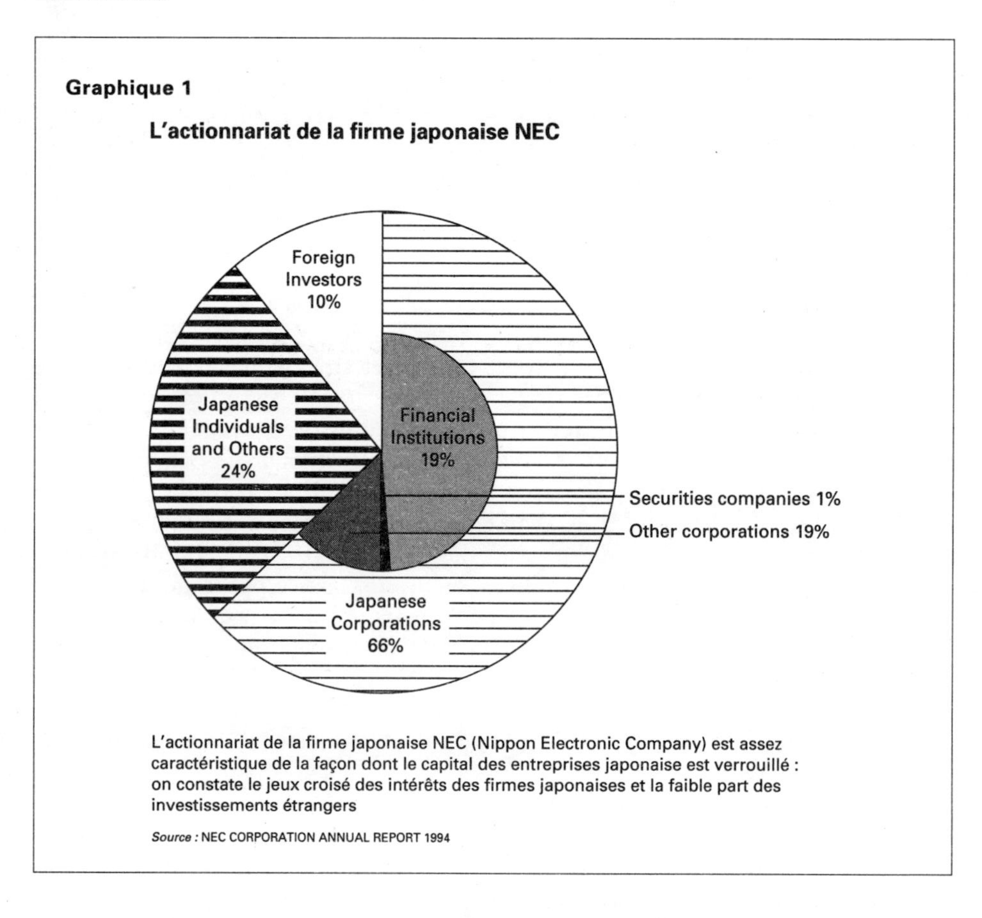

Graphique 1

L'actionnariat de la firme japonaise NEC

L'actionnariat de la firme japonaise NEC (Nippon Electronic Company) est assez caractéristique de la façon dont le capital des entreprises japonaise est verrouillé : on constate le jeux croisé des intérêts des firmes japonaises et la faible part des investissements étrangers

Source : NEC CORPORATION ANNUAL REPORT 1994

L'actionnariat de la firme japonaise NEC (Nippon Electronic Company) est assez caractéristique de la façon dont le capital des entreprises japonaises est verrouillé : on constate le jeu croisé des intérêts des firmes japonaises et la faible part des investissements étrangers.

Le talent des fonctionnaires du MITI s'exerce sans doute le mieux en ce qui concerne la **recherche-développement.** Dès le début des années 70 par exemple, le ministère avait provoqué une coopération entre six firmes électroniques du pays : Mitsubishi, Hitachi, Oki, Toshiba, Fujitsu et NEC. Dès 1980 IBM perdait la première place sur le marché japonais au profit de Fujitsu.

Après ces performances certains observateurs ont cru déceler une diminution du rôle du MITI. Ce point de vue doit être discuté. Vers 1987, élaboré conjointement par le MITI et par les milieux universitaires, est né le concept de techno-globalisme. Il signifie que tous les pays devront, autant que possible, permettre un accès libre et facile à leurs technologies nationales. On comprend l'intérêt de cette nouvelle notion pour le Japon : il deviendrait l'opérateur *(Networker)* de l'infrastructure technologique mondiale, bénéficiant en premier des découvertes et des acquisitions des centres de recherche du monde entier, en particulier des laboratoires européens et américains. Certains ont parlé d'OPA japonaise sur la science mondiale.

• **Ainsi apparaît « l'économie volontaire », selon l'expression de Michel Drancourt,** constituée d'une stratégie d'attaque (des marchés mondiaux) et d'une stratégie de défense (protectionnisme à géométrie variable). Le plan lancé en 1960 (plan IKEDA) qui visait à doubler le PIB réel du Japon en dix ans a atteint son but en moins de sept ans. Selon Naohiro Yashiro, professeur à l'Université Sophia à Tokyo « un facteur important de la croissance réside en la croyance en son propre accomplissement ».

Le Japon n'est pas redoutable par son Agence de planification économique qui tente de décrypter l'avenir. H. Brochier estime la planification japonaise plutôt... « décorative » (ce qui est logique pour un pays pragmatique). L'archipel est redoutable par sa stratégie même qu'a remarquablement analysé Christian Saint-Étienne.

> *Le Japon ne lâche pas la proie des moyens de contrôle pour l'ombre de principes comme le libre-échange ou la concurrence dite à armes égales... La stratégie de moyens du Japon s'enracine dans une terre dure et un peuple économe... Le problème c'est que l'Occident a des objectifs de buts et le Japon des objectifs de moyens.*

La seule recherche de l'excellence est porteuse de domination future.

► **L'économie japonaise associe inégalement donneurs d'ordres et sous-traitants dans un système de production qui lui est propre, où l'appartenance à un réseau est facteur d'efficacité.**

Aux anciens conglomérats d'avant guerre, les *zaibatsu* (cliques financières) ont succédé les *keiretsu* (compagnies affiliées). Ces sociétés géantes, très caractéristiques du Japon, autorisent à la fois la défense (au niveau du contrôle du capital) et l'offensive (en permettant l'augmentation des parts du marché).

• **Les observateurs distinguent d'abord six grands groupes.** Trois étaient déjà constitués avant guerre : **Mitsui, Mitsubishi et Sumitomo.** Ils ont été reconstitués au début des années 50. Trois autres groupes ont été réunis autour de banques puissantes : la **DKB** (Dai Ichi Kangyo), la banque **Fuji** (groupe Fuyo) et la banque **Sanwa.** Ces ensembles présentent des filières complètes, organisées autour d'usines, de maisons de commerce et de sociétés financières (banques, compagnies d'assurance, maisons de courtage). Les groupes, un peu plus modestes, autour de la banque Tokai et de la Banque industrielle du Japon présentent les mêmes caractéristiques. Liens personnels et réunions formelles permettent d'élaborer les stratégies.

Un second type de *kereitsu,* comprenant 31 ensembles, selon Serge Airaudi, organise le regroupement essentiellement autour d'une ou de deux sociétés spécialisées, comme par exemple Matsushita (branche électricité-électronique).

Les *kereitsus* du Japon offrent à l'économie nationale une multitude d'avantages en matière de taille critique, de rentabilisation des investissements et de gammes d'activités. Ces grandes maisons disposent de moyens de recherche, de temps, de réseaux mondiaux et peuvent élaborer des stratégies de diversification. Leur capital reste verrouillé, composé de trois tiers. Le premier est fait de participations croisées au sein même du *kereitsu.* Le second vient des investisseurs institutionnels (caisses de retraite, caisses d'Épargne, compagnies d'assurance vie, etc.) aux ordres de l'administration du pays. Le troisième tiers seulement, aux mains des particuliers, est accessible. De toute façon, le *Price Earning ration* (PER) – ratio cours bénéfice – reste très supérieur au Japon à ce qu'il est en Occident. Parts de marché et plus-values à long terme, l'emportent plus souvent, comme critères, sur les marges et sur le court terme. Les *kereitsus* offrent enfin à leurs collaborateurs prestige, salaires élevés et emplois à vie, en tout cas jusqu'à maintenant.

• **Ce n'est pas le cas des six millions de PME que compte l'archipel.** Dans l'industrie, ce sont les établissements de moins de 300 salariés, dans le commerce de gros, ceux de moins de 100. Dans les services cela concerne les ensembles de moins de 50 emplois. Ouvertures et créations, fermetures et faillites dépendent de la conjoncture générale. Le plus souvent, les PME du Japon paient le prix de la restructuration. De toute façon, ici, les salaires sont beaucoup moins élevés, les avantages sociaux réduits et les emplois plus précaires. L'économie nippone est duale.

Pourtant, comme aux États-Unis, et, surtout, comme en Allemagne et en Italie, le Japon est riche en PME de toutes sortes. Beaucoup d'entre elles sont des PME sous-traitantes. De la grande entreprise, donneur d'ordre, en cascade, on peut atteindre le troisième ou le quatrième niveau. Actuellement, Toyota accroît sa pression sur les sous-traitants afin qu'ils réduisent encore leurs coûts. Nul doute que le Japon maltraite, surtout en période de crise, ses sous-traitants.

Outre sa multitude de PME sous-traitantes, le Japon est riche d'entreprises plus ou moins innovantes. Ce fut le cas de Sony, puis de Kyocera, fondées dans les années 40 et 50. Qu'elles soient fondées par des agriculteurs, des ingénieurs ou d'anciens salariés des grands groupes et aidés par eux, les PME du Japon expliquent en grande partie son dynamisme et sa capacité à se moderniser.

▶ **Le Japon a développé un mode de production original, le toyotisme.**

Ainsi que l'a remarquablement démontré Gilberte Beaux les établissements industriels du Japon sont des lieux où s'optimisent les processus, les délais et les coûts. C'est Tai Ichi Ohno qui a introduit chez Toyota, des années 50 à 65, les méthodes du **zéro défaut,** du **zéro stock** et du **zéro délai.**

• **Ohno a étudié aux États-Unis les méthodes de production tayloriste et fordiste** dont les Américains étaient alors si fiers. Il comprend leur utilité, mais fait trois remarques :

— Les émules d'Henri Ford n'ont pas parfaitement compris ses idées de départ. Ils ont réduit le fordisme à la volonté d'économiser le temps – c'est-à-dire de réaliser des gains de productivité ; cette économie souhaitable n'est pas suffisante. Il faut aussi réaliser des gains d'espace, de matières premières...

— Le Japon doit particulièrement faire attention à ces points, lui dont les ressources sont limitées, surtout au lendemain de la guerre ; comme le souligne Paul Lambert, les Japonais ont appelé « gaspillage toute action qui n'apportait pas de valeur ajoutée en contrepartie de son coût. Les transports de pièces dans l'usine, leurs stockages, les pannes, les contrôles de pièces faits par des contrôleurs, les réglages machines, l'attente de l'ouvrier devant une machine, considérés comme gaspillages ont donné lieu à des études minutieuses pour les éliminer ». Dans la production au plus juste (*lean production* en américain), beaucoup d'agents deviennent inutiles (contrôleurs régleurs, manutentionnaires (0 transport), magasiniers (0 stocks), ainsi qu'une partie des effectifs d'entretien et de maîtrise. Les structures sont simplifiées et leur coût réduit d'autant.

— La production, dans le système fordiste, est littéralement « poussée » par les bureaux d'étude en amont. Henry Ford a voulu toute sa vie rééditer le succès de la Ford T, inventer **la** voiture qui conviendrait à tous les clients. Une telle attitude néglige les aspirations des consommateurs ; elle risque de provoquer des gaspillages et de déboucher sur une qualité médiocre. A l'inverse, Ohno s'est inspiré du supermarché « qui est un endroit où le consommateur peut obtenir les marchandises dont il a besoin, au moment où il en a besoin et dans les quantités qui lui sont nécessaires ». En ce sens, le toyotisme, c'est « le taylorisme à l'envers ». Le premier soin de l'industriel nippon consiste donc à s'informer auprès de sa clientèle éventuelle pour saisir et connaître la demande à l'état naissant, puis à établir des partenariats avec ses fournisseurs.

Jean Bounine parle ainsi d'une « distribution frugale pour une production frugale ». C'est l'« usine minimum », la « production maigre » *(lean production)*. Elle repose sur les caractéristiques suivantes :

— **Le kanban**[1] est moins gestion **des** stocks que gestion **par les** stocks dans la mesure où l'accumulation de ceux-ci révèle l'ampleur des gaspillages. La production est calculée au minimum à tous les niveaux, ce qui suppose une excellente liaison avec les distributeurs (afin de produire dès qu'il y a demande) et une fourniture précise de pièces détachées – ce qui repose sur la sous-traitance. Non seulement ce système permet de réaliser des économies, mais il autorise des améliorations régulières en fonction des réactions des clients. Comme le souligne François Dalle, par le souci de gaspiller le moins possible les ressources par la

1. Le terme désigne à l'origine les étiquettes destinées à commander aux ateliers la production d'une pièce détachée ou d'un objet. Par extension, il désigne l'ensemble de l'organisation du travail japonaise, aussi connue sous le terme de *just at time.*

méthode du *kanban* et par celle du *just at time* (juste à temps), le toyotisme s'efforce d'appliquer le précepte *utilisez votre cervelle plutôt que votre porte-monnaie.*

— L'accent est en effet mis sur la **qualité.** C'est un souci constant pour lequel les travailleurs sont mobilisés (cercles de qualité). Ils en sont directement responsables, et chaque ouvrier a la possibilité d'arrêter la production s'il constate des défauts, alors que dans le Taylorisme, les normes de qualité sont fixées par les bureaux et vérifiées par eux. C'est **l'automation** des travailleurs. Les sous-traitants, qui doivent livrer des pièces détachées irréprochables, sont associés à cet effort.

— Cette automation concerne les travailleurs individuellement ; elle suppose une bonne formation, une polyvalence et la capacité à changer de poste. Mais elle se fait surtout dans le cadre de l'équipe de travail chargée d'encourager l'amélioration permanente *(kaizen)* en une sorte de perfectionnisme permanent. Ainsi, dans une récente étude sur la comptabilité de gestion au Japon, un jeune chercheur japonais, de l'Université de Kyushu, Johei Oshita, constate qu'elle sert en Occident à évaluer les performances jusqu'au niveau de chaque employé. Au Japon, l'organisation de la production fait que l'on ne mesure que la performance globale de l'équipe.

• **Dans *Le système qui va changer le monde,* ouvrage paru aux États-Unis en 1990,** les auteurs, James P. Womack, Daniel T. Jones et Daniel Roos montrent que dans la double relation entre productivité et qualité d'une part, productivité et automatisation d'autre part, c'est l'homme-projet, le *shusa,* qui, relayé par l'ouvrier-bachelier, non plus O.S. mais plutôt BTS, opérateur polyvalent, donne l'avantage définitif au toyotisme, modèle de production au plus juste, par rapport au fordisme, modèle de production de masse. « L'ouvrier, précise de nouveau Paul Lambert[1], devient une petite cellule de production autonome et intégrée, aux tâches et aux responsabilités très enrichies, très élargies, donc nécessairement de haut niveau culturel... Cet ouvrier-bachelier est très bien payé grâce aux énormes économies de structures et devient un participant actif aux études et suggestions d'amélioration de la qualité et de la productivité. »

Tableau 2
La comparaison entre deux systèmes ouvriers dans l'entreprise au Japon et aux États-Unis
(d'après R. Suzuki, 1994)

Japon	*États-Unis*
• Totalité du travail	• Morcellement du travail
• Flexibilité de l'ouvrier	• Spécialisation de l'ouvrier
• Responsabilité collective	• Responsabilité individuelle

1. Les leçons de l'industrie japonaise, *Le Figaro,* 5 août 1991.

Il est donc vrai que Toyota a réinventé, après la guerre, une autre façon de faire des automobiles, d'incorporer, dans le nouveau produit en mutation, l'électronique de communication et de sécurité et la possibilité de personnaliser, par le jeu des options, une fabrication de masse. Pourtant, plusieurs auteurs et chercheurs constatent, **après la crise du fordisme, une certaine crise du toyotisme.**

D'abord, et contrairement à une idée reçue, tous les produits japonais ne sont pas de qualité parfaite, comme en témoignent des voitures en panne, des puces défaillantes et des incidents sur des centrales nucléaires. Il n'est pas rare que certains consommateurs, même japonais, expriment leur mécontentement. Fumito Matsuda a même dénoncé, dans l'archipel même, la réalité de trois niveaux de qualité automobile : une excellente pour les marchés solvables d'Occident, une moyenne pour le marché national et une plutôt détestable à destination de certains pays sous-développés...

Encadré 2
L'entreprise Toyota

Toyota est le premier constructeur automobile nippon, avant Nissan et Honda et produit 40 % de la production nationale, le second du monde en 1993 (après General Motors) pour les voitures particulières, précédant Ford. L'entreprise japonaise est, avec les trois américaines (Ford, General Motors et Chrysler), l'un des quatre plus grands producteurs du monde de véhicules utilitaires. Toyota est, en 1994, la cinquième firme mondiale pour le chiffre d'affaires.

Les grandes dates de Toyota

1897	Sakichi Toyoda produit des métiers à tisser qui assureront la prééminence japonaise dans le commerce international de la soie dans les années 20. L'usine de machines à filer et à tisser fait toujours partie du groupe.
1933	Création du département automobile de la Toyoda Automatic Loom Works.
1935	Sortie du premier modèle de Toyoda.
1937	Fondation de Toyota City (près de Nayoya) et constitution de la Toyota Motor Corp.
1955	Sortie du modèle Crown.
1957	Sortie du modèle Carina.
1965	Ohno a introduit dans la firme les nouvelles méthodes de production (toyotisme).
1981	Accords d'autolimitation (en matière automobile) Japon-États-Unis.
1990	Toyota entre dans le capital de Manitou (entreprise française de Loire Atlantique). Toyota est le premier constructeur mondial de chariots élévateurs pour l'industrie.
1991	Accord automobile euro-japonais, dit accord de Bruxelles.
1992	Début de production à la nouvelle usine de Miyata (Kyushu). 3 % des employés sont des femmes.
1993	Toyota a assemblé 888 000 autos à l'étranger.
1994	Shoichiro Toyoda est élu « patron des patrons ».
1995	Sept des douze usines du groupe restent localisées à Toyota City. Le séisme de Kobe est responsable, entre autres, d'une perte de production de 20 000 voitures. Toyota, aux prises avec la montée du yen, délocalise, simplifie et réduit le nombre de pièces détachées, accroît la pression sur ses sous-traitants.
1998	Sortie d'un modèle compact à 40 000 FF.

Selon Johei Oshita, les responsables de Toyota ont constaté que « le système *juste-à-temps* entraîne un gaspillage social de ressources, de plus, bien que Toyota ait essayé d'automatiser à fond un atelier de production (Tabaru à Aichi), cet atelier n'a pas eu de bons résultats en matière de coûts et a manqué de flexibilité. Toyota, tout en cherchant un nouveau personnel dans le Kyushu, essaie de réduire le degré d'automatisation de cet atelier. Ce fait montre que Toyota est aussi obligé de commencer à considérer de nouveau les rapports entre la personne et l'usine, entre l'entreprise et la société ou la nature »[1].

Expérimenté dans deux secteurs clés, l'automobile et l'électricité, le toyotisme entrerait-il, à son tour, en crise de productivité ? Dans l'après-fordisme, Robert Boyer constate que « le toyotisme n'est pas la fin de l'Histoire ».

Graphique 2

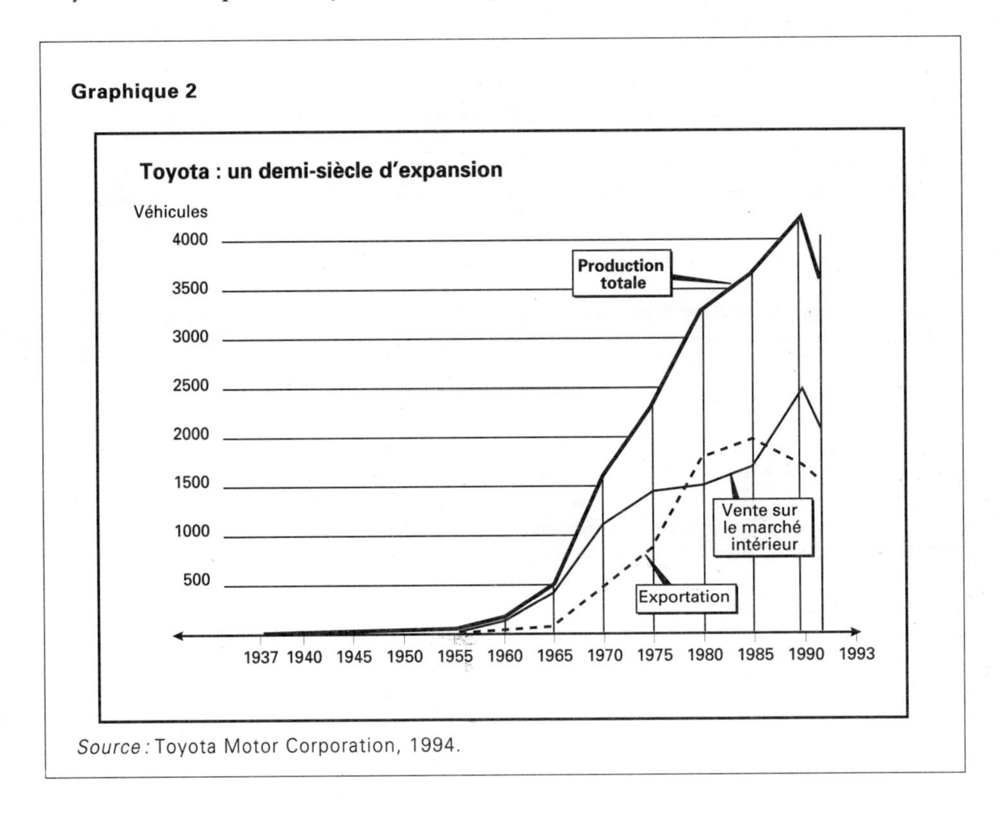

Source : Toyota Motor Corporation, 1994.

NB. — On observe une étonnante montée en puissance à partir de 1965. Toyota et Ohno ont mis au point les nouvelles méthodes de production dans la période de « haute croissance ».

1. Publication de l'Université de Kyushu, 1994, reproduction aimablement autorisée par l'auteur.

Carte 1

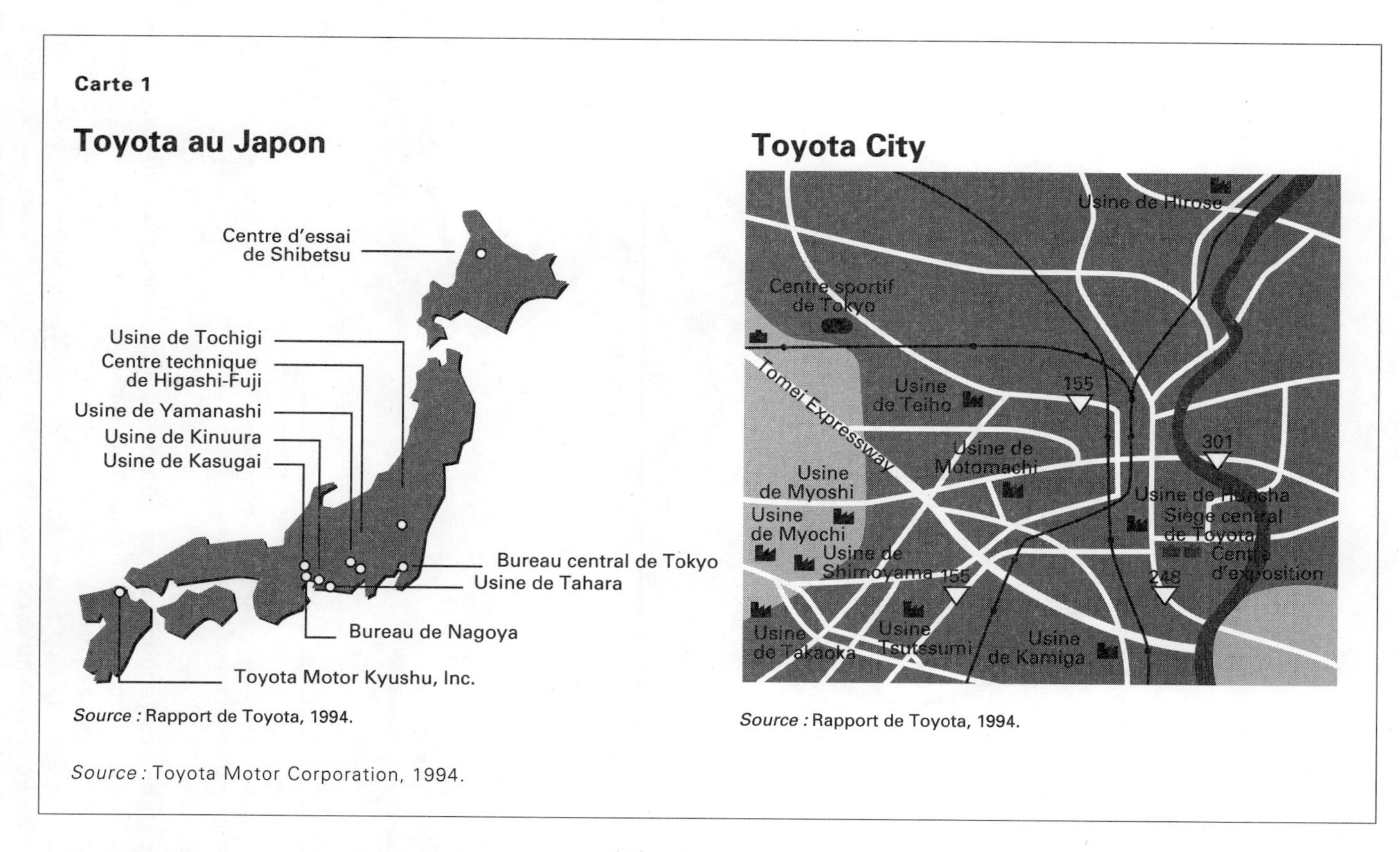

Source : Rapport de Toyota, 1994.

Source : Rapport de Toyota, 1994.

Source : Toyota Motor Corporation, 1994.

La firme a sa ville, Toyota City et son réseau national, d'Okkaido à Kyushu.

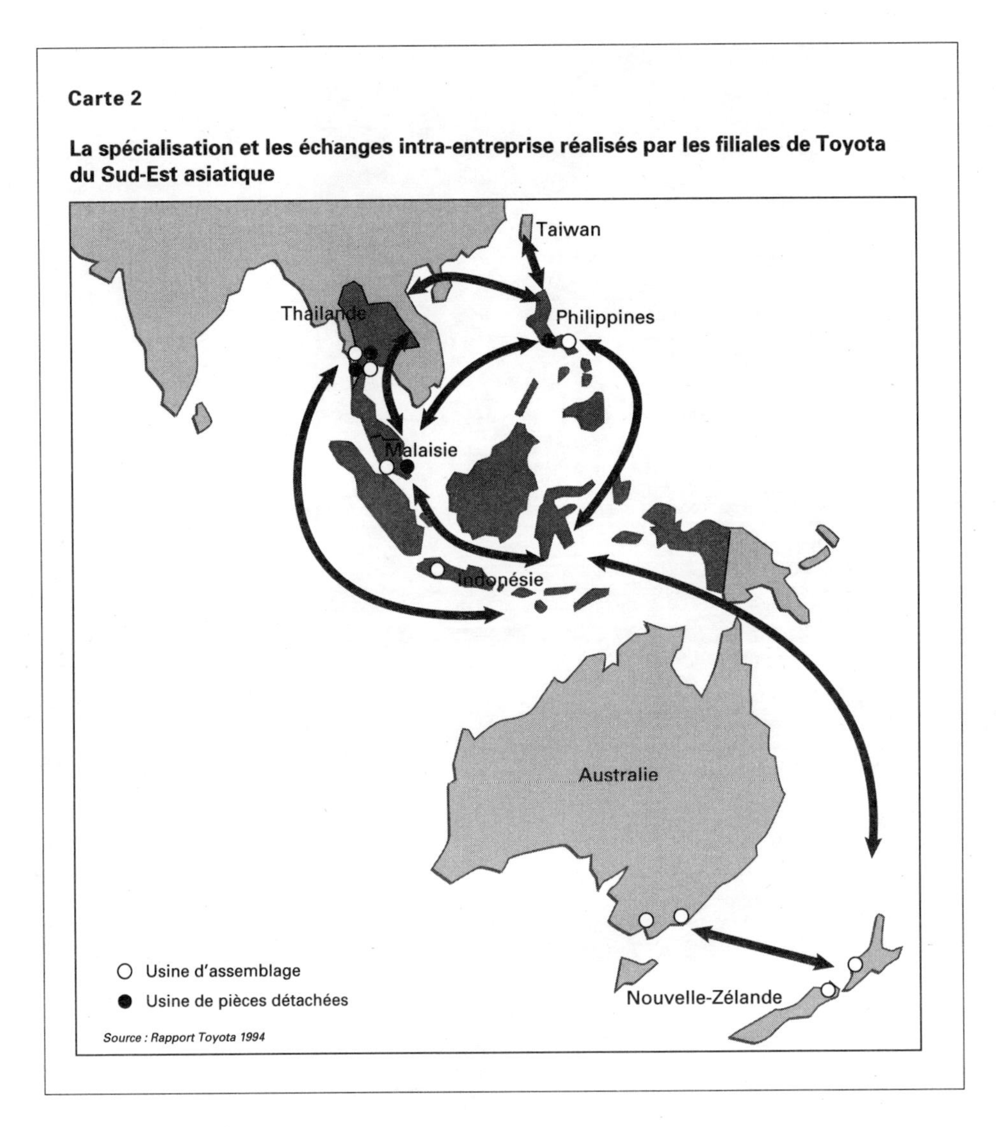

Carte 2

La spécialisation et les échanges intra-entreprise réalisés par les filiales de Toyota du Sud-Est asiatique

NB. — Le JAT (Juste-à-temps) est pratiqué par Toyota outre-mer (d'après Hors série n° 23, *Alternatives économiques*).

▸ **L'épargne des Japonais est mobilisée au service des entreprises.** Peuple sobre et frugal, qui doit tout économiser, le peuple japonais épargne beaucoup, comme nous l'avons vu, par nécessité immobilière, éducative, sociale et fiscale. Le taux d'épargne du pays reste l'un des plus élevés du monde, précédant l'Italie, et sans aucune comparaison avec les États-Unis. Banques, compagnies d'assurances et maisons de courtage drainent cette immense masse de capitaux.

— **Le système bancaire japonais est complexe.** Au départ, on peut distinguer :
— douze *city banks* qui conjuguent les activités de banques de dépôts et de banques d'affaires ;
— les *trust banks* qui exercent des activités de banques universelles et qui gèrent des fonds de placement : elles sont souvent au cœur des *kereitsus* ;
— les *long credit banks* qui distribuent le crédit à long terme ;
— de nombreuses banques régionales, banques mutuelles ou banques d'associations qui complètent le système.

Par ailleurs les « non-banques », au nombre de 38 000, sont des organismes de crédit, faciles à créer, qui n'ont pas accès à l'épargne et qui se financent essentiellement auprès des banques. Ces non-banques financent ainsi, surtout en période d'argent facile, des opérations immobilières et boursières plus risquées.

• **Le Japon comptabilise les dix premières banques du monde,** au premier rang desquelles, la **DKB, Dai-Ichi Kangyo** qui est la première *city bank* nippone. Elle est issue de la fusion, en 1971, de la Dai Ichi Bank créée en 1873 et de la Nippon Kangyo Bank Ltd fondée en 1897. Première banque du monde, elle pratique tous les services bancaires habituels, tant pour les entreprises que pour les particuliers. Basée essentiellement à Tokyo, elle compte plus de 300 agences dans tout le Japon et plusieurs dizaines de bureaux installés dans les grandes places financières du monde. Le conglomérat au centre duquel elle se trouve est impressionnant par sa puissance et par sa variété. Il compte deux grandes sociétés de commerce, Itochu Corp, créée en 1949 et Nissho Iwai Co.

Les industries du conglomérat sont aussi puissantes que multiples. Il y a d'abord deux aciéries, Kawasaki Steel qui a son siège à Tokyo et Kobe Steel, né en 1911. Les deux groupes se diversifient dans tous les secteurs et s'installent autour du Pacifique. Atteint par le tremblement de terre de 1995, Kobe Steel saura, sans aucun doute, participer à la renaissance du nouveau Kobe. La DKB est actionnaire d'un autre grand groupe industriel du Japon : Ishikawajima-Harima industries, lui-même nébuleuse économique (chantiers navals, grosse mécanique, aéronautique, équipement pétrolier, nucléaire, espace, matériel militaire, recherche scientifique). La grande banque a enfin des intérêts dans la grande société Asahi aux ramifications complexes et multisectorielles ainsi que, dans la Shimizu Construction qui bâtit surtout dans les régions de Tokyo et d'Osaka...

• **Les banques japonaises ne sont pas les seuls investisseurs financiers du Japon.** *Nippon Life Insurance,* premier groupe d'assurances nippon a acheté, en 1989, le tiers du forum des Halles, le centre commercial situé au cœur de Paris. Le pays compte, en outre, *plus de 200 maisons de titres,* exerçant pratiquement seules, d'après la loi bancaire de 1949, sur le marché boursier de Tokyo. Les quatre plus grandes sont *Nomura, Nikko, Yokkaichi* et *Daiwa.*

Nomura a comme origine une modeste maison de titres d'Osaka fondée en 1872 par le fils adultère d'un samouraï. Avant la Seconde Guerre mondiale, la maison était déjà devenue un grand conglomérat qui sera, comme les autres, démantelé par Mac Arthur en 1945. C'est en 1925 que le groupe actuel fut détaché de l'ensemble d'Osaka et prit le nom de son fondateur, Nomura Tokuschichi qui ouvrit un bureau à New York peu avant le krach de 1929. Après la guerre, « les hommes de Nomura » réussissent à reconstituer l'empire financier. Une foule de petits démarcheurs firent du porte-à-porte dans les villes japonaises en ruine pour trouver des fonds et une clientèle près des boutiquiers et des ménagères du Japon : dans l'archipel, en effet, les commerçants constituent, traditionnellement, avec les agriculteurs, les médecins et les entrepreneurs de travaux, l'un des plus puissants groupes de pression du pays et ce sont les femmes qui, dans les ménages, tiennent les cordons de la bourse. De façon plus discutable, des dirigeants du groupe ne se privèrent pas de financer des hommes politiques pour en obtenir des traitements favorables pour les revenus du capital. Minoru Segawa pratiqua aussi le marché noir et le trafic de devises. Par tous ces moyens licites et illicites, petits et grands collaborateurs de Nomura lui redonnèrent sa puissance financière. Le groupe gagna sa place à la Bourse de Londres en 1986, où il est devenu le premier souscripteur de bons du Trésor anglais.

Cependant en 1991, Nomura est sanctionné par le ministère japonais des Finances. En 1987 Nomura avait beaucoup fait pour sauver la place de Tokyo de la débâcle financière et avait gagné le surnom de « cerveau de Nakasone » (ancien premier ministre). Mais, à l'automne 89, elle avait aussi manipulé le cours des actions du groupe Tokyu, pour dédommager ses plus gros clients de leurs pertes. Pire, en 1995, Nomura affiche des pertes pour la première fois de son histoire. Les activités de conseil et d'ingénierie financière ne compensent plus la chute des commissions boursières.

Malgré ces problèmes, Nomura reste la première entreprise japonaise avant Toyota pour le chiffre d'affaires avant impôts et compte plus de cinq millions de clients dans le monde. Créé en 1965, *le NRI, Nomura Research institute* a pu être qualifié de plus grande *think tank* (réservoir à pensée) du Japon. Dans ses quartiers boisés du Sud de Tokyo, le NRI étudie tous les grands groupes du monde et rien n'échappe à son demi-millier de chercheurs : marché de l'énergie, contrôle de la pollution, développement des logiciels informatiques...

3. De puissants réseaux accroissent la mise en valeur des ressources nippones

« Le Réseau des réseaux ne se limite pas à rapprocher, il est aussi lieu de création et source de distinctions nouvelles », ont écrit Albert Bressand et Catherine Distler dans *Le prochain monde.* Dans ce secteur de services, à la fois lourd et pointu, le Japon est, comme les États-Unis, et peut-être davantage encore, le pays qui creuse le plus l'écart avec les autres.

▸ **Le Japon est l'empire des shoshas.**

• **La plupart des sources indiquent que le Japon dispose de 6 000 à 8 000 maisons de commerce *(Sogo Shosha).*** Elles sont typiquement japonaises dans la mesure où, seules au monde, elles associent des fonctions diverses : commerce extérieur et transport, financement et distribution, services et information. En réalité, seules les neuf plus importantes firmes méritent véritablement le nom de *Sogo Shoshas*, sociétés de commerce intégrées : C. Sumitomo, C. Itoh, Mitsui, Marubeni, Mitsubishi, Nissho Iwai, Tomen, Nichimen, Kamenatsu. Ces neufs maisons gèrent, à elles seules, un sixième des échanges mondiaux, plus de la moitié du commerce extérieur du Japon. De telles *Sogo Shoshas* emploient de 5 000 à 10 000 personnes, disposent de 100 à 150 bureaux dans le monde entier et s'intéressent à tous les produits possibles « des nouilles aux missiles ».

« La *Sogo Shosha* est une firme multinationale, multiproduits et multimarchés », souligne Gilberte Beaux[1]. L'alliance du commerce et de la grande industrie japonaise est en effet historique, souligne l'auteur de cet ouvrage. A l'ère Meiji, les *Sogo Shoshas* sont, déjà, les centrales d'achat et de vente des grands groupes. C'est en 1876 que naît par exemple, *Mitsui Bussan,* la branche commerciale de Mitsui. Après le second conflit mondial, elles furent démantelées, comme les *Zaïbatsus.* Depuis, elles font partie des *Keiretsus.* Les maisons de commerce, plus indépendantes que naguère, restent le poumon de l'économie japonaise. Elles sont chargées de lui fournir les matières premières et les technologies et de vendre les produits de la manufacture nippone. En clair, les *Sogo Shoshas* permettent au Japon de travailler et de vendre au monde entier les produits de son travail.

La plupart de ces grandes sociétés sont nées à Osaka. Aujourd'hui, elles se partagent généralement entre les deux métropoles économiques du pays : Tokyo et Osaka. Ce qui fait leur véritable force, c'est la collecte du renseignement et le traitement de l'information. Beaucoup ont comparé la discrétion et l'efficacité de leur action aux services rendus par l'ex-KGB soviétique, l'Intelligence Service britannique ou la célèbre CIA américaine. La gestion de l'information est au Japon aussi importante que d'autres facteurs de production : matière première, énergie, capital ou travail. Il s'agit d'observer et d'écouter le marché mondial des industries et des services. Le croisement des informations recueillies autorise une vision globale de la situation commerciale. Tous les aspects techniques, commerciaux et financiers peuvent être coordonnés. Le repérage de la demande naissante ou prometteuse permet d'anticiper, d'adapter, d'orchestrer une offensive rapide et globale. Vers Osaka et Tokyo remontent toutes les informations recueillies sur les marchés, les sites et les partenaires, au niveau de l'immobilier, de la production et des services de toute sorte (par exemple le fonctionnement d'une étude de notaire en France, recueilli dans un journal régional !).

Ainsi outillé, le commerce extérieur nippon dispose d'atouts qui n'ont pas leur équivalent dans le monde, pas même les 3 000 maisons de commerce de Brême et de Hambourg. La vision globale des *shoshas* leur permet d'associer toutes les activités (industrie-finance, transport-assurance, étude de marché-publicité) et de bénéficier d'une organisation dominante au niveau mondial, par-delà les États. Les *Sogo Shoshas* ont investi l'Asie de l'Est et la Chine, elles tiennent une partie du

1. *La leçon japonaise,* Plon Éditeur, 1992.

commerce entre la côte Est et la côte Ouest des États-Unis. Dans ce dernier pays, comme en Europe, Toyota et Sony bénéficient de leurs propres sociétés de commerce qu'elles ont créées.

Les grandes compagnies de commerce du Japon font bénéficier l'économie nationale d'un approvisionnement en énergie et en matière première sûr et bon marché et de la connaissance des débouchés solvables. Les PMI du Japon, liées techniquement et financièrement aux grands groupes industriels et commerciaux, bénéficient de cette *connivence industrie-commerce.* Toutefois, pour les PMI qui ne relèvent pas de cette logique globale, l'État a créé le JETRO (Japan External Trade Office), l'équivalent de notre centre français du commerce extérieur enrichi de nombreux bureaux à l'étranger. En 1995, le JETRO, déjà présent à Paris, ouvre une autre antenne française, à Lyon.

• Un exemple de *Sogo Shosha* peut être fourni par l'une des deux grandes maisons de commerce dans la mouvance de la Dai-Ichi Kangyo Bank, **Itochu Corp.** Les lointaines origines de l'entreprise concernent une petite usine et un magasin de tissus fondés au milieu du XIXe siècle, en 1858. Comme toutes les grandes maisons de commerce du Japon, elle travaille dans la distribution, dans l'import-export et dans le commerce entre des pays tiers (*off shore trade),* mais plus de la moitié de ses activités concernent la distribution. Il s'agit essentiellement de produits énergétiques, métallurgiques et chimiques mais aussi de machines. On reconnaît là des produits stratégiques et intermédiaires. Mais les activités d'Itochu concernent aussi l'immobilier (toujours primordial au Japon), les secteurs de pointe et même le secteur des loisirs et de la mode.

Jusqu'à maintenant, les *Sogo Shoshas,* en assurant la marge de l'importateur et en étant à la tête du système de distribution japonais constitué d'une cascade de grossistes, d'une myriade de petits détaillants (à cause de l'exigence en produits frais à proximité et du territoire national exigu) et de chaînes puissantes de grands magasins, laissent peu de place aux produits étrangers. Christian Sautter et Gilberte Beaux leur attribuent une lourde responsabilité dans le protectionnisme japonais et Philippe Pons parle d'« écrémage protectionniste ». Elles sont le noyau dur du système.

• **Mitsui & Co Ltd est, sans doute, la plus grande firme-réseau du monde.**

Mitsui est l'une des plus anciennes sociétés de commerce du monde. Elle a été fondée en 1876, son but étant d'ouvrir des voies d'échange entre le Japon et le reste du monde. De fait, elle a commencé par exporter du riz et du charbon. En 1883 elle importe de Grande-Bretagne des machines pour filer le coton (Mitsui a son berceau à Osaka, le Manchester japonais). Alors que l'archipel du Soleil-Levant avait été importateur de fil de coton, il en devient, dès 1906, un exportateur. Dès le départ, l'entreprise exporte des ressources naturelles qui lui permettent d'importer des machines et de nouvelles technologies. Des industries locales naissent ou se renforcent, donnent du travail à une population nombreuse et exportent des produits finis.

Dès le début du XXe siècle, Mitsui a des bureaux de représentation à Shanghai et à Hong-Kong, à Londres et à Paris, ainsi qu'à New York. Après les événe-

Tableau 4
Omnipuissance et omniprésence
de la Sogo Shosha Mitsui & Co Ltd.

Secteur	*Originalité, orientation*	*(Association de Mitsui avec des) entreprises exemplaires*
Fer et acier	Australie, Brésil, Canada Assurer le fonctionnement de la sidérurgie japonaise, de l'industrie automobile, et de l'équipement ménager	* Mi-Tech Steel Inc, Tennessee et Indiana (États-Unis) : acier transformé pour fabricants, d'automobiles et d'appareils électroniques
Métaux non ferreux	Commerce du plomb, du cuivre, de l'aluminium... à travers le LME de Londres	* Mitsui Bussan Futures Ltd s'intéresse aux contrats à terme sur l'or, le coton, le caoutchouc, les céréales et le sucre
Biens et services	Rénovation du front de mer de Tokyo Aménagement de la zone de libre-échange d'Atlanta Tourisme (Japon, Australie, Hawaï, Espagne)	* Bangkadi Industrial Park (Association Mitsui-Toshiba à Bangkok) * Aim Services Co (société nippo-américaine) restauration, santé, logement, nettoyage
Machines	Chaînes de production Raffineries Véhicules fonctionnels Chantiers navals, industrie ferroviaire	* Mitsui fait construire des pétroliers au Brésil où ishikawajim-harima Heavy a des intérêts dans Ichibka pour la firme américaine Chevron Corp
Services informatisés et systèmes aéro-spatiaux	Importation et commercialisation d'ordinateurs Participation à la construction d'hélicoptères avec McDonnell Douglas	* Mitsui Comtek est, depuis 1986 installé à Saratoga, dans la Silicon Valley, Californie
Produits chimiques	Approvisionnement et distribution de matières premières dans le monde Plus de 7 000 produits chimiques	* Association avec l'Italie pour fabriquer le butadiène (caoutchouc synthétique) * Association avec Seven-Eleven, la plus importante chaîne japonaise de magasins de proximité
Énergie	Présence dans ce secteur dès 1887 Mitsui fournit du pétrole, du naphte et des condensats Activités importantes dans les pays anglo saxons et le Moyen-Orient	* *joint-venture* Mitsui-Abu dhabi National Oil Company * Société Japan Australia Lng (MIMI) pour exploiter le GNL (gaz naturel liquéfié du plateau du Nord-Ouest australien
Produits alimentaires	Achat de produits et de denrées alimentaires frais congelés et en conserve Stockage, transformation, commercialisation et distribution de ces denrées	* Mitsui est propriétaire depuis 1989 de Wilsey Foods, géant américain de l'huile et des assaisonnements * Mitsui exporte le caviar de la CEI
Textiles	Domaine des fibres, tissus, étoffes, vêtements, tissus pour la maison et matériaux industriels A Tokyo : exposition permanente de tissus nouveaux venant de l'étranger Hong-Kong est une plaque tournante	* Basile Japan associe Mitsui Kumbun (grossiste japonais) et le styliste de la mode à Milan * Inner Mongolia Pine Garments regroupe Japon-Chine et Hong-Kong dans les vêtements pour hommes
Marchandises générales	Matériaux de construction Papier, équipement, machines légères Biens de consommation	* Dalian-Huaneng-Onoda Cement est un géant nippo-chinois du ciment * Mitsui œuvre en matière d'ordinateurs, d'imprimantes et de logiciels

* Entrepôts à Shanghai, Hong-Kong, Bangkok, Los Angeles et New-Jersey.

ments historiques que l'on sait, la société actuelle a été fondée en 1959. Employant 11 000 personnes réparties dans 200 villes situées dans 90 pays différents, elle est devenue la plus grande société de commerce internationale du monde.

Au sein du monde contemporain, Mitsui privilégie la zone Asie-Pacifique et se situe au cœur du recentrage japonais sur l'Asie de la proximité. L'immense marché chinois (1 200 millions d'hommes au-delà de l'an 2000, le cinquième de l'humanité) est particulièrement ciblé. La grande entreprise commerciale travaille essentiellement sur le concept de *grande zone de commerce chinoise* comprenant non seulement la Chine continentale, la République populaire de Chine, mais encore Hong-Kong, Taiwan et l'ensemble des entreprises de l'Asie du Sud-Est développées par les Chinois d'outre-mer.

Parce que Tokyo parie, à moyen terme, sur la continuation d'une croissance chinoise soutenue, l'entreprise Mitsui compte déjà, dans l'empire du Milieu, onze bureaux, deux filiales, 42 installations et 57 *joint-ventures* (sociétés conjointes). La firme espère d'ailleurs, au tournant du siècle, compter 100 sociétés nippo-chinoises.

Le métier de Mitsui, c'est l'échange de marchandises, de produits et d'idées entre les pays. La firme « joue les rôles d'initiateur, d'intermédiaire, de développeur et d'agent » – selon sa propre définition du service commercial global. Ses principales activités consistent à mobiliser les ressources et à investir, à développer les transactions commerciales, à informer et à communiquer, à financer, à rechercher et à exploiter les percées technologiques. Elle assume le concept d'une économie sans frontière et se veut respectueuse des différences relatives aux particularités régionales, au caractère national et aux nuances culturelles.

Avec 10 divisions produits et 600 filiales, Mitsui exerce des métiers variés. L'un des premiers est l'exploitation de matières premières dont le Japon a besoin. A l'exemple de la société MIMI, filiale nippo-australienne de Mitsui qui exploite les hydrocarbures au nord de l'Australie, la grande société commerciale dispose de dizaines de réalisations et de projets pour tirer partie des ressources en pétrole et en gaz, des métaux ferreux et non ferreux, des produits agricoles ainsi que des produits de la pêche et de l'économie forestière.

En matière industrielle, Mitsui a investi dès 1958 dans l'informatique en s'alliant avec l'Américain Sperry Rand Corp et en s'implantant dans la Silicon Valley en 1986 (Mitsui Comtek). Les bons rapports avec Bell Helicopter Textron Inc. ont permis de pénétrer le secteur de l'aéronautique et de fabriquer l'hélicoptère Bell 230. En 1989, une union avec C. Itoh & Co et Hughes Communications a permis la mise en orbite de deux satellites.

En 1986 est officiellement né le groupe immobilier Mitsui. L'un de ses plus grands projets actuels concerne la réalisation, à Tokyo, de zones résidentielles et industrielles.

Enfin, sur le plan commercial, Mitsui recherche les marchés étrangers lucratifs, met en contact, pour les associer sous son égide, des partenaires japonais et étrangers. La société importe au Japon aussi bien de la laine vierge du Canada, des meubles d'Allemagne que des hélicoptères des États-Unis. Elle exporte de multiples produits japonais. Il lui faut être sensible aux premiers signes de changement de la demande mondiale, s'adapter et faire face à l'imprévu. L'entreprise Mitsui s'est donné, dans son propre intérêt, le double objectif de développer de nouvelles entreprises commerciales dans les pays en voie de développement et de revitaliser des industries dans les pays développés. C'est ainsi qu'en Indonésie elle a construit une usine de paraxylène pour le compte de la société d'État Pertamina, compagnie d'hydrocarbures et de gaz et a assuré, pour dix ans, les débouchés de la production par un contrat de vente (d'une durée de dix ans !) avec la société américaine Chevron Chemical Company !

Comme toutes les grandes sociétés commerciales japonaises, Mitsui se livre à *quatre types de commerce: exportations-importations-commerce offshore-distribution.* Dans ce contexte planétaire, *la logistique des transports,* à l'extérieur comme à l'intérieur du pays revêt une importance primordiale. A l'extérieur le groupe circulation *(Traffic Group)* de Mitsui planifie, entrepose et distribue. Au Japon même, la filiale *Trans Fleet* peut réapprovisionner trois fois par jour les stocks de restauration rapide des magasins Seven-Eleven situés dans la zone métropolitaine de Tokyo. Bien entendu dans tous les cas, il s'agit de transport polyvalent multimodal.

Dans toutes ces activités, *l'information est stratégique.* L'entreprise Mitsui tente de prévoir, d'identifier et d'exploiter les occasions offertes par un marché naissant. De 200 villes réparties à travers le monde, 5 grands centres informatisés (cf. carte 3) font remonter vers Tokyo toutes les données traitées concernant les produits, les marchés, les cours du change, les événements politiques économiques et sociaux. La société dispose ainsi de l'avantage concurrentiel que donnent les commentaires bien informés, les analyses d'experts et les prévisions exactes.

Mitsui est aussi amenée à s'intéresser à la haute technologie. Elle a été la première société de commerce japonaise à établir une unité spéciale chargée de rechercher de nouvelles technologies. En Asie (à Tokyo, Osaka et Singapour), en Amérique (à New York et à San Francisco) et en Europe (à Londres, Paris, Düsseldorf et Milan) des services technologiques tentent de reconnaître les innovations porteuses d'avenir, surtout en ce qui concerne la biotechnologie, l'électronique, la superconductivité, les matériaux rares, l'intelligence artificielle, la médecine, les produits nutritifs spécialisés et l'énergie. Dès qu'il est possible, Mitsui négocie des accords de licence et des transferts de droits de brevets. Au Japon, l'entreprise a parrainé le centre de recherche de Tsukuba. Aux États-Unis, elle collabore avec un institut de recherche intéressé par les secteurs de l'automobile, de l'aérospatiale, de la bio-industrie, de la chimie et de la conception des moteurs.

Enfin l'entreprise est évidemment soucieuse de maximiser le rapport de ses actifs. Son service finance travaille sur toutes les possibilités et opportunités : fonds propres, prêts, crédits, marchés de devises.

Entreprise « technoglobaliste » (« nous aimons dire chez Mitsui que nous sommes chez nous partout dans le monde »), la grande société a des activités éducatrices et bienfaitrices. Elle offre des bourses et des voyages d'études au Japon à

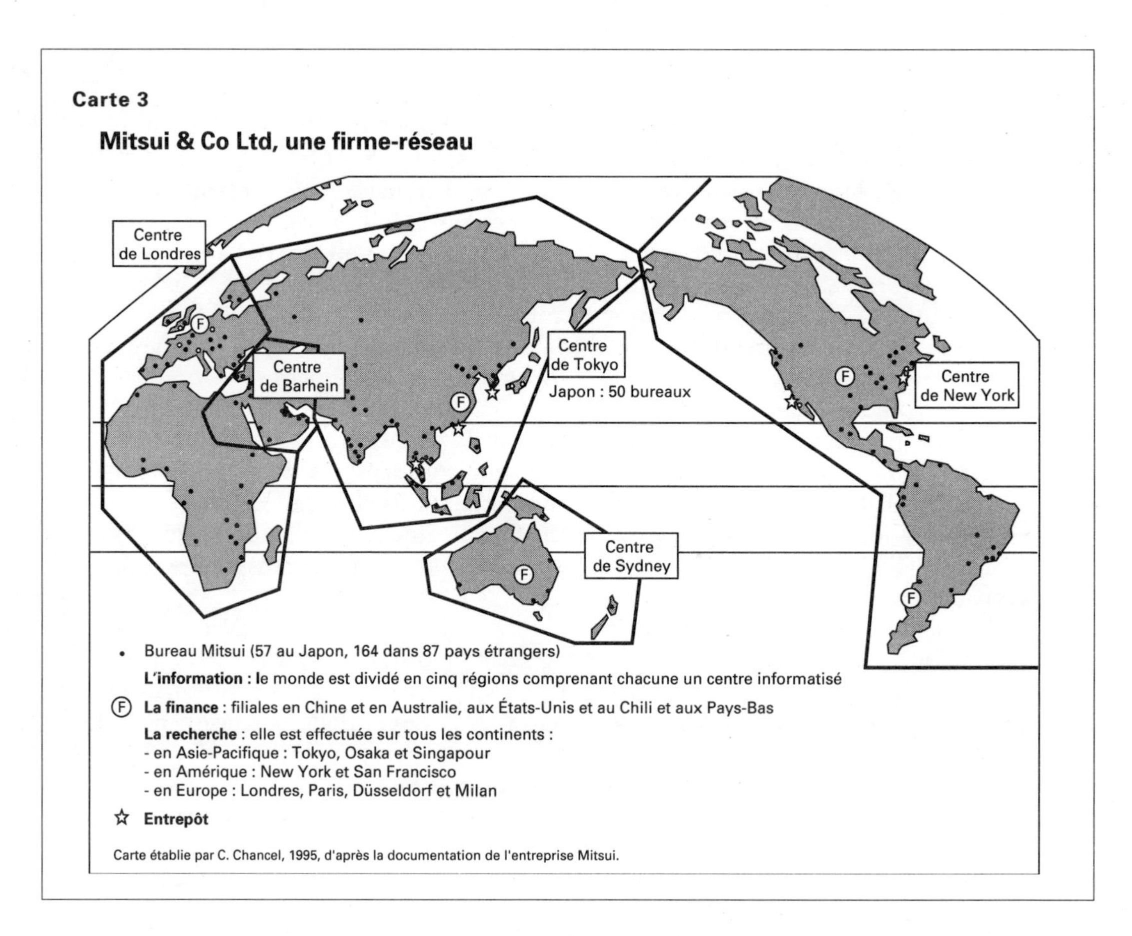

Carte 3

Mitsui & Co Ltd, une firme-réseau

des travailleurs (par exemple des agriculteurs américains) et à des étudiants du monde entier. Elle finance des activités culturelles ou sportives, parrainant *Close-up of Japan,* une exposition itinérante d'art japonais qui parcourt le monde et honorant *Golden Glove,* la manifestation qui récompense les meilleurs joueurs de base-ball au Japon. Mitsui USA n'hésite pas de son côté à s'engager dans l'aide destinée aux jeunes défavorisés. Les Japonais de Mitsui transforment ainsi la puissance de leur entreprise en influence.

► L'Archipel est engagé dans les transports nouveaux.

Sur terre et sur mer, dans les airs et dans l'espace, le Japon, archipel anticipant l'avenir, est pleinement engagé dans la bataille des transports futurs, parce qu'ils mettent en œuvre des technologies nouvelles et parce qu'ils modifient les réseaux. Outre la bataille mondiale de l'automobile, le Japon s'est engagé dans trois combats : les TGV, les NGV (navires à grande vitesse), l'aérospatial.

Première compagnie au monde à avoir mis en service, en 1964, le *shinkansen,* sur une « nouvelle ligne », le premier TGV du monde, la JNR, **Japan National Railways,** constituée en 1949 et privatisée en dix compagnies en 1987, poursuit des recherches de haut niveau. En effet, parmi les dix sociétés qui lui ont succédé on compte six compagnies régionales, une pour le fret, une pour les télécommunications et surtout deux de premier plan : celle qui exploite le *shinkansen* dans le « corridor du Japon », de Tokyo à Osaka et à Fukuoka, mais aussi sur de nouvelles branches, vers Morioka, vers Niigata et bientôt vers Nagano, et celle qui se consacre aux recherches. Actuellement *Japan Railways* travaille sur le *Maglev,* un train qui roule jusqu'à 150 km/h – sur ses roues – et qui, au-delà, quitte le sol pour dépasser les 500 km/h. La technique (celle de la sustentation magnétique qui supprime tout frottement) fait intervenir une voie enveloppante en forme de U, des électro-aimants et des matériaux supraconducteurs qui font léviter le train à 10 cm du sol puisqu'il est « suspendu » par les côtés. La voie expérimentale est située dans la préfecture de Yamanashi, entre Tokyo et Nagoya, sous les montagnes de l'intérieur. L'objectif est de dépasser le TGV français qui a atteint 515 km/h en 1990. La Japan Railways finance les travaux à 80 %, les recherches étant coordonnées par l'Institut de recherches techniques ferroviaires de Tokyo.

Insulaire, le Japon s'intéresse de près aux « jets des mers ». L'importance du cabotage du fret à transporter, et les flux tendus invitent les Japonais à étudier le cargo de l'avenir, celui qui pourra rapidement transporter les hydrocarbures du Moyen-Orient et les minerais d'Australie. Les ingénieurs nippons recherchent la stabilité d'un catamaran et la rapidité d'un aéroglisseur. C'est du Japon qu'est partie la révolution des transports maritimes et des NGV capables de transporter des voyageurs à grande vitesse, à la limite de l'eau et de l'air. Si demain des bateaux atteignaient 70 km/h de moyenne, ils iraient presque aussi vite que des camions, et pourraient alors faire concurrence à des voies routières saturées.

Dans le domaine aéronautique, le Japon foisonne de projets. Les accords de défense qui le lient aux États-Unis l'obligent à des coopérations militaro-industrielles. Mais, dans le secteur civil, les grands groupes japonais entendent bien prendre une place importante dans la zone Asie-Pacifique, où se trouvent les deux clés de la croissance : les marchés et les moyens financiers. Rayée de la carte après la Seconde Guerre mondiale, l'industrie aéronautique japonaise n'est repartie que lentement, pour assurer la maintenance d'avions américains pendant la guerre de Corée, puis, après 1954, pour l'Agence de défense essentiellement. Les Japonais ont l'habitude de travailler sous licence américaine. Ils auraient souhaité s'émanciper de cette tutelle en construisant enfin seuls un avion mais ont été humiliés dans l'affaire de l'avion militaire FSX qu'ils souhaitaient réaliser. Il ne sera finalement qu'une adaptation du F 16 de l'américain General Dynamics. Aujourd'hui, trois groupes japonais font de la sous-traitance pour Boeing, MHI ou Mitsubishi Heavy Industries (la branche industrie lourde du groupe Mitsubishi), KHI (le chantier naval Kawasaki, fondé en 1896 et qui construit aussi des motos, des tunneliers, des trains et des navires) et Fuji Heavy Industries, du groupe Fuji. KHI fabrique des hélicoptères en *joint-venture* avec Eurocopter, la filiale commune de l'Aérospatiale et de l'allemand MBB (groupe Daimler-Benz). Quant à *Mitsubishi Heavy Industries* c'était, pendant la Seconde Guerre mondiale, le redoutable constructeur des *Zero Fighters* de l'armée japonaise. Son principal site de production est dans les environs du port de Nagoya et son siège social en plein cœur de Tokyo, tout près du Palais impérial.

Le Japon a besoin d'une circulation aérienne importante de par sa configuration et par son activité. Tokyo-Sapporo est la ligne aérienne la plus fréquentée du monde, avec plus de sept millions de passagers par an et **Japan Airlines Co Ltd** est une des plus grandes compagnies du monde. Créée en 1951, la compagnie a été réorganisée en 1953. Elle était alors une entreprise à demi-gouvernementale. Dès 1954 elle effectuait un vol inaugural Tokyo-San Francisco et en 1970, la « constitution aérienne » nippone la faisait bénéficier, au sein des autres compagnies du pays, du monopole des vols internationaux. En 1987, la compagnie a été complètement privatisée. Elle possède des hôtels à Tokyo-Narita et à Paris – et dispose d'accords avec 210 autres sociétés réparties dans le monde entier. Le principal problème de la compagnie d'aviation de Tokyo est la saturation des aéroports japonais. Aucun vol supplémentaire ne peut être créé au départ de Tokyo-Narita, inauguré en 1970, à 60 km de la capitale, dans la préfecture de Chiba.

C'est la raison pour laquelle a été réalisé **le nouvel aéroport d'Osaka et du Kansai.** La seconde grande compagnie aérienne du Japon est la **All Nippon Airways Co Ltd.** Elle est issue, en 1958, de la fusion de la Nippon Helicopter Transport et de la Far Eastern Airlines. Autorisée en 1986 à opérer des liaisons transpacifiques Japon-États-Unis, elle exploite aujourd'hui 13 lignes internationales qui complètent un remarquable réseau domestique (plus d'une centaine de vols réguliers). ANA est aussi présent dans le secteur de l'hôtellerie-restauration et dans celui des loisirs. La Japan Domestic Airlines fondée en 1964 devenue en 1971 la Toa Domestic Airlines a pris le nom, en 1988, à l'occasion de l'inauguration de ses lignes internationales, de **Japan Air System.** La Japan Airlines, l'ANA et la JAS ont toutes leurs sièges sociaux à Tokyo.

▸ **Le Japon est l'une des premières sociétés de l'information du monde.**
Curieux de tout, hérissé d'antennes, le Japon a, selon certains, la culture de la radio : il capte les informations du monde entier, mais en émet beaucoup moins. Un immense secteur privé de radios et de télévisions (près de 150 sociétés !), financé par la publicité, maille tout le pays. La compétition est féroce entre les chaînes de télévision japonaise. **Asahi TV** a été la première, en 1990, à s'équiper d'un hélicoptère Dauphin capable de filmer en vol et de retransmettre les images directement par satellite. Aujourd'hui, une centaine d'hélicoptères ont été acquis par des chaînes de télévision, dont une bonne partie fournis par Eurocopter.

La **NHK, Nippon Hoso Kyokai,** la société publique de radio-diffusion-télévision japonaise, fondée en 1925, est financée par une redevance perçue directement auprès de la quasi-totalité des foyers japonais. Ceci lui donne des moyens énormes (dix fois ceux de TF1 ?). La chaîne emploie 16 000 personnes et produit 95 % de ses programmes. Depuis 1985, sa filiale NHK entreprise achète à l'étranger des programmes de qualité, moins chers que les programmes nationaux et qui apportent au téléspectateur une ouverture culturelle. La qualité, de toute façon, a fait la réputation de NHK. Ses documentaires sont diffusés aux heures de grande écoute. La télévision éducative japonaise est née dès 1950. Educative TV-NHK s'intéresse à tous les publics : lycéens (langues étrangères), ménagères (cuisine), monde des « hobbies » (jardinage, photo), étudiants (Université d'État radiotélévisée, gérée par Mombusho, le puissant ministère de l'Éducation.

Malgré la puissance de cette industrie de l'audiovisuel qui peut s'appuyer sur un vaste public homogène (le Japon à 125 millions d'habitants), le chiffre d'affaires de la presse au Japon dépasse celui des stations de télévision et de radio. Le pays dispose de 124 quotidiens dont cinq grands quotidiens nationaux, vendus par abonnement, offrant deux éditions (le matin et le soir) et, en plus, une édition en anglais. Il s'agit du *Yomiuri Shimbun,* de l'*Asahi,* du *Mainichi,* du *Nihon Keizai* et du *Sankei.* Les deux plus grands journaux sont le *Yomiuri* et l'*Asahi* qui tirent respectivement à 9,7 et à 8,2 millions d'exemplaires pour la seule édition du matin à laquelle il faut ajouter, dans les deux cas, 4,5 millions d'exemplaires pour l'édition du soir.

Le second quotidien du Japon, l'**Asahi Shimbun** est un excellent exemple. Ce journal a été fondé en 1879, par un ancien samouraï Ryohei Murayama. Murayama était un ardent défenseur de la démocratie, ce qui explique la philosophie progressiste, le pacifisme et l'opposition au Parti libéral-démocrate du journal. Se voulant indépendant, l'*Asahi Shimbun* – « Le Journal du Soleil-Levant » dont le logo rappelle « les fleurs de cerisier sauvage dans le Soleil-Levant » – n'en reste pas moins très japonais, c'est-à-dire très attaché aux valeurs nationales de consensus et d'harmonie... et à l'empereur.

L'*Asahi* emploie 9 000 collaborateurs, dont 3 000 à la rédaction. Il dispose de 324 bureaux à travers tout le Japon et de 19 sites d'impression – c'est dire qu'il est « un bijou d'organisation ». 10 000 candidats, en 1994, se sont présentés pour 155 postes. Les épreuves d'entrée portent sur des connaissances précises, calées sur le présent et l'avenir. Il faut dire qu'après cette sélection implacable, l'entreprise offre un emploi à vie et prestigieux (même si la tradition veut que l'on ne signe pas un article). Les salaires sont élevés (de 220 000 F bruts par an pour un débutant à 900 000 pour un chef de service) – et les vacances (trois semaines) existent !

Malgré la « crise de la lecture » au Japon, due à la concurrence des *manga* (bandes dessinées) et de la « drogue » du pays (la télévision) le *Nihon Keizai Shimbun,* fondé en 1877, reste sans doute l'un des plus grands journaux économiques de la planète, imprimé simultanément à Tokyo, à Londres et sur les deux côtes des États-Unis. Il se vante d'être un *total economic information system.*

II. La gestion des entreprises japonaises

1. L'entreprise japonaise se situe au cœur du système social nippon

Encadré 3
Références prioritaires

Au Japon	*Chez les Chinois d'outre-mer*
Nippon, le pays	La famille
L'entreprise où l'on travaille	Les amis
La famille	Les natifs de la même province
Soi-même comme élément intégré	L'ensemble des autres Chinois

La carte de visite, le *meishi,* est indispensable au Japon. Elle est généralement écrite d'un côté en anglais et de l'autre en caractères *kanji* (idéogrammes chinois). C'est un **élément clé de l'identité professionnelle.** Sa remise est, avec la salutation, le fondement de toute présentation.

Un autre signe d'appartenance à l'entreprise est *l'uniforme :* chemise, pantalon et veste, s'il s'agit d'un homme, tailleur, souvent très élégant, s'il s'agit d'une femme. « Même sans canons, le Japon reste une armée », remarque Jean Boissonnat.

▸ **Les travailleurs sont ainsi extrêmement intégrés à leur entreprise.**

Même si le Japon est, vraisemblablement, la société coercitive la plus intelligente du monde, l'observateur doit accorder la plus extrême importance à la **gestion participative et à la circulation de l'information dans l'entreprise.** Le *nemawashi* est la phase préliminaire des contacts informels entre le chef de service (le *kasho*) et ses collaborateurs – ce qui n'empêche d'ailleurs pas, parallèlement, des réunions formelles entre responsables principaux. La proposition des collaborateurs peut alors remonter officiellement vers le *busho* (chef de département) ; elle peut d'ailleurs s'enrichir, au passage, des suggestions des membres de l'entreprise. Tous imposent leur sceau *(inkan) ;* l'information, remontante, peut redescendre, pour plus de précision. C'est la méthode du *ringi,* littéralement de la consultation tournante (*rin* signifie consultation et *gi* rotation). **L'information est ainsi naturellement diffusée.** La garder pour soi, alors qu'elle pourrait être utile à l'entreprise tout entière est totalement inconcevable. C'est sous cet angle que le travailleur, sollicité et écouté, est considéré et respecté. Ce système contribue ainsi à la paix sociale et à l'harmonie (*wa* que l'on retrouve dans *Nema-*

washi) auxquelles les Japonais sont extrêmement attachés. Pour eux, la meilleure décision possible est collective.

▸ **Les patrons du Japon sont, encore de nos jours, souvent issus de l'élite sociale** (descendants d'anciens samouraï, la noblesse étant, avec les paysans et les *yakusa* ou gangsters, l'un des trois éléments de la société traditionnelle), **complétée par l'élite méritocratique.** Dans l'Empire du concours, tout bascule à l'entrée des universités les plus prestigieuses, celles de Tokyo (Todai, l'université impériale, Waseda, Keio, Sophia...) et de Kyoto en tout premier lieu.

Le **keidanren,** abréviation de keizaidantairenkokai, fédération des organisations économiques, est le plus puissant des syndicats patronaux japonais. Pendant des décennies, tous ses présidents ont été issus de l'industrie lourde, à l'origine de la haute croissance des années 60 et 70. Ce fut ensuite au tour d'Akio Morita d'être pressenti, juste avant d'être atteint d'une grave maladie. Patron de Sony il représentait la montée en importance des biens de consommation.

C'est Shoichiro Toyoda qui, le 7 février 1994, a été élu « patron des patrons » japonais. Il est le petit fils d'un illustre inventeur qui fonda un groupe industriel spécialisé dans les machines à tisser, et le fils du fondateur de l'entreprise automobile Toyota. Deux grandes tâches attendent cet ingénieur : la restructuration de l'industrie nationale face au triple danger de désindustrialisation, de déréglementation et de l'*endaka* (montée du yen) et la redéfinition des rapports entre le monde économique et le monde politique. Souvent, dans le passé, il est vrai, le *Keidanren* a alimenté les caisses du Parti libéral-démocrate...

Le *Keidanren* n'est pas le seul organisme patronal japonais. Le **Keizai doyukai** est un comité d'hommes d'affaires qui réfléchissent à propos de la politique économique à mener. D'autre part, c'est au **Nikkeiren** que revient la gestion des affaires sociales et, tout particulièrement, de la grande négociation annuelle avec les syndicats qui réclament rituellement, au printemps, des augmentations de salaires substantielles (offensive du *shunto*).

Depuis la fin du second conflit mondial le Japon n'a guère manqué de grands patrons, inventeurs, ingénieurs et gestionnaires. Ils s'appellent Matsushita, Honda ou Morita. Ils ont reconstruit le pays, orchestré la croissance économique et redonné au Japon un grand rôle international. Nul autre n'illustre sans doute mieux qu'Akio Morita cette revanche d'Hiroshima.

▸ **Quelle entreprise, mieux que Sony et ses patrons, peut davantage symboliser la saga industrielle de la Japan Inc., l'entreprise Japon de l'après-guerre ?** L'entreprise de Tokyo, qui compte aujourd'hui 50 000 collaborateurs, est présente dans 178 pays du monde. Par son chiffre d'affaires, elle n'est que la 25e entreprise japonaise et elle vient loin derrière ses grandes rivales, Matsushita, Hitachi, Toshiba ou Mitsubishi. Mais, s'appuyant sur une main-d'œuvre de qualité, et propulsée par deux légendes vivantes, Masaru Ibuka et Akio Morita, Sony a mis au point des standards mondiaux.

• **Masaru Ibuka,** ce que l'Occident ignore souvent, *est le vrai fondateur de Sony*[1]. Né à Tokyo en 1908, diplômé de l'université scientifique de Waseda en 1933, Ibuka est un génie de la physique, inventeur et bricoleur de talent. Japonais, c'est un nationaliste qui n'aura de cesse d'égaler et de dépasser les meilleurs de la classe internationale, tout particulièrement les Allemands et les Américains. Il débute avant la guerre dans les télécommunications, ce qui lui permet d'améliorer les radars de la marine impériale. Il crée, en 1946, avec Akio Morita qui a fait son service militaire dans la marine, une petite société, la Tokyo Tsushin Kogyo, compagnie de matériel de communication dans une « cabane croulante », selon l'expression de Morita, du Tokyo détruit de l'après-guerre.

Après le conflit, dans le Japon de ruine et de pénurie (c'est « la vie en pousse de bambou ») il est difficile de survivre. Après avoir songé à devenir pâtissier, à ouvrir un golf miniature au cœur de la capitale et après avoir raté la mise au point d'un autocuiseur de riz (la réussite dans ce domaine de la cocotte-minute fera au contraire la fortune de Matsushita), Masaru Ibuka revient à sa culture d'origine, améliore les postes récepteurs de radio, invente les premiers magnétophones grand public et, surtout, acquiert en 1953 de la Western Electric les brevets intéressant les transistors. Il est bientôt parmi les premiers à commercialiser les téléviseurs couleur. Cet homme invente, améliore, miniaturise, développe tout ce qui concerne le matériel audiovisuel. Cependant un voyage aux États-Unis se solde par un échec : il ne parvient pas à y vendre ses productions. C'est précisément là qu'intervient l'autre élément du tandem japonais : Akio Morita.

• **Akio Morita** est né en 1921 et appartient à une famille des environs de Nagoya. Du côté paternel, on est, depuis quinze générations, fabricant de saké, la boisson nationale japonaise, tandis que la famille maternelle est issue d'une lignée de Samouraï. Dans son pays, le jeune Akio est donc génétiquement l'héritier du Japon marchand de l'Ouest et du Japon militaire de l'Est dont il affirme lui-même avoir la ténacité, la persévérance et l'optimisme ! Morita, aîné de la famille, aurait dû reprendre l'affaire familiale, mais il a la chance d'avoir des parents qui ne s'opposent pas à ce qu'il se lance dans d'autres activités. Le jeune homme devient diplômé de physique de l'université scientifique d'Osaka.

Akio Morita a subi trois influences, celle de sa mère, celle de son père et celle de la guerre. Passionnée de musique, la mère d'Akio Morita écoutait avant guerre les disques venus d'Occident et a sans doute transmis cette ouverture culturelle à son fils. Chef d'entreprise (l'affaire familiale est importante) le père d'Akio Morita lui a assez tôt inculqué un certain comportement patronal japonais, tout

1. Masaru Ibuka a été président de Sony de 1950 à 1976, puis il s'est lui-même nommé, à cette date, président d'honneur de l'entreprise. Titulaire des plus hautes distinctions, il est membre de l'Ordre du Soleil-Levant. Aussi passionné par les problèmes d'éducation que par les transistors, il a publié deux livres sur le sujet : *La véritable éducation commence à la naissance* et *Au jardin d'enfants il est déjà trop tard*.

empreint d'autorité déguisée en consensus et de la volonté farouche d'être le meilleur. Quant à la guerre perdue... le jeune officier de 24 ans qu'est Morita au moment d'Hiroshima, enrage du retard technologique que révèle cette catastrophe pour son pays.

C'est justement pendant la guerre qu'il a rencontré, selon sa propre expression, « la chance de sa vie », Masaku Ibuka. Les deux hommes sont passionnés de physique, sont issus de l'élite sociale du Japon et savent que la victoire d'un pays passe par l'avance technologique. Ils associent désormais en 1946, la créativité de l'ingénieur, le talent du commercial et la volonté de reconquête du samouraï.

Akio Morita, futur auteur de *Made in Japan,* et Masaru Ibuka ont d'abord trouvé Sony (ni *sonus,* son en latin, ni *sunny,* l'ensoleillé, en anglais) qui ne veut rien dire mais qui sonne bien au Japon et dans le monde entier... Installé dans un atelier du quartier de shinagawa à Tokyo, l'entreprise a travaillé à l'inverse de ses rivaux occidentaux, c'est-à-dire a d'abord créé de l'inutile pour le confort et le loisir (nouveauté et qualité, miniaturisation et *design* dans la radio, la vidéo et le magnéto), astucieusement testé à l'école de la NHK, la sérieuse et remarquable télévision nationale – puis suscité le marché. Au lieu de faire du marketing d'abord, Sony fait de la recherche. Akio Morita est persuadé que l'inutile peut se vendre cher auprès d'un client, qui, de toute façon, ne sait pas ce qu'il veut !

Akio Morita est ainsi l'inventeur du *show-room,* le magasin d'exposition testé à Ginza (Tokyo) ou sur la 5e avenue (New York), qui familiarise de façon irrésistible le client potentiel avec le nouveau produit. Morita a aussi mis au point le matraquage publicitaire, par affiches, par tableaux et par enseignes lumineuses obsédantes en gros caractères. Enfin Akio Morita refait après Ibuka le voyage de New York, s'y installe avec sa famille et invite à sa table les meilleurs musiciens et chefs d'orchestres comme Herbert von Karajan, ce qui persuade vite le monde entier que les produits Sony ont la meilleure musicalité du monde.

Ainsi ont été successivement mises au point de nombreuses petites merveilles, miniaturisées, télévision tinitron et haute définition. Ne dit-on pas que l'invention, en 1979, du walkman, doit beaucoup à deux passions d'Akio Morita, celle du golf et celle de la musique classique ? *Made in Japan* était autrefois synonyme de camelote. C'est aujourd'hui synonyme de perfection déclarait à la fin des années 80 le leader de Sony, l'homme aux quatre passions (écouter de la musique, regarder au cinéma, voler en hélicoptère et diriger les hommes).

▸ Le personnel, formé et mobilisé, évolue en permanence.

Élevés dans une société marquée par le confucianisme où la piété filiale est essentielle, les enfants japonais ont la chance d'avoir les mères les plus instruites du monde. Nippon partage avec la Corée et Taiwan l'enviable record mondial de la scolarisation des enfants – filles et garçons. Dans le Japon « société apprenante », le maître (*sensei,* celui qui sait parce qu'il est né avant) joue un rôle primordial. L'école, au Japon est un lieu qui apporte beaucoup. D'abord l'écriture (quatre alphabets : les idéogrammes chinois, deux alphabets japonais et un alphabet occidental !) – qui est un rude apprentissage exigeant écoute, attention et soin. Le patient apprentissage de 1945 idéogrammes dont certains peuvent comporter 41 signes a pu faire dire à certains responsables japonais arrogants « qu'il y a plus de choses dans la tête d'un ouvrier japonais que dans celle d'un ingénieur occidental ». Ensuite, les enfants apprennent à se comporter en société. C'est ici que les critiques des étrangers sont les plus vives. D'abord parce que toute déviance est fort mal perçue et rejetée : « Un clou qui dépasse doit être enfoncé. » Ensuite parce que la loi du plus fort est à l'origine de persécutions[1] sur les plus faibles des élèves, chez les garçons comme chez les filles. Les enfants apprennent enfin à l'école l'esthétique et le sens du beau, à travers des disciplines manuelles et artistiques valorisées (sculpture, peinture, dessin, cuisine, arrangement floral, etc.).

Goût de l'effort, capacité de travail et connaissances importantes sont des acquis certains – renforcés par un bachotage effréné à l'entrée des universités à la sélection impitoyable. A ce niveau, l'Empire des signes devient l'Empire du concours[2] et se transforme en « enfer des examens ». Le sommeil devient rare *(quatre heures, gagné ; cinq heures, recalé !)* et, si l'on ne se suicide pas davantage au Japon qu'en France, il est notable que janvier et février constituent la saison des suicides... qui correspond à la période des examens (actuellement, une dérive inquiétante du même genre apparaît en Corée).

Un point positif du système d'enseignement japonais concerne l'enseignement dispensé dans des écoles spéciales de formation *(senshugakko)* dans le cadre de l'entreprise Cela est logique dans un pays où l'emploi à vie a été longtemps la norme. Cette formation peut faire concurrence aux prestigieuses universités japonaises dont le *numerus clausus* est réduit. Elle est financée et gérée par des industriels pour former des techniciens de pointe selon les besoins du moment. Ce qui est remarquable c'est que les enseignants sont extérieurs à l'entreprise et, surtout, que l'accès à ces écoles techniques soit possible à n'importe quel stade de la carrière[3].

Une composante importante du système éducatif japonais réside dans l'enseignement moral et nationaliste qui exige des élèves « d'assumer leurs responsabilités jusqu'au bout, en incluant la mort ».

• **Les Japonais travaillent encore beaucoup, trois cents à quatre cents heures de plus, en moyenne, que leurs collègues occidentaux.** Jusqu'alors, les trois règles fondamentales étaient, tout au moins dans les grandes entreprises, **l'emploi à vie, l'avancement à l'ancienneté** et, le plus souvent, **l'appartenance au syndicat maison.** Les cadres au sortir de l'université n'avancent qu'en même temps que leur classe d'âge (c'est le fait d'avoir été condisciple qui forge,

1. Lire le roman d'Huguette Perol, *La loi du plus fort.*
2. *L'empire des concours* de J.-F. Sabouret.
3. Voir l'étude de Joëlle Plantier, *Technique et société au Japon,* Éd. INRD.

au Japon, les véritables solidarités). Dans un Japon qui ne connaissait pas le chômage[1] les jeunes, assurés de leur avenir, devaient attendre leur tour. Les jeunes femmes, « fleurs de bureau », à moins qu'elles ne soient ouvrières, quittaient le travail à la naissance de leur premier enfant et n'y revenaient qu'une fois leurs enfants élevés...

Ainsi, au temps de la Haute Croissance, les Japonais avaient coutume de dire en souriant qu'ils étaient « les communistes de l'économie de marché ». Ils travaillaient avec le sourire, en silence et en secret.

Mais aujourd'hui, le Japon connaît une certaine crise aux visages multiples. Le syndicalisme n'est plus ce qu'il était, les jeunes et les femmes ont de nouvelles exigences. Le pays passerait-il d'une « révolution silencieuse » à une évolution plus accidentée ?

Encadré 4
Cultures d'entreprises comparées

France	*Japon*
Comportement individualiste	Comportement de groupe
Morale de liberté	Morale de respect d'autrui
Personnalité ouverte et détachée	Personnalité introvertie et émotive
Goût pour l'opportunité	Formalisme prononcé
Abstraction et synthèse	Esprit concret et analytique

(D'après Michel Galiana-Mingot, président-directeur général de Sony France.)

• **Au début des années 90, les Japonais recherchent particulièrement la *miryokuteku hinshintsu,* « la qualité qui séduit ».** Il s'agit, selon Jean-Pierre Birat[2] « d'incorporer aux produits une part de rêve pour séduire le client et lui éviter d'acheter les réalisations plus prosaïques des concurrents » ; il cite, dans le domaine de l'automobile l'exemple de la très belle Miata de Toyota.

De toute façon, selon le *Nikkei weekly,* de Tokyo, **le Japon préfère la compétitivité à la productivité.** Une étude publiée au début des années 90 par le ministère américain du travail (en réponse aux accusations lancées par des officiels nippons sur l'absence de sens moral des salariés américains !) montre nettement que la productivité moyenne des salariés japonais est inférieure à celle des Américains, des Français ou des Allemands. Mais cela n'entame en rien les convictions des spécialistes nippons qui considèrent que la productivité est un indicateur suranné, inapte à rendre compte de la paresse comme de la l'inventivité d'une

1. Grâce aux services, le Japon qui ne compte officiellement que 2,8 % de chômeurs par rapport à sa population active intègre en réalité 15 millions d'actifs peu productifs qui, dans les autres pays, seraient au chômage. C'est son pacte social. D'où sa résistance acharnée à l'ouverture internationale.

2. In *Réussir en affaires avec les Japonais,* Éditions du Moniteur, 1991.

nation. Le Japon, affirment-ils, est compétitif grâce au nombre important d'heures consacrées au travail (bien supérieur à ce qu'il est chez les concurrents) ainsi qu'au faible taux d'absentéisme auxquels s'ajoute une judicieuse utilisation des équipements de haute technologie.

Encadré 5
La règle des cinq S, base de la qualité totale au Japon

Seiri	Remettre en état
Seiton	Remettre à sa place
Seiso	Nettoyer
Seiketsu	Pratiquer soi-même l'hygiène corporelle
Shitsuke	Suivre les consignes

In *Réussir en affaires avec les Japonais,* ouvrage cité.

• **Aujourd'hui, atteint par la restructuration de l'économie, le syndicalisme japonais affronte une crise sévère.** Elle s'exprime, en premier lieu, par la chute de ses effectifs.

Tableau 5
Taux de syndicalisation au Japon
(en pourcentage de la population active)

Année	*1947*	*1983*	*1995*
Taux	50	30	24

Au lendemain de la guerre, les syndicats japonais avaient été de puissants acteurs sociaux, particulièrement combatifs. Pendant la Haute Croissance, ils restèrent actifs. Le contrat social tacite échangeait une action de compétition dans le travail, au sein de l'entreprise, à des contreparties au niveau de la rémunération (salaires, bonus). Les privatisations des années 80 ont été fatales à Sohyo, la principale centrale du secteur public. En 1989 est née de la fusion de ce qui restait de Sohyo avec Domei (rassemblant les syndicats du secteur privé), Rengo, la principale confédération syndicale japonaise qui, avec 8 millions d'adhérents, devance largement zenroren (1,7 million de membres – syndicat d'obédience communiste) et zenrokyo (1 million d'adhérents sympathisants de la gauche du Parti socialiste).

Rengo est actuellement paralysée par des tendances qui s'opposent – socialiste, social-démocrate et neutre – d'autant plus que le syndicat est entré directement dans l'arène politique. Sa tendance social-démocrate prolonge Domei, sa tendance socialiste (qui prolonge Sohyo) soutient quant à elle le premier ministre (socialiste), Murayama. En 1995, la direction syndicale en est réduite à laisser à ses adhérents le choix de leur camp dans la bataille qui déchire ce qui reste de la gauche nippone non communiste.

Il est certain que la chute du taux de syndicalisation reflète les difficultés actuelles du Japon : licenciements, mise en question de l'emploi à vie, croissance du secteur tertiaire, importance du travail à temps partiel, d'autant plus qu'il est particulièrement difficile de syndicaliser le monde des PME. 25 millions de salariés, au Japon, travaillent dans des entreprises de moins de 100 personnes. Leur taux de syndicalisation est de... 1,8 % !

▸ Le contexte contemporain de mondialisation et les évolutions propres au Japon remettent en question son pacte social.

Comme un certain nombre de pays industrialisés, le Japon connaît incontestablement, depuis le tout début des années 90, une certaine crise. C'est une crise complexe aux visages multiples – qui dégénère en malaise social latent. La principale manifestation de la crise est le ralentissement de la croissance, dont les conséquences sont considérables au niveau familial, social et international.

• **En premier lieu, le Japon, qui vieillit rapidement, connaît un grave problème d'emploi.** Menacés par le nouveau comportement des jeunes diplômés, plus instables auprès des entreprises, désireux de gagner davantage et hésitant moins à leur faire concurrence, les travailleurs plus âgés constituent parfois « les employés assis au bord de la fenêtre », c'est-à-dire en quasi-chômage. Le fait de « faire chômer à domicile[1] » ne sera pas tenable à terme, faute de renversement de conjoncture, par les entreprises. **Officiellement à 2,8 %, le taux de chômage n'est-il pas, au Japon, réellement, de 3 à 6 % (ce qui reste remarquable par rapport aux taux européens mais trahit l'existence d'un chômage caché).**

L'un des vrais défis japonais, comme dans tous les pays industrialisés, concerne l'emploi. On peut, en effet, considérer qu'**il n'y a pas une seule, mais au moins trois économies japonaises.** La première d'entre elles est celle que l'Occident et le monde entier rencontrent. C'est l'économie des grands groupes nippons à la conquête des marchés, c'est une économie très performante, celle de l'automobile, de l'optique et de la mécanique de précision, de l'électronique grand public, etc. C'est elle qui finance les deux autres sphères économiques du pays. La seconde économie japonaise concerne les métiers traditionnels (le Japon est, avec la Corée, le seul pays au monde qui a des « trésors nationaux » vivants, artistes et artisans réputés). La rentabilité ne compte guère, mais l'activité permet de « garder la main » et de sauvegarder le génie du pays. La troisième économie concerne l'immense monde des services.

Au pays roi de la productivité, des poinçonneurs, une foule d'employés dans les stations-service et des millions d'hôtesses dans les magasins et dans les compagnies permettent au Japon de protéger de nombreux secteurs aussi « inefficaces » que gourmands en main-d'œuvre. Ainsi, le secteur abrité des services de

1. C'est-à-dire à verser un salaire, même réduit, à des employés inutiles que l'on dispense plus ou moins de travailler.

proximité continue de recueillir les égarés, les retraités et les moins qualifiés. « Le Japon, souligne Jean Boissonnat, loge ses chômeurs dans les services, au lieu de les mettre dans une ANPE. »[1]

Le Japon a donc pu et su allier, jusqu'au milieu des années 90, le système productif le plus compétitif du monde et le secteur distributif le plus protégé qui soit. D'où les excédents commerciaux records, mais aussi les difficultés et la colère de ses partenaires. Son organisation a toujours favorisé la production, l'exportation et l'insertion dans la nation par le travail, qui évite la dépendance. Dans tous les cas, c'est le consommateur qui finance, mais cet effort permet la préservation du pacte social.

Cependant l'ouverture au monde et l'internationalisation, la circulation des hommes, des idées et des produits, la pression, enfin, des États-Unis et l'endaka obligent, à terme, le Japon à restructurer son agriculture, à importer du riz, à moderniser, à ouvrir son commerce intérieur, à baisser la garde d'un certain nombre de secteurs protégés. Ceci, combiné aux progrès de la productivité, ne pourra manquer de provoquer du chômage.

Par ailleurs, longtemps peu enclin à tolérer d'importants flux d'immigration, le pays a fait appel à une main-d'œuvre immigrée ces dernières années et compte, selon toute vraisemblance, 300 000 à 400 000 clandestins, dont une forte proportion d'Iraniens.

Moins isolé, le Japon risque fort de connaître le prix de l'interdépendance entre l'économique et le social, le national et l'international...

• **Il faut aussi tenir compte de l'évolution, lente certes, mais inexorable, de la condition féminine au Japon.** Jusqu'alors, les femmes japonaises sont essentiellement des « maman-enseignement » et des épouses-intendantes. Ce sont elles qui, dans le foyer, tiennent les cordons de la bourse. Les ménagères japonaises connaissent fort bien les cours en Bourse. Intelligentes, brillantes étudiantes, ayant souvent voyagé à l'étranger, les jeunes nippones, dans une société qui pratique le mariage tardif, se contentent de moins en moins d'être des « fleurs de bureau » et entendent obtenir une vie professionnelle. L'effondrement de la natalité, qui multiplie les familles à enfant unique, fait des filles des héritières. Au Japon, où l'immobilier est inaccessible (un appartement nécessite l'endettement sur deux générations à Tokyo) et où les droits d'héritage sont considérables, cela signifie, pour les parents le financement onéreux d'études supérieures pour leur enfant, fût-il une fille.

Pris entre « le marché des tempes argentées » (les retraités) et la toute nouvelle demande d'intégration de ses femmes, quelle sera la capacité d'adaptation du *Japon de demain ?*

2. Le tissu des entreprises japonaises est plus diversifié qu'il n'y paraît

Le Japon dispose aujourd'hui d'une part de plusieurs dizaines de très grands groupes et, d'autre part d'une multitude de PME sous-traitantes ou innovantes

1. Dans *Rendez-vous avec l'histoire,* chap. 7, « Le Japon n'est plus une île », Calmann-Lévy Éd., 1995.

sur lesquelles reposent tout à la fois la capacité du Japon à absorber les chocs, à employer une population nombreuse ainsi qu'à diffuser sur tout le territoire national la culture industrielle et *high tech*.

Ménageant jusqu'à maintenant ses ressources humaines, dans *l'association logique de l'emploi à vie et de la formation continue, la grande entreprise japonaise bénéficie d'un capital verrouillé,* interdisant ou contenant toute pénétration étrangère, dans un système d'interdépendance entreprenarial national. C'est ce que montre la structure du capital du géant NEC (Nippon Electronic Company), dont les deux tiers sont aux mains des corporations japonaises, tandis que 10 % seulement revient aux étrangers, ce qui est peu pour un groupe de cette taille.

▸ L'industrie japonaise dispose d'entreprises d'une exceptionnelle efficacité technique et commerciale, particulièrement dans les secteurs stratégiques.

Souvent, dans ces secteurs clés, on retrouve des champions nationaux qui s'affrontent et rivalisent sans merci, en duos ou en grappes. C'est le cas, pour l'équipement, des géants Hitachi et Toshiba, des dynamiques Komatsu et Kubota, du domaine de l'automobile avec une dizaine de firmes, ou encore de leaders du nouveau créneau des jeux électroniques, Nintendo et Sega.

• **Toshiba,** dont le siège social est à Tokyo, constitue un puissant groupe de 170 000 personnes dont la structure industrielle a pu faire rêver un premier ministre français comme Édith Cresson. Créée en 1875, la firme est, au départ, une fabrique d'appareils électriques qui, associée à d'autres entreprises, dont la Tokyo Electric Company, devient, en 1939, la Tokyo Shibaura Electric. De nombreuses autres fusions ou créations aboutissent, en 1978, à la naissance de la Toshiba Corporation. Toshiba appartient au groupe Mitsui et dispose de nombreuses alliances avec des groupes nationaux ou étrangers de première importance. C'est le cas, au Japon, de l'association avec IHI, Ishikawajima-Harima Heavy Ind., troisième chantier naval du pays et maillon important du complexe militaro-industriel du Japon qui est loin, actuellement, d'être négligeable.

Toshiba utilise la licence de General Electric pour ses réacteurs nucléaires et construit un surrégénérateur. Outre le stratégique secteur de la machine-outil, Toshiba excelle dans le domaine du téléphone (associé à NTT) des télécopieurs (avec Alcatel) ou de l'équipement ménager qui fournit 20 % des réfrigérateurs japonais et 15 % des téléviseurs du pays, sans compter, en France, par exemple, l'usine d'Aizenay, en Vendée, avec Thomson, pour les fours à micro-onde. Mais ce qui est devenu essentiel, c'est la bureautique, l'informatique et les medias-communications. D'où les alliances multiples, avec ce que l'étranger compte de plus performant, donc avec Olivetti, Siemens, et, surtout, Time-Warner. Dans les tout premiers du monde en ce qui concerne les semi-conducteurs, Toshiba, pour se prémunir de toute tentation protectionniste américaine, a construit une usine dans l'Oregon, près de Portland. Mais surtout, associé avec la grande maison de commerce Itoh, Toshiba est devenu, en le renflouant, un important partenaire de Time Warner, un des piliers des médias et de la communication aux États-Unis.

Ensemble, ils sont en passe d'imposer leur norme de vidéo-disque pour remplacer l'actuelle vidéo-cassette.

On peut ainsi admirer l'efficacité d'un tel groupe qui, préservant l'essentiel de sa recherche au Japon ne veut pas, à l'étranger, selon les propres déclarations de l'un de ses responsables, travailler seul, afin de pouvoir bénéficier de la technique du monde entier.

• C'est cette importance accordée à la recherche qui permet de rapprocher Toshiba d'un autre très grand groupe, **Hitachi.** Ce conglomérat, classé dans les premiers du monde, a été fondé en 1910 par un diplômé de l'université de Tokyo, Namihei Odeira, dans la ville d'Hitachi, au nord-est de Tokyo, sur la côte du Pacifique, où l'on travaillait le cuivre et élaborait du matériel électrique. Depuis, Hitachi (80 000 salariés environ) est resté dans les secteurs de l'industrie lourde, de la chimie et de l'industrie électrique qui débouche sur l'électronique. Malgré des difficultés dues, dans ce dernier domaine, à la dynamique des pays-ateliers d'Asie sur un marché saturé, *Hitachi est sans doute l'un des deux ou trois premiers groupes du monde pour la technologie.* Réalisant 2 % du PNB japonais, la firme représente à elle seule 6 % des investissements en recherche et développement des sociétés japonaises. Aucune société n'est aussi engagée dans la haute technologie. Elle serait, selon l'un de ses vice-présidents, « capable de réaliser en entier un TGV à sustentation magnétique filant à 480 km et son réseau, à l'exception d'un peu de béton et d'acier[1] ». Hitachi qui rêve de construire des usines automatisées et des gratte-ciel « intelligents » est classée dans les dix premières sociétés du monde par les magazines spécialisés. Pour mieux entraîner dans son mouvement l'Asie du Sud-Est, elle a créé, en 1984 la *Hitachi Scholarship Foundation* qui octroie des bourses d'études aux étudiants de la région, invités à se former au Japon, et qui organise les échanges scientifiques de toute la zone.

• D'autres groupes établissent les bases solides de la puissance industrielle japonaise. C'est le cas d'un autre binôme, celui constitué de **Komatsu** et de **Kubota.**

L'archipel est un chantier permanent, où construire a été, depuis un siècle, une nécessité vitale, pour reconstruire, après les accidents, les guerres et les séismes, ou, tout simplement, pour moderniser et anticiper. Avec **Komatsu,** c'est assez rare pour être souligné, l'impulsion est venu de l'Ouest, puisque c'est dans une petite ville de la préfecture d'Ishikawa qu'est établie, en 1917, une fabrique d'équipements pour la construction et de machines outils et qui se sépare de la maison mère Takeuchi Mining Co. (fondée, elle, en 1894). C'est après guerre, en 1947, qu'est créé, à Osaka, le second grand établissement. Riche de cinq sites au Japon[2], Komatsu est, aujourd'hui, une grande firme puissante capable de produire les engins les plus utiles à l'équipement et à la construction : presses, machines agricoles, excavateurs, camions, compresseurs, robots industriels.

1. In *Courrier international,* n° 100.
2. Komatsu et Himi sur la côte Ouest, Osaka, Kawasaki (en baie de Tokyo) et Oyama, au nord de la capitale.

La stratégie et le management de Komatsu s'organisent autour du concept des 3 G :

— *Global* pour l'étude des composants, des devis et des produits, pour les relations entre la recherche, la production et la vente et pour le ciblage des zones essentielles au marché : l'Amérique, l'Europe et l'Asie ;

— *Group-wide* concerne la mise en synergie de toutes les parties prenantes du groupe, y compris ses partenaires, ses distributeurs par exemple ;

— *Growth,* il s'agit d'optimiser toutes les ressources de l'entreprise pour les mobiliser sur les secteurs prometteurs.

Une firme comme **Kubota,** rivale et complémentaire, est originaire d'Osaka où elle est fondée en 1888. Elle peut prétendre négocier trois révolutions techniques : une révolution agricole, une révolution industrielle et la révolution informatique. Kubota a surtout attaché son nom à la mise au point, en 1960, de tracteurs de petite taille, bien adaptés au travail des rizières. Elle a par ailleurs eu son sort lié à l'industrialisation du pays (machines, matériaux et réseaux). L'environnement lui offre un nouveau créneau, celui du traitement des déchets industriels et urbains. Enfin, vers 1986-1987, la firme s'est intéressée aux ordinateurs avant de pénétrer le secteur des logiciels qui s'ajoute à ses activités concernant les nouveaux matériaux et la biotechnologie.

▸ **L'industrie automobile du Japon a été le laboratoire industriel du pays.** C'est une activité exemplaire, qu'il s'agisse de la qualité du produit ou du process de production. Après le bâtiment, c'est l'activité qui a le plus d'effet d'entraînement sur la vie économique, du moins avant l'avènement de l'ère des médias. Il est important de constater la présence, au Japon, de constructeurs nombreux, une dizaine, ce qui est beaucoup par rapport aux États-Unis, à l'Allemagne et à la France. Il s'agit de Toyota, de Nissan, de Honda, de Mazda, de Mitsubishi, en ce qui concerne les cinq premiers.

Par ailleurs l'industrie automobile du Japon est la seule de ce pays à être réellement mondiale, c'est-à-dire à posséder des ateliers de fabrication et une véritable filière industrielle sur les trois continents.

Encadré 6
L'industrie automobile du Japon

• **11 producteurs** : Toyota, Nissan-Datsun, Honda, Mazda, Mitsubishi, Suzuki, Daihatsu, Isuzu, Fuji, Hino et Nissan-Diesel.

• **2 premiers rangs.** Le Japon est le **premier producteur et le premier exportateur mondial** (voitures de tourisme, véhicules utilitaires et motocyclettes) **dans les années 90, mais se fait ravir le rang de premier constructeur mondial par les États-Unis en 1994.**

• **3 grands champs d'investigation** : l'Asie-Pacifique, l'Amérique du Nord et l'Europe de l'Ouest, avec, tout particulièrement, de puissants intérêts dans les pays anglo-saxons (Grande-Bretagne et États-Unis). Ce qui n'exclut nullement les autres régions du monde.

• **Objectif des 7 zéros** : zéro panne, zéro défaut, zéro délai, zéro stock, zéro papier, zéro transport, zéro surproduction.

• **3 dates clés** :

• 1981 : premiers accords d'autolimitation avec les États-Unis ;

• 1991 : accords de Bruxelles concernant les importations de voitures japonaises dans la Communauté ;

• 1995 : puissante montée du yen ;

• **Un poids considérable** : 10 % des emplois du pays et 16 % des exportations du Japon.

Après la guerre (années 50), les Japonais utilisaient des 4 cv de Renault et des voitures Ford. Français et Américains n'ont pas eu l'idée d'implanter des ateliers de montage dans l'archipel. Cependant, les Nippons ont eu celle d'interdire à Fiat la construction d'une usine dans leur pays. Dès lors, il revient à des entrepreneurs comme Soichiro Honda de construire l'industrie à la nippone[1].

► Soichiro Honda peut être considéré comme le Henry Ford japonais.

Il naît en 1906 dans la préfecture de Shizuoka (Japon). Sa famille est pauvre et compte cinq enfants. Le père est forgeron à la campagne et l'enfant ne rêve que moteurs et cambouis. Il commence par construire son propre vélo puis devient, à quinze ans, apprenti dans un atelier de réparation automobile, Art shokai, dont il devient propriétaire d'une succursale. Ce n'est qu'en 1937, grâce à un terrain que lui a donné son père que Honda peut installer son propre atelier. Il remplace alors les rayons de bois des voitures par des rayons en acier puis se lance dans la fabrication de segments de pistons. Inscrit par ailleurs à la fin des années 30 à l'Institut de technologie de Hamamatsu, il est, à plus de trente ans, un étudiant aux grandes possibilités, mais conteste le principe des examens et se fait exclure. La guerre détruit son entreprise dont il vend les stocks à Toyota. En 1945, il s'accorde une année de liberté marquée par les fêtes, le saké et les geishas.

Tout recommence en 1946-1948 quand il fonde et préside un laboratoire de recherche technique qui débouche, en 1948 sur la Honda Motor Co Ltd. Comme dans le cas de Sony, l'on retrouve une association ingénieur-gestionnaire. Honda, l'inventeur, s'adjoint, en effet, les services d'un financier, Takeo Fujisawa. L'aventure commence. En 1949, la première moto appelée *Dream,* « le rêve » sort des ateliers, suivie, en 1957, de la première voiture, la N 360 (contemporaine de la Renault-Dauphine), puis d'une seconde, la N 600 en 1968. La *Civic* sort en 1972. Trois autres dates ponctuent cette formidable ascension, l'ouverture, en 1960, à Suzuka, de la plus grande unité de production de motos du monde, la victoire, en 1965 au grand prix du Mexique (en Formule 1) et la naissance, en 1977, de la fondation Honda.

1. Voir *Monsieur Honda tel qu'il s'est raconté à Yves Derisbourg,* Robert Laffont Éditeur, 1993 – ou encore, *Honda par Honda,* chez Stock.

En 1973, alors que l'entreprise a vingt-cinq ans, Shoishiro Honda et Takeo Fujisawa démissionnent de leurs postes respectifs, parce qu'il faut que la firme reste jeune. Devenu « conseiller suprême à vie » de l'entreprise qu'il a fondée, Soichiro Honda s'éteint le 5 août 1991 dans un hôpital de Tokyo, à l'âge de quatre-vingt-quatre ans. Patron peu conformiste, il reste un symbole de l'industrie à la nippone, lui qui voulait diffuser partout « le plaisir de l'acheteur, du vendeur et du fabricant ».

Encadré 7
Les 5 piliers de la philosophie de Honda

1 / Garder ses rêves de jeunesse.
2 / Combiner simplicité, concentration et vitesse.
3 / Aimer le travail et égayer son lieu d'exercice.
4 / Réguler et équilibrer les flux de travail.
5 / Rester toujours en esprit de recherche et apte à l'effort.

L'entreprise a aussi joué un rôle moteur dans l'internationalisation du pays. En 1979, Honda s'est lié au Britannique Rover par des participations croisées et des accords de coopération industriels. La firme est devenue l'axe essentiel d'une pénétration « en douceur » du marché européen. Mais le passage, en 1994, de Rover sous le contrôle de l'Allemand BMW constitue un échec de cette « stratégie de l'escargot ».

Cela n'a pas empêché Honda de doubler son bénéfice en 1994. Dans une conjoncture incertaine, il verse en 1995 des dividendes à ses actionnaires tout en se gardant de tout triomphalisme. Il reste après Toyota et Nissan et devant Mazda et Mitsubishi, le troisième constructeur japonais (avec 9 % du marché international) et est devenu le quatrième constructeur américain (bien installé dans l'Ohio et même au Ontario) avec... 10 % du marché.

► Aux prises avec la **montée du yen** et le **retour en compétitivité de ses concurrents** que symbolise, fin 94, la néon de Chrysler, les géants de l'automobile japonais relèvent le défi.

Toyota rationalise sa production, décentralise à Kyushu, flexibilise ses chaînes. Le numéro un japonais réduit le nombre de ses pièces détachées, accroît sa pression sur ses sous-traitants et n'hésite plus à employer des femmes.

Déjà **Nissan** avait donné l'exemple en réinventant, dès le début des années 90... Nissan. Zama, la grande usine près de Tokyo est fermée, une nouvelle usine, où les robots sont omniprésents est ouverte à Kyushu. Il faut abaisser le « point mort », c'est-à-dire gagner de l'argent en vendant moins de véhicules. C'est la chasse aux sureffectifs et la réduction drastique du nombre des composants (par exemple la réduction de moitié des 6 000 vis et fixations utilisées pour

Graphiques 3 *a* et 3 *b*

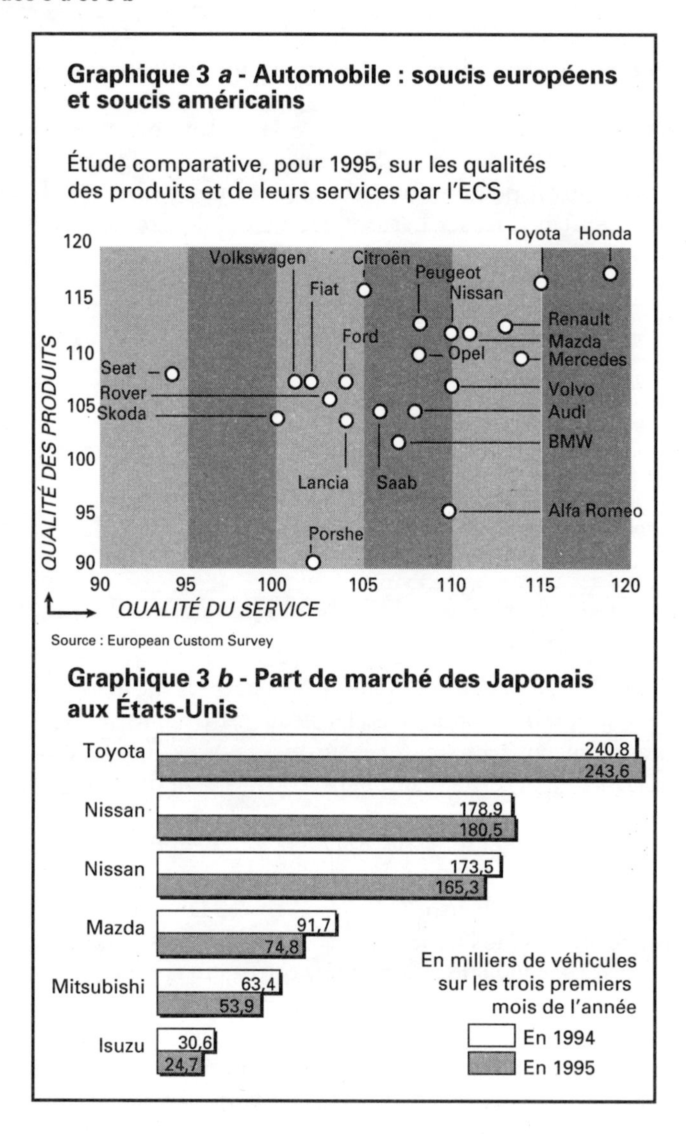

EUROPE

Les voitures japonaises s'imposent comme les plus fiables, devant les Allemandes. Résultats publiés par le magazine allemand *Capital*.

En 1994, les Européens ont exporté 184 500 véhicules au Japon, les Japonais, plus de 1 000 000 en Europe (où ils produisent déjà 500 000 voitures).

ÉTATS-UNIS

Les importations automobiles du Japon ne représentait que 6 % du marché de ce pays, soit quatre fois moins que les constructeurs japonais aux États-Unis (23 %).

Source : La Tribune Desfossés, 10 mai 1995.

toute la gamme[1]). C'est enfin une révision du *design in,* méthode qui en associant les sous-traitants à la conception de la voiture dès les premières étapes, multipliait trop les pièces détachées.

Ayant commencé, après la guerre avec un véhicule à trois roues, bien adapté à un pays pauvre, **Mazda,** la firme d'Hiroshima, est aussi malmenée par la hausse du yen, malgré ses remarquables efforts de pénétration en Europe et en France, comme l'atteste sa 323. Ford, son partenaire-actionnaire (25 % de Mazda acquis en 1979) est appelé au secours par la banque Sumitomo, principal créancier de Mazda.

3. Des entreprises récentes ont su solliciter et satisfaire la demande de nouveaux produits

La grande consommation est devenue, avec l'exportation et l'investissement, le grand moteur de l'expansion du pays du Soleil-Levant depuis 1945. Quelques secteurs et entreprises illustrent parfaitement ce phénomène qui a tardé à être perçu à l'étranger : il s'agit de l'audiovisuel où s'affrontent Matsushita et Sony, ou des consoles de jeux, avec Nintendo et Sega. D'autres entreprises, exemplaires, peuvent être proposées : Kyocera pour les matériaux nouveaux, Yamaha pour les instruments de musique, Fuji pour les appareils photos. Enfin, le Japon a été l'un des premiers pays, après la guerre, à saisir la nouvelle importance de la clientèle féminine, d'où la floraison d'entreprises remarquables dans le domaine du vêtement, des cosmétiques et de la beauté qu'illustrent Wacoal, Cecile Co et Kanebo tout aussi bien que Shiseido et Max Factor KK.

▸ Dans l'audiovisuel et le multimedia, le Japon peut compter sur plusieurs géants.

Douzième plus grande firme mondiale, selon le chiffre d'affaires et le dernier classement de *Fortune,* **Matsushita, le géant d'Osaka fondé en 1918, est le leader mondial de l'électronique grand public.** Le groupe dispose de quatre marques à lui tout seul : National, créé en 1925 et omniprésent au Japon, Panasonic, Technics et Quasar. C'est le troisième fabricant mondial de téléviseurs du monde, derrière le Français Thomson et le Néerlandais Philips. Sa filiale JVC, Japan Victor Company, a emporté, avec son système VHS, la norme mondiale en matière de *video home system* sur son rival en... magnétoscopes, Sony. Fabriquant presque 15 000 produits, Matsushita livre machines à laver, aspirateurs, fers à repasser, appareils à air conditionné, ampoules, batteries, téléphones, ordinateurs, robots dont il est le premier fabricant nippon. Sa fameuse « marmite à riz électrique » a révolutionné après guerre tout l'archipel et changé la vie des ménagères japonaises.

1. Aujourd'hui, une automobile japonaise contient 30 000 pièces en moyenne, dont la plupart sont renouvelées à chaque changement de modèle, tous les cinq ans environ.

Tableau 5
Les disques compacts à venir et la bataille du multimedia

	Principaux promoteurs	*Lancement attendu pour*	*Capacité Gigaoctets*	*Utilisation*
MCD	Philips	1996	7,1	4,5 heures
Multimédia	Sony		(1 face)	de vidéo
SD-DVD	Matsushita	1996	10	4,5 heures
Super density	Toshiba		(2 faces)	de vidéo*

* Avec musique en Dolby AC3, son en cinq langues et sous-titrage.

Source : Le Monde, 7 juin 1995.

Konosuke Matsushita est un fils de paysans misérables ; né en 1894 à 50 km au sud d'Osaka, il est l'aîné d'une famille de neuf enfants. Il doit quitter l'école à l'âge de dix ans. D'abord apprenti dans une fabrique de bicyclettes, il travaille bientôt à la Compagnie d'électricité d'Osaka qu'il quitte en 1918 pour fonder sa propre entreprise de prises électriques. Sa vie est désormais celle de l'un des plus grands managers du siècle. Dès les années 30, il adopte l'organisation en divisions de General Motors, la cohésion de sa firme étant opérée par les rotations du personnel pénétré de l'esprit maison. Ecarté quelque temps de l'entreprise à la fin de la guerre, Konosuke Matsushita médite, en compagnie de savants et de moines à Kyoto, et fonde un Institut pour la Paix, le Bonheur et la Prospérité.

Matsushita, dont le nom signifie « l'homme qui a de la chance sous le pin », a été la première société du Japon à disposer d'un hymne entreprenarial, incitant à l'effort de fabrication et d'exportation dans le monde entier. Elle a aussi développé une philosophie d'entreprise (p. 267) et s'est souciée d'intégrer technologie et information aux autres facteurs de production, capitaux et main-d'œuvre. Konosuke Matsushita, grand admirateur de Thomas Edison a sollicité et obtenu la collaboration des meilleurs partenaires étrangers : Philips, Bosch, Siemens, IBM... Des usines ont été installées à Vancouver, à Washington et à Barcelone, au pays de Galles et en France, en Chine, enfin.

En 1979 Konosuke Matsushita a fondé une « école de gouvernement et de management » qui veut être le nouveau vivier politique japonais pour le XXIe siècle. Une quinzaine de députés et l'ancien premier ministre Morihiro Hosokawa en sont issus...

• **Depuis la fin des années 40, le grand rival de Matsushita est la firme Sony.** Sony a présenté en 1960 le premier poste de télévision portable – puis a inventé en 1979, le walkman, avant de perdre la grande bataille de la norme audiovisuelle au profit de JVC. Matsushita, le groupe d'Osaka et Sony, le groupe de Tokyo ont des cultures différentes et rivalisent pour atteindre le même objectif, le leadership mondial.

• Longtemps, Sony a eu ici un avantage, Mastsushita gardant l'essentiel de sa base industrielle au Japon alors que Sony s'est implanté à l'étranger dès la fin des années 70. Aussi est-elle aujourd'hui moins sensible à l'appréciation du yen.

• A la fin des années 80 cependant, les deux groupes japonais sont partis à peu près simultanément à la conquête d'Hollywood. En 1987, Sony rachetait les disques CBS devenus Sony Music. En 1989, elle reprenait les studios de cinéma Columbia. Cela signifiait que le groupe de Tokyo, tirant les leçons de son échec au niveau de la bataille mondiale pour les normes de matériel, entendait contourner l'obstacle en investissant dans la création artistique et les programmes. C'est pour ne pas se laisser distancer que la firme d'Osaka suit son adversaire en Californie et rachète, cette même année 1989, les studios MCA-universal (qui vont coproduire avec Steven Spielberg Jurassic Park).

Mais cette stratégie (le contenu tire l'équipement) ne s'est pas révélée très pertinente. Les deux groupes japonais ont perdu beaucoup d'argent et ne sont guère entendus avec leurs collaborateurs, créateurs et acteurs américains. On peut parler, en 1995, d'un double échec :

— un échec stratégique, celui de l'intégration verticale, des téléviseurs, des magnétoscopes et des consoles de jeux vers les programmes, du matériel au culturel ;
— un échec culturel. Fabriquer du matériel performant et créer une œuvre ne sont pas le même métier. S'il est vrai que cette seconde activité est l'avenir, cet échec est plutôt inquiétant pour les firmes japonaises.

En 1995, le groupe canadien de vins et de spiritueux Seagram (whisky Chivas, cognac Martell et jus de fruit Tropicana) a racheté MCA à Matsushita, tandis que Sony a déboursé une grosse somme pour se donner une deuxième chance de réussir à Hollywood.

Cependant tout comme la filière automobile, la filière électronique nippone conserve des possibilités de réaction rapides et impressionnantes, comme l'atteste le nombre de ses entreprises présentes sur l'intégralité de la filière, des composants aux produits finis : Matsushita Electric et JVC, Sony et Mitsubishi Electric, Hitachi et Toshiba, NEC et Fujitsu, Aiwa, Sharp et Sonyo, Kyocera, TDK et Pioneer...

► Nintendo et Sega, longtemps leaders des jeux vidéo, vont-ils être défiés par Microsoft ?

L'industrie des jeux vidéo est l'un des seuls domaines de l'électronique dans lequel les Japonais dominent à la fois les machines et les programmes. Elle présente deux succès à la japonaise, Nintendo et Sega.

• **Nintendo** a été créée en 1889 à Kyoto par Fusajiro Yamanchi, le grand-père de l'actuel président. Ce n'était encore qu'une entreprise familiale spécialisée dans les jeux de carte. Après la guerre, le succès repose sur des partenariats heureux, des réseaux et des innovations. Les partenaires sont Walt Disney, en 1959, pour l'impression des cartes, désormais plastifiées, puis Mitsubishi, à partir de 1975, pour les systèmes électroniques, Nomura enfin, en 1988, pour l'étude des marchés et la vente. Les établissements de Nintendo d'Uji City (banlieue de Kyoto) sont sans cesse agrandis et rénovés et l'entreprise est cotée dans les bourses de Kyoto et d'Osaka à partir des années 60. Dans les années 80, Nintendo couvre, à partir de New York, l'Amérique du Nord, en s'installant à Washington, à Seattle et à Vancouver. Nouveaux jeux et techniques toujours plus performantes sont à l'origine de succès ininterrompus : *Donkey Kong* en 1981, *Super Mario* en 1985 et le *Gameboy* en 1989. La stratégie consiste à casser le prix des consoles qui constituent un produit d'appel pour mieux se rattraper sur les programmes dont le marché est verrouillé et qui, eux, sont vendus cher. C'est ainsi que Nintendo, qui emploie 950 personnes, est devenue en 1990, selon un grand quotidien financier japonais, le *Nihon Keizai Shimbun,* l'entreprise la plus performante du Japon, à la place même du géant de la construction automobile Toyota !

• **Sega** a été fondée en 1951. Cette firme de Tokyo n'a pas hésité, en 1992, à s'allier avec Sony pour conquérir le marché des États-Unis et pour créer un standard permettant de résister aux concurrents (Nintendo le Japonais ou Atari, l'Américain).

Au milieu des années 90, la concurrence nippo-nippone s'intensifie dans les jeux vidéo, à cause de la « course aux bits » (puissance et performance) et de l'arrivée, sur ce créneau, de concurrents-mastodontes (Matsushita, Sony, Nec, Toshiba, Hitachi, Victor et Yamaha). Nintendo compte sur la recherche et le développement (son personnel comprend 200 chercheurs sur 950 salariés pour lancer son *Ultra* de 64 bits). Sega table sur les parcs d'attraction de réalité virtuelle dont les premiers ont été ouverts à Yokohama et à Londres.

Il faudra aussi compter avec les Anglo-Saxons. La Grande-Bretagne détient 40 % du marché mondial des logiciels de jeux[1]. Mais la plus grande menace vient sans doute, une nouvelle fois, des États-Unis. **Microsoft,** la firme de Seattle, tente de constituer une *joint-venture* avec **Softbank** (entreprise fondée en 1984 et devenue le premier éditeur de logiciels japonais).Cette menace suffit pour effriter les cours des titres de Nintendo et de Sega.

Le Japon, qui exporte difficilement des éléments de sa culture de masse (à l'exception des dessins animés et du karaoké) sauvera-t-il ses jeux vidéo ?

▸ Kyocera, Fuji et Yamaha illustrent la croissance et l'excellence des productions japonaises à la fin du XXe siècle.

Kyocera est le n° 1 mondial de la céramique industrielle. Son fondateur est Kazuo Inamori, un fils d'imprimeur, né en 1932 à Kagoshima, au sud de Kyushu (destinée, dit-on, à devenir une *Silicon Island*). Après avoir travaillé dans une entreprise de céramiques à Kyoto, il fonde, dans cette ville, en 1959, Kyoto

1. Nintendo a acquis 25 % des parts de la société anglaise Rare Weel, qui a produit Donkey Kong Country, le jeu vidéo le plus vendu au monde.

Ceramics, n'hésitant pas à recourir à l'épargne de proximité, y compris celle de ses collaborateurs. Kyoto Ceramics devient Kyocera en 1982. Kyocera est en effet le premier fabricant mondial de composants en céramiques, fournissant IBM et INTEL. Il se diversifie et élabore aussi de petits ordinateurs (marques Victor et Tandy). Après le rachat de Yashica (appareils photos) en 1983, il associe ses compétences en électronique à celles de l'optique pour développer une gamme d'imprimantes laser. De remarquables réalisations figurent à son catalogue : prothèses de toutes sortes, outils de coupe, pièces pour moteurs automobiles. Au cours des années 90 enfin, la firme de Kyoto vise particulièrement le marché des télécommunications et a investi presque totalement un concurrent, ce qui est une première au Japon, la Daini Denden.

Kyocera dispose aujourd'hui de plus de 15 000 collaborateurs dont la moyenne d'âge, 32 ans, est la plus jeune du Japon. L'entreprise est adossée au groupe bancaire Sanwa, de la région d'Osaka, un des premiers du monde.

Kyocera est présent sur le sol français : au Grand-Quevilly, près de Rouen, une unité assure la production d'ordinateurs. Une filiale à Rungis (près de Paris) est chargée de commercialiser les composants électroniques et les objets de coupe. Une seconde filiale (à Gif-sur-Yvette, également au sud de Paris) distribue les imprimantes laser.

Kyocera est donc bien représentative des nouvelles entreprises japonaises d'après guerre : par son président-fondateur, homme original qui dote sa société d'une philosophie (« il faut respecter le ciel et aimer les hommes ») mais aussi par un grand esprit de cohésion. « Si vous faites les choses avec amour, vos produits se vendront sans défauts. » D'ailleurs un cimetière de 2 000 places attend, près d'un temple Zen à Kyoto, les précieux collaborateurs de la grande famille Kyocera après leur mort... En attendant, la fondation Inamori créée par le PDG en 1984 se veut, à sa façon, une autre Fondation Nobel et distribue des prix. Le flair technique a-t-il jamais fait défaut aux établissements Kyocera, de Kagoshima et de Kyoto ?

- **Fuji a fait reculer Kodak.**

Dans le secteur de la photographie, Kodak, la firme de Rochester (États-Unis) est, comme les Big Three de Detroit dans l'automobile et les *start up* (entreprises naissantes et innovantes) de Californie, en pleine guerre économique face aux challengers japonais. Présent au Japon dès la fin du siècle dernier, Kodak s'en est retiré volontairement après le second conflit mondial. Les États-Unis désiraient alors vivement la reconstruction de l'industrie japonaise.

Fuji, une firme de Tokyo appuyée sur un grand groupe, a pu, rapidement, réunir toutes les conditions d'une croissance vigoureuse. C'est d'abord **un marché domestique** devenu le second du monde et bien protégé par les barrières douanières d'après guerre. Le rival japonais Konica est tenu à bonne distance. C'est ensuite **une recherche technologique remarquable** qui permet la mise au point, dès les années 60, du premier film couleur photographique de grande sensibilité (400 ASA) puis, en 1987, du premier appareil photo jetable, avant de travailler avec Toshiba à l'appareil photo de l'avenir, l'appareil informatisé. C'est, enfin, la conquête des marchés européens et américains symbolisée par la faible résistance d'Agfa Gevaert en Europe et la sponsorisation des Jeux olympiques de Los Angeles en 1984.

Pendant cette longue période, *Big Yellow*[1] accumulait les erreurs et les échecs : appareil photo électronique de mauvaise qualité dans les années 80, opportunité et procès perdus avec Polaroïd (qui avait pourtant proposé à Kodak son appareil à développement instantané) diversifications assez peu heureuses dans les produits magnétiques, l'imprimerie et les équipements professionnels.

Aujourd'hui, Kodak, « le voleur de couleurs », reprend l'initiative en restructurant, en dynamisant et en cherchant. Il n'empêche, « en un quart de siècle, soulignent Valérie Brunschwig et Etienne Barral de la revue *Dynasteurs,* **le quasi-monopole s'est mué en duopole** ».

• **A Hamamatsu, ville-relais sur la route du Tokaido à l'époque féodale, Yamaha est l'empire des sons.** Pour beaucoup, Yamaha évoque les motos. Pourtant, l'entreprise est surtout le plus grand fabricant mondial de pianos... et de toutes sortes d'instruments de musique (flûtes, tambours, guitares)... à l'exception des cordes frottées (violons, violoncelles, contrebasses) que réalise Suzuki... un autre fabricant de motos.

Né en 1851, Torakusu Yamaha, troisième fils d'un samourai, fonde son entreprise après avoir réparé l'harmonium de l'école primaire de Hamamatsu puis construit lui-même un nouvel instrument. Une grande aventure industrielle commence.

Encadré
La saga de Yamaha

1887	Fondation de l'entreprise Nippon Gakki « Instruments de musique du Japon » par Torakusu Yamaha.
1904	Les harmoniums et les pianos de Yamaha sont distingués aux États-Unis.
1914-1918	Pendant la guerre, les harmonicas du Japon remplacent ceux de l'Allemagne.
1930	Première création au monde d'un laboratoire acoustique chez un facteur d'instruments.
1939-1945	Yamaha fabrique des hélices d'avions pour les avions de combat.
1954	Ouverture de la première classe de musique expérimentale Yamaha.
1959	Premier synthétiseur entièrement transistorisé, l'électrone.
1966	La fondation Yamaha est créée. Elle est destinée à former des élèves et à organiser des manifestations dans le monde entier.
1981	Premier clavier numérique « GS-1 ».
1987	Nippon Gakki, l'entreprise d'origine, devient la Yamaha Company.
Années 1990	Les firmes Yamaha, Kawai, Tokai, Atlas... produisent à Hamamatsu la totalité des pianos du Japon et la quasi- totalité des instruments de musique.

1. Surnom de Kodak, comme *Big Blue* pour IBM.

Les travailleurs de Yamaha, qui sont près de 25 000, ne portent plus l'uniforme depuis 1990. Héritiers d'une tradition artisanale, ils construisent désormais des pianos comme des voitures, à la chaîne. Les *Yamahamen* maîtrisent trois types de savoir-faire (menuiserie, alliages de métaux et nouvelles matières synthétiques). Cela permet à ces fabricants de pianos et de motos de figurer en bonne place dans les articles de sport (raquettes de tennis, paires de skis, clubs de golf et même d'investir le domaine des petits ordinateurs).

Bien que le marché japonais des instruments de musique ait dépassé celui de l'Amérique, les nouvelles concurrences (de la Corée ou de la Tchéquie) obligent à accélérer la mise au point de découvertes techniques (les silencieux par exemple). Après le grand-père fondateur et le père, bâtisseur d'empire, la troisième génération des Yamaha, celle d'Hiroshi Kawakami, doit prendre la mesure du nouveau monde.

► **Le souci d'élégance des Japonaises d'après-guerre est à l'origine du dynamisme d'une nouvelle génération d'entreprises en matière de textile-habillement, de cosmétiques et de produits de beauté.**

Dans le secteur du textile, de l'habillement et de la mode le Japon est riche aujourd'hui d'entreprises exemplaires, comme Kanebo, Max Factor KK, Cecile Co, Ltd et Wacoal Corporation.

► **Kanebo** a son siège à Osaka. Le groupe emploie 25 000 personnes. Son histoire peut être comprise en trois symboles, en quelques dates et en quatre objectifs.

Kanebo s'est voulue, dès ses origines, une entreprise sociale, soucieuse de la santé et de la formation de son personnel, puis s'est ensuite lancée dans l'innovation technologique, travaillant le coton, la soie, la laine et les fibres chimiques,

Figure 1

Le **logo** de Kanebo a été choisi en 1889 par son directeur. C'est le dessin qui ressemblait le mieux à l'insigne de la Tokyo Cotton Trading Company, première usine Kanebo, créée en 1887 par Sanji Muto.

La **marque à la cloche** est créée en 1962. Elle symbolise le retour de l'entreprise dans le secteur des cosmétiques. *Kane* signifie cloche en japonais et vient de *Kanegafuchi*, le lieu-dit de la Tokyo Cotton Trading Co. La *bell mark* veut être le symbole des produits de haute qualité.

Le **badge aux « 3 S »**, bleu, blanc et rouge, pour vitesse, service et épargne a été adopté en 1949 au cours de la campagne de reconstruction de l'usine mère pendant la guerre.

Source: Documentation Kanebo.

elle a, en 1936, le plus gros chiffre d'affaires de toutes les compagnies privées du pays. En 1941, elle met au point le Kanebian, la première fibre synthétique japonaise, la seconde du monde, après la découverte du nylon, en 1925, par la firme américaine Du Pont de Nemours.

Kanebo est aujourd'hui présent dans les textiles et dans la mode, dans les produits cosmétiques et pharmaceutiques, dans le domaine agro-alimentaire, dans l'équipement de la maison, dans l'immobilier – dans les nouveaux matériaux et les systèmes d'information, enfin.

Chaque décennie a son objectif: les années 60, la beauté (Kanebo s'associe avec Christian Dior) ; les années 70, la mode ; les années 80, la promotion de la femme ; les années 90, l'art au travers de la technologie. Le slogan de la maison n'est-il pas « pour une vie belle » ?

• **Max Factor KK,** créé en 1953 et refondé en 1987 à Tokyo occupe essentiellement les créneaux de luxe des produits de toilettes, des parfums et de la parapharmacie. **Cecile Co,** de la préfecture de Kagawa, créée en 1972, fabrique et vend des vêtements par correspondance. Son catalogue présente des produits fabriqués dans toute l'Asie de l'Est : Corée, monde chinois, Indonésie et Thaïlande.

▸ Wacoal et Shiseido sont deux des plus belles réussites nippones du temps présent.

Avec ces deux entreprises japonaises, nous abordons l'industrie du *glamour* (fascination qu'exerce une personne séduisante), si caractéristique de la civilisation contemporaine. L'aventure de la firme de Kyoto, **Wacoal,** qui signifie *Harmonie du lac,* est exemplaire à plus d'un titre. Employant 15 000 personnes, Wacoal est le premier corsetier de l'empire du Soleil-Levant, le spécialiste des dessous d'Orient, le leader mondial de la lingerie féminine (avant Playtex et Dim).

Son fondateur, Koichi Tsukamoto, est, en 1946, un jeune homme de 26 ans, dont la famille aisée tient un magasin de tissus à Sendai, au nord de Hondo. Comme Akio Morita et d'autres grands patrons du Japon, il est marqué par la guerre « De 55 soldats de ma section, trois seulement sont revenus : j'étais l'un d'entre eux. Dieu avait préservé ma vie. Je devais le remercier en reconstruisant le Japon. Rien ne peut se faire sans croyance ni foi. » Considérant les Japonaises, il les trouvait belles dans leurs kimonos et leurs tenues traditionnelles qui ne facilitaient cependant pas leurs mouvements. Le jeune Nippon comprend que, dans un Japon en ruine occupé par les Américains, rien ne serait plus vraiment comme avant. Il comprend tout particulièrement que « la femme voulait égaler l'homme ». En 1946, il fonde une petite société d'accessoires de mode... qui végète. C'est en 1949 qu'il trouve sa vraie voie. Wacoal démarre avec de l'argent emprunté et dix salariés.

Il s'agit d'une industrie de haut de gamme, puisqu'il faut associer le fiable et le léger, le souple et l'élégant, qui doivent être accessibles aux femmes japonaises et adaptés à leur morphologie. La technologie intervient : des baleines de soutien-gorge en alliage de titane gardent la mémoire des formes. L'entreprise a mis au point, par ailleurs, un système informatique de mensuration, le fameux « analyseur de silhouettes », qui lui permet de disposer d'une banque de données des morphologies des femmes du monde entier. « Les modèles de Wacoal doivent, souligne son président-directeur général, satisfaire à trois règles : le style doit être européen, la technologie japonaise et la forme adaptée (aux États-Unis) à la morphologie des femmes américaines. »

En 1992, Wacoal installe son siège social français à Puteaux. Il rêve de voir ses produits, déjà distribués dans les grands magasins parisiens, accessibles dans 1 000 points de vente en France... qu'il aidera lui-même à démarrer. Son fils, Yoshikata Tsukamoto, nommé président par son père, est ainsi l'heureux héritier d'une entreprise désormais maîtresse dans la tactique de la patience offensive.

• Une autre firme de Kyoto, **Shiseido,** est aussi un champion japonais de la beauté et du bien-être. Son origine remonte au grand-père de l'actuel patron du Groupe. C'est en 1872 que Yoshiharu Fukuhara ouvre, dans le quartier Ginza de Tokyo, la première pharmacie moderne du Japon. Shiseido veut jouer le rapprochement de l'Orient et de l'Occident. Le nom de la firme est emprunté à un passage de Confucius et signifie *l'harmonie des formes de la nature.* Les tubes de rouge à lèvre évoquent la tige de bambou. Les boîtes de maquillage ressemblent aux galets des rivières japonaises et ont la couleur des écailles de tortue (qui symbolise la longévité...)... Shiseido est aujourd'hui (après l'Oréal, Procter and Gamble, Unilever et Avon) le cinquième groupe mondial de l'industrie des cosmétiques. Mais l'entreprise dont le logo est un camélia est surtout présente au Japon, dans l'alimentaire, les produits de toilette et la pharmacie. Pour des raisons culturelles, les Japonais consomment peu de parfums, ce qui explique la place modeste de ces produits dans le chiffre d'affaires.

L'histoire et les problèmes actuels de Shiseido éclairent bien quelques aspects de la stratégie économique et culturelle du Japon. Dès avant guerre, la marque a adopté la formule américaine de magasins en franchise, créé « une journée des cosmétiques » et les club Camelia, regroupant le cinquième (10 millions !) des femmes japonaises devenues clientes. Dès 1919, inaugurant la première galerie d'art au Japon, Shiseido pratiquait le mécénat d'entreprise. Après la guerre, Shiseido œuvre surtout dans trois directions : la recherche-développement et la diversification, l'internationalisation et l'organisation de l'entreprise.

« Nous avons toujours privilégié le long terme. C'est notre philosophie orientale qui veut cela », assure le troisième PDG de l'entreprise. Shiseido compte en effet près de 1 000 chercheurs à la poursuite de la beauté. En 1986, la compagnie a acquis Carina en France et, en 1988, le fabricant américain de produits capillaires Zotos. Les principales priorités de Shiseido concernent la peau, les rides, le blanchiment de la peau et la repousse des cheveux. L'entreprise a investi dans un centre de recherche au Massachusetts, à la frontière de la cosmétologie et de la dermatologie.

Ancré sur le haut de gamme, bien que présent dans quarante-cinq pays, Shiseido mène une politique de lente internationalisation. L'entreprise n'a pourtant pas hésité à débaucher Madame Chantal Ross, ex-directrice des parfums Saint-Laurent, et à employer Serge Lutens, designer-vedette de Christian Dior, passé au service de la « femme Shiseido ». L'usine Shiseido sortie de terre à Gien (Loiret) permet d'obtenir des produits made in France.

La firme spécialisée dans le maquillage japonais est une grande entreprise, dont toutes les activités sont contrôlées de la façon suivante :

Graphique 4
Les nouveaux indicateurs de Shiseido

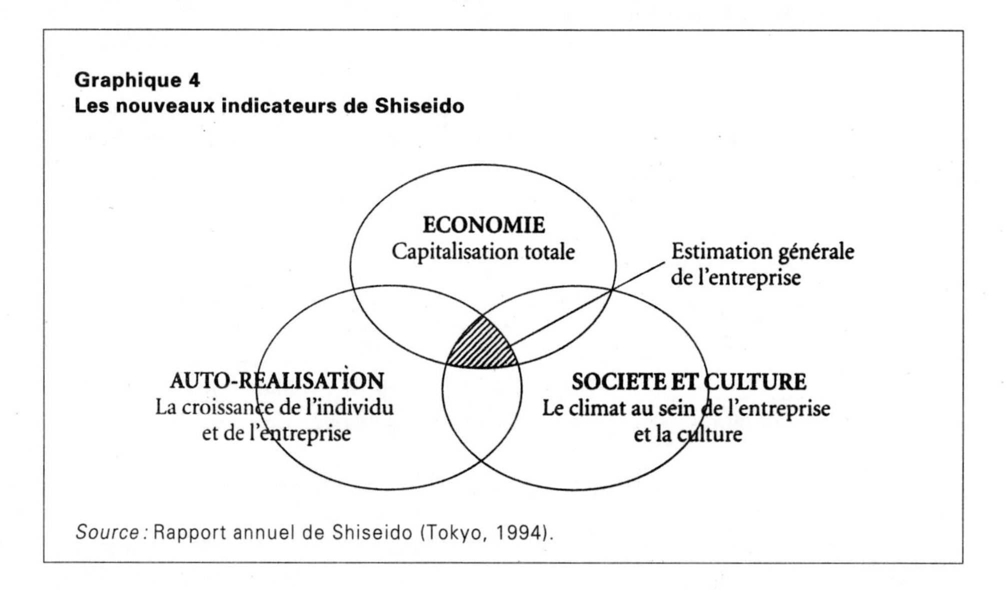

Source : Rapport annuel de Shiseido (Tokyo, 1994).

La firme analyse sa performance à partir de trois indicateurs : la dimension économique (mesurée par la capitalisation en bourse) ne représente que l'un de ces critères.

Au sein d'un pays qui vieillit rapidement de nos jours et qui recourt largement à l'usage des cosmétiques (même les hommes en usent abondamment), Shiseido se lance à la conquête de l'éternelle jeunesse.

4. L'évolution du Japon le rend à la fois plus centralisé et plus diversifié

Un aménagement systématique, qui remodèle sans cesse l'archipel, tend à en faire un ensemble intégré.

▸ **Le Japon des sept régions.**

• Depuis 1868 et l'ère Meiji, **la région de Tokyo et la plaine du Kanto** constituent une région-capitale comptant désormais 35 millions d'habitants, disposant d'un PNB comparable à celui de l'Angleterre et regroupant l'essentiel du pouvoir économique et politique. Presque toutes les grandes entreprises du pays y ont leur siège social. Les ports de Tokyo, de Yokohama, de Kawasaki, de Chiba et de Kashima, les aéroports de Narita et d'Haneda, les têtes de lignes du shinkansen, les Universités les plus prestigieuses (Todai, Waseda, Keio, Waseda et les

Carte 4

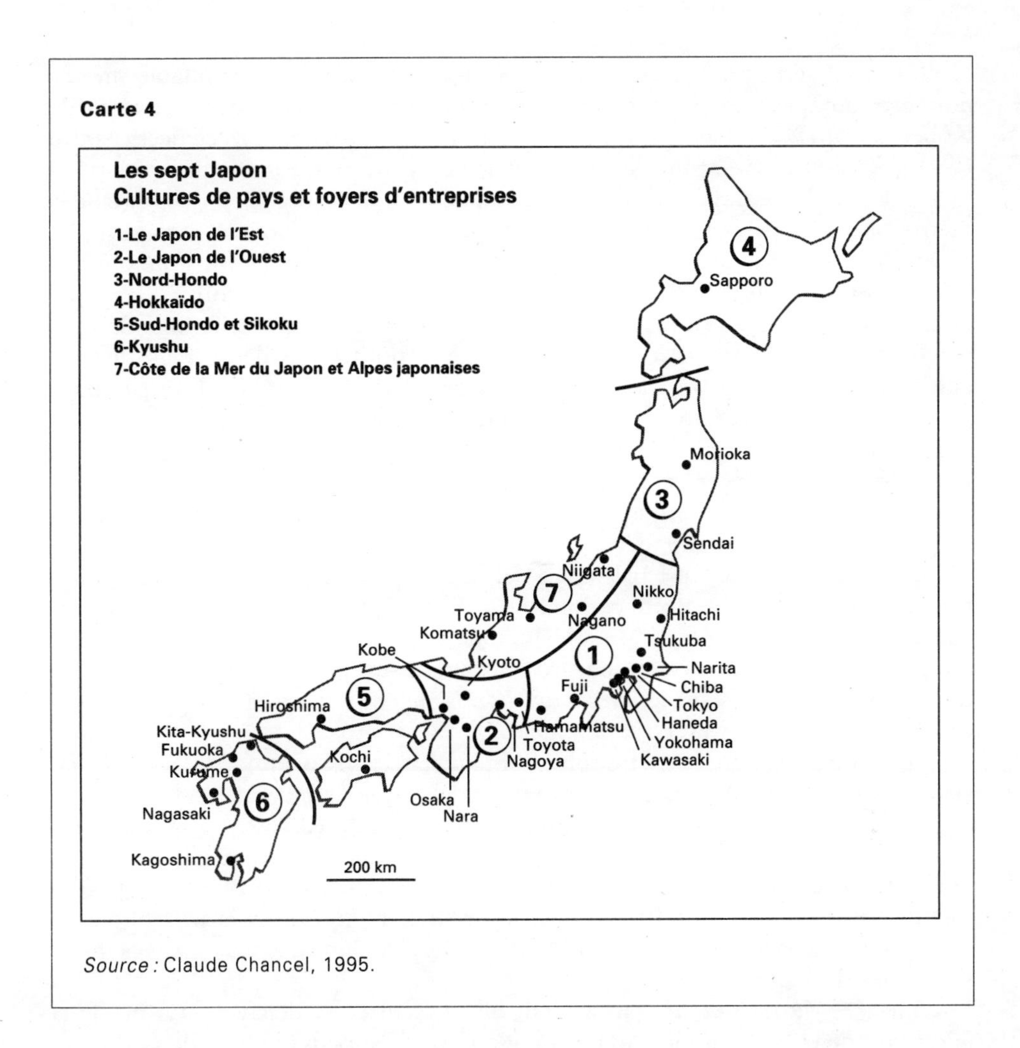

Source : Claude Chancel, 1995.

ensembles de recherche du mont Fuji et du mont Tsukuba... tout concourt à la constituer en métropole mondiale. Le Kabuto-Cho (Bourse de Tokyo) rivalise avec Wall Street.

• **Osaka et la plaine du Kansai** constituent, à l'instar de Chicago aux États-Unis, « le second œil du Japon ». Osaka, « la cuisine de l'Empire », était la capitale des marchands et Kyoto, l'ancienne capitale, est une ville de créateurs. Ainsi un Japon de l'Ouest, celui des vieilles capitales (Nara), Japon des négociants (ceux des shoshas), des artistes et des entrepreneurs, s'oppose à un Japon de l'Est constitué traditionnellement d'agriculteurs, d'administrateurs et de samourai. Kubota, Wacoal et Kanebo sont originaires d'Osaka, tout comme Akio Morita, tandis que Kyocera et Nintendo sont de Kyoto.

Le nouvel aéroport international du Kansai valorise cette formidable métropole économique, momentanément handicapée par le tremblement de terre de Kobe (1995). L'Université de Kyoto et la nouvelle « cité des sciences » entre Osaka, Kyoto et Nara, font de cette région de labos, un des cerveaux du Japon.

Bien peu de grandes entreprises échappent à l'emprise des deux grandes métropoles (Tokyo et Osaka-Kyoto) exceptions faites de Toyota à Nagoya, de Mazda à Hiroshima, de Kyocera à Kagoshima et de Komatsu (sur la côte Ouest).

• **Le nord de Hondo** (Tohoku) comprend des greniers à riz comme la plaine de Sendei. Cette ville équipée d'un métro et d'où est originaire la famille du fondateur de Wacoal attend les bienfaits d'une hypothétique décentralisation au détriment de Tokyo. Morioka est une étape de la branche nord du TGV japonais.

• **Hokkaido, « la Nordique »,** est le Danemark du Japon.

Ce front pionnier a été acquis au riz et à l'élevage au siècle dernier. Ce sont les Jeux olympiques d'hiver de 1972 qui ont fait de Sapporo une métropole touristique, scientifique et économique. Le tunnel de Seikan, emprunté par le Shinkansen, est le plus long du monde.

• **Le sud de Hondo** est balisé, au-delà de l'axe Tokyo-Osaka, par des villes actives, le long du shinkansen, comme Hiroshima. **L'île de Sikoku**, dont est originaire la famille qui a fondé Mitsubishi, longtemps à l'écart, devient une réserve d'espace et de main-d'œuvre bien précieuse, pour un Japon saturé et pollué. Là encore, les ponts jetés sur les deux rives de la mer Intérieure, font que le Japon est de moins en moins un ensemble d'îles.

• **Kyushu** et sa grande métropole de Fukuoka est « la porte de l'Asie ». Jadis, seul Nagasaki était en contact, par les Hollandais, avec l'étranger : c'est à Kurome que se situe Bridgestone, le Michelin japonais. C'est de Kagoshima qu'est originaire le fondateur de Kyocera. Kyushu, la *Silicon Island,* est aujourd'hui, avec la *Silicon Valley* californienne et la *Silicon Glenn* écossaise, l'un des trois premiers centres de l'électronique mondiale surveillé par NEC. Fukuoka est la métropole de cette Californie japonaise, c'est avec Tokyo et Osaka, l'une des trois entrées internationales du Japon.

• **La côte de la mer du Japon** était hier excentrée et délaissée. La fin de la guerre froide et la décomposition des régimes de l'Est peuvent faire de Niigata et de Toyama des métropoles organisant la mise en valeur des espaces, des richesses et du personnel de Sibérie, de Corée et du nord de la Chine. Le TGV arrive, depuis quelque temps déjà, à Niigata, dont était originaire le premier ministre Ikeda. Entre Tokyo et Toyama, Nikko, ville-sanctuaire, est un grand centre touristique. En 1998, les Jeux olympiques de Nagano vont permettre de désenclaver les **Alpes japonaises,** une quatrième ligne de TGV étant construite. Des technopoles ourlent les côtes du Japon dans ces régions côtières plus clairsemées.

Ainsi, le Japon, pays de l'éphémère, oscille entre l'accomplissement et la fuite en avant.

5. Les firmes du Japon explorent les chemins de la nouvelle puissance

Dans une économie complexe et diversifiée, tous les secteurs économiques, de l'agro-alimentaire aux services (distribution, communication et information), sont investis par les entreprises japonaises. Leur objectif demeure la fabrication de produits de haute qualité, dans des délais records, au meilleur coût (ce qu'exprime la formule venue des États-Unis *high quality goods – time pressed – financially squeezed*).

▸ Le Japon est héritier d'une tradition séculaire de veille technologique
« Pour le salut de l'Empire, le savoir sera recherché partout dans le monde », affirmait le pouvoir Meiji – le Japon consacre d'importants moyens, aussi bien à la recherche fondamentale qu'à la recherche appliquée. Nippon a beaucoup appris de l'Occident et continue à le faire dans certains domaines. Dans d'autres, il l'a dépassé. Il est la seconde puissance économique du monde, mais, aussi, le second pôle technologique du globe !

Nippon est un des tout premiers pays du monde à être entré dans ce que l'économiste canadienne Sylvia Ostry appelle le techno-globalisme (concept d'ailleurs élaboré vers 1987... au Japon, conjointement par le MITI et les milieux universitaires du pays).

• La recherche-développement du Japon présente cependant des points forts et des points faibles.

Il y a d'abord les choix stratégiques opérés par le MITI et l'Agence des sciences et des techniques (qui est son antenne extérieure, créée en 1949). Ces choix concernent aujourd'hui l'énergie et les nouveaux matériaux, la pharmacie, la génétique et les biotechnologies, l'électronique (ce choix est ancien et date de 1957), l'optique et la micro-mécanique, la productique – « l'usine intelligente de demain – ainsi que l'environnement, capital pour un pays qui a subi les dégâts du progrès et qui se veut exemplaire à l'égard du Tiers Monde !

Il faut ajouter à cette liste, déjà remarquable mais non exhaustive, les nouvelles ambitions du pays en matière aéronautique et spatiale (collaborations qui s'imposent à l'Amérique, sous-traitances avec Airbus, industrie des lanceurs et fusée H 2) et son émergence comme grande puissance océanique. Sa soif de conquêtes techniques le fait s'engager avec célérité dans la bataille mondiale des communications, avec l'appui de ses grands opérateurs apprivoisant la déréglementation (NTT et KDD). Un *bi-bop* nippon est préparé, depuis 1995, par tous les grands de la profession : Toshiba, Nec, Matsushita, Sony, Kyocera, Sharp et Sanyo. C'est le PHS, *phone handy system,* réseau de téléphones portables avec répondeur. L'électronique nippone, en pleine effervescence, retrouve un nouveau souffle.

Graphiques 5 *a-b-c*

Trois irruptions de la technologie japonaise

a - Le monde de la logique floue

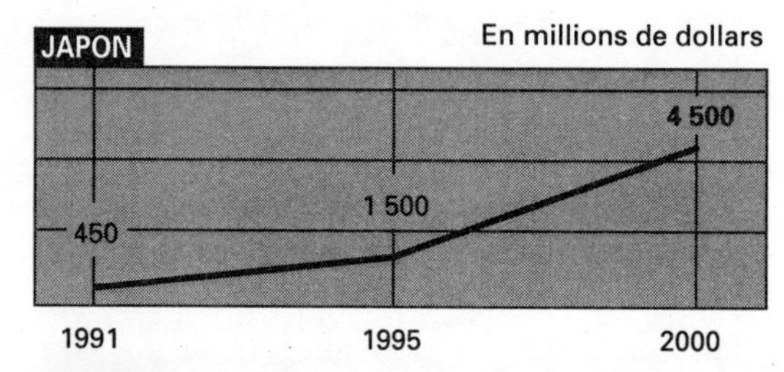

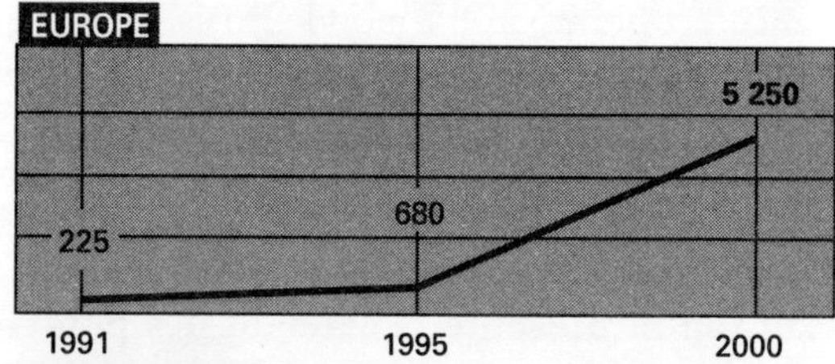

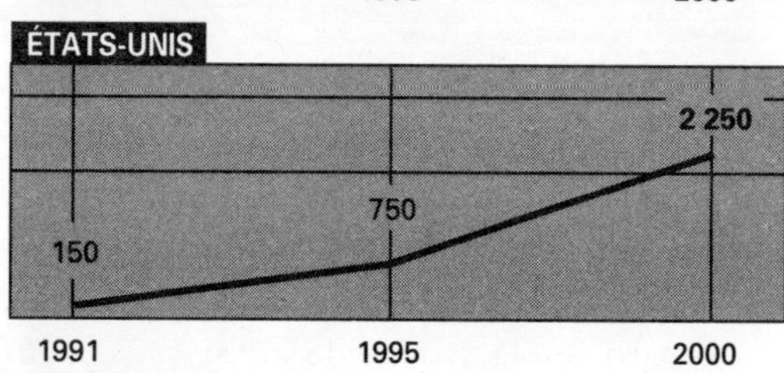

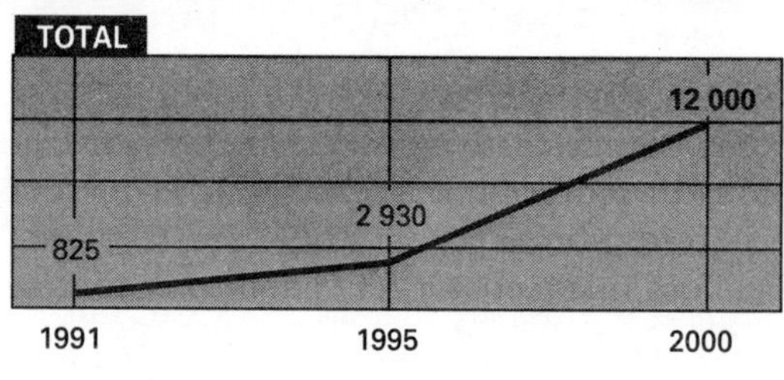

Source : Togai (USA, Electronic World News 1991)

b - Une nouvelle puissance militaire

JAPON :
PNB (1990) : 2 972 milliards $
Budget défense (1991) ; 32,89 milliards $
En % du PNB (1990) : 0,997%

ALLEMAGNE :
PNB (1990) : 1 499 milliards $
Budget défense (1991) ; 34,6 milliards $
En % du PNB (1990) : 2,31%

FRANCE :
PNB (1990) : 1 187 milliards $
Budget défense (1991) ; 37,34 milliards $
En % du PIB (1990) : 3,5%

Source : The military Balance (1991-1992)

c - Succéder au concorde

Transport supersonique

Soutien public à la recherche en 1994 en millions de dollars

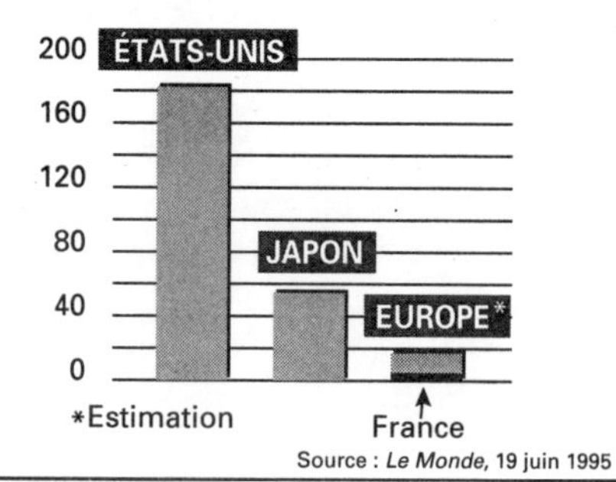

*Estimation

Source : *Le Monde*, 19 juin 1995

La logique floue *(fuzzy sets)* est une théorie mathématique élaborée à l'Université de Berkeley par le professeur américain d'origine iranienne Lofti Zadeh... qui reçut le prix Honda en 1989 ! Elle permet d'intégrer des données souples dans les systèmes de traitement de l'information. Les chercheurs et les industriels japonais et allemands ont été les premiers à en tirer profit sur les marchés de l'électro-ménager, de la domotique et de l'automobile *(fuzzy car)* avec, à la clé, plus de confort et de sécurité.

On voit bien que le second atout de la recherche nippone réside dans **une culture du pragmatique et du concret,** ce qui peut parfois offrir des avantages par rapport à des concurrents comme les Français à l'intelligence cartésienne et abstraite, soucieuse de comprendre avant de faire... Les Japonais pratiquent plus spontanément le dialogue entre les chercheurs et les hommes d'affaires, car ce sont ces derniers qui connaissent le mieux les marchés.

Un dernier atout japonais réside dans **le réseau de laboratoires et de cerveaux** dont dispose désormais le pays. Il existe d'une part les grandes régions de recherche et les cités des sciences – comme le mont Fuji, Tsukuba et « la ville de la science » à cheval sur les sites d'Osaka, de Kyoto et de Nara et, d'autre part, un réseau second de « technopolis » – au nombre d'une quinzaine – élaborées dans les années 80 et qui émaillent tout le pays, d'Hokodate (Hokkaïdo) à Kagoshima (extrême sud de Kyushu) en passant par le Japon « de l'envers » qui n'est plus négligé aujourd'hui.

Les Japonais sont les champions de la circulation intense de l'information. Dans l'économie-monde où les entreprises nouent des alliances aussi souples que volatiles qui peuvent mettre en difficulté les États-nations, les Japonais ont une stratégie en toile d'araignée. Aussi certains auteurs[1] n'ont-ils pas hésité à évoquer l'« OPA japonaise sur la science mondiale ». Il s'agit de « turbocompresser » la créativité en Europe et aux États-Unis mais de garder au Japon la maîtrise d'un système de production et de commercialisation surpuissant.

Le Japon s'efforce ainsi de drainer les travaux de recherche du monde entier. NEC, par exemple, dont le quart des directeurs généraux sont passés par la recherche, finance des laboratoires de Princeton. Hitachi est à Santa Barbara et Sharp à Manchester. Au début des années 90, 80 000 chercheurs nippons travaillent à l'étranger, ce qui n'empêche pas l'archipel de pratiquer le *brain drain :* 50 000 chercheurs trouvent au pays du Soleil-Levant un séjour très convenablement rémunéré en yen... Devenus méfiants, les États-Unis ont, à la suite d'incidents divers, mis sous surveillance 35 de leurs plus grandes universités, ce qui n'empêche pas des accords de s'opérer.

Les **faiblesses japonaises** concernent surtout leur système éducatif, trop normatif (surtout à Tokyo où, disent les esprits critiques, « on n'apprend plus la médecine mais l'art de passer les examens » et pas assez favorables aux esprits créatifs sauf à l'Université de Kyoto. Les autorités commencent aussi à s'inquiéter d'un certain désintérêt des jeunes pour l'enseignement technique, ce qui ferait, à

1. Philippe Caduc et Gilles Polycarpe, *Le Nouvel économiste,* n° 921, 19 novembre 1993.

terme, apparaître un manque d'ingénieurs dans un pays devenu vieux. Malgré ces alertes, leur dynamisme fait que les Japonais seront sans doute les grands investisseurs en matière de recherche fondamentale au XXIe siècle.

▸ Les firmes nippones rivalisent avec les entreprises occidentales et misent sur l'Asie.

La géographie économique du monde, vue du Japon, est une géographie sélective dont les composantes sont loin de présenter le même intérêt. L'ex-monde soviétique (Russie et pays de l'Est européen) présente encore trop d'incertitudes pour attirer d'importants investissements japonais. L'héritage historique et le contentieux des îles Kouriles n'autorisent toujours pas la mise en valeur des complémentarités régionales (énergie, matières premières d'une part, capitaux et technologie de l'autre) pour lesquelles une ville comme Niigata constituerait l'un des grands pôles. De la même façon, l'Afrique noire, à l'économie déstabilisée et fragilisée n'est guère investie que par les firmes automobiles du Japon.

En revanche les entreprises nippones sont davantage présentes au Moyen-Orient aussi bien dans les pays arabes qu'en Iran, compte tenu de la contrainte énergétique, et également en Amérique latine, où se situent d'importantes minorités japonaises, particulièrement au Pérou et au Brésil. Ces minorités constituent, naturellement, des facteurs favorables à la vente du *made in Japan.*

Deux grands ensembles sont particulièrement importants pour le Japon : les autres éléments de la Triade (Amérique du Nord et Europe de l'Ouest) et la zone Asie de l'Est-Océan Pacifique.

• Avec les **États-Unis,** le Japon a connu de 1945 à 1971, le temps de la « domination bienveillante » au cours duquel les États-Unis ont été à la fois un tuteur, un protecteur et un modèle à rattraper. L'Amérique a offert, au moins en partie, son marché et sa technologie (le Japon gardant jalousement verrouillé le capital de ses propres entreprises). Au cours des années 70, le rapport des forces tend à s'inverser en faveur du Japon. L'économie nippone est plus dynamique et semble mieux adaptée aux nouvelles difficultés. Le déséquilibre commercial croît au détriment des États-Unis qui sont devenus la grande zone où s'investissent les capitaux japonais. Aujourd'hui, les rapports économiques entre le Japon et l'Amérique ont pris un aspect conflictuel. Encore candidat à la Maison-Blanche, le président Bill Clinton entendait déjà « se concentrer sur l'économie comme un laser », c'est-à-dire reconquérir, en partie du moins, la puissance économique des États-Unis d'après guerre. En 1995, certains évoquent la « guerre nippo-américaine ». Le Japon refuse de s'engager sur des objectifs chiffrés pour la réduction de son gigantesque excédent commercial. Mais la stratégie du dollar faible commence à ébranler l'archipel. L'ouverture, au moins partielle, de son marché intérieur va-t-elle, enfin, s'opérer ?

• Devant les « blocages américains » certains s'inquiètent pour l'**Europe** du Marché commun, dont les déficits nationaux se creusent toujours plus avec le Japon... comme par un fâcheux effet de compensation. A vrai dire, c'est en Europe, sans doute, que la stratégie de l'escargot, ou celle de l'araignée, de la part des entreprises japonaises, s'exerce le mieux : il s'agit de pénétrer à terme l'ensemble du continent, mais en jouant sur les intérêts divergents des pays. C'est ainsi que certains d'entre eux n'ayant pas ou peu d'industrie nationale dans tel secteur à défendre, sont plus sensibles à l'intérêt des consommateurs, ce qui met en position difficile les pays producteurs. Les Japonais ont particulièrement utilisé ces divergences dans le secteur automobile. L'Allemagne qui équilibre presque son commerce extérieur avec le Japon, et d'autres pays de philosophie libérale (Grande-Bretagne et Pays-Bas) constituent des portes d'entrée considérables pour les intérêts du Japon en Europe. La France et le Japon ont amorcé leur dialogue, avec des implantations françaises réussies au Japon (les skis Rossignol et Rhône-Poulenc ont été récompensés en 1994) et des implantations japonaises en France, dont certaines jouent un important rôle régional en Bretagne et en Alsace par exemple. Une coopération scientifique de haut niveau s'engage entre les deux pays. Il n'empêche que, cinquante ans après la guerre, les relations nippo-européennes n'ont toujours pas atteint la maturité.

• Si le Japon et l'Europe s'ignorent encore trop, ce n'est pas le cas de l'archipel et de la **zone Asie-Pacifique.** Quatre ensembles y intéressent les entreprises du pays du Soleil-Levant.

— L'**Australie**, riche en ressources énergétiques, en matières premières minérales et agricoles, en espace et en disponibilités touristiques. Les Australiens, qui apprennent de plus en plus le japonais, semblent osciller entre leurs origines anglo-saxonnes et le dynamisme économique et technologique de l'Asie de l'Est, entraînée par le Japon.

— La **péninsule coréenne.** La Corée du Sud veut bénéficier du Japon comme celui-ci a bénéficié des États-Unis. Cependant, les entreprises japonaises disposent encore d'une grande avance technologique sur les entreprises coréennes dont nombre d'entre elles ont encore besoin de leur partenaire nippon (construction navale et industrie automobile). Quant à la Corée du Nord, à l'évolution encore imprévisible, le Japon ne peut que pratiquer une politique prudente.

— Le décollage économique de la **Chine** autorise certains auteurs à évoquer, pour le Japon, « le danger chinois ». Cependant soulignent d'autres, l'Empire du Milieu a encore besoin des investissements et du marché japonais pour son développement.

— Les **pays de l'ASEAN,** qui regroupent Singapour, la Malaisie, la Thaïlande, l'Indonésie, les Philippines et Brunei, accueillent le Viêt-Nam en 1995. Cette zone est essentielle pour le Japon. L'Indonésie et Brunei lui fournissent hydrocarbures et bois. La Thaïlande est une grande zone d'investissement et Singapour a pris Nippon pour modèle. Déjà très présentes au Viêt-Nam, les firmes japonaises tentent de prendre l'initiative d'une grande zone économique du Bassin du Mékong, regroupant, de la Chine du Sud à Ho Chi Minh Ville, plus de 300 millions d'habitants.

Dans toute la zone asiatique, où le Japon est autant admiré que redouté, à cause de son passé impérialiste, le Japon finance, à partir de 1995, un programme de recherche asiatique sur la Seconde Guerre mondiale. Il s'agit d'un « Programme pour la paix, l'amitié et les échanges ». La zone Asie-Pacifique est devenue le moteur économique du monde. Elle présente encore bien des ambiguïtés, qui vont de la rapide détérioration de l'environnement aux rivalités régionales (comme le démontrent les revendications... de six pays voisins sur les archipels des Paracels et des Spratleys en Mer de Chine du Sud). Le Japon cherche à apparaître à la fois comme « une grande puissance verte » et une grande puissance civile, désirant contribuer à la paix dans le monde, d'où l'envoi de casques bleus au Cambodge et la volonté d'être membre au conseil de sécurité.

Les dix-huit membres de l'APEC[1] (Asia Pacific Economic Cooperation) disposent d'un secrétariat à Singapour. Le budget réserve une contribution égale pour les États-Unis et le Japon. Cette association révèle ainsi le rôle qu'entend jouer le Japon en Asie. A travers ses arbitrages et ses délocalisations, le Japon ne bâtit-il pas une grande Asie ? Dans cette hypothèse, le Japon renforce sa puissance régionale pour mieux établir son rôle de puissance globale et mondiale. A l'ère Meiji, rappelle Modjtaba Sadria, le grand penseur Yukichi Fukazawa recommandait à son pays de « quitter l'Asie pour aller vers l'Ouest ». Aujourd'hui, ce même pays se recentre sur l'Asie qui reçoit l'essentiel de l'aide du Japon, devenu depuis 1989 le plus grand bailleur de fonds du monde.

▸ **Les entreprises japonaises se trouvent toujours entre crise et reprise[2].**

• **La machine économique japonaise et les entreprises qui la composent fonctionnent à partir de leurs propres références fondamentales, qui les distinguent, dans une certaine mesure, de leurs concurrents.** C'est d'abord **le sens du temps.** Les Japonais imbriquent fortement les trois temps avec un petit passé, un gros présent et un énorme futur, ce qui leur procure déjà un gros avantage sur beaucoup de leurs concurrents, dans la course technologique du moins. De plus, Asiatiques, ils sont avec les Latins, et contrairement aux Anglo-Saxons et aux Allemands, les plus aptes à mener plusieurs activités en parallèle (sens synchrone du temps). Dès 1979, Konotsuke Matsushita définissait le management comme l'art de rassembler l'intelligence de tous au service du projet de l'entreprise. Bernard Esambert a pu évoquer « la mobilisation culturelle du Japon[3] ». « Les vraies richesses, souligne-t-il, ne sont plus les matières premières, mais les hommes, avec leur niveau d'éducation, de culture, d'intelligence et leur ardeur au travail. »

Un autre auteur, René Servoise, analyse la voie nippone du développement[4] qui n'est ni le modèle capitaliste classique d'Adam Smith (1776) ni celui révisé par J.-M. Keynes vers 1920... Le vocable qui en rend compte, c'est le *développe-*

1. Organisation créée en 1989 qui rassemble les pays d'Asie orientale, du Pacifique et d'Amérique du Nord.
2. L'idéogramme chinois utilisé pour le concept de crise signifie à la fois danger et opportunité.
3. Bernard Esambert, *La guerre économique mondiale,* Olivier Orban, 1991.
4. René Servoise, La voie nippone du développement, in *Japon économie et société,* n° 266.

mentalisme proposé par Mashida Shibusawa dans son livre *Pacific Asia in the 1990s.* Certes Chalmers Johnson, un éminent professeur américain, spécialiste du Japon, l'a fort bien étudié, mais il a sans doute trop focalisé sur le rôle de l'État. Dans le processus japonais, souligne René Servoise, d'autres éléments doivent être pris en compte, en particulier les facteurs culturels, politiques et sociologiques. L'auteur insiste beaucoup sur le système de protection sociale japonais, efficace, comme celui de l'Allemagne, si l'on tient compte de la qualité des médecins, de l'espérance de vie et du faible taux de mortalité infantile. Seul le système de retraites est insuffisant. Gouvernement fort et support populaire autorisent au Japon, dès la fin du XIXe siècle, le développement rapide de la nation. *Keikoky Saimin,* « gérer les affaires de la nation et soulager le peuple », est une préoccupation constante du gouvernement et des entreprises qui s'exprime aujourd'hui encore dans les sureffectifs en temps de crise dans les entreprises (en 1995, les autorités japonaises ne permettent pas l'automatisation des stations services à Tokyo). Depuis 1868, les objectifs du Japon sont l'indépendance, l'harmonie et la pérennité. Ce sont des méthodes spécifiques au pays qui peuvent permettre d'y parvenir dans le cadre de l'État-nation.

Dans son récent ouvrage, Alain Peyrefitte[1] évoque lui aussi le prodige collectif japonais, l'esprit de modernisation, l'encouragement à apprendre ainsi que la synergie des catégories sociales. Il évoque « les éveilleurs du Japon » à la fin du XIXe siècle, les samouraï-entrepreneurs de l'ère Meiji, parmi lesquels Daiichi Ginko, promoteur de la première banque nationale mais aussi industriel du coton Yasuda, autre banquier, et Iwasaki, le fondateur de Mitsubishi. Les chefs d'entreprises du Japon, après 1945, peuvent être considérés comme leurs véritables héritiers.

Dans un monde qui entre dans l'économie de l'immatériel, après l'économie agricole, l'économie industrielle et l'économie des services, c'est la relation entre l'homme, les idées et les images qui devient centrale. Qui dictera les règles du jeu, les Américains ou les Japonais, qui ont derrière eux le poids d'une région en pleine expansion ?

• **Au milieu des années 90, le Japon connaît pourtant une véritable crise économique** et semble douter de son système. L'annonce, durant l'été 95 d'une croissance nulle par l'Agence de planification économique a provoqué l'effet d'une douche froide. L'héritage de la « bulle », la spéculation financière et immobilière des années 80 a dégénéré dès 1991. Les banques nippones sont plombées par des créances douteuses. Des secteurs entiers nécessiteraient d'être rapidement restructurés (c'est le cas de la sidérurgie et de la chimie). De nombreuses PME font faillite. Les délocalisations en Asie, ou même au-delà, font craindre un kudôka, un « évidement de l'économie ». Le yen fort commence à poser des problèmes à l'exportation.

1. *Du « miracle » en économie, leçons au Collège de France,* Éditions Odile Jacob, 1995.

La crise japonaise n'est pas seulement économique, elle est aussi sociale. La « destruction des prix » (baisse des prix) peut satisfaire des consommateurs habitués à payer cher, qui bénéficient enfin de nouveaux magasins, mais peut être un élément de la montée du chômage qui atteint le taux officiel record de 3,2 %, ce qui correspondrait, aux yeux de certains, à 6 ou 8 %, réellement, de la population active. Le vieillissement de la population, la fin de l'emploi à vie représentent pour le pays des défis sérieux.

• **Pourtant, l'observateur peut estimer que le capitalisme japonais peut rebondir car il dispose de forces cachées.** Ses bénéfices commerciaux fabuleux et ses profits industriels peuvent lui permettre de donner la priorité aux parts du marché mondial. Par ailleurs, il développe rapidement des filières d'avenir (comme l'électronique, l'aéronautique, le matériel médical et les céramiques). Enfin, le chômage y reste limité, grâce à l'action des entreprises qui évitent de licencier ; d'ailleurs les délocalisations ne sont pas encore très importantes. Le Japon réalise 7 % de sa production industrielle à l'étranger, contre 20 % pour les États-Unis. Ajoutons, sur le plan social, que la drogue, la délinquance et la violence urbaine y sont encore rares... même s'il faut tenir compte du rôle de la mafia (manifeste lors de certaines assemblées générales d'entreprises) et des sectes, comme l'ont montré les terribles événements de 1995.

Le grand débat est le suivant, le Japon est-il incapable de surmonter l'agression des éléments, la crise économique, sociale et politique qui le secoue ou, comme souvent, peut-il repartir de plus belle ? Sa montée en puissance ne fait aucun doute. Aujourd'hui le poids de l'économie nippone se rapproche de celui des États-Unis, même si ce n'est là qu'un « effet d'optique » résultant de la force du yen. L'Amérique est-elle cependant en train de reprendre la tête de l'économie mondiale, passant d'un système manufacturier à une économie fondée sur l'information[1] ?

L'économie japonaise continue de disposer d'armes puissantes : le sens du long terme des autorités et du peuple, un taux d'épargne record qui permet au pays de disposer de plus de la moitié du bas de laine de l'OCDE, un haut degré d'éducation qui assure, souligne Bernard Esambert, le professionalisme de la population active et la qualité d'une recherche-développement (RD) pour laquelle le pays accomplit un effort financier supérieur à tous les autres (3 % du PNB), un fort consensus social enfin.

Ayant sans doute épuisé les avantages du rattrapage le Japon va-t-il inventer peu à peu une nouvelle société, plus apaisée et plus ouverte à l'altérité ? Va-t-il se normaliser ? Va-t-il, au contraire, poursuivre sur la voie de l'expansion, certains disent de l'agression, économique et commerciale ? Dans ce cas son système éducatif et sa culture d'entreprise ne buteront-ils pas sur un déficit de créativité ? En un mot, le Japon va-t-il devenir universel ou impérial ? C'est dire que, comme dans tous les grands pays du monde contemporain, la réforme politique y est sans doute une nécessité économique.

1. Pour la première fois, il s'est vendu, en 1994, plus d'ordinateurs que de voitures dans le monde.

Encadré
Petit guide du vendeur français au Japon[1]

CE QU'IL FAUT FAIRE

- **Se rendre sur place**
  Priorité des priorités : se rendre sur place et avoir des contacts directs avec des clients ou partenaires potentiels. Parler l'anglais au moins, et ne pas oublier dans une seconde étape de... traduire des catalogues !
- **Évaluer le marché**
  « Le Japon est un marché difficile, même pour les Japonais ». Cette remarque du conseiller technique du ministre de l'Industrie japonais met l'accent sur le B.A. BA de tout exportateur : plus qu'ailleurs il faut étudier le marché. Dès le départ, une bonne étude de marché peut éviter des déboires plus coûteux. Le prix de ces études serait compris entre 20 000 et 150 000 F, dit un consultant établi à Tokyo
- **Avoir un homme au Japon**
  Quelle que soit la solution retenue (exportation directe, *joint-venture* avec un Japonais, accord de distribution...), il est quasi obligatoire d'avoir un correspondant sur place. Même s'il n'est pas un agent exclusif – il peut travailler pour plusieurs exportateurs – il est nécessaire pour suivre l'évolution du marché ou surveiller l'application des contrats conclus avec d'éventuel partenaires.
- **Privilégier le service après-vente**
  Le service après-vente est l'obsession des Japonais. Le client doit pouvoir compter sur un réseau qui soit disponible presque en permanence, voire jour et nuit, dans ce pays où le système Kanban – stock zéro – rend obligatoire le dépannage rapide des machines.
- **Être en avance sur les concurrents et les utilisateurs**
  Le meilleur moyen d'éviter les risques de piratage consiste à maintenir toujours une longueur d'avance technologique. Le matériel exporté doit donc faire l'objet d'une recherche constante plutôt que d'être conçu en fonction de ce qui est vendu en France.

CE QU'IL NE FAUT PAS FAIRE

- **Penser qu'un seul voyage suffit**
  Le marché japonais est au bout d'une longue patience faite de contacts personnels fréquents, entre lesquels des dizaines de télex sont échangés. C'est la phase d'observation du futur partenaire. Elle demande généralement plusieurs mois...
- **Tout attendre d'une « shosha »**
  Les sociétés de commerce japonaises font très peu de promotion du produit, qui doit se vendre tout seul par ses qualités... et son prix d'appel. Le recours à une *shosha* est fortement déconseillé pour la diffusion d'un produit complexe comme un bien d'équipement qui demande une compétence minimale pour sa mise en œuvre et son entretien.
- **Démotiver le personnel japonais**
  Un cadre, une secrétaire qui travaille pour vous doit pouvoir être fier des responsabilités que vous lui donnez. Alors, il sera dévoué et fidèle. Ce ne sera pas le cas s'il « perd la face » en raison des conditions de travail qui lui sont faites.
- **Accepter des contrats mal définis**
  L'expérience montre que toute clause tacite tend à se retourner contre le partenaire occidental, qui l'a généralement mal interprété. La parole donnée suffit... entre Japonais. Exigez, quant à vous, un contrat clair.
- **Relâcher l'effort après la première commande**
  Elle n'est que le test final ; l'admission réelle comme partenaire sera obtenue après plusieurs confirmations...

1. D'après *L'usine nouvelle*, n° 22, 30 mai 1985.

Le « système Japon » a remarquablement fonctionné dans la phase de rattrapage économique de l'après-guerre (Haute Croissance). Cependant tout semble se passer, depuis la fin des années 80, comme si, à son tour, ce pays devait connaître quelques-uns, au moins, des problèmes des « plus mûrs », sur le plan économique, ainsi les États-Unis et la France : montée sensible du chômage et processus d'exclusion, déséquilibres des comptes publics, hésitations gouvernementales...

Depuis 1991, l'histoire économique du Japon et de ses entreprises est celle des créances douteuses provenant de la bulle immobilière et financière qui plombent les banques du pays comme la Daiwa. Elle est aussi celle des ménages pénalisés par la baisse des primes et des actifs. C'est enfin celle du yen fort à l'origine des délocalisations industrielles, en Occident et dans l'Asie toute proche.

Depuis 1992, cinq plans de relance se sont chevauchés. Bénéficiant de taux d'intérêts à leur plus bas niveau historique, ils n'ont pas généré de croissance. Le monde pourra-t-il se passer longtemps de sa locomotive japonaise ?

Approfondir

HISTORIENS ET JOURNALISTES

- Robert Guillain, *Japon troisième grand,* Seuil Éd., 1969 et 1981.
- Jacques Gravereau, *Le Japon, l'ère de Hiro-Hito,* Imprimerie nationale, 1988.
- William Horsley et Roger Buckley, *Nippon – Le Japon depuis 1945 – Le Monde,* Édition 1992 pour l'édition française (1990 pour l'édition originale).
- François Godement, *La renaissance de l'Asie,* Odile Jacob, 1993.
- Jean Boissonnat, *Rendez-vous avec l'histoire,* Calmann-Lévy, 1995.
- Alain Peyrefitte, *Du « miracle » en économie, Leçons au collège de France,* Odile Jacob, 1995.

HISTORIENS ET GÉOGRAPHES

- Claude Chancel, *Nippon, géo-économie d'une grande puissance,* Eyrolles, 1989 et 1990.
- Pierre Bloc-Duraffour, Alain Mesplier, *Le Japon,* Bréal, 1990.
- Jean-Robert Pitte, *Le Japon,* Sirey, 1993.
- Yves Le Diascorn, *Le Japon, émergence d'un supergrand ?,* Ellipses, 1992.
- Annie Maurras, Le Japon in *La Triade dans la nouvelle économie mondiale,* PUF, 2e éd. revue et augmentée, 1994.

ÉTUDES SUR LES ENTREPRISES

- Jean Bounine et Kiyoshi Suzaki, *Produire juste à temps,* Masson, 1989.
- Yves Derisbourg, *Monsieur Honda,* Robert Laffont, 1993.
- Jean-Pierre Birat, *Réussir en affaires avec les Japonais,* Éditions du Moniteur, 1991.
- Masaru Yoshimori, *Les entreprises japonaises,* PUF (coll. « Que sais-je ? », 1987).

• Maurice Moreau, *Les groupes économiques japonais,* PUF (collection « Que sais-je ? », 1994).
• Boye De Mente, *Japon, éthique et étiquette dans le monde des affaires,* Eyrolles, 1990.

OBSERVATEURS ET SOCIOLOGUES

• Ruth Benedict, *Le Chrysanthème et le sabre,* 1946 par Ruth Benedict, 1987 et 1991, Éditions Philippe Picquier pour la traduction française.
• Gilberte Beaux, *La leçon japonaise,* Plon, 1992.
• Karoline Postel-Vinay, *La révolution silencieuse du Japon,* Calmann-Lévy, 1994.

STRATÈGES

• Michel Drancourt, *Une économie volontaire – l'exemple du Japon,* Odile Jacob, 1989.
• Dominique Nora, *L'étreinte du samourai,* Calmann-Lévy, 1991.
• Gunter Pauli, Richard W. Wright, *L'assaut japonais sur la finance, Economica,* 1991.
• Daniel Colé, Christian Vidrequin, *La stratégie du nénuphar,* Éditions n° 1, Albin Michel, 1991.
• Bernard Esambert, *La guerre économique mondiale,* Olivier Orban, 1991.
• Christian Harbulot, *La machine de guerre économique, États-Unis, Japon, Europe, Economica,* 1992.
• Jean-Louis Levet, Jean-Claude Tourret, *La révolution des pouvoirs, les patriotismes économiques à l'épreuve de la mondialisation, Economica,* 1992.
• Georges Valance, *Les maîtres du monde, Allemagne, États-Unis, Japon,* Flammarion, 1992.
• Alain Peyrefitte, *Du « miracle » en économie, leçons au Collège de France,* Éditions Odile Jacob, 1995, et *La société de confiance,* chez le même éditeur, 1995.
• René Servoise, *Japon, les clés pour comprendre,* Éditions Plon, 1995.

UN GRAND RECUEIL

• Jean-François Sabouret (sous la direction de), *L'État du Japon,* Éditions La Découverte (1re éd., 1988).

6

Des modèles originaux ?

LES NOUVEAUX CAPITALISMES

Les grands pays du Nord, ceux de la Triade (Amérique du Nord, Europe de l'Ouest et Japon) n'ont plus, depuis quelques décennies, le monopole du dynamisme économique. En Asie et en Amérique, sinon en Afrique[1], de vieilles nations ou de jeunes pays connaissent à leur tour une forte croissance, susceptible, à terme, de bouleverser la hiérarchie mondiale. Le FMI n'a-t-il pas, en 1993, classé l'économie chinoise à la troisième place, avant même l'économie allemande ?

Admirant et redoutant le Japon, mais toujours à sa recherche, à moins que ce ne soit à sa poursuite, il y a d'abord la Corée du Sud, devenue une grande puissance économique, aux environs du dixième rang mondial. Ses conglomérats industriels, les *chaebols,* comparables aux *keiretsus* japonais, s'installent parmi les premiers dans les classements de *Fortune* ou de *Forbes.*

On ne comprendrait guère la formidable croissance économique de la Chine de Deng Xiaoping – une croissance à deux chiffres ces dernières années – sans le dynamisme, l'initiative et l'argent de la diaspora chinoise. De Hong-Kong à Jakarta, de Bangkok à Sydney et de Vancouver à Paris, les capitaux des Chinois d'outre-mer donnent vie – une vie parfois débordante et conquérante – aux économies de la Chine et du Sud-Est asiatique. La réalité d'un espace économique chinois pose pour l'avenir la question d'une Asie plutôt sinisée ou plutôt nipponisée. Le capitalisme japonais dispose encore pour quelque temps de son avance, de sa puissance en matière de financement à long terme et de sa supériorité technologique. Le capitalisme chinois est davantage un capitalisme de négociants, sans doute plus adapté aux besoins de pays moins avancés. Les Japonais ont le « génie » de la technologie et de l'industrie, les Chinois ont celui de la solidarité familiale, des réseaux et de l'habileté commerciale. Peut-on pour autant affirmer

1. En 1980, l'Afrique comptait pour 2,5 % dans le commerce mondial. Au milieu des années 90, à la fin d'une « décennie perdue », pour à peine 1 %. Pire, les produits manufacturés ne représentent que 0,5 % du commerce africain. C'est dire combien l'Afrique noire se trouve marginalisée sur le plan économique.

que, dans cette partie du monde, le capitalisme occidental, celui des Européens et des Américains, ait dit son dernier mot ?

Ailleurs, sur la planète, de grandes entreprises, à la réussite inégale, témoignent déjà de la montée en puissance de nouvelles régions : le groupe Tata pour l'Asie du Sud, la Pemex pour l'Amérique au sud du Rio Grande et la Bradesco pour le géant de l'Amérique latine, le Brésil, qui semble bien influencé par les cultures de tous les capitalismes d'Europe, d'Amérique et d'Asie réunies !

I. La Corée, nouveau Japon ?

1. La Corée s'est mise à l'école du Japon

Colonisée et humiliée, de 1910 à 1945, par le « voisin éloigné », le Japon, la Corée œuvre, sans nul doute, à une sorte de revanche économique. Comme tous les pays du corridor asiatique qui court de Séoul à Bangkok, elle a observé l'archipel de l'après-guerre. « Mieux connaître le Japon, c'est mieux connaître la Corée », concèdent d'ailleurs volontiers les professeurs coréens qui étudient le Japon.

▸ **Le défi coréen[1] consiste à devenir, en quelques décennies, une puissance économique qui compte** et donc à faire aller de pair, comme le souligne Michel Jobert, recettes et ambitions coréennes[2]. Dès les années 60, l'État coréen du général Park bénéficie déjà d'une réforme agraire et d'une réforme monétaire : la monnaie nationale, le won, est stabilisée. Désormais, dans le cadre d'une planification vigoureuse, la Corée utilise le seul *avantage comparatif* dont elle dispose : une main-d'œuvre éduquée, motivée et encadrée, dont les dures conditions de travail (horaires et salaires, absence de protection syndicale et sociale) ne sont pas sans rappeler celles du siècle précédent en Europe. Nul doute que la poigne de fer d'un pouvoir fort, exigeant de la part de la population de nombreux sacrifices, a joué un rôle aussi important que la « main invisible » d'Adam Smith.

Christian Sautter et Michael Porter ont mis en valeur les éléments de la compétitivité industrielle des nations et souligné le rôle primordial de l'éducation, de l'épargne, de l'État et de l'entreprise. Pour la Corée et les pays-ateliers, il faut aussi tenir compte de l'aide stratégique, civile et militaire, des États-Unis. La priorité absolue donnée à l'exportation par rapport à la consommation a aussi bénéficié du plus riche marché solvable du monde : celui de l'Amérique. Enfin, les zones franches et les firmes multinationales ont joué un rôle certain au niveau des investissements et des transferts de technologie tout comme les *joint-ventures* (JV) associant deux entreprises : l'une coréenne, l'autre étrangère.

1. Cf. *Le défi coréen,* Claude Chancel, Eyrolles éd., 1993.
2. Préface de Michel Jobert in *Le défi coréen,* ouvr. cit.

► **La Corée a également, comme la plupart de ses voisins, partenaires et rivaux, engagé la course au leadership en ce qui concerne les transports.** Il ne s'agit pas seulement du TGV (train à grande vitesse) ou des chantiers navals mais surtout des *aéroports-pivots.* En novembre 1992 ont commencé, à 40 km à l'ouest de Séoul, sur l'île de Yong-Jong, de gigantesques travaux qui ne seront achevés qu'en 2020. Il s'agit de rivaliser avec les autres métropoles de la région : Tokyo, Osaka, Taipei, Bangkok, Shenzen et le futur et nouvel aéroport Chek Lap Kok de Hong-Kong. Pour cela, il faut maximaliser l'effet de synergie et introduire, souligne le ministre des Transports Oh Myung (in *Le Courrier de la Corée,* publié à Séoul, n° 906), *le concept de « tri-port »,* c'est-à-dire port-aéroport et téléport (centre de télécommunications informatisées).

2. Le capitalisme coréen est un capitalisme de grande entreprise

Certes, la Corée dispose de petites entreprises artisanales ou sous-traitantes. Un certain nombre d'entre elles constituent d'ailleurs une bonne partie d'un secteur d'économie souterraine qui a pris une importance considérable (20 à 30 % du PNB). Cependant leur rôle est nettement moins important que celui qui est le leur dans le monde chinois, à Taiwan, Hong-Kong et Singapour. A vrai dire, **l'essentiel du dispositif économique coréen est constitué de conglomérats industriels géants, les chaebols,** entreprises mammouths (quelques dizaines dans le pays) qui présentent trois caractéristiques essentielles :

— d'abord, **l'aptitude à saisir les opportunités historiques** pour naître et croître : confiscations, trafics avec l'allié américain lors de la guerre de Corée et lors de celle du Viêt-Nam, opérations foncières et immobilières en plus ou moins grande connivence avec l'État ;
— ensuite, **une extraordinaire pluri-activité** qui concerne tous les segments et tous les créneaux de l'industrie : biens intermédiaires, biens d'équipement, biens de consommation, transports et finalement à la manière japonaise, grandes sociétés commerciales d'import-export : il s'agit véritablement d'entreprises pieuvres ;
— enfin, **l'unité de l'entreprise** est préservée au niveau d'un noyau dur, constitué de la famille fondatrice, de ses héritiers et de ses alliés.

Hyundai (seconde entreprise de Corée) et Daewo (la troisième) peuvent être retenus comme représentatifs de l'évolution des ambitions et des recettes coréennes.

► **La vie du capitaine d'industrie Chung Yu-Yung et son œuvre, le groupe Hyundai, qui signifie « la modernité » illustrent parfaitement l'histoire et les caractéristiques des grands groupes coréens.** Né en 1915, Chung, d'origine paysanne, est à l'image de son pays, pauvre et dominé par les Japonais. Humiliés, lui-même et ses compatriotes ne mangent pas tous les jours à leur faim.

Chung est d'abord marchand de riz. Agé de 25 ans en 1940, il crée une petite entreprise de réparation automobile qui devient, en 1947, la Hyundai Engineering and Construction. Jusqu'à nos jours, tous les événements historiques, dramatiques ou non, vont être l'occasion, pour M. Chung Yu-Yung, d'accroître son chiffre d'affaires.

La guerre de Corée (1950-1953) et le boom économique qui l'accompagne permettent, sous la protection de l'Amérique, de se lancer dans la réparation de camions militaires et dans la construction de baraquements pour l'armée. Après la prise du pouvoir en 1961 par le général Park Chung-Hee, avec lequel l'industriel entretient les meilleures relations, Chung réalise la première autoroute coréenne, qui relie Séoul, la capitale, au grand port de Pusan, dans des délais records et à un prix imbattable. La Corée qui se développe a besoin de construire des bateaux, pour les utiliser ou pour vendre. Elle profite aussi du conflit vietnamien. Hyundai lance, à Ulsan, les plus grands chantiers navals du monde. C'est au cours de cette même décennie 60 qu'est lancée, en 1967, la branche automobile. Dans les années 70, le talent de bâtisseur de Hyundai, associé à l'existence de pétro-dollars abondants, fait de la firme coréenne un grand constructeur à Bahrein et surtout en Arabie saoudite où il a réalisé la totalité du port et de la ville nouvelle de Jubail. Les Jeux olympiques de Séoul, en 1988, ont encore accru cette avancée dans le bâtiment et les travaux publics de la firme séoulite. Les années 90 devraient, quant à elles, autoriser des investissements prudents mais réels en Russie, en Corée du Nord et en Chine.

• **Les activités de Hyundai s'étendent à tous les secteurs d'importance. Le groupe pèse à lui seul 5 % du PNB coréen ! Chung, peut noter Milton Moskowitz, est à la fois le John D. Rockefeller, le Henry Ford et le Henry Kaiser de la Corée.** Roi du BTP en Corée et au Moyen-Orient, il est aussi un grand de la pétrochimie. Constructeur de bateaux, dans la grande tradition coréenne, son groupe dispose d'une flotte de commerce présente sur toutes les mers du globe. Que dire des progrès accomplis, depuis la construction de la Pony, première voiture coréenne, mais petite caisse à savon, et de l'Excel, qui porte la marque de l'association avec Mitsubishi ? En 1986, Hyundai réalise les meilleures ventes de voitures importées aux États-Unis, rééditant l'exploit canadien de l'année précédente. En 1992, disposant d'une base italienne et sur la dynamique d'une percée en Allemagne, Hyundai débarque en France, s'appuyant sur l'importateur Sonauto et Daniel Vauvilliers, l'homme qui a lancé Mitsubishi dans l'hexagone. Avec de nouveaux produits comme la Scoupe, petit coupé sport aux prix très compétitifs, la menace coréenne paraît redoutable[1].

Aujourd'hui, **Hyundai investit la haute technologie.** L'entreprise est le principal partenaire de GEC-Alsthom pour le TGV Séoul-Pusan qu'elle espère

1. En 1995, la deuxième vague asiatique, constituée par les Coréens et les Malaisiens (avec Proton), déferle sur l'Europe. Pour la première fois, les Coréens Hyundai, Daewoo, Kia et autres Sangyang franchissent la barre symbolique du million de voitures exportées, tandis que Samsung obtient à son tour l'autorisation d'investir dans l'automobile !

exporter plus tard en Asie. Mais, surtout, l'industrie électronique, mise en place en 1983, apprend la leçon californienne. Elle devient la force motrice, la clé de voûte des exportations coréennes. Hyundai rêve de dépasser le premier conglomérat du pays, Samsung. Au printemps 1995, Hyundai a fait l'achat stratégique de TV/COM international, firme de San Diego, leader dans le domaine des technologies numériques de communication vidéo. C'est important pour l'enjeu de la super-autoroute de la communication.

• **Au travail dès l'aube, dur à la tâche, Chung Yu-Yung a imposé de durs sacrifices à ses ouvriers et à ses employés** qui ont fini par se mettre en grève en 1987 et après, en d'autres occasions. Aux élections présidentielles de 1992 le grand patron n'a obtenu que 16 % des voix. Ses rapports avec le nouveau chef de l'État, Kim Young-Sam, son ancien adversaire politique, ne sont pas au beau fixe. L'opération « mains propres » à la coréenne lui a valu deux ans de prison pour corruption. La génération de Chung est celle de la Corée du dur labeur, des salaires faibles, des gouvernements répressifs et de la revanche sur le Japon.

► **Daewoo (qu'il faut prononcer Déou) est la troisième entreprise du pays, juste après Samsung et Hyundai.** C'est aussi l'un des groupes les plus récents. En 1967, un jeune homme de 30 ans, Kim Woo-Choong, emprunte une poignée de dollars à un certain To Dae Do. La combinaison des deux noms donne Daewoo qui signifie « le grand univers » en coréen. Encouragé fortement par l'État, rachetant les entreprises en difficulté, le groupe comporte aujourd'hui toutes les activités économiques possibles. L'annuaire des téléphones de Séoul consacre une page à les énumérer ! **L'origine du conglomérat est une fabrique d'aiguilles de machines à coudre** qui exporte aujourd'hui 10 % du textile envoyé à l'étranger par la Corée. Le groupe est partout, dans le bâtiment et l'armement, dans les chantiers navals et la pétrochimie, dans les biens d'équipement et dans l'électronique, dans la construction ferroviaire (où il est finalement associé à Hyundai et GEC-alsthom) et dans l'automobile. Plutôt que chercher ce que produit Daewoo, mieux vaut se demander ce que le groupe ne fabrique pas. Il représente l'immense effort d'une nation passée, en moins de deux générations, selon les Américains, d'une culture de *farmers* à une culture de *traders*. La devise de Daewoo n'est-elle pas : défi, sacrifice, créativité ?

• **Trois caractéristiques du groupe méritent de retenir l'attention.** D'abord l'**importance de son secteur de services.** Sur encouragement gouvernemental, Daewoo fut la première firme coréenne à créer une grande société de négoce international (*shosha* en japonais). Assurances, banque et finances, courtage, observation économique, hôtellerie et communication complètent cet important dispositif. Il y a ensuite les **implantations en Asie, en Amérique et en Europe,** où la seule Lorraine a accueilli trois usines Daewoo concernant les fours, les postes de télévision et les tubes cathodiques. Enfin, il faut évoquer les **ambitions dans le secteur automobile** où Daewoo a bénéficié successivement des alliances et des apports techniques de Toyota, de General Motors[1] et de Honda. Trois bureaux d'études (en Corée, en Angleterre et en Allemagne) et quatre usines doivent fonder cette ambition mondiale.

Hier « province coréenne de l'empire nippon », la Corée représente aujourd'hui le dixième PNB mondial (sans doute avant la Russie). Son revenu par habitant était de 89 $ par an en 1962 (les « experts » pariaient alors davantage sur l'Afrique...) ; il est, avec 8 500 $ en 1995, le 33e du monde. Ses employés travaillent autant, mais avec un salaire fortement augmenté de 1987 à 1993, ils ne le font plus « pour un bol de riz » : les ouvriers de Hyundai, de Daewoo ou de Samsung gagnent maintenant en moyenne 7 000 F par mois. Alors que le Japon est en crise, la Corée a enregistré, en 1994, une croissance remarquable de 8 % et bénéficie de la montée du yen. Elle peut vendre des voitures à l'Occident et construire des centrales nucléaires au Viêt-Nam. La Corée des grands travaux veut être un nouveau pays, devenir une démocratie, adhérer à l'OCDE[2] (ce qui devrait se réaliser en 1996). Elle veut se placer aux premiers rangs, partout. Désormais, l'un des quatre directeurs généraux adjoints de l'OMC, Kim Chulsu, est coréen et la bataille pour accueillir la Coupe du monde de football en 2002 est engagée.

Comme l'a écrit, au début de l'année 1995, un éditorialiste du pays du matin calme : « La nouvelle Corée sera celle qui n'aura plus aucun complexe devant le Japon, parce que le monde entier saura enfin qu'elle est meilleure que lui. »

II. La diaspora chinoise: une thalassocratie économique

Il n'est plus guère possible de parler de la seule Chine continentale. La notion d'espace économique chinois (CEA, *Chinese Economic Area*) est désormais plus appropriée. Pierre Gentelle évoque la stratégie chinoise des « trois triangles » : le petit comprend la Chine continentale, Hong-Kong et Taiwan ; le moyen, la Corée du Sud, Singapour et l'Asie de l'Est ; le grand triangle englobe le monde chinois, le Japon et les États-Unis. On imagine les enjeux économiques et les jeux politiques.

▸ **Les Huaquio, les Chinois d'outre-mer, constituent un total de 55 à 60 millions de personnes.** Ils sont présents dans tout le Sud-Est de l'Asie, surtout, mais ils sont aussi présents en Australie où on les retrouve à Sydney, ainsi qu'en Amérique du Nord, à Los Angeles, San Francisco et de plus en plus à Seattle et à Vancouver où résideraient déjà 350 000 Chinois, en provenance de Hong-Kong (c'est le syndrome de 1997). Certains parlent de Hongcouver. Dans

1. Cet accord a été rompu en 1992.

2. Le Mexique est devenu, en 1994, le 25e membre de l'OCDE. La Tchéquie est le 26e en 1995. La Corée sera-t-elle le 27e ?

le monde francophone, les Chinois sont présents dans l'océan Indien (Madagascar, la Réunion) et à Paris. Lors de la seconde conférence internationale des entrepreneurs chinois qui s'est tenue à Hong-Kong en 1993, ceux de la capitale française étaient représentés.

Le décollage économique de la Chine ne pourrait guère se comprendre sans les investissements de ces Chinois de l'extérieur. Les Chinois d'outre-mer gardent toujours la nostalgie de leurs racines, saisissent la première occasion pour financer un hôpital ou une école au pays et s'organisent en puissants réseaux fondés sur les solidarités familiales, linguistiques et ethniques. Ces relations personnelles sont désignées par le terme de *guanxi.* De toute façon, les négociants chinois actuels font naturellement revivre les routes économiques anciennes du carrefour insulindien, très actif au XVIIe et au XVIIIe siècle.

La principale caractéristique de ce capitalisme chinois d'outre-mer réside donc dans sa capacité à s'organiser en réseaux fondés sur des relations personnelles aussi informelles qu'efficaces. On lègue à son fils son carnet d'adresses, on se retrouve dans des banquets, on compose avec les gouvernements locaux. De toute façon, chaque ville de l'Asie du Sud-Est dispose d'une Chambre de commerce chinoise. Ensuite il y a toujours le sens de la famille qui joue en faveur de la solidarité entre générations et entre régions. « Si tu veux créer une entreprise, fonde une famille », dit-on en Chine. Enfin s'affirme la volonté de construire un empire économique souvent fondé sur la complémentarité de l'atelier, du négoce et de la banque. Le capitalisme chinois est un capitalisme de négociants, de financiers et de banquiers qui n'hésitent pas à aller en Bourse. L'argent ainsi acquis est consolidé par les études américaines de la jeune génération dans des *business schools* et l'opportunité foncière qu'offrent déjà les terrains des vieilles usines du continent chinois si peuplé.

Evergreen représente la réussite tout en vert d'un *tycoon,* c'est-à-dire d'un grand homme d'affaires chinois.

▸ **Evergreen est l'une des plus grandes entreprises chinoises. C'est la troisième, en importance, de Taiwan.** Dans le secteur le plus moderne du transport maritime, celui des porte-conteneurs, c'est même la première du monde, précédant Maersk la danoise et Sea-Land l'américaine qui avait pourtant mis au point ce mode de transport en 1956.

C'est en 1958 que Yung-Fu Chung, fils d'un charpentier de chantier naval, fonda Evergreen. Il connaît le métier : c'est un matelot devenu capitaine qui devient armateur. Il commence avec des cargos puis lance des porte-conteneurs en 1975. Bateaux et conteneurs de la compagnie, peints en vert, sa couleur préférée, sont aisément repérables dans les ports et sur les mers du globe, tandis qu'au siège social, à Taipei, moquettes et téléphones sont aussi de couleur verte tout comme les élégantes tenues des hôtesses de la compagnie.

Aujourd'hui, la compagnie de Taiwan dispose d'une centaine de navires, dont les noms commencent tous par Ever : Ever Glory, Ever Shine, Ever Orient..., et de 10 000 salariés. Elle s'impose grâce à des recettes éprouvées : investissements dans les bateaux, nouvelles prestations dans les services et prix très serrés.

C'est en 1984 que, pour éviter le retour à vide de ses conteneurs, Evergreen invente les lignes tour du monde, autorisant des rotations de quatre-vingts jours. Un service Eastbound part de Singapour, visite tous les grands ports chinois, coréens et japonais, puis gagne la Californie, franchit Panama, travaille sur la côte est des États-Unis et aux Caraïbes, franchit l'Atlantique et opère du Havre à Hambourg. Les ports de la Méditerranée permettent de revenir par Suez. En sens inverse, un service Westbound permet aux bateaux de compléter et même de varier quelques escales. Un service *feeder* permet de travailler (collecte et distribution) avec toute la région du port touché.

Certes, Evergreen illustre et sert à la fois l'une des économies les plus dynamiques du monde, l'économie taiwanaise. Pourtant, son rang dépasse largement celui de Taiwan dans le classement économique de la planète. Ceci pose le problème de l'origine et de la propriété des capitaux qui ne sont jamais faciles à cerner, particulièrement en Asie. Dans le cas de la grande compagnie de navigation, il semblerait que la grande société de commerce japonaise Marubeni ainsi que quelques banques japonaises et américaines y possèdent des participations non négligeables...

Mais, comme la navigation a ses limites, Evergreen est aujourd'hui beaucoup plus qu'une compagnie maritime et mise sur la diversification, au point de rassembler une vingtaine d'entreprises. Outre plusieurs compagnies de navigation (Evergreen Marine enregistrée à Taipei, Evergreen International inscrite à Panama où le groupe possède d'ailleurs une troisième compagnie), le groupe possède aussi des sociétés de commerce, de transport routier, d'informatique, une usine de fabrication de conteneurs... L'aire pacifique est investie par d'immenses ateliers à Taiwan et en Malaisie. D'ailleurs Evergreen est le plus grand fabricant de boîtes de conserve du monde. Les services sont très actifs et concernent l'hôtellerie et la finance de la Thaïlande à la côte ouest des États-Unis... Enfin, depuis 1991, Eva Air déjà riche d'une vingtaine d'avions long-courriers et d'autant d'escales est devenue la première compagnie aérienne privée de Taiwan, propulsant Evergreen dans les airs.

▸ Toute l'Asie du Sud-Est présente des réussites exemplaires, à l'image des importantes minorités chinoises.

L'Asie du Sud-Est comprend les pays de l'ASEAN, Association des nations du Sud-Est asiatique fondée en 1967, ainsi que la péninsule Indochinoise[1]. L'Association rassemble 330 millions d'habitants, presque autant que l'Union européenne, mais son poids économique n'est encore comparable qu'à celui des Pays-Bas. C'est souligner l'important potentiel de la région qui intègre, désormais, le Viêt-Nam, un pays de 72 millions d'habitants où l'économie est à reconstruire.

1. L'ASEAN comprend l'Indonésie, la Malaisie, la Thaïlande, les Philippines et Singapour qui en sont les membres fondateurs réunis à Bangkok à cette date. Ils ont accueilli, en 1984, le sultanat pétrolier de Brunei et surtout, en 1995, le Viêt-Nam. L'ASEAN compte aujourd'hui sept pays. Trois autres, la Papaousie-Nouvelle-Guinée, le Laos et le Cambodge disposent, en outre, d'un statut d'observateur.

Carte 1

Les Chinois en Asie du Sud-Est

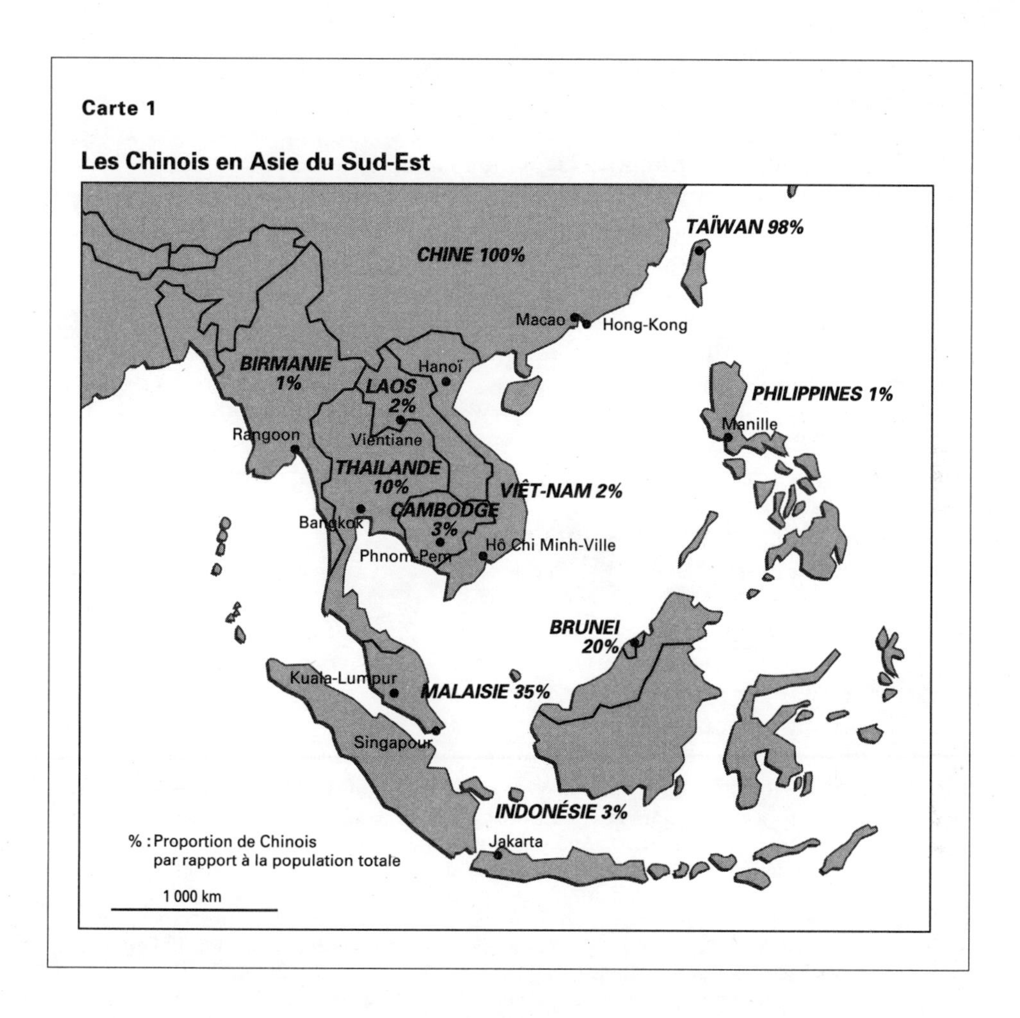

• **Bangkok** est certainement l'un des centres nerveux du monde chinois. C'est la capitale démesurée d'un pays dont 10 % de la population est d'origine chinoise (plus de 6 millions de Sino-Thaïs ont comme origine la Chine du Sud). Chin Sophonpanich y a créé en 1944 la Bangkok Bank, confiée, dès 1952, par le gouvernement thaïlandais, à son fils, Chatri Sophonpanich.

La famille Sophonpanich a construit sa fortune sur le commerce du riz (la Thaïlande est le second exportateur mondial), sur celui de l'or et sur les activités de change. La Bangkok Bank est devenue l'une des plus grandes banques d'Asie – en fait, la banque officieuse de la diaspora chinoise. N'est-il pas significatif qu'elle compte parmi ses clients Liem Sioe-Liong, l'un des Chinois les plus riches du monde, et le Sino-Malais Robert Kuok, « le roi du sucre », associé d'ailleurs au grand négociant français Sucre et denrées ?

Encadré 1

Un empire chinois : l'entreprise Liem Sioe-Liong

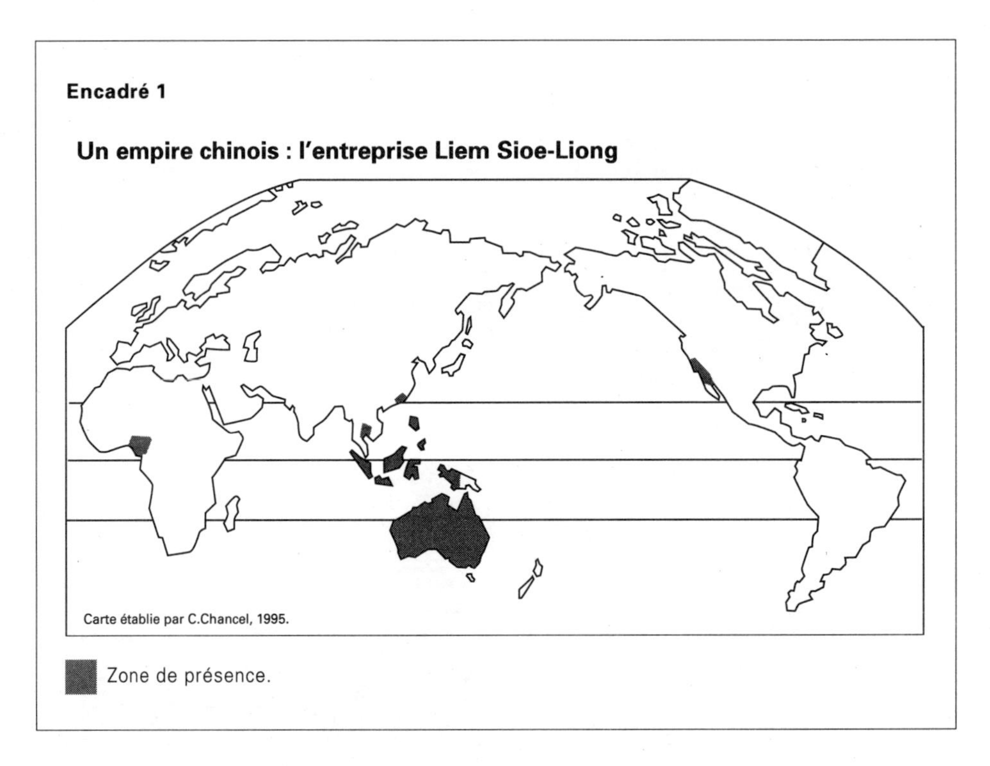

Originaire du Fujian, neveu d'un petit industriel de Jakarta, Liem Sioc-Liong arrive à Java dans les années 30 et devient, dans la lutte pour l'indépendance, l'ami du futur président Suharto. Agé de 80 ans, il est aujourd'hui à la tête d'une multinationale qui pèse 5% du PNB indonésien et emploie 150000 personnes.

— En Indonésie : plantations, minoteries (n° 1 mondial des nouilles instantanées), cimenteries, montage d'automobiles japonaises et européennes.

— En Asie-Pacifique : savonneries en Thaïlande, commerces aux Philippines et en Australie, banque à Hong-Kong.

— En Afrique : plantations (palmiers à huile) au Nigeria.

— En Amérique : banque en Californie.

— Retour au pays natal : investissements dans le Fujian (la province chinoise au droit de Taiwan).

• Peuplée à 77% de Chinois, Singapour est rapidement devenue, sous la houlette du premier ministre Lee Kuan Yew, un centre financier et technologique.

• Singapore Airlines est tout à fait représentatif du dynamisme et des ambitions de la cité-État et de sa réussite aussi exemplaire qu'apparemment paradoxale. Il ne faut, en effet, que deux minutes à un avion pour survoler Singapour. Cependant Singapore Airlines est l'une des plus grandes compagnies aériennes du monde.

L'histoire de la compagnie se confond avec l'histoire politique et économique du Sud-Est asiatique. L'IATA, l'Association internationale du transport aérien, prévoit un « boom » du trafic sur l'Asie qui devrait être, en 2010, le premier marché du globe.

Encadré 2
L'histoire de Singapore Airlines

1937	Création de la *Malayan Airways*
1947	Premiers vols d'un avion de cinq places de la Compagnie reliant Singapour aux villes malaises d'Ipoh, de Penang et de Kuala Lumpur
1957	Lors de l'indépendance de la Fédération de Malaisie, l'entreprise est contrôlée par la BOAC (British Overseas Airways Corporation) et par Qantas, firme australienne
1963	Formation du gouvernement malais : la Malayan devient la *Malaysian Airways*
1965	Singapour devient indépendante de la Fédération de Malaisie. L'entreprise devient le *Malaysian-Singapore Airlines* (MSA). Elle appartient aux deux pays
1972	Singapour acquiert des lignes internationales avec *Singapore Airlines,* la Malaisie garde les lignes intérieures avec la Malaysian Airlines System
1985	Premières ventes d'actions au public

Singapore Airlines est devenue une grande compagnie aérienne en jouant de trois atouts essentiels : des prix compétitifs sur un réseau sans cesse élargi, une qualité de service remarquable et une flotte très moderne !

Une vieille règle s'impose aux compagnies aériennes. « Si vous voulez atterrir chez nous, vous devez nous permettre de le faire chez vous. » Singapore Airlines a su utiliser au mieux ce principe. Elle refuse d'adhérer à l'IATA (International Air Transport Association), mais signe de nombreux accords d'ouverture réciproque de l'espace aérien *(open sky)* à travers le monde. Elle se constitue ainsi une clientèle qu'elle s'efforce de conserver ensuite par la qualité de son service.

C'est que l'on est bien traité sur les lignes de la Compagnie dont le service est réputé. Les Singapore girls servent des repas plantureux et versent abondamment à boire[1]. Ces hôtesses de l'air à l'élégance raffinée portent des tenues de style malais mais sont en réalité habillées par le grand couturier Pierre Balmain.

Singapore Airlines prétend disposer de la flotte la plus récente du monde, une flotte surtout composée d'Airbus et de Boeing, surtout de Boeing, au point que Milton Moskowitz ironise : « Singapour est l'un des meilleurs amis que la firme Boeing ait jamais eus. » Ainsi, dans un monde où chaque pays, qu'il en ait les moyens économiques ou non, met un point d'honneur à avoir sa compagnie aérienne nationale, Singapour dispose d'un outil de transport remarquable. Une cinquantaine de villes, réparties dans 40 pays, sont desservies, de Manchester à Bali, de la Nouvelle-Dehli à Pékin, de Malte à Shanghaï. Los Angeles, de l'autre côté du Pacifique, sert de centre relais à Singapour.

Singapore Airlines appartient essentiellement à l'État. Toutefois, une partie de son capital est, depuis 1985, aux mains de ses employés ainsi que du public. Ceci apparaît d'ailleurs aux yeux de la direction comme une excellente chose : le public

1. Consommer à bord permettrait à certains passagers de lutter contre le stress généré par le voyage en avion !

exige une gestion rigoureuse, performante et rentable. Le personnel n'en est que plus responsabilisé. La cité-État est l'un des rares pays du monde dont la compagnie aérienne progresse d'année en année et qui n'a jamais perdu d'argent. En 1992, avec 2,8 milliards de francs, elle a obtenu le bénéfice le plus élevé de l'année pour le secteur.

C'est que Singapour, la « station-service du monde », qui aspire au rôle de « centre total d'affaires internationales », doit beaucoup à Singapore Airlines : près de 4 % de son produit national brut et 1 % de ses emplois.

• La **Hong-Kong and Shanghai Bank** (HSBC) est une vieille histoire anglo-chinoise. Elle a été, en effet, fondée au XIXe siècle, avec pour mission de financer le trafic anglais de l'opium en Chine, ainsi que le commerce de la soie et du thé. Cette institution financière a, jusqu'à présent, survécu à deux guerres sino-japonaises, à deux guerres mondiales et à deux révolutions chinoises ! Elle a aussi accompagné la croissance de Hong-Kong, passé de 500 000 habitants en 1945 à plus de 6 millions aujourd'hui.

A travers ses différentes fonctions, la banque a occupé une place de premier rang. Elle est en effet une banque de dépôts très puissante qui détient aussi une banque commerciale. Elle assure des activités dans différents domaines financiers : assurance, leasing, prêt sur gage, change. La banque est en outre propriétaire de trois compagnies de navigation. Elle possède des intérêts dans la Cathay Pacific Airways, ainsi que dans le *South China Morning Post,* le principal journal en langue anglaise de la colonie.

C'est dès les années d'après guerre que la banque, créée en 1865, est inextricablement mêlée à la vie de Hong-Kong, au point de disposer d'un siège au Conseil exécutif qui entoure le gouverneur britannique Chris Patten. Puis elle part à la conquête du monde. Elle acquiert, en 1959, la British Bank of Middle East, elle-même partiellement propriétaire de la Saudi British Bank (Arabie saoudite). Elle dispose aussi de 20 % de la Banque populaire de Chypre. En Asie-Pacifique, elle possède une part du capital de la Korea International Bank (Corée du Sud) et a ouvert, il y a dix ans, sa première succursale en Australie.

Le monde anglo-saxon l'intéresse évidemment beaucoup. En 1980, grâce à l'acquisition de la Marine Midland Bank de Buffalo, la banque arrive dans l'État de New York. Établie en 1981, sa succursale au Canada, la Hongkong Bank of Canada, est désormais la première banque étrangère de ce pays. Cette formidable diversification géographique trouve sa consécration en Europe avec la Trinkaus et Burkhardt, grande banque d'affaires allemande, qui est sa filiale au cœur de l'Union européenne. L'entreprise est aussi très présente au Royaume-Uni, où elle possède la banque d'affaires Samuel Montagu, la société de change James Capel et surtout la grande banque anglaise Midland qui lui apporte l'une des plus grandes salles de marché du monde.

Ainsi, la banque dispose de deux atouts culturels considérables : la connaissance du monde chinois et la compétence anglo-saxonne en matière de finance. Du côté chinois, elle possède des infrastructures (participations dans le Cross Harbor Tunnel et l'aéroport de Hong-Kong), des héritages (son ancienne présence à Shanghai) et un certain nombre de réseaux. Du côté britannique, l'encadrement est souvent très anglais, issu d'Oxford et de Cambridge, tandis que la tradition veut que le patron soit écossais.

Pour autant, il n'est pas aisé de connaître les vrais comptes et les véritables bénéfices de la banque. Les grandes publications comme *Forbes* ou *Fortune* la situent parmi les quinze premières du monde...

La puissance de l'institution s'exprime, dans l'histoire, par les buildings successifs qui ont abrité son siège social, toujours au même endroit, 1 Queens Road Central, à Hong-Kong. Le premier bâtiment, inauguré en 1886, reflétait la grandeur et la pompe coloniale de l'époque. Le second, ouvert en 1935, était le plus haut building de la terre entre Le Caire et San Francisco. Le troisième date de 1986. Il est une réalisation de l'architecte britannique Norman Foster – et toujours le plus haut de Hong-Kong... mais peut-être pas pour longtemps. Depuis 1988 la tour de verre étincelante de la Banque de Chine construite, elle, par le grand architecte sino-américain I. M. Pei, domine désormais tous les immeubles alentour, y compris celui de la HSBC. Déjà devenue le second groupe bancaire de la colonie, la Banque de Chine rappelle ainsi que le nouveau maître de Hong-Kong, c'est la Chine.

Mais, avant même le 1er juillet 1997 (restitution de Hong-Kong à la Chine), la Hongkong and Shanghai a déménagé à Londres son siège social pour gouverner 100 000 salariés répartis dans 66 pays du monde. La grande banque a préféré avoir une base juridique hors de Hong-Kong. C'est une stratégie aussi brillante que prudente, entre mer de Chine et Tamise...

III. L'Inde et l'Amérique latine : la quatrième vague ?

1. L'Inde sera, au prochain siècle, le pays le plus peuplé de la planète, avant la Chine

Marché immense, elle dispose d'atouts considérables : acquis de la révolution verte, troisième communauté scientifique (professeurs, ingénieurs et chercheurs) du monde. Cependant, l'Inde est aussi entravée par bien des inégalités entre les hommes et les femmes, entre les castes et les classes sociales, entre les régions.

▸ **Bombay, qui est avec Calcutta la plus grande ville du pays,** illustre bien les contrastes et les ambiguïtés de cet ensemble. C'est le premier port indien, qui abrite d'ailleurs la Banque centrale. Les dynasties parsis sont à la tête des plus grands conglomérats industriels (famille Tata, famille Godrej). Les activités tertiaires y sont importantes avec l'industrie du cinéma, la banque, la finance et l'assurance. « Avec 10 millions d'habitants, Bombay paie 30 % de tous les impôts perçus en Inde. »[1] Mais Bombay a aussi la plus grande étendue de bidonvilles et la moitié de ses habitants vivent sous le seuil de la pauvreté. Les diverses communautés, hindous, musulmans, parsis, chrétiens, juifs, sont loin d'y vivre en parfaite harmonie. Enchaînant émeutes populaires et crises politiques, l'Inde ferait-elle passer « la priorité nationale de l'économie à la religion » ?

▶ **Le groupe Tata est un conglomérat parsi,** fondé sur l'industrie et entreprenant par nationalisme. Il se caractérise par une politique sociale remarquable. Les parsis, originaires d'Iran (ancienne Perse), sont les héritiers spirituels de Zoroastre qui enseignait au VIIe siècle avant J.-C. que la vie était une lutte entre les forces de la lumière et du bien (Mazda) et les forces du mal. Arrivés dans la région de Bombay au XIIe siècle de notre ère, ils forment une communauté très dynamique de 100 000 personnes environ.

Jamsetji Tata, né en 1839, et formé, entre autres, par un séjour à Manchester, fonda, en 1868, une entreprise travaillant le coton. Il est présent à Bombay lorsque est fondé, en 1885, le Congrès national indien, mouvement favorable à l'indépendance. Sur le plan technique il souhaitait, pour l'industrie, utiliser la houille blanche (énergie la moins chère), fonder une industrie sidérurgique (base de la puissance) et promouvoir un enseignement technique (fondement du développement). Sur le plan social, il installa un système de retraite (1886), un système d'assurances accidents du travail en 1895 et la journée de huit heures en 1912 (qui n'entrera dans la loi indienne qu'en 1948). L'accent est particulièrement mis sur la formation, à un point tel que, dans les années 20, le cinquième des hauts fonctionnaires et des responsables indiens ont bénéficié des écoles et des bourses de l'entreprise Tata. Lorsque Jamsetji meurt en Allemagne en 1904, son œuvre est poursuivie par sa famille, en particulier son cousin, Ratanji, qui meurt en 1926, laissant un fils, Jehangir Ratan Dadabhoy, « JRD » Tata, qui prend les rênes de l'empire industriel, à 22 ans.

« JRD » Tata dirige, depuis Bombay House, le centre nerveux du groupe, un immense ensemble : la sidérurgie (installée sur le charbon et le fer de Jamshedpur), les machines-outils et l'horlogerie, les produits chimiques et pharmaceutiques, l'électronique et les ordinateurs, les transports (camions, automobiles, aviation), l'hôtellerie (chaîne Taj présente aux États-Unis) et les parfums... Le groupe Tata emploie directement 250 000 à 300 000 personnes, mais certains observateurs n'hésitent pas à lancer un chiffre quatre fois supérieur. Il est vrai que, loin de Bombay et de Jamshedpur, le groupe est présent en Asie, en Amérique, en Europe et au Moyen-Orient.

« JRD » Tata, né en 1904, s'est éteint en 1993. Né à Paris de mère française, lycéen à Janson-de-Sailly, il avait comme modèle Saint-Exupéry et l'aérospatiale. Outre des exploits personnels (il rallie Bombay à Londres en 1929 et fonde la ligne postale Bombay-Karachi en 1932), il crée la Tata Airlines, nationalisée en 1953 sous le nom d'India Airlines.

1. *Images économiques du monde,* 1993-1994, SEDES.

Mais le plus grand des magnats de l'industrie indienne s'est toujours opposé à la politique économique des Nehru-Gandhi. L'Inde indépendante a d'abord été socialisante et protectionniste. Tata n'aimait pas les bureaucrates et les politiciens, au point de lancer un jour : « Le socialisme à la Nehru est une dictature économique. » L'industriel prêchait, au contraire, le libéralisme et la déréglementation. Or, depuis 1991, l'Inde connaît sa NEP (Nouvelle économie politique). J. R. D. Tata a-t-il eu raison trop tôt ? Bien que son grand rival parsi Godrej le dépasse peut-être aujourd'hui, en termes de chiffre d'affaires, le groupe Tata fait toujours preuve d'un remarquable dynamisme. Sa filiale automobile, Telco (Tata Engineering and Locomotive Company), associée à Mercedes, a pour la première fois exposé ses produits dans un salon européen – à Paris, au Mondial 94 de l'automobile.

2. L'Amérique latine a, elle aussi, ces dernières années, fait le choix de l'ouverture

Ce qui représente, pour beaucoup de pays, le contraire des principes sur lesquels ils avaient fondé leur stratégie depuis des dizaines d'années. C'est au Chili que revient l'initiative de ce revirement qu'il a pratiqué sous le général Pinochet. A la fin des années 80, il a été suivi par de nombreux pays, dont l'Argentine, le Mexique et le Brésil.

▶ **Le cas du Mexique est particulièrement intéressant, puisque c'est un pays du Tiers Monde qui a, exceptionnellement, une frontière directe avec un pays industrialisé.** La crise financière des années 82/83, le problème de la dette, la croissance des années 90, puis la seconde grande crise de 1995[1] révèlent toutes les ambiguïtés de l'économie nationale. Les flux et les reflux des capitaux des touristes et des émigrés ajoutent à l'instabilité. Les *maquiladoras* et l'effet ALENA (Accord de libre-échange nord-américain signé en 1994) ne risquent-ils pas de provoquer une ligne de fracture entre un Mexique du Nord associé aux États-Unis et un Mexique du Sud, toujours sous-développé, aux prises avec la révolte du Chiapas ? Jusqu'où ira la sollicitude américaine pour ce voisin du Sud ?

Dans ce contexte, une société mexicaine, **la Pemex,** *Petroleos Mexicanos,* la plus grande du pays et aux tout premiers rangs en Amérique latine, connaît une évolution intéressante. Selon le classement d'une revue spécialisée, la compagnie est, en 1995, la sixième compagnie pétrolière mondiale. C'est qu'elle détient toujours le monopole de l'exploration et de l'exploitation au Mexique, cinquième pays pétrolier du monde. Société au sort sensible et convoité, la Pemex reste un État dans l'État, ce qui s'explique par l'histoire.

1. On peut parler d'une « grande crise de l'économie mexicaine en 1995 » dont les signes se cumulent : faillites d'entreprises, explosion du chômage, spirale dévaluation-inflation de la monnaie nationale, spéculations de beaucoup.

Le Mexique, l'un des plus vieux pays pétroliers de la planète, a commencé à commercialiser son pétrole en 1904. Les intérêts anglais et américains étaient fort présents, au point que certains ont cru pouvoir affirmer que la Première Guerre mondiale avait été gagnée grâce au pétrole mexicain. Après la nationalisation des ressources du sous-sol mexicain en 1917 et diverses tribulations, la Pemex fut nationalisée en 1938. Le syndicat des travailleurs du secteur pétrolier dispose de pouvoirs importants, d'un véritable monopole d'embauche et de ressources financières considérables : certaines « affaires » n'ont pas manqué d'éclabousser quelques dirigeants. Mais l'entreprise est restée longtemps une puissance, ce qu'atteste l'allure de l'immeuble du centre de Mexico qui abrite son siège social et qui est le plus haut de toute l'Amérique latine.

En un certain sens, la Pemex, fleuron industriel du pays, lui a fourni sa meilleure rente, des emplois, des rentrées d'impôts et de devises (plus de la moitié du total !). Mais les temps changent. Les réserves ne sont pas infinies, le développement du pays fait croître la consommation nationale de pétrole et diminuer les exportations disponibles. La Pemex ne deviendra-t-elle pas, au-delà de l'an 2000, un importateur net ? Ainsi serait sévèrement atteint le « pétronationalisme » si vif de la population mexicaine. Entre la rente et le marché, les difficultés de la Pemex sont celles du Mexique tout entier.

L'Amérique latine connaît une forte dégradation de sa situation financière. Menacé à la fois par l'« effet tequila » (déséquilibre financier) venu du Mexique et l'« effet tango » (volatilité des capitaux et fragilité économique) venu d'Argentine, le **Brésil,** le géant de l'Amérique latine cherche toujours sa voie. Car, moins dirigiste, moins protectionniste, moins inflationniste, l'économie brésilienne pourrait devenir celle d'un grand du XXIe siècle[1].

▸ La Bradesco *(Banco Brasiliero de Descontos SA),* le plus grand groupe financier du Brésil et son plus grand employeur, semble emprunter à toutes les cultures économiques du monde.

La Banco Brasiliero de Descontos SA a été fondée en 1943 par Amador Aguiar, un homme du Brésil profond, fermier puis ouvrier typographe, blessé à un doigt par une machine. Cet établissement présente deux types de caractéristiques. Les unes sont brésiliennes par la taille, par la diversité et par le style du groupe. Les autres viennent d'une saisissante culture d'entreprise qui semble avoir emprunté à toutes les grandes nations capitalistes du monde...

Comptant, dans les années 80, près de 150 000 collaborateurs, des centaines, voire des milliers d'agences et de bureaux dans tout le Brésil, drainant 15 % de l'épargne nationale et intervenant pour 10 % dans le financement de l'import-export, la Bradesco est, à l'image d'un pays, au 10e ou au 12e rang de l'économie mondiale.

Ses activités financières sont les plus complètes qui soient : le groupe com-

1. Voir, aussi, Claude Chancel et Jean-Pierre Clément, *Mots clés pour le Brésil,* ESCAP, 1989 (ESC Poitiers).

prend une banque commerciale mais aussi une banque d'affaires et d'investissement, des caisses d'épargne, des compagnies d'assurances, des activités de courtage, de crédit à la consommation et même des agences de voyage. Bradesco n'a pas hésité à s'associer avec des grands de ce monde, américains, allemands et japonais dans le domaine de la banque et de l'assurance, sans oublier les plus prospères, de Suède ou de Suisse. Le premier bureau de la Bradesco à l'étranger a été ouvert en 1982 à New York.

Le fondateur a voulu une entreprise proche des clients les plus modestes, d'où un réseau éclaté, avec des unités mobiles, capables d'être présentes dans les rassemblements temporaires de population (chantiers et fronts pionniers) et des chefs d'agences très accessibles.

Le siège central est installé dans la banlieue de la capitale économique du pays, São Paulo. C'est le faubourg de *Cidade de Deus* (Cité de Dieu). *Nos confianos em Deus* est un précepte de l'entreprise qui fait écho au *In God we trust* américain. L'amour du travail et de Dieu prôné par Amado Aguiar rappelle irrésistiblement le protestantisme de la côte est des États-Unis. D'une façon générale, la philosophie de la Bradesco, dont la supériorité morale doit reposer sur le service du pays et l'éducation du peuple, pourrait aussi bien être rapprochée de certains comportements de managers nippons : puritanisme, confucianisme, capitalisme. De surcroît, il faut observer la sollicitude de l'entreprise pour ses employés à qui elle offre logements agréables, installations sportives, soins médicaux, sollicitude qui s'étend, parfois, dans le domaine de l'éducation, au pays tout entier, ce qui pourrait, cette fois, rappeler la politique sociale de grands groupes allemands.

Bradesco, la brésilienne, n'illustre-t-elle pas, à sa manière, l'avenir qui pourrait s'ouvrir aux entreprises associant le potentiel du Sud à l'efficacité revue, corrigée et adaptée du Nord ?

Approfondir

Concernant les recherches sur la hiérarchie économique des nations à l'époque contemporaine, on se reportera aux travaux de deux grands chercheurs.

- Bernard Ésambert, *La guerre économique mondiale,* Olivier Orban, 1991. L'auteur a créé, dès 1971, le concept de guerre économique et a montré comment cette culture de guerre économique se généralise et se banalise de l'Atlantique au Pacifique.
- Alain Peyrefitte, *Du « miracle » en économie, leçons au Collège de France,* Éditions Odile Jacob, 1995. L'auteur de *Quand la Chine s'éveillera... le monde tremblera* s'interroge sur le développement économique et met en valeur les facteurs culturels et moraux (« la société de confiance ») qui président aux origines et à l'épanouissement de la civilisation industrielle. C'est ce qu'illustrent particulièrement les voies hollandaise (modèle du Japon ?), anglaise, américaine et japonaise étudiées de façon brillante et approfondie par l'académicien.

DEUXIÈME PARTIE

Le capitalisme

Pour progresser, les entreprises – comme les économies – doivent produire en permanence plus de richesses qu'elles n'en consomment. Cette loi est constante. Elle s'appliquera demain comme elle s'est appliquée hier.

Il en est une autre, que l'on oublie parfois : **les entreprises sont mortelles.** C'est ce que le sociologue Michel Crozier a appelé le principe de réalité. Il les distingue des États et des services publics, lesquels se croient – à tort – immortels. Il explique l'exigence majeure qui guide l'action des entreprises : la nécessité de compter. Jean Fourastié, qui a introduit en France la notion de productivité, avait d'ailleurs coutume de dire que la société industrielle était caractérisée par le progrès technique **et** le progrès de la comptabilité.

Si ces règles simples étaient oubliées, l'avenir serait totalement imprévisible. Leur application ne suffit cependant pas à le prévoir : l'entreprise, pour importante que soit sa place dans la société, n'est pas toute la société. Bien d'autres facteurs sont à prendre en considération pour comprendre son évolution : politiques, démographiques, moraux, sociaux, culturels. L'entreprise agit sur eux, mais ils agissent sur l'entreprise.

Il est donc illusoire de vouloir dessiner son futur. A tout le moins peut-on souligner les données qui l'amorcent.

7

L'entreprise, un révélateur

LES DONNÉES FORTES DE L'ENVIRONNEMENT ÉCONOMIQUE ET POLITIQUE MONDIAL

Dans une économie stationnaire ou à évolution lente, comme le fut pendant des siècles l'économie rurale et artisanale, la bonne gestion consiste à s'inspirer des exemples du passé et à les copier en les améliorant pas à pas.

La richesse n'augmente guère qu'en fonction des gens qui travaillent. Son maintien est suspendu aux aléas de la nature, des guerres, des épidémies. Dans un tel monde, la sagesse est l'autarcie. On essaye d'acquérir l'essentiel et de la faire prospérer en « bon père de famille ». L'esprit de conquête est mercantiliste : on essaye de s'enrichir sur le dos des autres soit en leur vendant plus qu'on leur achète, soit en les détroussant par la guerre.

Le changement historique majeur a été provoqué par la volonté des animateurs de l'époque des Lumières de libérer l'homme des contraintes « naturelles ». Il a été rendu possible par l'innovation et la mise en œuvre des techniques et des modes d'organisation permettant de démultiplier les résultats du travail.

Les entreprises sont le creuset de la transformation du travail en richesse accrue, ce que l'on appelle productivité, c'est-à-dire produire plus et mieux avec moins. Elles digèrent en permanence les données de la technique pour en tirer le meilleur parti. Elles le font d'autant mieux qu'elles sont soumises aux lois du marché, c'est-à-dire à la concurrence, dont le but est de mettre à la portée du plus grand nombre les satisfactions hier réservées à quelques-uns, qu'il s'agisse de satisfactions matérielles, intellectuelles, culturelles. Elles ne peuvent pas le faire en se contentant de recopier le passé. D'où le sentiment de course à la nouveauté qui est la marque des sociétés modernes. Les entreprises qui sont tentées de se reposer sur l'acquis sont rapidement balayées.

Les entreprises doivent être en mesure de faire sans cesse face aux défis, défis venant des entreprises, mais aussi défis provoqués par leur environnement. Ils sont principalement : techniques, économiques et politiques au sens large du terme.

Nous les examinerons successivement en étant conscients qu'ils ne peuvent être maîtrisés sans une vision optimiste de l'action des hommes. Cela ne va pas sans difficultés. A chaque étape, certains problèmes surmontés, de nouveaux apparaissent. Il faut donc relancer le moteur du progrès. Telle est notamment l'exigence de la vie des entreprises.

I. Les défis techniques

La fin du XXe siècle est dominée par un phénomène majeur : la généralisation de l'usage des automatismes et l'informatisation de l'ensemble des activités. Il ne saurait faire oublier les évolutions qui se produisent dans le domaine des transports, de l'énergie, de la biologie, de la chimie, des matériaux et les influences réciproques des techniques les unes sur les autres.

1. L'informatique révolutionne l'industrie et de proche en proche l'ensemble de l'économie[1]

En 1990, le plus perfectionné des microprocesseurs peut enregistrer 5 millions d'instructions par seconde. Le Pentium, en 1993, passe à 100 millions, mais connaît quelques problèmes de fiabilité. Cela n'empêchera pas les capacités de son successeur de quintupler. En moins de dix ans, le nombre d'instructions/seconde par microprocesseur aura été multiplié par cinquante. Dès aujourd'hui, un ordinateur portable dispose de capacités supérieures à celle des « monstres » du début des années 80. Les informations stockées peuvent donc être de plus en plus abondantes, traitées et largement accessibles à qui en possède les clés : le savoir devient la première des matières premières des industries et, en général, de toutes les activités. Cette évolution qui s'accompagne d'une baisse rapide des prix (un microprocesseur 486 SX25 valait 1 865 F en janvier 1992 et 727 fin 1993) a des conséquences sur l'industrie électronique elle-même, en passe de devenir l'industrie majeure de l'époque et, plus encore, sur ses applications dans toutes les entreprises.

Encadré 1

Le 1er janvier 1948, le *New York Times* publie une nouvelle, perdue dans un amas de publicités : « Un dispositif appelé transistor, qui peut faire fonctionner un système là où un tube à vide est généralement employé, a été présenté pour la première fois aux Laboratoires Bell (ATT, 463 Wall Street), où il a été inventé. La démonstration a été réalisée à l'aide d'un récepteur radio qui peut effectivement fonctionner sans aucun tube conventionnel. Le dispositif peut être intégré de la même façon à un poste téléphonique ou à un poste de télévision. »

1. Voir encadré 1.

Le grand départ de l'électronique moderne est donné. Trois ingénieurs sont à l'origine de la découverte : Bratten, Bardeen et Shockley. Leurs recherches leur vaudront le prix Nobel de physique en 1957. Shockley devait mettre au point, quatre ans plus tard, le transistor à jonctions. On peut, dès lors, recourir à des dispositifs solides pour redresser, amplifier, interrompre des courants électriques dans toutes les activités couvertes par l'électronique. Robert Lattès* date de ce moment la quatrième des cinq étapes de la révolution technique et industrielle : l'imprimerie, la machine à vapeur, les réseaux de distribution de l'électricité, l'informatique et le génie génétique.

Au démarrage du transistor *(transfer resistor)*, les contemporains ont surtout retenu ses applications dans les postes de radio. En fait, la course à la miniaturisation et à l'économie d'énergie pour toutes les machines à calculer ou communiquer est ouverte. Tout le monde sait que l'ENIAC, le premier calculateur électronique, pesait 30 t, avait une surface au sol de 160 m^2 et que ses 18 000 tubes consommaient près de 275 kW. Les petites machines de poche d'aujourd'hui sont beaucoup plus puissantes.

Une deuxième avancée majeure dans l'aventure informatique est due à Shockley, l'inventeur du semi-conducteur, dont les équipes mettent au point le système Planar qui annonce les circuits intégrés. Partant du silicium, on réalise des équipements électroniques sur un seul bloc de matière, sans fil de connexion. A partir de là, les électroniciens ont pu développer leurs méthodes apprenant à stocker de plus en plus de composants élémentaires sur une puce. Partis de 10 éléments, puis 1 000, puis 10 000, puis beaucoup plus, les techniciens ont fini par faire du circuit intégré l'ordinateur lui-même et, en 1971, Intel, toujours leader sur le marché, lance cette année-là un microprocesseur, circuit intégré doté de réelles fonctions de calcul et de mémoire et programmable.

* *Le risque de la fortune*, Lattès, 1990.

► **Cette évolution constitue un défi pour les entreprises informatiques elles-mêmes.**

Pendant plus de trente ans, l'entreprise dominante dans le domaine informatique avait été IBM.

Le groupe américain avait acquis une position dominante dans le monde en installant des ordinateurs de grande puissance au cœur des entreprises et des administrations. Ce faisant, il contribuait au renforcement du système taylorien en facilitant les contrôles des tâches et des rendements et en renforçant les moyens de la direction.

Ce qui peut être considéré désormais comme une influence néfaste l'était alors comme un progrès. Les ordinateurs des premières générations ont permis de maîtriser la complexité. Sans eux, les aéroports n'auraient pas supporté l'augmentation des trafics et les entreprises la multiplication des produits, des marques, ni celle des « papiers » émanant des administrations. IBM a aussi été, comme ses concurrents, une école. L'informatique, pendant des années, a été plus enseignée par les fabricants que par les professeurs.

IBM occupait le créneau des grands ordinateurs, où il n'est plus le seul. Digital Equipement – DEC –, né en 1957, allait occuper celui des mini-ordinateurs dont l'emploi permettait de répartir l'informatique dans les bureaux et les usines. Mais, à leur tour, DEC et les spécialistes des mini-ordinateurs ont été doublés par l'irruption des microprocesseurs de micro-ordinateurs que lance Apple : en 1994,

Compaq, né dix ans plus tôt, est devenu le premier producteur mondial d'ordinateurs individuels ! En plus, alors qu'IBM et ses suivants entendaient tenir en quelque sorte leurs clients en mains en fournissant les conseils et les programmes pour l'usage des outils (le *software*), ils ont vu se multiplier les entreprises de services informatiques essayant de reléguer les constructeurs dans leur rôle de producteur. Tout l'effort des fournisseurs de service a été de rendre les outils compatibles entre eux de façon à briser les risques de domination du fournisseur sur son client. Cela a permis à une firme comme Microsoft, qui n'existait pas en 1974, de rejoindre des groupes comme Ford dans les classements par capitalisation boursière et d'être accusée d'exercer un monopole sur les systèmes conçus pour tirer de l'outil informatique tout le parti possible.

Les nouveaux équipements légers, puissants, mobiles, offrent des opportunités considérables aux organisations décentralisées. Comme ils sont récents, le management n'en a pas toujours tiré pleinement parti, mais, avec la banalisation de l'informatique, il est en train de changer d'époque.

► Le défi concerne ensuite toute l'économie.

L'informatique irrigue progressivement l'ensemble des activités et conduit à des changements, même dans les plus traditionnelles. Quelques exemples, pris parmi les milliers que l'on pourrait citer, permettent de l'illustrer.

L'informatique touche tous les métiers, y compris les plus anciens. Elle favorise, en même temps, la multiplication des automatismes, le remplacement de l'homme par des machines. Elle provoque de considérables problèmes d'adaptation sociale – on y reviendra à propos de l'évolution du travail et des salariés.

L'informatique, si elle provoque des défis sociaux, permet de fluidifier bien des rouages de l'économie et de l'entreprise. Elle transforme la nature des communications. Elle permet d'affiner les productions et d'agir « en temps réel ». Sans l'informatique, le téléphone serait beaucoup moins universel. Si l'on se limite à l'exemple américain, les appels partant des États-Unis, et qui leur sont destinés, sont passés de 500 millions en 1981 à 2 500 millions en 1992. Cela n'aurait pas été possible sans l'informatisation des centraux et des réseaux. Le développement de ce qu'en France on appelle la télématique, c'est-à-dire la symbiose du téléphone et de l'informatique, a facilité les mouvements de capitaux et la mondialisation de transactions financières.

D'autres évolutions sont en cours qui conduiront à mettre à disposition de tout détenteur d'un écran d'ordinateur des informations écrites, orales, audiovisuelles, et lui permettront de dialoguer avec l'émetteur. Nous entrons dans l'ère du multimédia[1].

De façon plus modeste, l'informatique permet de suivre en permanence le niveau des stocks du magasin, comme les lieux où les produits se vendent, en passant par les moyens de transport qui permettent de les acheminer. Les politi-

1. Le multimédia est lié à la technologie numérique qui permet de traiter sur un même support et sous une forme chiffrée toutes les formes d'information : texte, son, image.

ques de « zéro défaut, zéro stock, zéro délai » qui ont fait irruption à partir de l'exemple japonais n'auraient pas pu être menées sans l'outil informatique.

Le domaine des ressources humaines est, lui aussi, irrigué par l'informatique. Dans des firmes comme Danone, la direction des ressources humaines compare, au moyen d'un ordinateur, les postes à pourvoir dans le groupe et les profils des candidats potentiels externes ou internes. Dans d'autres firmes, comme la Lyonnaise des Eaux, Aérospatiale, Schneider, on utilise des progiciels qui rapprochent les compétences des salariés de celles requises pour tenir un poste. Ces pratiques contraignent les responsables ayant besoin d'un collaborateur à préciser l'emploi proposé et le profil recherché. Elles laissent, en sens inverse, moins de chances aux candidats de faire illusion. Avec l'informatisation, les critères de professionnalisme l'emportent sur les critères des apparences.

2. Les progrès des transports permettent l'émergence d'une économie mondiale

On insiste généralement sur la multiplication des moyens de transport, l'augmentation des vitesses, l'importance des volumes transportés. Il faut aussi souligner l'ampleur de la baisse des coûts réels des transports. Elle est l'une des causes de la virulence de la compétition mondiale. Si le prix du transport intervient pour 1 % dans le prix d'un produit dont le coût de fabrication est de 100 en France, alors qu'il est de 30 ou 10 en Thaïlande ou en Chine, l'éloignement n'est plus un obstacle aux échanges. Même des marchés relativement protégés contre les concurrences lointaines comme celui du ciment s'ouvrent grâce à l'abaissement des coûts, lié en partie à la mise au point de bateaux spécialisés. Dans le même ordre d'idées, il est moins cher de faire venir à New York du vin de Bordeaux ou du Chili par bateaux que de Californie par camions.

Quant à la vitesse, procurée notamment par les avions, elle permet à des installateurs d'équipement de les vendre pratiquement partout dans le monde avec une garantie d'entretien prévoyant l'envoi d'une équipe de réparation en moins de vingt-quatre heures.

Ces évolutions et ces facilités expliquent la possibilité pour des firmes d'internationaliser certaines productions. Un groupe comme GEC-Alsthom ne fabrique pratiquement pas de turbines à gaz ou de centrales venant à 100 % d'un seul pays. Chaque grosse commande fait l'objet d'une étude de répartition du travail dans des usines de différentes régions du monde. C'est une des illustrations du « syndrome Ford », premier constructeur automobile à avoir affirmé sa volonté de fabriquer une voiture mondiale avec des pièces et des sous-ensembles provenant de fournisseurs internes ou externes répartis dans plus d'une dizaine de pays.

La généralisation de l'usage de l'informatique, sans oublier celle du télécopieur ou « fax » (en France, en 1993, il s'est envoyé 2 milliards de télécopies contre 700 millions de lettres), facilite la coordination, la transmission rapide des données. Là, comme en d'autres domaines, c'est la combinaison des techniques qui modifie les données et ouvre la possibilité de nouveaux développements.

3. La crise de l'énergie a favorisé la recherche de la qualité plutôt que la soif de quantité

Les entreprises ont déjà eu à faire face à des crises de l'énergie, essentiellement après 1973 et 1979, quand l'action des pays producteurs a eu pour conséquence de faire passer le prix du baril de pétrole brut de 2 $ à plus de 30.

Ce « choc » allait provoquer une modification considérable des mouvements financiers, une crise inflationniste générale, le désordre dans les échanges et marquer la fin – pour l'Europe – de la période de reconstruction et de rattrapage des États-Unis. Il a surtout encouragé la recherche d'économies d'énergie. D'autres formes d'énergie ont été développées, notamment l'électricité de source nucléaire.

Ainsi, depuis 1973, la production industrielle s'est « allégée » en poids, en consommation de matières, mais elle s'est alourdie en « savoir » ou « intelligence ». L'informatique a pris, en quelque sorte, la place du pétrole, surtout après 1984.

Cet effort a été général dans les pays développés. C'est une des raisons pour lesquelles les prix du pétrole sont retombés (16 $ – mais des dollars dévalués par rapport à ceux de 1973 – le baril en janvier 1995).

Les experts ne prévoient donc pas de nouvelles crises de l'énergie à court terme. Mais il faut être conscient de l'arrivée de nouveaux consommateurs massifs (la consommation pétrolière de la Corée du Sud a doublé en moins de dix ans). Des accidents politiques peuvent se produire dans les grands pays producteurs, y compris dans l'ex-Union soviétique qui est une des grandes réserves pétrolières du monde. Par ailleurs, l'énergie de source nucléaire n'a plus bonne presse. De nombreux pays freinent l'installation de nouvelles centrales.

Compte tenu de ces évolutions, les sources d'énergie promises au plus bel avenir sont vraisemblablement le gaz (dont les réserves sont considérables) et le bon vieux charbon. Il est en effet le combustible le plus abondant sur terre et notamment dans les pays à très forte population comme la Chine et l'Inde.

On reparlera donc à plus ou moins long terme de problèmes énergétiques. Si, en plus, l'idée de taxer les émissions de CO_2 dans l'atmosphère prend corps, toutes les activités seront conduites à faire de nouveaux efforts pour la maîtrise de l'énergie.

4. Les progrès techniques modifient de nombreuses activités

Certains changements sont provoqués par l'apparition de nouveaux produits, d'autres par le renouvellement de produits anciens (le verre allégé, par exemple) : chimie, nouveaux matériaux, génie génétique même...

Certes les produits de base, en chimie notamment, restent les mêmes qu'hier, mais la progression des biotechnologies modifie souvent les données de certains marchés.

La biotechnologie est relativement dans l'enfance, donc appelée à des développements, en particulier dans les domaines de la santé, de l'agriculture, et même de l'électronique. Elles permettent par exemple :

— de raccourcir le processus de certaines productions et d'accroître leur efficacité. Ainsi, il fallait, jusqu'en 1980, 37 opérations séparées pour synthétiser la cortisone. Grâce aux micro-organismes, les opérations ont été réduites à 10 et le coût a été divisé par 300 ;
— d'améliorer le développement de variétés végétales. L'augmentation du rendement du maïs entre 1930 et 1980 a été de 70 %, résultat d'un processus de sélection génétique.

Les matériaux subissent de véritables métamorphoses. Certes, quand on parle de bois, on trouve encore des meubles en chêne ou en noyer, mais le plus souvent, le bois est travaillé, trituré, reconstitué. L'acier s'appelle toujours acier, mais le poids d'acier nécessaire pour bâtir 1 m^2 de plancher a été divisé par 20 en cinquante ans. Le banal pare-brise de voiture n'a plus rien à voir avec ce qu'il était vingt ans auparavant : augmentation de la surface vitrée, diminution des épaisseurs, substitution du pare-brise feuilleté au trempé, etc., autant de transformations auxquelles l'usager s'habitue, mais qui nécessitent des investissements considérables.

Thierry Gaudin, le futurologue, annonce « les avions en céramique et les ressorts en béton ». D'autres parlent de matériaux « vivants »[1]. Quoi qu'il en soit, les entreprises industrielles continueront d'aller de changement de produits en changement de processus de production.

II. Les défis économiques

Deux grandes périodes économiques – en se plaçant du point de vue des entreprises – se sont succédé depuis la fin de la guerre mondiale : celle du chiffre d'affaires et de la conquête de parts de marché, celle de la bataille des prix et de la rentabilité. Comment se présente la période à venir ?

1. Le monde peut-il renouer avec une croissance forte ?

► **Le produit intérieur brut (PIB) des principales nations industrialisées est passé, en dollars constants de 1958, de 3 000 milliards en 1954 à 12 000 en 1990.** Le rythme de croissance s'est cependant fortement ralenti après 1973. Il était, en moyenne annuelle, de 4,6 % entre 1959 et 1973 et de 2,7 % de 1973

1. *Récit du siècle prochain,* sous la direction de Thierry Gaudin (Payot).

à 1989. Il ne faut donc pas en conclure que les sources de richesse se sont taries pour autant. Un calcul simple permet de rappeler que 2,7 % de 12 000 (324) est supérieur à 4,6 % de 3 000 (138). Sans doute existe-t-il aussi des récessions qui provoquent une réduction temporaire du PIB ; elles surviennent périodiquement dans les économies de type anglo-saxon, notamment dans l'économie américaine (en 1960, 1970, 1982, 1991). Ces variations cycliques semblent devoir s'étendre à toutes les économies ayant atteint un niveau élevé de développement. Mais le mouvement le plus important est celui du long terme. S'il est supérieur à la croissance de la population, le résultat global est positif.

Pour les entreprises, l'évolution conjoncturelle à court et long termes est une donnée qu'elles doivent maîtriser dans leur stratégie. Dans les périodes de récession, il faut « tenir » et, si possible, gagner des parts de marchés en tirant parti de la faiblesse de certains concurrents. Dans les périodes de forte activité, il faut accompagner le mouvement en essayant d'engranger le plus de bénéfices possible.

Le décalage des rythmes de croissance entre les marchés nationaux peut permettre d'équilibrer les variations. Ainsi Nestlé, firme multinationale, a-t-il réalisé en 1993, année de pleine crise européenne, un excellent exercice en raison de ses positions aux États-Unis, en Amérique latine et, dans une moindre mesure, en Asie. Il est vrai que cette possibilité n'est réservée qu'aux entreprises présentes sur plusieurs continents.

▸ Au vu des chiffres de prévision démographique, l'Asie, l'Amérique latine, l'Afrique devraient être les foyers d'une vigoureuse croissance.

Jusqu'à l'aube de la révolution industrielle, la population mondiale doublait tous les mille six cents ans. Elle a ensuite évolué à un rythme de plus en plus rapide, et devrait passer de 5,5 à 8,5 milliards entre 1994 et 2025.

Cette poussée se fait essentiellement dans le Sud. Les habitants des pays pauvres, ou en développement, représentaient 47 % de l'ensemble mondial en 1959 et en représenteront plus de 80 % en 2025.

Cette formidable poussée se traduira forcément par des changements dans les rapports économiques. Elle risque de se traduire par des troubles et des révolutions, par des migrations incontrôlables. Mais là où seront réunies les conditions de développement industriel, elle aura des effets considérables sur la croissance. D'où les hypothèses fréquentes portant sur des taux de croissance dépassant largement les taux de croissance démographiques dans les zones qui entreront dans le système capitaliste. Les entreprises ont intérêt à s'y implanter. Mais elles rencontreront de nouveaux concurrents, de nouvelles entreprises. Les marchés s'élargissent, mais les acteurs se multiplient.

Paul Volcker, l'ex-responsable de la Réserve fédérale américaine, constatait en décembre 1994 : « Le monde offre désormais d'énormes capacités d'expansion, comme vous n'en avez pas connu depuis la reconstruction d'après la Deuxième Guerre mondiale. »

2. L'émergence d'un espace économique mondial ouvre de vastes perspectives

Capitalistes de tous les pays, réveillez-vous. La seule chose dont on soit sûr pour demain, c'est que les perdants seront ceux qui s'apercevront trop tard qu'ils ont le monde à conquérir.

C'est par ce préambule claironnant que le périodique américain *Fortune,* du 15 janvier 1990, ouvrait une série d'enquêtes sur la période à venir intitulée : « L'ère des opportunités ».

Ce préambule est fondé, mais en même temps que des opportunités, il faut avoir conscience des risques.

▸ **En dépit des risques très réels de récessions et de crises sectorielles, les perspectives longues sont celles de la croissance.** Et cela pour cinq raisons au moins :

— les progrès de productivité qui résultent des développements de l'automatisation et de l'avancée des modes d'organisation dans les pays industrialisés et dans un nombre croissant de nouveaux pays industriels ;
— la réalisation progressive d'un marché unique européen et le désir des Européens de l'Est de rattraper le niveau de vie de l'Ouest ;
— l'ouverture progressive du marché japonais et son évolution vers plus de consommation ;
— la croissance de la population active américaine qui va donner aux États-Unis un regain de vitalité ;
— l'extraordinaire réveil de l'Asie et, bientôt – peut-être –, de l'Inde.

Les évolutions en cours vont notamment se traduire par la poursuite de l'internationalisation des échanges et par la multinationalisation des entreprises qui sont obligées d'intégrer l'Asie dans leurs prévisions et de mener une politique d'investissements mondiaux.

Les entreprises ne se contentent plus de vendre des produits à partir de leurs principaux lieux de production. Elles cherchent à être présentes par des investissements directs dans les zones appelées à de fortes croissances. Un exemple – *déjà évoqué dans le chapitre 3* – l'illustre parfaitement : celui du groupe Unilever.

Le président du groupe néerlandais, venu à Canton en 1992, observe que les petits Chinois, gâtés par leurs parents, consomment les glaces qu'on leur offre avec plaisir à condition qu'ils les trouvent à leur goût. En onze mois, Unilever construit une usine de crèmes glacées à la périphérie de la ville sur un terrain vierge. Il travaille avec un partenaire, Coral Sumstae, et propose des glaces *Wall's* (les glaces à consonance américaine se vendent bien en Chine) et des glaces à l'eau au goût de pastèque qu'aiment les Chinois.

Une deuxième usine est annoncée à Shanghai. D'autres projets sont à l'étude. Pourquoi ?

Unilever veut atteindre une croissance de 4 % par an, pour l'ensemble de ses activités dans le monde. Mais ses produits phare (les détergents notamment) se heurtent en Europe et aux États-Unis à une concurrence très vive. Les marges évoluent. Le groupe mène en Europe une politique de restructuration. Où donc trouver de nouvelles chances de croissance ? Unilever a, d'une part, sélectionné les produits à promouvoir, les détergents, les produits d'hygiène corporelle, les produits de soin pour la peau, les crèmes glacées, les produits gras (margarine, etc.) et les boissons à base de thé. Il a, d'autre part, mis l'accent sur les marchés émergents : Amérique latine, Europe centrale et de l'Est et, surtout, Asie-Pacifique, à l'exception du Japon et de l'Australie. Dès 1993, les ventes sur ces marchés représentaient 22,5 % (soit 9,4 milliards de dollars) du total des ventes du groupe contre 14,5 % (soit 4,5 milliards de dollars) en 1990.

▸ **La mondialisation a d'autres effets moins positifs auxquels les entreprises doivent être attentives.**

— **Les problèmes liés à l'environnement.** Si les fabricants allemands d'automobiles, ou d'autres produits, sous la pression de leur opinion publique, sont tenus pour responsables de tous les composants qui entrent dans la fabrication d'une voiture, ou d'un produit, il en sera rapidement de même pour les Français. Les préoccupations écologiques sont en train de façonner l'économie.

— **Les problèmes nés d'accidents mondiaux.** Quand une région du Japon est ravagée par un tremblement de terre, le monde entier en subit les conséquences économiques. Si l'ex-Union soviétique éclate à la suite de troubles intérieurs, nous en verrons les effets chez nous. Si l'intégrisme islamique progresse, nous serons obligés de nous retirer de régions entières et nous aurons à faire face, chez nous-mêmes, à des tensions qui affecteront aussi la vie des entreprises.

— **Les problèmes liés à la mondialisation financière.** En février 1995, on apprenait que la banque anglaise Barings, la plus vieille du pays et de surcroît banque de la reine, était mise en faillite à la suite d'opérations menées de Singapour par un employé chargé de suivre les produits dérivés (les activités financières résultant – notamment – des couvertures en devises que sont amenées à réaliser les entreprises pour se prémunir des risques des changes, mais qui ont donné lieu à un nouveau marché financier spéculatif).

Des centaines de milliards de dollars sont en permanence en circulation entre les places financières mondiales. Si les organismes financiers cherchent à spéculer pour faire des bénéfices rapides, ils peuvent aussi connaître des échecs cuisants. La circulation des capitaux n'étant pratiquement pas contrôlée au niveau mondial, il peut en résulter à tout moment des crises financières graves, soit que les capitaux en quête de profits rapides s'investissent massivement dans une région politiquement vulnérable (le Mexique par exemple comme on l'a vu en 1995), soit que tous les spéculateurs s'emballent au même moment, et pour des sommes importantes, pour des projets illusoires.

On verra plus loin qu'il en résulte des dangers pour les entreprises et l'économie. La recherche de gains rapides, ne reposant pas sur des réalités économiques concrètes mais simplement sur des paris, peut entraîner des dommages considérables dans les systèmes monétaires et financiers.

— **Les problèmes liés à la drogue, à l'argent sale et aux mafias.** Ils prennent une ampleur jamais atteinte et se multiplieront. L'appel de plus en plus nécessaire aux principes éthiques dans les affaires ne suffira pas à les combattre. Il faudra aussi admettre l'existence de mesures de police. Qui les prendra ? Les entreprises elles-mêmes, les banques ou les administrations fiscales, judiciaires, voire militaires ?

— **Les problèmes liés au développement de l'immigration.** Les pays riches – en dépit de tous leurs défauts – sont des vitrines alléchantes mises sous les yeux des gens des pays pauvres. Ou bien ceux-ci ne trouvent pas chez eux l'espoir d'une amélioration, et ils viendront dans les pays riches, ou bien nous souhaitons qu'ils restent chez eux et les pays riches doivent contribuer à y créer des activités. Mais ces délocalisations coûteront des emplois dans les pays développés.

— **Les problèmes liés à l'usage de la langue.** La mondialisation a pour conséquence l'usage croissant de l'espéranto qu'est devenu l'anglais. Son usage se répandra inéluctablement. Mais il arrivera un moment où il fera apparaître une frontière intérieure entre les gens qui évoluent naturellement dans la civilisation mondiale et ceux qui, ou bien ne le souhaitent pas, ou bien sont incapables de s'y adapter. Ce sera l'occasion de tensions internes profondes, non seulement politiques, mais au sein même des organisations patronales.

III. Les défis politiques

Les entreprises sont les « moteurs » des sociétés modernes, mais elles n'ont pas à en assumer l'entière responsabilité.

Dans les pays de nature libérale, comme les États-Unis, où le citoyen a précédé l'État, les entreprises sont naturellement considérées comme essentielles à la vie de tous, même si elles sont parfois fortement critiquées. Dans un pays comme la France, il a fallu longtemps pour que l'opinion admette le rôle essentiel des entreprises, très souvent liées, il est vrai, à l'État ou dépendantes de lui.

C'est dans la décennie des années 80 que la reconnaissance des entreprises s'est opérée – en France – au point que bien des gens se sont mis à attendre d'elles ce qu'elles ne pouvaient pas donner. La montée du chômage et les crises ont fait tomber l'entreprise du piédestal où on l'avait placée. Les atteintes au Code de l'éthique des affaires n'ont rien arrangé.

C'est la raison pour laquelle les entreprises françaises auront à tenir compte de certains facteurs dans leur environnement, parfois différents de ceux que doivent prendre en compte les entreprises allemandes ou anglaises ou japonaises ou autres, elles-mêmes tenues cependant de se situer « dans la cité » (terme préférable et moins ambigu que celui d'*entreprise citoyenne*). Voici quelques-uns des défis, dont certains sont spécifiquement français, qu'elles auront à surmonter.

► **Les entreprises doivent maîtriser la complexité.**
Il y a déjà longtemps, Jacques Chaban-Delmas, premier ministre de Georges Pompidou, disait que plus les sociétés et les entreprises se modernisent, plus elles deviennent vulnérables. Cela ne fera que se confirmer. Le « système D », cher aux Français, ne trouve plus sa place dans une organisation complexe. Or, les valeurs en honneur dans les sociétés contemporaines sont celles d'un individualisme exacerbé au point qu'il devient égoïsme. Comment faire que des égoïstes dans la vie courante soient des équipiers dans l'entreprise ?

► **La population est de plus en plus formée, mais avec des bases culturelles affaiblies.** Les lacunes seront difficiles à combler. Par ailleurs, la multiplication des messages d'information est telle qu'elle débouche sur le « spontanéisme » des personnes et des foules. Tous les jours sont prétexte à fièvre : une fois à propos du nitrate dans l'eau, le lendemain de la Roumanie, après du sida, et ainsi de suite. Quel est le fil conducteur qui aide à se repérer ? Le travail peut y contribuer. Ce qui conduit d'ailleurs beaucoup de salariés à s'y enfermer de façon un peu peureuse et à faire de l'entreprise, ou du bureau, l'univers sécurisant dont ils ont besoin. Mais on leur explique qu'il ne cesse et ne cessera pas de se modifier. L'efficacité des entreprises s'en trouve-t-elle renforcée ?

► **Alors que la prospérité se généralise, une nouvelle prolétarisation apparaît.** Mais, parce qu'elle se généralise, les références de richesse et de pauvreté ne sont plus les mêmes qu'autrefois. Qui plus est, pour vivre dans une société industrielle de consommation, il faut disposer de sources permanentes de revenus. Ceux qui n'y ont pas accès, ou en sont privés, apparaissent comme des exclus d'autant plus visibles qu'à la différence du passé une partie importante de la population vit dans une certaine aisance. Les entreprises qui sont la base du système ne pourront pas se désintéresser du problème. Un autre les attend : le nombre des diplômés ira croissant au point qu'ils constitueront une part importante des salariés. Or, plus les diplômés sont nombreux, plus leur sort se banalise. Ils seront prospères en comparaison de leurs parents, mais ils risquent de se sentir incompris parce qu'ils seront prospères « comme tout le monde ». Tel peut être le cas si les entreprises ne sont pas assez performantes pour s'imposer dans le monde et offrir des postes d'avenir aux cadres ambitieux.

► **Pour les entreprises, le marché européen est, et sera, de plus en plus le marché de base équivalent au marché national d'antan.** Il est certain que, si les Européens disposent rapidement d'une monnaie, plusieurs effets intéresseront directement les entreprises :

— la réalité européenne exercera une pression en faveur des structurations européennes ;

— le marché européen sera coiffé par une organisation politique nécessaire à sa pérennité. Sur une base structurée, l'Europe des quinze pourra alors développer progressivement une politique de développement destinée à donner à tous les pays historiquement européens la chance de participer à un ensemble cohérent, ce qui est une grande ambition mobilisatrice possible pour les jeunes européens.

▶ **Les entreprises doivent et devront tenir compte des données mouvantes de leur environnement.** Elles devront aussi, en permanence, contribuer à l'améliorer. Mais leur devoir premier, celui sans lequel les autres n'ont pas d'assise, est de créer en permanence de la richesse en veillant à réaliser des bénéfices à court terme tout en assurant la préparation de leur avenir. L'un des auteurs américains de management à la mode en 1994-1995, C. K. Pralahad, écrit très justement dans *La conquête du futur*[1] : « Il règne en ce moment un débat absurde entre court et long termes. Absurde parce que vous ne pouvez pas construire une usine du futur si, à court terme, vous perdez de l'argent. D'un autre côté, si vous gagnez de l'argent à court terme, mais n'avez pas de vision à long terme, vous risquez de réinvestir à tort et à travers, compromettant ainsi la pérennité de votre entreprise », ou de payer cher votre entrée sur un marché que vous avez manqué.

L'entreprise donc doit à la fois assurer son présent et préparer son avenir. Mais, pour avoir les meilleures chances de se développer, elle a intérêt à évoluer dans un cadre d'action favorable dans son pays d'origine.

1. Chez InterÉditions, 1995.

8

L'entreprise, un intermédiaire

L'ÉVOLUTION DE L'ENTREPRISE ET DE SES PARTENAIRES

Les entreprises sont obligées de prendre en compte les données macro-économiques et macro-politiques de leur environnement. Mais elles sont beaucoup plus attentives aux évolutions de la micro-économie sur lesquelles elles peuvent avoir une influence directe.

Nous avons décrit l'entreprise – en ayant surtout présente à l'esprit l'entreprise occidentale – face aux défis qu'elle affronte et qu'elle aura à affronter. Nous allons nous intéresser aux acteurs qui, à des titres divers, « font l'entreprise ».

Le secret de la réussite de l'entreprise dépend essentiellement de son aptitude à attirer des clients solvables. Ce sont eux qui « rapportent ». Tous les autres partenaires de l'entreprise, même si, comme les salariés, ils lui font des apports, « coûtent », qu'il s'agisse des apporteurs de capitaux qu'il faut rémunérer, des banquiers, des fournisseurs et des salariés ou des pouvoirs publics. Ce sont eux que nous allons étudier, sans oublier l'entrepreneur qui est l'intermédiaire entre tous les autres.

I. L'entrepreneur

A l'origine de la plupart des entreprises, même les plus grandes, on trouve un entrepreneur (ou plusieurs), c'est-à-dire un homme ou une femme qui, partant d'une technique nouvelle, d'une idée d'organisation ou d'une capacité commerciale, veut se tailler une place parmi les fournisseurs du marché.

Il peut arriver qu'une entreprise naisse autrement, par la volonté d'un État soucieux de compenser par son intervention les faiblesses des initiatives locales. Cela a été le cas au Japon de l'ère Meiji quand les grands conglomérats de l'époque ont été lancés par l'État pour être cédés ensuite à des hommes proches du pouvoir. Cela a été souvent le cas en France sous des formes diverses qui vont de la concession à l'arsenal, financé directement par le souverain ou l'État. Les expériences les plus récentes se situent notamment dans le domaine de l'informatique, du nucléaire et de l'aéronautique. Dans le premier cas, l'État s'est adressé à des entreprises existantes pour développer son projet et, dans le troisième, s'est appuyé sur des animateurs de firmes publiques qui avaient le sens de l'entreprise, comme Georges Héreil, le père de Caravelle (dépendant alors de Sud-Aviation, fondue depuis dans l'Aérospatiale).

L'expérience tend en effet à prouver que, lorsque les projets publics ne s'appuient pas sur un entrepreneur, ils échouent et coûtent cher aux contribuables.

Il y a dans le terme d'entrepreneur une dimension « commencement ». Il s'agit d'un initiateur. Il y a aussi une dimension « attaque ». Il s'agit d'un conquérant. Nombre d'entrepreneurs, petits commerçants ou créateurs d'une agence de services, n'ont pas la dimension épique que l'on attribue aux Henri Ford 1er et autres Marcel Dassault. Mais ils en ont tout de même quelques traits, notamment le fait de vouloir être « libres », c'est-à-dire dépendre d'abord de ce qu'ils font. L'entrepreneur, petit ou grand, se sent souvent mal à l'aise dans des cadres préétablis. Il y a du rebelle en lui. Par définition, celui qui lance une entreprise le fait contre les positions établies.

Telles sont les principales caractéristiques des créateurs d'entreprise. Mais le terme d'entrepreneur finit par se confondre avec celui de chef d'entreprise.

Il faut donc distinguer plusieurs catégories d'entrepreneurs : les « fondateurs », les « développeurs », les « gestionnaires » ou « managers ». Certains possèdent toutes les qualités à la fois tels, en France, Louis Renault, Marcel Bleustein-Blanchet (Publicis), Marcel Fournier (Carrefour). Mais il est rare que toutes les qualités nécessaires à ces différentes étapes de la vie d'une entreprise soient réunies en un seul homme. D'où la qualité majeure nécessaire aux chefs d'entreprise : la capacité de savoir faire travailler avec eux des talents divers et complémentaires.

1. Petites, moyennes et grandes entreprises constituent un véritable tissu

Les classements des grandes entreprises, les indices boursiers dans lesquels on retient surtout les noms les plus connus, la mise en vedette des chefs d'entreprise les plus importants, conduisent à une approche partielle de la vie économique.

Certes, les grandes entreprises exercent une influence déterminante. Elles contribuent largement à la mondialisation en vendant bien au-delà de leurs frontières d'origine, en installant des filiales partout où les conditions du développement capitaliste semblent en passe d'être réunies. Mais elles ne sont ni toute l'industrie ni tous les services.

L'existence d'un réseau dense d'entreprises variées dans tous les domaines d'activité, de production, de commerce, de services, est à la fois le signe et la condition du développement. Il est relativement facile à un État de décider de créer des conglomérats puissants. Il lui est beaucoup plus difficile de faire que les produits parviennent à ceux qui sont prêts à les acheter et disposent pour cela de revenus suffisants.

La diffusion de l'entreprise et la diffusion de la richesse vont de pair. C'est la raison pour laquelle il faut, pour mesurer l'efficacité d'une économie, s'intéresser non seulement à ses entreprises puissantes, mais aussi au réseau des entrepreneurs qui font, peu ou prou, souffler sur tout l'espace économique l'esprit d'entreprise.

► **La France compte plus de 2 millions d'entreprises.** Très exactement, en se basant sur les chiffres parus dans *Les Notes bleues* du ministère de l'Économie[1], on constate qu'il y avait, en 1991, 2 118 000 entreprises (2 187 000 avec les DOM-TOM) auxquelles il convient d'ajouter environ 1 million d'exploitations agricoles (dont 300 000 entreprises réelles et 700 000 fermes de type familial) et 40 000 entreprises financières (banques, assurances, intermédiaires). A cela s'ajoutent 2 500 000 organismes de services « non marchands » (les administrations).

2,12 millions de firmes, soit 97 % des entreprises industrielles, commerciales et de services, relèvent d'une logique capitaliste. 4 000 entreprises, mais non des moindres, sont – en 1991 – contrôlées par l'État et 50 000 relèvent de la sphère de l'économie dite sociale, notamment dans le secteur agricole avec les coopératives (dont les caractéristiques économiques l'emportent d'ailleurs de plus en plus sur les aspects sociaux et coopératifs).

Tableau 1
La montée du « zéro » salarié

	Milliers d'entreprises au 1er janvier 1991	
	1987	*1991*
Micro (0 salarié)	972	1 078
Très petites (1 à 9)	911	955
PME (10 à 499)	143	152
Grandes (500 et +)	2	2
Mono-établissement	1 878	2 046
Pluri-établissements	150	141
Mono-régionales	2 007	2 165
Pluri-régionales	21	22
Ensemble des entreprises de l'industrie, du commerce et des services	2 028	2 187

Source : répertoire SIRENE-INSEE.

1. *Les Notes bleues,* n° 572, 29 décembre 1991.

Tableau 2
Personnes morales en hausse

	Milliers d'entreprises au 1er janvier 1991		*Répartition des entreprises en 1991 (en %)*
	1987	*1991*	
Personnes physiques	1 414	1 408	65
Personnes morales	580	748	34
Sociétés de fait	34	31	1
Ensemble des entreprises de l'industrie, du commerce et des services	2 028	2 187	100

Tableau 3
Les services en tête

	Milliers d'entreprises au 1er janvier 1991		*Répartition des entreprises en 1991 (en %)*
	1987	*1991*	
Agro-alimentaire	60	57	3
Industrie manufacturière	200	199	9
Bâtiment – Travaux publics	309	328	15
Commerce	537	543	25
Transport	73	85	4
Services	849	975	44
Ensemble des entreprises de l'industrie, du commerce et des services	2 028	2 187	100

Source : répertoire SIRENE-INSEE.

▸ **Les tableaux 1, 2 et 3 montrent les principales caractéristiques des entreprises françaises : elles sont plutôt petites que grandes. Elles se situent plutôt dans les commerces et les services que dans l'industrie. Une sur deux n'a pas de salarié.**

Parmi ces entreprises, beaucoup ne grossiront pas et disparaîtront avec leur fondateur. Elles sont indispensables pour donner du corps au tissu économique. C'est le cas en particulier de beaucoup d'entreprises de 200 à 2 000 personnes. Ce type d'entreprise, surtout dans l'industrie, a généralement la maîtrise d'une ou plusieurs techniques qui lui permettent de se tailler des niches rentables sur les marchés. Dans ce domaine, la supériorité de l'économie allemande est évidente, non seulement en raison du nombre plus grand d'entreprises moyennes, mais aussi de leur chiffre d'affaires, qui est le double de celui de leurs équivalents français. Il est vrai que le système allemand, notamment dans le domaine fiscal, favorise plutôt les entreprises liées à un patrimoine familial. L'un des effets du poids de la fiscalité française (en matière de succession particulièrement) est de pousser leurs propriétaires à vendre les petites et moyennes entreprises : les groupes étrangers contrôlent plus d'effectifs de petites et moyennes entreprises d'origine française que les groupes français eux-mêmes !

En effet, beaucoup de PMI font partie de puissants groupes. Si le poids des entreprises industrielles de moins de 500 salariés a continué de croître dans les années 80 (42,1 % des emplois en 1980 et 50,5 % en 1989), le pourcentage des effectifs des PMI dépendant des groupes est passé, pendant ce temps, de 25 % à 33 %. C'est dire que ce ne sont pas les PMI indépendantes qui ont progressé, mais celles qui appartiennent à de grands groupes industriels. Ceux-ci continuent donc à jouer un rôle décisif dans le tissu économique national. De la même façon, la structure des activités industrielles proprement dites continue de façonner l'ensemble de l'économie. Même si l'industrie a recours à moins de main-d'œuvre directe (en cinq ans, dans un groupe comme Krupp en Allemagne, la production s'est accrue de 30 %, la masse des salariés a baissé de 30 %, exemple qui pourrait être multiplié), elle continue d'assurer la production de base et, surtout, elle reste le moteur de la productivité. Elle entraîne, dans une large mesure, les activités de commerce et de services. Le thème de la désindustrialisation est peut-être à la mode, il repose en partie sur une illusion d'optique.

2. Les entreprises meurent aussi...

La vie des entreprises et des entrepreneurs est un combat permanent. Les naissances sont nombreuses. La mortalité infantile est forte. L'existence se déroule rarement sans heurts, sans adaptations parfois rudes. Mais elle peut être aussi une aventure de développement et de conquêtes. A côté du cimetière des grandes entreprises balayées par l'évolution, ou mortes de n'avoir pas su se mettre à l'heure des nouvelles techniques ou de nouvelles donnes de la compétition, on trouve des bateaux puissants qui ne cessent d'étendre leur zone d'influence.

▸ **En France, en 1993, 171 000 nouvelles entreprises ont vu le jour (219 000 avec les reprises).** Elles ont généré directement 390 000 emplois. Le nombre des défaillances était de 68 111. Ces chiffres sont à rapprocher du « parc » existant. On peut dire, en gros, que les entrepreneurs créent en un an l'équivalent de 10 % à 15 % du tissu existant. Mais, comme la mortalité est très forte, il s'agit plus d'un renouvellement du tissu que de son élargissement.

Aux États-Unis, en 1991, il s'est créé 628 500 entreprises. 96 850 sont tombées en faillite. Les créations sont – partout – plus nombreuses dans le domaine des services que dans les autres. Il est relativement facile, en termes financiers, de lancer une entreprise de conseil, de communication ou de comptabilité. Le problème est d'être en mesure de rémunérer le personnel dont on peut avoir besoin et les fournisseurs auxquels on fait appel.

▸ « Et maintenant, messieurs, produisez... »

C'est en ces termes que Jean-Baptiste Say terminait ses cours d'économie au Collège de France. Belle invitation, qui laisse dans l'ombre l'essentiel : qu'est-ce qu'un producteur, un entrepreneur ? S'il est difficile de généraliser, il est possible de décrire certains traits de l'esprit d'initiative qui rejoint souvent l'esprit d'innovation. De nombreux éléments contribuent à l'émergence de cet esprit d'entreprise.

• **Chaque fois qu'apparaît une nouvelle technique, c'est l'occasion pour des entrepreneurs d'essayer de les mettre en œuvre.**

La plupart des grandes entreprises d'aujourd'hui ont d'ailleurs été fondées par des pionniers qui ont su, avant les autres ou mieux que les autres, mettre en œuvre une nouvelle technique. Certains ont réussi à la fois le lancement technique et l'organisation commerciale adéquate comme Werner Siemens (voir encadré 2).

Encadré 2

L'histoire du groupe Siemens (voir aussi le chap. 3) relève du roman industriel. Le fondateur, Werner Siemens, né en 1816, était officier artilleur. Apparemment, ses supérieurs lui laissaient une certaine liberté puisque, pour arrondir ses fins de mois, il multipliait les inventions dans le domaine de la physique et de la chimie. A la suite d'un duel, il est enfermé dans la citadelle de Magdebourg et met à profit ses loisirs forcés pour réaliser des essais d'électrolyse*. Il développe un procédé permettant de dorer et d'argenter du métal par galvanoplastie. On commence à parler de lui dans les milieux scientifiques. A l'aide de boîtes de cigares, de fer-blanc, de morceaux de fer et de fils de cuivre isolés, il perfectionne le télégraphe électrique de Charles Wheatstone dont quelques exemplaires sont arrivés à Berlin en 1840.

En 1847, avec l'appui de son ami Georg Halske et d'un cousin plus fortuné, il crée Telegraphen Bau-Anstalt Siemens & Halske. Le haut commandement lui demande d'installer une ligne télégraphique électrique de 500 km entre Berlin et Francfort où siège le Parlement allemand. Le 28 mars 1849, le roi de Prusse Frédéric-Guillaume IV y est sacré empereur. La nouvelle parvient à Berlin par le télégraphe électrique. La firme est lancée. Devant les commandes qui affluent, l'officier se fait mettre en congé pour devenir entrepreneur. Il le sera pleinement. Poursuivant ses innovations, il met notamment au point, en même temps que d'autres, mais mieux qu'eux, une machine dynamo-électrique qui va révolutionner la construction électrique. Mais il a aussi une vision mondiale du marché. Il envoie Karl, son cadet de treize ans, diriger les travaux d'installation du télégraphe russe. Un autre frère, Wilhelm, s'installe en Angleterre et développe des liaisons avec le continent par câble sous-marin. En 1867, les trois frères Werner, Wilhelm et Karl, se lancent dans une aventure extraordinaire : une ligne télégraphique Londres-Calcutta. Leurs exploits ne font que commencer. Ils seront tous les trois anoblis, l'un par l'empereur d'Allemagne, l'autre par la reine d'Angleterre, le troisième par le tsar de Russie. L'élan mondial, poursuivi jusqu'en 1934, sera brimé ensuite par le dirigisme du nazisme auquel Siemens et sa direction n'échappent pas. Il reprend dès la fin de la guerre, étant entendu que la base allemande – le marché industriel le plus puissant d'Europe – a toujours été pour Siemens un atout.

* Voir Siemens, *Trajectoire d'une entreprise mondiale,* par Andrée Michel et Franz Congin, Siemens Institute, 1990.

Beaucoup sont partis d'une innovation comme Georges Claude pour l'Air liquide, mais l'aventure n'aurait pas réussi durablement sans l'appui d'un organisateur, Paul Delorme, qui a d'ailleurs pris le pas sur l'inventeur, ce qui arrive fréquemment.

Les classements des « PMI high tech » de *L'Usine nouvelle*[1] illustrent les activités qui, dans le domaine industriel, suscitent, dans la période actuelle, le plus de vocations : les arts graphiques et le traitement de l'image, les biotechniques (avec par exemple la modélisation des fermentations), l'agro-alimentaire (il y a toujours des opportunités en ce domaine), l'automatisation et la robotique, la chimie, la pharmacie, l'électronique (ainsi en faisant dialoguer les instruments de mesure), la matière grise au secours de l'outillage (par exemple l'ensachage à géométrie variable), l'informatique notamment dans le domaine des calculs scientifiques, les matériaux, le génie médical.

Mais de nombreuses entreprises, s'appuyant sur des techniques nouvelles, se lancent dans des activités plus proches des « services », par exemple la surveillance des câbles de télécommunication, celui de l'huile dans toute espèce de moteurs, l'archivage électronique. Cela prouve au passage que les frontières entre industries et services ne sont pas toujours simples à préciser.

D'autres facteurs incitent les entrepreneurs à se lancer ou à développer de nouvelles activités. La complexité des comptes et l'internationalisation des réglementations poussent les bureaux d'avocats à se transformer en véritables entreprises. De même, les obligations faites aux entreprises de certifier leurs comptes à l'intention de l'ensemble des actionnaires nationaux et internationaux conduisent-elles à l'apparition de « géants » dans le domaine de l'expertise comptable. Le plus important est l'Américain Arthur Andersen.

En 1994, Arthur Andersen (dont l'activité conseil représente la moitié des revenus) maintient son rang de leader avec un chiffre d'affaires de 6,74 milliards de dollars. La forte progression de son activité lui permet même de creuser l'écart avec son suivant KPMG, qui pèse 6,1 milliards de dollars ; Ernst and Young, troisième, a franchi la barre des 6 milliards (6,02), tandis que Coopers and Lybrand, quatrième, atteint 5,5 milliards. Évolution également positive pour DTTI (ex-Touche Ross), cinquième, qui pèse 5,2 milliards. Price Waterhouse reste le plus petit des *big six* de l'audit, en frôlant la barre des 4 milliards de dollars.

Ces firmes emploient des dizaines de milliers de salariés et de partenaires.

L'existence de géants, dans le domaine financier et des contrôles, n'interdit pas à des entrepreneurs beaucoup plus modestes de se développer. Nombre de directeurs financiers ou comptables, laissés sur le carreau par des entreprises en perdition, plutôt que de subir le chômage, se sont lancés dans le conseil de proximité.

Les services, au sens large du terme, sont des activités favorables à la création d'entreprises. Il en naît dans le tourisme, le marketing, la communication et les bureaux d'études techniques.

1. Voir, par exemple, n° 2297, 3 janvier 1991.

Tableau 4
Les *big six* en 1994

Réseau	*Chiffre d'affaires* — *En milliards de dollars au 30 septembre 1994*	*Progression 1993/1994*	*Effectifs*	*Bureaux*	*Pays*
Arthur Andersen	6,74	+ 12,0	72 722	358	74
KPMG	6,10	+ 1,7	72 704	837	123
Ernst & Young	6,02	+ 3,0	66 525	682	121
Coopers & Lybrand	5,50	+ 5,4	68 000	758	130
DTTI	5,20	+ 4,0	56 600	684	119
Price Watherhouse	3,98	+ 2,3	50 122	450	114

Source : International Accounting Bulletin.

• **L'externalisation offre des opportunités pour de nombreux créateurs d'entreprise.** Pendant des décennies, les grandes entreprises cherchaient à intégrer toutes les activités nécessaires à leur fonctionnement. L'exemple type était celui des Konzerne allemands qui partaient de l'acier pour aller à la machine. La plupart des services étaient des départements de l'entreprise, y compris ceux de nettoyage ou de réparation des bâtiments. C'est ainsi que le groupe Wendel des années 60 employait quelques dizaines de menuisiers fabriquant les bureaux des directeurs et des employés.

Le souci de maîtriser la gestion et de consacrer les ressources financières aux seules activités susceptibles d'engendrer directement du profit conduit les entreprises des pays les plus développés à se séparer de toutes celles qui n'y concourent pas directement. Ce phénomène est connu sous le terme d'externalisation.

La plupart des services annexes, informatique, d'entretien des locaux, de nettoyage, etc., sont désormais confiés à des entreprises autonomes dont certaines sont issues de la société. Ainsi, le service des expositions de Thomson a-t-il été repris par un cadre qui en a fait une entreprise à laquelle Thomson continue de faire appel, mais il a élargi le cercle de la clientèle. Ce qui était un service plus ou moins coûteux est devenu une entreprise rentable, soucieuse de se développer.

L'exemple extrême est celui d'IBM France qui, bien qu'ayant adopté la messagerie « électronique », a toujours besoin d'un certain nombre de secrétaires classiques. Il fait appel pour cela à une société extérieure.

Ce type de demande explique la multiplication des entreprises de travail temporaire et de restauration collective dont certaines sont devenues de véritables groupes puissants à l'exemple d'Ecco classé, en 1993, au cinquième rang des 100 premières entreprises de services en France ou de Sodexho qui se classe au 96e rang des 100 premiers groupes français, au premier rang mondial de la restauration collective avec plus de 50 000 salariés dans le monde.

Les problèmes liés à l'emploi ont également contribué à la création d'entreprises. Des firmes comme Thomson, Saint-Gobain, Rhône-Poulenc, ayant à réduire leur main-d'œuvre se sont préoccupées de faire éclore l'esprit d'entreprise latent chez certains de leurs salariés et de les aider dans leur aventure.

• **S'il se crée en permanence des entreprises dans les pays déjà développés, la fièvre de la création est particulièrement élevée dans les pays qui entrent dans l'ère du développement.**

De nouveaux champions de l'entreprise apparaissent, notamment en Asie. Ils ne sont pas tous des saints. Mais ils deviennent des puissances économiques avec lesquelles il faut compter. Ainsi Henry Fork dont *La Tribune Desfossés* traçait le portrait dans son numéro du 28 octobre 1994 :

> Il entretient des liens étroits avec les dirigeants de la Chine communiste. Mais « la diaspora chinoise – qui est le sel de cette région du monde – est comme une grande famille ». Il a fait ses preuves commerciales à l'occasion de la guerre de Corée, puis dans l'immobilier. Il tâte aussi des casinos. Il est présent dans les transports, dans les terrains de golf et rêve de villes nouvelles en Chine. C'est le capitalisme de la fièvre de l'or.

Il n'est pas le seul. Taiwan et Hong-Kong sont peuplés de banquiers présents aussi dans le pétrole, la chimie, le textile, les assurances, la communication. Il s'agit en général d'activités où l'argent circule vite et où les risques sont grands, mais les profits, quand ils existent, très élevés. L'entreprise de mécanique et en général des équipements de base est plus rare. Il faut une assise et une certaine formation pour en assurer la fiabilité.

Les Japonais et les Coréens ont prouvé que les peuples asiatiques pouvaient réussir dans ces domaines. Sur les 500 premières entreprises mondiales classées par *Fortune* (juillet 1994), le Japon en compte 135, soit 7 de plus qu'en 1992, dont Toyota, la cinquième firme mondiale. La Corée du Sud en compte déjà 12 (la France 26), dont Samsung qui se place au 14e rang mondial. Samsung a décidé, en 1994, de se lancer dans l'automobile avec Nissan pour partenaire. Présent dans l'électronique, la chimie, l'informatique, le textile, l'alimentation, la distribution, il est le prototype des groupes des économies « explosives » où l'entrepreneur saisit toutes les occasions, quitte à reclasser ensuite les activités.

Derrière les géants, il faudrait décrire les centaines de milliers d'entrepreneurs, souvent familiaux, qui se sont lancés dans des activités orientées d'abord vers la satisfaction des besoins régionaux. Ils profitent de la voie tracée par les capitalistes de grande envergure, souvent associés aux pouvoirs politiques de leur pays.

Ainsi se constitue un tissu industriel, de commerce et de services, qui permettra aux économies émergentes l'accès à la société de la consommation et à l'âge adulte du développement.

Des exemples comparables existent aussi aux Philippines, en Indonésie, en Amérique latine, en Inde... L'entrepreneur qui était une spécialité occidentale devient le représentant d'une race de plus en plus répandue dans le monde.

- **L'ambition entrepreneuriale est générale.** Dès que les économies se libèrent, l'esprit d'entreprise se manifeste. Il le fait souvent dans le désordre, comme c'est le cas dans les anciens pays communistes.

Dans nos contrées, de nouveaux entrepreneurs continuent d'apparaître, notamment aux États-Unis, où ils ne cessent de remettre en question les firmes les plus établies. Ce sont des hommes qui se lancent dans une brèche comme Bill Gates, le fondateur de Microsoft. Ce sont eux aussi des rénovateurs à l'intérieur de firmes existantes.

3. La hiérarchie des entreprises se modifie sans cesse

Les grandes sociétés ne deviennent pas inexorablement de plus en plus grandes, et de nombreuses sociétés de plus petite taille réussissent à se hisser à leur niveau. En vingt-cinq ans, de 1955 à 1980, 932 sociétés ont figuré sur la « liste des 500 » du magazine américain *Fortune.*

▸ **Entre 1980 et 1993, le mouvement se poursuit.** Une étude du BCG (Boston Consulting Group) de 1993 montre qu'il est surtout confirmé dans les entreprises anglo-saxonnes et françaises, les japonaises et les allemandes étant plus stables, jusqu'à une période très récente.

Quelle était la première entreprise industrielle des États-Unis en 1966? C'était – et c'est toujours – General Motors. Mais 44 des sociétés classées, en 1994, dans le top 100 américain ne figuraient pas dans celui de 1966. Apple, Microsoft et Compaq n'existaient pas. Quant à Merck, Hewlett-Packard, Motorola ou Philip Morris (maintenant n° 7), ils n'avaient pas encore accès au club des leaders.

Changements plus radicaux encore dans le top 100 français. Sur les 100 premiers groupes industriels de 1966, 64 ne figurent plus parmi les classements d'aujourd'hui. Certaines entreprises ont été fondues dans des ensembles plus vastes. Beaucoup ont été déclassées, les vingt-cinq dernières années ayant été marquées en France par un renouvellement des métiers, des secteurs et des acteurs.

En Allemagne et au Japon, ce qui frappe, c'est, en revanche, l'étonnante stabilité du classement. Au Japon, on retrouve, en 1994, 62 des leaders de 1966. En Allemagne, les grandes industries d'équipement conservent leur leadership.

En comparant les quatre pays, le Boston Consulting Group tire des enseignements utiles à la compréhension du monde industriel d'aujourd'hui.

Le Japon est le principal bénéficiaire de la course à l'effet de taille. Avec une croissance en monnaie constante de 290 % entre 1966 et 1991, les 100 premiers Nippons ont dépassé les Allemands et rattrapé une part de leur retard sur les 100 premiers Américains (qui n'ont grandi que de 100 %). La France a connu l'ascension la plus rapide, avec 330 %, mais elle partait de très bas. En 1966, l'entreprise française moyenne du « top 100 » était six fois plus petite que son homologue américaine. Elle n'est plus à l'heure actuelle que trois fois plus petite.

Autre comparaison significative : en 1966, General Motors était dix-huit fois plus grand que le n° 1 japonais Mitsubishi et dix fois plus que Volkswagen. Aujourd'hui, GM pèse seulement deux fois plus lourd que Toyota, l'actuel leader nippon, et que Daimler-Benz, le n° 1 allemand.

La France est le pays qui a connu le plus important mouvement de restructurations, de mariages et de fusions. La stabilité du peloton de tête japonais – l'ascension de NEC, de Honda ou de Fujitsu est exceptionnelle – cache une profonde transformation du portefeuille d'activités des géants du Japon. L'adaptation aux évolutions du marché s'est faite la plupart du temps au sein des groupes existants. Les spécialités changeaient, les organes de direction demeuraient. Au même moment, l'Europe voyait apparaître des acteurs nouveaux. La France, surtout, a réformé ses holdings industriels, renoncé au rôle fédérateur des vieilles banques d'affaires, transformé ses coalitions d'investissement et, finalement, renouvelé son modèle de capitalisme.

Le poids des entreprises étrangères dans le groupe des 100 est important en France et outre-Rhin (respectivement vingt-cinq et vingt-neuf). Aux États-Unis, seuls Shell, Unilever et Hoechst figurent en tant qu'étrangers dans le top 100 américain. Au Japon, on ne trouve qu'une entreprise sous contrôle étranger !

► **Au milieu de la décennie 90 les morts se multiplient.** L'exemple le plus spectaculaire est celui de la Pan Am, le grand transporteur aérien. Elle était la première firme « mondiale » dans ce domaine. Elle a disparu.

Les fusions et concentrations se poursuivent. D'après l'organisme d'étude de Securities Data, en 1994, 17 687 fusions et acquisitions se sont produites dans le monde (en ne comptant que les sociétés cotées en Bourse) pour une somme de 542,7 milliards de dollars. 7 469 ont eu lieu aux États-Unis (pour 339 milliards), 10 105 ailleurs (pour 203,6 milliards), intéressant généralement des sociétés plus modestes.

Les fusions et acquisitions ne sont pas le seul moyen de progresser et de se renouveler. Les entreprises sont contraintes, pour durer, de s'adapter aux nouvelles donnes de la compétition. L'exemple le plus spectaculaire est celui des entreprises automobiles américaines, Chrysler Corp a frôlé la mort et effectue un retour spectaculaire. General Motors essaye de se débarrasser de ses lourdeurs. Ford a opté pour la mondialisation systématique[1]. Alors que Detroit dénigrait les excès du libre-échange, c'est en s'y adaptant qu'il a survécu. Il l'a fait en prenant

1. Voir « Comeback » de Paul Tagrani et Joseph B. White dans *Business Week,* 10 octobre 1994.

en compte, ce qu'il avait oublié, les consommateurs, leurs goûts, leur souci de qualité.

Ce type d'adaptation n'est jamais terminé. Une firme, pour vivre et se développer, doit en permanence changer ses habitudes, être en alerte sur les actions des concurrents. Dans ce domaine, comme en d'autres, l'arrivée des Japonais a bousculé les positions et réveillé l'exigence de la productivité. Mais l'expérience de l'industrie automobile montre que des positions compromises peuvent être rétablies. L'esprit d'entreprise se manifeste au départ de la vie d'une firme, mais doit ensuite se manifester en permanence.

II. Les partenaires financiers

L'entreprise a besoin, au départ, de ressources financières pour s'équiper, puis pour se moderniser, améliorer ou renouveler les produits et les services qu'elle propose.

Pour cela, elle doit disposer d'un capital de base, fourni par l'entrepreneur lui-même ou des actionnaires, et ensuite de fonds propres, c'est-à-dire de ressources dont elle peut disposer pour investir ou asseoir ses emprunts.

Mais l'entreprise a également besoin de ressources pour assurer sa « trésorerie » pour financer sa marche et faire l'équilibre entre les dépenses et les rentrées qui sont souvent décalées dans le temps.

La position idéale pour l'entreprise est de disposer de moyens financiers qui lui évitent le recours aux banques. On parle alors d'**autofinancement.** C'est souvent le cas des grandes entreprises, depuis la fin des années 80, notamment de celles qui, fournissant des équipements, ont la possibilité de se faire verser des acomptes préalables. Les gestionnaires de trésorerie s'emploient en plus à tirer le meilleur parti des possibilités de placement des disponibilités, y compris au jour le jour. Mais les petites entreprises ont rarement cette chance, surtout si elles sont jeunes.

Ainsi certaines ont-elles fait faillite peu de temps après leur naissance pour rebondir ensuite. Ce fut le cas, en 1928, quatre ans après sa naissance, de la Télémécanique, aujourd'hui intégrée dans le groupe Schneider. Elle réussissait tellement bien dans la vente des contacteurs sur barreaux et des premiers équipements d'automatisme industriels que son capital de départ était incapable de supporter ses besoins en trésorerie. Les fondateurs firent alors appel à des capitalistes qui apportèrent les ressources nécessaires. L'entreprise put ensuite, grâce à ses profits, accroître suffisamment ses fonds propres pour assurer ses développements. L'autofinancement est en effet le moyen le plus efficace et surtout le moins coûteux de financer ses développements (voir graphiques 1 et 2).

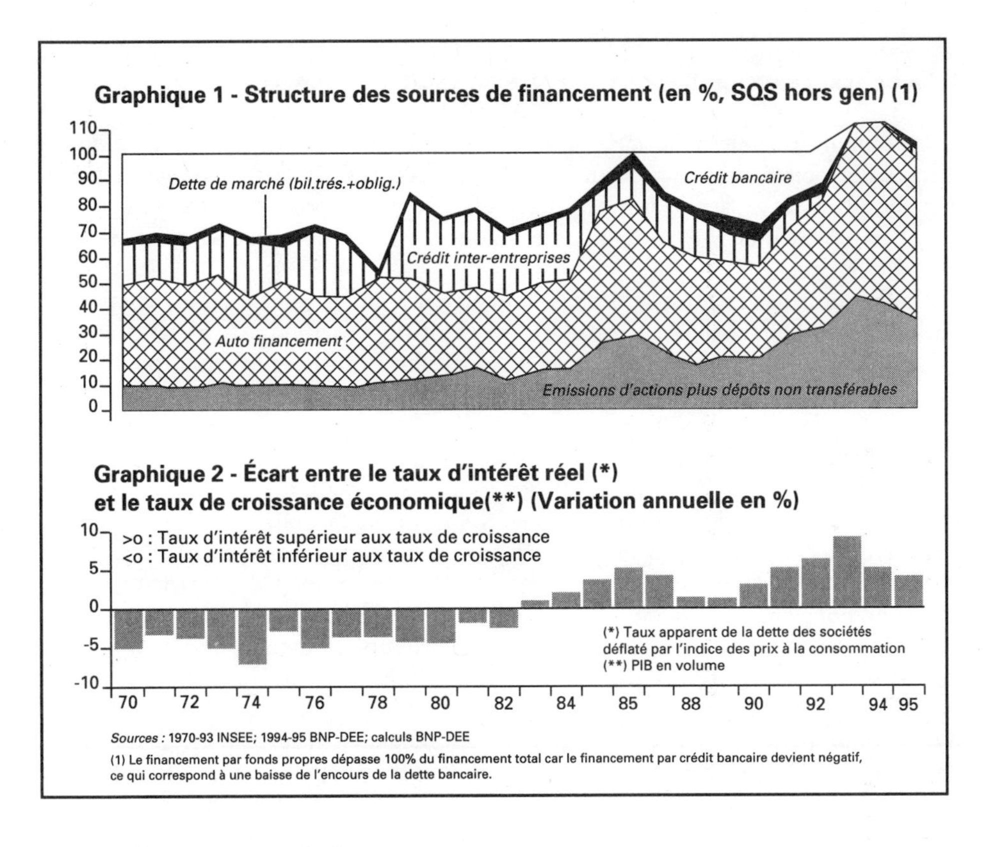

Graphique 1 - Structure des sources de financement (en %, SQS hors gen) (1)

Graphique 2 - Écart entre le taux d'intérêt réel (*) et le taux de croissance économique(**) (Variation annuelle en %)

Sources : 1970-93 INSEE; 1994-95 BNP-DEE; calculs BNP-DEE

(1) Le financement par fonds propres dépasse 100% du financement total car le financement par crédit bancaire devient négatif, ce qui correspond à une baisse de l'encours de la dette bancaire.

Comportement de financement : le regard de la longue période

Lorsque les entreprises, pour la première fois dans l'histoire économique récente, dégagent de substantielles capacités de financement durant au moins quatre années consécutives (1992-1995), l'hypothèse d'un changement structurel dans leur comportement de financement mérite d'être soulevée. L'examen des sources de financement des entreprises associé aux données économiques fondamentales permet d'avancer la thèse suivante : les entreprises françaises ont évolué d'un financement par endettement au cours de la décennie 70 à un financement par fonds propres avec une prééminence de l'autofinancement au cours de la décennie 90. Les innovations financières des années 80 avaient laissé envisager une substitution partielle des financements désintermédiés aux financements intermédiés. En fait, au-delà des fluctuations cycliques, ces derniers ont fait place depuis quelques années essentiellement à l'autofinancement. Les financements désintermédiés – dette obligataire, billets de trésorerie, émissions d'actions ou de titres hybrides contre apports en numéraire – n'ont pas enregistré de progression comparable.

Mais l'autofinancement suffit rarement. Périodiquement les entreprises sont obligées de s'adresser à leurs actionnaires, notamment au travers de la Bourse, ou emprunter auprès des banques, en particulier lorsqu'elles envisagent des acquisitions ou bien lors des grandes étapes de leur existence.

1. La naissance de l'entreprise suppose un capital de départ

Le capital officiellement nécessaire est faible (de 50 000 F à 250 000 F selon les formes de société, au moment où nous écrivons). Mais il suffit rarement pour la mise en place de la firme, surtout lorsqu'elle est industrielle. Les machines-outils peuvent représenter des investissements de centaines de milliers, voire de millions de francs.

Pour réunir le capital légal initial, les entrepreneurs font appel à leur épargne ou à celle de leur entourage (on parle souvent du « recours aux belles-mères »). Quand les investissements de départ sont plus lourds, plusieurs possibilités existent.

▸ **Le recours à des aides publiques,** qu'elles soient d'État ou régionales, ou locales. Elles peuvent être substantielles en raison de la concurrence que se font les sites pour attirer des activités nouvelles. Mais elles exigent des démarches longues. L'entrepreneur risque alors de ne pas en consacrer assez à la recherche de clients dont les paiements pourraient rapidement consolider le lancement.

De grandes entreprises, on l'a vu, contribuent également au lancement de nouvelles entreprises. Le groupe Thomson, par exemple, lance périodiquement en direction de ses propres salariés un concours de la création d'entreprises assorti de prix non négligeables (le premier prix est de 300 000 F). L'avantage de l'appui d'un groupe ne réside pas seulement dans l'argent qu'il peut procurer, mais aussi dans les conseils qu'il peut donner. Le fondateur d'entreprise est généralement un « actif », soit excellent technicien, soit remarquable commerçant. Il n'est pas nécessairement gestionnaire ou financier. Une aide provisoire dans les disciplines où il est faible peut lui être utile.

▸ **L'appel à des sociétés de capital-risques** (en anglais *venture capital*). Il s'agit généralement de filiales de banques ou de sociétés spécifiques montées par des banques ou des établissements financiers, faites pour placer des fonds dans des entreprises appelées à un développement vigoureux. Les sociétés de capital-risques donnent leurs préférences à des firmes lancées à partir de brevets prometteurs et de techniques inédites. Comme leur nom l'indique, elles prennent des risques plus grands que ceux que peut assumer un particulier ou des capitalistes ordinaires. Des firmes comme Digital Equipement ont été lancées de la sorte. Le capital-risques existe en France, mais n'y connaît pas le même succès qu'aux États-Unis. Il est peu pratiqué en Allemagne. Il prospère là où le marché est le plus ouvert aux activités nouvelles.

▸ **Le recours au RES** (reprise de l'entreprise par ses salariés) qui consiste à faire racheter une firme par ses employés. Il ne s'agit donc pas vraiment d'une création d'entreprise, mais d'une « récréation » notamment quand le créateur d'entreprise n'a pas de successeur ou veut prendre du champ ou qu'une entreprise veut se débarrasser d'une activité dont les salariés pensent que, gérée par eux, elle pourrait être rentable. Il existe des exemples célèbres de RES en France comme Darty (reprise ensuite par un groupe anglais), Eiffage (ex-Fougerolles) ou Vallourec. Dans tous les cas de figure, la présence et la participation d'un banquier sont nécessaires pour éviter des débours de fonds trop importants et faire des avances aux souscripteurs, lesquels rembourseront sur les gains de l'entreprise.

► **Ces rappels permettent de constater que les banques en tant que telles participent peu à la création des entreprises.** Quelques précisions s'imposent cependant.

On peut distinguer deux sortes de banques : les banques de participation (banques d'affaires) et les banques prêteuses d'argent (banque de dépôt). Les grandes banques de dépôt sont d'abord tournées vers le public des particuliers dont elles cherchent à gérer les comptes et auxquels elles proposent des services financiers de plus en plus divers. Mais elles recherchent aussi la clientèle des entreprises.

En France, les banques d'affaires s'efforçaient d'entrer dans le capital d'une entreprise avec l'espoir de lui proposer, ensuite, leurs services de prêts, de gestion de trésorerie et autres. L'évolution législative, et surtout la jurisprudence, les rend désormais très prudentes. En cas de difficultés, elles sont tenues pour responsables sur le tout (puisqu'elles ont conseillé l'entreprise en matière de gestion) et n'ont guère de chance de récupérer tout ou partie de leur capital. Aussi séparent-elles désormais les deux types d'intervention.

Le seul pays où les banques pratiquent vraiment des liens directs et poussés avec les entreprises est l'Allemagne (le Japon aussi, mais plutôt en sens inverse : en Allemagne les banques contrôlent peu ou prou les entreprises et l'on parle de **banque universelle** ; au Japon, ce sont les entreprises qui contrôlent leurs banques). Des tentatives en ce sens ont été menées en France par le Crédit lyonnais. Les résultats désastreux qu'il a enregistrés n'augurent pas d'un grand avenir pour la formule.

De toute manière, les banques, dans la majorité des cas, n'interviennent pas dans la création des entreprises. Elles sont en revanche présentes dans leur fonctionnement.

2. Les entreprises ont besoin de trésorerie pour leur fonctionnement courant

Leurs rentrées ne coïncident pas nécessairement avec leurs dépenses (fournisseurs, salariés, fisc...). Elles ont donc, si elles ne disposent pas de trésorerie suffisante, besoin de faire appel au crédit. Il a longtemps pris en France la forme du réescompte (les traites payées avant l'échéance). Sa version la plus moderne, et d'ailleurs la plus répandue dans le monde, est celle du découvert, la banque réglant les dettes à concurrence d'un niveau fixé après discussion avec le client.

▸ **Le métier des banquiers évolue considérablement en raison de toute une série d'évolutions, dont la maîtrise de l'inflation, l'ouverture des frontières et les changements de réglementation.**

Dans un pays comme la France, soumis pendant des décennies à l'encadrement du crédit, les banquiers étaient en fait les agents du rationnement. Il fallait bien sélectionner les projets. Le financement des investissements s'opérait par la transformation de l'argent, prêté à court terme aux banques par les particuliers, en argent prêté à long terme par les banques, s'appuyant elles-mêmes sur des organismes publics comme le Crédit national.

Désormais, les investissements sont libres. Pour de bons projets, les entreprises peuvent trouver des fournisseurs d'argent dans le monde entier et les mettre en concurrence. Les banques pour emporter les marchés sont obligées soit de s'engager de manière significative, soit d'aider les entreprises à imaginer les solutions de financement les plus rentables pour elles.

Les banques sont d'autant plus tenues de faire effort d'imagination que, de plus en plus, les grandes entreprises sont leur propre banque, qu'elles multiplient entre elles les face à face, c'est-à-dire des règlements directs ou indirects qui échappent aux banquiers. Elles sont elles-mêmes prêteuses d'argent en utilisant toute la gamme des prêts, du jour le jour aux crédits longs.

Le métier de banquier s'en trouve transformé. Il intervient moins en direct dans les grandes entreprises, mais plus dans l'animation des marchés financiers. Ayant plus de mal à s'imposer comme prêteur, il cherche à le faire comme spécialiste de l'ingénierie financière.

▸ **Dans ces conditions, certains s'étonnent des difficultés qu'ont des petites entreprises à « trouver de l'argent », tout en le payant plus cher que les grandes.** Il faut comprendre que l'objectif du banquier prêteur est de gagner de l'argent qu'il emprunte lui-même. S'il perd sa mise, il lui faut de longues années pour récupérer le capital correspondant à son prêt. Si l'affaire connaît de bons développements, il n'en tirera pas directement parti. Il n'est pas associé à la croissance, sinon par les possibilités nouvelles de crédit et d'opérations financières qu'elle peut favoriser. En revanche, il doit être très attentif aux risques d'échec, surtout en France, depuis la loi de 1985 sur les faillites qui donne au juge un pouvoir considérable de partage des « restes ».

D'où la différence de comportement de l'entrepreneur qui souhaite un crédit et celui du banquier. L'entrepreneur croit en lui, en son affaire, au projet qu'il présente. Il est assuré de gagner. S'il ne l'était pas, il ne serait pas entrepreneur.

Le banquier, lui, avant d'accorder un prêt jauge l'entreprise. Cela va de la lecture du compte de résultats et du bilan, avec appréciation des grands équilibres, à l'élaboration de ratios, au classement de l'entreprise comparée à ses concurrents. L'excédent brut d'exploitation (différence entre l'argent qui sort et l'argent qui rentre) et le fonds de roulement (l'argent courant dans les caisses) retiennent particulièrement l'attention. Pour apprécier les performances de l'entreprise, le banquier dispose de critères de références grâce à la centrale des bilans de la

Banque de France. La banque prend en plus des informations sur le patron de l'entreprise, son organisation, le climat social. Bref, il s'entoure de précautions et demande des garanties. Les décisions sont prises par le représentant de la banque sur le terrain, mais exigent, au-delà de certaines sommes, l'accord d'une direction régionale ou nationale.

On comprend qu'entre l'impatience de l'entrepreneur et le souci du banquier il y ait des risques d'incompréhension.

3. La réussite de l'entreprise s'accompagne de besoins financiers de plus en plus considérables

L'entrée sur le marché boursier est l'un des signes les plus visibles de la réussite d'une entreprise. Pour assurer ses moyens de développement à venir, elle s'adresse désormais au public (les actionnaires), mais, en contrepartie, se soumet à son jugement. La Bourse a ses exigences : les actionnaires sont des acteurs de l'entreprise.

► **L'accès aux marchés financiers et à la Bourse représente pour les entreprises un changement de nature.** Le mouvement s'opère quand elles passent d'un chiffre d'affaires en centaines de millions à un chiffre d'affaires en milliards.

L'entreprise « moyenne-grande » – celle qui approche ou dépasse les 2 milliards de francs de chiffre d'affaires – qui réussit, appartient généralement à une famille ou à un groupe de fondateurs. Certains actionnaires souhaitent pouvoir poursuivre leur développement par autofinancement et par réinvestissements systématiques dans l'entreprise. Mais ils sont rares. Il faut trouver des relais, d'autres actionnaires qui, s'intéressant à l'entreprise, sont prêts à en acquérir une partie et à souscrire à ses augmentations de capital.

La première raison du passage en Bourse (d'abord sur le second marché destiné aux plus petites des grandes entreprises) est la pression interne de la famille ou des fondateurs dont certains membres veulent réaliser un capital. Cette raison joue d'autant plus en France que les impôts sur les successions sont lourds. Au moment de la disparition du ou des fondateurs, les héritiers sont obligés de vendre tout ou partie de l'affaire pour payer les impôts. C'est ainsi que Roussel Uclaf est passé sous la coupe de Hoechst.

On l'a déjà observé, le régime fiscal allemand des successions, nettement plus favorable aux héritiers, permet le maintien d'un tissu industriel plus structuré que le tissu industriel français dont les entreprises moyennes vont souvent se fondre dans le corps d'un grand groupe, lequel ne sait pas toujours tirer parti de ses atouts.

La deuxième raison du passage en Bourse est la recherche de capitaux pour une politique de développement ambitieuse, soit par acquisition, soit par nouveaux investissements. Elle est parfois imposée par les partenaires financiers susceptibles de prendre des participations et qui souhaitent pouvoir sortir ultérieurement du capital. C'est ainsi que le débouché logique des sociétés de capital-risques est l'entrée en Bourse qui permet à la société porteuse de réaliser une plus-value.

La troisième raison est commerciale. Une société cotée est connue et, si elle ne l'est pas, est obligée de se faire connaître non seulement de son entourage immédiat, mais des analystes financiers français et étrangers. C'est une façon de se signaler à l'attention de clients privés ou publics.

L'entrée en Bourse, reconnaissance de la maturité d'une entreprise, n'est pas sans conséquences sur sa politique. Les autorités boursières, chargées de veiller à la morale des comportements financiers, exigent, de plus en plus, des informations sur la vie de l'entreprise. Cela peut être embarrassant en cas de perte, mais c'est une contrainte utile à la clarté des comptes et à la vérité économique.

N'a-t-on pas constaté que des firmes aussi prestigieuses que Daimler-Benz, la plus grosse firme allemande, et Elf, la première française, ont été obligées de corriger leurs comptes pour être crédibles auprès des actionnaires américains, lesquels jouent un rôle déterminant sur les jugements portés sur les affaires ?

Ainsi l'entrée en Bourse n'est pas sans risques. Lorsque les actions sont largement distribuées dans le public, le premier risque est celui des OPA (opération d'offre d'achat qui conduit en fait à une mainmise sur l'entreprise). Elles se sont fortement multipliées dans les années 80. Des « raiders » fonçaient sur les entreprises sous-évaluées, mal gérées ou vulnérables, pour ensuite les restructurer. Il en est résulté, aux États-Unis notamment, bien des abus, mais aussi une relance de l'efficacité managériale. Le vrai moyen de se défendre est, en effet, la meilleure gestion possible. Les actions atteignent alors un prix qui rend l'acquisition coûteuse. Édouard de Royère, président de l'Air liquide jusqu'en mai 1995, l'une des firmes qui a le plus d'actionnaires et leur porte beaucoup d'attention, avait coutume de dire que les dirigeants de la firme devaient être les raiders de leur propre groupe pour mesurer en permanence ses aspects positifs et ses faiblesses. Il en résulte une salutaire remise en question permanente.

Il est vrai que la plupart des groupes, notamment en France, essayent de constituer un « noyau dur » d'actionnaires capables de les défendre en cas d'attaque. La méthode a ses limites si elle conduit à bâtir un capitalisme sans base suffisante. C'est un des risques qui menacent le système français. En Allemagne et au Japon, le souci de protéger les entreprises conduit à une politique de réseaux d'intérêts qui permet d'assurer la durée, mais qui peut conduire au maintien d'un management défaillant (on l'a vu récemment en Allemagne).

Un autre inconvénient du système boursier est celui des variations boursières souvent désarçonnantes.

En sens inverse, la Bourse a le mérite de rappeler que l'un des objectifs majeur des entreprises est de bien rémunérer le capital et de tenir compte des partenaires essentiels que sont les apporteurs de capitaux.

▶ **Les actionnaires n'ont pas tous le même poids.**

On parlait autrefois en France des « 200 familles » supposées avoir la maîtrise du capitalisme. Elles ont disparu, à supposer qu'elles aient jamais existé. Mais d'autres groupes puissants se sont imposés.

Les actionnaires peuvent être des **personnes.** Elles se comptent par millions, mais ne pèsent guère dans la vie des entreprises lorsqu'elles ne sont pas organisées. Elles commencent à se regrouper pour faire valoir leurs droits, notamment lorsqu'elles sont minoritaires. Le droit des minoritaires se développe tous les jours. Les actionnaires peuvent être aussi des **salariés,** notamment dans des pays comme la France où la législation sur la participation transforme les salariés en actionnaires. Ils se regroupent et essayent de peser sur la vie des affaires (voir encadré 3).

Encadré 3
En France, près de 750 000 détenteurs de titres « maison »

Si l'on en croit les derniers chiffres de l'enquête qu'a effectuée la Sofres pour le compte de la Banque de France, la Commission des opérations de Bourse (COB) et la SBF-Bourse de Paris, le poids de l'actionnariat salarié a tendance à régresser. En 1994, 13 % des actionnaires détiendraient des actions de la société dans laquelle ils travaillent, alors qu'ils étaient encore 20 % un an plus tôt. Compte tenu de l'accroissement du nombre des actionnaires individuels, le recul en volume est moins sensible qu'il n'y paraît en termes de pourcentage. Sur une base de 4,5 millions d'actionnaires en 1993, on pouvait donc estimer le nombre de salariés actionnaires à 900 000. Sur une base de 5,7 millions en 1994, on peut évaluer leur nombre à 750 000.

L'encours des fonds communs de placements d'entreprises (FCPE) s'élève environ à 130 milliards de francs et, malgré l'arrivée attendue des fonds de pension qui devraient logiquement drainer une partie de l'épargne, les professionnels estiment que les FCPE ne seraient que peu affectés.

Mais les actionnaires sont surtout et seront de plus en plus les **fonds de placement, généralement des fonds de retraite** (voir plus bas).

• **L'évolution de l'actionnariat a et aura d'importantes conséquences sur les entreprises et l'économie.**

Les **investisseurs institutionnels** attendent des rendements importants de leurs placements et sont attentifs aussi à la régularité des bénéfices distribués. Alors que l'on a pu avoir tendance, dans un passé récent, à penser que les profits réalisés par les entreprises devaient aller aux consommateurs, aux salariés, à l'entreprise (pour ses investissements), l'acteur « actionnaire » fait sentir son poids.

Les **dirigeants des entreprises cotées** sont donc plus vulnérables qu'autrefois. Quand les firmes sont rentables et laissent peu de prise à la critique, les nominations se font, en fait, par cooptation. Mais, quand elles subissent des secousses fortes et durables, les principaux actionnaires pèsent le choix des dirigeants et des membres du Conseil d'administration comme on l'a vu chez Kodak, IBM, General Motors et 100 autres.

Les **législations et les réglementations** relatives à l'actionnariat sont conçues pour protéger les actionnaires, surtout les minoritaires, qui prennent de plus en plus l'habitude de se retourner contre les directions dont ils ont ou croient avoir à se plaindre.

Ainsi les entreprises sont tenues d'être de plus en plus rigoureuses dans leurs comptes. Elles doivent s'occuper activement de leurs actionnaires et les informer. De la même façon, les professions comptables et d'audit, fortement critiquées à l'occasion de scandales, de procès, ont un rôle croissant, mais seront, elles aussi, tenues d'être encore plus vigilantes sur la réalité des chiffres.

• **Les investisseurs institutionnels américains façonnent le capitalisme mondial**[1].

Ces investisseurs institutionnels américains peuvent être divisés en cinq grandes catégories :

— les **fonds de pension** (voir encadré 4), eux-mêmes subdivisés en fonds de pension publics des États et collectivités locales et fonds de pension privés dont la gestion est assurée soit par l'entreprise *(Private Trusteed Pension Funds)*, soit par des compagnies d'assurance *(Private Insured Pension Funds)* ;

— les compagnies d'investissement essentiellement à capital variable *(Mutual Funds)* et très marginalement à capital fixe *(Closed End Funds)* ;

— les compagnies d'assurance qui se divisent en deux grands groupes : les compagnies d'assurance vie (60 % des actifs de cette catégorie) et d'assurance dommage (40 %) ;

— les banques et fiducies *(Trust Companies)* qui ne sont retenues ici que pour les fonds dont elles sont directement dépositaires et non pour la part des actifs qu'elles gèrent pour le compte d'autres investisseurs institutionnels ;

— les fondations, dont les fonds sont, pour l'essentiel, donnés en gestion.

Encadré 4
Fonds de placement
en vingt ans : cinquante fois plus

En vingt ans, le public a placé des sommes de plus en plus considérables dans les fonds communs de placement (cinquante fois plus).

Les fonds se livrent une lutte sévère. Ils sont 6 000 à comparer aux 2 493 compagnies inscrites au New York Stock Exchange.

Les fonds de pension, aux États-Unis, en 1994, représentent 4 400 milliards de dollars, soit 7 % du PIB, assurant la retraite de 43 % des salariés (cotisations patronales dominantes) dont 45 % sont investis en actions.

En Grande-Bretagne, 659 milliards de dollars (68 % du PIB) couvrant 64 % de salariés financés au deux tiers par les employeurs, dont 75 % placés en actions.

Source : Fortune, 31 octobre 1994.

1. D'après une note du *Bulletin* de l'Agence financière de New York (Ambassade de France) de janvier 1995.

D'après Howard D. Sherman, directeur du département international de l'Institutional Shareholder Services, on peut parler d'un véritable activisme de ces investisseurs institutionnels en matière de gouvernement des entreprises. C'est un phénomène relativement récent. Il n'existait pas en 1975 ; les fonds de pension étaient, à l'époque, essentiellement intéressés par des problèmes sociaux ou politiques tel l'embargo de l'Afrique du Sud.

La situation a changé dans les années 80 avec la multiplication des prises de contrôle d'entreprises. Tout d'un coup, les enjeux financiers ont augmenté et les investisseurs institutionnels ont commencé à s'intéresser à leurs votes.

A la suite d'une enquête sur les procédures de vote par procuration dans l'entreprise Avon, le département du Travail américain a fixé, en 1987, les règles à respecter par les fonds de pension pour l'expression de leur vote, qui doit être déterminé dans le seul intérêt des ayants droit du fonds. Les fonds de pension privés ont alors commencé à établir les règles que devaient respecter les banques et les gestionnaires de fonds votant en leur nom. Au même moment, quelques fonds de pension publics comme Calpers, Cref, l'État du Wisconsin, prenaient une attitude plus active, communiquant par lettres avec la direction des entreprises, soulevant la question des performances, de la rémunération des dirigeants, de la nomination des membres du conseil d'administration, parfois allant jusqu'à remettre en cause les dirigeants de grandes entreprises américaines comme R. Stempel à General Motors (limogé en 1992).

Ce changement d'attitude s'annonce durable. Dans un texte du 28 juillet 1994, le ministère américain du Travail a renforcé les obligations légales des fonds de pension privés en matière de vote par procuration. L'exercice de ce droit de vote est maintenant obligatoire et le principe de vote par procuration s'applique aussi pour les votes concernant les entreprises à l'étranger. Le droit de vote est considéré comme un actif financier et est une partie inhérente de la gestion des fonds de pension aux États-Unis. La tendance est la même pour les investissements internationaux. Il y a trois ans, une douzaine d'investisseurs américains utilisaient leurs droits de vote à l'étranger. Maintenant, ils sont des centaines et leur nombre continuera à augmenter. De nombreux investisseurs développent des programmes de vote par procuration. Des organismes se forment en Europe, comme aux États-Unis, pour soutenir les initiatives d'investisseurs étrangers en matière de gouvernement des entreprises.

III. Les clients

Les clients potentiels sont de plus en plus nombreux, mais très différents d'une région du monde à l'autre et d'un âge à l'autre. Ils possèdent cependant certains traits communs.

1. Les produits doivent s'adapter à des clientèles variées

Certains produits comme les équipements industriels ou les composants sont mondiaux. D'autres, comme les appareils ménagers, doivent être adaptés aux habitudes locales. Il est bien connu que, dans les machines à laver le linge, le chargement en France se fait par le haut et, en Allemagne, par le ventre. Il en va de même pour l'alimentation, y compris celle des chats : en France, ils n'aiment pas le goût du fumé, paraît-il, en Allemagne si.

Les entreprises, et particulièrement les grandes, ont besoin d'accroître leurs parts de marché pour amortir le coût grandissant de la recherche, du développement. Pour cela, c'est la clientèle mondiale qu'elles visent en priorité.

▸ **La clientèle mondiale augmente rapidement dans les pays du Sud...** Cette croissance ouvre des perspectives que les firmes ne peuvent ignorer.

Sur les marchés établis, en effet, les positions concurrentielles sont, sinon figées, du moins stables. Pour arracher un marché de poudres à laver en France, il faut ou bien racheter une marque ou essayer de gagner ses clients. D'où les luttes pour l'acquisition de certaines firmes ou des dépouilles d'une entreprise malade, comme ce fut le cas pour les marques possédées par Lesieur. Les marchés neufs sont, en principe, plus ouverts.

On estime que, dans des pays comme l'Inde ou la Chine, quelques centaines de millions de personnes disposent d'un pouvoir d'achat équivalent, au moins, à celui des Espagnols. Elles seront, demain, plus nombreuses. D'où les efforts des firmes pour prendre place sur ces marchés en devenir. Au moment où nous écrivons ces lignes, les exportations allemandes en direction de la Chine sont à peine supérieures à celles qui sont destinées à la Suisse et à l'Autriche. Mais dans vingt ans ?

Dans les pays en développement, la production continue à croître à 4 % en moyenne, en 1994[1], mais on continue à enregistrer des disparités selon les pays. Ainsi, les économies de l'Est et du Sud-Est asiatique, déjà performantes hier, avancent rapidement ; la stagnation de l'Afrique se poursuit et la reprise de la croissance en Amérique latine est secouée de crises monétaires. Quant aux financements extérieurs, les pays en développement continuent à être soumis à deux régimes : un groupe (asiatique) bénéficiant d'un accès relativement facile au financement international, tandis que les autres, soumis aux disciplines du FMI[2], sont contraints à la rigueur.

Le fait mondial majeur est donc le développement du Sud-Est asiatique en raison non de l'action de la « main invisible », mais de la main « visible » et de l'action des gouvernements.

L'économiste allemand du XIXe siècle, Frédéric List, qui recommandait aux pays neufs une politique protectionniste avant de se lancer dans le libéralisme, est d'ac-

1. Ce qui est peu en raison de la croissance démographique.
2. Fond monétaire international.

tualité dans ces pays. C'est bien la politique menée par plusieurs États de l'Asie du Sud-Est et, notamment, la Chine. Ils essayent de limiter les importations et privilégient les exportations. Ils appellent les capitaux étrangers mais de manière sélective. Le Japon et la Corée encouragent la recherche et le développement.

Le rapport des Nations Unies de 1993 en concluait qu'il faudrait revoir les conceptions politiques du développement, notamment en Afrique. Mais, dans le même temps, il soulignait l'importance des perspectives décrites par l'*Uruguay Round* dont finalement la philosophie est d'étendre les règles commerciales qui régissent déjà les grands ensembles comme l'Europe. Si on interprète l'analyse du rapport, on est conduit à se dire que l'*Uruguay Round,* signé en 1994, a autant été fait pour amener les pays nouvellement industrialisés telle la Corée à accepter les disciplines des échanges internationaux que pour en imposer de nouvelles aux pays qui y participent déjà largement.

Ce rapport des Nations Unies se demandait aussi quelles seront les relations entre la future organisation mondiale du commerce, entrée en vigueur le 1er janvier 1995, et les organismes existants. Quoi qu'il en soit, les évolutions en cours sont un développement des échanges toujours supérieur au développement de la production (2 % en 1991 pour 0,3 % de croissance ; 5,4 % en 1992 contre 1,3 % ; 2,5 % en 1993 pour 1,7 %).

De façon plus précise, les firmes s'intéressent aussi à la formation de grands ensembles comme l'Alena (États-Unis, Canada, Mexique) avec des prolongements sud-américains. Elles envisagent à la fois exportations et investissements locaux.

Ces évolutions, qui expliquent l'importance que prend désormais dans les entreprises la dimension internationale, ne doivent pas faire oublier les mouvements de la consommation qui s'accomplissent sur les marchés classiques.

▸ **Les marchés « classiques » du Nord restent de loin les plus importants.**

• Le cas français permet d'illustrer **l'évolution du budget des « ménages ».** Un rapport du Conseil économique et social de Jacques Méraud sur *L'évolution et les perspectives des besoins des Français,* de juin 1989, apporte sur les déplacements des marchés des informations complètes.

• La part en pourcentage de l'**alimentation** dans le budget des ménages tend à diminuer. Mais le volume de la consommation alimentaire augmente toujours, même si c'est de façon modérée. Certains produits progressent en raison des effets de mode, comme les produits diététiques ou de la recherche d'une meilleure qualité, comme dans les boissons où, par exemple, les vins d'appellation contrôlée l'emportent sur les vins ordinaires. A cela s'ajoutent des changements d'habitudes. Un nombre croissant de jeunes ne consomment pas de vin ou d'alcool.

Les changements démographiques ont leur importance. Une population vieillissante se nourrit différemment d'une population jeune. De même, la multiplication du nombre des personnes vivant seules conduit les fabricants à modifier les emballages et les présentations.

Les repas se prennent de plus en plus à l'extérieur de chez soi, soit dans les cantines et restaurants d'entreprise (dont la multiplication explique le développement de firmes comme Sodexho), soit dans des magasins de restauration rapide.

• L'**habillement** voit aussi son poids relatif dans les dépenses diminuer. C'est un des rares postes où les différences socioculturelles se maintiennent. La tendance générale est aux prix bas qui facilitent les changements rapides de mode. Autrefois, les fabricants prévoyaient deux grandes périodes dans une année. Aujourd'hui, ils changent leurs modèles tous les trois ou quatre mois. Les à-coups les conduisent à garder la maîtrise de la création et de l'action commerciale, mais à sous-traiter le plus possible pour ne pas avoir à supporter les charges fixes des grosses unités. Cela explique la disparition des grandes usines et l'émiettement physique de ce type d'activité.

• La part du **logement** a fortement augmenté dans les budgets des ménages. Elle était tombée avant 1939 à des niveaux ridicules, incompatibles avec un rythme normal de construction. Elle est, dans les années 70-80, remontée à environ 15 à 20 %, notamment avec la poussée de l'accession à la propriété. Elle est moins forte depuis les années 90. Les risques en matière d'emploi et le manque de continuité dans la vie de nombreux couples n'incitent pas à s'endetter pour vingt ans. La demande de logements locatifs augmente parallèlement. Mais l'adaptation de l'offre à la demande se fait mal. Il y a un écart entre les coûts du logement et le pouvoir d'achat des locataires potentiels. Cette contradiction laisse prévoir des changements dans le marché du logement. Ou bien il faudra réussir à bâtir pour moins cher, au risque de ne pas répondre aux aspirations à la qualité de vie, ou bien il faudra que les revenus permettent des dépenses plus élevées en ce domaine, ou bien la recherche de terrains ou de bâtiments moins coûteux que ceux des villes conduira à une redistribution de la géographie de l'habitat s'appuyant sur des moyens de communication accrus.

• Les **équipements des ménages,** les appareils ménagers notamment, ont été, avec les équipements de culture ou de loisirs (radio, télévision, chaînes musicales, ordinateurs individuels), la base d'industries qui se sont considérablement développées depuis quelques décennies. C'est sur ce type d'activités ainsi que celles relevant de l'automobile, de l'informatique, des télécommunications que se sont développées les stratégies de parts de marché.

En effet, dans des produits à évolution rapide et en développement significatif, les coûts peuvent être abaissés de moitié à chaque doublement de production cumulée. Plus une firme élargit ses parts de marché, plus elle est en mesure d'abaisser ses prix et devancer ses concurrents. L'application de cette règle d'expérience a ses limites, mais la règle ne doit pas être oubliée pour autant. Cela explique les rudes batailles, par exemple dans le domaine des téléviseurs. De quelques centaines de producteurs mondiaux de la fin des années 60, il ne reste plus qu'une dizaine de grands dont six sont japonais et coréens et trois européens.

Plus la production peut être standardisée, plus les entreprises sont conduites à se mondialiser. Elles le sont d'autant plus que les ménages des pays « établis » étant équipés, ils ne procèdent plus qu'à des dépenses de renouvellement. Il faut chercher ailleurs de nouveaux clients. C'est ce qui se produit dans le domaine de l'équipement ménager et surtout de la télévision. Après les batailles pour la conquête des marchés européens et américains, celle des marchés asiatiques est fortement engagée.

• L'**automobile** est encore un phénomène majeur de notre société. Elle absorbe entre 10 et 15 % du budget des personnes et des ménages, pratiquement autant que les dépenses de santé.

Pendant longtemps l'automobile a été un objet d'affirmation de « standing ». Elle s'est apparemment banalisée en Europe et aux États-Unis pour devenir le moyen de transport des personnes le plus utilisé dans les pays développés. Mais elle n'est pas uniformisée pour autant. Les acheteurs ne se contentent pas d'un véhicule avec un volant, quatre roues et un moteur. Leurs goûts évoluent en même temps que leurs besoins.

L'un des exemples les plus frappants de ce phénomène dans les années 90 est le développement du marché des monospaces. Selon les spécialistes, « on n'a jamais vu un segment de marché évoluer aussi vite » : 2 000 exemplaires vendus en Europe en 1984, 45 000 en 1988, 130 000 en 1993, bientôt 400 000. Les monospaces font concurrence aux voitures « supérieures ». Le pionnier a été Chrysler[1]. Il détient en 1994 la moitié du marché américain. Puis est venu Renault, avec une progression lente. Ils ont été suivis par les autres constructeurs poussés par l'existence d'une clientèle où se mêlent les familles avec enfants, les amateurs de campagne et de randonnées, les habitants de province et de grandes banlieues...

Cette percée illustre le fait que, même sur des marchés établis, l'innovation est nécessaire, provoquée souvent par l'observation attentive des comportements. Dans le cas du monospace, ce sont les responsables de Chrysler, constatant le maintien de l'engouement pour la « Jeep », voiture militaire née de la dernière guerre, adoptée ensuite par des civils, qui décidèrent qu'il fallait lui donner un successeur.

Derrière la mode des monospaces vient celle des voitures tout-terrain et aussi des camionnettes familiales. Quant à la mode des voitures de ville, elle donne lieu, elle aussi, à des batailles pour la conquête des clients. Elle conduit même un horloger (Swatch) et un constructeur automobile (Mercedes) à s'associer pour lancer une toute petite voiture.

• Autre consommation croissante, celle du **téléphone.** Pendant longtemps il était considéré, en France, comme un instrument « bourgeois ». C'est seulement dans les années 70 que la France a commencé à se hisser au niveau des pays développés. Désormais, le téléphone fait partie de la vie courante. Entré dans les mœurs, il est suivi en France par le Minitel (alors que dans d'autres pays ce sont les ordinateurs qui tiennent ce rôle de machine à informer et communiquer, avec un potentiel bien plus important). Il l'est aussi par le téléphone mobile qui s'annonce être l'un des marchés en forte progression de demain.

Les statistiques présentent la culture et les loisirs sous les mêmes comptes. Ces

1. Qui pendant la guerre avait construit les Jeep.

rubriques recouvrent des activités, des produits, des services très divers qui vont du sport au tourisme. Leur taux de croissance est l'un des plus élevés dans la consommation des ménages. Mais il faut descendre dans le détail pour apprécier les évolutions, par exemple de fréquentation des salles de cinéma et des voyages exotiques.

• A l'intérieur du budget **« culture et loisirs »** des transferts peuvent se faire, par exemple entre les livres et les disques compacts, entre le tennis, qui a cessé son développement, le golf ou le jogging.

En termes d'études de marché, les entreprises ne peuvent donc pas se contenter des statistiques globales. Elles sont tenues de délimiter exactement le territoire des « niches » dans lesquelles elles opèrent.

• Reste le domaine en plus forte croissance des budgets des ménages, celui de la **santé.** La France est, avec la Suède, le premier pays au monde pour la consommation de soins. En raison du système de Sécurité sociale, la santé est, avec l'alimentation, le budget qui résiste le mieux aux crises. Mais les habitudes peuvent se modifier si l'organisation de la Sécurité sociale change. Le marché, là, est suspendu en quelque sorte aux systèmes de soins mis en place par les pouvoirs publics.

On peut observer cependant que les dépenses de santé continueront de croître, ne serait-ce qu'en raison du vieillissement des populations : la moitié des dépenses de santé d'une vie se fait pendant ses cinq dernières années.

Le marché évolue en raison de changements dans la répartition des dépenses des ménages. Mais, pour comprendre les évolutions, il faut aussi s'intéresser aux comportements et aux mentalités.

▶ **Les comportements et les mentalités des Français** – et il en est de même pour les autres consommateurs – sont suivis pas à pas par des organismes comme la Cofremca (qui publie périodiquement un bulletin : *L'Observatoire de la Cofremca*).

Selon ces études, les motivations porteuses de consommation des années 70 et 80 – l'annonce de la nouveauté, le souci des apparences, la recherche du standing – sont aujourd'hui en perte de vitesse.

Les gens se posent de plus en plus la question : est-ce utile ? Vais-je vraiment m'en servir ? Combien de temps ?

La Cofremca s'interroge sur un phénomène très fort : **l'infidélité des consommateurs.** Plus « désinvestis » face à la consommation, les Français sont, en outre, de plus en plus exigeants face à l'offre. Aujourd'hui, tout doit être fluide. Les « micro-irritations » sont devenues des facteurs décisifs d'abandon et de non-achat de produits. Elles ne viennent pas nécessairement du concept du produit lui-même, mais d'un détail qui empêche son utilisation, son accès, sa transmission, son transport, etc.

Les consommateurs seront de plus en plus attentifs à tout ce qui les bloque, qui leur donne l'impression de perdre leur temps, leur argent.

A l'inverse, des micro-détails peuvent entraîner des fidélités de consommation parce que le consommateur a réellement senti que l'on a tenu compte de ses modes de vie.

> On observe dans les attitudes et comportements à l'égard de la publicité, et de la communication en général, l'émergence confirmée d'attentes plus réalistes. Elles mêlent information et plaisir et vont au-delà du « fantasme » publicitaire. La publicité s'inscrit dans un système de relativisation qui nécessite une plus grande diversité des vecteurs de contact (promotions, merchandising). Le consommateur rejette les affirmations outrancières qui sont en dehors du champ de légitimité de la marque ou du produit. La recherche du pertinent, du vrai, de l'authentique (selon les critères des consommateurs) devrait permettre de se rapprocher des gens[1].

Tout cela confirme, s'il en était besoin, qu'au-delà des accidents conjoncturels les consommateurs deviennent adultes. Cette transformation conduira les entreprises à être plus attentives aux « gens », à leurs réactions, certainement aussi à faire évoluer encore les circuits de distribution.

2. La révolution de la distribution transforme le rapport de l'entreprise avec ses clients

Le taylorisme avait permis la démultiplication de la production et la réduction des coûts. La révolution de la distribution, commencée aux États-Unis dès la Grande Crise de 1929 et transposée en Europe surtout après la Deuxième Guerre mondiale, a favorisé le transfert des gains de productivité vers les consommateurs et a entraîné la « taylorisation » de la vente.

▸ La révolution de la distribution s'accélère dans les années 60.

En France, c'est un simple formulaire – la circulaire Fontanet – qui, en 1960, a marqué un tournant considérable dans la vie des affaires. Elle recommandait l'interdiction du refus de vente. Autrement dit, des pionniers comme Édouard Leclerc, qui réduisent les frais généraux et écrasent marges et prix de vente, ne pouvaient plus se voir refuser par un fabricant des livraisons de marchandises.

Cette circulaire allait provoquer en France (la législation commerciale n'est pas identique dans tous les pays d'Europe, mais partout un mouvement s'est dessiné en faveur de la distribution) un changement des rapports de force entre les producteurs et les distributeurs. Les premiers faisaient souvent la loi. Désormais, les seconds sont devenus des puissances avec lesquelles il faut compter, notamment en mettant en place des centrales d'achat capables – en raison de leur masse – de négocier les prix avec d'autres arguments que ceux des « épiciers » traditionnels.

Le système a eu son prophète en la personne de Bernardo Trujillo. Employé par National Cash Register, alors grand pourvoyeur de caisses enregistreuses, il organisait des séminaires à Dayton, dans l'Ohio, siège de NCR, et en Floride, pour expliquer que les autoroutes de la production devaient être prolongées par

1. *L'Observatoire de la Cofremca.*

les autoroutes de la distribution, les supermarchés à prix cassés (le *discount*). L'intérêt de NCR était évidemment de les voir se multiplier pour vendre plus de caisses enregistreuses.

Tout ce que le monde de la distribution des années 60 et 70 avait de curieux et d'innovateur est passé à Dayton – sauf Édouard Leclerc. Y sont venus Marcel Fournier et les Defforey, fondateurs de Carrefour, Paul Dubrule et Gérard Pélisson, les créateurs de Novotel et du groupe Accor, qui ont transposé dans l'hôtellerie les méthodes modernes du commerce, et 100 autres.

Dans le même temps, la publicité et la vente à crédit progressaient à grands pas, favorisant l'avènement de la société de consommation. Certains pays comme le Japon ont été plus longs à admettre la priorité du consommateur et de la distribution sur le producteur. Dans ce pays, les producteurs ont longtemps dominé le commerce, ce qui constitue d'ailleurs une forme de protectionnisme particulièrement efficace difficile à combattre. Mais, progressivement, le marché japonais sera amené à modifier ses structures. D'où les investissements longs, coûteux, mais probablement rentables à terme, que réalisent de grandes entreprises de production de biens de consommation pour être présentes au Japon comme Nestlé, Danone ou Unilever.

• **La révolution de la distribution a contribué à accélérer l'internationalisation des échanges.** Les distributeurs mettent en concurrence les fournisseurs nationaux avec les autres et imposent aux uns et aux autres la guerre des prix. La pression est si forte que les grandes surfaces (en France Leclerc, Intermarchés, qui sont des confédérations de commerçants autonomes, Carrefour, Auchan, Promodès, Casino, Darty, la FNAC, Virgin – venue de Grande-Bretagne – et d'autres) ont été accusées de faire le jeu de l'importation. Au fur et à mesure que s'aggravait la crise de l'emploi, ils étaient montrés du doigt comme cause de chômage. A force de se préoccuper d'offrir au consommateur des produits les moins chers possible – disent les adversaires de la grande distribution –, on les cherche à l'étranger et on prive les producteurs de travail. Le débat n'est pas près de s'arrêter. Mais il est assez vain : nous voulons **à la fois** du travail et des produits et services à prix accessibles. Les mêmes qui défilent pour protester contre l'ouverture des frontières portent des chaussures italiennes ou portugaises, revêtent des chemises fabriquées en Chine et tiennent à la main un talkie-walkie coréen. L'emprise de la grande distribution sur l'économie va se poursuivre. Des évolutions similaires sont probables dans des activités comme l'automobile dans lesquelles les producteurs essayent de garder la maîtrise d'un réseau de distribution propre. Qui plus est, la distribution elle-même continue de se moderniser et ce faisant ne cesse pas d'exercer une influence déterminante sur les structures des entreprises de production.

▶ **La modernisation de la distribution se poursuit de façon permanente.**
En attendant les systèmes de distribution fondés sur les techniques des multimédias qui permettront à un client de comparer sur écran les qualités de plusieurs marques, l'exemple d'école est aujourd'hui celui de l'Américain **Wal Mart.** Tirant

pleinement parti des outils informatiques, il s'est donné – selon les experts – quatre séries d'atouts.

Le premier est son efficacité logistique. En misant sur toutes les possibilités de l'informatique, le *discounter* a établi un contact aller-retour en temps réel, avec écrit, son et images, entre le siège social, les entrepôts et les magasins. Il est relié aux fournisseurs, surtout ceux qui fabriquent les produits maison, aux camions de livraison et, même, à l'avion du président. Wal Mart a investi 700 millions de dollars dans l'installation de ce système par satellite. Les fournisseurs, constamment informés des ventes des magasins, prennent eux-mêmes l'initiative des commandes et conditionnent les marchandises point de vente par point de vente. Les stocks sont réduits au minimum. A tout instant, le flux des ventes est contrôlé. Cette avancée logistique représente un atout, mais est de plus en plus copiée.

Le deuxième tient aux particularités américaines. Jusque-là, les magasins d'alimentation étaient séparés des autres. Wal Mart a adapté au marché américain la formule des hypermarchés en créant des « super-centres » n'excédant pas 15 000 m^2 dont 6 000 m^2 réservés à l'alimentation, ouverts vingt-quatre heures sur vingt-quatre, sept jours sur sept et disposant de trente caisses. Wal Mart écoule, de plus en plus, des produits à sa marque *(Same's Choice)* généralement de très grande consommation.

Le troisième atout vient des clubs-entrepôts à l'enseigne *Same's* (le président fondateur s'appelait Sam Walton) créés aux États-Unis au début des années 80, alliant le concept de *discount* et la formule du club. Les clients peuvent être des entreprises ou des particuliers, pourvu qu'ils acquittent une cotisation (25 $ par an). Ils profitent de prix très bas à condition d'admettre la loi du genre qui est l'achat de produits en grand conditionnement (dizaines de kilos, dizaines de litres, centaines de pots, etc.). La formule a fait depuis son apparition en Europe, notamment en Allemagne.

Le quatrième atout est l'existence dans tous les magasins de personnes chargées de l'accueil, à l'entrée. Les employés sont en assez grand nombre, habillés d'un tablier bleu et blanc, avec leur badge où s'inscrit leur prénom en gros caractère. C'est une manière de répondre au souci de communication que manifestent, aux États-Unis comme ailleurs, bien des consommateurs.

Wal Mart n'est pas le seul groupe à améliorer sa logistique grâce à l'informatique. Les distributeurs français, pour ne parler que d'eux, ont réalisé des investissements importants en ce domaine depuis 1990.

Certains ont l'ambition de doubler leur chiffre d'affaires par mètre carré de surface de vente en sept ans. Mais les efforts dans cette direction n'ont de chance de réussir pleinement que s'il y a une réelle coordination entre les distributeurs et les producteurs. Aux États-Unis, pour des raisons qui tiennent aux mentalités et sans doute à un meilleur équilibre des pouvoirs entre distributeurs et producteurs, les uns et les autres jouent « gagnant-gagnant ». Tout progrès accompli dans la logistique, ou autrement, doit profiter à la fois au consommateur, au distributeur, au producteur.

S'inspirant de cette observation, des firmes comme Nestlé-France ont placé chez Casino un observateur permanent pour examiner avec les commerçants les moyens de tirer pleinement parti des progrès techniques.

▶ **L'évolution de la distribution a fortement marqué la production.**

Le système à la mode depuis 1992 est le système ECR *(Efficiency Consumer Response).* Il vise – s'inspirant de l'exemple de Wal Mart – à supprimer tous les coûts inutiles (stocks, attentes, papiers, confirmations, approximations, etc.), du fabricant au consommateur en passant par le distributeur. Il est l'aboutissement, en attendant la prochaine étape, de la rationalisation de la chaîne d'approvisionnement.

Dans un **premier temps,** la recherche de la baisse des coûts s'est d'abord faite par l'augmentation des quantités produites. Cela a conduit à une concentration des moyens de production en contacts directs avec les distributeurs. Elle a également eu pour conséquence, on l'a noté, l'accentuation de la concurrence avec la pression des fournisseurs étrangers.

En conséquence, les firmes – en France, comme partout – ont été conduites à améliorer leur gestion, leurs moyens de contrôle, leur outil de production, leur productivité. Le revers de ces progrès d'organisation a certainement été la remise en cause des habitudes prises en matière d'emploi pendant la période de forte croissance qui a suivi la guerre. Autrefois, de peur de ne pas être en mesure de produire, les entreprises ne cessaient pas d'embaucher et essayaient de garder leur personnel. Désormais, elles se soucient d'ajuster leur personnel aux variations du marché.

• La **deuxième étape** de l'évolution récente a été la mise en œuvre d'une politique inspirée en partie de l'exemple japonais (plus de l'industrie automobile ou électronique japonaise que des autres) du zéro défaut, zéro délai, zéro stock. Elle a conduit à s'intéresser à nouveau aux usines, à la production, aux process de fabrication et à la manutention.

Il est apparu en effet que de grands projets, par exemple en matière de qualité, n'avaient de chances d'être réalisés que si l'opérateur de base se sentait impliqué. D'où les politiques participatives organisées, par exemple, autour des cercles de qualité. D'où, aussi, le souci de décentraliser les activités opérationnelles pour les rapprocher du client.

• Dans une **troisième phase,** ce mouvement prend une telle ampleur qu'il conduit à la réorganisation complète de nombreuses entreprises de production. Une entreprise comme Devanlay Indreco, dont les marques vont des sous-vêtements à l'habillement pour hommes (New Man) aux vêtements de sport (Lacoste, dont Devanlay exploite la marque en liaison avec les propriétaires), s'organise pour répondre principalement à trois exigences :

— celle du rapport qualité-prix qui entraîne des investissements de productivité et passe par le renforcement du niveau de tous les opérateurs ;
— celle de la créativité qui suppose que l'entreprise, avec ses créateurs internes et externes, soit en permanence en mesure de précéder la mode, en liaison avec les distributeurs. Encore faut-il qu'elle puisse enchaîner sur la production ;

— celle de l'organisation. Devanlay et Indreco renforcent leur noyau de façon à avoir la maîtrise de la créativité, des achats, des financements et de la trésorerie, mais font de plus en plus appel à la sous-traitance. Le groupe qui donne la préférence aux unités de production de dimension humaine (200 personnes, souvent dans des régions rurales) souhaite pouvoir y développer une politique de flexibilité des horaires, certaines périodes étant très chargées et d'autres quasi vides. Il a décidé, délibérément, de maintenir des centres de fabrication en Europe et dans le pourtour méditerranéen proche. Il fabrique en Corée, mais pour le marché coréen, au Japon (en coopération) pour le Japon. Les usines asiatiques, même moins coûteuses en main-d'œuvre, sont trop éloignées pour répondre aux exigences du juste à temps et du zéro délai. Quelques jours peuvent faire la différence dans la réussite d'une campagne de vente. Or les délais nécessaires quand on travaille avec des usines asiatiques sont de six à huit semaines au lieu de quatre, au maximum, en Europe.

Ce choix en faveur de la proximité s'accompagne, comme dans bien d'autres entreprises, d'une organisation qui privilégie le responsable direct. Chaque marque a son patron qui négocie avec ses clients, est maître de sa création, organise ses fabrications. Le siège intervient pour vérifier la rentabilité des programmes et pour épauler les acteurs en première ligne.

Ce type d'organisation que certains dénomment « en réseau » ou « en grappe » se répand de plus en plus. On le trouve dans l'automobile pour des raisons qui se rapprochent des exigences de la distribution – la nécessité de limiter les stocks et celle de suivre pas à pas les humeurs du marché. On le trouve même dans des industries d'équipement qui ont pour clients des collectivités publiques. Ainsi la CNIM (Construction industrielle de la Méditerranée), entreprise « moyenne grande » de 2,5 milliards de chiffre d'affaires, présente dans l'armement (ensemble des systèmes de lancement des sous-marins lance-engins nucléaires), dans les escalators (métro, chemins de fer), dans les chaudières et dont l'activité majeure est la construction de centrales de traitements par incinération de déchets urbains, dispose-t-elle d'un cœur très solide pour ce qui représente l'essentiel de ses activités et fait-elle appel à des fournisseurs spécialisés en fonction des contrats en cours.

Dans une telle organisation, les à-coups du marché sont mieux amortis au niveau de la production à la condition que les relations interentreprises soient bonnes. Le système industriel français, longtemps centralisé, a encore des progrès importants à accomplir en cette direction. Mais il y tend. Cela explique l'un des grands mouvements de la période des années 90 qui est l'allégement des sièges sociaux, des « centrales », et un renforcement des unités de base et des sous-traitants.

IV. Les salariés

On peut s'étonner, parlant des acteurs de l'entreprise, de trouver les salariés à cette place, la quatrième. Elle est cependant logique. Pour qu'une entreprise vive, il faut d'abord un entrepreneur, des capitaux, des clients. Mais, dès lors qu'une entreprise est en état de marche, les salariés, si elle en a, y jouent un rôle majeur. Leur efficacité dépend de leur formation, de leur état d'esprit, mais aussi de l'organisation à l'intérieur de laquelle ils agissent et, plus généralement, du climat social qui règne dans le pays et l'entreprise elle-même.

1. Le salariat évolue en fonction du travail

Lorsque le travail, dans une économie de subsistance, était surtout celui de la terre, les paysans étaient beaucoup plus nombreux que les salariés.

En 1870, la moitié des Français en activité étaient des paysans. Ils étaient encore 40 % entre les deux guerres. Ils ne sont guère plus de 5 % à la fin du XXe siècle. C'est une évolution considérable. Les grands historiens comme Fernand Braudel ou les grands géographes comme Pierre George[1] considèrent même qu'il s'agit de la transformation majeure de l'époque en raison des conséquences qu'elle a sur les mentalités, les comportements et l'organisation sociale.

► **Dans l'agriculture[2], le phénomène majeur est la décroissance puis la quasi-extinction des salariés agricoles.** Ils étaient autrefois nombreux dans les grandes exploitations. Désormais, un homme suffit pour cultiver cent hectares de terres à blé. On ne trouve plus de salariés dans l'agriculture, sauf des travailleurs temporaires, et souvent « au noir », au moment des récoltes de fruits, de légumes ou les vendanges.

Les gens des villages sont venus peupler les banlieues des villes pour travailler dans des entreprises et des administrations. Désormais, l'agriculture ne sera plus pourvoyeuse d'emplois, sinon très spécialisés. Elle s'appuiera sur des entreprises qui ont pris l'habitude d'évoluer dans des réglementations protectrices mais qui seront soumises, de plus en plus, aux lois du marché.

► **Dans l'artisanat et le commerce, généralement regroupés par les statisticiens, les évolutions sont différentes.**

Le nombre des artisans reste relativement stable, mais ceux qui sont appelés à

1. *Chronique géographique du XXe siècle,* Armand Colin, 1994.
2. Voir *Deux siècles de travail en France,* Olivier Marchand et Claude Thélot, Études INSEE, 1991.

survivre deviennent de véritables chefs d'entreprise. A leur qualification professionnelle, ils ajoutent désormais celle de gestionnaires. Il y a longtemps déjà, l'hebdomadaire américain *Time* a fait du tournevis le symbole de l'« homme de l'année», signifiant par là que dans une société toute mécanisée et robotisée, l'homme des arts de la réparation et des installations gardait toute son utilité.

En revanche, le commerce dit indépendant perd du terrain, on l'a vu, au profit des grandes entreprises de distribution. Le nombre des salariés du commerce augmente. Mais certains groupes, comme Leclerc ou Intermarchés, cherchent à rassembler des « autonomes », tandis que d'autres, comme Casino, tentent de redonner aux magasins de proximité un « patron », semi-indépendant.

▸ **Dans les professions « libérales » de conseil et de services, la tendance est plutôt à l'augmentation des actifs.** Après une période de stagnation, leur nombre augmente à nouveau. Certaines entreprises, la restauration collective ou la comptabilité ou le nettoyage, font appel à des salariés. Mais il y a place aussi pour des « patrons » travaillant en association ou avec quelques employés. Cette tendance devrait se confirmer.

▸ **Dans l'industrie, la montée des salariés a été le fait marquant depuis la deuxième moitié du XIXe siècle et tout au long du XXe.** Mais le mouvement est en train de s'inverser. De 38 % de la population active française non agricole, au début du XXe siècle, ils sont passés à 50 % au milieu des années 20 pour diminuer depuis cette date (28 % en 1990).

A la fin du XXe siècle, le nombre des « ouvriers » se réduit rapidement dans les pays très industrialisés. « Ce qui est machinal, de plus en plus la machine le fera ». D'où les transformations du travail qui s'accomplissent. Il se produira dans l'industrie, au sens étroit du terme, un mouvement comparable par son ampleur à celui qui a affecté les activités agricoles : une réduction massive des « actifs » qui y sont directement associés.

En revanche, le travail de formation, de préparation, d'accompagnement de vente, d'après-vente, appelle une main-d'œuvre de plus en plus nombreuse. Les passages d'une situation à une autre sont douloureux. Mais, si on peut les freiner par endroit, on ne les supprimera pas.

2. Ces grands mouvements s'accompagnent d'une mutation du « paysage du travail »

▸ **Les femmes étaient autrefois nombreuses à travailler dans les fermes ou les petits commerces.** Mais, on ne comptabilisait pas leur activité dans les statistiques. Désormais, elle l'est. Au début de la décennie 90, en France, 80 % des employés, 38 % des cadres et 21 % des ouvriers sont des femmes. Leur présence est plus sensible dans la fonction publique que dans l'économie marchande.

Plus de la moitié des femmes, en âge d'activité, sont au travail. Ce pourcentage est appelé à s'accroître.

► **La montée des qualifications a pour effet de gonfler la masse des gens que l'on appelle « cadres ».** Cette notion est française. Elle est liée au régime de retraite. Les « cadres » ont accès à des régimes de retraite complémentaire. Mais, dans tous les pays, et même si le mot n'existe pas, l'encadrement prend de plus en plus d'importance. Il en résulte à la fois un accroissement du nombre des gens mieux rémunérés, mais aussi une banalisation du titre de « cadre ». Le jour, s'il arrive, où tout le monde aura bénéficié d'une formation dite supérieure, tout le monde pourra se dire ou se croire cadre. Il n'est pas certain que les tensions sociales soient supprimées pour autant.

► **La tendance à la réduction du salariat au sens classique du terme est récente.** En France, les professions indépendantes ne connaissent pas de progrès apparents. Mais ils sont très nets dans les pays du nord de l'Europe, en Grande-Bretagne, aux États-Unis. Les activités nouvelles sont de plus en plus lancées par des « indépendants ». Cela dit, le salariat couvre toujours plus de 85 % des personnes qui ont – en France – un emploi en 1995. Il représente encore, et pour longtemps, la masse des gens au travail.

Cela explique l'importance des travaux qui lui sont consacrés et l'organisation sociale qui est élaborée en fonction de lui.

3. La nature du travail du salarié se modifie

En allant à l'essentiel, on peut considérer que le travail et son organisation ont connu – à l'époque « moderne » – trois grandes phases, les structures nouvelles coexistant avec de plus anciennes ou s'y superposant.

► **La première phase est celle du taylorisme[1].** Imaginé avant la Première Guerre mondiale, développé pendant cette guerre, il s'est répandu après la Seconde Guerre mondiale sur le monde dans les usines les plus évoluées. La plupart des anciens pays belligérants (sauf ceux du bloc communiste), aidés par les États-Unis, sont allés y copier les recettes de la réussite d'alors.

Le taylorisme est une méthode qui vise à augmenter la productivité (produire plus avec moins de capital et de travail) et qui a largement contribué à accroître la richesse des pays industriels.

Il est aujourd'hui critiqué. Mais, au moment de sa mise en œuvre, il représentait un progrès considérable. En décortiquant les tâches de chaque personne employée dans un atelier et dans une entreprise, il permet de la spécialiser et de

1. Voir *Mémoires de l'entreprise,* Michel Drancourt, Robert Laffont.

rendre son travail très efficace. L'image caricaturale du taylorisme vient du fait que toutes les machines et toutes les installations mécaniques n'avancent pas en même temps. Si la filature s'automatise beaucoup plus vite que le tissage, les hommes et les femmes du tissage sont contraints à travailler comme des machines pour combler la lacune. Le jour où le tissage s'automatise à son tour, les personnes qu'il employait ne sont plus nécessaires. Un travail jugé « mécanique » disparaît, mais le plein emploi qu'il favorisait aussi.

Le plein-emploi, tel que nous l'avons connu dans les années 50 et 60, est un moment assez exceptionnel de l'histoire économique. Celui de la rencontre d'une forte demande de produits industriels en période de développement ou de restructuration et d'un progrès inégal des machines.

Le taylorisme est en effet contemporain de l'avènement de la société de consommation. Il s'agit dans ce cadre de produire massivement, de façon à livrer des produits standardisés à des salariés solvables (la standardisation consistant à banaliser des produits et services autrefois réservés à quelques-uns). Les entreprises font alors la course pour élargir leurs parts de marché. Pressées de répondre à la demande et souhaitant s'assurer la maîtrise de l'ensemble de la production les concernant, elles développent une politique d'intégration allant de la fabrication de l'acier au montage des automobiles, comme ce fut le cas de Ford ou de Renault autrefois.

La décomposition des tâches exige une organisation hiérarchique dans laquelle le rôle de chacun est clairement défini. L'encadrement joue un rôle important de définition des tâches – il est détenteur du savoir et du savoir-faire – et de contrôle. Les entreprises deviennent de plus en plus importantes, les sièges sociaux ressemblent à d'énormes châteaux forts et traduisent en direction de l'extérieur une sorte de volonté de puissance.

Mais le taylorisme n'exclut pas les progrès humains et sociaux, le développement des relations humaines, le souci d'attacher à l'entreprise le personnel qui contribue le plus à sa réussite.

L'avènement de l'informatique, celui des « gros ordinateurs », permettra de le renforcer en facilitant la diffusion des informations et la précision des contrôles.

Le taylorisme n'a donc pas disparu. On en trouve encore de nombreuses traces dans les pays très industrialisés, soit dans des activités proches des administrations, du type assurances ou Sécurité sociale, soit dans des activités où l'automatisation totale est impossible, pour l'instant – par exemple dans certains ateliers automobiles. Mais on en trouve surtout des applications dans les pays en développement où les bas coûts de main-d'œuvre, et la masse considérable des demandeurs d'emploi, conduisent à préférer dans de nombreuses activités la main-d'œuvre à la machine.

Le taylorisme, avec ses inconvénients et ses avantages (un salaire relativement régulier, un emploi relativement garanti ou aisé à trouver), n'est cependant plus la dominante de l'organisation du travail.

▸ **La deuxième phase est celle du toyotisme.** Elle a démarré au Japon, aux lendemains de la Deuxième Guerre mondiale, quand les Japonais ont décidé de s'affirmer par la réussite économique et non plus par la conquête militaire.

Le patron fondateur de Toyota (Toyoda), aidé d'un conseil en organisation (Taiichi Ohno), constata qu'il ne pourrait jamais rivaliser avec les gros producteurs automobiles américains fortement équipés, capables d'amortir les équipements sur des séries de production massives et longues. Ils imaginèrent alors de produire des séries plus courtes de voitures en faisant varier les modèles pour s'insérer plus facilement dans des créneaux de marché, soit de prix, soit de modèles, laissés libres par les « grands ».

S'inspirant, ainsi que d'autres industriels japonais, des méthodes d'organisation du zéro-stock, déjà en honneur dans les supermarchés américains (eux-mêmes ayant copié les méthodes mises en œuvre dans l'aéronautique pendant la guerre), ils développèrent des techniques de réduction des stocks et des délais. Ils y ajoutèrent un souci permanent de qualité (la qualité s'entendant comme le service que peut attendre un client pour un prix donné).

L'application de ce nouveau type d'organisation exigeait une plus grande participation des ouvriers sur le terrain, de même qu'une plus grande souplesse des services commerciaux. Les salariés japonais, en général bien formés, ont été associés à l'organisation et se sont adaptés à sa flexibilité.

L'exemple japonais, du fait de la réussite des entreprises japonaises dans quelques domaines porteurs (automobile, électronique grand public notamment), fit progressivement le tour du monde.

C'est au début des années 80 qu'il toucha la France avec le développement de missions d'études au Japon (toujours dans les mêmes entreprises, il est vrai), des cercles de qualité et de l'adoption progressive des méthodes de fabrication tendant à varier les modèles produits et à accélérer partout la rotation des stocks.

Dans un tel système, l'opérateur et opératrice (termes qui, symboliquement, ont remplacé ceux d'ouvrier et d'ouvrière) ne sont plus des personnes interchangeables sans préparation. Ils assument une responsabilité directe et participent plus que par les simples gestes de leurs travail à la réussite de leur entreprise : il faut qu'ils en soient solidaires.

Le toyotisme s'accompagne donc d'une politique de « culture d'entreprise » destinée à créer ou développer un patriotisme de groupe. Il existait déjà dans bien des entreprises tayloriennes. Elles n'ont pas attendu les Japonais pour développer chez leurs salariés des sentiments de fierté. On se sentait « Peugeot », « Citroën », « Wendel » ou « Télémécanique » avant que Matsushita fasse chanter, tous les matins, par ses salariés l'hymne de l'entreprise.

Mais la culture d'entreprise devenait, dans le schéma de travail toyotiste, indispensable au succès de l'entreprise. D'où les efforts importants menés par de nombreuses entreprises pour s'attacher leur personnel par des politiques de participation. D'où aussi le souci de multiplier le nombre des personnes se sentant responsables non seulement de la qualité de leur propre travail, mais de celle de l'entreprise elle-même.

Le toyotisme n'a pas terminé son cycle de développement. Mais, alors même que de nombreuses entreprises sont encore en train de le découvrir, nous sommes rentrés dans une troisième phase de l'organisation du travail.

▸ **La troisième phase en cours de démarrage est marquée par la haute technologie** (le terme américain *high-tech* est plus imaginé). Il s'applique surtout dans les entreprises qui produisent et vendent des systèmes et des produits très élaborés. Mais il gagne des activités plus classiques, surtout celles qui sont en prise directe avec les clients.

L'organisation du travail se réalise autour de projets. Ce fut le cas de la **Twingo** de Renault qui est devenue – en France – un cas d'école. Pour lancer une voiture inédite, il s'agit de faire travailler ensemble tous les services concernés. Il faut donc dépasser les querelles de frontières entre les concepteurs, les carrossiers, les financiers. Les relations ne sont pas hiérarchiques, mais transversales. Une fois le projet concrétisé, il faut une mobilisation de tous les acteurs concernés. Après le lancement réussi, le projet retombe dans le lot commun, mais des habitudes nouvelles sont nées. Comme dans de nombreuses activités, il convient de renouveler en permanence les produits et les services offerts, la méthode de travail par projet se répand.

La réorganisation constante devient un mode de gestion. Comme le dit en substance Andy Grove, le patron d'Intel, dans plusieurs de ses déclarations : « Il ne s'agit pas d'une réorganisation traditionnelle, généralement lourde. Les gens chez Intel ont des responsabilités précises, continuent à diriger ou faire vivre des départements. Mais, dans une compagnie organisée autour de projets *(task-force)*, l'organisation ressemble plus à une combinaison d'équipes qu'à une hiérarchie verticale clairement définie. »

Dans cette nouvelle forme de travail, la compétence des acteurs est un atout déterminant. Elle est la traduction concrète du terme « d'économie de savoir », le savoir (avec le caractère) étant la donnée majeure de la compétitivité. Cette exigence se retrouve à tous les niveaux. Dès lors que les salariés sont aptes à naviguer à l'aise dans le changement, la communication interne libre joue un rôle essentiel. Le savoir n'est plus concentré dans les hauts niveaux hiérarchiques. Il est fait pour être diffusé. Les réseaux informatiques y contribuent. Le courrier électronique devient l'un des outils de l'organisation des entreprises. La firme Hewlett Packard a d'ailleurs inventé dès les années 50 la formule : « Diriger en déambulant tout autour. »

Dans ces conditions, le recrutement prend une importance considérable. La sélection est impitoyable. C'est un des aspects de l'évolution du travail. Il est très positif pour ceux et celles qui sont aptes aux nouvelles donnes de l'organisation. Il est inquiétant pour ceux et celles qui sont seulement préparés à un travail « à l'ancienne ». On voit donc se dessiner une structure de travail avec des centres d'impulsion majeurs et une multiplicité d'entreprises qui les entourent pour accomplir les tâches plus classiques. Mais, même celles-là, sont tenues de s'adapter au mouvement.

Plutôt que de construire comme autrefois des entreprises autour d'un puissant siège social, la tendance est de fragmenter l'entreprise en équipes restreintes complémentaires. Des rapports de sous-traitance on passe à la **« coopétition ».** Le terme est attribué à Ray Noorda, le président de Norvell, qui a transformé une petite entreprise de matériel informatique en une grande firme d'éditions de logiciels.

L'idée est la suivante : l'intérêt éclairé d'une entreprise est de coopérer avec ses rivaux les plus sérieux. Tout en différenciant leurs produits, ils partent de bases identiques. Cela se pratique de plus en plus dans les industries informatiques. Le mouvement est accentué par la pression permanente du marché. Pour répondre aux besoins d'une clientèle qui devient plus exigeante, il convient d'être en permanence à son écoute, de précéder aussi ses désirs, de répondre rapidement à ses appels. Il est évident que l'adaptation est plus aisée dans les firmes récentes que dans les structures anciennes comme celle de General Motors, lequel fait d'ailleurs des efforts considérables pour rester dans le vent.

Mais ces transformations contribuent à créer un climat de remise en cause permanente des habitudes. L'époque des entreprises dans lesquelles on entrait à 18 ans pour en sortir à 60 ans, après y avoir « fait carrière » plus ou moins bien, est révolue.

Les changements de structure en sont l'une des manifestations les plus spectaculaires, mais aussi les plus douloureuses, pour ceux qui sont largués en route.

4. Ces transformations bouleversent les rapports sociaux

La plupart des règles qui régissent les rapports sociaux ont été conçues et mises en application à l'époque taylorienne. Il s'agissait alors de donner aux salariés, soumis aux disciplines du moment, des garanties en matière d'emploi et de protection sociale pour compenser le poids des organisations, la faiblesse des rémunérations des emplois à faible valeur ajoutée. Le législateur et les conventions collectives s'intéressaient aux grandes masses.

Déjà l'arrivée du toyotisme exigeait des ajustements qui se réalisaient souvent dans le cadre des entreprises. Les organisations syndicales, d'abord réticentes aux modifications de rémunération et d'avantages sociaux qui échappaient, s'y adaptaient progressivement.

Avec la poussée des nouvelles formes d'organisation du travail, on peut prévoir que les habitudes sociales européennes, qui sont inspirées de la politique Beveridge (ce ministre travailliste anglais qui a façonné le système de protection sociale de l'ère taylorienne pendant la Deuxième Guerre mondiale) vont être remises en question. Elles le seront d'autant plus que les Européens sont en concurrence avec des pays qui n'appliquent pas leurs lois sociales.

▸ **« Les entreprises sont faites pour créer de la richesse. Pas de l'emploi. »**
Cette phrase brutale a souvent été répétée dans les milieux patronaux en réponse aux injonctions des gouvernements successifs leur demandant d'embaucher des chômeurs.

En fait, les entreprises en créant de la richesse, contribuent à favoriser l'activité dont le développement diversifié engendre l'emploi. Lorsque le chômage s'étend, elles ne peuvent cependant pas se désintéresser de ses effets sur la demande des consommateurs et sur le climat social. Même si l'emploi n'est qu'une résultante de leur action, elles sont conduites à s'y intéresser.

Les approches sont différentes selon les pays. En gros, trois systèmes sont pratiqués dans le monde.

- **Le modèle américain : l'emploi considéré comme un marché.**

Quand les entreprises ont besoin de main-d'œuvre, elles embauchent. Quand, pour des raisons tenant à la conjoncture ou aux évolutions techniques, elles ont trop de main-d'œuvre, elles licencient.

Les rémunérations varient en fonction des besoins de main-d'œuvre. Le salaire minimal existe aux États-Unis, où il est faible, mais pas en Grande-Bretagne. Les écarts entre les salaires peuvent être importants. Certains spécialistes en informatique, en logistique, en techniques financières, par exemple, sont très sollicités ; le jour où ils sont plus nombreux à se présenter sur le marché, la prime à la rareté se réduit. Aucun salarié, fut-il à la tête d'une grosse entreprise, n'est assuré d'être encore à son poste dans huit jours ou un mois. C'est le système appliqué notamment aux États-Unis.

Sans doute faut-il nuancer la brutalité du tableau : les chefs d'entreprise ont une grande liberté pour embaucher ou licencier le nombre de travailleurs nécessaires à leur activité. Mais les accords avec les syndicats ont fini par imposer le principe : *derniers embauchés, premiers licenciés.* Le chef d'entreprise peut donc choisir **combien** de personnes il licencie, mais pas **qui** il licencie. De la même façon, la règle veut que l'entreprise, quand son activité redémarre, réembauche ceux qu'elle a licencié peu avant.

Pendant longtemps des salaires relativement élevés compensaient ces aléas de l'emploi. Ils incluaient en quelque sorte une assurance chômage. Depuis que l'économie américaine s'ouvre vraiment sur le monde (ce qui pour une bonne partie de ses entreprises est un fait récent, datant d'une décennie), la pression des coûts salariaux extérieurs s'exerce sur les coûts américains. Entre 1982 et 1990, les États-Unis, comme la plupart des grands pays industriels (à l'exception notoire de la France), ont connu quatre-vingt-dix mois de croissance consécutive et, cependant, de 1980 à 1990, le revenu disponible réel par ménage n'a augmenté que de 1 % (plus qu'en Allemagne ou en France, il est vrai, où ces revenus ont progressé respectivement de 0,7 et 0,6 %).

Brutal certes, le système à l'américaine conduit sur le long terme à une croissance de l'emploi. Entre 1965 et 1992, sur la base 100 = 1965, l'emploi est à l'indice 175 aux États-Unis, 140 au Japon, à peine 110 en Europe.

Autre façon de compter qui conduit au même constat, entre 1974 et 1991, les entreprises américaines ont créé 29,8 millions d'emplois privés, les entreprises européennes 3,1. Aux États-Unis, les emplois nouveaux sont surtout des emplois dans le système marchand. En Europe, la part des emplois non marchands (c'est-à-dire dans les administrations) est plus grande. Le résultat : un travailleur du secteur privé supporte en Amérique 1,55 personne (au Japon 1,05) alors qu'en Europe, il en supporte 2,05. En favorisant les emplois publics que l'on ne peut pas multiplier indéfiniment, l'Europe freine donc la croissance de l'emploi privé sur lequel pèse des charges lourdes et croissantes.

• **Le modèle japonais : l'emploi à vie modulé.**

Jusqu'à une période récente, les entreprises japonaises se vantaient de pratiquer l'emploi à vie et de faire travailler tout le monde. Au fur et à mesure que l'économie japonaise, longtemps protégée, s'ouvre à la concurrence extérieure, les plus grandes entreprises japonaises constatent que les licenciements font partie de la vie économique. Le système japonais reste cependant l'un de ceux qui assurent le mieux l'emploi, pour deux raisons.

D'une part, si quelques secteurs d'activités sont réellement internationaux, **l'essentiel de l'économie japonaise reste « nationale ».** Les producteurs ont longtemps dominé la distribution. Les prix des produits proposés aux Japonais sont plus élevés, dans bien des cas, que ceux de mêmes produits sur les marchés extérieurs (c'est la définition du *dumping*). Quand le yen se renchérit par rapport aux autres monnaies, et notamment au dollar, l'avantage se réduit. Mais le yen a été sous-évalué pendant des décennies, ce qui a permis d'entretenir de nombreux emplois de proximité ou de commodité.

Le deuxième secret, plus décisif, est le caractère variable des rémunérations. Les salaires varient en fonction de la conjoncture, surtout si l'entreprise est un petit sous-traitant. Dans les grandes firmes, les rémunérations se décomposent en un fixe et des primes. Quand les affaires vont moins bien, on supprime les primes et on maintient l'emploi. Au fur et à mesure que l'on descend dans l'échelle des sous-traitants de deuxième, troisième rang ou des entreprises ordinaires, les réductions de salaires sont plus rudes. En contrepartie, le Japon, des trois ensembles de la Triade, est celui où le pourcentage de la population au travail est le plus élevé : 51,8 % contre 40,2 % pour l'Europe et 46 % aux États-Unis en 1992. L'exemple japonais, même s'il ne se maintient pas totalement tend cependant à montrer que l'emploi est lié aux coûts salariaux. S'ils sont flexibles, la garantie de l'emploi est plus aisée. S'ils sont fixes ou croissants, elle est difficile à confirmer. C'est ce qui apparaît quand on examine le troisième système de l'emploi.

• **Les modèles européens : l'emploi et les ressources garanties.**

Le système soviétique garantissait l'emploi, mais avec un revenu médiocre et assez fréquemment un faux travail. Le système européen, dont la France n'a pas l'exclusivité, a pour ambition la garantie de l'emploi et celle aussi d'une rémunération d'un certain niveau, soit sous forme de salaire direct, soit sous forme de salaires « sociaux » indirects.

La pratique du salaire minimal est assez générale en Europe. Les licenciements sont possibles, mais après maintes procédures. Tout se passe comme si, appuyés par les organisations syndicales, les salariés en place cherchaient à protéger leurs droits, quitte à faire payer par les entreprises et les contribuables les ressources nécessaires à l'indemnisation des chômeurs. Par ailleurs, en raison de l'importance plus grande en Europe des emplois dans les administrations, plus durables que les autres, une partie de l'opinion ne se sent pas directement concernée par les phénomènes du chômage.

Les rigidités salariales et les réglementations relatives à l'emploi freinent les embauches, même quand la conjoncture est plus favorable. En revanche, le travail noir se répand, signe d'un dérèglement du système qui ne trouve son équilibre que dans l'illégalité.

Face à ces réalités, quelles sont les perspectives relatives à l'emploi telles que peuvent les percevoir les entreprises ? Un mot les résume : le souci de la flexibilité.

Ce souci se manifeste, notamment en France, par :

— la recherche d'une adaptation des horaires de travail aux évolutions du marché. Dans de nombreuses activités (loisirs, jouets, boissons, textile, par exemple) les entreprises, dont certaines mettent en application l'idée du travail annuel, ont le souci d'accorder le temps de travail aux variations de la demande ;
— la recherche d'une pleine exploitation des outils. Les investissements coûtent très cher. Les entreprises ont donc le souci de faire tourner les machines jour et nuit, la semaine et le week-end. D'où des accords qui se multiplient dans certains secteurs d'activités et dans de nombreuses entreprises. Ils consistent à négocier une réduction générale du temps de travail en contrepartie d'aménagements permettant une présence d'une partie du personnel à tout moment. C'est ainsi, notamment, que se négocient les réductions du temps de travail dans une partie de l'industrie allemande, notamment chez Volkswagen ;
— le recours au chômage technique. Dans les phases d'affaissement de la conjoncture, les entreprises décident des périodes de chômage technique qui permettent de maintenir les effectifs tout en réduisant les coûts ;
— le recours de plus en plus fréquent au travail temporaire. C'est particulièrement vrai en France. En raison des rigidités et de la crainte des difficultés de réduction du personnel, les entreprises ont de plus en plus recours au travail à durée déterminée. L'essentiel des embauches s'opère désormais de cette manière. D'où les tensions fréquentes entre les directions et les syndicats qui souhaitent périodiquement, y compris dans la fonction publique, l'intégration des temporaires comme salariés à durée indéterminée.

Dans ce cadre, le problème posé est évidemment celui de la continuité des revenus. Il est surtout celui de la protection sociale.

▸ **La protection sociale est à redéfinir.**

Les aides et les protections sociales se décomposent en assurances et en redistribution sociale. Elles sont, en France, financées essentiellement par les entreprises, soit directement, soit sous forme de salaires indirects. Ces dernières souhaitent réduire les charges qui pèsent ainsi sur les coûts salariés en distinguant la partie assurance et la partie redistribution. La première serait prise en charge par les salariés eux-mêmes et la deuxième à la charge de l'État, c'est-à-dire de l'impôt.

Cette orientation qui s'explique par le poids considérable des charges sociales en Europe, lequel est souvent un frein à la compétitivité, provoque une série de tensions :

— des tensions résultant de la mise en question d'un système dans lequel les syndicats, dont les représentants dirigent les organismes de gestion sociale, jouent un rôle important ;
— des tensions politiques en raison de la hausse de la fiscalité qui risque d'en résulter et des difficultés de la répartir équitablement.

L'adaptation fiscale est plus aisée dans les économies où l'impôt sur le revenu est largement réparti. Il l'est moins dans des pays comme la France où près de la moitié des foyers fiscaux n'y sont pas soumis. La difficulté est d'autant plus grande que les impôts d'État et les impôts sociaux ne sont pas les seuls. Les impôts locaux, qui incluent un fort pourcentage consacré aux aides sociales, sont en forte hausse. Des formules nouvelles comme la contribution sociale généralisée (CSG) permettent en fait de recréer un impôt général sur le revenu concernant tous les ménages. Certains préfèrent la TVA frappant la consommation.

De toute manière, des changements sont à prévoir, en France et ailleurs, qui n'iront pas sans débats et sans protestations. Elles seront d'autant plus importantes que les salariés se divisent en deux classes :

— celle des salariés des activités et des entreprises soumises à la concurrence mondiale, donc les plus sujettes aux aléas de l'emploi ;
— celle des salariés travaillant dans des secteurs publics et dans des « secteurs protégés », peu enclins à abandonner leurs droits et à contribuer, notamment par l'impôt, à la prise en compte des exigences de la compétition.

Les organisations syndicales après avoir joué surtout un rôle dans la répartition des bénéfices de la croissance subiront les effets de ces changements.

▶ **Le rôle des organisations syndicales est contesté.**

Les organisations syndicales sont nées à l'époque de la montée du salariat industriel. Les organisations patronales étaient leur partenaire naturel.

Pour retrouver un rôle général, les syndicats sont obligés aujourd'hui de redéfinir leur pouvoir. Il reste important dans le secteur public où ils sont capables de paralyser le fonctionnement de la société par des grèves. Mais ces actions sont purement contestataires et dépassent le cadre de l'entreprise.

On verra sans doute dans l'avenir une nouvelle approche du rôle syndical. Il s'agira d'assurer le maintien de garanties sociales essentielles en dépit des transformations économiques. Il s'agira aussi de participer plus activement à la répartition des bénéfices de la croissance entre la part qui ira aux salariés, aux consommateurs et aux actionnaires. Comme les syndicats, dans de nombreux pays, sont parties prenantes des résultats des entreprises au travers des fonds de pension, ils auront à choisir entre le maintien des « droits acquis » et l'ampleur des résultats des entreprises.

Quant aux organisations patronales, elles étaient puissantes à l'époque où le poids des entreprises, y compris les plus grandes, était limité. Elles se trouvent en face d'adhérents dont les uns – les grandes entreprises – développent leurs actions dans le monde entier et d'autres, plus petites, n'ont pas nécessairement la même approche.

Début 1995, à l'initiative du patronat, une réflexion d'ensemble a été engagée en France pour examiner dans quelle mesure une société comme la société française peut s'inspirer des négociations collectives de type allemand qui donnent aux partenaires sociaux un poids plus grand vis-à-vis de l'État.

V. Les fournisseurs

Parmi les acteurs de l'entreprise, on oublie généralement les entreprises elles-mêmes qui peuvent être fournisseurs d'autres entreprises. Une bonne partie des échanges économiques, techniques et commerciaux se font entre des entreprises. Dans le compte d'exploitation, les achats pèsent lourdement, de 30 à 50 % souvent. Dans une automobile Peugeot, 68 % des pièces et composants viennent de fournisseurs extérieurs. Il y a vingt ans le pourcentage était de 40 %. Il en va de même pour la plupart des constructeurs.

Les entreprises passent de l'intégration à la spécialisation, de la production en vastes unités à la production en établissements variés qui représentent un réseau souple.

Dans ces conditions, l'efficacité de chaque entreprise, et celle de l'économie en général, dépendent, dans une large mesure, du tissu industriel et des services. Pour bien fonctionner, l'entreprise a besoin de services financiers – on l'a vu –, juridiques, techniques, d'organisation... L'une des difficultés de l'aménagement du territoire et du développement résulte de cette exigence. Il est difficile de faire tourner une usine, un bureau, un laboratoire, dans un désert économique. Les liaisons informatiques et téléphoniques ne suffisent pas. Il faut des contacts directs et une certaine densité d'activités. C'est l'une des raisons pour lesquelles le recours aux fournisseurs lointains et les politiques de délocalisation ont des limites.

1. La transformation du rôle des fournisseurs modifie la structure des entreprises

Dans les premières phases du développement d'une économie, les fournisseurs sont rares. Pour être assurées de répondre à la demande, les entreprises sont conduites à réaliser la plus grande part de production par elles-mêmes. C'est ce qui s'est passé en Europe et aux États-Unis au XIXe siècle et dans la première partie du XXe siècle. C'est ce qui se passe dans des régions comme la Corée ou dans les zones de développement de l'ex-Union soviétique où les Combinats vont jusqu'à acheter des Kolkhozes pour assurer l'alimentation de leurs salariés.

Mais au fur et à mesure que l'économie progresse, les clients deviennent plus exigeants, la concurrence s'avive, les entreprises sont tenues de serrer leurs prix de revient. Il apparaît alors que maintes productions coûtent plus cher lorsqu'elles sont intégrées que lorsqu'elles sont acquises à l'extérieur. Quand un service interne fournit une prestation, son coût n'est pas toujours bien calculé en raison des difficultés de répartition des frais généraux, des statuts des salariés (dans les charbonnages, le statut du mineur de fond s'appliquait dans une large mesure aux employés aux écritures qui n'étaient pas soumis aux mêmes contraintes) et des habitudes prises. Le bon management consiste à concentrer les efforts, les moyens en argent et en talents sur les vrais métiers de l'entreprise. Toutes les fournitures et toutes les prestations qui n'en relèvent pas directement peuvent être acquises à l'extérieur.

Comme on l'a vu, l'organisation de l'entreprise en réseau ou en trèfle – d'autres parlent de grappes[1] : le noyau dur du métier, la feuille des fournisseurs essentiels, la feuille des fournisseurs épisodiques ou plus lointains –, permet plus de souplesse dans la production. C'est ainsi que travaillent depuis longtemps les entreprises publicitaires, les producteurs de films, voire des journaux ou des chaînes de télévision. TF1 n'a guère plus de 1 200 salariés, en 1995, pour un chiffre d'affaires global de 8 milliards de francs, ce qui représente un chiffre considérable par salarié (6,5 millions alors que la moyenne du chiffre d'affaires par tête de salarié et par an, dans ce type d'entreprise, est de l'ordre d'un million). Il ne s'explique que par l'importance des travaux sous-traités.

La loi qu'Adam Smith appliquait aux nations qui se spécialisent sur leurs atouts majeurs s'applique, en fait, aux entreprises. On s'oriente donc vers une société économique de spécialistes. Seuls de grands groupes financiers peuvent coiffer des métiers différents, mais dont chacun est mis en œuvre dans une société bien personnalisée. Ainsi, dans des groupes comme Saint-Gobain qui couvre aussi bien le verre plat que les céramiques, chacun des secteurs représente une entité qui, à la limite, pourrait vivre seule.

La recherche de la rentabilité, qui passe par la productivité, conduit également, dans la foulée de la spécialisation, à accorder aux achats une grande importance dans l'organisation des entreprises.

2. La fonction achat et la sous-traitance deviennent décisives

Pendant longtemps, la fonction achat était considérée, dans les entreprises, comme mineure. On ne faisait pas carrière dans les achats, contrairement à la

1. *L'entreprise post-hiérarchique,* D. Quinn Miles, InterÉditions, 1994.

finance ou au marketing. Aujourd'hui la fonction achat est de plus en plus valorisée. Les résultats d'une entreprise performante sont de l'ordre de 5 %, dans la distribution de 2 %. On comprend qu'un gain sur les achats, s'ils représentent 30 % et *a fortiori* 50 % du chiffre d'affaires, puisse avoir des conséquences significatives sur le résultat d'ensemble. Les firmes portent donc aux achats une attention de plus en plus grande.

▸ **La première réaction des entreprises a été la course aux prix les plus bas.** Elles cherchaient systématiquement les fournisseurs les moins chers. Cela les a conduites à les prendre un peu partout, y compris loin de leur implantation principale. Mais cette politique n'a pas toujours eu des résultats heureux. Les Américains, par exemple, après avoir misé sur les producteurs de composants taiwanais ont fini par se rapprocher de fournisseurs américains plus fiables. Les fournisseurs lointains présentent en effet souvent des avantages de coûts, mais pas nécessairement de qualité. D'où le développement des politiques de normes exigées de toutes les entreprises contribuant à la réalisation d'un produit ou d'un service. Les normes sont de plus en plus internationales. Pour les obtenir, les entreprises sont tenues à une sorte d'examen de passage, très contraignant, et à des révisions permanentes.

▸ **Les exigences de qualité entraînent une modification des rapports entre passeurs d'ordre et sous-traitants.** Les passeurs d'ordre sont amenés à associer les entreprises susceptibles de travailler avec eux pour la mise au point de nouveaux produits. Dans l'automobile, par exemple, les sous-traitants sont associés à la mise au point de nouveaux modèles. Ils peuvent suggérer des modifications dans l'intérêt commun. De plus en plus ils livrent non pas un produit, un pare-brise ou un frein, mais des ensembles : un pare-brise avec les systèmes de désembuage, voire les essuie-glaces. A leur tour, ils se retournent vers leurs propres fournisseurs pour vérifier la qualité de leurs produits et recueillir aussi leurs suggestions. A chaque modèle, de nouveaux candidats sont sollicités : les positions ne sont jamais acquises et le souci de coordination n'exclut pas la concurrence.

▸ **Les économies les plus dynamiques sont celles où les liens interentreprises sont le mieux organisés.** Cela a longtemps été le cas en Allemagne et au Japon. Les entreprises américaines ont réalisé récemment de grands progrès en la matière. Le prix faible de leurs voitures, par exemple, si on le compare à celui des voitures européennes, est la conséquence de cette politique. Une fois les sous-traitants désignés, les constructeurs leur passent des commandes importantes qui permettent un abaissement significatif des coûts. En Europe, le souci de singulariser les modèles joue en sens contraire. On ne tire pas suffisamment parti des opportunités de la standardisation. Mais on y vient. Ce sont les mêmes usines qui fabriquent les moteurs à forte capacité pour Peugeot, Renault ou Volvo.

3. Un tissu d'industries et de services denses est indispensable à l'épanouissement des entreprises

L'une des raisons du poids économique de la région parisienne vient de la densité des entreprises. La présence de l'industrie automobile entraîne celle de nombreux sous-traitants. Les spécialistes de traitement de surface sont obligés d'être à quelques heures de leurs clients. Si ceux-ci déménagent, ils sont obligés de suivre. C'est un des obstacles à la décentralisation, l'une des raisons pour lesquelles elle ne peut pas se réaliser par essaimage désordonné.

Mais les fournitures nationales ne sont qu'un des aspects du problème. Les centres d'activités qui se développent regroupent généralement des usines, des écoles, des laboratoires, des services multiples...

On parle beaucoup, pour qualifier notre époque, de société de services. Cela peut donner à penser que la production industrielle se réduit. Il n'en est rien. Elle augmente, mais elle fait travailler directement moins de monde. En revanche, elle soutient un nombre important d'entreprises grandes et petites, en plus des banques et sociétés financières. Il peut s'agir aussi bien de cabinets d'avocats (lesquels regroupent désormais des spécialistes variés), d'agences de publicité ou de communication, de sociétés de sondages, de marketing, de conseils en organisation. Cette énumération est loin d'épuiser la liste. Les professions juridiques et comptables prennent de plus en plus d'importance. Les lois sont de plus en plus nombreuses. L'internationalisation des affaires exige qu'elles s'adaptent aux règles des pays où elles produisent, des marchés sur lesquels elles vendent. Les différences de fiscalité et de change conduisent à gérer les flux de trésorerie et les investissements en essayant de tirer parti, au mieux des variantes.

Les professions de conseil s'internationalisent, de la même manière que les sous-traitants, comme leurs clients. Dans le domaine industriel, un Valéo (fourniture automobile) est présent sur les principaux marchés de l'automobile. Après avoir servi ses clients traditionnels, il s'adresse désormais à tous les autres, dans le monde entier. Dans le domaine des audits comptables, les grands groupes anglo-saxons ont d'abord accompagné leurs clients américains. Ils sont désormais présents partout et sont devenus les leaders de la profession en faisant valoir aux firmes qui s'internationalisent qu'ils sont déjà là où elles veulent s'implanter.

La compétitivité des entreprises dépend en partie du tissu de services des régions où elles opèrent. C'est ce qui amène à parler de la compétitivité des régions ou des pays. La place financière de Londres – la City – passe pour assurer de meilleurs services aux sociétés qui ont une position financière mondiale que les autres places européennes. Les ports de Rotterdam et d'Anvers cherchent à maintenir leur suprématie européenne en assurant tous les services nécessaires aux transports internationaux en même temps que la manutention aux meilleurs coûts.

Les services en général étaient, jusqu'à 1995, en dehors des accords du Gatt régissant les règles de concurrence mondiale. Depuis cette date, ils ont fait officiellement leur entrée dans l'organisation mondiale du commerce. Plus ou moins vite, les assurances, les transports maritimes, les transports aériens, les télécommunications, les activités « intellectuelles » seront beaucoup moins protégées qu'elles l'ont été pendant longtemps.

Pour que les fournisseurs, qu'ils soient industriels ou de services, puissent répondre à la demande des entreprises performantes, ils sont obligés de se mettre à leur niveau. S'ils n'y parviennent pas, les firmes s'adressent à d'autres fournisseurs et, si nécessaire, vont s'établir ailleurs.

On observe, dès à présent, que de grandes entreprises françaises négocient tous leurs contrats de transport aérien avec British Airways, Cathay Pacific ou d'autres, qui passent pour assurer des coûts moins élevés et des services plus fiables, moins soumis aux grèves, par exemple, que ceux d'autres compagnies.

La qualité des services aux entreprises est donc un facteur important de leur fonctionnement. Elle reste, pour l'heure, un des atouts des économies évoluées. Dans des pays en démarrage comme la Chine, ou au devenir incertain comme la Russie, habitués à vivre dans des systèmes dévoyés et bureaucratiques, sans référence au droit de propriété ou au droit des contrats qui est à la base des économies d'échange, l'absence de services et l'insuffisance de l'environnement juridique est un handicap lourd.

La présence de quelques grandes usines, sidérurgiques ou autres, ne suffit pas à l'industrialisation. Il faut tout l'accompagnement nécessaire au fonctionnement de firmes variées. La montée en importance des marchés asiatiques est certaine, mais les pays en développement feront sentir tout leur poids le jour seulement où le niveau de leur tissu industriel et de services se sera fortement élevé.

VI. L'État et les pouvoirs publics

L'État est un acteur important de la vie de l'entreprise. Il en est partenaire parce qu'il fixe le cadre de son action, fournit des services, participe, par la fiscalité, aux résultats.

En sens inverse, l'efficacité des entreprises dépend de la manière dont l'État, et plus généralement les pouvoirs publics régionaux, communaux, remplissent leur rôle vis-à-vis d'elles. Autrefois, on ne parlait que de la compétitivité des entreprises. Désormais, on parle aussi de celle des États.

1. L'État définit le cadre de l'action économique

► Il façonne d'abord l'environnement des entreprises par les règles générales qu'il édicte et les politiques qu'il mène.

En décidant, après 1981, de nationaliser les grands groupes français, le gouvernement français d'alors modifiait la nature du système économique. En privatisant, entre 1986 et 1988 et après 1993 les entreprises, les gouvernements de l'époque modifiaient à leur tour le cadre de l'action des entreprises.

Mais ce n'est pas seulement en agissant sur la propriété des entreprises que l'État définit leur orientation. De nombreuses lois et règlements exercent une influence profonde.

▸ L'encadrement de l'action des entreprises suppose aussi des règles au niveau régional ou local.

La décentralisation, dont l'intensité varie selon les pays, joue un grand rôle. Aux États-Unis, les lois, fiscales notamment, peuvent différer d'un État à l'autre. En Allemagne, les Länders ont une forte marge d'autonomie. En France, les régions disposent maintenant de certains pouvoirs en matière d'aide aux entreprises, les départements disposent de moyens plus importants. Quant aux communes, elles cherchent toutes à attirer de l'activité. Mais elles peuvent aussi les repousser par toute une série d'actions et la fixation de certains impôts (la taxe professionnelle notamment). Lorsque les entreprises ont à créer un nouvel établissement ou à installer une usine, elles examinent dans l'ordre d'importance :

— la disponibilité de main-d'œuvre formée, donc l'existence d'un bon niveau de formation ;
— le climat social, donc l'existence ou non de mouvements extrémistes hostiles aux entreprises, celle aussi – mais dans une mesure moindre – de mouvements écologistes particulièrement actifs ;
— la densité du tissu industriel et de services ;
— les moyens de communication qui permettent d'accéder aux marchés les plus intéressants et d'être en liaisons télématiques, aériennes, ferroviaires, routières, avec d'autres centres de décision ;
— la qualité de l'accueil et de l'environnement en matière d'habitat, de distraction, d'urbanisme ;
— le « petit rien » qui donnera à l'implantation sa couleur. Ainsi Akio Morita (le patron de Sony)[1] a-t-il été séduit, à côté de Ribeauvillé, en Alsace, par l'existence d'un petit vignoble sur le terrain que l'on proposait à son entreprise pour implanter un de ses ateliers.

▸ L'État peut aussi agir sur les entreprises en prenant une part directe dans l'économie.

Il peut le faire en intervenant directement dans certaines industries jugées nécessaires pour le développement du pays, comme il l'a fait en France et en bien d'autres pays pour le téléphone. De même, sans actions publiques françaises et européennes, l'industrie aéronautique européenne n'aurait jamais pu se poser en rivale de l'industrie aéronautique américaine (Airbus contre Boeing).

Il peut le faire en favorisant une politique protectionniste de fait, ce qui est le

1. Qui a pris sa retraite en 1995.

cas du Japon qui est officiellement le pays où les droits de douane sont les plus faibles. Mais, il est aussi l'un de ceux où les administrations interviennent le plus pour limiter l'entrée de produits étrangers sous des prétextes variés allant de l'environnement aux traditions.

Il peut enfin mener des politiques volontaristes de développement, ce qui a pu être le cas français mais ce qui a bien réussi à de petits États comme Singapour, qui sont en fait des régions soumises à une sorte de despotisme éclairé se mettant tout entière au service de l'industrialisation.

▸ **L'Europe et l'internationalisation modifient le cadre d'action des entreprises.**

• La constitution d'une **Communauté européenne,** et maintenant d'une **Union européenne,** conduit à changer le cadre d'actions des entreprises. Le Marché commun a son droit. La Commission de Bruxelles met en œuvre des règles, notamment en matière de concurrence, qui élargissent le champ des échanges. L'existence d'une cour juridique de Luxembourg permet aux entreprises (et aux particuliers) de plaider au nom de règles nouvelles contre celles qui étaient pratiquées dans leur région d'origine. En principe, le droit européen s'impose partout en Europe.

La recherche d'une monnaie unique (traité de Maastricht) impose aux États des contraintes en matière budgétaire et monétaire qui finissent par exercer une influence sur l'ensemble des activités.

• Les **organisations internationales** développent leur influence, en dépit d'obstacles nombreux. Le Fonds monétaire international qui intervient pour aider les pays en faillite leur impose des règles dans le domaine budgétaire et de balance extérieure. La Banque mondiale accorde ses prêts en contrepartie du respect de certaines règles de condition de travail, de liberté des échanges, de recherche de rentabilité du système économique. Le Gatt a établi des règles générales en matière tarifaire, réduction des droits de douane et des contingents. L'Organisation mondiale du commerce qui lui fait suite a pour mission, en plus, de réduire les protections indirectes. D'autres initiatives sont en négociation, notamment en matière d'environnement, de droit du travail, de protection sociale.

Les obligations qui en résultent s'appliquent plus ou moins bien, mais progressivement elles contribuent au développement des échanges et des économies. Les entreprises sont tenues de les connaître et de s'y soumettre.

A l'intérieur du cadre international se multiplient les structures régionales. L'Europe n'est plus la seule. Les États-Unis, le Canada et le Mexique constituent l'Alena qui est zone d'échanges spécifique ; en Asie, l'Asean réunit Taiwan, Singapour, l'Indonésie, la Malaisie, les Philippines, Brunei. Des pays d'Amérique latine sont à la recherche d'accords identiques. Les accords de Vinograd ont pour ambition de regrouper une partie des anciens pays communistes de l'Europe de l'Est.

D'autres initiatives seront prises dans les prochaines années.

• Le **cadre national,** pour important qu'il reste, sera imbriqué dans un ensemble qui le dépasse. Les entreprises doivent être attentives aux données mouvantes de leur environnement. Mais, en contrepartie, elles disposent d'une plus grande liberté de choix d'implantation. Les entreprises allemandes, excédées par certaines exagérations écologistes, ont implanté leurs laboratoires biologiques ou chimiques aux États-Unis. Le désir d'échapper à des règles trop contraignantes n'est pas le seul motif de délocalisation de certaines activités dans le domaine informatique, elles choisissent de se rapprocher de centres de recherche américains ou japonais. Lorsqu'elles s'intéressent au traitement du papier et de l'énergie, elles passent des accords avec des Suédois ou des Finlandais.

Pour attirer les entreprises ou les maintenir dans leur orbite, les États ont donc intérêt à n'être pas seulement des créateurs de lois, mais aussi des fournisseurs de services.

2. L'État et les collectivités locales sont également fournisseurs des services nécessaires au fonctionnement des entreprises

Parmi ceux-ci, certains sont anciens : ils vont de la sécurité à la paix, en passant par la justice ou l'éducation. Il est évident que les entreprises, comme les citoyens, attendent de l'État et des collectivités publiques qu'ils assurent la sécurité des personnes et des biens. Quant à la justice et au système juridique, la vie économique est marquée par une montée significative du **droit.**

Ce phénomène[1] est lié à l'internationalisation croissante de la vie des affaires, au progrès de la construction européenne, à la substitution, aux mécanismes de l'économie administrative, d'une politique de libéralisation, de déréglementation, de régulation par le marché ainsi qu'à une demande croissante d'arbitrage juridique. La période est marquée, on l'a vu, par une diversité accrue des sources du droit.

Les lieux de production de règles se multiplient, y compris au sein d'un pays. Elles n'émanent pas seulement du Parlement, mais – dans le cas français – de la COB (Commission des opérations de bourse), du Conseil de la concurrence, du CSA (audiovisuel) et des juridictions. Il en résulte une complication juridique. L'État a donc, outre ses missions traditionnelles en matière de droit, à se préoccuper :

— d'élaborer un droit clair, adapté aux réalités ;
— de garantir réellement le respect du droit et des contrats ;
— d'assurer l'efficacité et l'intégrité des marchés ;
— de fournir aux entreprises des interlocuteurs juridiques (juges, « régulateurs ») expérimentés et impartiaux ;
— de concilier l'impératif de sécurité juridique avec celui de la souplesse nécessaire pour tenir compte des évolutions.

1. Voir *Pour un État moderne,* Institut de l'Entreprise, Yves Cannac (Commentaires-Plon, 1993).

En matière de **formation,** l'État et les collectivités locales doivent répondre aux exigences d'une formation générale permettant à chacun d'évoluer à l'aise dans la société moderne. Mais il a aussi pour devoir de faire que la formation réponde aux besoins des entreprises. Il ne s'agit pas seulement du contenu des programmes, mais aussi des qualités nécessaires dans le travail et l'organisation des activités. De même, la recherche, tout en gardant son caractère libre et imaginatif, ne doit pas ignorer les données de la compétition économique.

Par ailleurs, l'État est aussi devenu fournisseur de **services de base.** En France, les grandes entreprises nationales (GEN) comme Air France, les Charbonnages, EDF, GDF, RATP, Postes-Télécommunications, SNCF, représentaient, en 1988, une valeur ajoutée de 323 milliards de francs, un effectif salarié de plus d'un million de personnes, assurant 5,7 % du PIB contre 4,5 % en 1973. Elles comptent beaucoup dans les investissements (près de 15 % des investissements industriels).

Si l'on met à part les Charbonnages et les transports par fer qui déclinent, les services fournis augmentent en importance. Les collectivités subventionnent les transports en commun. L'État et les collectivités sont en plus en charge du réseau routier. Il est maître des réseaux de communication. Le niveau d'efficacité des services rendus contribue beaucoup à celui des entreprises.

Au-delà de toutes ces observations, il faut ajouter que ce qu'attendent avant tout les entreprises de l'État, ce ne sont pas des aides et des subventions, même si certaines n'y sont pas insensibles, c'est **« l'État de droit ».**

Comme l'écrit Yves Cannac dans *Pour un État moderne*[1] : « L'état de droit suppose un État de droit, c'est-à-dire une autorité publique qui s'assigne la responsabilité de faire régner le droit et pour cela s'y soumettre elle-même... L'exigence d'un état de droit implique que l'État voit dans le droit non pas un simple outil de commandement à sa disposition, mais un ensemble de principes d'ordre supérieur dont il doit être le serviteur et auxquels il doit lui-même se conformer. »

Selon que l'état de droit progresse ou non dans un pays ou une région du monde, le développement économique basé sur l'action de personnes et des entreprises a plus ou moins de chances de se réaliser. C'est un des aspects majeurs de la compétitivité entre États.

3. L'État influence la vie économique par la fiscalité

Directement par les impôts qu'elles paient ou dont elles sont les collecteurs (la Taxe à la valeur ajoutée notamment), les entreprises sont associées à la vie, au fonctionnement et aux dépenses de l'État, tandis que celui-ci et les collectivités publiques sont leurs partenaires directs.

Les prélèvements français – fiscaux et sociaux – sont parmi les plus élevés du

1. *Op. cit.*

monde. Ils ne cessent de croître même s'ils semblent plafonner par moments. De 39 % du PIB en 1975, ils sont passés à plus de 55 % (ils sont au Japon et aux États-Unis de l'ordre de 30 %). Même si les spécialistes débattent pour déterminer avec précision les chiffres, la réalité est la progression et le poids des prélèvements français.

La France est championne d'Europe pour l'impôt sur le revenu (si on ajoute l'impôt sur le revenu payé par quelques-uns et l'impôt de cotisation sociale payé sur tous les salaires), les impôts sur la consommation. Elle est en deuxième position derrière le Japon pour l'impôt sur les successions. En revanche, les impôts payés par les entreprises sont inférieurs à ceux qui pèsent sur les entreprises japonaises et anglaises, mais supérieurs à ceux qui pèsent sur les américaines et les allemandes.

La contrepartie est évidemment l'importance des dépenses des administrations et celle des transferts sociaux. On est en droit, dans ces conditions, de s'interroger sur l'efficacité des administrations. Contribuent-elles plus que d'autres à assurer les services des citoyens, des entreprises ? Le système social est-il plus efficace que d'autres par les protections qu'il assure ? Est-il efficace en matière d'emploi ?

Autant de questions qui n'ont pas fini d'alimenter les discussions politiques et que l'on retrouve dans bien d'autres pays.

Quant aux entreprises, en France comme partout, « elles attendent de l'État par sa façon d'exercer ses responsabilités propres, qu'il crée des conditions générales d'environnement favorable à l'essor industriel – prélèvements moins lourds, législation plus simple, plus établie et plus souple – notamment en matière fiscale, sociale et commerciale, infrastructures permettant une meilleure utilisation de l'espace, système d'enseignement plus performant » (Yves Cannac, *Pour un État moderne*).

9

A nouvelle économie mondiale, nouvelle entreprise

LE NOUVEAU MANAGEMENT

Le management, ou la manière de fixer la stratégie des entreprises et de mettre en place l'organisation qui permette de les réaliser, évolue avec le temps.

Il existe cependant à la base du fonctionnement des entreprises quelques règles qui traversent les époques. Les variations des méthodes du management sont des adaptations aux exigences du moment et aux changements des mentalités.

Nous nous intéresserons successivement aux principes de base du management, aux évolutions de ses pratiques depuis une quarantaine d'années en esquissant ses prochaines étapes et, enfin, aux différentes formes de capitalisme qui sont en concurrence dans le monde.

I. Les principes de base

Curieusement, il est rare qu'on les trouve énoncés dans un manuel ou dans un livre spécialisé.

Essentiels, ils sont au nombre de trois.

1. Une entreprise doit dégager plus de richesses qu'elle n'en consomme

C'est la règle sacro-sainte. Sans rentabilité, pas d'avenir. Il peut arriver que des entreprises traversent des passes difficiles. Il leur faut, dans cette période, trouver les moyens de survivre par des crédits, ou en puisant dans leurs ressources propres. Sans redressement elles sont condamnées.

Ce principe est plus souvent mis en cause que le bon sens le laisserait supposer.

Des salariés ont pu, en 1981, saluer la nationalisation en s'imaginant qu'elle permettrait d'échapper à cette loi d'airain. De même, l'attachement de certains syndicats ou de certains dirigeants à des entreprises qui ne subsistent qu'à coups de subventions a pour raison d'être non pas le service public – qui est souvent mis en avant –, mais la possibilité de vivre sans se soumettre aux règles, rudes, de la rentabilité.

L'exigence de dégager plus de richesses que l'on en consomme entraîne toute une série de conséquences sur le fonctionnement des entreprises. Par exemple :

— Les activités qui rapportent doivent être plus amples que celles qui perdent ou que celles qui ne rapportent pas encore autant de ressources qu'elles en absorbent.

— Chaque opération lancée, chaque marché attaqué doit présenter, au bout d'un délai qu'il faut prévoir, des chances de rentabilité.

— Les salaires et les charges de l'entreprise ne peuvent pas croître plus vite que sa productivité. De même, les dividendes versés ou les impôts à payer.

— L'entreprise, même si elle occupe sur un marché un créneau porteur, doit en permanence se demander ce qu'elle fera quand il sera moins rentable : soit que d'autres entreprises l'attaquent, soit qu'il soit moins porteur. Cette exigence contraint les entreprises à évoluer et à renouveler leurs produits très vite.

— La nécessité de produire de la richesse pousse à la recherche permanente de la productivité, qu'il s'agisse des achats, des process de production, de techniques de vente.

Les marchés financiers dont le comportement échappe souvent aux observateurs finissent généralement par reconnaître les vertus des firmes qui dégagent durablement de la richesse. De toute manière, les directions sont obligées de tenir compte non seulement des chiffres, mais de l'interprétation qui en est faite et surtout des anticipations qui en résultent.

2. Une entreprise est mortelle

C'est la suite logique du principe précédent. Aucune n'est à l'abri d'un arrêt de mort. Il peut être retardé par des moyens artificiels : des subventions, des protections. Mais, au bout du compte, la sanction en cas de non-rentabilité finit par tomber.

Cette épée de Damoclès explique la tension permanente qui règne dans les entreprises. Elle se traduit pas deux soucis majeurs :

— élargir le marché sur lequel elles agissent de manière à amortir sur un espace plus vaste leurs investissements ;

— renforcer leurs points forts et abandonner leurs points faibles. Lorsque Saint-Gobain abandonne les activités papetières, c'est que les investissements qu'elles exigent pour être en position de force sont tels qu'ils compromettent les chances d'autres secteurs où le groupe a plus de chances d'être dans le peloton de tête ;

— se mettre en position concurrentielle, même si l'on est un simple sous-traitant. Autrement dit, se rendre indispensable. Cette exigence suppose d'être en mesure d'être compétitif par les prix, mais aussi par les services que l'on rend. D'où le souci de la qualité, de l'après-vente, de la disponibilité;

— l'exigence de survie explique les difficultés de la politique sociale. Les salariés, naturellement, sont soucieux de garanties d'emplois et de rémunération. Encore faut-il qu'elles soient compatibles avec la marche de la firme.

3. Une entreprise, pour réaliser ses ambitions, doit être dirigée

Il faut, quelle que soit la manière, que quelqu'un décide, oriente. Cela peut se faire par politique autoritaire. Mais, comme un patron est rarement en mesure d'imposer sans discussion ses points de vues, lesquels, au demeurant, ne sont pas nécessairement parole d'Évangile, il est généralement tenu d'associer ceux et celles avec qui il travaille à la préparation et à l'exécution des politiques. D'où l'importance de la qualité des dirigeants.

II. Les évolutions du management

Si l'on se limite à l'évolution de la période contemporaine, on observe que trois étapes se sont succédé.

1. L'étape de la conquête de parts de marché

Après la période d'après guerre de redécouverte de la productivité, les entreprises ont cherché à se tailler, dans leurs actions, les parts les plus importantes possibles. Ce fut l'époque des lois du BCG (Boston Consulting Group) qui recommandait d'acquérir des positions dominantes pour favoriser la baisse systématique des coûts grâce à la mise en œuvre des courbes d'expérience.

Après deux décennies de ce type d'effort, on s'est rendu compte que des outsiders étaient très capables de réussir aussi bien, mieux même que les premiers de la profession. En effet, les marchés se segmentent de plus en plus. IBM en a fait l'expérience avec l'apparition de nouveaux matériels et de nouveaux marchés, celui des particuliers notamment, auquel il n'était pas préparé.

2. L'étape de la mobilisation des hommes sur le terrain

On peut l'appeler aussi l'étape japonaise. Le management japonais, tel qu'on le décrit, et tel qu'il ne s'applique pas nécessairement dans les faits, consiste à faire de chaque opérateur, de chaque salarié de l'entreprise, un acteur essentiel. Le management s'est alors concentré sur l'attention portée aux hommes, à leur formation, à leur capacité, à l'enrichissement des tâches.

Ce souci ne disparaît pas. Mais la pression de la concurrence a conduit à constater qu'une meilleure organisation de l'entreprise ne suffisait pas. Encore faut-il que ses choix stratégiques soient les bons.

3. On en arrive à redonner aux préoccupations de croissance et d'innovation une importance qui avait été un peu oubliée

C'est l'étape de la fin de la décennie 90 où les préoccupations de croissance reprennent le dessus.

Elles varient selon les métiers. Elles sont liées aussi à la nature des marchés. Les préoccupations de parts de marché et de mobilisation des hommes n'ont pas disparu (encore qu'elles soient secouées par les mises à pied et les restructurations). Mais il s'agit d'être en mesure, en permanence, de tirer parti de toutes les possibilités d'activités susceptibles de connaître de nouveaux développements. D'où la volonté d'élargir le champ d'action des entreprises, soit par des absorptions, soit par croissance, soit par une présence plus active sur les marchés en développement rapide.

L'innovation est une composante essentielle du management d'aujourd'hui. Elle porte sur les produits, les modes de production, les recherches de marché. Elle porte aussi sur l'organisation même des entreprises. Celles qui donnent le ton sont les plus récentes. Elles pratiquent la politique des projets (une mobilisation d'équipes mobiles pour de nouveaux développements). Ces pratiques sont susceptibles de changer rapidement l'organisation des firmes. Elles misent sur la compétence des hommes autant que sur la rigueur des méthodes.

Mais cette manière de faire est plus facile dans des activités récentes – l'informatique notamment – que sur des activités traditionnelles.

Aussi bien les règles du management varient-elles beaucoup d'une entreprise à l'autre, avec cependant un point commun à toutes, le souci de durer.

III. Les trois capitalismes

Le management évolue en fonction des formes que prend et prendra le capitalisme, c'est-à-dire **une économie fondée sur le rendement du capital investi et le meilleur rapport qualité/prix pour les consommateurs.** L'expérience montre que c'est uniquement le cas dans un régime de concurrence, c'est-à-dire de remise en question permanente des positions acquises.

Michel Albert a établi une division entre le capitalisme anglo-saxon et le capitalisme rhénan[1]. Dans son esprit, il s'agissait de promouvoir le second, plus soucieux du sort des salariés et plus attentif aux équilibres de la société. En réalité, il suggérait un choix à l'Europe en souhaitant qu'elle propose au monde un modèle si possible aussi efficace que l'américain en matière économique, et plus efficace en matière sociale. Mais il ignorait un autre capitalisme en train de surgir, l'asiatique. Certes, il s'intéressait au cas japonais, assimilé un peu vite à l'allemand, mais il ne prenait pas en compte le fait majeur de l'histoire contemporaine des entreprises, la montée des économies du Sud-Est asiatique, toutes – à l'exception de la coréenne – plus ou moins marquées par l'influence chinoise.

1. Les trois modèles

▶ **Le modèle anglo-saxon est dominé par quatre caractères.**

• **L'exigence de rentabilité.** En Grande-Bretagne et aux États-Unis, une entreprise est jugée sur sa rentabilité et sur le retour sur capital investi. Cela explique que même des activités qui sont rentables peuvent être abandonnées au profit d'autres qui le sont plus.

• **Le règne du contrat.** L'État intervient, mais le moins possible. Il fixe les grandes règles. Parfois, il fausse le jeu pour des raisons liées à la Défense ou aux « intérêts nationaux ». Mais, non sans une certaine hypocrisie parfois, la loi affichée est celle de la concurrence. Que le meilleur gagne. Comme l'État n'est pas omniprésent, les rapports économiques et sociaux s'organisent sur la base de contrats.

On l'a vu dans le domaine du salariat, le salarié apporte un travail et son talent, l'entreprise lui assure, en retour, une rémunération. Le jour où, de part et d'autre, les intérêts divergent, on se sépare.

Cela ne veut pas dire que les entreprises américaines ne tiennent pas compte des hommes. Elles sont même soucieuses de leur engagement dans l'entreprise et ne ménagent pas leurs efforts de formation ou de relations humaines. Les rapports hiérarchiques sont beaucoup plus simples qu'en France ou au Japon. Mais chacun est libre et responsable. Cela suppose que les salariés soient en mesure de gérer leur propre existence, ce que malheureusement les faits ne confirment pas toujours.

Les conflits trouvent leur solution dans l'arbitrage et **le pouvoir du juge.**

• **Le règne des financiers.** On ne comprend pas le système si l'on n'a pas présent à l'esprit le souci du mouvement qui continue d'animer l'espace américain. On abandonne sans trop de regrets des activités, un lieu de travail, une maison pour aller, ailleurs, tenter meilleure fortune. Certes, bien des firmes semblent pérennes, mais aucune n'est à l'abri de la disparition. La sanction financière est sans appel.

1. *Capitalisme contre capitalisme,* Seuil, 1993.

▸ **Le modèle rhénan** (en grande partie européen) est celui des pays de longues traditions dans lesquelles le rôle de l'État, de la collectivité, est aussi important que celui des citoyens. Il est marqué par l'influence allemande. Elle se résume, en simplifiant, à deux aspects :

• **Le souci de l'action dans la durée.** Partant d'un marché intérieur solide, mais souvent insuffisant, les entreprises s'efforcent de développer leurs parts de marché dans le monde. Ce souci de conquête s'explique par les limites des nations. Aux États-Unis, l'espace de base est celui d'un continent. En Europe, plus qu'au Japon, il est de moindre ampleur. Il faut donc chercher à l'extérieur les marchés nécessaires pour assurer la pleine mise en œuvre des capacités techniques. On s'efforce donc d'être les meilleurs dans un certain nombre de domaines, les équipements mécaniques ou l'automobile, par exemple, et à s'imposer partout où la pénétration est possible.

• **Le règne des conventions collectives.** L'action longue exige que les salariés, souvent spécialisés, restent dans l'entreprise. Il convient donc de leur garantir une situation et de faire en sorte qu'ils n'aillent pas offrir leurs qualités aux concurrents. Cela ne peut pas se faire sans des accords très poussés entre le patronat et le salariat qui sont passés au travers d'organisations syndicales (patronales et salariales) très structurées, en Allemagne tout au moins.

Certains y verront les suites lointaines des corporations et du système associatif. D'autres trouveront qu'au Japon, notamment, l'économie recèle les traces d'un système féodal.

▸ **Dans le cas de la France et des pays latins, le système est hybride.** Intellectuellement les acteurs sont tentés par le modèle rhénan, mais en réalité, ils peuvent recourir à l'État pour orienter les actions économiques et, même, pour définir les règles des rapports sociaux. Ce type d'organisation, penchant selon les cas vers le système anglo-saxon ou le système rhénan, n'aurait de chance de s'imposer que si l'Europe était un État à la française.

▸ **Le dernier modèle capitaliste en date est le « chinois ».** Il se définit par deux caractéristiques.

• **La recherche du profit rapide.** Les capitalistes « chinois », essentiellement ceux de la diaspora chinoise qui irrigue l'Asie du Sud-Est, et désormais la Chine elle-même, sont à la recherche de profits substantiels rapides. Ils ont en cela les réflexes des capitalistes des premiers âges. Trouvant sans peine une main-d'œuvre formée ou capable de l'être rapidement, désireuse avant tout de trouver un revenu, ils ne s'attardent pas outre mesure sur les mesures sociales et poursuivent avec acharnement un objectif de profit.

Joueurs, ces capitalistes prennent des risques, s'intéressent aux activités qui peuvent rapporter vite et beaucoup. C'est notamment le cas dans l'immobilier, dans la finance, dans l'information, dans les transports, dans les industries de biens de consommation.

La règle de vie est la débrouillardise. Les structures politiques sont parfois solides – comme à Singapour. Dans ce cas, elles sont faites pour offrir aux entreprises les meilleures chances de réussite, à la condition qu'elles soient en accord avec les autorités en place. Mais elles sont plus généralement incertaines. Dans ce cas, les capitalistes sont obligés de tenir compte des influences variées et contradictoires de la vie politique. Ils retrouvent, de ce fait, la mentalité des pionniers américains qui faisaient d'abord confiance à leur action et à leur propre système de garantie.

• **Le poids des « parrains ».** Dans le système « chinois », les parrains, c'est-à-dire les chefs de famille qui tissent entre eux des liens peu juridiques, mais très forts, jouent un rôle déterminant. Sauf à être une très grande entreprise – et encore – il est difficile de pénétrer dans le système à la chinoise sans s'appuyer sur des « parrains » qui sont des cautions morales. On est loin du droit à l'occidentale, mais il existe une forme de discipline des affaires, à laquelle il est difficile d'échapper, faite de rapports de clan à clan.

2. Mondialisation ou régionalisation

Dans une première approche, on observe qu'au fur et à mesure que les frontières s'ouvrent, et que les mouvements financiers sont libres, les règles de type anglo-saxon s'imposent.

Pourtant, il est peu probable que l'entreprise évolue dans un environnement homogène avant longtemps. Des facteurs contradictoires interviennent.

▶ **L'internationalisation est en marche.** On en prendra pour preuve la création de l'Organisation mondiale du commerce (OMC). Le directeur général est un Européen un peu isolé au milieu de quatre directeurs généraux adjoints (Américain, Mexicain, Indien, Coréen).

L'organisme chargé de l'organisation des échanges est comme le symbole de la réalité économique en train de se dessiner. Elle est en réalité – faute de véritable unité européenne – sous influence américaine. Certes les Américains font place à des hommes de différents continents, mais avec l'espoir d'être ceux qui continueront à donner le « la ».

• **La pression des marchés.**

Qu'il s'agisse des produits ou des services, les échanges se multiplient. Roland Berger, le grand consultant allemand, constatait en mai 1995 que l'on parlerait de moins en moins de *Made in Germany* et de plus en plus de *Made by Mercedes,* voulant dire par là que les produits, dont les pièces viennent du monde entier, seraient désormais garantis par une marque plutôt que par une origine géographique.

Dans ces conditions, un modèle d'entreprise universelle a plus de chance de s'imposer que des modèles régionaux. Les grands groupes, en tout cas, qui sont installés partout dans le monde, seront bien obligés d'avoir des règles comptables universelles.

Le mouvement, on l'a vu, sera accentué par le rôle des fonds de placement, ces nouveaux capitalistes qui prendront une part active au financement des entreprises. Ils le feront en fonction des règles anglo-saxonnes qui sont celles qui assurent les meilleures rentabilités.

• **Les règles comptables.**

On parle peu de l'harmonisation des règles comptables entre pays. C'est cependant un mouvement très important qui est en train de s'accomplir. Les normes comptables ont tendance à se généraliser. Ce sont les anglo-saxonnes qui l'emportent.

Au fur et à mesure que les entreprises entrent dans les circuits mondiaux, elles sont, et seront, obligées de s'y soumettre. Cela sera valable aussi pour les « chinoises » et toutes celles qui, pour l'heure, ne sont pas toujours « transparentes ». Les règles fiscales elles-mêmes ont tendance à se rapprocher. Les pays qui refusent ce fait prennent le risque de rester à l'écart des grandes évolutions.

▸ Les entités nationales et régionales gardent une importance considérable.

En sens inverse, on constate que les gouvernements, partout, cherchent à maintenir une part d'autonomie de décision et d'orientation. C'est particulièrement vrai dans le domaine social et de la formation.

Mais il existe un décalage croissant entre les réalités économiques, les échanges, les mouvements de capitaux, les courants de pensée, le déplacement des élites, d'une part, et l'organisation nationale de l'autre. Pendant un temps, les États-Unis ont été le grand coordinateur. Ils s'efforcent de l'être encore. Le système économique qu'ils diffusent est un de leurs atouts majeurs. On voit bien que leur situation géographique avec un pied dans le Pacifique, un pied dans l'Atlantique et un corps qui s'étend aux deux Amériques, les mettent en position de leader. Mais ils vont être conduits à composer avec d'autres ensembles.

Le premier, et de loin le plus important par la masse, sera l'asiatique qui, s'il était uni, serait, dans l'avenir, dominant. Mais il restera sans doute longtemps, divisé.

Le deuxième est l'Europe dont la force dépendra de sa volonté d'union. Si elle s'affirme, on verra peut-être s'affirmer aussi le modèle de management rhénan. Si elle reste une sorte de zone de libre-échange épisodiquement traversée par l'ambition d'être un ensemble plus structuré, sans arriver à la concrétiser, elle sera de plus en plus obligée de composer avec le système anglo-saxon.

Les tendances à la mondialisation semblent devoir être les plus fortes. Les plus jeunes lecteurs de ce livre seront à même de voir si l'affirmation est vérifiée quand ils seront eux-mêmes en âge de jouer un rôle effectif dans les entreprises.

Index

Imprimé en France
Imprimerie des Presses Universitaires de France
73, avenue Ronsard, 41100 Vendôme
Février 1996 — N° 42 325

MAJOR

MAJOR BAC

Premières Bac

AMMIRATI Charles – Le roman d'apprentissage, *thèmes et sujets* (Premières ES, L, S)
BRISAC Anne-Laure – La tragédie racinienne, *textes commentés* (Première L)
COBAST Éric – Premières leçons sur *Candide,* un conte voltairien (Premières toutes sections)
DEMORAND Nicolas – Premières leçons sur le roman d'apprentissage (Premières ES, L, S)
LE GALL – Le roman d'apprentissage, *textes commentés* (Premières ES, L, S)
MARCANDIER-COLARD Christine – Premières leçons sur le conte voltairien (Premières toutes sections)
MARCANDIER-COLARD Christine – Premières leçons sur *Le Père Goriot.* Un roman d'apprentissage (Premières ES, L, S)
MERCOYROL Yannick – Premières leçons sur *Les Yeux d'Elsa* d'Aragon (Première L)
MEYNIEL Nathalie – Le conte voltairien, *textes commentés* (Premières toutes sections)
QUESNEL Alain – Premières leçons sur la tragédie racinienne (Première L)
QUESNEL Alain – Premières leçons sur *Le Rouge et le Noir,* un roman d'apprentissage (Premières ES, L)
ROUMÉGAS Jean-Paul – Le conte voltairien, *thèmes et sujets* (Premières toutes sections)
TEULON Frédéric – Vocabulaire économique et social (Première et Terminale ES)
VALTAT Jean-Christophe – Premières leçons sur *L'Éducation sentimentale,* un roman d'apprentissage (Premières ES, L, S)

Terminales Bac

ASSAYAG Jacky – Analyse : des exercices aux problèmes (Terminale S)
BOY Jean-Paul – Mémento de physique (Terminale S)
GARRIGUES Frédéric – Principes et méthodes de la dissertation d'histoire (Terminales toutes sections)
LAUPIES Frédéric – Premières leçons de philosophie (Terminales toutes sections)
PRIGENT Michel A. / NAIGEON Marc – Manuel de poche. Histoire. La France depuis 1945 (Terminales toutes sections)
PRIGENT Michel A. / NAIGEON Marc – Manuel de poche. Histoire. Les relations internationales depuis 1945 (Terminales toutes sections)
ROYER Pierre – Principes et méthodes du commentaire de document historique (Terminales toutes sections)
SZWEBEL Georges – Mémento de mathématiques (Terminales ES et L)
TOUCHARD Patrice – Géographie. Économie : les chiffres du Bac (Terminales toutes sections)
VIDALIN Antoine – Mémento de mathématiques (Terminale S)
VILLANI Jacqueline – Premières leçons sur *Une partie de campagne* de Maupassant (Terminale L)